생명윤리학의 기반

*The Foundations of Bioethics, Second Edition*
by H. Tristram Engelhardt, Jr.
Copyright © 1986, 1996 by Oxford University Press, Inc.
All rights reserved.

*The Foundations of Bioethics, Second Edition* was originally published in English in 1995. This translation is published by arrangement with Oxford University Press. RHODOS is solely responsible for this translation from the original work and Oxford University Press shall have no liability for any errors, omissions or inaccuracies or ambiguities in such translation or for any losses caused by reliance thereon.

Korean translation copyright © 2025 by RHODOS
Korean translation rights arranged with Oxford University Press through EYA (Eric Yang Agency).

이 책의 한국어판 저작권은 EYA (Eric Yang Agency)를 통해 Oxford University Press와 독점 계약한 로도스에 있습니다. 저작권법에 의하여 한국 내에서 보호를 받는 저작물이므로 무단 전재 및 복제를 금합니다.

# 생명윤리학의 기반

H. 트리스트럼 엥겔하트 지음 | 권복규 옮김

처음에는 영혼으로, 그다음에는 육신으로
제게 철학을 소개해주신
조지프 칼 트리스트럼과
엘시 트리스트럼 엥겔하트를
추모하며,

그리고 이 제2판을 구성하는 데 있어
각자 다른 방식으로 제게 힘을 전해준
아내 수전 게이 멀로이 엥겔하트와
알래스카의 허먼에게
감사를 전하며.

# 서문

이 책은 응용윤리학 책이 아니다. 더 정확히 말하자면, 이 책은 특정한, 정전적(canonical)인, 구체적인, 내용 충만한 도덕적 이해를 의료에 적용하는 책이 아니다. 대신 이 책에는 서로 대립하는 생명윤리 주장들을 파생시킬 대안적인 윤리학이 존재한다. 이 책의 세부 내용은 의료정책 전반에 대한 근본적·도덕적 도전을 제기한다. 이는 생명윤리학이라는 분야를 의문에 부친다.

단일한 도덕성을 공유하는 대신에, 우리는 명백하게 다른 구체적인 도덕 비전과 도덕적 의무, 권리, 가치에 대한 설명과 마주친다. 각각의 이론은 각자의 우선권을 주장한다. 어떤 이들은 안락사와 의사 조력 자살이 의료에 도덕적으로 타당하다고 주장하지만 다른 이들은 이러한 관행이 부도덕하다고 주장한다. 어떤 이들은 영리 목적의 대리모가 부도덕하다고 여긴다. 다른 이들은 이것이 자유로운 도덕 행위자로서 여성의 존엄성을 인정하는 방법이라고 생각한다. 어떤 이들은 빈자는 구매 불가능한 생명을 구하는 치료법을 부자가 구매하도록 허락해서는 안 된다고 주장하고, 다른 이들은 이용 가능한 어떤 치료법은 누구든 자유롭게 구매할 수 있어야 한다고 주장한다. 이러한 다양한 도덕적 이해를 어떻게 정당화할 수 있는지를 묻는다면, 어떤 이들은 결과에 호소하고, 다른 이들은 결과와 무관한 옳고 그름의 원칙에 호소한다. 현대의 의료정책 프레임은 이러한 생명윤리의 불협화음에 어긋난다. 도덕 비전과 정당화의 다양성은 하나의(a) 세속 생명윤리학이 존재한다는 주장의 정합성에 도전한다.

  이 책은 세속적이고 정전적이며 구체적인 윤리학의 발견은 불가능하다는 것을 인정한다. 대신에 이 책 『생명윤리학의 기반』은 내용 없는 세속 윤리학의 확립을 위해 노력한다. 세속적 도덕 추론의 한계를 인정한다면, 우리가 이용할 수 있는 전부는 어떤 특정 선택의 도덕적 가치나 바람직함을 확립하는 것이 아니라, (일정한 제약 내에서) 공통의 다짐(undertakings)에 도덕적 권한을 부여하는 수단에 불과하다. 생명윤리학의 주장에 대해 가능한 한 보편성을 확보하려는 기획은 특정 종교나 문화적 전제를 넘어서서 모든 이를 위한 도덕 공동체와, 내용 충만한 보편 윤리를 확립하겠다는 계몽주의의 기획에 그 뿌리를 두고 있다. 그러한 입장에서 이 계몽주의 기획은 이성의 능력을 전제하는 서양철학과 자연법 이론에 뿌리를 두고 있다. 이 책은 생명윤리학이 적용될 수 있는 정전적이고 내용 충만한 윤리학을 발견하겠다는 그 기획의 실패에 초점을 맞추고 있다. 그 실패로부터 도출되는 함축적 의미가 이 책의 주제다.

  많은 비평가는 이 책이 구체적인 도덕 공동체들을 지탱하고 형성하는 도덕성에 대한 공감을 결여하고 있다고 보았다. 그러한 판단은 상당 부분 도덕 이방인(moral stranger)들을 구속하는 도덕성과, 도덕 공유인(moral friend)들을 구속하는 도덕성을 구별하는 논증을 제대로 인식하지 못한 데서 비롯된 비판이었다. 이 책은 사람들이 일관된 도덕 생활을 하고 덕을 추구할 수 있는 구체적인 공동체가 존재한다는 인식에서 출발한다. 독실한 유대인, 개신교도, 정교회 신도, 로마 가톨릭교도, 이슬람교도, 힌두교도 등이 있다. 열렬한 평등주의자와 자유주의자도 있다. 다양한 설득력을 보여주는 자본주의자와 사회주의자들이 있다. 마르크스주의자조차 여전히 남아있다. 이들 각각은 비록 겉으로 표명하지는 않는다 해도 구체적인 생명윤리를 가지고 있다. 어떤 이들은 내용 충만한 도덕적인 삶을 가능하게 해주는 도덕 공동체들을 구성한다.

    이 책의 논증의 힘은 거대 세속 국가와 같은 거대 규모의 세속 사회의 관점에서 비롯된 생명윤리의 도덕적 다짐과 형태들을 사적 영역화(privatize)하는 것이다. 세속 도덕이 다양한 도덕 공동체를 넘어서서 사람들에게 영향을 미치기 때문에 그렇다. 그러나 이러한 사적 영역화는 특정 도덕 공동체의 도덕적 다짐의 중요성이나 실체를 보증하거나 약화하려는 것이 아니다. 그보다는 특정 공동체에 의해 그 안에서 수용되는 진리는 도덕 이방인들이 개종하여 더 이상 도덕 이방인으로 남아있지 않는 한 그들에게는 의미 있는 것으로 여겨지지 않는다는 점을 인식하는 것이다.

    초판이 나온 이후 내가 말한 많은 부분이 잘못 인식되었다는 것이 고통스러울 정도로 명백해졌다. 부분적으로, 이는 나 자신의 침묵에서 비롯되었다. 나는 그렇게 할 수도 있었지만 많은 입장을 강력하게 주장하는 것을 보류했다. 초판에서 말한 바와 같이 나는 철학적 도덕 추론의 무능함을 인정하게 되었는데, 이는 호소와는 거리가 멀었다. (철학적 추론을 통해) 나 자신이 도달한 결론의 대부분은 (지금도 그렇지만) 혐오스러웠다. 나는 궁극적인 목적지도 알지 못한 채 지적 모험을 시작했었다. 특정 공동체의 도덕성과 더 큰 사회를 구속하는 세속 도덕성 사이에 핵심적인 구분을 하지 않을 수 없었다. 내가 이러한 상황을 인정했음에도 불구하고, 많은 비평가와 아마도 많은 독자는 나의 (한탄과) 고백을 심각하게 받아들이지 않은 것 같다. 특히 그들은 내가 특정 도덕 공동체를 형성하는 의무와 가치의 풍부한 매트릭스에 비판적이라고 보았다.

정전적인 세속 윤리학의 정당성을 보증하는 근대의 철학적 기획을 어지럽히는 난제들을 인정하지 않는 이들의 입장에서 보면 이 책의 의의를 해석하기는 어려울 것이다. 다른 이들은 이 책이 세속 윤리학의 불협화음에 또 하나의 윤리학을 덧붙이는 것으로 볼 것이다. 전자는 이 문제를 보지 못할 것이다. 후자는 그것이 해결될 수 있다고 믿지 않을 것이다. 『생명윤리학의 기반』은 두 청중 모두에게 말한다. 이 책은 세속 도덕 추론의 한계를 진지하게 받아들이면서, 반면 세속 도덕의 보편적 정당화를 절망적으로 모색하는 또 다른 내용 충만한 세속 도덕성이 아닌 일종의 도덕 지침을 제공하고자 한다.

많은 이가 생명윤리학이 직면하고 있는 이 도전을 인정하지 않을 것이다. 세속적 추론의 약점을 인정하지 않기 때문이 아니라, 도덕적인 관점의 진정한 다양성을 부정하기 때문이다. 그와 같은 코스모폴리탄 에큐메니스트(cosmopolitan ecumenist)들은 사람들이 충분한 공통점을 가지고 있어서 특정 생명윤리를 정당화하고, 도덕적 권위를 가지고 의료정책을 인도할 수 있는 구체적이고 권위 있는 도덕적 합의를 사회계약에서 발견할 수 있다고 주장한다. 왜 많은 이가 이 견해에 이끌리는지를 알 수 있다. 많은 이가 중요하고 내재적인 목적을 가지고 있다. 그러한 이들에게, 다루기 힘든 도덕 불일치는 광신이나 무지의 결과로 보일 수 있다. 또한 그런 코스모폴리탄은 종종 정통 유대인, 정교회 신도, 로마 가톨릭교도, 개신교 신자, 이슬람교도 등 지속적이고 구체적인 도덕 전통 안에서 스스로를 이해하는 사람들과는 거리가 먼 삶을 산다. 코스모폴리탄 에큐메니스트들이 초월에 대한 헌신을 특징으로 하는 전통 공동체의 틀 안에 있는 삶을 이해하거나, 이념에 헌신하는 이들의 서로 다른 공동체를 분리하는 골짜기를 헤아리기는 어렵다. 이 책의 한 비평가는 그와 내가 공통적이고 구체적인 도덕 비전을 공유하고 있다고 주장하면서 도덕 관점 간의 진정한 차이에 대한 주장을 반박하기조차 했다. 그가 틀렸다.

『생명윤리학의 기반』에서 제공하는 설명은 사람들이 구체적인 도덕적 삶을 살 수 있는 내용 충만한 윤리를 제공하지 않는다. 오히려 이 책은 내용 충만한 도덕 관점을 공유하지 않는 다양한 도덕 공동체들에 속한 개인이 스스로 여전히 공통의 도덕적 직조물에 얽매여 있다고 간주할 수 있고, 공통의 생명윤리에 호소할 수 있는 도덕적 틀을 정당화한다. 이 책은 다양한 도덕 관점을 넘어서는 도덕적 시각과 공통 언어(lingua franca)를 제공한다. 특정 도덕적 관점을 지지하지 않으면서 이 책은 세속 이론들을 괴롭히는 어려움을 피하고자 한다. 그 이론들은 사실이 아닌 것을 단정하거나, 특정 출발점을 임의로 긍정하거나, 무한 후퇴로 떨어지거나 한다. 만약 특정한 도덕 관점의 채택 없이 보편적인 세속 도덕을 구성하려는 기획이 실패한다면, 일반적인 세속 생명윤리를 정당화하는 근대 철학의 기획도 실패하게 된다. 세속 도덕성으로부터 도덕적 인도를 추구했던 사람들은 실로 허무주의와 상대주의에 빠지게 될 것이다. 만약 이 기획이 성공한다면, 비록 개인은 공통적이고, 정전적이며, 구체적인 윤리를 찾을 수 없다 하더라도, 도덕 이방인들끼리 의료를 포함하여 도덕적으로 권위를 가진 사안의 그물망을 만들 수 있는 절차가 있게 될 것이다. 바란다고 해서 모두가 다 얻어지는 것은 아니다. 다만 그 대안은 더욱 나쁠 것인데, 즉 어떤 보편적인 세속 도덕성의 파편도 확보할 수 없을 것이다.

세속 생명윤리에 대한 도전은 심각하다. 즉, 다양한 도덕을 정전적이고 내용 충만한 세속 도덕성을 통해 구체적으로 연결 지으려는 시도는 원칙적으로 실패한다. 문제는 모든 구체적이고 세속적인 도덕 이론들이 그들이 증명하고자 하는 것을 전제로 하고 있다는 점이다. 아마도 여기서 독자는 이 책의 저자 자신이 이와 같은 어려움을 피할 수 있을지 궁금할 것이다. 나의 대답은 두 가지다. 첫째, 이 책은 나의 구체적인 도덕 관점에 관한 책이 아니다. 이 책은 도덕 이방인들을 구속할 수 있는 공통의 도덕성에 대한 설명이다. 둘째, 이 책은 구체적인 도덕 관점을 지니고 있지 않다. 많은 이가 『생명윤리학의 기반』은 개인주의의 가치 또는 자유방임과 자유의 가치를 옹호한다고 생각해 왔다. 만약 그랬다면, 그 비판은 유효했을 것이다. 그리고 내 제안 역시 일개의 특정한 세속 윤리가 될 뿐이다. 다시 말하지만, 제1판도 제2판도 개인의 선택, 자유방임(freedom), 또는 자유(liberty)의 가치를 주장하지 않는다. 이 책은 사람들이 논쟁을 해결하려 들면서 신의 말씀을 듣지 못하거나(또는 그 말씀을 분명하게 듣지 못하거나) 도덕 논란을 해결하기 위한 건전한 이성적 논증을 찾을 수 없을 때, 어떻게 그리고 어디까지 협력할 수 있을지에 대해 평화롭게 합의할 수 있는 장치가 있음을 인정할 따름이다.

이런 상황에서는 도덕적 권한이 정전적이고 구체적인 도덕적 관점에서 파생될 수 없기 때문에 개인이 우선권을 갖는다. 세속적인 상황에서 신이나 이성으로부터 도덕적 권한을 이끌어낼 수 없다면 권한은 개인들 간의 협약에서 생겨날 수밖에 없다. 그러한 상황에서 도덕적으로 승인된 사회 구조는 관련된 개인의 허락을 통해 확립된 것이기 때문에, 도덕 이방인들을 구속하는 도덕성은 기본적으로 불가피하게 자유방임주의적인 성격을 띠고 있다. 그러나 이는 자유나 개인의 선택에 귀속된 가치로부터 도출된 것이 아니다. 사회의 도덕적 권한의 개연적인(plausible) 범위는 타인이 통제하는 동의의 개연적인 한계로 인해 제한된다. 민주주의와 세속 도덕성의 내용을 제한하는 세속의 도덕적 권한의 한계를 인식하려면 정부 및 특정 사회계약을 승인하는 데 필요한 동의에 의료에서의 동의와 동일한 요구조건을 적용할 필요가 있다.

옹호 가능한 일반적·세속적 도덕성의 이러한 자유방임주의적 성격은 그 평화로운 도덕적 다짐이 자유방임주의자와는 매우 거리가 먼 구체적인 도덕 공동체(예컨대 수도원의 공산주의)의 도덕성에 반하는 것이 아니다. 내용 충만한 도덕에 기반한 실제 공동체들 안에서 자유는 대개 가장 중추적인 선과는 거리가 멀다(세속 텍사스인은 그 반대겠지만). 『생명윤리학의 기반』의 논증들은 특정한 평화로운 도덕 공동체 안에 있는 그러한 감정(sentiment)들과 상반되는 것이 아니다. 엄밀히 말하면, 그러한 감정들에 대해서 이 논증은 중립적이다. 그럼에도 불구하고, 많은 이가 이 책을 자유의 가치를 칭송하는 자유방임주의자 선언, 혹은 많은 특정 도덕 공동체를 구속하는 공동체주의 도덕성에 적대적인 특정한 구체적 도덕성을 확립하려는 시도로 오해하고 있다.

이 혼란을 해소하기 위해 나는 이번 제2판에서는 '자율성 (존중) 원칙'이라는 명칭을 '허락 원칙(principle of permission)'으로 바꾸어서 문제가 되는 것이 자율성이나 혹은 자유가 가진 어떤 가치가 아니라, 세속적인 도덕적 권위가 공통의 사업에 관련된 사람들의 허락을 통해 파생된다는 인식임을 더 잘 보여주려 하였다. 허락 원칙은 신의 음성이 모든 사람에게 같은 방식으로 들리지 않고(또는 어떤 사람들에게는 전혀 들리지 않고), 그리고 모두가 밀접하고 잘 정의된 단일 공동체에 속하지 않는 데다가, 이성이 정전적이고 구체적인 도덕성을 발견하지 못하기 때문에, 신으로부터도, 특정 공동체의 도덕적인 관점에서도, 이성에 의해서도 세속적으로 정당한 도덕적 승인이나 권위가 확립되지 않는, 오로지 개인의 허락을 통해서만 가능한 그러한 상황을 강조한다. 신에게 귀를 막고 이성이 실패한 가운데 도덕 이방인들은 개인으로서 조우한다.

만약 어떤 사람이 세속적인 이성이 발견할 수 있는 것보다 더 많은 것을 원한다면―그리고 사람들은 더 많은 것을 원해야 하지만―그는 종교를 가져야 할 것이고, 신중하게 올바른 종교를 선택해야 한다. 정전적인 도덕 내용은 특정한 도덕 서사, 또는 누군가의 관점 밖에서는 찾을 수 없을 것이다. 여기서 나는 나 자신이 진실로 경험한 것과 세속의 철학적 추론이 제공할 수 있는 것과의 사이에 거대한 균열이 있었으며, 나 자신의 완전한 도덕적 서사 속에서 알게 된 것이 진실이었음을 인정한다는 사실을 독자들에게 알려야 할 것 같다. 나는 진실로 정전적이고 구체적인 도덕 서사를 긍정하지만, 그것은 이성이 아닌, 오직 은총에 의해서만 주어진다는 것을 깨달았다. 나는 결국 선택과 신념에 따라 수많은 죄(많은 개정을 해야 했던 이 책의 초판을 포함)에 대한 회개와 은총을 통해 다시 태어난 텍사스 정교회 신자다. 나의 도덕적 관점은 내용이 부족하지 않다. 나는 완전히 세속적이고 평화로운 국가가 허용하는 많은 것들(예를 들어, 안락사와 편의적 낙태 등)에 의도적으로 참여한 이들은 신의 자비가 없다면 영원한 지옥불에서 고통받을 것임을 굳게 믿는다. 텍사스인으로서 나는 이들을 태우는 불이 메스키트 나무인지, 떡갈나무인지, 아니면 백향나무 불인지가 궁금할 뿐이다. 신학 교육을 받은 나는 이것이 세상 끝날 날에나 대답 가능한 문제라는 것을 알고 있다. 비록 나는 헤로인 판매, 낙태 서비스, 영리 목적의 안락사 서비스 마케팅 또는 대리모 제공을 금지하는 일반적이고 세속적인 도덕적 권위가 정당화될 수 없음을 인정하지만, 나는 이런 일 중 어느 것도 선하다고는 전혀 믿고 있지 않다. 이들은 커다란 도덕적 해악이다. 그러나 그 해악은 순전히 세속적인 측면에서 파악될 수 없다. 일반적이고 세속적인 측면에서 '낙태 찬성론자(pro-choice)'가 되는 것은 에덴동산과 신의 비극적 관계를 이해하는 것이다. 자유롭다는 것은 커다란 잘못을 자유롭게 선택하는 것이다.

  이 점은 너무 자주 오해받거나 무시되었기 때문에 다시 강조할 필요가 있다. 이 책은 나의 구체적인 도덕적 이상이나 구체적인 도덕성, 또는 나의 구체적인 생명윤리를 제시하지 않는다. 오히려 나는 이 책이 계몽적 기획의 폐허에서 도덕 이방인들이 도덕적으로 공인된 방식으로 협력할 수 있는 가능성의 탐구로 본다. 이 책은 정전적이고 구체적인 도덕성을 도출하려는 도덕철학의 실패를 검토한다. 이 책은 생명윤리에 대한 이 실패의 의미를 탐구한다. 이 책은 모두를 구속하는 세속적 도덕성을 확립하는 기획의 잔해에서 무엇인가를 구해내려는 희망에 정당성을 부여한다. 이 책은 구체적인 도덕 관점을 제공하지 않는다.

이러한 여러 가지 오해를 해소할 필요성과 더불어 미국에서 대두된 의료개혁에 관한 실질적인 논쟁을 감안해야 하는 필요성 때문에, 이번 제2판은 상당히 새로운 책이 되었다. 새 판의 각 장에 있는 논증들을 더욱 발전시켰다. 제5장을 제외한 모든 장은 이전의 오해를 피하고 주요 철학적 고려사항에 더 큰 관심을 기울이게끔 상당 부분 다시 썼다. 내가 도덕 이방인들을 구속하는 희박한 도덕성을 인정하면서도 특정 도덕 공동체에 헌신한다는 사실을 분명히 알지 못했던 이들에게 이 제2판은 깨달음을 주어야 한다. 중요한 도덕적 대비들을 더 분명하게 제시하기 위해 도덕 공유인의 도덕성과 도덕 이방인의 도덕성 사이의 대비를 더욱 정교하게 했다. 마지막으로, 이 책 전체의 논증은 생명윤리 및 의료정책 논쟁의 변화라는 관점에서 재구성되었지만, 이는 최근 의료개혁에 대한 성찰을 포함한 의료자원의 배분 문제를 다루는 제8장에서 가장 두드러진다. 클린턴 대통령의 의료개혁안의 실패는 의료정책의 도덕적 문제를 솔직하게 다루지 못한 이념적 실패를 조명하기 위해 특별한 관심을 받고 있다. 도덕 이방인들을 구속하는 희박한 도덕성 안에서도 많은 것이 분명해질 수 있다. 그 소박한 능력에도 불구하고, 철학은 부당한 주장을 일축하고 거대 규모의 세속적 다원주의 사회를 위해 도덕적으로 정당한 의료정책을 만드는 도전에 에너지를 투입하는 데 중추적인 기여를 할 수 있다.

H. T. E.<br>
1995년 5월<br>
휴스턴

## 감사의 말

이번 개정판과 초판의 집필에 20년 가까운 세월이 걸렸다. 이 기간에 나는 다양한 선행 원고에 대한 수많은 논의로부터 도움을 받았다. 많은 이에게 비판, 제안, 지지의 빚을 졌다. 특히 이 책의 집필은 갤버스턴의 의료인문학연구소, 조지타운대학교 케네디 윤리연구소, 휴스턴의 윤리와 의학과 공공문제 연구 센터의 동료들과의 대화에서 큰 도움을 받았다. 베일러 의대, 라이스 대학교, 종교연구소의 동료와 학생 들은 내가 많은 중요한 문제를 새롭게 볼 수 있도록 도와주었다. 이런 점에서 나는 초판에 관한 콘퍼런스를 후원하여 개정의 필요성을 인식하게 해준 여러 기관을 언급해야만 할 것이다. 건강과 인간가치 학회, 리버티 기금, 조지 메이슨 대학교 인문학연구소, 그리고 파리의 기술철학회와 브뤼셀 자유대학교의 다학제 생명윤리 연구센터 등이다. 이 개정판 작업은 베를린 고등 연구소에 펠로로 머물던 1988~89년에 시작되었다.

많은 이가 초판과 개정판 원고를 다양한 단계에서 전부 또는 부분적으로 읽었다. 그들의 통찰력 있고 열정적인 반응을 통해 나는 종종 이 기획의 중요 요소들을 재조명할 수 있었다. 건망증이 심한 데다 사람이 너무 많아 모두를 기억하지는 못한다. 불가피하게 시간과 에너지를 너그럽게 내어준 이들 중 몇 명만을 언급하고자 한다. 바루크 A. 브로디, 토머스 J. 볼 3세, 제이비어 드캘러테이, 제임스 F. 칠드러스, 메리 앤 가들 커터, 크리스티나 엥겔하트, 도러시아 엥겔하트, 조지 에버 목사, 리 프리드먼, 스탠리 하우어워스, 코린나 델케스캠프-헤이스, 벤저민 히폰, 브리드 할리우드, 로스 W. I. 케슬, 앤드루 러스티그, 로런스 B. 머컬러, 메리 롤린슨, 제임스 레이건, 마이클 A. 라이, 한스-마틴 새스, 얼 E. 셸프, 스튜어트 F. 스피커, 로런스 T. 울리크, 스티븐 웨어, 그리고 케빈 윌데스, S. J. 예수회 신부이다. 나는 특히 개정판 원고의 최종본을 치밀하게 읽고 평가해준 다음 네 사람에게 특별한 빚을 지고 있다. S. G. M. 엥겔하트, 마크 체리, 뤼-핑 판, 그리고 조지 커시프이다.

이 모든 훌륭한 지도와 조언에 감사함을 느끼지만, 항상 따르지는 않았다는 점도 인정한다. 이 책이 성공한다면 이는 상당 부분 두 판본에 걸쳐 여러 차례 재집필한 원고에 대해 의견을 제시해준 여러 동료 덕분이다. 단점, 오류, 실수는 모두 내 책임이다.

## 역자 서문

이 책의 저자 트리스트럼 엥겔하트 교수는 2010년 생명윤리정책연구센터 학술 심포지엄에 초대되어 내한한 바가 있다. '의료에서의 정의'가 주제였는데 구레나룻을 길게 기른 이 노학자는 쩡쩡한 목소리로 돈이 없는 노인이 국가에 치료비를 부담하라고 요구하는 것은 부당하다고 주장하였다. 순간 내 한심한 영어 듣기 실력을 원망하며 뭔가 잘못 들은 거라고 생각했다. 이후 쉬는 시간에 화장실에서 이분을 마주쳤는데 그 틈을 타서 내가 이해한 바가 맞는지 질문했다. 그러자 이분은 그러면 죽어야 한다고 단호하게 대답했다. 그때는 이분이 그렇게 주장하는 맥락을 잘 알지 못했다. 다만 저런 주장은 이 땅에서 생명윤리, 혹은 의료윤리로는 성립하기 어렵겠다고만 여겼다. 놀라운 학문적 업적에도 불구하고 그가 우리나라에서 인기 없는 이유는 그 때문일 것이다.

이 책은 독실한 그리스도교도 자유주의자, 그리고 텍사스인으로서 엥겔하트의 입장을 매우 잘 보여준다. 때로 과격한 주장에, 또는 때로 지나친 기독교(그리스도교) 편향에 눈살을 찌푸릴 독자가 많을 것이다. 어디까지나 우리나라의 윤리학이란, 그가 비판하는 "자유가 뭔지도 모르는" 매사추세츠 진보주의자, 즉 존 롤스의 영향하에 있기 때문이다. 사실 롤스도 아닌 전통 유교 윤리가 깊게 드리워진 것이 우리나라의 모습이라고 역자는 생각하지만, 아카데미의 영역에서 윤리학, 그리고 생명윤리학은 역시 롤스와 그 제자들이 지배하고 있는 것이 현실이다.

그는 이 책에서 서양의 근대와 현대의 거의 모든 철학 사조를 도마 위에 올려놓고 비판한다. 그 어느 것도 현대 생명윤리의 실제 문제를 해결하는 데 전혀 도움이 되지 않는다는 것이다. 놀랍게도 이건 사실이다. 그가 그 한계를 깊이 깨달은 것은 그 역시 의과대학을 졸업하고 의료 현실을 깊이 이해하는, 보기 드문 철학자이기 때문이었을 것이다. 신학자 알베르트 슈바이처는 서양의 모든 철학과 신학 전통에 깊이 실망하고 의사가 되어 아프리카로 들어가 버렸지만, 엥겔하트는 이 절망으로부터 그리스도교 전통으로 복귀한다. 원래 그는 독실한 로마 가톨릭교도였지만 이러한 일련의 과정을 겪으며 1991년 정교회로 개종한다. 하지만 그의 주장대로 내용이 풍부한 생명윤리는 특정 종교/도덕 공동체 내에서만 가능하기에, 그는 세속 생명윤리학을 위한 최소한의 기반을 마련해 두고자 한다. 그것이 그가 주장하는 "허락 원칙"에 기반한 세속 공동체의 도덕이다. 물론 그 결론은 그 자신의 입장과는 매우 상반된다. 그는 이 책에서 계속해서 밝히고 있지만 낙태와 상업적 안락사 등에 대해 대단히 비판적이다. 하지만 세속 생명윤리학의 입장에서는 이를 비난할 어떤 근거도 찾을 수 없다는 것이 그의 주장의 요체이다. 그는 어쩌면 세속 생명윤리학의 한계를 드러내 보임으로써 오히려 전통적·종교적 윤리와 도덕 공동체의 가치를 선양하고 싶은지도 모르겠다.

하지만 무턱대고 자기 종교의 입장을 들이대는 일부 종교계 생명윤리학자들과는 달리 그의 주장은 대단히 설득력 있고 섬세하며 논리적이다.

적어도 자신의 주장은 자신의 도덕 공동체(예컨대 정교회 신자 공동체) 안에서나 유효하다는 생각은 겸허하고 합리적이다. 그래서 그의 분노는 그러한 다양한 도덕 공동체의 존재를 승인하지 않는 거대 국가의 일방적인 폭력을 향한다. "가난한 노인은 병에 걸리면 죽어야 한다"는 사실 그의 주장이 아니다. 그가 특정한 도덕 공동체 소속이라면 다른 구성원들은 그를 도울 도덕적 의무가 있다. 예컨대 그가 속한 교회의 교인들은 그가 적절한 치료를 받을 수 있도록 도울 종교적 의무가 있다. 하지만 엥겔하트가 반대하는 것은 이 문제에 관한 세속 도덕과 국가의 개입, 혹은 전횡이다. 이는 인간의 근원적 가치인 자유를 침해하는 것이기 때문에 받아들일 수 없다는 것이 그의 입장이며, 그가 클린턴 대통령의 이른바 의료개혁에 극구 반대한 것도 이 때문이다.

  이 책의 세부적인 내용에 대해서는 비판할 점도 많이 있겠지만, 그러나 분명한 것은 이 책에서 제기하는 여러 문제와 정면으로 대결하지 않는다면 생명윤리학은 한 걸음도 더 나아가지 못할 거라는 점이다. 무엇보다 이 책의 미덕은 한국인이 생각하는 윤리, 정의, 혹은 국가의 책무에 관해 끊임없는 성찰을 촉진한다는 데 있다. 생명윤리 이슈에 있어 우리는 항상 특정한 "옳은" 입장을 전제하고, 그것을 국가가 통제하는 법으로 만든 전통이 있다. 「생명윤리 및 안전에 관한 법률」이라는 전 세계 어디에도 유례를 찾을 수 없는 법으로부터 「호스피스·완화의료 및 임종과정에 있는 환자의 연명의료 결정에 관한 법률」이라는 기다란 이름의 법에 이르기까지, 그리고 앞으로도 만들어질 다종다양한 법률에 이르기까지 대한민국은 우리가 단일한 도덕 공동체라는 판단하에, 그리고 윤리적 이슈에 대해서는 국가가 통제하고 관리할 수 있다는, 또 그래야 한다는 신념하에 살아왔던 것이다. 낙태죄가 헌법 불합치 판정을 받은 지 오랜 시간이 지났지만 정부가 어떤 대안도 만들어내지 못한 건 그러한 신념의 한계를 매우 잘 보여준다. 하지만 이러한 근원적 문제에 대해서 아직 아무도 성찰한 바도, 지적한 바도 없었다. 아마 이 책은 그러한 도덕적으로 거칠기 짝이 없는 행위에 대한 해독제(antidote)로 기능할 수 있을 것이다.

이 책은 너무나 방대하며, 근현대 윤리학은 물론 생명윤리 및 의철학의 거의 모든 요소를 담고 있다. 저자의 박식함과 에너지에 그저 경탄할 뿐이지만 역자에게는 너무나 힘겨운 지적 도전이었다. 원래 이화여대 생명윤리정책 협동과정 학생들을 위한 강독이 이 책의 번역을 하게 된 계기였으나 실제로 번역을 완성하기까지는 여러 해가 걸렸다. 그 과정에서 함께 해준 모든 학생에게 사의를 표하며, 그럼에도 미처 잡아내지 못한 오역이나 오해에 대해서는 독자 제현의 질타를 바란다. 마지막으로 오랜 기간 어려운 작업을 성실하게 함께해주신 로도스의 박영록 대표님께 깊은 감사의 인사를 드린다.

# 목차

| | |
|---|---|
| 서문 | 7 |
| 감사의 말 | 16 |
| 역자 서문 | 18 |

**제1장  서론: 복수 명사로서 생명윤리** 　31
　　도덕 다원주의의 얼굴을 한 생명윤리 　31
　　생명윤리와 포스트모더니티 　39
　　정치, 도덕성, 그리고 생명윤리 　44
　　폐허 속의 생명윤리 　48
　　도덕적 다양성 앞에서의 관용 　49

**제2장  생명윤리의 지적 기반** 　70
　　윤리의 다양성 　71
　　도덕에서 객관성의 문제 　75
　　　　특정 도덕 관점을 정당화하는 문제 　78
　　　　내용 충만한 세속 윤리를 정당화하려는 시도: 왜 그것은 모두 실패하는가 　83
　　　　니힐리즘의 언저리에서 　123
　　　　니힐리즘의 비상구: 세속 생명윤리학의 도덕적 정당성 구하기 　125
　　　　포스트모더니티의 도덕적 권위: 의료정책의 정당화 　132
　　도덕성과 도덕 공유인을 위한 생명윤리학; 도덕성과 도덕 이방인을 위한 생명윤리학 　136

공동체들, 세속성, 그리고 생명윤리: 도덕적으로 분열된 세계에서 의료의 제공  141
   도덕 이방인의 낯섦  144
   가치의 관료이자 지리학자인 의료인  147
  도덕적 다양성의 얼굴을 한 생명윤리: 요약  150

## 제3장 생명윤리의 원칙 172
  허락과 이득: 생명윤리의 뿌리에 있는 갈등  174
   도덕에의 의지와 간주관성의 문제  174
   어떻게 칸트는 도덕 결론에 내용을 슬쩍 밀어넣었나  176
   부도덕함의 제재  180
   선행의 원칙에 권한과 내용을 부여하기  186
   도덕 원칙의 정당화  193
   원칙들 간의 긴장  197
  정의의 원칙  199
  생명윤리의 원칙들  201
  도덕적 긴장과 용인의 권리의 중심성  205
  권리와 의무의 충돌  212
  TEYKU: 도덕 추론의 대상이 되는 몇몇 문제들의 불투명성  213

## 제4장 의료의 맥락: 인격체, 소유, 그리고 국가 220
  인격체의 특별한 지위  221
   인격체를 선호하는 바이어스?  228
   잠재성과 가능성  230
   동물에 관한 여담  233
   신생아, 심한 지적장애인, 그리고 '인격체'에 대한 사회적 의미  236

|  |  |
|---|---|
| 심한 장애가 있는 신생아: 인격체의 사회적 역할에 대한 보호의 약화 | 239 |
| 인격체라는 것: 엄밀한 의미와 다양한 사회적 의미 | 241 |
| 잠자는 인격체와 임바디먼트의 문제 | 243 |
| 사람, 동물, 그리고 사물의 소유 | 249 |
| 멸종위기종, 콜로세움, 그리고 생태학의 생명윤리 | 261 |
| 소유: 요약 | 263 |
| 국가와 그 권한 | 268 |
| 세속 국가의 도덕적 권한의 한계 | 277 |
| 유토피아를 향해 | 280 |
| 소유, 국가, 그리고 의료정책에 관한 포스트모던적 성찰 | 287 |

### 제5장 의료화의 언어 298

|  |  |
|---|---|
| 실재의 구성 | 298 |
| 의학의 네 가지 언어 | 309 |
| 평가로서의 질병 언어 | 310 |
| 기술로서의 질병 언어 | 326 |
| 설명으로서의 질병 언어 | 328 |
| 사회적 실재를 형성하는 질병 언어 | 341 |
| 의학적 실재의 사회적 구성과 임상적 결정의 도전 | 343 |
| 법적·종교적·교육적 문제가 아닌 의학적인 것으로 문제를 바라보기 | 348 |
| 의학적 실재의 민주화: 부분적인 결론 | 355 |

### 제6장 인격체의 시작과 끝: 죽음, 낙태, 그리고 영아 살해 370

|  |  |
|---|---|
| 죽음의 정의 | 373 |
| 신체, 마음, 그리고 인격체 | 373 |
| 임바디먼트 | 376 |

| 절대적인 확실성을 보장할 수 없는 삶과 죽음 | 377 |
| 죽음의 전뇌사 정의의 발전 | 379 |
| 그곳에 존재하기 | 381 |
| 죽음의 고등 뇌중추 정의를 향하여 | 388 |
| 낙태, 태아에 대한 해악, 그리고 영아 살해 | 391 |
| 접합자, 배아, 그리고 태아의 도덕적 지위 | 394 |
| 잘못된 삶 | 398 |
| 태아를 위한 국가의 개입: 제왕절개수술, 태아 수술, 그리고 시민의 책무 | 404 |
| 결함 있는 신생아를 죽게 내버려두는 것 | 407 |
| 영아 살해 | 416 |
| 태아 연구와 시험관 수정 | 419 |
| 인격체로서의 환자: 세속적 도덕의 비전 | 427 |

## 제7장 자유롭고 충분한 정보에 의한 동의, 치료 거부, 그리고 의료진: 자유의 여러 측면     441

| 환자-치유자 관계 | 445 |
| 전문직 | 446 |
| 낯선 영역에 있는 도덕 이방인으로서의 환자 | 450 |
| 이방인과 친구 | 453 |
| 지나치는 이방인들로부터 제공받는 의료 | 458 |
| 자유롭고 충분한 정보에 의한 동의 | 458 |
| 홀로 남겨질 권리 | 463 |
| 자유의 세 가지 의미 | 468 |
| 충분한 정보의 세 가지 의미 | 473 |
| 타인을 위한 선택: 온정적 간섭주의의 세 가지 형태 | 491 |
| 대리 동의, 그리고 미성년자의 해방 | 500 |

| | | |
|---|---|---|
| 인간 대상 연구 | | 506 |
| 비밀 보장 | | 515 |
| 자살, 안락사, 그리고 죽음의 유형 선택 | | 521 |
| 　홀로 남겨질 권리와 죽음의 결심 | | 527 |
| 　사전 지시, 대리 동의, 그리고 의사 무능력자의 치료 중단 | | 530 |
| 　불신앙 시대의 죽음 | | 533 |
| 　안락사 | | 541 |
| 의료팀 | | 542 |
| 　동의, 도덕적 다양성, 그리고 의료정책: 왜 모든 것은 단일해야만 하는가? | | 545 |

## 제8장 의료에 대한 권리, 사회 정의, 그리고 의료자원 분배에서의 공정: 자원의 한계로 인한 공포　566

| | |
|---|---|
| 의료정책: 평등하고 적정한 의료라는 이데올로기 | 568 |
| 정의, 자유, 그리고 불평등 | 572 |
| 　자연적 로또와 사회적 로또 | 573 |
| 　부자와 가난한 자: 자격의 차이 | 575 |
| 　불운과 불공정 사이의 선 긋기 | 577 |
| 　평등을 넘어서: 이타주의적 평등주의 대 질투에 찬 평등주의 | 580 |
| 거시분배에서 미시분배로 | 585 |
| 　고수준 거시분배 선택 | 585 |
| 　저수준 거시분배 선택 | 586 |
| 　고수준 미시분배 선택 | 587 |
| 　저수준 미시분배 선택 | 587 |
| 　인간의 생명을 건 도박과 건강과 생존의 가치 매기기 | 589 |
| 상충하는 정의의 모델: 내용으로부터 절차로 | 591 |
| 다층 의료 시스템의 도덕적 불가피성 | 601 |

결론: 도덕적 다양성의 면전에서 의료권을 창출하기 609

**제9장 인간 본성의 재형성: 도덕 이방인들과의 덕과 도덕 내용이 없는 책임** 618
우주적 방향 상실 618
닥터 필굿과 건강의 추구: 약물, 치료, 인위적 웰빙, 그리고 행복의 실현 622
미덕과 악덕 629
포스트모더니티, 다원주의와 세속성: 세속 생명윤리의 비전 633

찾아보기 641
비오스총서를 펴내며 658

Χαῖρε φιλοσόφους ἀσόφους δεικνύουσα·
Χαῖρε,τεχνολόγους ἀλόγους ἐλέγχουσα.
Ο ΑΚΑΘΙΣΤΟΣ ΥΜΝΟΣ *

---

\* 고대 그리스어로 쓰인 「아카티스토스 찬미가」의 일부로 다음과 같이 번역된다.
 찬양하라, 철학자의 어리석음을 드러내시는 분.
 찬양하라, 기술자의 무분별함을 드러내시는 분.

**일러두기**

본문 하단의 주석은 모두 역자 주입니다.

제1장

# 서론: 복수 명사로서 생명윤리

## 도덕 다원주의의 얼굴을 한 생명윤리

도덕의 다양성은 현실이다. 그것은 사실적이고 원칙적이다. 생명윤리[*] 및 의료정책은 여전히 이러한 다양성을 진지하게 받아들이지 않고 있다. 생명윤리 교육자, 임상 생명윤리 자문가, 윤리위원회 구성원, 심지어 생명윤리 교과서의 저자들도 특정 의료 선택(예컨대 낙태, 영리 목적의 대리모, 안락사, 생식세포 유전자 조작, 의료 접근의 불평등, 영아 살해, 장기 매매)의 도덕성[**]이나 도덕의 본성(예컨대 목적론, 의무론, 덕윤리)에 관한 다양한 이해를 경시하는 경향이 있다. 마치 정의[1]와 적절한 환자-의사 관계[2]에 대한 규범적인 설명만 제시하면 되는 것 같다. 자원이 어떻게 분배되어야 하고 환자와 의사가 구체적으로 서로를 어떻게 보아야 하는지를 밝히자는 요구는

---

[*] bioethics는 문맥에 따라 '생명윤리' 또는 '생명윤리학'으로 번역했다. '생명윤리'는 실천을 포함하는 보다 광의의 의미로, '생명윤리학'은 생명윤리와 관련된 학술 활동의 의미로 사용했다.
[**] morality는 문맥에 따라 '도덕성' 또는 '도덕'으로 번역했다.

계속되고 있다. 이 모든 것은 어떤 특정한 도덕적 서사나 관점을 넘어서서, 적어도 특정 이념이나 특정 종교³에 기반한 특정 서사나 관점을 넘어서서, 가능하다고 전제된다. 결국 이것이 바로 세속적인 도덕과 생명윤리 기획이 약속했던 것이다. 즉, 개인이 서로에게 빚진 것과 해야만 하는 것을 보편적으로 설명하는 것이다.

우리의 맥락을 특징짓는 깊은 도덕 다양성을 이렇게 인식하지 못하는 것은 이해 가능하다. 합리적인 성찰을 통해 모든 이가 이용할 수 있는 구체적인 도덕성이 있다는 전제는 서양* 역사에 깊은 뿌리를 두고 있다. 모두의 이성, 즉 **로고스**, 익명의 시각에서 현실을 체계적으로 이해하고자—어떤 특정한 역사적 맥락에서 벗어나 있고 어디에도 존재하지 않는 규범적 관점을 정립하고자—처음 열망했던 곳은 서양이었다.⁴ 우리는 이미 소크라테스 이전의 시대에 문화를 초월하고 모두에게 개방적인 규범적 관점이라는 개념을 발견한다. 예를 들어 헤라클레이토스**는 "사유는 모든 이에게 공통적이다. 도시가 그 법을 굳게 고수하듯, 사람은 모두에게 공통적인 것을 굳게 믿고 이를 이해하면서 말해야 한다. 훨씬 더 강고하게 말이다. 모든 인간의 법칙은 단일한 신성한 법칙에 의해 자양분을 얻기 때문이다. 그것은 모든 이에게 만족스러울수록 더 널리 퍼진다. 그러고 나서 남겨진 무언가가 있다"⁵라고 말했다. 존재와 도덕성에 대해 합리적인 설명을 분명히 하려는 이 열망은 플라톤, 아리스토텔레스, 그리고 스토아 철학자들에 의해 더욱 구체화되었다. 이러한 이교도의 이해는 그 후 그리스도교***에 의해 발전되고 강화되었다.

---

\* 저자가 'Western'이라고 표현할 때는 문맥에 따라 두 가지 의미로 읽힌다. 하나는 광의의 '서양 문명' 혹은 그리스도교 전체를 아우르는 '서양 그리스도교'의 의미이고, 다른 하나는 동방 정교회에 대립되는 서방 라틴교회(로마 가톨릭교회)의 의미이다. 그래서 문맥에 따라 '서양' 혹은 '서구'/'서방'으로 옮겼다.
\*\* Heracleitos(B.C.540?~B.C.480?): 고대 그리스 철학자.
\*\*\* 우리나라에서 '기독교'는 주로 개신교를 의미하므로 로마 가톨릭, 정교, 그리고 개신교를 모두 아우르는 '그리스도교'라는 명칭을 사용하였다.

서구 그리스도교(서방 교회)의 종합은 다신교 다문화 세계를 라틴 그리스도교의 단일 문화 일신교로 대체하면서 이성을 강력하게 옹호하고 고대 세계에 존재했던 회의론을 경시했다. 모든 실재와 가치, 사회구조는 하나의 참된 신의 시각과 판단으로 이해되어야 했다. 모든 역사는 구원이라는 그리스도교적 서사의 맥락 안에서 재구성되어야 하며 독특하고 규범적인 맥락과 방향을 제시해야 했다. 형이상학적 설명으로서 유대-그리스도교의 비전은 도덕적이고자 하는 동기뿐 아니라 도덕의 기원과 정당성의 근저에서 일치를 제공하였다. 특히 서구 그리스도교는 도덕성이 신앙 없이 이성을 통해 알려지고 이해될 수 있다는 걸 전제하고 있었다.[6] 서구의 신앙이 깨졌어도 이런 신념은 여전했다. 서구는 이성에 대한 강한 기대감을 가지고 근대에 발을 들여놓았다.[7]

현대의 생명윤리 문제는 일련의 신앙의 상실, 그리고 서구의 윤리적·존재론적 신념의 변화와 밀접하게 얽혀 있는 도덕적 관점과 비전의 붕괴를 배경으로 제기된다. 1517년 만성절에 마르틴 루터가 비텐베르크에 있는 '모든 성인의 교회'에 95개조 논박을 못 박았을 때, 그는 서양에 새로운 시대를 열었고 종교적·도덕적 관점의 통일성이라는 잠정적인 가능성의 붕괴를 알렸다. 사람들은 더 이상 신앙에 기반을 둔 단일한 도덕 관점에 호소할 수 있는, 유일한 최고의 종교적이고 도덕적인 권위가 지배하는 사회에서 살기를 바랄 수 없었다. 그로부터 백 년 남짓 지난 뒤 이 분열은 30년 전쟁과 영국의 내전으로 이어졌다. 1648년에 체결된 베스트팔렌 조약*은 서유럽을 단일한 그리스도교의 비전으로 뭉치게 할 가능성이 없음을 예고했다. 윤리적이고 형이상학적인 합의의 종교적 뿌리가 박살이 난 한편에서, 과학의 진보는 인간이 세계, 아니 우주에서 차지하는 위치에 대한

---

\* 1648년 신성로마제국 영토 베스트팔렌에서 각각 로마 가톨릭과 개신교를 믿는 국가 16개국이 참가하여 맺은 조약. 근대 국민국가의 기틀이 수립되었고 종교의 자유가 확립되었다.

확립된 이해를 훼손하였다. 또한 이러한 진보는 세속적 합리성에 대한 기대를 강화하였다. 1492년 콜럼버스는 '발견(disclosing)'이라는 단어의 급진적 의미에서 미국을 발견하였고, 그 뒤를 따라 마젤란은 우리 세계의 광활한 지리와 문화의 다양함을 보여주었다. 1543년 5월 24일 동프로이센에서 코페르니쿠스(Nicolaus Copernicus)가 임종할 때『천구의 회전에 관하여(De revolutionibus orbium coelestium)』초판본이 유품으로 남겨지면서 세계관의 극적이고 광범위한 변화의 은유가 될 관념의 전환이 이루어졌다. 코페르니쿠스 혁명은 우리의 세속적인 비전으로부터 절대적 혹은 최종적 관점을 박탈한 많은 관념의 변화 중 하나였다. 즉, 인간은 더 이상 우주의 중심에 있는 존재가 아니었다. 이 문제는 1859년 다윈(Charles Darwin)의 『종의 기원(On the Origin of Species)』에 의해 더욱 악화하였는데, 이는 인간의 환경에 대한 정전적(canonical)* 비전인 에덴을 박탈했다. 인류는 더 이상 생명의 발달 단계에서의 특권을 상실했고, 신성한 디자인은 물론 단일한 인간 본성에 대한 우세한 세속적인 이해도 사라졌다.

    서구 그리스도교의 종교적 통합이 약해짐에 따라 계몽주의자와 진보주의자의 희망—(일반적으로 철학이나 이성적인 성찰을 통해) 어떤 특정한 도덕적 서사 밖에서 도덕적 염결성의 일반적 정전(canon)과 좋은 삶의 특성을 밝힐 수 있다는 희망—이 커졌다. 이 희망은 30년 전쟁과 영국의 내전을 배경으로 생겨났다. 그 염원은 모든 것을 구속하고 항구적인 평화를 위한 토대를 제공하는 공통 도덕성을 이성에 의해 발견하는 것이었다.[8] 이것이 근대 철학의 도덕 기획이었다. 즉, 은총과 이성의 시너지를 통해 서양 중세가 약속했던 도덕적 실질과 권위를 확보하되, 이제는 합리적인 논증을 통해 확보하자는 것이었다. 이 희망은 거짓으로 판명되었다.[9] 서구에

---

\* 저자는 이 책에서 정전적(正典的, canonical)이라는 표현을 자주 사용한다. 이는 특히 (그리스도교) 신앙, 또는 특정 종교가 표준으로 인정한 규범이나 사유체계를 의미한다. 이 책에서는 때로 규범적(normative)이라는 의미도 지닌다.

서 그리스도교 사상의 헤게모니가 무너지면서 남겨진 공백을 철학이 메우기보다 철학은 다수의 경쟁하는 철학(들)과 윤리(들)이 있음을 스스로 보여주었다. 실재에 대한 단일한 도덕적·형이상학적 설명의 발견을 통해 서구의 그리스도교 일신론에 해당하는 세속주의를 지탱하려는 시도는 도덕적 다양성의 혼돈과 수많은 경쟁적인 도덕 서사의 불협화음을 통해서 여러 관점의 다신교로 분열되었다. 우리의 인식론적 한계를 반영하는 사회학적 조건으로서 이러한 상황은 포스트모더니티를 정의한다. 세속적 합리성은 득의양양해 보인다. 그러나 그것은 복수의 합리성(들)이 되었다. 그것이 도덕적 또는 형이상학적 지향을 제공하는지는 불분명하다.

한편 일부는 특정한 세속 철학을 정부가 강요하는 세속 대중운동으로 변모시키기를 열망했다. 이러한 시도 역시 실패했다. 한때 가장 널리 유행한 세계관이었던 마르크스주의는 하룻밤 사이에 신앙이 실패한 것처럼 크게 무너졌다. 서구의 주요 기성 교회들은 사회적 중심성을 되찾으려는 시도에도 불구하고 상당한 신앙의 손실을 보았다. 로마 가톨릭교회는 제2차 바티칸 공의회를 소집하고 두 번째 성령강림과 신앙의 꽃을 만개할 개혁을 적극적으로 추진하였다. 고위 성직자들은 당대의 조건에 적응하고 그 요구에 부응하려고 시도했다. 이 **쇄신(aggiornamento)**\*은 특히 서유럽에서 공허해진 평신도와 교회를 떠나는 성직자들에게 환영받았다.[10] 성령 속의 단결 대신 불일치와 불화가 있었다. 신념의 조화보다는 한 무리의 논쟁만이 있었다. 기성 주요 개신교 교회들도 유사한 참석률 저하와 문화적 충돌을 경험했다. 극적인 이슬람의 부활과 몇몇 근본주의 종교운동의 발전을 제외하고는, 기성 종교, 특히 현대에 적응을 시도했던 종교들은 일반적으로 쇠락을 경험했다. 교황 요한 바오로 2세는 이렇게 탄식한다. "한때

---

\* 교황 요한 23세에 의한 제2차 바티칸 공의회(1962~1965)를 통해 등장한 로마 가톨릭교회의 쇄신과 변혁 운동을 의미한다.

깊은 신앙심으로 그리스도교인의 삶을 살았던 사람들과 공동체를 무겁게 내리누른 비그리스도교화는 신앙의 상실, 혹은 일상적 삶과 무관한 사건과 관련될 뿐 아니라, 필연적으로 **도덕감(moral sense)\*의 쇠퇴나 희박해짐**을 수반한다."[11] 그래서 현대의 생명윤리는 상당한 회의, 믿음의 상실, 지속적인 신념들, 도덕 비전의 복수성, 공공정책의 도전이라는 배경에 자리 잡는다. 의료정책은 이러한 도덕적 혼란 속에 형성된다.

현대 서구 사회는 대부분의 민주주의의 주요 제도를 기성 교회로부터 분리한—심지어 그 잔재가 일부 남아있다 해도—역사적 힘의 결과로서, 세속적이다. 사회들은 다원적이며, 다양한 도덕감정과 믿음을 가진 공동체를 포괄한다. 그러한 다양성은 비록 감추어져 있어도 항상 드러난다. 명목상으로 로마 가톨릭교회를 신봉했던 중세 유럽은 이단자, 선동가, 무신론자 외에 상당수의 유대인을 포함했다. 다원주의는 이 지배적인 문화의 힘에 의해 억압을 받았다. 이런 지배를 벗어나면 다원주의가 아닌 사회를 빚어내기는 어렵다. 아마도 그리스 도시국가의 범위를 넘지 않는 아주 소규모의 사회에 정착해야 할 것이다. 적어도 대부분의 국가를 모델로 하여 지리적으로 자리 잡은 사회를 원한다면 그렇다. 이처럼 서양에, 또 이를 통해 간접적으로 세계에 영향을 끼친 아리스토텔레스의 폴리스에 대한 비전은 이민자들과 그 문화적 통일성을 분열시킬지도 모르는 다른 이들을 받아들이지 않았던 작은 도시의 비전이었다는 사실을 기억해야 한다.[12] 모범적인 도덕 공동체는 상당한 통일성을 가진 것이었다.

근대의 철학적 희망은, 그러한 어려움에도 불구하고, 사람들 간에 일반적인 공통성을 발견하는 것이었다. 이러한 공통성은 단지 절차 이상의 정전적이고 내용 충만한 도덕\*\*—서로 다른 다양한 도덕 공동체의 구성원인

---

\*  moral sense는 도덕감, moral sentiment는 도덕감정으로 옮겼다.
\*\* 정전적이고 내용 충만한 도덕(canonical, content-full morality)이다. 실질적인 도덕 내용을 갖추고 표준으로 기능할 수 있는 도덕성을 의미하며 저자가 사용하는 핵심 개념 중 하나이다. 여기에 일반적이고 세

도덕 이방인*들을 함께 구속하는 도덕—의 발견을 통해 모색되었다. 우리는 다양한 종교적·이념적 신념을 가진 공동체들에 호소할 수 있는, 내용 충만한 세속 도덕(생명윤리학의 내용 충만한 토대를 포함한다)을 발견할 수 있어야 한다. 이는 근대의 철학적 기획의 목표였다. 많은 이는 비합리적인 과거의 잔재인 종교적 신념을 불식하고 합리성이 밝힐 수 있는 내용 충만한 도덕의 빛 아래에서 살 수 있다고 생각해왔다. 단순히 특정 세계관이나 이데올로기의 표현이 아닌, 합리성과 인간성의 요청의 표현으로서 정의와 올바른 행동에 대한 이해를 확립할 희망이 있었다.

   이 마지막 단락은 이 책 전반에 걸쳐 기술적 중요성을 갖는 두 용어, 즉 **내용 충만한 도덕**과 **도덕 이방인**을 소개한다. 내용 충만한 도덕은 사람들이 그들의 동의(consent)를 통해 도덕적 권한을 확립하는 공동의 노력을 의미하는 순전히 절차적인 도덕(procedural morality)과 대비된다. 도덕 이방인은 건전한 합리적 논증에 의해 도덕 논란을 해결하는 데 필요한 충분한 도덕적 전제나 증거의 규칙을 공유하지 않거나, 도덕 논란을 해결하는 데 있어 권위 있는 개인이나 기구에 대해 공통적인 승복을 하지 않는 이들이다. 내용 충만한 도덕은, 그들 자신의 승인(authorization) 없이 인격체를 사용할 수 없다는 매우 희박한 요건을 넘어서, 무엇이 옳은지 그른지, 좋은지 나쁜지에 관한 실질적인 지침을 제공한다. **도덕 공유인**은 내용 충만한 도덕을 공유하여, 건전한 도덕 논증을 통해서, 혹은 공통 협약(common agreement)** 이상의 다른 원천으로부터 도출되어 인정받는 도덕적 권위***

---

   속적인(general secular)이라는 형용사가 더 붙으며, 이 "일반적이고 세속적인, 정전적이고 내용 충만한 도덕"의 발견이 현대 윤리학 또는 생명윤리학의 기획이라고 저자는 보고 있다. 이 기획은 그러나 실패할 운명이라는 것이 저자의 주장이다.

\* 저자는 같은 도덕 공동체에 속하며 동일한 도덕 내용을 공유하는 도덕 공유인(moral friend)과 다른 도덕 공동체에 속하며 상이한 도덕 내용을 가지는 도덕 이방인(moral stranger)을 구별한다.

\*\* agreement는 문맥에 따라 협약 또는 합의로 옮겼다. 그러나 합의는 통상 consensus를 의미한다.

\*\*\* moral authority는 문맥에 따라 주로 '도덕적 권한'으로 옮겼지만, 종교적인 공동체의 그것을 의미할 때는 '도덕적 권위'로도 옮겼다.

에 함께 호소함으로써 도덕 논란을 해결할 수 있다. 도덕 이방인들은 공통 협약에 의해 도덕적 합의를 이루어야 하는데, 왜냐하면 그들은 도덕 논란에 관해 내용 충만한 도덕을 발견하기 위한 도덕 비전을 공유하지 않기 때문이다. 이는 공통으로 인정하는 도덕적 전제(증거와 추론의 규칙과 함께)에 호소하거나, 그리고/혹은 도덕 논란을 해결하고 내용 충만한 도덕 지침을 줄 수 있는 권위를 가진 개인, 혹은 기구에 호소함으로써 가능하다. 그럼에도 도덕 이방인은 서로에게 소외될 필요가 없다. 그들은 서로의 도덕적 다짐(moral commitments)을 인정하고 그것들이 오해되거나 혼란에 빠지는 것을 이해할 수 있다. 근본적인 가치들의 다른 순위가 개개인을 도덕 이방인으로 만들겠지만 서로를 불가해하게 만들지는 않는다. 게다가 인간의 환경과 경향의 복잡성을 감안하면, 도덕 이방인들은 감정을 교류하는 최고의 친구가 될 수도 있다.

　도덕 공유인과 도덕 이방인 사이의 구별은 종종 공동체(community)와 사회(society) 사이의 규정적인 구별 사이에서 포착될 수 있다. 이 책의 논증에서 **공동체**는 종종 **사회**와 대비를 이룬다. 이러한 대비 안에서, **공동체**는 도덕 공유인으로서 협력할 수 있게끔 하는 좋은 삶에 대한 공통된 도덕적 전통이나 관행이 엮어주는 사람들의 집단을 식별하는 데 사용된다. 공동체 안에서 개인을 구속하는 도덕적 관행이나 전통은 다소 두껍거나 얇을 수 있다. 수도원의 구성원들은 강고한 도덕 전통과 관행에 매우 두껍고 빡빡하게 구속되어 있을 것이다. 다른 공동체들은 그렇게 단단하게 구속되지 않을 수도 있다. **사회**는 다양한 도덕 공동체에 속한 사람들을 아우르는 연합체(association)\*를 식별하는 데 사용된다. 그들은 이 공통된 연합체에서 협력할 수 있지만, 도덕 공유인과 함께하는 공동체 안에서 실질적

---

\* 저자는 도덕 공유인들로 구성된 공동체(community)와 도덕 이방인들이 협력하는 연합체(association)를 구별한다. 이 책에서 association은 주로 '연합체'라 옮겼고, 특정 맥락에서 '협회'로 옮겼다. corporation은 '협력체' 또는 맥락에 따라 '기업'으로 옮겼다.

인 도덕적 위치를 발견한다. 아미시 교도, 하시딤,* 독실한 정교회 그리스도교인, 기타 이념적으로 통일된 공동체의 구성원들은 그들 자신을 시민으로, 따라서 더 큰 미국 사회의 구성원으로 이해할 수도 있지만, 그들의 주된 도덕적 위치와 정체성은 그 특정 공동체에 있을 것이다. 어떤 특정 도덕 공동체에 덜 강고하게 헌신하는 다른 이들은 서로 다른 소속감과 다른 층위의 도덕적 다짐을 가진 여러 중첩하는 공동체에 속하게 될 것이다. 이러한 이들조차도 더 큰 사회를 들여다보면, 상당한 견해차가 있는 도덕 공동체의 일원인 여러 동료나 시민을 발견하게 될 것이지만, 그들이 비록 도덕 이방인일지라도 여전히 동료나 시민으로서 제한적인 협력을 할 수 있음을 알게 될 것이다.[13]

### 생명윤리와 포스트모더니티

다음 장에서 보게 되겠지만, 정전적이고 내용 충만한 세속 도덕은 발견 불가능하다. 이 실패에 대한 인식은 포스트모던 철학의 곤경을 표시한다. 이는 우리의 지성사와 이성에 대한 지나친 기대를 감안하면 받아들이기 어려운 상황이다. 정전적인 내용 충만한 도덕을 발견하는 데 있어 근대 철학 기획의 실패는 현대 세속 문화의 근본적인 재앙이자 현대 생명윤리의 맥락을 구성한다. 우리는 도덕 이방인들, 즉 건전한 합리적 논증이나 도덕적 권위에 대한 호소를 통해 도덕적 논쟁을 해결할 수 있을 만큼 도덕 원칙이나 도덕 비전을 충분히 공유하지 못하는 이들과 마주친다. 이런 논란을 합리적으로 해결하려 시도하면 최종 결론 없이 논의가 계속된다. 합리적 논증은 서로 다른 도덕 비전을 가진 이들, 즉 도덕 이방인들과 마주칠

---

\* 아미시 교도는 미국과 캐나다에 거주하는 개신교 재세례파 일부의 종교·문화 공동체로 18세기 삶의 양식을 그대로 보전하며 살아간다. 하시딤은 경건한 율법주의 유대교도를 지칭한다.

때 도덕적 논쟁을 잠재우지 않는다.

낙태 논쟁의 격렬함은 이러한 의견 불일치가 얼마나 큰지를 보여준다. 어떤 이들은 낙태를 도덕적으로 심각한 악으로 여기는 반면(필자도 살인과 같거나 그에 준하는 악으로 본다), 어떤 이들은 기껏해야 신체적 해악으로 본다. 낙태 논쟁은 뜨거울 뿐 아니라 단단히 자리 잡고 서로 상충하는 도덕 비전들을 반영하는 많은 논쟁거리 중 하나일 뿐이다. 고비용 의료, 태아 연구, 장기 매매 등은 합의가 거의 이뤄지지 않는 대신 활발하게 논쟁 중인 많은 문제에 속한다. 그러나 지난 10년간, 불과 반세기 전만 해도 생각할 수 없었던 많은 의료 행위(예컨대 네덜란드의 안락사와 산모의 요구에 의한 낙태)가 점점 더 받아들여지고 있다. 허용적이고 다양한, 광범위하게 잘 표현된 생명윤리학의 연맹이 발전했다. 그러나 이러한 겉보기만의 일치는 영리 목적의 대리모 및 안락사 서비스, 혹은 명시적인 계층 구분 의료 시스템(즉, 모든 사람이 접근 가능한 의료 시스템과 더불어 추가 혜택을 구매할 수 있는 계층만 접근 가능한 별도 의료 시스템)의 개발과 같은 쟁점이 제기될 때면 깊은 불일치를 드러낸다.

불일치들이 불일치들과 한데 얽혀 있다. 많은 세속적 비전을 갈라놓는 근본적인 차이가 존재하고, 이는 생명윤리에 대한 세속적 이해와 전통적이고 종교적인 덕성 간에도 그러하다. 후자도 서로 견해가 다르다. 인격체의 선*을 성취하는 것과 그들을 자유롭고 책임감 있는 도덕적 주체로 존중하는 것 사이에는 근본적인 긴장이 있다. 인격체의 선을, 누가, 어떻게, 그리고 어떤 기준에 따라 정의해야 하는지에 대한 근본적인 의견 불일치가 있다. 생명윤리 쟁점은 비록 분열되어 있지만 중요한 문제로 간주된다. 우리는 의학에서 더 이상의 것을 할 수 없다. 하지만 우리는 우리가 무엇을

---

\* person은 대개 '인격체'로 옮겼지만, 문맥에 따라 '사람'으로 옮기기도 하였다. good은 주로 '선'으로 옮겼지만, 문맥에 따라 '좋음' 혹은 '재화'로 옮기기도 하였다.

할지 혹은 하지 않을지에 대한 견해에 있어 깊은 불일치 상태로 남아있다.

응용윤리학이나 생명윤리학에 종사하는 많은 이는 근대 사상의 근원에 있는 이러한 난제들을 무시하는 것 같다. 많은 이는 어떤 세속 윤리를 적용해야 하는지가 분명한 것처럼 윤리를 적용하는 업무를 수행한다. 많은 이가 마치 하나의 내용 충만한 생명윤리학이 있는 것처럼, 단일한 정전적이고 내용 충만한 생명윤리의 정통 교의가 있는 것처럼, 그래서 이것이 모든 세속적인 도덕적 결정을 인도하고 모든 의료정책을 정당화해야 하는 것처럼 생명윤리 자문이나 조언을 제공한다. 그런 자문과 조언은 마치 이성 그 자체가 요구하는 것처럼 특정한 도덕 비전, 이념 또는 도덕적 정통 교의의 부과로 이어질 수 있다. 그 자문가들은 마치 성직자, 랍비, 혹은 목사가 어떤 종교적 맥락에서 하는 것처럼 일하지만 그들의 분파적 입장을 인정하지도 않는다. 각각은 종종 자유롭고 충분한 정보에 의한 동의(informed consent)에 관한 매우 내용 충만한 이해와 더불어 적절한 의사-환자 관계에 대한 관점을 가지고 있다.[14] 그들은 자신의 선택을 인도하는 특정한 도덕적 다짐을 인정하지 않으면서, 이와 같은 이성을 대변한다. 그들은 의료 분배에 있어 정의와 공정에 관한, 내용 충만한 설명을 발전시킨다. 그들은 내용 충만한 세속적 도덕 비전을 안다고 주장하는데, 그것은 모든 사람에게 정전적(canonical)이다. 유일한 난제는 그런 것은 존재하지 않는다는 것이다. 특정한 도덕적 다짐이 없으면 내용 충만한 도덕은 없다.[15] 특정한 도덕적 관점 바깥에 내용 충만한 생명윤리란 존재하지 않는다. 게다가 다양하고 심오한, 상이한 도덕적 이해들이 있다. 즉, 생명윤리학은 복수로 존재한다. 이 책은 이러한 상태의 결과, 즉 포스트모더니티의 불손한 다원성을 탐구한다.

전통적인 공동체 밖에서 살면서 초월적이거나 이념적인 신념이 없는 사람들은, 믿음의 차이가 종종 내재적 관심사의 보다 근본적인 공통성을 가린다고 추정한다.[16] 이 삶의 항존하는 즐거움과 기회는 무엇보다 우선적이고, 최종적인 판단의 근거가 되는 것처럼 보인다. 물질적이고 공통된 것 안에서 어떤 근거를 추구하기도 한다. 그러나 역사는 그 평범한 이들을 갈라치고, 믿음은 그들에게 변모하는 의미를 부여한다. 심지어 코스모폴리탄을 갈라치는 관점과 전통의 차이도 있다. 코스모폴리스와 코스모폴리탄에 대한 비전은 하나 이상 있다(예컨대 자유민주주의적 코스모폴리탄 대 싱가포르의 준독재 자본주의의 옹호자).[17] 믿음과 도덕 비전의 상당한 차이가 존재하고, 이들은 행동, 성격, 미덕을 규정한다. 그럼에도 불구하고 이러한 차이들이 다양한 도덕적 이해의 살아있는 공동체, 코스모폴리탄들을 형성한다. 이 책은 이런 진정한 도덕적 다양성과 다원주의를 진지하게 받아들이고 생명윤리 및 의료정책에 대한 그 영향을 탐구하고자 한다.

도덕은 두 가지 차원에서 이용 가능하다. 도덕 공유인들의 내용 충만한 도덕과, 도덕 이방인을 구속하는 절차적 도덕이다. 그 결과, 필자를 포함한 많은 이가 심각하게 잘못되었고 도덕적으로 문란하다고 생각하는 거대 세속 국가에서는 많은 것이 허용되어야만 한다. 이러한 상황은 일반 사회나 거대 국가가 그 도덕 공동체를 구성하고 싶어했던 이들을 실망시킬 텐데, 이는 (그 도덕 공동체의) 내용 충만한 세속 생명윤리에 의해 인도될 수 있다. 그들의 희망은 사회적으로 근거가 없고, 세속적인 도덕성의 가능성 측면에서 정당화될 수 없다. 거대 국가는 수많은 평화로운 도덕 공동체를 아우르는데, 이는 그 국가가 억압할 세속 도덕적 권리를 가지고 있지 않은 다양성이다. 스탈린과 히틀러에서 중국 4인방과 폴 포트에 이르는 금세기 최대 규모의 살인은 국가를 단일 도덕 공동체로 만들고자 했던 강제력에서 비롯되었다. 그 잔인한 억압에도 불구하고 다양성은 여전하다.

다양성 자체가 좋다는 말은 아니다. 예수께서 게라사인에게서 내쫓은 악마에게 "네 이름이 무엇이냐?"고 물으셨을 때, 그 악마는 "제 이름은 군대(Legion)입니다" 하고 대답하였다(『마르코』 5:9).* 존재에 대한 정통 유대-그리스도교 신앙의 이해는 그 근원에 한 인격, 한 불멸의 신, 한 아버지가 있다는 것이다. 반면 악은 원심적이고 흩어지며, 분산되고, 개인적이다. 이러한 다양성에 반하여 국가는 신의 손이 아니다. 적어도 일반적이고 세속적인 측면에서 국가는 신의 손으로 보여질 수는 없지만, 사실상 신의 섭리가 작용할 수도, 신이 처분할 수도 있다. 따라서 세속 국가는 기본적으로 불가피하게 다신교적으로 등장한다.[18] 우리는 다양한 비전, 혼돈스러운 목소리들, 유혹하는 신들의 무리, 대안적인 생활방식, 그리고 다양한 공동체들을 발견한다. 전체적으로, 신이 없다면, 이 모든 것에는 궁극적인 선이 없다. 나는 세속적 생명윤리의 풍경에서 종종 타락했지만 세속 국가는 바로잡을 수 없는 다양성을 인식한다. 이 책은 혼돈이나 심지어 그 다양성의 상당 부분을 찬양하지도 않고, 확실히 이 풍경의 도덕적 타락과 공허함을 찬양하지도 않는다. 대신, 이 책은 혼란과 포스트모더니티의 다양성을 수용할 수 있는 세속적인 수단을 제공한다. 이 수단은 빈약하고 초월적인 성취감을 주지는 않는다. 그러나 그것들은 일반적이고 세속적인 측면에서 이용할 수 있는 전부이다.

많은 이는 서양의 중세 시대를 갈망하면서도 동시에 그것의 신에 대한 믿음을 회피하고 싶어한다. 그들은 특정 의료정책을 보증할 수 있는 내용 충만한 세속 생명윤리를 발견하기를 열망한다. 그들은 세속 이성에 의해 내용 충만한 도덕과, 정부가 그것을 강요할 수 있는 도덕적 권위를 발견하려고 한다. 많은 이가 철학자와 생명윤리학자들이 한때 목사, 사제, 랍비들이 주었던 일종의 도덕적 인도를 제공할 수 있다고 상상한다. 그들은 삶의 의미에 대한 구체적인 교육이나, 적어도 정의, 공정성, 도덕적으로 받아들일 수 있는 의료정책에 대한 내용 충만한 설명을 추구한다. 그들은 내용 충만한 도덕적 해답을 합리적으로 찾기를 바란다. 그들은 국가로부터 그들이 한때 교회나 시나고그의 일원으로서 알았던 것과 같은 공동체를

---

\* 이 번역본의 성서 구절은 주로 『공동번역성서』를 따랐으며, 문맥에 따라 일부 변형하였다.

추구한다. 그들은 거대 국가에서 세속적인 규범적인 합의를 갈망하며 거대 사회가 구체적인 도덕 공동체와 같을 수 있기를 희망한다. 그들은 신앙이 없는 세속적인 종교를 추구한다. 이런 희망은 헛된 것이다.

  이것은 결국 근대 도덕철학의 기획으로서, 서양 중세 시대가 이성에 대한 믿음과 특정한 신앙을 통해 달성하기로 약속했던 도덕 비전과 권위의 핵심을 이성만으로 확보하고자 하는 것이다. 근대의 희망은 특정한 계시와 특정한 역사에 대한 중세의 헌신 없이 도덕과 정치적 권위를 확보하는 것이었다. 근대 도덕철학 기획의 실패는 서양을 형성한 철학적인 일신교와 신앙에 대한 추억과 더불어 우리를 고대의 다신교와 회의주의로 돌려보낸다. 일종의 상실감이 있다. 통일성과 공동체에 대한 기억에 반해, 단일한 내용 충만한 이해에 굴복하지 않을 다양한 도덕 비전들과 내용 충만한 생명윤리들이 있을 뿐이다. 이것은 포스트모더니티, 그리고 그것이 부과한 다중관점과 다중문화적 비전의 대가이다. 생명윤리는 복수형으로 남아있다.

### 정치, 도덕성, 그리고 생명윤리

  이 책은 단순한 정치 이론이 아니라, 의료정책을 수립하기 위해 개인들이 도덕 이방인으로 만났을 때 이들을 인도할 도덕성에 관한 설명을 제공한다. 그렇게 만나면 그들은 다양한 도덕 공동체의 도덕 이방인들과 공유할 수 있는 공통된 것, 즉 공화국(res publica, 공공의 것)을 통해 정치의 영역에서 협력하는 경향이 있다. 그러한 관점에서 보면, 모든 사람이 만족스럽게 공유하기란 불가능하다. 그런 면에서 이 그림은 실망스러운 것이다. 그러나 그것이 일반적이고 세속적인 측면에서 정당화될 수 있는 전부다. 그러면 독자는 '이 정당화는 도덕 행동에 동기를 부여하기에는 충분하지 않다'라거나 '종교적·이념적 광신자들은 설득되지 않을 것이다. 그들은 자신의 견해를 강요하기 위해 위력을 사용할 것이다'라고 반박할지도 모른다. 이에 대해 나는 '그럴지도 모른다. 그럼에도 이 책이 정당화하는 도덕 이론은 개인적으로 혹은 공동체 안에서 평화롭게 행동하는 사람을 보호하기 위해 위력을 사용하는 것을 세속 도덕으로 정당화한다. 그들은 사회제도의 확립과 더불어, 비록 제한된 방식이긴 하지만 공동선을 추구하고 의료정책을 수립할 수 있다'라고 응답할 것이다. 철학 논증은 대중을 움직이지 못할 수도 있지만, 만약 성공하면, 좋은 논증은 동기를 부여하기 위해 언제 정당성 있는 강제력을 사용할 수 있는지, 그리고 어떤 복지에 대한 권리를 창출할 수 있는지를 보여줄 수 있다. 게다가 탐욕에 의해 움직이는 시장이 재화와 서비스를 창출할 수 있는 여지는 충분하기 때문에, 전부는 아니더라도 다수를 풍요롭게 할 것이다. 사회적 개입이나 시장의 기여와는 별개로, 도움이 필요한 사람들에게는 자선이 대응할 수 있는 공간이 있다. 독자는 다시 물을지도 모른다. 이 모든 것이 결국 좋은가? 이것이 신이 원하는 것인가? 이것이 초월적 진리인가? 이것이 생명윤리로부터 얻을 수 있는 전부인가?

세속적인 철학적 추론의 기획 안에서, 이 궁극적인 질문에 대한 대답은 불가능하다. 세속적인 철학적 이성의 기획조차 적어도 일반적이고 세속적인 측면에서는 평가나 보증이 불가능하다. 그것은 오히려 다양한 참여자가 그 가치와 중요성에 대한 다양한 관점을 제시하면서도 도덕적으로 권한을 가진 협력이 이루어질 수 있는 하나의 가능성이다.

아마도 독자는 도덕적이고자 하는 동기뿐 아니라 도덕의 발생과 정당성을 통일하려는 열망을 가지고 있을 텐데 이는 신성(Deity)에 의해서만 발견될 수 있다.[19] 신의 존재와 의지 안에서만 무엇이 옳고, 선하며, 유덕한지에 관한 궁극적인 기원을 발견할 수 있다. 또한 신성의 관점만이 (합리성의 궁극적 근원인) 신에게 도덕을 궁극적으로 의지하려는 방식으로 도덕이 합리적인 이유에 대한 설명을 제공할 수 있다. 마지막으로, 신성의 관점은 비행(非行)에 대한 궁극적인 금지를 제공한다. 인식과 존재, 도덕의 발생과 정당화의 우연의 일치는, 도덕적이고자 하는 동기와 마찬가지로 철학자의 신 안에서 그토록 자주 모색되었는데 이는 일반적으로 정당화되는 세속적 설명에서 찾을 수 없다.[20] 세속적 도덕 성찰은 왜 도덕적이고자 하는 것이 합리적이고 사려 깊은지에 대한 심오한 설명을 제공할 수 없다. 사실 합리성과 사려 깊음(prudence)에 대해서는 수많은 이해(理解)가 존재하기 때문에, 항상 어떤 사려 깊음, 정의, 또는 도덕적 합리성에 호소하고 있는지를 명시해야 한다.

우리에게 남은 것은 도덕적인 관점의 다신교이며, 유일신적 관점에서 모색하는 능력은 전혀 남아있지 않다. 그럼에도 불구하고 세속적인 도덕적 성찰은 근대 철학적 기획의 붕괴에도 불구하고 도덕 이방인들 사이의 협력뿐만 아니라 세속적으로 권한을 가진 도덕 담론의 가능성을 제공할 수 있다. 개인들이 (권한을 가지고 위력에 대한 의존 없이) 평화적으로 문제를 해결하는 데 관심이 있다면, 비록 그들이 같은 방식으로 신의 말씀을 듣지 못하더라도, 그리고 세속적인 건전한 이성적 논증은 특정한 내용 충만한 도덕 비전을 정립할 수 없다는 사실에도 불구하고, 세속적 생명윤리를 보장하는 기능은 가능할 것이다. 보잘것없고 내용이 없다 해도, 그것은 일반적이고 세속적인 측면에서 정당화될 수 있는 전부이다. 일반적이고 세속적인 측면에서는 그것이 좋다는 것조차 알 수 없다.

이는 일반적이고 세속적인 측면에서 적절한 의사-환자 관계, 또는 부족한 자원의 배분에 대해 말할 수 있는 것이 거의 없음을 의미한다. 예를 들어, 좋든 나쁘든, 영리 목적의 대리모 및 안락사 서비스를 촉진하거나 금지하는 내용 충만한 도덕 지침은 없을 것이다. 어떤 강압적인 제한이 일반적이고 세속적인 측면에서 정당화될 수 있는지에 대해서는 한계가 있을 것이다. 유덕한 의사라는 표현에 적합한 어떤 특정한 세속적인 도덕 내용은 없을 것이다. 우리는 사람은 선을 행해야 한다는 것은 알지만, 의학의 선과 목적, 심지어 선행의 의미에 대한 공통된 이해는 없다. 예를 들어, 가난한 사람에게 돈을 주어 불임시술을 받도록 하거나 그들에게서 장기를 사는 것은 선행인가, 혹은 악행인가? 동의를 받을 때 이성적 판단을 할 수 있는지 시험하는 것이 바람직할까, 아닐까? 아니면 의사들이 함께 뭉쳐서 전문적인 표준에 따라서만 정보를 제공하겠다고 선언할 수 있는가? 이미 당연하게 여겨지는 도덕적 관점을 벗어나면, 사람들은 세속적인 관점에서 볼 때, 명시적이든 묵시적이든 그들 자신의 협약에 의해서만 구속될 도덕 이방인으로서 만나게 될 것이다. 공통된 세속적인 도덕적 권한의 직조물이 있겠지만, 그것은 공허할 것이다.

특정한 도덕 공동체 밖에서는 정전적인 내용 충만한 도덕 지침, 즉 내용 충만한 생명윤리가 존재하지 않는다. 충분한 정보에 의한 동의, 시장 이전(market transfers), 그리고 제한된 민주주의의 결정으로부터 도덕적 권한을 가진 구조를 만들 수 있을 것이다. 그러나 그것들은 실질적이고 비절차적인 도덕적 가르침을 제공하지 않을 것이다. 예컨대 사람들은 인간 배아에 대한 실험이 잘못인지 여부를 알 수 없을 것이지만, 그렇게 하려면 배아를 소유하고 있는 사람들의 동의를 얻어야만 하고, 미래 생명에게 해를 입히지 말아야 한다는 사실을 알게 될 것이다. 물론 실제로 말해야 할 것은 훨씬 더 많다. 그러나 일반적이고 세속적인 생명윤리는 그것을 말할 수 없다. 그럼에도 불구하고 그러한 구체적인 믿음의 공통성 밖에 우리를 구속하고 절차적 생명윤리를 정초시킬 수 있는 절차적 도덕성이 있다. 세속 도덕과 생명윤리는 감정적인 설득의 언어나 권력에 대한 의지에 봉사하는 담론의 언어 속으로 사라지지 않는다. 논리실증주의자들과 니체에 반대하고 포스트모더니티의 전령들에 주목하면서도, 이 근대 도덕철학 기획의 한 조각을 구하는 것은 여전히 가능하다. 비록 나를 포함한 대부분의 사람이 이 구제 가능한 조각은 원했거나 기대했던 것에 비해 훨씬 작다는 것을 알게 되겠지만 말이다.

### 폐허 속의 생명윤리

모순되는 도덕 비전들 사이에서, 한때 강력했던 정통 교의의 폐허 속에서, 그리고 평화적인 세속주의의 맥락 속에서 어떻게 우리는 그 덕목들을 이해할 수 있을까? 어떻게 용기의 미덕을 이해하는가? 의사들이 영웅적인 수단을 취할 때 용기 있는 것인가? 어떤 목적이 어떤 위험을, 누구의 입장에서 정당화하는지를 먼저 알아야 한다. 겸손의 미덕을 어떻게 이해할 수 있는가? 환자는 어떤 것에 대해 수치심을 느껴야 하는가? 인간의 번영에 관한 내용 충만한 비전 밖에서는 그런 질문에 대답할 수 없다. 일반적이고 세속적인 도덕의 맥락에서, 덕성은 도덕의 내용으로부터 벗어나게 된다. 한때 중요한 도덕 문제였던 것이 취향의 문제가 된다. 세속주의의 도덕 세계는 협상과 합의를 위한 최적의 절차를 제공한다. 계약상의 권리와 의무는 예전의 품성(character)과 미덕(virtue)의 풍성한 언어를 대체한다.

미덕과 품성에 대한 전통적인 관심은 특정 도덕 공동체 내에서 제공되는 맥락과 내용을 벗어난 일반적이고 세속적인 측면에서는 거의 이해될 수 없다. 이러한 주장은 매킨타이어*와 다른 사람들의 주장과도 일치한다. 즉 우리는 한때 활기차고 통합되었던 도덕 비전과 이해의 조각난 잔해 속에서 살아가고 있는데, 이들은 현대 의료정책에 관한 내용 충만한 설명을 적절하게 제공할 수도 있었을 것이다.[21] 그러한 무너진 이해의 잔여물은 현대 세계의 거주자들에게 종종 모순되고, 결국 세속적인 측면에서 정당화될 수 없는 도덕 비전을 제공한다. 도덕적 직관은 그것을 지속시키고 의미를 부여하는 도덕 비전과 단절되어 편견, 불확실한 감정, 금기, 고립된 도덕적 직관으로서 지속된다. 온전한 도덕 공동체 안에서 살고 내용 충만

---

\* 알래스데어 매킨타이어(Alasdair MacIntyre, 1929~2025): 스코틀랜드의 철학자. 도덕철학과 정치철학을 연구하였으며 대표 저서로『덕의 상실』이 있다.

한 도덕 비전을 가진 신앙인들은 미덕과 품성의 의미를 분별하는 데 어려움이 없을 것이다. 그러나 그들은 인간의 번영에 대한 그들의 비전과, 일반적이고 세속적인 측면에서 확보할 수 있는 매우 작은 것 사이에 엄청난 간극을 느끼게 될 것이다.

전통적인 도덕주의자들과 그들의 공동체들은 여전히 남아있다. 그 신봉자들은 은총을 수용하고 역사에 복종한다. 그들은 덕성과 품성에 대해 구체적으로 알고 있다. 심지어 일부는 신성함과 거룩함을 위해 노력한다. 그들은 무엇 때문에, 언제, 왜 죽을 가치가 있는지 알고 있다. 그들은 도덕성이 명령할 뿐, 그 내용은 선택한 것이 아님을 안다. 현대 사회에서 그들은 호기심의 대상이자 도전이다. 그들은 좋은 죽음, 의료기술의 수치스러운 사용, 고통 앞에서의 용기에 관한 내용 충만한 관점을 가지고 있다. 그것들은 인간의 의미, 헌신, 그리고 공동체에 대한 수많은 생생한 현전을 제공한다. 그들은 인간의 의무에 대한 다양한 관점을 가진 다채로운 생명윤리를 제공한다. 따라서 로마 가톨릭교도들은 지나치게 부담스럽다고 여기는 연명의료를 중단하는 반면,[22] 정통파 유대인들은 환자의 임종 시점까지 치료해야 할 의무가 있다고 여긴다.[23] 외부에서 보면, 특정한 도덕 공동체는 다양한 도덕적 취향을 제공한다고 간주될 수 있다. 그들의 관점은 심지어 에큐메니스트 코스모폴리탄에게도 휴리스틱(heuristic)*한데, 그들은 연명의료의 비용과 이득 사이에서 적절한 균형을 어떻게 맞출지 궁금해할 것이다.

### 도덕 다양성 앞에서의 관용

다양성은 매력적인 것만이 아니다. 내용이 있는 다양성은 공격적이다.

---

\* 시행착오를 통한 발견을 의미한다.

타인에 반하여 특정한 믿음을 갖는 것은 판단을 유도하는 것이다. 정전적이고 내용 충만한 비전은 강력하고 효과적이다. 따라서 정통 유대교와 정교회는 동의하의 안락사는 물론 편의적 낙태를 비난한다. 이러한 종교들은 그러한 일을 잘못으로 간주하는데, 이는 그 신자들에 한한 것은 아니다.[24] 이러한 종교들이 그 잘못을 고수하는 이들을 억압하기 위해 위력을 사용하지 않는다는 점에서 관용적이라고 하더라도, 이러한 문제를 단순한 개인적 선택이나 선호의 문제로 보지 않는다는 의미에서 관용적이지 못하다. 그들은 강압적이지 않다는 의미에서 허용적이지만, 수용적이지는 않다.

코스모폴리탄 에큐메니스트들이 종종 가장 심하게 불쾌감을 느끼는 것이 바로 이 점이다. 그들은 정통 유대교인이 여성은 한 명 이상의 남편을 가질 수 없지만, 남성은 한 명 이상의 아내를 가질 수 있기 때문에 체외수정에서 비혼 여성에게 난자를 기증받을 수는 있어도, 남성에게서 정자를 받을 수는 없다고 할 때, 이 사회적 역할에 대한 현대적 이해를 침해하는 생활방식과 도덕 비전에 불쾌감을 느낄 것이다.[25] 그러나 이는 포스트모더니즘의 도덕적으로 불가피한 대가 중 하나일 뿐이다.

도덕 이방인을 구속하는 도덕 비전은, 동의 없는 위력의 사용은 금지하지만, 타인이 도덕 다양성을 비난하거나(이단, 변태 등), 합의된 공동체에서 도덕적인 공격을 하는 등의 도덕적 모욕은 그렇지 않다.

그러므로 세속 생명윤리학은 그리스도교 사회들이 자살이나 심각한 결함이 있는 신생아의 안락사와 같이 도덕적으로 심각한 문제라고 여겨지는 많은 것을 금지하는 결정적인 세속 논증을 발전시킬 수 없다. 이 책이 보여주듯, 일반적이고 세속적인 측면에서 **직접적** 낙태가 심각한 도덕적 악임을 입증하는 것은 불가능하다(나는 나의 종교적인 근거에 의해 자살과 안락사는 물론, 직접적 낙태가 심각한 잘못이라고 선언한다). 세속 생명윤리학은 평등주의의 비전이나 정치적 올바름에 대한 내용 충만한 이해를 강압적으로 실현하는 것을 정당화하지 못한다. 특정한 이데올로기는 특정 종교보다 일반적이고 세속적인 측면에서 그다지 유리하지 않을 것이다. 게다가 세속 생명윤리학은 대개 답을 줄 수 있더라도, 불확실성의 혼란스러운 영역을 남길 것이다. 이것은 캘러핸*이 비판한 것[26]과 같은 미니멀리스트 윤리의 추구에서 비롯된 것이 아니라 세속적인 추론의 한계를 인식하는 데서 나온다. 생명윤리학의 능력에 대한 이러한 결론은 세속적인 공공 정책의 변화를 요청하는데, 그러한 정책은 일반적이고 세속적인 측면에서 정당화되어야 한다. 특정 행동이 잘못이라는 것을 보여줄 일반적이고 합리적인 논증이 없다면, 그러한 행위를 위력으로 금지하는 세속의 도덕적 권한은 훼손된다. 그러나 동시에 특정 공동체는 자신의 구성원들과 실질적인 도덕적 이해를 형성할 자유를 누려야 한다. 특정 공동체와 특정한 도덕 비전의 영역 안에 살수록 도덕 이방인을 구속하는 것과 도덕 공유인을 구속하는 것 사이의 날카로운 대비를 더 잘 알 수 있을 것이다.

우리는 종교전쟁에서 죽은 사람보다도 정의, 인간 존엄, 이념적 순수성, 역사의 진보, 순수함이라는 세속의 비전을 위해 더 많은 사람이 살해당한 세기를 살고 있다. 노동자와 농민에 대한 헌신을 공언한 국가들은 그들의 우세한 정치적 정당성을 따르지 않는다는 이유로 수백만 명의 노동자와 농민을 죽였다. 이러한 잔학 행위는 세속주의를 열망하고 인간적 감정을 고백하면서도 인간 조건의 특징인 도덕 비전의 사실상의 다양성과 다원성을 용납하지 못한 정권의 행동이었다. 잘못된 선택에 대한 관용은 흔한 일이 아니었다. 실제로 토마스 아퀴나스**는 완고하거나 다시 배교하는 자들을 세상에서 말살할 것을 권고한다.[27] 우리는 구원보다 덜 중요한 문제

---

* 대니얼 캘러핸(Daniel Callahan, 1930~2019): 미국의 철학자, 생명윤리학자. 헤이스팅스 센터의 공동 설립자이다.
** Thomas Aquinas(1225~1274): 중세 이탈리아의 신학자이자 철학자. 스콜라 신학의 완성자로 일컬어진다.

에 대해서도 관용하는 법을 배울 필요가 있을 것이다. 우리는 현대판 세속주의 버전의 이단자 화형식(haeretico comburendo)을 피해야 할 것이다. 억압이 없는 영구적인 평화는, 만약 그런 것이 가능하다면 우리가 타인의 선택, 그들의 사적 자원, 다른 이들에 대한 동의, 그리고 그들의 공동체를, 그것이 아무리 괴상하고 그 선택이 아무리 심각하게 잘못이든 간에 관용하고자 할 때 도래할 것이다.

지난 10년 동안 많은 것이 기대 이상으로 바뀌었다. 아마도 이 시대의 정치 구조는 우리가 평화롭게 구체적인 의견 차이의 무성함을 받아들일 수 있는 합의를 받아들일 것이다. 세계 지배를 열망하던 이데올로기는 (경제체제의 처참한 실패만이 아니라) 그 자신의 신념의 실패로 인해 완전히 무너졌다. 아마도 낡은 사회와 정치 구조의 폐허 속에서 우리는 제한된 세속적 도덕적 권한과 구멍이 숭숭 뚫린 세속 도덕, 그리고 진정한 도덕적 차이를 앞에 두고 평화롭게 살며 세속적으로 정당한 의료정책을 구성하는 법을 배우게 될 것이다. 이것은 서로 어긋나고 다양한 도덕적 차이를 용인하고, 세속적인 도덕의 한계를 인정할 것을 요청한다. 그러나 다양성 속에서의 평화로운 협력의 은총이 우리의 몫이 아니라면, 그럼에도 순전히 세속적인 측면에서, 그것이 정당화될 수 있는 전부이다.

관용은 우리가 비난받아 마땅하다고 생각되는 행위들에 대한 도덕적 비난을 포기해야 함을 의미하지는 않는다. 결국 관용은 우리가 잘못되었거나 부적절하다고 생각하는 것에 대해서만 의미가 있다. 우리는 선을 관용하지 않고, 악을 용인한다. 이는 단지 국가의 강압적인 개입을 세속적으로 정당화할 수 없는 해악이 많다는 것이다. 이 모든 것에서, 종교와 이데올로기 신봉자들은 세속 생명윤리가 다른 사람들에게 손을 내밀고, 강제력은 아니더라도 증인과 예시를 통해 타인을 개종시키거나 모집할 수 있는 평화로운 중립적 틀을 제공한다는 것을 인식해야 한다.[28] 정통 종교 신자들은 기도가 세속적 이성이 식별할 수 없는 것을 분명히 한다는 것을 알아야 한다. 회개의 은총은 위력이 아니라 신성함의 매력이다.

이 책에서 서술한 일반적이고 세속적인 도덕과 특정 도덕 공동체의 도덕 사이의 구분은 이성이 독자적으로 확립할 수 있는 것과 계시가 가르치는 것을 나누는 전통적인 서구 그리스도교의 구분과 관련이 있다.[29] 어떤 특별한 내용(contents)의 원천이 지탱해주지 않으면, 도덕과 삶의 궁극적인 목적에 대한 우리의 이해는 여전히 빈곤한 상태로 남아있다.[30] 인간 존재의 의의에 관한 서양 형이상학의 전통적인 질문 대부분은 일반적이고 세속적인 측면에서 답변 불가능하다.[31] 예를 들어 토마스 아퀴나스의 성찰에서 나온 것처럼 이 책의 결론과 전통적인 자연법 이론이 제시하는 결론 사이의 일반적인 차이는 이 책이 인정하는 세속적 이성의 한계 내에 있다.[32] 혹은 좀 더 정확하게 말하면, 이 책은 은총을 직접 지향하지도, 벗어나지도 않으면서, 그러나 이성의 능력을 은혜, 전통, 또는 특정한 이데올로기의 기여와 분리하려 시도하면서, 이성이 밝혀줄 수 있는 것을 묘사한다.[33] 그러한 상황에서 자연법 이론의 희망은 거의 충족될 수 없다.

일반적이고 합리적인 세속적 논증에 호소하여 선한 삶, 적절한 행동, 의료정책 또는 생명윤리에 대한 구체적인 비전을 확립할 수 없다는 것은 생명윤리에 대한 두 상이한 이해를 발전시킨다. 즉, 세속 생명윤리와 내용 충만한 도덕적 다짐의 생명윤리다. 그 첫 번째가 이 책의 주제다.

# 주

1 의료정책의 정의라는 주제를 다룬 논문뿐 아니라 풍부한 저서가 있다. 예를 들어 다음을 보라. Henry J. Aaron and William B. Schwartz, *The Painful Prescription* (Washington, D.C.: Brookings Institution, 1984); Thomas J. Bole III and William B. Bondeson (eds.), *Rights to Health Care* (Dordrecht: Kluwer, 1991); Larry R. Churchill, *Rationing Health Care in America* (Notre Dame, Ind.: University of Notre Dame Press, 1987); Norman Daniels, *Just Health Care* (New York: Cambridge University Press, 1985); Paul T. Menzel, *Strong Medicine* (New York: Oxford University Press, 1990); E. Haavi Morreim, *Balancing Act* (Washington D.C.: Georgetown University Press, 1995); Martin A. Strosberg, Joshua M. Wiener, and Robert Baker (eds.), *Rationing America's Medical Care: The Oregon Plan and Beyond* (Washington, D.C.: Brookings Institution, 1992); 그리고 Robert M. Veatch, *The Foundations of Justice* (New York: Oxford University Press, 1986).

2 펠리그리노(Edmund Pellegrino)와 토마스마(David Thomasma)는 의사-환자 관계를 재검토하였는데, 그들은 현재의 이해를 비판하고 그 관계를 본연의 성격으로 회복시켜야 한다고 주장했다. *A Philosophical Basis of Medical Practice* (New York: Oxford University Press, 1981), and For the Patient's Good (New York: Oxford University Press, 1988). Edmund Pellegrino and David Thomasma, *The Virtues in Medical Practice* (New York: Oxford University Press, 1993).

3 나폴레옹이 '이데올로그(ideologues)'라는 용어를 사용하여 조롱하고, 마르크스가 주로 사회적·정치적 현실에 관한 허위의식을 지칭하는 말로 '이데올로기(ideologie)'를 사용하면서 이 용어에는 부정적인 함의가 수반되었다. 'idéologie'는 1796년 앙토니 루이 클로드 데스튀트 드 트라시(Antoine Louis Claude Destuttde Tracy, 1754~1836)가 관념에 대한 유물적인 해석, 그리고 그가 동물학의 일부라고 여겼던 일반심리학에 붙인 단어다. 존 로크의 이론을 경험적 감각주의(empirical senstationalism, 모든 관념은 감각에서 파생된 것으로 이해되어야 한다는 이론)으로 발전시킨 에티엔 보노 드 콩디야크(Étienne Bonnot de Condillac, 1715~1780)를 반박하고 피에르 장 조르주 카바니(Pierre Jean George Cabanis, 1757~1808)의 유물론에 동의한 드트라시는 관념에 관한 환원적 설명을 시도하였다. 이렇게 드트라시는 인간의 '이데올로기적' 혹은 심리적 활동의 이론으로서 그의 학문, 즉 이데올로기를 발전시켰다. 콩디야크, 카바니 등과 함께 드트라시는 이 '이데올로기'에 대한 이해의 조망하에 교육개혁을 포함한 급진적인 사회개혁을 위해 노력했다. 나폴레옹은 이 '이데올로기 학자(idéologistes)'들을 반대하였고, 이들을 '이데올로그'라 부르며 조롱하였다. 19세기에 이데올로기는 마음의 철학, 관념의 학문, 사변적 성찰, 비실용적 이론, 혹은 개혁에 관한 비현실적 열망을 모두 아우르는 용어로 사용되었다.

카를 마르크스(1818~1883)와 프리드리히 엥겔스(1820~1895)는 『독일 이데올로기(Die

deutsche Ideologie)』에서 노동의 가치뿐 아니라 지배적인 사회구조로부터 노동자를 소외시키는 경제적 질서를 반영하는 관념 체계에 관한 설명이라는 특별한 의미를 이데올로기에 부여하였다. 이데올로기는 사상과 신념의 상부구조로서, 특정한 사회 기구(예: 부르주아 자본주의)를 그럴싸하고 효과적으로 보이게끔 한다. 이데올로기는 "당대의 지배적 관념을 표상한다. […⋯⋯] 지배적 사상은 지배적 물질 관계, 사상으로서 파악된 지배적 물질 관계의 이상적인 표현에 지나지 않는다. 따라서 하나의 계급이 지배적 사상이 된다." Marx and Engels, *The German Ideology* (New York: International Publishers, 1967), p. 39. 이데올로기는 역사적으로 조건화된 특정한 정치적·사회적·경제적 구조를 절대화하고 노동의 소외를 합리화하는 허위의식이다. 이런 맥락에서 사상가들은 지배계급의 이익을 보호하는 이데올로기를 개발하고 유지한다. 이들은 "계급의 환상을 그들의 주된 생계원으로 삼는 관념론자들"(ibid., p. 40)이다. 그러나 마르크스주의 이론에서 역사는 프롤레타리아트의 승리를 보장하기 때문에 결과적으로 나쁜 이데올로기와 좋은 이데올로기, 즉 공산주의 이데올로기 사이에 갈등이 존재한다. 결국 마르크스-레닌주의는 자본주의자의 부르주아 이념에 대항하는 투쟁에서 혁명적 노동계급의 이념이다. 따라서 고르바초프는 페레스트로이카를 정당화하려고 하면서 페레스트로이카의 이념적 원천이 레닌이라고 말할 수 있었다. Mikhail Gorbachev, *Perestroika* (London: Collins, 1987), pp. 25-26. 여기서 사회주의 이데올로기는 새로운 형태의 이데올로기로 간주된다.

그 결과 마르크스주의 서클에서 이데올로기는 '이데올로기 투쟁'의 양쪽을 다 포괄한다는 점에서 중립적인 의미를 띠게 되었다. "모든 이데올로기는 하나의 뿌리, 즉 당대의 심리학, 당대의 특징, 그 매너, 습관, 도덕, 느낌, 관점, 열망과 이상의 총체로부터 자라난다." B. M. Boguslavsky et al., *ABC of Dialectical and Historical Materialism* (Moscow: Progress, 1978), p. 451. 또한 이데올로기는 이렇게 정의된다. "그 위치, 과정, 문제 등의 총체로서 사회 현실에 관한 견해, 관념, 이론의 체계. 이에 대해 계급의 이익이 집중되며 사회적 행동규범에 관한 규칙과 규범, 평가, 결정, 견해 등이 설명된다." Georg Assmann et al. (eds.), *Wörterbuch der Marxistisch-Leninistischen Soziologie* (Berlin: Dietz, 1977), p. 261. 또한, F. W. Konstantinow et al., *Grundlagen der marxistischen Philosophie*, trans. from Russian by Otto Finger et al. (Berlin: Dietz, 1966), especially pp. 193-651; Wolfgang Eichhorn et al., *Marxistisch-leninistische Philosophie* (Berlin: Dietz, 1979), 특히 pp. 661-674. 과학과 물리적 세계에 대한 이해를 포함한 이데올로기의 예는 다음을 보라. G. Domin and H.-H. Laufmann (eds.), *Imperialismus und Wissenschaft* (Berlin: Akademie-Verlag, 1977); Herbert Hörz, *Marxistische Philosophie und Naturwissenschaften* (Berlin: Akademie-Verlag, 1974); Alexander Wemecke, *Biologismus und ideologischer Klassenkampf* (Berlin: Dietz, 1976). 이데올로기 분석의 관점에서 사회적 구조와 신념을 설명하려는 열성적 시도에 대한 간략한 비평은 Jon Elster, *An Introduction to Karl Marx* (New York: Cambridge University Press, 1986), especially pp. 168-85 참조. 이러한 여러 문제에 관한 뛰어난 개요는 Klaus Hartmann, *Die marxsche Theorie* (Berlin: de Gruyter, 1970), pp. 196-204,

554-66 참조.

이 책에서 이데올로기는 합법적인 정치적 권위는 물론 도덕, 정의, 적절한 사회구조에 대한 이해를 어떤 집단에 제공하는 사상, 이미지, 가치관, 형이상학적 가정, 인식론적 전제 등을 호명하기 위해 사용된다. 이 용어는 종교가 제공하는 것과 같은 도덕적·공리학적·정치적·인식론적·형이상학적 이해의 그물망에 해당하는 세속적 등가물을 호명하기 위해 사용된다. 마르크스주의자의 설명에 따르면 종교적 믿음은 이데올로기의 한 요소이기 때문에 이 용도는 규정적이다. 더욱이 내 용법으로 관념은 행동을 지시하는 것 못지않게 세계관에서 작동한다. 따라서 코플스턴(F. Copleston)의 다음과 같은 정의는 너무 좁다. "'이데올로기'라는 용어는 한 집단의 행동, 또는 조율된 인간의 행동을 통해 사회적 또는 정치적 목표의 실현을 지향하는 사상 체계로 이해된다." Frederick Copleston, *Philosophy in Russia* (Notre Dame, Ind.: University of Notre Dame Press, 1986), p. 4.

4   서양이 과학, 기술, 제국주의, 상업적 성공을 통해 전 세계에 종교, 법률, 문화와 언어를 수출했기 때문에, 이 책의 많은 부분은 서양의 철학적 논증과 서양 문화와 사상의 발전에 대해 말하고 있다. 우선, 서양은 자기 전통문화를 세계에 수출했고, 둘째, 자기비판적·반전통적 문화가 현대의 전통 이후(posttraditional) 문화를 형성했기 때문이다. 서양은 대체로 현대의 세계 문화를 창조했다. 그 결과 도쿄, 베이징, 시드니, 예루살렘, 멕시코시티, 마닐라, 부에노스아이레스, 텍사스주 오스틴 중 어디에 살고 있든지 간에 생명윤리 논쟁에서 두드러진 것은 서양 생명윤리학뿐 아니라 서양의 철학적 성찰과 예측이다. B. A. Lustig et al. (ed.), *Regional Developments in Bioethics: 1989-1991* (Dordrecht: Kluwer, 1992). 토착 생명윤리학을 정립하려는 시도는 서양의 모더니티에 대항하여 지역 전통문화의 일부를 보전하려는 노력이며, 따라서 서양 생명윤리학에 대응하는 것으로 정의된다. 개발도상국의 관점에서 생명윤리에 대한 설명을 하려는 실질적인 시도는 앙헬레스 탄 알로라(Angeles Tan Alora)와 동료들이 마닐라 동남아시아 생명윤리 센터에서 준비 중인 책인 *Bioethics: Readings and Cases from the Developing World*에서 찾아볼 수 있다. 참고로 Rosemarie Tong, *Feminist Thought: A Comprehensive Introduction* (Boulder, Colo.: Westview Press, 1989)을 보라.

5   Heraclitus, *On the Universe*, in *Hippocrates*, trans. W. H. S. Jones (Cambridge, Mass.: Harvard University Press, 1959), xci, vol. 4, p. 499. 스토아학파는 헤라클레이토스의 설명을 그들의 '코이노스 로고스(Κοῖνος λόγος)' 이론의 선구로 보았다.

6   서양 그리스도교 신앙의 합리적인 신앙 설명은 여러 단계를 거쳐서 형성되었다. 그것은 캔터베리의 안셀무스(1033~1109)의 존재론적 증명이나, 토마스 아퀴나스(1225~1274)의 '다섯 가지 존재 증명(quinque viae)' 또는 적어도 어떤 형태로든 합리적인 고려를 통해 신의 존재를 이성적으로 보여줄 수 있다는 견해를 포함했다. 1870년 4월 24일 바티칸 공의회 제4차 세션에서 승인된 「가톨릭 신앙에 관한 교의 헌장 Ⅱ, 계시에 관하여 1(*Constitutio dogmatica de fide catholica, Canones*, Ⅱ. *De revelatione*, 1)」. 이러한 철학과 신학의 결혼은 프랑크 궁정에서 발전하여 필리

오케(filioque)의 새로운 교의에 대한 지지에서 표명된 합리주의의 초창기 통합을 따랐다. John S. Romanides, *Franks, Romans, Feudalism, and Doctrine* (Boston: Holy Cross Orthodox Press, 1981). 이러한 합리주의적 다짐과 열망은 도덕에 대한 법적인 이해와 얽히게 되었다. Christos Yannaras, *The Freedom of Morality* (Crestwood, N.Y.: St. Vladimir's Seminary Press, 1984). 서방 그리스도교가 교회 전통과 분리되어 그 자체의 형태를 갖게 된 과도기에 대한 간략한 설명은 Chrysostom Frank, "St. Bernard of Clairvaux and the Eastern Christian Tradition," *St. Vladimir's Theological Quarterly* 36 (1992): 315-28 참조.

7 이 책에서 나는 고대, 중세, 근대, 포스트모던 세계, 또는 시대를 언급한다. 나는 주로 그리스와 로마의 원천으로부터 유래한 위대한 지중해 이교 문화를 고대 세계로 지칭하는데, 이것은 밀라노 칙령(A.D. 313) 이후 6세기 중반 이전의 어느 시점에 종결되었다. 알라리크의 로마 점령(A.D. 410), 로물루스 아우구스투스의 퇴위(476), 이교 아카데미의 폐쇄(529), 마지막으로 542년에 시작된 4년간의 대규모 역병 유행은 그때까지의 문화적 이해의 붕괴 및 새로운 세계의 시작을 알렸다. 대역병 이후 지중해 인근 세계의 성격에 대한 고찰은 예컨대 다음을 보라. John E. Sandys, *A History of Classical Scholarship* (New York: Hafner, 1958), vol. 1, pp. 269-71, 383. 이 시기 이후 서구 세계는 성격과 어조가 확연히 달라져 있었다. 이미 494~95년에 쓴 편지에서 로마 교황 겔라시우스(Pope Gelasius, 492~496)는 고대(antiquus)와 현대(modernus)를 구별했다. Walter Freund, *Modernus und andere Zeitbegriffe des Mittelalters* (Cologne: Bohlau, 1957), p. 4. 6세기 무렵에는 로마 원로원 의원이자 시편 해설자인 마그누스 아우렐리우스 카시오도루스(Magnus Aurelius Cassiodorus, 480~575)가 개발한 이 용어가, 오늘날과 마찬가지의 의미에서 고대 세계를 지칭하기 위해 사용되었다.

고대 로마의 멸망 이후 새로운 로마(동로마 제국)가 멸망한 무렵까지 이어진 천년으로서 중세의 개념은 1439년에서 1453년 사이에 플라비오 비온도(Flavio Biondo)가 쓴 기념비적인 역사 *Historiarum ab inclinatione Romanorum imperii decades*에 의해 일부 형성되었다. 이 책은 알라리크의 로마 점령(A.D. 410) 시대부터 1442년까지를 다루었다. Alfred Masius, *Flavio Biondo, Sein Leben und seine Werke* (Leipzig: B. G. Teubner, 1879), Denys Hay, "Flavio Biondo and the Middle Ages," *Proceedings of the British Academy* (London: Oxford, 1960), pp. 97-125. 메디아 템페스타스(media tempestas, 1469), 메디아 아이타스(media aetas, 1518), 메디움 아이붐(medium aevum, 1604)과 같은 용어들이 이어서 등장하였다. Otto Brunner, Werner Conze, Reinhart Koselleck (eds.), *Geschichtliche Grundbegriffe* (Stuttgart: Klett-Cotta, 1978), vol. 4, p. 98. 그리고 다음을 보라. Christoph Cellarius, *Historia Universalis, breviter ac perspicue exposita*, in *Antiquam et Medii Aevi ac Novam divisa* (1685). '고대, 중세, 근대의 저자들'을 말하는 이들도 있었다. Nathan Edelman, "The Early Uses of Medium Aevum, Moyen age, Middle Ages," *Romanic Review* 29 (Feb. 1938): 7 그리고 다음을 보라. "Other Early Uses of *Moyenâge* and *Moyen temps*," *Romanic Review* 30 (Dec. 1939): 327-30. 르네상스 시대의 선입견으로부

터 이 시기는 고대 세계와 근대를 구분하는 암흑시대라고 여겨졌고, 르네상스와 종교개혁이 형성한 유럽을 지칭하는 근대와 더불어 역사의 세 부분을 이루었다. 모더니티는 어떤 의미심장한 관계를 과거의 문학, 문화, 지식과 통합했다. 이러한 의미에서 모더니티의 최초의 표현은 근대의 문학과 문화가 고대보다 더 나은지 여부에 관한 신구논쟁(querrelle)에서 발견된다. "18세기 초 '모던'이라는 단어는 전쟁 선포의 울림 같았지만, 그 후 비로소 '고대'에 대한 안티테제가 되었다. 즉 고전적인 고대와 대비되었다." Carl E. Schorske, *Fin-de Siécle Vienna* (New York: Alfred Knopf, 1985), p. xvii. 또 Hans Baron, "The *Querelle* of the Ancients and the Moderns as a Problem for Renaissance Scholarship, *Journal of the History of Ideas* 20 (Jan. 1959): 3-22; 그리고 다음을 보라. J. W. Lorimer, "A Neglected Aspect of the 'Querelle des anciens et des modernes,'" *Modern Language Review* 51 (Apr. 1956): 179-85. 프랑스 혁명(1789)과 그 후 1793년 11월 9일 이성 숭배를 확립하려는 시도에 있어, 모더니티는 반그리스도교는 아니더라도 분명히 반로마 가톨릭적 성격을 띠게 되었다. André Latreille, *L'Église catholique et la révolution française* (Paris: Hachette, 1948), 기성 종교에 대한 반감은 1803년 8월 24일 제국 칙령(Reichsdeputationhauptschlufl)에 따른 독일의 세속화에 의해 뒷받침되었는데, 이 세속화는 로마 가톨릭의 소유권을 세속의 손에 이양하여 중세 시대까지 거슬러 올라가는 복지시스템을 파괴하고, 희귀본과 소중한 예술품을 부순 성상 파괴 운동(Bilderstruz)을 일으켰다. H. H. Hofmann (ed.), *Quellen zum Verfassungsorganismus des heiligen römischen Reiches deutscher Nation*, (Darmstadt: Wissenschaftliche Buchgesellschaft, 1976), pp. 329-58. 옥타비오 파스의 주장대로 근대는 "그리스도교 사회로부터의 단절"로 특징지을 수 있다. Octavio Paz, *Children of the Mire*, trans. Rachel Phillips (Cambridge, Mass.: Harvard University Press, 1974), p. 27. 실제로 제1차 세계대전과 진보주의자들의 희망의 붕괴 이후, 모더니티는 적대적 문화라는 의미를 지니게 되었다. Lionel Trilling, *Beyond Culture* (London: Seeker & Warburg, 1966). 그것은 그리스도교 신앙뿐만 아니라 대부분의 전통적인 서구 문화에도 반대한다. 19세기와 20세기 초의 모더니티는 과학과 사회의 발전에 대한 희망과 자신감으로 가득 차 있었다. 다음을 보라. J. Howard Moore, *The Universal Kinship* (London: George Bell, 1906). 그 이후 모더니티는 "과거를 비판할 뿐만 아니라 자기 비판적이고 자기 회의적인 것이 되었다. 모더니티는 '근대의 전 존재에 대한 끝없는 영구 혁명'이 되었다." Marshall Berman, *All That Is Solid Melts into Air* (New York: Simon & Schuster, 1982), p. 30.

종교 내에서 모더니티는 현대의 과학과 환경에 적응한다는 의미를 갖게 되었다. 로마 가톨릭에서는 1907년 7월 3일 교황 비오 10세의 서한 「라멘타빌리(Lamentabili)」가 단죄한 모더니즘이라는 이단을 포함하게 되었다. Joseph Schnitzer, *Der katholische Modernismus* (Berlin: Protes-tantischer Schriftenvertrieb, 1912). 또 다음을 보라. Gabriel Motzkin, *Time and Transcendence* (Dordrecht: Kluwer, 1992). 모더니티는 후에 예술과 문학에서 특별한 의미를 지니게 되었다. 근대 예술의 두드러진 요소는 과거와 고전 예술과의 결별이다. "근대 건축, 근대 음악, 근대 철학, 근대 과학―이 모두는 과거로부터, 또는 과거에 대항해서 자신을 규정하지 않고, 과거로부터의 독립으로 자신을 규정한다." Schorske, *Fin-de-Siècle Vienna*, p. xvii. 또 다음을 보라. Matei Calinescu, *Faces of Modernity: Avant-Garde, Decadence, Kitsch* (Bloomington: Indiana University Press, 1977).

포스트모더니티라는 용어는 현대에 대해 성찰하는 역사적 시기를 시사하기 위해 아널드 토인비가 처음 사용하였을 것이다. Harry Levin, *Refractions* (New York: Oxford University Press, 1966), p. 277. 이 용어는 또한 제2차 세계대전 이후 두드러지게 된 거대한 사회적·산업적·기술적 변화를 지칭하기 위해 사용되었다. 그 변화를 포착하기 위해, 작가들은 포스트부르주아 사회에 관해 말했다. George Lichtheim, *The New Europe: Today and Tomorrow* (New York: Praeger, 1963). 이 사회는 '후기 산업사회'였다. Daniel Bell, *The Coming of Post-Industrial Society* (New York: Basic Books, 1973). "포스트모던 시대의 도래는 데이터 수집과 분석, 시뮬레이션, 시스템 분석을 수행하는 새로운 정보기술의 급부상으로 표시되었다. 증기기관이 제품 생산에 기여한 것처럼 컴퓨터는 지식을 생산한다고 말해진다." Amitai Etzioni, *The Active Society* (New York: Free Press, 1968), p. 9. 포스트모더니티는 또한 어떤 사회학적·인식론적 상태를 확인하였는데, 이는 인간의 경험을 보편적으로 해석하는 서사의 상실, 그와 더불어 일반적이고 세속적인 측면에서 그러한 서사의 내용을 정당화하거나 공개할 수 있는 능력의 상실이다. Jean-François Lyotard, *The Postmodern Condition*, trans. G. Bennington and B. Massumi (Manchester: Manchester University Press, 1984). 이 포스트모더니티의 최후의 의미, 사실로서 그리고 원칙으로서 일반적이고 세속적인 도덕적 서사의 부재는 생명윤리학을 다룬 이 책의 핵심 주제이다. 독자는 내가 보편적인 도덕적 서사의 파열에 관한 리오타르의 주장을 휴리스틱하게 받아들이지만, 우리의 상태에 관해서는 그와 많은 점에서 차이가 있음을 알게 될 것이다. 비록 나는 특정한 세속 도덕적인 설명이나 서사에 대한 세속적인 도덕적 권위가 부재함을 인식하고 '서사의 독점'이 파괴되었다는 데 동의하지만, "이야기를 듣고, 전개하고, 말할 수 있는 힘에 대한 의지"에 대한 그 권위에 상당한 한계를 인정한다. 리오타르가 강조하는 "비중심주의, 비최종주의, 비진리(non-centrism, non-finality, non-truth)"는 어떤 내용 충만한 세속적 서사에도 적용된다. Andrew Benjamin (ed.), *The Lyotard Reader* (London: Blackwell, 1989), pp. 153, 120. 그 결과, 적극적 인권과 허락 원칙을 넘어서는 관용에 대한 권리를 가지고 내용 충만한 이해를 내세우는 유네스코와 그 밖의 단체에게는 미안하지만, 보편 인권의 정식화는 불가능한 임무이다. 예컨대 다음을 보라. Eugene B. Brody, *Biomedical Technology and Human Rights* (Paris: UNESCO, 1993).

요약하면, 고대 세계, 혹은 고대에 대해 말할 때, 나는 강력한 회의주의 전통을 특징으로 하는 이성에 대해 기껏해야 겸손한 기대를 했던 다신교적·다문화적 지중해 세계를 지칭하고 싶다. 중세는 로마 가톨릭교회가 형성되고, 후에 종교개혁이 이에 반응했던 서구 그리스도교 세계를 지칭하기 위해 사용할 것이다. 서양 중세는 계시 신앙에 대한 강력한 헌신을 갖춘 일신교적이고 단일 문화적인 도덕관뿐 아니라 도덕의 내용과 신앙이 밝혀준 도덕적 권위를 이성이 발견할 수 있다는 확고한 믿음을 제공하였다. 이러한 맥락에서 강한 회의주의는 사실 일종의 이단으로 간주되었다. 예를 들어, 1347년 11월 25일 교황청의 신앙주의(fideism)에 대한 단죄를 보라.

전술한 바와 같이 모더니티는 애매한 용어다. 첫째, 그것은 중세 이후, 보다 분명히는 르네상스와 종교개혁 이후 신구논쟁의 정신하에서 서유럽 문화가 탐험, 천문학, 해부학, 물리학, 화학, 예술에서의 성공에서 태어난 자신감을 가지고 고대에 대한 자신의 우위를 주장했던 시기를 지칭한다. 그것은 그 철학에서 종교개혁이 초래한 분열을 확장하고 그 뒤에서 16세기 초의 종교전쟁을 촉발하였다. 이러한 의미에서 모더니티는 이성의 중심성을 선언하는 계몽주의에서 그 절정에 이른다. 그것은 과거를 제약으로, 미래를 해방으로 보는 것이다. 이마누엘 칸트(1724~1804)의 1784년 계몽주의에 관한 선언은 이러한 관점의 현현이다. "계몽이란 스스로 자처한 미성숙으로부터 벗어나는 것이다. 미성숙이란 자신의 이성을 다른 사람의 지시 없이는 사용할 수 없는 무능함이다. 이 미성숙은 스스로 자처한 것인데 그 원인이 이성의 결핍에 있는 것이 아니라 다른 사람의 지시 없이 그것을 사용할 결단과 용기의 결핍에 있기 때문이다. Sapere Aude(과감히 알려고 하라)! '너의 이성을 사용할 용기를 가져라!' 이것이 계몽의 표어이다. [······] 나는 이성의 공적 사용이란, 독자 앞에서 학자로서 그것을 사용하는 것이라고 이해한다." "What Is Enlightenment?" in *Foundations of the Metaphysics of Morals*, trans. L. W. Beck (Indianapolis: Bobbs-Merrill, 1976), pp. 85, 87, Akademie Textausgabe, vol. 8, 35, 37. AK는 칸트의 표준 텍스트인 칸트 전집 *Kants gesammelte Schriften* (Berlin: de Gruyter)을 의미한다. 프랑스혁명 이후 제1차 세계대전까지 진보와 이성에 대한 강한 신뢰가 있었다. 그러나 프리드리히 니체에서 현재 이르기까지 모더니티는 강한 적대적 문화가 되었는데, 이는 단순한 반그리스도교적인 것이 아니라 다다(Dada)와 마찬가지로 이성 자체를 문제시하게 되었다. 이 두 번째 의미에서의 모더니티는 이성의 통일적인 초점을 잃은 포스트모더니티의 시작이다. 모더니티를 언급할 때 나는 그것을 첫 번째 의미로 사용하고, 두 번째 것은 전통적인 서구 문화의 자기 회의로 인한 파편화, 이성에 대한 믿음의 상실, 그리고 문화적 다양성을 의미하는 것으로 간주한다. 포스트모더니티와 함께 서양은 후기전통주의가 되었다. 즉, 그것은 1천 5백 년의 문화의 핵심 요소를 상실하였다.

이 첫 번째 의미에서, 모더니티(근대뿐 아니라)의 특징은 신앙에 의한 것이 아니라 건전한 이성적 논증을 통한 도덕적 권위의 설명과 더불어 유대-그리스도교 도덕의 실체를 이성으로 확립하는 것이다. 그것은 유대-그리스도교의 신을 고백하지 않으면서 유대-그리스도교적 도덕 비전의 핵심으로 간주되는 것을 확보하려는 시도다. 비록 지금은 세속적인 용어를 사용하지만, 도덕적 권위나 도덕성의 유대-그리스도교적 핵심을 확보하려는 이 시도를 나는 종종 근대 철학 프로젝트나 근대 도덕철학 프로젝트(또는 간단히 도덕철학 프로젝트)라 부른다. 전자는 도덕뿐만 아니라 형이상학적이거나 존재론적인 지향도 포함시킬 희망으로 사용한다. 이 근대철학 프로젝트는 계몽주의까지 거슬러 올라가며 데이비드 흄(1711~1776)과 같은 계몽주의자들에 의해 문제시되었지만, 보편적이고 세속적인 도덕적 서사를 정당화하고 구성하려는 진보주의자들의 열망을 통해 계몽주의, 그리고 19세기에서 20세기 초반까지 일반적으로 지속되었다. 계몽 프로젝트라는 용어(및 관련 용어)는 모든 이에게 정당화될 수 있는 세속적 용어로 정전적이고 내용 충만한 도덕을 확립하려는 노력을 지칭하기 위해 사용된다. 포스트모더니티는 이 프로젝트가 헛되다는 인식이다.

8   프랑스 혁명 발발 6년 후 칸트는 세계 평화를 위한 조건을 짜기 위한 국제연맹의 설립에 찬성하였다. *Zum ewigen Frieden: ein philosophischer Entwurf* (1795).

9   이 주장의 정당화는 제2장에서 상세히 설명한다. 그 역사적·철학적 근원에 대한 설명은 다음을 보라. Alasdair MacIntyre, *After Virtue* (Notre Dame, Ind.: University of Notre Dame Press, 1981); *Whose Justice? Which Rationality?* (Notre Dame, Ind.: Notre Dame University Press, 1988).

10  로마 가톨릭이 '전통적인' 트리엔트 미사(Tridentine Mass) 전례를 심각하게 제한하면서, 로마 가톨릭 성직자의 수는 약 41만 명에서 약 24만 5천 명으로 감소했다. 세계 여러 지역에서도 주일 미사 참석자의 수가 급감했다. 예를 들어, 1965년에서 1974년 사이 캐나다에서 개신교 교회 참석률은 19퍼센트 감소했지만, 로마 가톨릭교회는 29퍼센트 감소했다. *Index to International Public Opinion, 1978-1979* (Westport, Conn.: Greenwood Press, 1980). 유럽 일부 지역에서는 감소세가 더욱 극적으로 나타나고 있다. 1989년 이전 16년 동안 암스테르담의 교회 신도 수는 4만 5천 명에서 1만 명으로 줄었고, 문을 연 교회의 수는 65개에서 45개로 감소했으며, 나머지 절반은 금세기 말까지 문을 닫을 가능성이 있다. Siggi Weidemann, "Altäre unter dem Hammer," *Süddeutsche Zeitung* (Apr. 18, 1989). 현대화에 대한 적응은 성공적이지 못한 것으로 보인다. 트리엔트 공의회와 달리 제2차 바티칸 공의회는 대재앙의 전조였다.

11  John Paul Ⅱ, *Veritatis Splendor* (Vatican City: Libreria Editrice Vaticana, 1993), p. 158.

12  Aristotle, *Nicomachean Ethics* 9.10; *Politics* 7.4.

13  결국 도덕 이방인들이 서로 도덕적으로 불가해하다고 여기지는 않는다는 점을 강조하는 것이 중요하다. 도덕 이방인들은 같은 가치를 공유할 수 있지만, 단지 그 가치들의 순서가 다를 뿐이다. 그들은 서로를 너무 잘 이해할 것이다. 상대가 잘못이라고 생각할 때에도 그들을 신비롭거나 외계인으로 보지 않을 것이다. 서로 다른 가치관이 중요할 때조차도 서로 다른 도덕 공동체 사이에 상호 이해가 있을 수 있다. 남부 침례교도는 독실한 이슬람교도를 이해할 수 있다. 독실한 이슬람교도는 헌신적인 무신론자 사회주의자들을 이해할 수 있다. 서로를 이해함에 있어, 그들은 서로 의견이 다를 수 있지만, 여전히 특정 공공사업과 같은 어떤 분야에서는 파트너(즉, socii)가 될 수 있다.

또한 수도원이나 어떤 헌신적인 종교 공동체, 또는 이념적으로 헌신적인 집단과 같이 아주 두껍게 결합한 공동체 안에 살지 않는 사람들은 같은 사람들과도 서로 다른 영역에서는 도덕 이방인이자 동시에 도덕 공유인이 될 수 있음을 인식하는 것이 중요하다. 이는 말하자면 일부 논쟁적 영역에서는 건전한 이성적 논증이나 공통적으로 인정하는 도덕적 권위에 의해 분쟁을 해결할 수 있다는 것이다. 다른 영역에서는 협약에 의해서만 해결이 가능할 것이다. 도덕 공유인과 도덕 논란, 사회와 공동체의 구분은 공통적으로 인정한 도덕적 권위로 논란이 해결될 수 있는 방향을 향한다.

사회와 공동체의 대비는 도덕적 삶이 너무 공허하고 도덕적 다짐이 너무 빈약해서 거대 사회에서 그들의 결속이 상당한 전통과 관행을 가진 도덕 공동체의 구성원이 되는 것과 다를 바 없이 보이는 이들을 다룰 때는 별로 도움이 되지 않는다. 공동체와 사회의 융합은 헌법, 애국적 전통, 사회 풍속을 중심으로 시민의 정체성을 만들겠다는 정부의 노력에 의해 더욱 촉진된다. 그러나 대부분의 경우, 그들의 이질성으로 인해 대규모 공동체를 건설하려는 그러한 시도는 성공하지 못한다. 그러한 사회의 피상적인 공동체성은 한때 응집력이 있고 굳게 공유된 도덕 비전을 가지고 있었던 공동체의 파편에 바탕을 둔 도덕적 모호함을 부당하게 활용한다.

어떤 경우에도, 도덕 공유인과 도덕 이방인, 공동체와 사회 사이에는 어떠한 날카로운 경계도 전제되지 않는다. 또한 도덕 공유인은 이단이나 분열을 통해 하루아침에 도덕 이방인이 될 수 있다. 대신 문제시되는 것은 개인이 어떻게 행동해야 하는지 그리고 어떻게 도덕 논란을 해결해야 하는지의 도덕적 맥락과, 그들이 함께 행동하거나 도덕 논란을 해결할 수 있는 방법을 도덕 협약을 통해 만들어내는 도덕적인 맥락의 차이이다. 후자의 경우, 공통된 도덕적 권한은 허락으로부터 파생된다.

이러한 조건에도 불구하고, 공동체의 도덕 공유인들은 해답을 제공하는 도덕적으로 권위 있는 절차를 소유할 수 있음을 인정해야 한다. 『탈무드』에 나오는 특정 오븐이 깨끗한지 아니면 부정한지에 대한 랍비 여호수아와 랍비 엘리에제르 사이의 논쟁을 살펴보자. 랍비 엘리에제르가 일으킨 기적에도 불구하고, 랍비 여호수아가 랍비 예레미야의 지지를 받아 이겼다. 그는 "토라는 이미 시나이산에서 주어졌다. 신께서 시나이산에서 오랫동안 토라를 쓰셨기 때문에 우리는 천상의 목소리는 듣지 않는다"라고 말했다." Baba Mezia 59b(Socino edition). 연합이 수락한 절차와 달리, 앞서 말한 절차는 절차를 만들고 그것에 권한을 부여한 참가자들로부터 파생된 권위에 근거하기보다는, 권위 있는 입법자(신의 계명 중 특정 절차를 승인하는 자)를 반영한다. 그것은 진정한 권위에 대한 공통의 도덕 비전으로부터 파생되었다. 이 결정 이후 랍비 엘리에제르는 파문당했다. "그날 랍비 엘리에제르가 정결하다고 선언한 모든 것은 불에 태워졌다. 그리고 그들은 투표를 해서 그를 파문하였다"(ibid.). 그는 중요한 의미에서 도덕 이방인이 되었다.

14 이 책에서는 고객(client)보다는 환자(patient)라는 용어를 우선적으로 사용한다. 환자는 의료전문가들이 예방, 치료, 위로, 보살핌, 진단적 중재를 제공하는 문제를 겪거나, 고통받거나, 견뎌내는 사람이다. 반면에 고객은 라틴어 'cliens'에서 유래하는데 이는 가신, 추종자 또는 피부양자를 지칭하는 말이고, 불필요하게 경멸적인 함의를 가질 수 있다.

15 도덕 내용의 획득을 위해 특정한 도덕적 관점을 가정해야 할 필요성에 대한 매우 도움이 되는 설명은 헤겔의 법철학에서 찾을 수 있다. 추상적 법과 도덕성에서 윤리적 삶(Sittlichkeit)으로 이

행해야 하는 변증법적 필연성은 법이나 도덕성이 어떤 계약을 맺어야 하고, 또 어떤 좋음을 추구해야 하는지를 이해하기 위해 필요한 내용을 제공하지 못하는 데 있다. 그것은 특정 도덕 공동체의 맥락 안에서, 어딘가로부터의 관점 안에서만 내용 충만한 방식으로서 가능하다. 헤겔이 'Sittlichkeit'를 시작하면서 주장하듯 **"윤리적 공동체에서는 무엇을 해야 하는지, 덕을 갖추기 위해 수행해야 할 의무는 무엇인지를 말하기가 용이하다. 사람은 그저 그가 처한 상황에 대한 잘 알려진 명시적 규칙을 따르면 그만이다."** Hegel's Philosophy of Right, trans. T. M. Knox (London: Oxford University Press, 1965), sec. 150, p. 107. 도덕 내용의 필요성에 대한 헤겔의 논증에 관한 탐구는 다음을 보라. Allen Wood, "Does Hegel Have an Ethics?" Monist 74 (July 1991): 358-85.

16 프랜시스 후쿠야마의 유명한 연구는 세계주의적 에큐메니즘을 흥미롭게 옹호하는데, 이 연구에서는 역사가 자본주의적 자유민주주의의 도덕적 타당성을 보편적으로 인식하는 데서 정점에 오를 것이라 주장한다. 그는 욕망을 충족시킬 수 있는 자본주의의 능력, 평화로운 상호 인정을 제공하는 자유민주주의의 능력, 삶의 고통을 완화해주는 근대 과학의 기여가 함께 결합하여 역사를 변화시켰다고 주장한다. 역사는 현세를 초월하는 기획과 의무로부터 정복이 아닌 소비를 통해 실현 가능한 욕망과 관심사를 충족시키는 것으로 방향을 바꾸었다. "근대 자유주의 기획은 인간 사회의 기반을 티모스(thymos)로부터 보다 안전한 욕망으로 옮기려고 시도했다. [……] 자유주의는 또한 소유에 대한 모든 제약으로부터 욕망을 해방시켜 근대 경제를 가능하게 하였고, 근대 자연과학이라는 형태로 그것을 이성에 의존하게 했다"(p. 333). 그런 상황에서 특정 도덕 공동체의 내용 충만한 언어는 증발할 것이라고 후쿠야마는 주장한다. "왜냐하면 사람의 선과 악의 언어들 간의 명백한 차이가 특정한 역사적 발전 단계의 흠집으로 보이기 때문이다"(p. 338). *The End of History and the Last Man* (New York: Free Press, 1992). 필립 그리어는 후쿠야마를 강력하게 비판하면서 알렉상드르 코제브(Alexandre Kojève)에 의존하여 독특한 논의를 한다("The End of History, and the Return of History," *Owl of Minerva* 21 [Spring 1990]: 131-44). 코제브는 1940년대 후반과 1950년대의 미국인이 러시아와 중국 공산당의 열망을 진정으로 실현했다고 주장한다. 예컨대 그는 다음과 같이 주장한다.

> 이제 [1948년에서 1958년 사이] 미국과 소련을 여러 차례 여행하면서 나는 미국인이 부유한 중국-소련인의 모습을 보인다면, 그것은 러시아인과 중국인들이 아직은 가난하지만 빠르게 부자가 되기 위한 과정을 거치고 있기 때문이라는 인상을 받았다. 이로부터 나는 '미국적 생활 방식'이 포스트 역사시대의 삶의 특징이며, 세계에서 미국의 존재는 모든 인류의 '영원히 현존하는' 미래를 선취하였다는 결론을 내렸다. 따라서 인간의 동물성으로의 회귀는 앞으로 올 가능성이 아니라, 이미 존재하는 확실성이었다.

동물이 된다는 것은, 역사로부터 추락한다는 것은, 티모스의 만족이나 인정을 지향하는 대결을 회피하고, 훌륭한 소비형 세계주의적 에큐메니스트가 되는 것이다. 코제브의 설명에 의하면, 역사의 종말 시기에 동물이 되지 않는 족속은 일본인들뿐인데 그들은 속물근성으로 구제받았다.

'포스트 역사시대'의 일본 문명은 '미국적 방식'과는 정반대의 길을 걸었다. 의심할 바 없이, 일본에는 더 이상 (역사적 의미에서) 유럽에서와 같은 종교, 도덕, 정치가 존재하지 않는다. 그러나 순수한 형태의 속물근성은 '자연' 또는 '동물'을 부정하는 분야를 만들었는데, 이는 일본, 또는 다른 곳에서도 그 효과 면에서 '역사적' 활동—전쟁이나 혁명, 강제노동—을 훨씬 능가한다. 확실히 일본 속물근성의 최고봉(다른 어디서도 비할 데가 없다)—노, 다도, 그리고 꽃꽂이 등—은 여전히 귀족과 부자들의 독점적 특권으로 남아있다. [······] 어떤 동물도 속물은 될 수 없기 때문에 모든 포스트 역사시대의 '일본화'는 특별히 인간적일 것이다.

Introduction to the Reading of Hegel (Ithaca, N.Y.: Cornell University Press, 1969), pp. 161-62. 이러한 주장을 이해할 수 있는 한 가지 방법은 그 관심사가 모든 것이고 단지 내재해 있는 일단의 생명윤리를 지탱하는 미국의 소비적인 생활양식이 역사적이고 초월적인 관심사를 넘어선다는 것이다.

데니스 아칸드(Denis Arcand)가 감독한 캐나다 영화 "The Decline of the American Empire" (1986)는 포스트모던, 포스트 역사시대의 북아메리카를 영화적으로 묘사하고 있다.

17 나는 자신이 정적이고 내용 충만한 세속적인 도덕(및 생명윤리학)을 소유했다고 생각하고, 그것이 특정 도덕의 역사와 전통 밖에서 정당화된다고 여기는 이들을 코스모폴리탄이라 부른다. 나는 충분히 설명한다면 아무리 희박하다 할지라도 사람들은 공통된 내용 충만한 도덕을 공유하고 있음을 알게 될 것이라고 주장하는 이들을 코스모폴리탄 에큐메니스트라 부른다. 이 주제에 대한 성찰은 다음을 보라. McIntyre, *Whose Justice? Which Rationality?* H. T. Engelhardt, Jr., *Bioethics and Secular Humanism: The Search for a Common Morality* (Philadelphia: Trinity Press International, 1991), pp. 33-40.

18 여기서 나는 다신교를 은유적으로 인간 번영을 위한 다양한 가능성의 인격화된 표현으로 간주한다. 그 가능성들은 인간의 탁월함에 대한 서로 상반되고 경쟁하는 인물사(biography)에서 육화되며, 그 어느 것도 우선권을 가지지 않고, 단일한 도덕적 관점으로 완전히 통합될 수 없다. 세속적인 용어와 다신교적 은유에서 최후의 것은 일신교적 도덕 비전이 될 것이다. 현대의 세속적 다원주의 국가는 다신교다. 고대인들이 특별한 헌신을 할 대상을 이방 신 중에 고른 것처럼 오늘날에는 상반되는 도덕 공동체 중에서 선택할 수 있다. 그런 측면에서 세베루스 알렉산데르(Severus Alexander, A.D. 222-35)의 신에 대한 경건함을 생각해볼 수 있다. "그의 생활 방식은 다음과 같았다. 무엇보다, 가능하다면, 즉 아내와 함께 있지 않았다면, 이른 아침에 그는 신격화된 황제의 동상을 보관하고 있는 라레스의 성소에서 예배를 드릴 것이다. 그들 중에서는 최고만이 선택되었다. 그리고 어떤 거룩한 영혼들 중에서도 선택했는데, 그들 중에는 아폴로니우스와 또 오늘날의 저자에 의하면 그리스도, 아브라함, 오르페우스, 그리고 그 비슷한 이들이 있었으

며, 한편으로는 조상들의 초상도 있었다." Aelius Lampridius, "Severus Alexander," in *Scriptores Historiae Augustae*, trans. David Magie (Cambridge, Mass.: Harvard University Press, 1967), 29.2, p. 235. 여기엔 아브라함과 그리스도의 도덕적 주장이 고유하다는 어떤 생각도 없다. 그것들은 부분적으로 매력적이지만 여전히 서로 경쟁하는 진리의 비전을 제공하는 것으로 간주된다. 마치 생명윤리학처럼 말이다.

19  동기에 관한 설명에 특별한 비중을 두는 칸트는 내용 있는 세속 철학적 윤리를 일관되게 설명하기 위해 신의 관점을 끌고 온다. 최고선을 증진해야 할 의무를 이성적으로 이해하기 위해서 칸트는 신의 존재를 전제할 수밖에 없다.

> 이제 최고선(善)을 증진하는 것은 우리의 의무였다. 그리고 그것은 우리의 특권일 뿐만 아니라 이 최고선의 가능성을 상정하기 위해 요구되는 필연적 의무이기도 했다. 이러한 전제는 오직 신의 존재라는 조건하에서만 이루어지며, 이 조건은 이 전제를 의무와 불가분의 관계로 묶는다. 그러므로 신의 존재를 가정하는 것은 도덕적으로 필요한 것이다. [……] 이런 식으로, 순수한 실천 이성의 대상이자 최종 목적으로서의 최고선의 개념을 통해 도덕 법칙은 종교로 이어진다. [……] 그러므로 도덕은 정말로 우리 자신을 행복하게 하는 방법에 관한 교의가 아니라 어떻게 우리를 행복할 가치가 있는 존재로 만들 수 있는지에 관한 교의인 것이다. 종교가 더해져야만 언젠가 우리가 그럴 가치가 있는 존재로서, 노력에 비례한 행복을 누릴 것이라는 희망이 생겨날 수 있다.

*Critique of Practical Reason*, trans. L. W. Beck (Indianapolis: Library of Liberal Arts, 1956), pp. 130, 134, AK V, 125, 129-30. 여기에서는 대체로 칸트가 옳다. 신의 관점은 존재의 토대, 도덕의 정당성, 그리고 도덕이 되기 위한 동기의 기초를 하나로 묶는다.

20  이러한 신성과 철학자들의 신에 관한 묘사는 신성에 관한 그리스-유대-그리스도교의 신성에 관한 이해를 반영한다. 그것은 존재, 가치, 진리의 근거인 신의 관점에서 가치와 현실에 대한 일관성 있는 관점을 정당화하려고 했다.

21  MacIntyre, *After Virtue*.

22  로마 가톨릭 도덕 신학 내에서 생명을 구해야 하는 의무의 한계에 대한 논의는 다음을 보라. Russell E. Smith (ed.), *Conserving Human Life* (Braintree, Mass.: Pope John Center, 1989).

23  환자가 의식을 잃은 순간에는, 삶을 연장할 약물을 주입하지 않을 의무가 있다. Immanuel Jakobovits, *Jewish Medical Ethics* (New York: Bloch, 1962)와 Fred Rosner, "The Jewish Attitude toward Euthanasia," in Fred Rosner and J. D. Bleich (eds.), *Jewish Bioethics* (New York: Sanhedrin, 1979), pp. 260-64 참조.

24  정통 유대교에서는 낙태에 대한 도덕적 제약이 유대인보다 비유대인에게 더 심하다는 입장을 견지하는 것처럼 보인다. 이와 관련된 연구는 다음을 보라. Baruch A. Brody, who notes that abortion for a bnai Noah is a capital offense. "The Use of Halakhic Material in Discussions of

Medical Ethics," *Journal of Medicine and Philosophy* 8 (August 1983): 317-28.
25  그 이유는 토라는 여자가 남편을 둘 이상 갖는 것을 금지하지만, 남자가 아내를 둘 이상 갖는 것은 금지하지 않기 때문이다. 따라서 미혼 여성의 난자 기증은 인공수정을 위한 정자의 기증보다는 간통 문제를 제기하지 않는다고 보기가 더 용이하다. 이러한 복잡한 문제에 대한 논의는 Avraham Steinberg, "Jewish Medical Ethics," in B. A. Brody et al. (eds.), *Theological Developments in Bioethics: 1988-90* (Dordrecht: Kluwer, 1991), p. 184. David M. Feldman, *Health and Medicine in the Jewish Tradition* (New York: Crossroads, 1986), p. 71. 이 문제는 하나 이상의 아내를 두는 것을 금지하는 Gershom ben Joseph(960-1028/40)의 법령과 이 법령이 누구에게 얼마나 오래 구속력이 있는지에 관한 문제로 인해 더 복잡해진다.
26  Daniel Callahan, "Minimalist Ethics," *Hastings Center Report* 11 (Oct. 1981): 19-25.
27  천사 박사(토마스 아퀴나스)는 이렇게 말했다. "나는 이단자들에 관해서는 그들 자신의 편에 죄악이 존재한다고 믿는다. 그들은 파문을 통해 교회에서 분리될 뿐만 아니라 죽음에 의해 세계로부터 단절될 것이다. 영혼을 설레게 하는 신앙을 타락시키는 것은 현세의 삶을 지탱하는 돈을 위조하는 것보다 훨씬 더 심각한 문제이기 때문이다. 화폐 위조범이나 다른 범죄자들이 세속의 권위에 의해 처형된다면 이단자들의 경우에는 더욱 당연하다. 그들은 이단 판결을 받자마자 파문당할 뿐 아니라 처형되어야 한다." *Summa Theologica of St. Thomas Aquinas* (Westminster, Md.: Christian Classics, 1948), vol. 3, p. 1220; 2-2, Q. 11, art. 3. 또 다음을 보라. 2-2, Q. 10, art. 8. 그런 점에서 아퀴나스는 서방 그리스도교의 일반적 기풍을 반영하고 있었다. 예를 들어 제4차 라테란 공의회는 본국에서 이단자들을 몰살한 자들에게 성지 순례자들과 동일한 면죄부를 주었다. "십자가의 형상을 지고 이단자 박멸에 몸을 바친 진실한 가톨릭교도는 그러한 일을 즐기고, 성지 순례자가 받는 죄의 사함을 누리는 특권으로 보호를 받는다(Catholici vero qui, crucis assumpto charactere, ad haereticorum exterminium se accinxerint, ilia gaudeant indulgentia, illoque sancto privilegio sint muniti, quod accedentibus in Terrae sanctae subsidium conceditur)." "Concilium Lateranese IV" [1215], *Conciliorum Oecumenicorum Decreta* (Basil: Herder, 1962), 이런 점에서 토마스 아퀴나스와 공의회는 가톨릭교회의 전통적인 가르침에서 멀어졌음을 알 수 있다. 85조 사도정전(Apostolic Canons) 중 한 개 조항(27조 혹은 28조)은 이렇게 말한다. "우리는 죄를 저지른 신자, 혹은 사악한 생각을 하는 불신자들을 때리거나 때린다고 협박하는 주교나 장로나 집사들을 배제해야 한다고 명령한다. 우리 주님은 그런 것을 가르치지 않으셨다. 오히려 그분은 맞으셨을 때 때리지 않으셨고, 모욕당했을 때 모욕하지 않으셨으며, 고통을 겪을 때 협박하지 않으셨다. [······]" Alexander Roberts and James Donaldson (eds.), *The Ante-Nicene Fathers* (Grand Rapids, Mich.: Wm. B. Eerdmans, 1989), vol. 7, p. 501. 카르타고 공의회(A.D. 418년 또는 419년)는 그런 강제 개종에 대한 반대를 강조하였는데, 그 정전은 후에 퀴니섹스트(또는 퀴니섹스틴) 공의회(일반적으로 트룰란 공의회로 알려졌다, A.D. 692년)가 수용하였다. "Canon CXIX. 모든 사람이 자유로운 선택을 통해 그리스도교 신앙을 받아들일 수

있는 법이 주어졌다." Sts. Nicodemus and Agapius (eds.), *The Rudder of the Orthodox Catholic Church*, trans. D. Cummings (1957; repr. New York: Luna Printing, 1983), p. 673. 정교회가 전통적으로 로마 교황이 모든 교회 직무에서 물러나야 한다고 주장한 것은 이 정전(canon)의 위반 때문이기도 하다. "로마 교황의 전횡과 발명품에 여러 차례 낙인을 찍은 후, 정교회는 그들의 퇴위를 선언하고 미사 또는 다른 성사에서 요구되는 모든 은총을 그들로부터 박탈했다. [······] 이는 인정된 사실이다. [······] 로마 교황은 충실한 신자와 불신자들을 때릴 뿐만 아니라 피에 굶주린 사람처럼 많은 이를 죽인다. 이는 우리 주님이 혐오하는 짓이다. 어떻게 주교가 자기 이름으로 사형을 선고하고, 전쟁과 살인, 그밖에 많은 사악한 행위의 선동자이자 원인으로 행동하면서 성직을 소유할 수 있다는 말인가?" *The Rudder*, p. 788.

28 그리스도교 신앙은 전통적으로 국가가 강요하는 종교가 아니라, 믿음의 발전에 따라 자유롭게 포용하면서 배우는 종교로 스스로를 간주했다. 심지어 비전(傳)의 성격도 있다. 예루살렘의 시릴(Cyril of Jerusalem)은 다음과 같이 경고한다. "가르침을 받은 후 교사들이 무엇을 가르쳤는지를 예비신자들이 묻는다면, 외부인에게는 아무 말도 하지 말라. 이는 우리가 여러분에게 전하는 신성한 비밀이며, 다가올 생명의 희망이다. 보상하시는 분을 위해 비밀을 지켜라. 만일 누군가가 '나도 알면 무슨 해가 있는가?'라 해도 그의 말을 듣지 마라. 환자는 포도주를 요구하지만, 잘못된 때에 주게 되면 열만 나게 마련이다. 이는 이중의 악폐이다. 환자에게 치명적인 영향을 주고, 의사를 속이는 것이다." St. Cyril of Jerusalem, Procatechesis 12, in *The Works of Saint Cyril of Jerusalem*, trans. L. P McCauley and A. A. Stephenson (Washington, D.C.: Catholic University of America Press, 1969), vol. 1, p. 79. 사실 그리스도교는 신자들이 불신자들에게는 그 예식을 보여주는 것조차 매우 꺼리는 종교임을 주목해야 한다. 정교회의 독실한 신자들은 첫 기도를 하기 전에 "떠나시오, 모든 예비신자는 떠나시오. 떠나시오, 모든 예비신자들이여. 우리 신자들이 평화롭게 주님께 기도하게 해주시오"라고 한다. *Service Book of the Holy Orthodox-Catholic Apostolic Church*, 6th ed., trans. Isabel Hapgood (Englewood, N.J.: Antiochian Orthodox Christian Archdiocese, 1983), p. 92.

29 서방 교회에서는 자연 이성으로 알 수 있는 것, 은혜와 계시에 의하지 않고 이성으로 알 수 있는 것, 그리고 계시를 통해 알 수 있는 것을 구별하였다. 토마스 아퀴나스는 말했다. "나는 인간의 구원을 위해서는 인간의 이성에 의해 구축된 철학적 학문 외에 신이 밝혀주신 지식이 필수적이라고 말한다." *Summa Theologica* 1, Q. 1, art. 1, vol. 1, p. 1.

30 세속 생명윤리학의 궁핍한 특징은 전통적인 서양의 전통적인 자연과 은총의 구별 안에서 이해될 수 있다. 이는 보다 전통적인 그리스도교 신앙의 설명에서도 발견될 수 있다. "은총 없는" 이해는 신의 법, 즉 잘 형성된 양심에 이끌리는 마음 이전의 상상적인 단계로 해석된다. 다마스쿠스의 요하네스(John of Damascus, 676~750)의 고전적인 표현은 이러한 설명을 잘 보여준다. "신의 법은 우리 마음에 작용하여 그것을 신에게로 이끌며, 양심을 채찍질한다. [······] 그러므로 인내와 기도를 제외한다면 신의 계명을 지키는 것은 불가능하다." St. John of Damascus, "The

Orthodox Faith," in *Saint John of Damascus Writings*, trans. F. H. Chase, Jr. (Washington, D.C.: Catholic University of America Press, 1981), pp. 388-89. 그러므로 위대한 베스퍼스의 기도는 훌륭한 양심을 달라는 탄원으로서 이해할 수 있다. "복되신 주여, 주의 법도를 가르쳐주소서. 복되신 주여, 주의 계명을 나에게 이해시켜주소서. 거룩하신 분, 축복받으신 분이여, 주의 교훈으로 나를 깨우쳐주소서." Hapgood, *Service Book*, p. 10. 합리적 논증은 내용 충만한 도덕을 확립하지 못할 것이다. 오히려 실재를 이해하게 되는 것은 내용 충만한 도덕에 내재한 것들을 통해서다. "우리는 하고자 하는 만큼 공부할 수 있지만, 우리가 그의 계명에 따라 살지 않는 한, 우리는 여전히 주님을 알지 못할 것이다. 주님은 배움을 통해서가 아니라 성령을 통해 알려지기 때문이다." Archimandrite Sophrony, *Wisdom from Mount Athos: The Writings of Staretz Silouan 1866-1938*, trans. R. Edmonds (Crestwood, N.Y.: St. Vladimir's Seminary Press, 1974).

31 서양 형이상학은 전통적으로 자연신학과 영혼의 불멸에 관한 탐구를 포함한다. 칸트의 세 가지 질문이 있다. 1. 나는 무엇을 알 수 있을까? 2. 나는 무엇을 해야 할까? 3. 나는 무엇을 희망할 수 있을까? *Critique of Pure Reason* A805 = B833, in Norman Kemp Smith (trans.), *Immanuel Kant's Critique of Pure Reason* (London: Macmillan, 1964), p. 635. 마지막 문제는 전통적으로 신의 존재와 영혼의 불멸에 관한 사유를 통해 제기되었다. 칸트에 이어 나는 세속적인 합리성을 통해 그러한 질문에 대답할 수 있는 우리 능력의 한계를 생각한다. 나는 두 번째 문제에 초점을 맞추고 있다.

32 로마 가톨릭교회는 자연 이성에 근거하여 신의 존재에서 피임의 부도덕에 이르기까지 다양한 진리를 증명할 수 있다고 주장한다. 예를 들어, 제1차 바티칸 공의회는 신의 존재는 자연적 이성에 의해서 증명될 수 있다는 신조를 주장하였다. *Constitutio dogmatica de fide catholica, Canones*, II. *De revelatione*, 1, from the Fourth Session of the Vatican Council, April 24, 1870. *Conciliorum Oecumenicorum Decreta* (Basel: Herder, 1962), p. 786. 그래서 로마 가톨릭교회는 피임이 자연법상 악하다고 주장하게 되었다. "인공 산아제한이나 피임은 자연법에 어긋나기 때문에 부도덕하다." John P. Kenny, *Principles of Medical Ethics*, 2d ed. (Westminster, Md.: Newman Press, 1962), p. 102. 자연법의 문제로서 피임은 종교와 무관하게 사람들이 부도덕하다고 여기는 행위가 된다. "모든 사람은 자연법을 따라야 한다. 따라서 로마 가톨릭 신자든, 개신교든, 유대인이든, 이교도든, 아니면 종교를 믿지 않는 사람이든 상관이 없다. 그는 자연법의 가르침을 알고 지킬 의무가 있다." Edwin F. Healy, *Medical Ethics* (Chicago: Loyola University Press, 1956), p. 7.

자연법에 대한 이러한 이해로 인해, 일반적으로는 로마 가톨릭 도덕신학자들, 특수하게는 로마 가톨릭 의료윤리학자들은 원칙적으로 그런 이들에게 접근할 수 있는 도덕성에 관해 특별히 학문적인 거래를 하였다고 여기게 되었다.

그러나 로마 가톨릭의 도덕론자들은 윤리학, 즉 도덕적 옳고 그름의 학문, 도덕 법칙을 인간

생활 문제에 적용하는 학문에서 특별한 능력을 자임한다. 그들은 이 분야에서 고도로 훈련되고 경험이 풍부한 사람들이다. 이 전문적 능력은 강력하고 포괄적이다. 그들은 보통 몇 년에 걸쳐 도덕의 학문을 가르친다. 그리고 그들은 이 학문을 끊임없이 실천적으로 응용한다. 종교 문제를 제쳐두고라도, 가톨릭 도덕론자들은 단연 세계 최대의 윤리학 전문가 집단을 대표한다. 그리고 그들은 수 세기에 걸쳐 이 학문적 연구의 전통을 가지고 있다.

Gerald Kelly, *Medico-Moral Problems* (St. Louis, Mo.: Catholic Hospital Association, 1958), p. 34. 또한 후기 소련의 마르크스주의 윤리는 자신이 객관적인 과학적 결론을 제공한다고 주장했다. Loren R. Graham, "How History and Politics Affect Closure in Biomedical Discussions: The Example of the Soviet Union," in H. T. Engelhardt, Jr., and A. L. Caplan (eds.), *Scientific Controversies* (New York: Cambridge University Press, 1987), pp. 249-64. 토마스 아퀴나스는 이성에 의해 자연법을 알 수 있는 능력에 대해 덜 낙관적이었다. 그는 자연법의 일차 원칙은 누구나 발견할 수 있다고 주장했지만 문화와 맥락이 이차 원칙을 적절히 인식하는 능력을 제한할 수 있음을 인정했다. Aquinas, *Summa Theologica*, 1-2, Q. 94, art. 6.

33 세속적인 이성의 영역은, 은유들을 섞은, 일종의 림보다. 은총과 자연에 대한 서방 교회가 아닌 정교회의 이해는 이 문제로 귀결된다. 마치 은총 없는 자연이 있었던 것은 아니다. 은총은 덧붙여진 은사(donum superaditum)가 아니다. 세속 세계를 이해하는 것은, 은총도 없고 신의 에너지도 없는 세상을 있는 그대로 보는 것이 아니다. 오히려 그 은총과 에너지를 무시하며 살아가는 사람들과 함께 도덕의 언어를 사용하는 것이다. 자연법은 올바른 숭배와 신앙으로 결속된 공동체의 도덕적 관점, 비전, 노력 안에서만 진정으로 알 수 있다. 자연법은 이성만으로 접근할 수 없다.

제2장

# 생명윤리의 지적 기반

도덕 논란은 해결 불가능한 것처럼 보인다. 몇몇 도덕 논란은 세계에 대한 중요한 사실들에 대한 개념적인 혼란이나 오해가 있었음을 확실하게 보일 수 있다. 이러한 논란들은 개념의 명확화나 분석, 또는 보다 정확한 정보의 제공에 의해 해소될 수 있다. 기성 교의나 정치적 올바름의 규범은 일부 논쟁의 증거를 억압할 수도 있다. 그러나 이 오랜 의문은 항상 반복되는 것 같다. 이는 생사 문제가 걸려 있는 생명윤리에서 가장 진실하다. 플라톤[1]과 아리스토텔레스[2]는 낙태와 영아 살해의 도덕성에 관해 논의했다. 플라톤은 의료자원의 문제와 충분한 정보에 의한 동의의 문제를 탐구했다.[3] 우리는 똑같지는 않지만 비슷한 질문을 받고 있다. 비용을 억제하기 위해 비용은 높고 생산성은 낮은 의료에 대해 공공 기금을 제한하는 것이 도덕적으로 옳은가? 비용은 많이 들고, 생존 가능성은 낮은 데다가, 살아남아도 삶의 질이 낮다고 하여 초저체중 아기의 치료를 포기하는 정책을 수립할 수 있을까? 아니면 어떤 희생에도 불구하고 그 생명을 구하려 노력해야 하는가? 만약 그 돈이 정부 예산이고 절약한 자원은 정부가 지원하는 연구 프로젝트에 종사하는 과학자들에게 사용될 수 있다면 이는 어떤 도덕적인 차이를 만드는가? 혹은 공원을 건설하는 것은 어떤가? 아니면 세금을 낮추는 것은? 부자들이 공적 자원으로는 불가능한 신생아 치료를 사적으로 구매할 수 있다면 이는 잘못인가? 우리는 어떤 정책을 지지해야 하는지 어떻게 알 수 있을까?

### 윤리의 다양성

윤리의 근저에는 수많은 모호함이 있다. 한 가지 의미에서의 윤리는 없지만, 많은 의미를 가진 군집으로서의 윤리는 있다. 도덕 질문에 답하려면 우선 도덕의 의미와 문제가 되는 도덕의 종류에 관해 분명히 알아야 한다. 우리는 행위자는 어떻게 칭찬받을 만한/비난받을 만한 행동을 하는가에 대한 설명으로 도덕을 해석할 수 있다. 그러한 설명에서 도덕 행위자는 그들만이 정당한 비난과 칭찬의 대상이 될 수 있기 때문에 중심을 차지할 것이다. 혹은 도덕은 행복이나 만족을 극대화하는 법에 대한 설명인가? 혹은 아마도 도덕은 행위자가 무엇을 성취해야 하는가에 초점을 맞추는 것과 무관하게, 선의 성취와 관련될 때 가장 잘 이해될 수 있을 것이다. 도덕과 미학 사이의 경계가 흐릿하다고 하는 것은 정당하지 않다. 또한 타락, 순결함과 불순함, 정함과 부정함에 대한 관심도 있는데 이것은 옳은 행동, 선의 성취, 칭찬할 만한 가치가 있는 것에 관한 도덕적 관심으로 연결된다. 현대의 학문적인 도덕철학적 성찰은 적절한 행위가 무엇인지에 관한 이러한 개인의 관심사 중 극히 일부만 다룬다. 학문적 성찰 안에서도 (1) 언제 도덕 행위자가 비난/칭찬을 받는지에 대한 설명(예: 이마누엘 칸트), (2) 행복의 성취가 무엇을 의미하는지에 대한 설명(예: 존 스튜어트 밀), (3) 선을 실현하는 것은 무엇인지에 대한 설명(예: 토마스 아퀴나스)처럼 도덕 이론들 사이에도 차이가 있다.

윤리라는 용어 자체가 우선 애매하다. 첫째, 어원이 말해주듯 윤리는 관습을 의미할 수 있다. 사람들에게 관습적인 것이라는 뜻에서 윤리는 도덕(moral)이라는 말의 뿌리인 mos(복수형 mores)와 유사한데 이는 한 민족의 습속이라는 뜻이며 영어 단어 mores와 가까운 의미를 갖는다. 의료윤리에서 이러한 의미는 그리스 의사를 묘사하는 히포크라테스 전집에서 많이 발견된다.[4] 그러한 사례에서 사람들은 일상의 진료 행위를 특징짓는 당연한 도덕적 가치와 기대의 그물망을 다룬다. 많은 이가 그러한 에토스로서의 윤리(ethics)라는 의미 안에서 대부분의 삶을 영위하며, 대부분의 의료도 그 안에서 제공된다. 우리는 자의식 충만한 도덕 추론자가 되기 이전에 많은 도덕적 직관과 양심을 통상적인 가치관의 매트릭스로부터 이끌어낸다. 훌륭한 스승의 본보기로부터 적절한 의료 행위를 배웠다고 의사들이 말할 때, 그들은 그렇듯 탁월한 '역할 모델'이 제공한 미덕과 헌신의 삶의 세계로 입문하였음을 언급하는 것이다.

만약 우리가 살고 있는 공동체가 응집력이 있고 사회 변화를 조장하는 힘에 노출되지 않거나, 사회기술적인(socio-technological) 압력에도 불구하고 도덕적 다짐의 사회구조와 형태를 성공적으로 유지한다면(예: 하시딤과 아미시 공동체) 이 도덕적 적절함의 당연한 의미는 대부분 의문의 대상이 되지 않는다. 우리가 코스모폴리탄 사회의 세속 다원주의자들 안에서 살아갈수록 당연한 도덕의 직조물은 다양한 도덕 비전의 조각이 되는 대로 엮인 엉성한 물건이 될 것이다. 당연하다는 도덕 감각(moral sensibility)은, 비록 정치적 올바름이라는 우세한 규범이 존재한다 해도, 윤리적 성찰과 결정을 향한 출발점을 제공한다. 그러나 포스트모더니티는 도덕의 이해를 파편화하고, 당연시되던 도덕 감각을 의심의 눈으로 바라보게 한다. 더욱이 다문화적 다양성의 인식은 에토스의 중요한 차이를 드러낸다. 에토스로서의 윤리는 복수형으로 존재한다.

윤리는 또한 변호사, 회계사 또는 의사와 간호사와 같은 전문직이 사용하는 행동 규칙을 식별하기 위해 사용된다. 이러한 규칙이 전문적 행위에 대한 정직성의 정전(canon)으로 표현될 때, 그리고 주로 전문가적 에티켓의 문제에 초점을 맞출 때, 윤리는 에티켓으로 가장 잘 이해된다. 실제로 1847년 5월 미국 의사협회(AMA)의 첫 번째 의료윤리강령(code of medical ethics)[5] 이전의 의료윤리강령들은 종종 그런 스타일을 가졌다.[6] 그러한 에티켓의 강령에서 다루는 문제 중 대부분은 즉각적이고 직접적인 의미에서 도덕적인 쟁점이 아니라, 의사의 보수, 광고, 그리고 비정통적 시술가들과의 관계에 대한 질문이다. 그러나 에티켓에 대한 관심은 지배적인 에토스에 대한 관심과 혼합된다. 그런 규칙은 사소한 것이 아니다. 그러한 에티켓의 강령들은 의료 전문가들의 습속(mores)의 중요한 차원을 정식화하고 공식적으로 표현한다. 그것들은 법률과 흡사하다. 도덕적 원칙과 정치적 합의를 반영하는 명백한 법령이나 선례들이다. 법률과는 달리, 그것들은 대개 전문가적인 거부나 배척 등의 제재만 가지고 있다. 전문가의 에티켓은 법률보다 더 제한된 범위와 권한의 원천을 가지고 있다.[7] 또한, 그러한 강령의 권한과, 그 에티켓이 어떤 형태를 취해야 하는지에 대한 근본적인 문제가 있다.

법률은 흔히 윤리의 정전(canon)과 동등하다고 간주된다. 그러나 우리는 좋은 법과 나쁜 법뿐만 아니라 복종하지 말아야 할 법에 대해서도 말한다. 정치세력과 타협의 산물로서, 법은 한 사회의 관습이나 확립된 도덕적 판단 중 일부만을 반영하는 경향이 있다. 이것은 좋은 삶과 만족스러운 도덕적 의무에 대해 다른 견해를 가진 공동체를 더 많이 아우르려 할수록 더욱 그러하다. 또한, 그러한 공동체가 인정되는 도덕적 규범에서 더 크게 다를수록, 더 노골적인 법과 관료적 규칙이 필요하다.[8] 그러한 경우, 명시적 법률과 규칙은 내용 충만한 가치의 매트릭스를 공유하지 않는 공동체들을 결속하는 사회적 결합에 의존하게 될 것이다. 수많은 도덕 공동체를 아우르는 사회에서 의료 서비스를 제공하는 대가는 관료적인 규칙과 규정의 덩어리가 될 수 있다.[9] 그래도 우리는 어떤 법을 제정해야 하고 어떤 법을 지켜야 하는지 알아야 한다.

특정 이념, 도덕 비전 또는 종교에 인도해 달라고 의지할 수도 있다. 그러나 이것이 다른 이념이나 종교적 신앙을 가진 공동체 간의 분쟁을 해결하지는 못할 것이다. 선 또는 도덕적 합리성의 얇은 이론에 의지하는 정의론들에 대해서도 같은 말을 할 수 있다. 자기 존중은 개인의 자유보다는 안보와 부(富)에 더 달려 있다는 관점을 생각해보라. 선에 대한 이런 얇은 이론은, 적절히 틀을 잡으면 자유민주주의보다는 권위주의적 자본주의 체제를 정당화하는 정의의 원칙으로 나아갈 것이다. 매사추세츠주 케임브리지에 사는 사람들은, 많은 영역에서 자유민주주의나 시민의 자유에 대해 적대적이기 때문에,* 그러한 얇은 이론에 기대어 정의 이론을 확립하는 것이 도덕적으로 기이하다고 생각할 수 있다. 성공적인 권위주의 자본주의 체제하에 살고 있는 이들은 안전과 번영보다 자유를 더 높게 평가하는 것을 이해할 수 없을지도 모른다. 왜냐하면 모두가 진정한 신앙이나 적절한 이념적 통찰의 은총을 입는 것은 아니기 때문에 경쟁적인 도덕과 형이상학의 예언자들이 이 세계를 설명하고 있으며, 그들의 모순된 주장의 불협화음은 의료정책에 관한 논쟁에서 어떤 거대 사회에서도 들을 수 있다. 도덕과 정의에 관한 이론과 사상가들 사이에서는 종교 지도자들이나 다양한 종교들 사이에서보다 더 큰 일관성을 찾아보기 어렵다.

종교나 특정 이념으로, 또는 일반적으로 강요받는 정통 교의로 일반의 개종이 이루어질 때까지, 합리적이고 평화로운 개인을 구속하고 의료 결정을 지시하기 위한 공통의 근거를 모색할 필요가 있을 것이다. 제1장에서 소개한 것처럼, 평화적으로 공개될 수 있거나 도덕 이방인들에 의해 인

---

\* 텍사스인인 저자는 하버드 대학교를 중심으로 하는 미국 동부의 지식인들에 대해 매우 비판적이다.

정될 수 있는 적절한 행동의 통로는 세속 윤리의 핵심이 될 것이다. 이데올로기, 신념, 생명윤리라는 다원성을 넘어 다룰 수 있는 논리나 문법을 제공하고자 하는 것이 윤리학이다. 만약 누군가가 서로 다른 도덕적 신념의 공동체에 속한 환자, 의사, 간호사를 포함하는 사회에서 환자나 의료 전문가라면, 그는 도덕적 신념이 상이한 공동체들에 걸쳐 있는 관점을 정당화할 필요가 있기 때문에 정확하게 이러한 윤리의식에 도달한다.

세속적인 다원주의적 맥락에서 도덕 논란을 해결하는 데 있어, 윤리, 예절, 법 또는 이념(도덕적 신념과 종교적 신념의 특별한 요소 포함)에 대한 호소로는 충분치 않을 것이다. 도덕 이방인, 합리적인 사람들이 공유할 수 있는 도덕 구성물, 이해 또는 비전을 찾는 것이 희망이다. 이것이 근대의 도덕철학 또는 계몽주의의 희망이었다.

### 도덕에서 객관성의 문제

도덕 문제에 대한 해답을 찾기 위해서는 도덕 분쟁이 원칙적으로 어떻게 해결될 수 있는지 알아야 한다. 질문에 대한 답변의 절차는 질문의 의미와 답변의 취지를 모두 드러낸다. 어떤 선택이 더 나은지의 결정은 누구에게 어떤 기준으로 더 나은지에 관한 선택을 요구한다.

흠잡을 데 없는 답을 찾는 것은 전지자(全知者)의 지위를 성취하려는 시도로 이해할 수 있다. 이상적이고 전통적으로 이것은 창조주, 신의 관점이었다. 신(완벽하게 유리한, 전혀 편견이 없는 전지자)은 최상의 해답을 제공할 수 있을 것이다. 신의 대답은 더 나은 위치에 있는 지자(知者)가 없기 때문에 흠잡을 데 없는 것으로 받아들여진다. 그 누구도 더 유리한 입장에 있다고 주장하면서 신의 응답을 반박할 수 없다. 더욱이 신은 사물을 창조하였으므로 그것을 속속들이 알고 있다. 결국 신은 그들의 숨은 본질까지도 창조했다. 그러므로 우리는 신에 의해 알려진 실재를 묘사하려고 시도할 수 있다. 이러한 관점에 비해, 다른 모든 실재에 대한 묘사, 다른 모든 실재에 대한 이해는 결함 있는 사례일 것이다. 실재의 본성이라고 신이 주장하는 것이 실재의 본성인데, 왜냐하면 그 실재의 구조를 형성하는 것은, 실재에 대한 그분의 이해를 통해 알려진 신의 의지이기 때문이다. 그러므로 신은 틀릴 수 없다. 단순히 실재에 대한 신의 관점이 사물 그 자체와 일치하지 않을 수 없다는 것이 아니다. 신의 설명은 모든 실재를 아우르는 일관성 있는 패러다임이다. 신의 경우, 인식과 인식의 대상 간의 합의에 기초한 진리의 기준과 간주관(intersubjective)의 이상적인 조건에 기초한 진리의 기준은 일치한다. 신은 진리의 조건인 조응(correspondence)과 정합성(coherence)을 모두 만족시킨다.

이러한 신의 특권은 보통 사실과 가치의 문제에 관해 주장된다. 신은 실재를 가장 잘 살펴볼 수 있고, 실재가 자신의 창조물이기 때문에 실재의 구조를 알고 있다. 마찬가지로, 가치의 경우, 신은 다양한 가능한 선택의 결과를 가장 잘 판단할 수 있으며, 이 점에서 그들의 비교우위에 대한 가장 철저한 평가를 제공할 수 있다. 논리학의 규칙뿐만 아니라 가치들이 비록 신의 통제 밖에 있다 해도, 여전히 신은 그것을 판단하고 비교할 수 있는 독특한 위치에 있다. 이러한 의미에서 신은 부적절한 편견에 영향을 받지 않고 관련 사실에 대한 철저한 지식에 의해 지탱되어 도덕적 선택을 판단할 수 있는 이상적인 관찰자라는 철학적 장치의 현존하는 구현이다. 신은 완벽한 질문에 대한 완벽한 답을 제공할 수 있다.

그러나 모두가 신의 말을 듣지도 않고, 또 같은 방식으로 듣지도 않는다. 그 결과, 완벽한 질문과 그에 대한 완벽한 대답에 관하여는 일반적으로 의견의 불일치가 있다. 그럼에도 불구하고 일부는 실재를 평가하고 행동을 판단하기 위한 특정한 시도를 견주어보기 위한 지적 초점으로 신의 관점을 이용하려고 시도했다. 여기에서는 르네 데카르트(1596~1650), 베네딕투스 데 스피노자(1632~1677), 고트프리트 빌헬름 라이프니츠

(1646~1716)가 제시한 철학 이론에 있어 신의 관점의 중요성을 생각할 수도 모른다. 그러한 관점은 사실의 세계, 그리고 종종 가치관의 세계가 합리적인 일관성이라는 독특한 패턴을 가지고 있다고 가정한다.

이 **일신론적 가정**(monotheistic presumption: 지식과 윤리에 대한 구체적인 설명이 주어질 수 있다는 측면에서 하나의 유일무이하고 유리한 이점이 있다는 관점)은 종교적 이해의 맥락에서 세속적 이성에 대한 열망으로 이행될 때 근대 철학 프로젝트의 핵심이 된다. 즉, 철학이 현실과 도덕에 대한 정전적 견해를 규명할 수 있다는 가정이다. 그러나, 만약 그러한 단일한 관점에 대한 만족스러운 세속적 접근이 없다면, 그러한 관점이 존재하는지 여부는 일반적이고 세속적인 측면에서는 명확하지 않을 것이다. 기본적으로 많은 신과 여신이 있는 것처럼 세속적인 영역에서는 많은 경쟁하는 관점이 있게 될 것이다. 시적으로 말하자면, 지식과 윤리에 대한 하나의 권위적이며 구체적인 설명의 가능성에 대한 전제를 포기하는 한, 사람은 다신교적 전제를 받아들인다.[10] 현대 세계는 기본적으로 다신교적이다.

세속적인 일신론적 전제(세속적 이성이 활용할 수 있는 유일무이한 도덕적 관점이 있다는 것)에서 세속적인 다신교적 전제(동등하게 옹호할 수 있지만 상당히 다른 도덕적 관점이 많다는 것)으로 나아갈수록 모더니티에서 포스트모더니티로, 그리고 완전히 근절할 수 없는 세속의 도덕적 다양성에 대한 인식으로 나아간다. 우리가 유일무이하고 권위를 가진 관점에 접근하기를 희망할수록, 우리는 공공의료 시스템에 대한 적절한 지침과 관련한 일반적이고 만족스러운 해답(예: 초저체중아의 치료를 위한 국가 예산을 제공해야 하는지 여부)을 얻을 수 있다는 희망을 가질 것이다. 유일무이하고 권위 있는 관점을 세속적으로 구하는 건 어려워 보이기 때문에, 생명윤리 및 그 밖의 다른 영역에서 내용 충만한 해답은 건전한 합리적 논증을 통한 올바른 해답의 발견을 통해 일반적 해결책에 개방되어 있기보다, 특정한 경향과 공동 결정의 문제에 더 의존할 것이다. 이 책은 세속 도덕성과 생명윤리 문제에서 다신교적 전제는 불가피하다고 주장한다. 포스트모더니티의 다신론은 도덕적·형이상학적 비전의 급진적 다원성을 인정하는 것이다.

### 특정 도덕 관점을 정당화하는 문제

세속 도덕과 생명윤리 분야에서 원칙적으로 어떤 것을, 그리고 어느 정도의 확신으로 확립할 수 있는가? 우리는 '스포츠를 위해 무고한 이들을 고문하거나 죽이는 것은 부도덕한 짓이다'와 같은 당연하게 간주되는 규칙에 대해서도 어떤 근거들이 존재하는지 알 필요가 있다.[11] 그러한 접근법은 전통적인 도덕성에 대한 편견을 초래하지 않으며, 개인의 권리나 소중히 여겨지는 인간의 가치를 위험에 빠뜨리도록 고안되지도 않았다. 오히려 그것은 세속적인 정당화를 목적으로 탐구했을 때, 일상 도덕 생활세계의 구조를 구성하는 것의 많은 부분이 임의적이고 관습적인 성격을 띠고 있다는 정직한 깨달음과 관련된다. 이것은 종종 다른 문화와의 만남에서 가장 분명하게 드러난다.

예를 들어 캡틴 쿡*과 그의 부하들은 하와이 원주민들이 특정한 상황에서 결혼과 무관하게 남녀가 성적인 대화를 나누는 것이 매우 자연스럽고 적절하다고 생각한다는 것에 충격을 받았다. 그러나 하와이 원주민들은 유럽인들이 남녀가 함께 식사하는 것이 적절하다고 생각한다는 것을 불편해했다. 그들에게는 그것이 금기였기 때문이다.

여자들은 어떤 일이 있어도 남자들과 함께 식사하지 않고, 항상 혼자 식사한다. 그렇게 특이한 관습의 이유가 무엇이 될 수 있는가? 이는 답하기 어려웠는데 특히 그들은 대부분의 경우에 친교, 특히 여성과의 친교

---

\* 제임스 쿡(James Cook, 1728~1779): 영국의 탐험가이자 항해가. 뉴질랜드와 오스트레일리아 등 태평양을 탐험하였고 태평양 여러 섬의 위치를 확정한 지도를 남겼다.

를 좋아했기 때문이다. 종종 그 이유를 질문하면 그들은 다른 대답을 하지 않고, 다만 그게 옳기 때문에 그렇게 한다고 답했고, 남녀가 한자리에서 같은 음식을 먹는 것을 혐오한다고 했다. [……] 원주민의 절반 이상이 그 결과에 대해 고민하거나 불안해하지 않고 자유로운 사랑을 했다. [……] 남녀는 최소한의 감정 없이 가장 외설스러운 대화를 나누었고, 그들은 다른 무엇보다도 그러한 대화를 즐긴다. 순결은, 정말로, 거의 가치가 없었다.[12]

이제 거의 모든 이가 남녀가 함께 식사하는 것을 허용하는 데 있어서 도덕적 어려움을 느끼지 않을 것이고, 많은 이가 간음을 예외로 하지 않을 것이기 때문에, 이 사례는 전통적인 도덕의 기초에 대한 심각한 도전으로 여기지 않을 수도 있다. 이는 더 극단적인 예시들이 갖는 휴리스틱한 힘이 부족할 수도 있다.

아니면 우간다, 수단, 케냐의 국경 산악지대에 사는 이크족(Ik)을 생각할 수도 있다. 그들은 이타주의가 거의 없고, 선은 배부른 것과 같다는 도덕 체계에 따라 생활한다. 그래서 굶주린 사람에게서 음식을 뺏는 것도 좋은 행동이 될 수 있다.

'좋은'을 뜻하는 단어 마랑(marang)은 음식의 측면에서 정의된다. '좋음'은 단순히 음식을 뜻하는 '마란직(marangik)'으로 불리고, 더 자세히는 개인이 소유한 식량을 의미한다. '좋은 사람'을 뜻하는 그들의 단어는 이아크웨 아나마랑(iakw anamarang)인데 이는 네 뱃속을 채워 주는 사람을 의미한다고 생각하면 오산이다. 진짜 이크족 사람의 답은 '배가 부른 사람'이다. 그런 상태로 있는 것은 좋지만 그렇게 행하는 것은 아니다. 적어도 남에게 행하는 것은 아니다.[13]

이크족의 관점은 부도덕할까? 그렇다면 왜?

이와 같이 다양한 도덕 관점의 사례는 도덕 주장들의 정당화에 관한 핵심적인 질문을 제기한다. 어떻게 우리는 도덕적으로 구속력이 있는 **무언가**를 확립할 수 있을까? 어떻게 우리는 일반적인 도덕과 특히 생명윤리가 취향의 문제 이상임을 보여줄 수 있을까? 결론부터 말하자면, (1) 도덕 관점의 발생, (2) 도덕 관점의 정당화, (3) 도덕적으로 행동하도록 합리적으로 동기 부여된 근거의 세 가지 문제를 구별할 필요가 있을 것이다. 실제의 도덕 관점은 다양한 사회역사적 영향력에 의해 형성된다. 도덕성의 이러한 조건은 과학과 공유된다. 세계는 오늘날 서양이 사회역사적 환경 덕분에 보유하게 된 과학과 기술을 많이 가지고 있다. 현대 과학기술의 상당 부분이 서양에서 발생하였다는 이러한 사실이 그것을 편협하거나 비객관적이거나, **그저** 서구적인 것으로 만들지는 않는다. 그 중추적 의미의 범위 문제는 그것의 정당성, 그것의 장점, 그리고 타인에 의한 인정에 달려 있다. 과학과 도덕성의 경우, 정당화되려면 그 활동이나 실천이 사람들의 동의를 얻어야 한다.

합리적인 사람이라면 인정해야 하는 특정 관습이나 의견을 정당화하려 하는 순간, 우리는 그저 수용되고 있는 관점으로부터 스스로를 자유롭게 할 필요가 있다. 우리는 초저체중 신생아를 집중적으로 치료하는 걸 당연하게 받아들이는 생각에서 벗어나야 한다. 도덕 다원주의에 직면하여, 우리는 인식과 가치판단의 어떤 기준이 더 낫다는 것을 보여주는 인식과 가치에 대한 이해를 찾고자 한다. 비록 최종적이고, 절대적인, 또는 신성한 관점에 세속적인 측면에서 접근할 수 없다고 해도, 사실과 가치에 관한 논란을 합리적으로 해결할 수 있는 것은 무엇인지를 우리는 여전히 물을 수 있다.

경쟁적인 과학 이론 간의 갈등에서는, 문제가 되는 것에 대한 충분한 공통의 이해를 전제로, 그 예측력을 비교하면 된다는 이점이 있다. 우리는 황열병의 원인균이 무엇인지를 알아내는 방법을 결정할 수 있다. 서로 다른 이론의 주창자들은 경쟁하는 이론을 실재에 대해서 시험할 수 있고, 그 결과 어떤 경쟁이론의 오류를 입증하고 다른 이론의 주장을 강화할 수 있다. 어떤 이론들은 변이와 부가되는 가정이 더 적고, 사실을 더 간단하게 설명하기 때문에 더 선호된다. '사실들(facts)'은 경험적 실재에 관한 많은 추측에 난점을 초래할 수 있다. 예를 들어 근세에 행성(예: 금성과 화성)에 대한 관측 결과를 보니 프톨레마이오스의 태양계 이론은 오류로 드러났다—편평한 지구론자, 벨라르민 추기경, 교황 우르바누스 8세의 상반되는 주장에도 말이다.* 물론 많은 경우에 경쟁적인 과학 이론들 사이에 그렇게 명확한 선택이 가능하지는 않다. 또한 우리는 경쟁하는 이론적 설명의 다양한 설명력과 다양한 범위의 데이터를 향후 탐구에 다양한 결실을 맺을 수 있는 방식으로 아우르는 능력을 고려해야 한다. 예측을 시험하려는 시도는 항상 이론적·사실적 기대 안에서 이루어지는 데이터의 해석을 필요로 한다는 것을 인식해야 한다. 탐구는 항상 선행하는 이론적인 가치 판단[14]과 세테리스 파리부스 조항(ceteris paribus, 다른 모든 조건이 동일하다면!)에 의해 인도된다. 이 모든 것은 일반적으로 수용되는 과학적 패러다임의 지침에 따라 이루어지는 결정을 수반하며, 역사적으로 연구자가 속한 특정 과학 공동체의 사고방식에 의해 조건화된다.[15] 마지막으로, 그리고 가장 의미 있는 것은 경험적 과학 연구자의 경쟁 공동체가 대개 실험실을 폐쇄하거나 과학자들이 경험적으로 '나쁜' 과학에 관여하는 것을 막는 식으로 강압적인 과학의 권위를 주장하지는 않는다는 것이다. 도덕적인 논란은 적절한 위력의 사용에 관한 논쟁과 밀접하게 연관되어 있다.

요컨대 과학조차도 무역사적으로 신으로부터 나온 것이 아니다. 과학

---

* 벨라르민 추기경(1542~1621)은 1616년 갈릴레오 갈릴레이를 소환하여 그의 주장을 철회하라고 명했고, 교황 우르바누스 8세(1568~1644)는 1633년 갈릴레오 갈릴레이를 종교재판에 회부하였다.

적 진리는, 모든 인간의 진리와 마찬가지로, 역사적으로나 문화적으로 형성되어 있다. 그러나 경험과학은 특정 시대, 사회, 개인의 기대 속에서 항상 그러한 실재가 등장할 때도, 외부 실재가 부과한 규율로부터 이득을 얻는다. 도덕에 관한 분쟁의 경우, 문제가 되는 것은 단순히 '사실'이 아니라 '사실'에 대한 평가이기 때문에 '사실'에 대한 그러한 호소는 결정적으로 여겨지지 않는다. 윤리에 대한 제약은 무엇보다도 논리적인 것으로 보인다. 모순이 있기 마련이라 주장한다면, 우리는 사람이 무엇을 해야 하는지에 관한 합리적인 질문에 합리적인 답을 제시하는 것을 시도할 필요가 없다. 실제로 세속 윤리와 생명윤리에서 우리는 과학적인 설명에서와 같이 도덕적 삶에 대한 포괄적이고 체계적인 설명을 하기 원하며, 가능한 한 부가 설명(ad hoc explanation)과 모순이 적었으면 한다. 그러나 경험적 실재의 제약이 없는 생명윤리학자를 포함한 윤리학자들은 도덕적 삶에 대한 설명을 발전시키는 데 있어 상당한 재량을 누린다. 그런 상황에서 우리는 누가 도덕의 권위자이며, 어떤 의미에서 그러한지를 어떻게 구분할 수 있겠는가. 이 질문에 대답하는 과정에서, 우리는 윤리는 과학과 달리 인간의 활동에 있어서 직접적으로 강압적인 개입을 승인하기 때문에 과학보다는 더 큰 확실성에 대한 요구가 적절해 보인다는 것을 다시 한번 명심해야만 한다.

생명윤리학의 세속적인 도덕적 주장들에 관해, 문제는 우리가 경험과학에서의 간주관성과 유사한 것을 어느 정도까지 확보할 수 있는가이다. 생명윤리나 일반 윤리 영역에서 어떤 질문에 대답하려 할 때 우리는 사실에 관한 문제를 결정하는 데 있어 이용 가능한 간주관성에 접근할 수 있는 길이 있는가?[16] 여기에서 도덕은 잠재적으로 간주관적인 노력이 되어야 하는데 잘못된, 혹은 비난받을 만한 방식으로 행동하는 도덕 행위자들에게 세속 도덕의 근거를 제공해야 하기 때문이다. 많은 이는 낙태, 인공 수정 그리고 무상 의료를 받을 권리에 관해 동의하지 않는다. 문제는 다른 도덕 행위자들이 합리적으로 동의하기 위해서는 이러한 견해 중 어느 하나라도 옳은가이다. 도덕과 생명윤리에 있어 우리는 (1) 모순을 회피하는 형식적 합리적 제약, (2) 그것이 조건적으로 또는 우선적으로 의무라고 믿는 한 그 목적을 달성하는 수단을 포섭할 수 있는 조건적 제약, 그 이상을 제공할 수 있는가?

**내용 충만한 세속 윤리를 정당화하려는 시도: 왜 그것은 모두 실패하는가**

내용 충만한 도덕적 의무, 내용 충만한 도덕적 권리, 어떤 도덕적 선호, 혹은 일반적 평가와 관련된 주장의 객관성을 평가하는 데는 근본적인 어려움이 있다. 특히 도덕적 논란을 건전한 합리적 논증으로 해결하려면 근본적인 도덕 전제, 도덕 증거의 규칙, 도덕 추론 및/또는 도덕 논란을 해결하기 위해 누구를 도덕적 권위로 삼을지에 대한 규칙을 공유해야 한다. 도덕의 전제, 도덕 증거의 규칙 등에 관한 서로 다른 이해들이 존재하는 상황에서 도덕 논란은 건전한 이성적 논쟁으로 해결될 수 없을 것이다. 우리는 문제가 되는 도덕 사안을 판단하고, 순위를 정하고, 비교하는 기준이 필요하다. 10년 후에나 그런 치료법을 통해 실제 이득을 얻을 수 있는 미래 환자들의 이해관계와, 상당한 해로운 이상반응을 일으킬 수 있는 현재 임상시험에 참여하여 그 치료를 받고 있는 연구 대상자들의 이해관계를 우리는 어떻게 비교하는가? 치명적이지는 않지만 심각한 질병에 걸린 임신한 여성을 약물로 치료하는 것과, 그 약물로 임신 중인 태아가 손상을 입을 위험은 어떻게 균형을 잡아야 하는가? 이에 답변하기 위해서 우리는 특정 결과나 고려 사항을 다른 것보다 더 중요하게 판단하거나 우선순위를 매겨야 한다. 그러나 그 비교를 위한 기준이나 준거점은 어디에서 찾을 수 있을까?

근대 철학 또는 계몽주의의 희망은 사람들은 이성에 의해 공동으로 구속될 수 있으며, 그 공통의 도덕 기준을 찾을 수 있다는 것이다. 신과 은총과의 만남에서, 모든 이가 공유 가능한 실재에 대한 합리적이고 세속적인 만남으로 초점이 바뀌었다. 다양한 표현으로 이 희망은 이성 그 자체, 인간적 공감, 인간의 본성, 혹은 우리의 다른 요소들에 대한 탐구에 노력을 집중시켰는데, 이는 하나의 공동체와 하나의 공통된 도덕적 이해 속에서 우리를 구속하는 것을 밝히기 위함이었다. 이 지적 프로젝트가 수행된 다양한 국가적·문화적 맥락에서 이성의 역할, 공통의 공감, 감성, 정서에 다양한 억양이 부여되었다. 곧 보게 되겠지만, 어떤 이성이 인도하고 어떤 공감이 정전적이어야 하는 것을 결정하기는 어렵다. 예를 들어 공감과 감성으로 사람들을 구속하는 공동체를 추구한다면, 우리는 곧 인간의 공감과 감성이 다양하고 구체적인 도덕적 의무에 관한 비전이 다수라는 사실과 직면하게 된다. 문제는 그때 어떤 공감이나 의무가 정전적이며, 그 이유는 무엇인가이다. 더욱이 '실제적인(de facto)' 특정 공감이나 감성이나 경향이 어떻게 '규범적인(de jure)' 도덕적 지위를 성취할 수 있을까? 어떻게 우리는 특정 의무나 권리를 인식하는 특정한 공감, 감성, 민감성, 혹은 경향이 정전적임을 보일 수 있을까? 우리는 이미 예의 공감이나 감성, 민감성, 의무나 권리와 무관한 도덕적 기준을 갖고 있어야 한다.

어떤 기준이 필요하다. 윤리와 생명윤리에서의 기준은 다음에서 찾을 수 있다. (1) 윤리적 주장 자체의 내용, 직관, 또는 그 자체로 자명하게 보이는 것, (2) 예시 사례의 연구, (3) 도덕적 선택의 결과, (4) 편견 없는 선택, 공정한 관찰자라는 이상, 또는 편견이 없는 계약자의 집단, (5) 합리적인 도덕적 선택 또는 담론 자체, (6) 사회적 상호작용의 문제에 대한 게임이론적(또는 죄수의 딜레마) 설명, (7) 실재나 본성의 성격, (8) 중간 수준의 원칙에 대한 호소, (9) 정전적으로 도덕 선택을 지시할 수 있는 어떤 도덕적 기준점. 보다 광범위하게는, 도덕 사유의 내용(예컨대 직관), 도덕 추론의 형식(예컨대 불편부당성이나 합리성) 또는 외부의 객관적 실재(예컨대 행동의 결과 또는 실재의 구조)에서 기준을 찾을 수 있다.

우리가 보게 되듯, 이들 각각의 접근에는 극복 불가능한 문제들이 있는데 왜냐하면 (1) 어떤 특정한 도덕 내용에 대한 호소는 그 내용을 선택한 기준에 대한 질문을 요구하기 때문에, (2) 형식적 구조에 대한 호소는 도덕 내용을 제공하지 않고 따라서 내용 충만한 도덕 지침을 제공하지 않기 때문에, (3) 외부 실재에 대한 호소는 무엇을 해야 하고, 그것을 어떻게 판단해야 할지가 아닌 그저 무엇인가만을 보여주기 때문이다. 일정 부분 획일화하자면, 이 대안들은, 모두 만족스럽지 못하지만, 방금 기술한 여덟 가지 표제하에 정리될 수 있다. (아홉 번째 표제는 처음 여덟 개의 접근방식의 실패를 시정하기 위한 시도의 표식이다.) 다음으로는 직관주의, 결의론, 결과주의, 가상 선택 이론(가상적 계약자 이론 포함), 합리적 선택과 담론 이론, 게임이론(죄수의 딜레마 이론 포함), 자연법 이론, 중간 수준의 원칙 등을 그들이 상당히 흔한 문제를 겪고 있음을 보여주기 위해 잠시 검토할 것이다. 각각은 자신이 정당화하고자 하는 것, 즉 특정한 도덕 내용을 전제로 한다. 정전적이고 내용 충만한 완전한 세속 도덕을 발견하거나 정당화하기 위한 수단, 또는 선함 또는 공정성에 관한 내용 충만한 이해를 갖기보다는, 이들 각각은 기껏해야 특정 도덕 비전의 함의를 드러내는 설명 도구이다. 정전적인 도덕적 이해를 확립하고자 하는 이 특정한 대안들은 합리적 논증에 의해 모두가 지지해야 하는 구체적인 도덕성을 정당화하려는 모든 종류의 시도를 의미하지 않는다. 그것들은 오히려 그러한 모든 시도가 어떻게, 그리고 왜 정전적인 도덕 지침을 확립하는 것을 전제하는 데 항상 실패하는지를 보여주는 예시들이다. 그것들은 특정한 도덕적 이해를 정전적으로 정당화하려는 모든 시도가 왜 문제가 되는 것을 전제하여 선결문제 요구의 오류(예컨대 내용 충만한 도덕 기준의 존재)를 저지르거나 무한 후퇴에 빠지는지를 보여준다. 내용 충만한 도덕 논란은 공통의 기본적 도덕적 전제, 증거와 추론의 규칙, 그리고 누가 도덕적 권위를 가지는가에 대한 관점이 부재한 상태에서 건전한 합리적 논증으로 해결될 수 없다.

첫째, 우리는 직관에 호소하여 도덕 논란을 해결하려 할 수 있다. 우리는 특정 규율(discipline)들의 제약을 받으면서, 내용 충만한 도덕적 주장, 의무 또는 권리뿐 아니라 도덕적 기준을 직관하려 애쓴다. 아마도 직관에 근거하기 위해서는 도덕적 개념, 의무 등이 명확하고 정확하게 구성되어야 하고, 세심한 성찰을 통해 자명하게 보이고, 직관적으로 알려진 다른 도덕 명제들과 일치해야 하며, 다른 도덕 전문가들이 정확하다고 인정해야 할 필요가 있다.[17] 그러한 시도는 직관들 간의 반성적 평형(reflective equilibrium)에 대한 호소를 통합할 수도 있다. 어떤 직관이 진리라고 주장하는 것은 더 근본적으로 확립된 다른 도덕적 직관들을 위반하는 함의를 가질 수 있다. 우리가 어떤 희생을 치르더라도 생명을 구해야 할 의무가 있다고 주장한다면, 삶의 즐거움을 위해 남겨둘 수 있는 자원은 없다. 그렇다면 생명을 구하는 것과 삶을 즐기는 것 중 어느 것이 더 중요한가? 우리는 이를 어떻게 알 수 있을까? 어떻게 하면 이러한 관심사의 균형을 맞출 수 있을까? 올바른 답을 결정하거나 관심사들 간의 균형을 맞출 수 있는 합리적이고 결정적인 방법이 있는가?[18]

또는 이 문제를 좀 더 극명하게 표현하여, 각각 열 사람이 사는 두 세계 중에서의 선택을 고려해보자. 세계 A는 12개의 효용 단위(즐거움의 단위, 선호 만족 단위, 또는 좋음의 단위)를 가진 1명과 1개 단위만을 가진 9명으로 구성되어 모두 21개의 효용 단위가 있다. 세계 B는 사람마다 2개의 효용 단위를 가져 모두 20개의 효용 단위가 있다. 어느 쪽이 더 나은 세상인가? 세계 A는 세계 B보다 효용이 더 많지만, 세계 B는 더 평등하다. 만약 이를 재고하여 세계 B가 A보다 낫다고 하고 싶다면, 그것은 평균 효용이나 평등을 감안한 특별한 가치에 기초하여 문제를 다시 계산하기로 결정했기 때문일 것이다. 한편, 우리는 12단위의 효용을 가진 사람의 미덕이나 탁월함을 재고할 수도 있다. 그러한 완벽함의 성취는 마치 매우 희귀한 꽃이 어떤 정원에 특별한 장점을 부여하듯 특별한 추가 비중을 줄 수도 있다.

우리는 또한 모든 개인이 5개의 효용 단위를 갖는 세계 C와, 모든 개인이 5개의 효용 단위를 갖지만, 그중 한 명은 10개의 효용 단위를 갖는 세계 D 중에서 선택을 고려할 수 있다. 10개의 효용 단위는 그저 사람들을 불평등하게 만드는 효과밖에는 없다. 세계 D는 C보다 나은가, 나쁜가? 세계 D에는 더 많은 효용 단위가 있지만, 불평등도 있다. 이러한 질문에 대한 답변은 평등과, 의료자원의 분배의 함의에 대한 판단을 촉발한다. 직관에 호소하면 어떻게 이 문제를 해결할 수 있을까? 세계 A와 B, 세계 C와 D 사이의 선택은 어떤 도덕을 승인해야 할지에 관한 극명하게 다른 관점에 의존한다. 그러한 사례에 대한 호소는 깊이 뿌리박힌 도덕 논란을 해결하는 데 있어 직관에 대한 호소가 불가능함을 시사한다. 사례에 대한 판단은 직관과, 그리고 문제가 되는 대상에 달려 있다. 사례에 대한 호소는 차이를 명확하게 하거나 늘어놓을 수 있지만, 그것을 해결하지는 못한다.

더 잘 확립된 직관에 의존하여 우리는 어떤 대가를 치르더라도 생명을 구하는 것 대 삶을 즐기는 것의 적절함, 불평등의 용인 혹은 제거와 같은 문제에 대한 직관을 수정할 것이다. 그러나 어떤 직관이 더 잘 확립되었다고 어떤 근거로 결정할 수 있을까? 우리는 더 깊은 직관, 우리의 직관들 중 선호하는 것과 일치하는 것이 최선이라는 직관에 호소할 수 있을 것이다. 그러나 이것이 택해야 할 방침임을 어떻게 알겠는가? 우리는 점점 더 높은 순위의 직관, 방법론에 관한 직관에 호소하거나, 단순히 하나의 직관 또는 일련의 직관을 최종적인 것으로 임의로 수용해야 할 것이다. 직관에 호소하는 것은 도덕 논란을 해결하는 문제에 만족스러운 해결책을 제공할 수 없다. 왜냐하면 어떤 직관이든 반대되는 직관으로 맞설 수 있기 때문이다. 직관에 호소하여 상충하는 직관들을 중재할 수 있는 결정적인 길은 없다.

둘째, 직관에 대한 호소의 문제는 예시 사례나 결의론적 분석을 참조하여 우회할 수 없다.[19] 단순히 직관에 호소하지 않는 결의론에 있어서(즉,

직관에 의해 예시[exemplar]로 선택된 사례에 의해 인도되도록 직관적으로 선택한), 이 지침이 되는 사례들은 특정 프레임의 맥락에서 이해되어야만 한다. 이는 사실 로마 가톨릭교회의 결의론이 기능하는 방식이다. 개별 사례는 그 사례를 해석하고 보속을 줄 권한이 있는 사제와 권위적인 내용을 제공하는 교의적 프레임 안에서 이해되었다. 우리는 어떤 상황에서 어떻게, 틀을 지우는 맥락, 서사, 또는 규칙 없이 특정 사례가 윤리적 결정을 지시해야 하는지를 종잡을 수 없이(discursively) 알 수는 없다. 결의론, 또는 윤리적 논란의 해결을 위한 사례 방법은 사례 자체를 넘어서는 지침을 제공하는 틀(guiding frame)에 달려 있다.

도덕 논란의 해결을 도덕 공유인과 논의한다면 이 어려움은 분명하지 않다. 그러한 상황에서 예시 사례(전형 사례)는 예시적이고 지침을 제공하는 것으로서 단도직입적으로 인식될 수 있다. 실제로 그러한 맥락에서는 모든 이들이 특정 예시 사례가 그저 옳다고 여기지 않을 거라 상상하기는 어렵다. 도덕 이방인들과 만나면 그런 기대는 무너진다. 47인의 사무라이가 보여준 무사도의 예시와 관련하여 도미니크회 수도사들과 상류층 사무라이들 간의 논의를 상상해보자. 47명의 로닌(浪人)이 아코의 영주 아사노 나가노리(淺野長矩)의 원수를 갚기 위해 기라 요시나카(吉良義央)의 목을 베었고, 이들은 모두 1703년에 할복하여 불교 사원 센가쿠지(泉岳寺)에 묻혔다. 그들의 이름은 가부키「추신구라(忠臣藏)」를 통해 불멸하게 되었다. 그들은 오늘날까지 주군에 대한 충성심으로 존경받는 도덕적·종교적 헌신의 대상이다. 도미니크회 수도사들은 이 용기와 헌신의 본보기가 사실 중요한 도덕적 가치의 전복임을 사무라이에게 성공적으로 설명할 수 있을까? 도미니크회 수도사들은 우선 이 사무라이를 그리스도교인으로 개종시킬 필요가 있을 것이다. 진정한 개종은 정교회가 우리에게 상기시켜주듯 메타노이아, 즉 사람의 근본적인 사고방식의 변화를 수반한다. 개종 후에는, 게슈탈트적 전환에서처럼, 사물을 새로운 시각으로 볼 수 있다. 그러나 그전에는 마음의 충돌이 있을 것이다. 이 토론자들은 서로 다른 세계에 살고 있고, 서로 다른 '당연하게 간주되는 도덕'들을 가지고 있다. 그들은 공통의 도덕 전제나 도덕 증거의 규칙을 공유하지 않는다.

이 문제는 생명윤리에서도 마찬가지다. 우리는 편의적 낙태에 반대하는 독실한 남부 침례교도와 낙태에 의미 있는 도덕적 악은 없다고 보는 낙태 클리닉의 무신론자 원장 사이의 토론을 그저 상상하면 된다. 남부 침례교도는 원치 않는 아이를 피하기 위해 낙태를 선택한 사람들을 기형적 가치관을 가진 사람들의 전형 사례로 간주할 수 있다. 이와는 대조적으로, 그 원장은 그러한 선택을 자신의 몸을 통제하는 여성의 자유에 관한 전형의 예시로 보고, 그래서 그 선택을 세속적으로 보호해야 할 뿐 아니라, 어떻게 보면 칭찬할 만한 것으로 여길 것이다.

서로 다른 이데올로기의 추종자들이 만나면 비슷한 충돌이 생길 것이다. 부자가 가난한 이들보다 더 많은, 그리고 더 나은 의료를 구매할 수 있는 것이 좋은지 나쁜지에 관해 자유시장의 열성적 추종자와 평등주의자 간의 토론을 상상해보라. 시장 옹호자는 시장에서 자유 선택의 선이 불평등과 관련된 모든 악을 능가한다고 주장할 것이다. 그리고 물론 평등주의자의 견해는 정반대일 것이고, 그의 사례 해석도 그러할 것이다. 이들 각각은 평등, 불평등, 자유 선택 또는 제한된 선택의 특정한 사례들이 보여주는 것에 대한 이해를 달리할 것이다. 문제는 이런 비슷한 논란이 어떻게 건전한 합리적 논증으로 해결될 수 있느냐 하는 것이다.

결과에 대한 호소, 권리, 인격 존중, 미덕, 비용 대비 효과 및 정의에의 호소와 같은 서로 다른 형태의 주요한 윤리적 형태들의 존재를 인정한다고 해서 직관주의자와 결의론자가 직면한 이러한 어려움을 회피할 수 없을 것이다. 도덕 호소들의 다양하고 상반되는 성격을 인정하고, 특정 사례에 관한 논란의 해결에 있어서 그것들을 적용하기 위한 적절한 민감성을 요구하는 모델은 여전히 어떤 민감성이 적절한지 또는 부적절한지를 결정할 필요가 있을 것이다. 경쟁하는 호소들의 성공 여부를 제대로 평가하려면 적절한 평가라는 선행 개념이 필요하다. 우리는 적절한 민감성과 적절한 평가에 관한 더 높은 수준의 호소나 고려로 후퇴할 수 있지만, 이는 효과적으로 선결문제를 요구한다. 도덕 호소들의 다원성을 인정하고 그것들을 평가하려고 하는 그러한 설명에는, 옳은 선택을 위한 도덕감의 교육이라는 개념이 있을 수 있다. 즉 분별, 실천적 지혜 또는 신중함의 발달이라는 개념이다. 분별력, 실천적 지혜, 또는 신중함에 관한 어떤 특정 전통 밖에서, 우리는 누가 분별력이 있고 경솔한지를 어떻게 결정할 수 있을까? 이 비판은 형이상학적인 회의론이 아니라 도덕 인식론적 회의론을 촉발한다. 이는 식별 가능한 도덕적 진리나 도덕감이 없다는 주장을 요구하는 것이 아니다. 이는 단지 일반적이고 세속적인 설명은 이 문제를 해결하지 않고는 어떤 도덕감이 옳고 그름을 식별할 수 있는지 결정할 수 없다는 것이다.

인간이 도덕적인 것이 무엇인지 알 수 있는 능력을 갖추고 있다고 주장하여 직관에 대한 호소라는 난제를 해결하려는 시도를 생각해보자.

특정 행동, 행위자, 제도에 대한 우리의 근본적인 도덕적 직관은 상당 부분 우리의 도덕 인지 능력에 의해 우리에게 강제된다. 그러한 정도까지 우리의 직관적인 판단에는 제약이 있고 '무엇이든 가능'한 것이 아니다. 그러나 이러한 개념에 대한 우리의 이해가 얼마나 불만스럽든, 그리고 이것이 우리가 선택을 평가할 규칙이 없다는 것을 얼마나 강력하게 의미하든 이러한 선택을 하는 데 있어서 개인은 인지적 분장(cognitive makeup)에 의해 많은 것이 강요되고 있음을 알게 된다.[20]

이 능력이 언제 제대로 기능하고 있는지, 왜 그런지를 아는 것은 어렵다. 인간을 포함한 모든 종의 다양한 특성을 감안하면 그러한 능력은 모든 인간을 아우르고 항상 같은 판단을 내려야 한다.

　셋째, 직관주의자와 결의론자의 실패를 감안하면, 우리는 도덕 선택의 서로 다른 시스템의 결과를 비교하여 도덕 논란을 해결하고자 시도할 수 있다. 그러나 경쟁 시스템의 상대적 장점을 평가할 수 있게 해주는 그 배경에 있는 도덕적 이해에 호소하지 않고 어떻게 경쟁 시스템의 상대적 미덕을 분석할 수 있을까? 그러한 이해를 확립할 가능성이 바로 문제인 것이다. 의료 공급의 두 가지 주요 시스템, 즉 급성 및 만성 치료를 제공하고 일부 예방적 의료를 제공하는 시스템과, 예방과 단기 급성질환 치료에 자원을 집중하고 장기 급성질환과 만성질환 치료에는 적은 자원만 사용하는 두 시스템 간의 장점을 평가하려고 하는 공리주의자를 상상해보자. 각각은 도덕의 비용과 편익을 포함하여 각기 다른 비용과 편익을 가질 것이다. 첫 번째 시스템에서는, 급성 및 만성 질환 치료에 중요한 초점을 맞추고 있기 때문에, 그러한 치료를 원하는 개인의 요구는 두 번째 시스템보다 더 잘 충족될 것이다. 두 번째 시스템에서는 결국 예방의학의 연구와 적용을 통해 가장 큰 이익을 얻게 될 것이라는 언급과 더불어 그러한 치료는 거부될 수 있다. 물론, 두 번째 시스템을 채택한 이들은 첫 번째 시스템보다 예방의학에 대한 그들의 이해관심을 더 적절하다고 여길 것이다. 만약 그것들이 두 번째 시스템의 옹호자들에 의해 매우 중대한 이해관심으로 유지된다면, 그들 또한 그 시스템이 최대 다수에게 최대의 이익이 될 것이라고 일관되게 주장할 수 있다. 위태로운 경험적 주장과는 별도로, 서로 다른 이해관심을 어떻게 비교할 것인가에만 초점을 맞춘다면, 누가 옳고, 그 이유는 무엇인가? 우리는 미래에 예방 가능한 질병의 해악으로부터 보호받을 이해 당사자들을 위해서, 지금 당장 치료를 원하는 이들의 필요를 어느 정도까지 무시할 수 있을까? 지금 당장 더 나은 예방을 추구하는 이들과 의료를 추구하는 이들의 선호를 어떻게 비교할 수 있을까? 우리는 특정한 도덕감, 즉 결정을 위해 현재와 미래의 이해관심을 비교하는 특정 방법에 호소할 필요가 있을 것이다. 우리는 단순히 결과에 대한 호소에 기초하여 결정할 수 없는데, 왜냐하면 그것은 바로 선결문제를 요구하고 있기 때문이다. 우리는 현재와 미래의 결과를 포함하여 결과에 대한 순위를 매기거나 비교하는 방법을 알 필요가 있다.

그러한 질문에 답하기 위해서는 어떤 결과가 더 중요하고 어떤 선호에 우선순위를 부여해야 하는지 알아야 한다. 그러나 결과를 비교하는 결과주의자의 설명(공리주의자의 설명 포함)은 어떤 순위나 이득/해악의 비교를 우선시해야 할지에 대해 직관주의자의 설명보다 나은 점이 없다. 왜냐하면 이 모두, 선행 조건, 즉 이득/해악을 판단하고, 순위를 매기고, 비교하는 권위 있는 수단을 전제하고 있기 때문이다. 예를 들어, 우리가 자유, 평등, 안전, 그리고 번영이라는 결과가 중요하다는 데 동의한다 해도, 이들의 우선순위를 어떻게 매기는가는 그가 텍사스, 매사추세츠, 싱가포르, 일본, 북한 또는 바티칸 등 어디에 살고 있는지에 달려 있다. 결과의 우선순위를 매기려면 우리는 우선 좋음(선)에 대한 어떤 비전을 가지고 있어야 한다. 결과의 정확한 순위를 결정하기 위해 결과에 호소할 수는 없다. 우리는 이미 인간의 번영이나 선이라는 규범적 비전, 혹은 결과의 올바른 우선순위를 가지고 있어야 한다. 실제로, 총효용의 극대화 대 평균 효용의 극대화 사이의 선택은 효용을 극대화하거나 좋음(선)을 성취하는 것이 무엇을 의미하는지에 대한 상이한 이해에 의존한다. 사람이 경험하는 좋음, 쾌락, 효용, 실현되는 선호, 또는 쾌락 단위(hedon unit)의 중요성을 고등/하등 동물과 비교하는 방법을 결정하는 경우에도 이는 마찬가지다.

그러한 질문에 대답할 수 있는 한 가지 가능성은 특정한 행동의 결과를 보여주는 것일 수 있다. 우리는 환자로부터 자유롭고 충분한 정보에 의한 동의를 구하지 않으면 상호 존중의 구조가 약해진다고 주장할 수도 있다. 그러나 다른 이점을 얻을 수 있을지도 모른다. 이러한 목적 지향적인 목적론적 접근법은 어떤 목적을 추구해야 하는지, 언제, 어떻게 비교해야 할지를 이미 알고 있다는 것을 전제로 한다. 결과에 입각하여 경쟁하는 도덕 관행들 중 하나를 선택하기 위해서는 어떤 결과가 다른 결과보다 더 좋은지 나쁜지를 이미 알고 있어야 한다. 결과주의 윤리는 비결과주의 윤리를 전제로 한다. 예컨대 우리는 어떤 사회에 무엇이 더 좋은지 알고 있는가? 즉, 의료정책의 틀을 구성하는 데 스파르타적 미덕이 더 좋은가? 아니면 너그러운 후기 아테네의 미덕이 더 좋은가? 텍사스 레인저나 사무라이 전사의 미덕을 중심으로 사회를 구성하는 것이 더 나은가? 이크족이나 메노나이트*처럼 도덕감정에 사회를, 그리고 그 생명윤리를 기초하는 것이 더 나은가? 어떤 선택이 더 나은지는 어떻게 알 수 있을까? 이 질문 중 어느 하나라도 대답하려면, 우리는 두 가지 질문에 대한 답을 미리 알아야 할 것이다. '누구에게 더 나은가?'와 '어떤 가치관이 더 나은가?'이다. 결과를 평가하기 위해 우리는 독립적인 도덕 기준이 필요하다.

이러한 어려움은 효용(공리주의) 또는 결과주의 괴물의 문제를 고려하기 이전에 존재한다. 그러한 대규모 선 주창자들, 혹은 쾌고 경험주의자들은 이미 특정한 내용 충만한 도덕 비전을 가지고 있는 많은 이가 수용할 수 없는 결론을 내릴 수 있다. 예를 들어, 인구의 1퍼센트(구분 가능한 소수)를 고통스러운 실험 대상으로 삼으면 인구의 20퍼센트가 엄청난 선, 이득, 쾌락, 선호 만족, 또는 바람직한 이득/해악 균형을 이룰 수 있으며, 나머지 79퍼센트는 아무 관심도 없는 (20퍼센트가 얻을 쾌락과 이득을 통해 대리 만족과 기쁨을 느끼는 것과, 고문당하는 이들로 인한 불쾌함 사이에서 도덕적 공감, 즐거움, 혹은 선호의 균형을 맞추는 이들) 세계를 상상해보라. 만약 이 세계가 다른 가능한 세계와 비교하여 선, 쾌락, 선호 만족, 효용, 또는 쾌락 단위의 총합과 평균값을 모두 극대화한다면, 결과주의자들은 그 세계가 물질적으

---

\* 메노파 그리스도교인. 네덜란드 종교 지도자 메노 시몬스(1496~1591)의 가르침을 따르며, 평화주의적이고 엄격한 규율로 집단생활을 하는 재세례파 그리스도교인들이다.

로 가능한 최고의 세계라고 확정해야 한다.

　최선의 선택을 계산하는 건 우리가 재화, 결과, 선호 등을 어떻게 비교하느냐에 달려 있다. 이의를 제기하고자 하는 사람들은 예컨대, 이득, 해악, 즐거움, 효용, 및 선호를 계산하는 수정된 접근법을 내세울 수 있다. 말하자면 이는 그들이 결과주의자나 공리주의자의 이론에 호소하기에 앞서 어떤 선(善)에 대한 비전을 가졌음을 암묵적으로 드러낸다. 결과에 대한 상세한 설명에 호소하는 것은 특정한 선택을 지시하는 데 도움이 되며, 초기 도덕 비전의 성격을 더 명확하게 하거나 체계화하는 데 도움이 될 수 있는 경험적 또는 해설적 장치의 역할을 할 수 있다. 그러나 그것은 그 비전을 정당화할 수 없다. 더욱이 공리주의 괴물이 괴물임을 밝혀주는 그 비전의 내용은 '도덕적으로 수용 불가능'하거나 '도덕적으로 황당'하거나, '도덕적으로 반직관적인' 특정 결론을 피하기 위해 성과, 결과, 선호 등등의 가중치를 재조정해야 하는 한, 결과나 효용에 대한 호소에 선행한다. 선호를 수정해야만 하며, 그것을 어떻게 해야 하는지를 알기 위해서는 이미 배경에 깔린 어떤 도덕 비전을 가지고 있고 그것이 구속력이 있음을 보여줄 수 있어야 한다. 게다가 우리는 그것이 단지 하나의 국소적인 도덕적인 이해가 아니라 정전적이고 배경에 깔린 도덕 비전임을 보여줄 수 있어야만 한다. 그러한 결정적인 도덕 판단을 하기 위해서는 우리는 충족되어야 할 선호의 기준, 실현되어야 할 결과, 확보되어야 할 이상, 경험되어야 할 즐거움, 또는 획득되어야 할 할 쾌락 단위들이 필요하다. 선, 효용, 쾌락, 선호도, 또는 쾌락 단위의 성취에 대한 특정 계산은 서로 다른 가중치 간의 선택과 선, 결과, 쾌락, 효용 및 쾌락 단위 간의 비교를 요구한다.

　기준이 없다면, 우리는 어떻게 이해관심(interest)을 비교할 수 있을까? 예컨대 우리는 세금을 징수당하지 않는 데 대한 X의 관심, 동의 없이 실험 대상이 되지 않는 데 대한 X의 관심, 성폭행당하지 않는 데 대한 X의 관심, 살해되지 않는 데 대한 X의 관심을 Y의 X에 대한 세금 부과에 관한 관심, Y의 (동의받지 않은) X에 대한 실험에 관한 관심, Y의 X를 성폭행하는 데 대한 관심, Y의 X를 죽이는 데 대한 관심 등을 어떻게 비교하는가? 우리는 그 이해관심의 강도나 질에 호소하는가? 이해관심의 질과 종류를 어떻게 고려해야 하는지에 관한 선행 질문을 해결하기 위해서는, 이해관심의 강도를 비교할 수 있는 신의 관점이 필요할 것이다. 어떤 계산은 개인들 간의 이해관심의 비교뿐만 아니라 한 개인 안에서도 시간이 지나는 데 따른 이해관심의 변화를 비교해야 할 것이다. 시간 경과에 따라 그러한 계산을 할 때, 문제는 단순히 이해관심, 선호 등등의 것에 대한 시간의 할인율이 아니라, 시간 경과에 따라 이해관심의 종류와 질을 비교하는 안정적인 방법을 유지할 수 있는지, 왜 그래야 하는지가 될 것이다. 그러한 선택은 선행 관점이나 결과에 대한 도덕 이론을 전제로 한다.

이해관심, 선호 등을 비교할 때 우리는 모든 이해관심 소유자들이 동등하게 계산되는지 여부를 알 필요가 있을 것이다. 만약 상이한 이들이 다른 특질들이나 이해관심이나 선호의 상이한 강도를 산출할 수 있다면, 그들은 다르게 합산될 것인가? 이해관심과 선호에 대해 적절한 교육을 받은 지적인 개인들이 그들의 관심사와 선호의 강도와 질을 높일 수 있다면, 그들은 더 강렬하고 더 나은 이해관심이나 선호를 가지고 있기 때문에 무지한 사람들보다 더 많이 합산될 것인가? 이러한 질문에 답하기 위해서는 이해관심과 선호의 강도와 특질을 비교하는 방법과 이유를 알아야 할 것이다. 우리는 이미 이해관심과 선호를 판단하고, 순위를 매기고, 비교하거나 그 가치를 평가하는 특정한 이해관심과 선호의 도덕 비전을 소유할 필요가 있을 것이다.

우리가 선호의 극대화에만 초점을 맞추면 이러한 난제는 불가피하다. 어떤 행동, 선택, 규칙, 정책 또는 실천이 선호의 총량의 극대화 또는 평균의 극대화 중 하나로 이어지는지를 결정하기 위해서는 현재와 미래의 선호와 그 만족을 비교할 방법을 알아야만 한다. 우리는 신이 어떻게 시간을 평가절하(discount) 하는지 알아야 한다. 우리는 모든 선호와 만족이 동등하게 산정되는지 여부를 알아야 한다. 이성적으로 고려된 선호도, 짐승 같은 선호도, 충동적인 선호도 모두 동일하게 산정되는가? 어떤 멸시받는 집단의 구성원을 돕는 선호가 다수의 즐거움(그리고 선호 만족)을 위해 그 집단 구성원을 고문하는 선호와 같거나(그 이상이거나 그 이하인 것으로) 산정되는가?

적절히 교정된 선호를 설명하기 위해 명확한 선호와 합리적인 선호를 구별하려는 어떠한 시도도 충족되어야 할 경향(inclinations)의 특정한 모음을 선택해야 한다. 도덕적으로 건전한 선호와 도덕적으로 병적인 선호는 특정한 도덕감이나 규범을 참고해야만 구별 가능하다. 내용 충만한 세속 도덕성을 내세우기 위해서 우리는 도덕적 합리성의 적절한 성격에 대해 사전 선택을 해야만 한다.

넷째, 우리는 가상 선택 이론을 구성하여 이러한 상황을 개선하려고 시도할 수도 있다. 그러한 이론은 로더릭 퍼스[21]와 리처드 브랜트[22]*가 했던 것처럼, 합리적인 개인이 무엇을 선택하며, 그리고 합리적 성과를 추구할 때 우리가 무엇을 선택해야 하는지를 결정하기 위해, 공평무사한 관찰자(disinterested observer)의 개념을 제시할 수 있다. 그러나 그러한 관찰자는 매우 상세하게 특정되어야 한다. 이 관찰자는 다양한 가능한 선택의 결과에 대해 (전부 또는 무지의 베일을 통해 부분적으로) 알고 있어야 하며, 그러한 결과가 관련자들에게 어떤 영향을 미칠지 상상할 수 있어야 한다(여기서 신과의 유사성은 상당하다). 이 관찰자는 또한 모든 사람의 이해관심을 저울질하고 편을 들지 않고 공평해야 한다.

이 관찰자에게 도덕적인 이해관심이 전혀 없다면, 도덕적으로 옳거나

---

\* Roderick Firth(1917~1987): 미국의 철학자로 하버드 대학 교수를 지냈다.
Richard Brandt (1910~1997): 공리주의 전통에 서 있는 미국의 도덕철학자이다.

선호되는 결과를 식별하는 임무를 어떻게 수행할 수 있을까? 이 관찰자는 어떤 결과를 선호하지 않을 만큼 다른 사람보다 공평할 수 없다. 만약 특정한 선택에 편중되지 않는다면, 이 관찰자는 도덕 선택의 지침 역할을 할 수 없을 것이며, 의료정책에서는 더욱 그러하다. 즉, 우리는 공평무사한 관찰자에게 특정한 도덕감(도덕적 직관, 도덕적 합리성에 대한 이해 등)을 귀속시켜야 한다. 관찰자나 가상의 선택자는 특정한 도덕적 견해나 도덕감의 당원이 되어야만 한다. 그러나 문제는 어떻게 특정한 도덕적 견해나 도덕감에 대한 선호를, 다른 대안적인 도덕감이나 좋음의 순서를 제치고 확립하거나, 좋음의 순위를 매길 수 있느냐이다. 이 난관에 대한 해결책이 없다면, 우리는 예컨대 생존 가능성이 낮은 매우 낮은 신생아에게 고비용 신생아 집중 치료를 하는 것이 옳거나 선호되는지, 아니면 죽게 내버려두고 부모에게 아기를 데려가라고 하는 것이 옳은지를 결정하기 위해, 공평무사한 관찰자에게 호소할 수 없을 것이다. 이 관찰자가 특정한 도덕적 함의를 가진 특정한 도덕 비전을 가지고 있을 경우에 한해 공평무사한 관찰자는 이러한 대안 중 하나를 선택할 수 있다.

여기서 롤스*가 가상의 계약자 이론**에서 했던 것처럼 공평무사한 관찰자의 수를 늘리는 것은 도움이 되지 않을 것이다.[23] 존 롤스는 정의로운 사회제도의 근거를 결정하려 시도하면서, 우리가 장차 태어나게 될 사회의 헌법과 법률을 지배하는 정의의 기본 원칙을 세우도록 상상해보자는 지적 장치에 호소한다.[24] 롤스는 우리가 주요 사회 재화(예: 권력과 기회, 수입과 부)의 몫을 늘리길 원할 거라고 제안한다.[25] 게다가 우리는 이러한 재

---

\* John Rawls(1921~2002): 미국의 정치철학자. 하버드 대학 교수. 『정의론』의 저자로 미국 현대 정치철학과 사회철학, 윤리학에 지대한 영향을 미쳤다. 이 책은 실은 롤스 이론과의 대결이라고 해도 좋은 정도로 롤스를 깊이 숙고하고 그에 대해 비판하고 있다.

\*\* hypothetical contractor theory: 롤스는 자신의 이론을 도출하기 위해 사회 구성원 간에 어떠한 합의도 아직 이루어지지 않은 가상의 상황, 즉 원초적 입장(original position)을 출발점으로 삼았는데 이때 이 원초적 입장에서 가상의 계약자들이 계약을 맺는다는 일종의 사고실험을 하였다.

화를 더 많이 획득할 수 있는 가능성을 위해 상당한 양의 일차적 사회 재화(primary social goods)를 잃을 위험을 감수하고 싶지 않을 것이다.[26] 그래서 그는 사회에서의 미래 위치, 타고난 자산이나 능력, 그들이 가진 재화의 개념, 그들 심리의 특징, 사회의 특정 환경, 그리고 그들이 태어나게 될 세대와 같은 것에 대해 전적으로 무지한 다수의 합리적인 계약자들을 상상해보라고 초대한다.[27] 그렇게 전략적으로 무지한 계약자들은, 어떤 위치에 놓이게 될지 모르기 때문에, 그러한 배분이 최소 수혜자의 최대 이득이 된다면, 정의로운 저축 원칙*에 따라 (자유가 아닌) 일차적 사회 재화의 불평등한 배분에 동의할 것이라고 롤스는 주장한다.[28] 게다가 롤스는 그러한 합리적인 계약자들이 다른 일차적 사회 재화보다 자유를 더 높게 평가할 것이라고 주장한다. 그래서 번영을 위해 기본적인 자유를 포기하는 것이 적절하다고 보지는 않을 것이다. 롤스는 또한 만약 불평등한 분배가 모두에게 이익이 된다면 계약자들이 평등주의자가 되지 않을 것이라고 주장한다.[29] 즉, 그는 평등 그 자체에 의미 있는 독립적 가치를 부여하지 않는다.[30] 그러나 계약자들은 정의로운 제도하에서의 원칙적인 사회계획의 결과가 아니라면, 다행스러운 결과는 임의적이어서 무효화하기 쉬울 것이다. 이러한 접근은 롤스 자신이 그런 식의 적용을 하지는 않았지만, 의료 자원의 정의로운 분배가 무엇인가에 관한 논의에 광범위하게 적용되어왔다.[31]

롤스의 설명은 합리적인 계약자에 대해 여러 가지 중요한 전제 조건을 제시한다. 그들은 (1) 자유를 다른 사회 재화보다 더 높게 평가해야 하고,[32] (2) 위험을 혐오해야 하며,[33] (3) 질투에 움직여서는 안 되며,[34] (4) 가장이어야 하며(또는 적어도 다음 세대의 일부에 대해 염려해야 한다),[35] (5) 자연 상태

---

\* just savings principle: 세대 간 정의에 관한 롤스의 이론으로 각 세대가 자신이 어느 세대에 속하는지 모른다는 "무지의 베일"을 쓴 원초적 입장에서 정의로운 사회의 실현과 유지를 위한 몫을 부담해야 한다는 원칙이다.

에서 평화로운 삶을 사는 것과 같은 좋음에 매우 높은 순위를 부여해서는 안 된다. 그들은 매우 특정한 도덕감을 가지고 있어야 한다.

마지막 요지에 대해 자이르의 숲에 사는 피그미족인 밤부티족을 생각해보자. 그들은 작은 무리를 지어 숲을 돌아다니며, 상대적으로 조화롭고 전쟁으로부터 자유로운 삶을 산다. 그들은 심한 장애가 있는 어린이들 또는 특별한 의료가 필요한 노인을 구할 수 있는 재화를 축적하기 위해 에너지를 쏟지 않는다.[36] 따라서 그들은 (적어도 이 연구 당시에는) 거의 루소주의자에 가까운 목가적인 환경에 살고 있지만, 롤스의 정의로운 저축 원칙을 위반한다. 롤스의 원칙에 따라 전통적인 삶의 방식을 포기해야 한다고 그들에게 도덕적으로 강요할 수 있을까? 만약 그들이 자이르의 더 큰 사회에 들어가 장애 어린이와 가난한 노인에게 의료를 제공할 수 있다면—비록 그러한 개입이 숲에 사는 밤부티족의 문화적 인테그러티를 침해할 방해할 가능성이 있지만—그들의 사회가 부정의하다고 주장할 수 있을까? 밤부티족은 자신의 삶의 방식을 더 중요하게 여긴다는 이유로 그러한 도움을 정당하게 거절할 수 있을까? 그 해답은 이 문제와 또 다른 유사한 논란들을 해결하기 위해 우리가 호소하게 될 합리적인 계약자의 도덕감에 달려 있다. 그것은 우리가 특정한 해악과 이득을 어떻게 순위 매기느냐에 의존한다. 요컨대 롤스는 특정한 도덕감의 정당성을 전제로 하고 있다. 그는 메사추세츠주 케임브리지의 한 진보적 인사\*의 도덕적 세계를 합리적으로 재구축한다는, 제한적이지만 여전히 중요한 목적을 추구하는 사람이라고 가장 잘 이해된다.[37]

어려운 점은 가상 선택 이론(가상의 계약자들을 포함한다)에 호소하는 것이 의료정책을 구상하는 데 있어 정전적이고 내용 충만한 지침, 혹은 정전적인 세속적이고 내용 충만한 도덕을 보여주지 않는다는 것이다. 옳음

---

\* 존 롤스를 의미한다.

이나 선에 대한 특정한 도덕적 이해를 정당화시키고 다른 것에 대하여 어떤 특정 선택을, 다른 것에 대하여 특정 의료정책의 채택을 지시하기 위해서는, 우리는 이미 특정한 도덕감, 일단의 직관, 또는 가상의 관찰자, 선택자, 혹은 일단의 가상의 계약자를 위한 다양한 도덕적 합리성을 선택하여 근본적인 질문에 대답해야만 한다. 우리는 가상 선택 이론으로부터 좋음, 도덕감, 일단의 도덕적 직관, 혹은 도덕적 합리성의 개념에 대한 특정한 얇은 이론의 선행 선택에 의해 예견되거나 사전에 결정된 그런 선택만을 도출할 수 있을 뿐이다. 문제는 특정한 도덕감, 비전 또는 이해에 대한 의존을 넘어설 만큼 복잡하다. 가상 선택 이론은, 사실 공공정책의 함의를 가진 다른 도덕 이론과 마찬가지로 다른 핵심 개념에 관한 가정에 의존해야 한다. 자유에 대한 두 가지 다른 개념과 다음 중 무엇이 더 중요한지를 생각해보자. 즉, 원하는 투자와 재화나 용역의 구입을 위해 노동의 산물을 방해받지 않고 사용할 수 있는 자유 혹은 어떤 정치적 이슈든 공개적으로 발언할 수 있는 자유를 그려볼 수 있다.[38] 전자는 과세를 통한 국가 개입으로부터의 자유에 초점을 맞춘다. 후자는 검열을 통한 국가 개입으로부터의 자유에 초점을 맞춘다. 어떤 것이 더 나쁘고 그 이유는 무엇인가? 국가의 과세인가, 국가의 검열인가? 이 두 가지 자유의 의미의 순서는 정치적 자유 대 경제적 자유(그리고 경제적 번영)의 순위를 매기는 것과 관련된다. 이 순위는 정치적 구조의 선택에 얽매여 있는데 이 구조는 (과거 싱가포르나 한국을 연상케 하는) 소수가 통제하는 민주주의적 자본주의으로부터 (과거 스웨덴과 같은) 다수가 지배하는 사회민주주의까지 넓은 스펙트럼을 따라 존재한다. 다른 선택들은 정치적·경제적 자유에 대한 강압적인 국가의 제한에 대해 다른 수준의 관용으로 이어진다(예: 낙태의 도덕성에 발언할 자유 대 더 나은 기본 의료를 구입할 자유). 특정한 도덕 내용을 사전에 포함하는 질문을 요청하지 않고서 가상의 계약자 및 원초적 입장과 같은 그러한 설명 장치에 호소하여 생산되거나 재구성될 자유, 평등 또는 민주주의의 단일 개념이란 없다.

그래서 우리는 역시 용인권(forbearance rights)을 보호하는 데 있어서의 평등(예: 방해받지 않고 우리의 자원을 사용할 권리를 포함하여 타인과의 계약에 간섭받지 않을 권리) 대 결과의 평등(예: 부와 지위의 평등)과 같은 평등의 개념 중 하나를 선택해야 한다.[39] 이 선택은 의료 시스템을 어떻게 구성할 것인지에 중요한 의미를 가질 것이다. 또한 만약 도덕 행위능력(moral agency)이나 도덕 행위자(moral agents)에 초점을 맞춘다면, 경험과 이해관심은 있지만 도덕 행위자 역할을 할 수 없는 실체(예컨대 태아)들은 도덕 행위자들과 동등하게 산정되지 않을 것이다. 행복을 성취할 수 있는 사람들에게 초점을 맞춘다면, 평등에 대한 관심은 행복 실현자들의 평등을 향하게 될 것이다. 만약 선(善)의 실현에 초점을 맞춘다면, 그들이 선을 실현할 수 있는 한 그 실체들에게 초점을 맞추게 될 것이다. 평등에 대한 관심은 도덕성에 대한 설명이 주로 비난과 칭찬의 가치, 행복의 성취, 또는 다른 더 복잡한 선의 실현에 관한 관심에 초점을 맞추고 있는지에 따라 상당히 다를 것이다. 평등에 대한 관심은 그들이 고려되고 있는 도덕 이론으로부터 그 의미를 얻게 될 것이다.

자유와 평등에 대한 수많은 경쟁하는 이해나 의미가 있기 때문에, 가상 선택 이론은 그러한 이해나 의미에 대한 특정한 입장을 선택자에게 통합시켜야 한다. 게다가 롤스의 것과 같은 가상의 계약자 이론은 그 생애(biography)에 있어 무엇을 선택할 것인가를 다루어야 한다. 그 계약자들이 스스로를 (태어나기로) 보증된 생명으로 간주한다면, 그들은 장래의 건강과 능력을 극대화하기 위해 태아 진단과 선택적 낙태를 지지할 근거를 갖게 될 것이다. 만약 그들이 생명을 갖지 못할, 즉 태어나지 못할 위험이 있다면, 그들은 기회를 극대화하기 위해 피임과 낙태에 반대할 것이다. 초기 가정의 서로 다른 차이는 상당히 다른 결론으로 이어진다. 그러나 이러한 이론적 도전들이 특정한 직관이나 도덕감에 호소하지 않고 충족될 수 있다고 하더라도, 어떤 가상 선택 이론(또는 그 밖의 다른 설명)이 특정한 성과를 낳기 위해서는 올바른 도덕감, 비전, 이해, 또는 선에 대한 얇은 이론이나 구성물을 선택해야 한다는 여전히 해결하기 어려운 문제가 남을 것이다.

다섯째, 합리성, 중립성 또는 불편부당성에 대한 분석을 통해 선한 삶, 내용 충만한 도덕적 의무, 올바른 행위에 대한 내용 충만한 이해, 또는 정의를 발견하려는 시도는 가상 선택 이론(예컨대 불편부당한 관찰자 이론과 합리적인 계약자 이론)과 같은 어려움을 겪는다. 우리는 사전에 우리가 선택한 합리성, 중립성, 불편부당성의 의미를 알고 있어야만 한다. 덧붙여 우리는 특정한 도덕 비전, 도덕감, 또는 좋음에 대한 얇은 이론을 통합해야 한다.

젊은이의 통증 치료와 노인의 통증 치료 중 무엇을 위한 의료에 투자하는 것이 더 합리적인가? 간신히 생명을 연장하거나 고통을 줄이기 위해 의료에 얼마나 많은 자원을 투자해야 하는가? 단지 이성에 대한 호소는 도덕적 내용과 구체적인 지시가 아닌 논리적 제약만을 제공할 것이다. 도덕적 선택을 지시하기 위해서는, 합리성, 중립성 또는 불편부당성의 개념은 자유, 번영, 안보 등등에 대한 특정한 입장을 포함해야 한다. 우리는 자연적 로또(예: 건강하게 태어나는 것)와 사회적 로또(예: 부자로 태어나는 것)의 성공에 기인하는 특권을 폐지하기 위해 자격(entitlement)의 개념을 끌어들인 브루스 애커먼*을 떠올릴 수 있다.[40] 애커먼은 자연적 및 사회적 로또의 결과를 수용하는 로버트 노직[41]**이 지지한 것과 같은 자유주의적 결과를 허용하지 않기 위해 중립성에 대한 특별한 해석을 시도한다. 롤스의 정의 이론과 마찬가지로, 합리적인 중립성의 설명은 예를 들어 경제적 자

---

\*   Bruce Ackerman(1943~ ): 미국의 법철학자. 예일대 교수.
\*\*  Robert Nozick(1938~2002): 미국의 사회철학자.『아나키, 국가, 그리고 유토피아』(1974, 우리나라에서는 '아나키에서 유토피아로'라는 제목으로 번역됨) 등의 대표적인 저서가 있다.

유 대 경제적 요구와 같은 경쟁적 이해관계에 대해 중립을 취하는 방법을 결정할 때 특별한 지침을 제공해야 한다. 또한 또 다른 결과가 아닌 하나의 결과 패턴을 생산하기 위해서는 도덕적 합리성의 개념의 선택은 위험 감수와 평등이 중요한 방법, 즉 의료정책의 모든 핵심 이슈에 대한 특정한 관점을 포함해야 한다.

위르겐 하버마스\*의 '의사소통 행위 이론'과 같은 담론 이론의 관점에서 사회와 도덕에 대해 설명하려 할 때도 이와 같은 일이 발생한다. 하버마스는 그가 합리적 담론의 특징과 결과로 여기는 것에 대한 분석을 제공한다. 하버마스가 개인을 결속시키기 위해 취하는 담론은 참가자들이 환상, 특히 자신의 주관적 경험과 관련된 자기기만으로부터 스스로를 해방시키는 치료적 비평이 필요하다. "그러므로 가치 비평 기준은 이 논쟁에 참여한 이들이 공유하는 선이해를 전제로 하는데 이 선이해는 자의적인 것이 아니라, 주제화된 타당성 주장의 영역을 동시에 구성하며 또한 한정짓는다. 명제의 진실과 도덕규범의 옳음, 상징적 표현의 이해 가능성 또는 그것이 잘 구성되었는지 여부가 담론에서 시험될 수 있는 보편적 타당성 주장이다."[42] 그러나 불가능한 것은 도덕규범의 일반적인 특정화와 시험 가능성이다. 그러한 세속적 규범은 존재하지 않거나, 문제가 되는 것, 즉 특정한 도덕감이나 도덕적 합리성의 개념을 전제하지 않고서는 시험이 불가능하다. 계몽주의가 보편적인 도덕 담론, 도덕적 삶의 이론, 또는 내용 충만한 도덕 공동체에 대한 희망을 실현할 수 없는 것은 이러한 이유 때문이다. 그러나 하버마스는 『의사소통행위이론』 및 다른 저서에서 모두, 건전한 합리적 논증이 도덕적인 논란을 원칙적으로 해결할 수 있다는 가정을 요구한다.

---

\* Jürgen Habermas(1929~): 현대 독일의 대표적인 사회사상가, 철학자. 의사소통의 합리성을 중시하였다.

나는 문제가 있는 타당성 주장의 의미가 참여자들에게 합리적인 동기에 의한 합의가 원칙적으로 성취될 수 있다고 전제하도록 개념적으로 강요할 때에 한해 '담론'을 말할 것이다. 여기서 '원칙적으로'라는 문구는 이상적인 단서를 뜻한다. 그 논증은 충분히 오래, 그리고 개방적으로 수행되어야만 하며 [……] [그리고] 따라서 모든 유효한 규범은 다음 조건을 충족시켜야 한다: (U) 즉, 영향을 받는 모든 사람은 모든 사람의 이해관심을 충족시키기 위해 그것의 일반적인 준수가 예상할 수 있는 결과와 부작용을 받아들일 수 있다. (그리고 이러한 결과는 알려진 대체 가능한 것들보다 선호된다.)⁴³

결과의 의미와 이해관심의 적절한 순위에 대한 상이한 이해를 고려한다면, 그렇게 합리적으로 원칙화된 수용은 있을 수 없다. 그러한 상황에서 가능한 유일한 수용은 시장에서 일어나는 일종의 자발적인 수용일 것이다.

하버마스는 심리적·사회적 이론과 사실을 비판적으로 취하는 과정에 기대어 근본주의를 벗어나고 싶어한다. 그는 또한 단순히 담론 중인 상호적으로 제기되는 이유(reciprocal reason giving)의 특징에 기대어 실재와 도덕성을 바라보는 몇몇 방법이 더 바람직하다는 것을 제시할 수 있기를 희망한다.

동의나 부동의는, 단순히 외부 요인에 의해서가 아니라 상호적으로 제기되는 타당성 주장 청구의 관점에서 판단되는 한, 참여자들이 추정적으로 또는 실제적으로 활용할 수 있는 이유들에 근거하고 있다. 이러한 (대부분 암묵적인) 이유들은 이해에 도달하는 과정의 축을 형성한다. 그러나 어떤 표현을 이해하기 위해서, 해석자가 필요하고 적절한 상황에서 발언자가 그 타당성을 옹호하는 이유를 떠올려야 한다면, 그 자신은 그 타당성 주장을 평가하는 과정에 말려들게 된다. 이유들의 본성이 그러하여 그들은 승인, 부정, 혹은 기권(abstention)의 반응이 없는, 제3자적 태도에서 기술되기가 불가능하기 때문이다.[44]

그러한 주장이 설득력을 가지려면 우리는 이유 제시(reason giving)가 서로 다른 도덕감을 상호 비판하기에 충분하다는 하버마스의 대담한 계몽주의적 가정에 이미 동의해야 한다.

하버마스의 철학적인 설명은, 사회와 심리학적 이론에 대한 그의 역사적·경험적 성찰과는 반대로, 합리적 담론의 규범이 인도하는 일종의 고도의 경험적 일반화로서 제시되고 있다. "이런 식으로 간접적 시험에 그 결과를 개방한 철학은, 한때 스스로 발전시키고자 했지만 이제는 서로 다른 이론적 단편들의 중층적 결속 내에서만 추구될 수 있는 오류 가능성이 있는 의식에 의해 인도된다."[45] 이 이론이 인과론적이거나 발생론적인 것을 의미한다면, 사실 이는 개종과 수렴이 어떻게 대화에 의해 영향을 받는가에 대한 도덕과 무관한 경험적인 설명을 제공할 수도 있다. 그러나 이 담론에 사용된 이유(reason) 개념 자체가 규범적 지위를 가지지 않는 한, 하버마스는 왜 단순히 기권(abstention)이 되풀이되지 않는지를 보여줄 수 없을 것이다.\* 이 사안의 사실에 관한 특정한 관점(예: 도덕적 경향의 이질성)이 주어질 때, 우리는 실제로 분화되는 대화를 기대할 수 있을 것이다. 그의 설명이 도덕적으로 규범적인 비중을 가지려면(즉, 합리성에 대한 일정한 이해 안에서 담론이 수행될 때 일어날 수 있는 것에 대한 설명 이상이 되려면) 그는 이미 상이한 내용 충만한 합리성의 개념 중에서 선택할 필요가 있을 것이다. (다음 장에서 보게 될 것처럼) 칸트와 마찬가지로 하버마스는 그의

---

\* 윤리적 기권(ethical abstention)은 현대 철학은 인간 삶의 가장 중요한 실존적 문제들에 있어 실질적인 지침을 주지 않는다는 것을 의미한다. 그러므로 철학은 종교적 가르침 등 실존적으로 뿌리내린 주장을 평가하는 데 있어 자제해야 한다.

담론 개념에 상당한 내용을 밀반입한다.

생명윤리 및 의료정책의 기반이 될 수 있는 구체적인 내용 충만한 세속적 윤리를 확립하는 문제에 대한 여섯 번째 접근은 말하자면 게임이론이다. 우리는 어떤 사회적 또는 정치적 제약이 상호 해악을 방지하고 선을 성취할 수 있도록 조정된 행동을 하기 위해 우리 자신뿐 아니라 타인에게도 필요한지 탐구할 수 있다. 의료정책의 수립을 포함하여, 사회의 틀을 짜는 것은 참가자(즉, 사회 구성원)들이 개인과 공동의 목표를 달성하기 위해 협력할 수 있는 규칙을 결정하기 위해 다양한 움직임과 대항 움직임을 할 수 있는 게임과 같은 것으로 보인다.[46] 그 초점은 어떻게 합리적으로 협력하고 행동을 조율할 것인가이다.

버바 조(Bubba Joe)와 빌리 밥(Billy Bob)이 은행 강도질에 참여하여 체포되었다고 상상해보자. 그러나 어느 쪽도 증거를 제시하지 않는다면 유죄를 선고할 증거가 불충분하다. 그러나 버바와 빌리는 상대가 자백하기 전에 불기소 처분을 받기 위해 당장 공범에게 불리한 증언을 할 수도 있을 것이다. 그들이 서로의 행동을 조정할 수 있다면(즉, 둘 다 자백하지도 않고, 범죄자로 판명되지도 않고, 유죄판결도 나지 않도록), 두 사람 모두 이득을 얻게 될 것이다. 올바른 해결책으로 간주되는 것에 대한 일반적인 생각은 두 참가자 중 한 사람이 다른 참가자가 수용할 수 없는 결과를 바람직하거나 수용 가능하다고 여길 초월적인 다짐이나 내재적인 목적을 가지고 있는 경우에 위협을 받는다. 버바가 텍사스에 위치한 뉴욕 은행을 강탈한 것을 못된 양키들에 대한 애국심의 발로라고 생각한다면, 유죄판결의 영광은 추구할 만한 가치가 있는 목적이 될 수도 있다. 만약 버바가 자유의 투사로서 그런 행동이 신을 기쁘게 하는 것이라고 확신한다면 이러한 매력은 강화될 것이다. 아니면, 아마도, 자백에 독립적인 도덕적 선이 있다고 주장할 수 있다.

보다 일반적인 측면에서, 개인이 다른 선보다 개인의 자유와 자율성을 더 중시할수록, 그들은 자유(freedom)나 공적 자유(liberty)를 증가시키지 않는 조정에서 유래하는 자유나 공적 자유의 침해를 받아들일 수 없는 것으로 간주할 것이다. 한편, 비자유 이득(예: 번영)의 가치가 높아짐에 따라, 그 결과로 더 큰 번영을 가져온다면 자유에 대한 더 많은 제약은 수용 가능해질 것이다. 자유, 변덕, 번영 등의 가치에 대한 다른 관점은 서로 다른 게임이론적 해결책을 제공할 것이다. 다른 가치, 목적, 해악에 관한 사례에 대해서도 이는 마찬가지일 것이다. 우리는 미래의 이득과 해악에 대한 정확한 할인율을 알아내야 할 것이다. 또한 절대적으로 옳고 그른 조건을 피할 필요가 있을 것이다. 낙태권을 인정하는 것이 여성을 존중하는 필수적인 요소라고 주장하는 사람도 있고, 낙태가 영원한 저주를 불러일으킬 살인 행위라고 주장하는 사람도 있을 때 낙태 정책의 틀을 짜는 일에 대한 게임이론적 해결책을 구하는 것의 어려움을 상상해보라. 게임이론적 정당성은 시장 메커니즘의 분석 이상이 되려 한다면, 적어도 가치와 해악의 공통 순위와 더불어 도덕적 합리성에 대한 어느 정도의 공통적 이해를 요구한다.

일곱째, 우리는 선결문제 요구의 오류에 빠지지 않고서는 윤리, 생명윤리, 의료정책의 도덕 논란을 실재의 구조나 소위 자연법에 호소하여 해결할 수 없을 것이다. 실재의 성격이 도덕 분쟁을 해결하는 기준으로 작용하기 위해서는 도덕적으로 규범적인 것으로 보여야 한다. 예를 들어, 우리가 자연의 일반적인 경향은 인간이 극복해야 할 도전이 아니라 인간의 행동 지침으로서 신에 의해 확립되었음을 보여줄 수 있다면, 실재나 자연에 대한 호소가 행위의 길잡이가 될 수 있을 것이다. 그러나 첫 번째 명제를 확립하려면 일반적이고 세속적인 옹호가 가능하지 않은 특별한 종교적 또는 형이상학적 전제가 필요하다. 자연의 일반적인 경향이나 어떤 실재의 구조가 도덕적으로 교훈적인 것으로 인정될 수 있는지, 아니면 예컨대 피임에서처럼, 치워두어야 할 장애물로 인정되는지를 알기 위해서 우리는 어떤 자연의 상태나 구조가 수용 가능한지, 우리가 승복해야 할 상태인지를 판단하는 기준이 있어야 한다. 그러나 그러한 기준의 가용 여부가 선결 문제인 것이다. 우리는 자연으로부터 도덕적 함의를 도출하기 위해서는 무엇이 규범적으로 자연적이거나 좋은 것인지를 판단할 수 있는 기준을 가져야 한다. 자연과 자연의 법칙은 그 자체로 도덕적으로 규범적이지 않다(이는 5장에서 더 자세히 검토할 것이다). 그들은 그저 존재한다.

이와 비슷한 어려움이 도덕적인 사실에 호소하는 사람들을 괴롭힌다. 우리는 두 사람이 똑같은 도덕적 사실, 또는 객관적인 도덕적 진리를 인식하지 못한다는 사실이 한 사람이 올바르게 보지 못한 데서 오는 것인지, 혹은 각각의 서로 다른 해석적 도덕 비전이나 실재에 대한 감각에서 오는 것인지를 어떻게 알 수 있을까? 도덕 이방인들이 구속력 있는 무엇인가를 결정하기 위해 실재에 의존하려는 시도는 자신의 직관을 들여다보려는 시도와 같은 어려움에 직면한다. 우리는 논란을 해결하기 위해 선행 기준에 대한 지침을 요청한다. 우리는 누가 가치에 구속받는 이들이고, 누가 그렇지 않은지를 알기 위해 실재를 해석하는 특정한 도덕 비전을 이미 받아들였음에 틀림없다.

여덟째, 우리는 비첨과 칠드러스\*가 제안한 중간 수준의 원칙에 호소하여 이러한 어려움을 피할 수 없다.[47] 비첨과 칠드러스는 중간 수준의 원칙은 서로 다른 이론적이고 도덕적인 관점을 가진 개인에 의해 사용될 수 있으며, 따라서 생명윤리 논란을 해결하기 위해 결과주의자와 의무론자 모두 중간 수준의 원칙을 채택할 수 있다고 주장한다. 이 전략은 만약 성공한다면 생명윤리에 대한 비토대주의적 접근법\*\*을 제공할 것이다. 이와

---

\* Tom Beauchamp(1939~2025)와 James Childress(1940~ )는 미국의 생명윤리학자로 이 분야의 고전이 된 『생명윤리의 원칙들(Principles of Bioethics)』의 공동 저자이다.
\*\* 토대주의(foundationalism)는 건전한 전제로부터 결과를 추론하듯 확실한 기초에 의존하는 인식론을 의미한다.

같은 호소는 동일하거나 매우 유사한 도덕 비전 혹은 선과 정의에 대한 얇은 이론을 가진 개인이 다양한 이론적 접근 내에서 도덕감정을 재구성할 때 실제로 실현될 수 있다. 우리는 매우 유사한 도덕감정과 기질, 그러나 이 원래의 감정과 기질에 대한 규칙-의무론적 혹은 규칙-목적론적 이론으로부터 출발하는 개인을 상상해볼 수 있다. 결과주의자들은 특정 결정의 수용을 적절하거나 부적절하게 만드는 결과를 고려하여 특정 생명윤리 사례를 분석할 것이다. 그 결과주의자들은 자신의 이론적 접근법이 도덕적으로 문제가 되는 것을 가장 잘 묘사한다고 주장할 수도 있다. 의무론자들은 같은 결정을 지지하기 위해 관련된 행동의 옳고 그른 특성을 고려할 것이다. 그 의무론자들은 자신들의 이론적 접근법이 도덕적으로 문제가 되는 것을 가장 잘 묘사한다고 주장할 수도 있다.

부자들을 위해 별도의 고급 의료 전달 시스템을 허용해야 하는지의 쟁점을 따져보자. 평등주의 도덕 비전의 특정 유형이 지배하는 공동체에 속하는 사람들은 (1) 이 병존 시스템(two-tier system)은 빈자에게 불리한데 왜냐하면 자신의 의료 시스템을 누릴 수 있는 부자는 빈자에 대한 의료의 질에 관심이 없을 것이며, 이는 단일 시스템에 비해 이득보다는 해악이 더 클 것(이 계산은 특정 종류의 자유의 결과에 대해 의료의 결과에 더 비중을 두는 것이다)이라는 결과론에 호소하여, 또는 (2) 병존 시스템은 생사 결정 문제에 사람들을 서로 달리 취급하는 중요한 잘못된 특성을 가지고 있다는 옳고/그른 조건에 호소하여 그들의 선행하는 평등주의적 감정을 '정당화'하려 할 것이다. 만일 그 목적론자들과 의무론자들이 도덕성을 이론적으로 재구성하기 전에 같은 도덕 생활세계에 살았다면, 그들의 서로 다른 이론적 기구들이 일반적으로 같은 선택을 정당화한다는 것은 전혀 놀라운 일이 아니다.[48] 그 개인들은 서로 다른 이론적 언어와 틀을 사용하지만, 사실 그들은 같은 혹은 유사한 생활세계에 살고 있다. 그래서 그들이 공통의 도덕적 관점 안에서 논란을 해결하는 데 도움이 될 수 있는 중간 수준의 원칙을 생산할 수 있다는 것은 그리 놀라운 일이 아니다. 그들은 유사한 도덕적 다짐이나 편견으로부터 출발했기에 중간 수준의 원칙을 사용한 유사한 실용적인 선택에 도달할 수 있다는 것은 그리 놀라운 일이 아니다.

이론적 차이뿐만 아니라 도덕적인 관점의 차이에서도 그러한 성공은 가능하지 않을 것이다. 그런 상황에서 중간 수준의 원칙에 호소하는 것은 논란을 해결하는 것이 아니라 그 깊이만을 부각할 것이다. 예컨대 정부가 가난한 이들에게 얼마만큼 고비용의, 효과도 별로 없는 의료를 제공해야 하는지, 또는 과연 그래야만 하는지를 결정할 때, 논객 중 롤스주의자와 노직주의자(즉 정의는 모두에게 평등한 기회에 대한 물질적 조건을 제공하는 것이라고 주장하는 이들과, 정의는 타인의 소유권을 침해하지 않는 것이라고 주장하는 이들)가 포함되어 있다면 정의 원칙에 대한 호소가 어떻게 해결책을 제공할 것인가? 그 차이는 단지 같은 도덕적인 이해의 다른 재구성에 의존할뿐더러 근본적으로는 상이한 도덕 비전으로부터 성장한다. 또한 28세의 사지마비 환자가 자살하려는 것이 적절한지의 문제를 자율성 존중 원칙에 대한 호소로 해결할 수는 없을 것이다. 자율성 존중 원칙을 자기 자신에 대한 통제력 우선권의 표현으로 이해하는 이들은 자신이 원할 때, 획득 가능한 도움을 통해서 현생을 떠날 수 있는 의사능력이 있는 개인의 권리를 인정할 것이다. 자율성 존중 원칙을 공적 자유(liberty)와 관련된 가치의 강조로 이해하는 이들은 이른 죽음은 자유를 누릴 수 있는 시간의 상당한 손실이며 따라서 그러한 선택은 잘못일 뿐만 아니라 강압적인 제한을 칭송하는 것이라고 주장할 수 있다. 또한 우리가 이미 착취, 자유로운 선택의 중요성, 금전적 이익의 중요성 등에 대한 공통적인 이해가 있지 않은 한 장기 매매가 도덕적으로 좋은지 나쁜지를 결정하기 위해 선행의 원칙에 호소하는 것은 그다지 도움이 되지 않을 것이다. 장기 매매 옹호자와 반대자는 근본적으로 다른, 당연하게 간주되는 도덕적 가정 안에서 종종 도덕적 삶을 구성한다. 만약 그 위험과 대가를 비교할 수 있다면, 옹호자들은 장기를 파는 것과 노동력을 파는 것 사이에 도덕적 차이가 없다고 생각할 수 있다. 게다가 옹호자들은 개인의 삶에서 그러한 선택을 할 수 있는 자유와 책임을 지녔다는 데서 일종의 고귀함을 볼 수 있다. 또한 그들은 능력 격차(power differential)에 대한 호소(즉, 동의 능력을 부정하는 것)에 적대적일 수 있는데, 왜냐하면 그러한 호소는 진정으로 자유로운 사회의 비전을 위태롭게 하기 때문이다.

자율성, 선행, 해악금지, 정의라는 중간 수준의 원칙에 호소하는 것은 다음의 경우 도움이 될 수 있다. (1) 도덕감정은 비슷하지만 이론적 접근은 다른 개인들 간의 도덕 논란의 해결, (2) 다른 이론들이 같거나 혹은 유사한 도덕감정과 도덕직관의 묶음을 재구성하는 방법의 탐구, (3) 도덕 비전들과 생명윤리 및 의료정책에 대한 그 함의 간의 차이를 결정, (4) 같은 도덕 비전이나 도덕감을 공유하지 않는 개인들 간의 논란의 해결. 중간 수준의 원칙에 대한 호소는 도덕 비전을 공유하지만, 그 비전에 대한 이론적 재구성이 갈라놓은 이들 사이의 간극을 해소하는 데 성공할 수 있다. 그러나 그것은 다른 도덕 비전이나 도덕감에 의해 갈라진 이들 간의 실질적인 차이를 메우지는 못할 것이다.[49]

이론적 접근은 우리가 특정한 도덕적 실질을 가지고 그것을 재단하지 않는 한 내용 충만한 도덕 지침을 제공할 수 없다. 결과적으로, 각각의 이론적 접근은 포스트모더니티의 도전을 다시 요약한다. 즉, 도덕 이론의 설명은 도덕 내용에 관한 논점을 선취하거나(정당화 없이 특정 도덕 내용을 통합하거나) 혹은 어떤 실질적인 지침도 주지 않는다. 특정한 도덕 비전을 정당화하려는 각각의 시도는 그것이 확립하고자 하는 바를 정확히 전제하고 있으며, 그래서 도덕 이론의 논증은 기껏해야 정당화하는 것이 아니라 설명하는 것이 된다. 직관주의자, 결과주의자, 가상 선택, 또는 가상의 계약자 논증, 또는 합리적 선택이나 게임이론의 합리성 분석, 또는 자연법 논증이나 중간 수준의 원칙 분석 등으로 환원될 수 없는 논증에 기반하여 세속 윤리학이나 생명윤리학을 우리가 아무리 옹호하고자 하여도, 그 논증은 실패하게 되어 있다. 모든 구체적인 도덕적 선택은 특정한 도덕적 인도를 전제로 한다. 도덕 내용은 특정성이라는 대가를 치르고 얻어진다. 도덕 내용을 갖기 위해서 우리는 특정한 도덕적 전제나 도덕적 증거의 규칙을 출발점으로 보증해야 하며, 이용 가능한 도덕의 종류 중 하나를 보증해야 한다. 한편 내용을 대가로 치러야 보편성에 접근 가능하다. 도덕이 내용을 가지려면, 그것은 특정해야 한다. 그러나 어떤 특정성, 어떤 도덕적 내용을, 어떤 근거로 보증할 수 있는가? 다시 그런 질문에 답하기 위해서는 우리는 선결문제 요구의 오류나 무한 후퇴의 오류에 빠지게 된다. 이러한 어려움을 직면해서, 일반적이고 세속적인 측면에서 특정한 도덕 비전이나 생명윤리가 다른 것보다 낫다는 것을 보여줄 수는 없다.

이 문제를 사실 롤스(특히 후기 롤스)는 인식하고 있었다. 공정이나 정의에 보편적이고 세속적인 정당성을 부여하기가 어렵다는 것을 인정한다. 그의 정의론은 근대 입헌 민주주의 사회를 위해 전개된 것이다. 그의 정의론은 여러 사회에 걸쳐서 그러한 인간, 그러한 세계를 위한 주장의 근거가 필연적으로 되는 것이 아니다. "나는 다른 사회로부터 고립된 폐쇄적인 시스템으로 당분간 존재하는 사회의 기본 구조에 대한 합리적인 정의의 개념을 공식화할 수 있다면 만족할 것이다."[50] 실제로 롤스는 자신의 이론이 근본적으로는 정치적 설명 장치라고 생각한다.

공정으로서의 정의는 민주사회를 위한 정의라는 정치적 개념을 의도하기 때문에, 그것은 오로지 입헌 민주정과 그 해석의 공적 전통이라는 정치적 제도에 내재한 기본 직관들에 전적으로 의존하려고 시도한다. 공정으로서의 정의는 특정 정치 전통 안에서 시작되므로 부분적으로 정치적인 개념이다. 우리는 정의에 대한 이러한 정치적 개념이 적어도 우리가 '중첩적 합의'라고 부를 수 있는 것에 의해 지지받기를 바란다. 그것은 입헌 민주사회에서 다소나마 지속되고 의존할 가능성이 있는 모든 상반되는 철학적·종교적 교의를 포함한 합의이다.[51]

정의론은 '정의로운 입헌 민주주의 사회'라는 아이디어에 내재된 정의라는 배경 개념을 전제하고 있다. 또는 롤스가 다른 곳에서 주장했듯, 그의 정의 개념은 "시민이 평등한 시민으로서의 각자의 공통적이고 보증된 지위를 인식하고, 자유와 평등에 대한 특정한 이해를 민주사회의 공적 문화에 내재한 공유된 개념과 본질적 확신들에 부합한다고 생각하는 특정한 개념과 연결하려고 시도"[52]한다. 이것은 자유와 평등은 말할 것도 없고, 정의와 민주주의에 대해서도 다양한 경쟁적 개념이 있기 때문에 정의롭고 민주적인 사회가 무엇인가에 대한 선결문제 요구의 오류이다.

중첩적 합의의 존재와 의미에 관한 후기 롤스의 이 주장은 이 난제를 해결하지 못한다. 그것은 합리적인 인격체가 그리 합의할 것이라는 설명을 확보하지 못한다. 첫째, 다양한 도덕 비전을 가진 개인 간에 평화로운 협력이 가능하다는 단순한 사실이 기회의 평등과 같은 롤스의 리버럴한 정치적 가치에 대한 비전에 대한 합치를 전제하거나 시사하는 것은 아니다. 입헌 민주주의를 정당화하기 위해 사회적 평등과 같은 개념에 대한 합의나 중첩적 합의를 미리 전제할 필요도 없다. 민주정은 제한된 영역에 대한 공통적인 동의의 듬성듬성한 권위를 가진다는 것을 이해하는 개인이 도덕 공유인과 도덕 이방인, 사회와 공동체를 구별하는 것으로 충분하다. 그러한 이해만으로는 롤스가 정치적 자유주의라는 루브릭 하에 둔 사회복지에 대한 다짐을 정당화하기에 충분하지 않을 것이다.

둘째로, 정부 내에서 실제적인 시민 협력의 바탕이 되는 중첩적 합의를 보는 대신에, 우리는 현대의 입헌 민주주의 안에서 편의상 묵인을 받아들일 수 있다. 즉, 폭력에 의존하는 것보다 위선적으로 협력하는 편이 더 안전하다는 것이다. 시민들이 비도덕적이거나, 오도되거나, 지지할 가치가 없는 다양한 복지 프로그램을 위한 과세에 맞서 싸우지 못한 데서 우리는 중첩적인 도덕적 합의를 끌어내지 못할 수도 있다. 국가 단일 의료제도, 혹은 거의 단일한 국가 의료제도를 가진 나라들에서 개인(예: 환자, 의사 및 병원 직원)이 불법 지불이나 영향력 행사를 통해 그러한 제도를 우회하려 할 때, 그들은 자칭 중첩적 합의에 대항하는 조용한 자유의 전사로 간주될 수 있다. 모든 거슬리는 정부의 규제와 과세에 대항하여 개인이 탈세하거나 지하경제에서 사업을 영위할 때(이는 많은 나라에서 일어나는 일이다), 그들은 소위 중첩적 합의에 조용히 저항하는 것으로 간주될 수 있다. 그러는 한편 단지 폭력에 호소하지 않는다는 위선적인 립서비스만을 할 뿐이다. 롤스가 호소하는 소위 중첩적 합의는 그러므로 일종의 경험적 재구성을 따르는데, 그런 식으로는 합의가 아닌 이면에 있는 반-합의(dis-consensus)를 드러낼 뿐이다. 간단히 말해 롤스는 어떤 중첩적 합의에 대해서도 그것이 지침이 되고자 한다면 규범적 설명을 요청한다.

셋째, 합의나 반-합의의 도덕적 의의는 롤스의 해석을 지지하지 않는 방식으로 부분적으로 재고될 수 있다. 우리는 좋음, 올바른 도덕감, 합리적인 도덕적 이해 등의 상이한 얇은 이론의 용어로 합리적인 합의로 간주되어야 할 것을 해석하면 된다. 공정한 기회의 평등(fair equality of opportunity)과 같은 핵심 용어에 관한 근본적인 불일치를 고려해보자. 적절한 기회의 평등이란 다음 중 무엇인가? (1) 국가의 개입에 의해 방해받지 않고 다른 이들과 협력할 수 있는 자신의 능력에 기반하여 자유롭게 행동할 수 있는 평등한 기회(이런 종류의 기회의 평등이란 1787년 미국 헌법의 형식적으로 올바른 토대 위에 구축된 시민들 사이의 기회의 평등을 의미한다), 혹은 (2) 차등의 이점을 지워버리는 의료, 사회, 교육, 경제 및 기타 복지 혜택의 제공과 함께 자신의 합리적인 인생 플랜에 따라 행동할 수 있는 평등한 기회? 우리는 현재의 제도를 공정한 협력 시스템으로 만들어주는 중첩적 합의가 존재한다는 사실이 의심된다면 단지 과세, 복지, 그리고 소수 집단 우대 정책(affirmative action)에 관한 미국 의회 의원들의 상이한 관점을 생각해보면 된다. 이는 오히려 명시적으로 대립하는 위력을 포기한다는 의미에서 우리가 실용적으로 묵인하게 된 구조일 것이다.

중첩적 합의 내에 얼마나 많은 다양성이 허용되고 무엇이 포함되는가? 롤스에게 이것은 합당한 다원주의(reasonable pluralism)라는 그의 개념의 지배를 받는다. 이 중첩적 합의는 합당한 다원주의에 조응하는 것이다. 문제는 매킨타이어의 말을 빌자면 누구의 도덕적 합당성(moral reasonableness) 혹은 도덕적 합리성(moral rationality)의 어떤 개념이 지배하는지를 결정하는 것이다. 정의에 대한 어떤 정치적 개념이 참인가에 대한 호소로부터 어떤 개념이 합리적인가에 대한 호소로 전환하는 것은 도덕적이고 정치적인 삶에서 합당성에 대한 다양한 이해를 강조하는 것으로 끝나게 된다. 다시 한번, 우리는 어떻게 롤스가 합당성을 특정하면서 암묵적으로 평등에 대한 특정한 관점에 호소하는지를 고려해볼 수 있다. 그것은 여러 관점 중 하나다.[53]

그러면 우리는 흔히 제기되는 합의나 중첩적 합의라는 개념을 가지고 무엇을 할 수 있을까? 세습 귀족과 군주제라는 사회적·정치적 불평등을 지지하는 영국 시민이 상당한 비율로 존재한다는 것은 사회적·정치적 평등에 관한 중첩적 합의의 존재를 부정하는가? 어떤 이슈에 대해 얼마나 많은 의견의 일치가 그러한 규범적 합의를 구성하는가? 51퍼센트? 3분의 2? 4분의 3? 어느 정도의 다수가 어느 정도의 도덕적 권한을 확보하는가? 다수에게 도덕적 권한을 부여하려면 어떤 의미의 합리성이 요청되는가? 더 심도 깊은 도덕적 고려 없이 단지 숫자에 권위를 부여하는 것은 불가능하기 때문에, 롤스에서도 합당하고 합리적인 것의 호출이 있기 마련이다. 합당성과 합리성은, 단순한 형식적 개념 이상의 도덕적 힘이나 내용을 가지려면, 도덕성과 정치적 관계에서 합당성과 합리성에 대한 수많은 경쟁적인 이론 중 하나의 편을 들어야 한다. 아마도 실물 정치(Realpolitik)

를 위한 이유 외에, 합의에 호소하는 것은, 공의회의 권위를 보증하기 위해 모든 성스러운 그리스도교인들의 합의에 호소했던 그리스도교의 세속적인 잔재를 반영하는 것이다.

때때로 합의가 존재한다는 주장은 중요한 차이를 인식하는 데 실패한 데에 의존한다. 흔히 우리는 비슷한 단어의 사용, 또는 어떤 가족 유사성을 공유하는 특징 때문에 상당한 일치가 있다고 속는 경우가 있다.[54] 그리스 정교도, 정통 유대교도, 로마 가톨릭교도, 성공회 교도들 사이의 에큐메니컬한 토론을 상상해보라. 이 토론을 중재하는 이는 모두가 성직자의 중요성에 동의한다고 지적할지도 모른다. 그러나 그리스 정교에서 성직자의 의의와 역할은 정통 유대교 내에서의 그것과 상당히 다르며, 로마 가톨릭이나 성공회 신자들 사이에서도 상당히 다르다. 아마도 토론이 끝난 후, 이 교회 일치론자는 이교도와 유대교도 사이에서 논의를 시작했다면 이 문제는 훨씬 더 잘 진전되리라 생각할 것이다. 두 집단 모두 세습 사제의 개념을 가지고 있다는 점에서 말이다. 그들은 또 로마 가톨릭과 유대교도 사이의 토론을 촉구할 것인데, 둘 다 사제가 남자일 것을 요구하기 때문이다. 그리고 성공회 교도와 그리스 정교도 사이의 토론을 촉구할 것인데, 둘 다 성직 제도를 허용하고 있기 때문이다. 그렇다면 어느 영역에서, 어느 정도의 일치가 합의 또는 규범적인 중첩적 합의를 구성하는가?

또는 빈민을 위한 의료 제공을 포함하여, 사유재산의 지위와 복지에 대한 그 함의와 관련된 논란을 고려해보자. 노직주의자와 롤스주의자들은 사유재산의 존재에 동의하지만, 그 실천의 의미는 근본적으로 다르다. 노직주의자에게 사유재산의 자격은 원칙적으로 정의로운 취득과 정의로운 이전에 기초한다. "각자가 선택한 것으로부터 선택된 각자에게"[55]라는 것이다. 롤스주의자의 경우, 사유재산은 정의의 두 원칙이라는 용어로 정의되는 정의로운 제도 내에서 기능하는 것으로 이해되어야 한다. 이들은 소유에 대한 전혀 다른 개념이다. 그들은 각각 의료에 대한 전혀 다른 개인의 권리를 시사한다. 노직주의자나 롤스주의자의 경우 사유재산에 관한 합의나 중첩적 합의가 있는가? 소위 합의의 존재란 소유권에 관한 핵심적인 모호함에 편승하고 있는가?

또는 낙태 문제를 고려해보자. 국가가 낙태를 막기 위해 위력을 사용해야 한다고 주장하는 이들도 여전히 특정 장소와 시간에는 국가의 개입이 득보다 해를 더 많이 끼칠 것이라고 결론 내릴 수 있다. 그렇다면 양측 모두 정부의 개입을 지지하지 않기 때문에 요구가 있으면 낙태를 제공하는 것이 좋다고 주장하는 이들과 합의, 혹은 중첩적 합의가 있을까? 만약 양측이 각각 더 나쁜 악으로 간주되는 것을 피하기 위해 타협할 용의가 있다면, 그 결과는 합의, 혹은 중첩적 합의인가? 우리는 어떻게 다음으로부터 합의를 구별하는가? (1) 특정 정책 쟁점에 관한 우연한 일치, (2) 도덕적으로 문제가 되지 않는 제한된 협동과 제한된 협약, (3) 그 결과가 덜 나쁘다고 여기는 당사자들에 의한 협약의 영역.

그것이 그리 의심쩍다면 왜 그렇게 많은 이가 정의론이나 생명윤리 이론이 사회적 합의나 일련의 중첩적 합의에 의해 정당화된다는 관점을 가지고 있을까? 부분적으로, 이는 정치인들이 통치하기 위해 광범위한 일치의 외양을 추구하는 방식에서 비롯된다. 우리가 반대에 좌초하지 않고 특정 정책을 보증할 정부 위원회를 설립하려면 근본적인 도덕적 또는 정치적 비전에 대한 끊임없는 논쟁이 일어나지 않도록 그 과정을 구성해야 한다. 따라서 우리는 윌리엄 버클리, 앤절라 데이비스, 제시 잭슨, 벨라 앱저그, 론 폴, 마더 테레사*와 같은 사람들을 뉴욕 공립학교의 안전한 섹스를 위한 커리큘럼을 결정하는 위원회에 임명하지 않는다.[56] 그렇게 하면 우

---

\* William Buckley(1925~2008): 미국의 유명한 보수주의 작가이자 평론가. Angela Davis(1944~ ): 미국의 급진적인 작가이자 정치활동가. Jesse Jackson(1941~ )은 미국의 목사이며 인권운동가이자 정치인. Bella Abzug(1920~1998): 미국의 정치가이며 페미니스트 운동가. Ron Paul(1935~ ): 미국 보수 정치인이자 의사, 작가. Mother Teresa(1910~1997): 천주교 수녀이다. 이들 간에 섹스에 관한 도덕적 일치를 기대하는 것은 무망하다고 저자는 쓰고 있다.

리는 당장 해결 불가능한 도덕적 불일치와 마주치게 될 것이다. 대신에, 우리는 공통점이 많은 사람을 임명하려 할 것이다. 우리는 그 회의의 의제를 통제하여, 그 논의가 깊은 의견 불일치에 부딪히지 않도록 할 것이다. 우리는 논의를 관리하여 평화적인 실물 정치의 현명한 전략으로서 합의의 외양을 만들어낼 것이다.

합의와 중첩적 합의에 대한 호소는 마르크스에 따르면 이데올로기와 같은 기능을 한다. "지배계급의 생각(ideas)은 모든 시대에 지배적인 생각이다. 즉, 사회를 지배하는 물질적 힘인 계급은 동시에 지배적 지적 힘이다."[57] 호소력 있는 합의는 의료정책을 포함한 공공정책을 위한 합법적인 특정 정치 프로그램에 필요한 아이디어들의 집합이다. 특정한 도덕적 이해를 부과하고자 하는 민주적 제도를 배경으로, 광범위한 협약(agreement)은 그와 상반되는 이해를 도덕적으로 수용 불가능하고 정치적으로 옳지 않다고 비합법화한다.

> 이데올로기는 한마디로 지배와 착취를 지속적인 사회적 관계로서 촉진한다. [……] 사회주의 사상은 국가권력에 접근하기 위한 경쟁 집단들 사이의 사회적 투쟁의 도구로서 이데올로기 분석을 국가권력에 접근하기 위한, 그래서 근대 개입주의적 국가가 통제하는 자원에 접근하기 위한 경쟁적인 무리들 사이의 사회적 투쟁의 도구로서 초대한다.[58]

존 그레이*가 주장한 바와 같이, 이데올로기 비평이 공산주의나 사회주의 이데올로기와 싸우는 데 일반적으로 활용되지 않는 상황은 "사회주의 목표가 이데올로기적 탈신비화를 필요로 하지 않는다는 옹호되기 어려운 가정"에 달려 있는 것 같다.[59] 이 일반적인 요지의 힘은 롤스와 같은 민주

---

\* John Gray(1948~ ): 영국의 정치철학자.

주의적이고 순한 사회주의자의 이해도 그 내용의 규범성을 보장할 정당화를 제공하지 않는다면 그저 이데올로기로 여겨질 수 있다는 것이다. 근본적 논증 없이 합의에 호소하는 것은 지배를 합법화하고 그 근본 전제에 대한 비판을 부도덕하거나 비합리적으로 보이게 함으로써 지배 엘리트의 정통성에 호소하는 것이다. 우리가 국가적 합의에 호소해 도덕적 권위를 정당화하려 시도한다면, 마키아벨리적 전략과 미묘한 타협을 합의나 심지어 중첩적 합의로 오해할 수 있다.

이 모든 것이 말해지고 실행된 후에도, 결정적인 원칙적 질문이 남는다, 즉 왜 다수가 공정성이나 정의에 대한 진실하고 권위 있는 비전을 가지는가? 왜 우세한 합의가 도덕적 권한을 수반하는가? 다시, 도덕적 권한을 위해서는 얼마나 많은 합의가 필요한가? 아마도 합의에 대한 호소의 힘은 용어 자체에서 전략적 모호함에 편승한 것이다.[60] 라틴어에서 합의(consensus)라는 단어는 단지 일치뿐만 아니라 만장일치를 의미한다. 영어에서도 마찬가지다. 합의라는 단어는 공통의 감정을 확인하고, 이는 일치도 마찬가지다. 그러나 방금 보인 바와 같이, 기본적인 도덕감정이 대립하는 곳에서도 어느 정도 합의가 있을 수 있으므로, 특정 경우에 협력하기로 한 결정이 많은―대부분의―경우에 협력하기로 한 일반적인 합의를 의미하는 것은 아니다. 게다가 도덕적 판단의 합치(concurrence)로부터 나오기보다, 다른 선택들이 훨씬 더 많은 해악을 끼칠 수 있는 강압적인 정치적 압력에 직면하여 신중한 타협으로서 협약(agreement)에 이를 수 있다. 합의는 만장일치를 의미하는 도덕적 힘을 가질 것이다. 그러나 합의가 다양한 도덕감정을 가진 개인이 훨씬 나쁜 도덕적 결과를 피할 목적으로 도덕적으로 혼란스럽다고 느끼는 많은 것에 협력하고 묵인해야 하는 정치적 힘의 균형을 뜻한다면, 도덕적 권위와 정당성을 획득하기 위해서는 훨씬 더 많은 것이 확립되어야 한다.[61]

토대주의의 폐허에서, 많은 이는 역사와 우연에 매여 있는 일시적인 도덕적 다짐을 보증해야 한다. 예컨대 리처드 로티*는 마이클 오크쇼트**가 헤겔로부터 이끌어낸 통찰62을 더욱 발전시켰다.63

> 우리는 도덕성을 우리 자신의 신성한 부분의 목소리로 생각하는 것을 중단하고, 대신에 그것을 공동체의 구성원으로서의 우리, 공통 언어의 화자의 목소리로 생각할 때만이 '도덕'이라는 개념을 유지할 수 있다. 우리가 그것을 무조건적인 것과 조건적인 것에 대한 호소의 차이가 아니라 조건적이지만 우리 공동체의 이해관심과 우리 자신의 그것(아마도 대립적인 사적 이해관심)에 대한 호소의 차이로 생각할 때 우리는 그 도덕—즉 신중한 식별—을 유지할 수 있다. 이러한 전환의 중요성은 '우리 사회는 도덕적인가?'라는 질문을 불가능하게 만든다는 것이다.64

그런데 왜 우리는 자기 공동체의 도덕적 편견에 얽매여 있는 것일까? 왜 우리는 싱가포르와 같은 자본주의적 권위주의 정부 대신에 로티의 리버럴리즘의 자만심을 보증해야 하는가?

특정 장르의 리버럴리스트로서, 리처드 로티는 자유, 평등, 연대에 대한 특정한 이해를 특정 역사의 선물로 여긴다. 이러한 도덕적 우연성이 초래한 통치(governance)의 일반적 관점은 그 핵심 요소에 있어 실용적으로 의심의 여지가 없다고 간주된다. 왜냐하면 이 도덕적 기틀(framework)을 우리의 공통적인 도덕 언어와 함께 확보하지 않으면, 어떤 근본적인 의심도 받아들여질 수 없기 때문이다. 그러나 그의 도덕성을 수용하는 이들은 동시에 "도덕적 사유의 언어의 우연성(contingency), 나아가 그들의 양심의

---

\* Richard Rorty(1931~2007): 미국의 철학자. 프린스턴 대학과 스탠퍼드 대학 교수 역임. 신실용주의를 주창하였다.

\*\* Michael Oakeshott(1901~1990): 영국의 철학자. 헤겔의 영향을 많이 받았고 정치철학과 역사철학 등에 기여하였다.

우연성, 그리고 공동체의 우연성을 감지하는 사람"[65]이 될 것이다. 그러나 우연성은 로티의 리버럴로 남아있는 것과 그것의 궁극적인 정당성의 결여를 인식하는 것 사이에 놓인 아이러니한 균형을 보증할 수 없다. 어디에나 의심이 있고, 이는 매우 날카로우며, 부식성이 있다. 매사추세츠주 케임브리지의 리버럴리즘만 있는 것이 아니라, 좋은 도덕성과 정부에 대한 상이한 이해를 가진 싱가포르, 한국, 그리고 다른 국가들의 전혀 다른 도덕적 전제들이 있다. 이성과 역사는 연대(solidarity)의 어떤 비전의 우연성도 문제 삼을 수 있다. 우리는 언제나 로티가 정지시키기를 원하는 보편성의 비판적 힘을 불러올 수 있고, 우리가 수용한 도덕이 모두가 수용해야 하는 도덕인지를 항상 추궁할 수 있다.

이러한 불안정함에도 불구하고 우연성을 끌어안으면서, 로티는 자신을 지배계급에 봉사하는 이데올로기와 동등하게 만드는 철학의 기능에 대한 실용적인 설명을 발전시킨다. 철학은 민주적 정치 제도에 대한 개념적 기반을 제공하는 것으로 여겨지지 않는다.[66] 철학은 민주적 정치 제도에 대한 특정한 설명으로 이해되어야 한다. 철학은 그 자체로 지적 탐험에서 이념적 도구로 옮겨간다. 만약 우리가 자유민주주의의 특정한 변종인 제도에 대한 **믿음**이 충분하다면, 아마도 우리는 그 신도들이 "우리 20세기 자유주의자들" 또는 "점점 더 코스모폴리탄이 되고, 더 민주적인 정치 제도를 만들어낸 역사적 우연성의 계승자들"[67]이라고 **그저** 믿는 것을 비판적으로 인식하려는 유혹에 저항할 수 있을 것이다. 단지 사실적이고, 단지 우연적인 도덕 비전은 우리가 대부분의 리버럴리즘이 부추기는 비판적 의심에 굴복하지 않는 한에만 만족스럽다. 다른 가능성들에 대한 의심은 열려 있으며, 여기에는 니체가 제시한 가능성도 포함된다. 다양한 자유민주주의를 틀 지우는 우연한 감정에 대한 일반적이고 세속적인 정당화나 근거가 없기 때문에, 일반적이고 세속적인 측면에서 그러한 사회는, 로티가 인정하듯, 사무라이 윤리나 권위주의적 자본주의를 바탕으로 구축된 사회보다 더 고귀하고 선량하고 아름다우며 고무적이지 않다.

로티의 제안은 우리가 권위주의적 자본주의보다 자유민주주의가 더 낫다(예컨대 싱가포르에 대한 매사추세츠주 케임브리지의 우위)고 주장할 때만 효과가 있다. 어떤 특정한 자유, 평등, 번영, 안보의 순위를 고려해야 어떤 특정한 선택이 의미가 있다. 번영하는 권위주의적 자본주의가 제공하는 안보 속에서 밤길을 안전하게 걸을 수 있고, 분명히 훨씬 더 성공적인 의료 시스템[68]을 가지고 있는 이들은 자유주의적인 사회민주주의 국가에서 더 위험하고 상대적으로 결핍된 환경에서 사는 사람들을 동정할 것이다. 개발도상국에 사는 사람들은 그들 자신의 좋음과 해악의 순위를 기준으로 매사추세츠주 케임브리지, 혹은 싱가포르를 본떠 나라를 모델링 할 수 있을 것이다.

누가 옳은가? 어떻게 구별할 수 있는가? 중요한 것은, 어떻게 우리는 도덕 이방인들에게 자유주의적 사회민주주의 대 자유방임적 자본주의 민주주의, 권위주의적 민주주의, 공산주의 독재체제의 부과를 정당화할 수 있는가? 결과에 대한 판단은 해악과 이득의 특정 순위나 판단, 좋음에 대한 특정한 판단에 달려 있다. 일반적이고 세속적인 측면에서 정전적인 내용 충만한 도덕, 올바른 행동의 이해, 또는 생명윤리를 정당화하기는 불가능하다. 또한 도덕성과 생명윤리에 대한 다양한 비토대주의적인 접근법의 선언을 통해 도덕적 주장을 정당화하는 것을 정식화할 수도 없다. 우리가 그러한 비토대주의 제안의 도덕적 권한에 대해, 결의론적 접근이나 중간 수준의 원칙을 통한 정당화 등에서 그렇듯, 다른 형태의 그럴듯한 정당화를 제공할 수 없는 한, 우리는 그저 자신의 도덕적 편견을 선언하는 것일 뿐이다. 다른 사람이 동의하지 않는 상황에서 누군가가 지배적인 비토대주의 비전을 가지고 있다고 주장하는 것은 그가 자신의 도덕 비전이나 이데올로기를 필사적으로 선언하고, 이를 타인에게 강압적으로 강요하는 것임을 인정하는 것과 같다.

### 니힐리즘의 언저리에서

우리는 정전적이고 내용 충만한 도덕을 발견하려는 계몽주의 프로젝트의 실패의 극악함을 이해해야만 한다. 이 실패는 도덕성의 객관성을 근거 지우려는 서구 철학의 희망의 붕괴를 상징한다. 이 실패는 일반적으로 정의 이론들과 도덕성에 대한 설명에 반한다. 그것은 모든 세속 생명윤리학을 의문에 부친다. 우리가 특정 도덕성을 정당화할 수 없다면, 부도덕하다는 주장을 정당화할 수 없다. 모든 것이 취향의 문제가 되는 것처럼 보인다. 사실 만약 우리가 어떤 일련의 행위가 정전적으로 부도덕하다고 폭로할 수 없다면, 알베르트 슈바이처와 나치의 죽음의 수용소가 제공한 의료는 똑같이 옹호할 수 있거나 옹호 불가능할 것이다. 도덕적 일탈이 언제 도덕적으로 그르게 되는지를 결정할 방법을 우리가 발견하지 못한다면 도덕적 악당과 성인의 행동은 적어도 일반적이고 세속적인 측면에서 똑같이 정당화되거나 정당화될 수 없을 것이다. 우리는 니힐리즘의 언저리에 있다.

이 결론의 위협은 아무리 좋게 말해도 심히 혼란스럽다. 서양 문화는 여러 문화와 시대에 걸쳐 우리가 행위의 옳고 그름을 판단할 수 있는 자연법의 구조가 있다고 전제하였다. 그러한 전제는 로마 제국으로부터 뉘른베르크 재판에 이르기까지 서양의 법을 인도해왔다.[69] 가이우스는 "자연 이성이 모든 인류 사이에 확립하여, 모든 민족이 똑같이 따라야 하는, 그래서 모든 인류가 준수해야 할 만민법(ius gentium)"에 대해 말한다.[70] 이는 『유스티니아누스 법학제요(Institutes of Justinian)』[71]와 블랙스톤의 『영국법 주해(Commentaries on the Laws of England)』[72]에서도 반복된다. 경쟁적인 도덕성의 관점 중에서 합리적인 선택을 가능하게 하는 시각을 발전시키지 못한 것은 이러한 도덕적 가정을 의심스럽게 한다.

생명윤리를 특정한 도덕 전통이나 비전의 주해 이상으로 만들려는 경향은 지배하고자 하는 의지의 유혹이 된다. 일반적인 도덕적 권위가 없는 사회에 특정한 생명윤리를 강요하는 것은, 일반적이고 세속적인 도덕의 관점에서, 강압에 의한 공감대를 형성하기 위해 자신의 의지를 이용하는 것이다. 만약 신이 세속적인 공공 영역에서 모두 그의 말을 듣지 않는다는 의미에서 죽었다면, 그리고 이성에 의해 부인할 수 없는 규범적인 내용 충만한 도덕성에서 그 세속적 대체물을 찾을 수 없다면, 일반적인 도덕적 제약이 없다는 결론을 내리게 된다. 각각은 다른 버전의 생명윤리적 합의를 선택한 다음, 비록 도덕적 판단으로(de jure morale)는 권위가 있지도 않지만, 사실상의 생명윤리적 합의로 만들려고 할 수 있다. 의지는 일반적이고 세속적인 도덕의 제약 없이 의지와 만난다.

 프랑스 혁명에서 10월 혁명에 이르기까지 이성은 좋은 삶과 내용 충만한 도덕적 의무에 관한 특정 관점을 도덕적인 권위로 확립하는 데 실패했다.[73] 문제는 다음과 같다. 즉, 앞에서 설명한 바와 같이 좋은 삶과 내용 충만한 도덕적 의무에 대한 구체적인 특정한 이해를 도덕적인 권위로 확립하려면 우리는 특정한 도덕감, 비전, 혹은 이해에 호소해야 한다. 그러나 그 도덕감을 정당화하기 위해서 우리는 더 상위의 도덕감, 비전 또는 이해에 호소해야 하며, 이는 무한히 계속된다. 우리는 무한 후퇴에 빠지거나, 또는 임의로 특정한, 내용 충만한 도덕 비전이나 이해를 수용하여 어떤 내용 충만한 도덕 비전이나 이해 등이 정전적이어야 하는지에 대한 선결문제 요구의 오류에 빠진다. 특정한 도덕 내용을 습득하거나 분명하게 하기 위해서 우리에겐 특정한 도덕적 전제, 증거의 규칙 등이 필요하다. 그래서 특정한 문화, 종교, 역사에 호소하지 않고 도덕 비전을 발전시키려고 시도할수록 결과적인 도덕 비전은 내용이 없어진다. 도덕 비전, 도덕 이해, 좋음에 대한 얇은 이론, 옳은 행동에 대한 설명 등이 내용이 풍부할수록 그것은 특정한 도덕적 가정, 증거의 규칙, 추론의 규칙 등을 전제로 한다. 그 내용이 더 풍부할수록, 그것은 수많은 특정한 도덕적 이해 중 하나에 더욱 충실하고 당파적으로 보일 것이다. 보편성은 내용을 대가로 치러야 한다.

내용은 보편성을 대가로 치러야 한다. 배경이 되는 도덕성의 인도가 없다면 우리는 경쟁하는 가능성들의 웅성거림에 직면하게 된다. 그러므로 내용 충만한 도덕 비전의 복수성은 단순히 기술적인 현상이 아니라, 우리의 도덕 인식론적 곤경의 조건이다. 어떤 세속적인 도덕을 지지해야 하는지 알기 위해서는 우리는 이미 도덕적인 것을 알고 있어야 한다. 하지만 문제는 도덕적임을 어떻게 아느냐 하는 것이다. 만약 어떤 특정한 도덕적 관점의 정확성을 확립하기 위한 세속적 수단이 실패한다면, 세속 윤리학이나 생명윤리학에 대한 권위 있는 지시의 근원을 잃게 된다. 게다가 새로운 어떤 접근법이 없다면, 특정한 정책을 강제로 부과할 수 있는 도덕적 권한을 가진 공공정책 기구나 개인을 확립할 수 없을 것이다. 의료정책을 포함한 공공정책은 일반적이고 세속적인 도덕적 권한을 결여할 것이고, 기껏해야 악당의 권위, 위력에 기반한 권한을 가질 수 있을 것이다.

### 니힐리즘의 비상구: 세속 생명윤리학의 도덕적 정당성 구하기

논란은 (1) 위력, (2) 상대방의 관점으로의 개종, (3) 건전한 합리적 논증, (4) 합의[74]를 통해 해결할 수 있다. 특히 우리는 토론 종결(cloture, 주로 위력)을 통한 해결과 도덕적 권한을 통한 해결을 구분해야 한다. 위력에의 호소는 윤리적 질문, 특히 왜 논란이 특정 방식으로 해결되어야 하는지에 대한 질문과 같은 것에는 답하지 않을 것이다. 비록 그 해결이 광범위한 합의를 이끌어낸다 해도 말이다. 위력의 사용은, 심지어 정당한 권위를 가진 위력(예: 더 나은 기본 의료 서비스의 사적 매매 금지)이라 할지라도 그러한 개입이 정당하다고 주장하는 도덕 비전을 공유하지 않는 이들에게는 단지 폭력 행위가 될 수 있다. 정당화되지 않으면 폭력은 폭력인 것이다. 미묘한 폭력도 폭력이다. 윤리의 목적은 위력이 정당화되는 때를 결정하는 것이다.

사실상 우리가 그것으로부터 희망할 수 있는 것을 기억하면 윤리에 더 많은 것을 되찾아줄 수 있다. 세속적인 윤리적 질문을 하는 것은 도덕 논란의 해결을 위해 위력 이외의 다른 근거를 찾는 것이다. 우리는 강압적인 권력이 아닌 권위를 추구한다. 세속적 윤리와 생명윤리는 해결을 위한 근본적인 기반으로서 위력에 호소하기보다는 다른 기반에 바탕을 둔 적절한 행동과 관련된 논란을 해결하는 최소한의 수단이다. 도덕 논란의 해결을 위한 정당화는 흔히 공통으로 유지되는 도덕적 관점, 즉 한 공동체의 모든 이들 혹은 개종자들이 한 가지 의미로 유지하는 관점 내에서 추구되어 왔다. 도덕적 권위는 그러므로 우리가 공통으로 유지하는 도덕적 이해의 도덕적 권위다. 롤스와 로티는 합의에 대한 호소에서 그러한 개종에 호소하는 예를 제공한다. '개종'에 대한 호소는 도덕적 논란의 해결을 위한 전통적인 희망 중 하나와 관련된다. 특히 종교개혁 이전에 서구 그리스도교 사회는 신의 은총을 통해서만이 아니라 합리적 논증을 통해서도 상당부분 활용 가능한 하나의 권위 있는 도덕적 관점을 품고 있었으며, 이는 로마 가톨릭교회의 단일한 권위, 특히 로마 교황에 의해 해석되었다.[75] 이 도덕 비전과 권위는 만민법과 관련하여 이성이 밝혀준 것을 완성했고, 충족했다.[76]

그리스도교 세계의 분열, 서양의 세속화,[77] 그리고 그러한 이성적인 논증의 실패는 이 이상을 역사상의 가능성으로 의문에 부쳤다. 더욱이 초월적인 신에 대한 호소와 그의 은총은 세속 사회에서 논란을 해결할 수 없다. 정의상, 그러한 맥락에서 결정적인 전제는 신의 계시와 은총을 통해서만 활용 가능하다.[78] 일반적이고 합리적인 논증에 의해서도 증거의 전제와 규칙이 확보될 수 없다면, 그런 축복조차 받지 못한 사람들은 그에 접근할 수 없을 것이다. 그런 비천한 이들을 강요하기 위해 사용되는 강제력은 일반적이고 세속적인 측면에서 정당화되지 않을 것이다. 그러한 행동은 평화롭고, 일반적이며, 세속적으로 옹호될 수 있는 도덕성의 가능성에 반할 것이다. 실제로 서양 중세의 그리스도교 국가들은 유대인과 이단자

들에 대한 박해의 역사가 증명하듯이 그들이 행한 많은 부분에서 도덕적 권한이 없었다.[79]

종교개혁과 모더니티는 이러한 정당성의 문제를 깊숙이 드러냈다. 도덕 관점들의 파편화는 도덕에 이성의 권위를 부여하려는 근대 철학의 희망을 불러일으켰다. 앞 장에서는 도덕성을 합리적으로 인정하려는 다양한 시도가 왜 실패했고 실패할 운명이었는지를 탐구했다. 이 실패는 서양 그리스도교 신앙과 함께 발전했던 지적 프로젝트의 붕괴를 표시한다.[80]

건전한 합리적 논증에 의해 특정한 구체적 도덕적 관점을 정전적으로 확실한 것으로 확립할 수 없다면(이는 불가능한데, 그런 관점의 확립 자체가 어떤 도덕적 관점을 전제로 하고 있고, 그것이 바로 문제이기 때문이다), 도덕 내용과 도덕 지침에 대한 일반적이고 세속적 권위(권한)의 유일한 원천은 협약이다. 다시 말해, 도덕적인 삶에 대한 어떤 구체적인 관점이 경쟁하는 것들보다 도덕적으로 더 낫다는 것을 보여줄 결정적이고 세속적인 논증이 없기 때문에, 그리고 모든 것이 단일한 도덕적 관점으로 전환되지 않기 때문에, 세속적인 도덕적 권한은 동의의 권한(authority of consent)이다. 이 권한은 강압적인 힘의 권위가 아니라, 신의 뜻이나 이성의 권위가 아니라, 협력을 결심한 이들이 합의한 권한에 불과하다. 도덕성의 이러한 근거는 다루기 힘든 내용 충만한 도덕적 논란에 직면하여 동의를 통해 도덕적 권한을 확보하는 수단으로서 윤리의 개념 안에서 활용할 수 있다. 만약 우리가 근본적으로 위력에 근본적으로 의지하지 않고 도덕적 불일치 상황에서 도덕적 권한을 가지고 협력하는 데 관심이 있다면, 우리는 그 논란의 당사자들 간의 협약을 구체적인 도덕 논란을 해결하기 위한 평화적인 교섭 수단으로 받아들여야 한다.

윤리 및 생명윤리에 관한 이러한 설명에는 최소한의 사전 가정이 필요하다. 도덕 분쟁을 근본적으로 위력으로 해결하지 않는 방식으로만 결정하면 된다는 것이다. 그것은 좋은 삶에 대한 특정한 도덕적 견해(예컨대 인간의 다른 임무보다 의료가 중요하다)나 내용 충만한 도덕적 의무를 우리에게 부과하지 않는다. 어떤 구체적인 관점도 성공할 수 없는 논증(즉, 좋은 삶과 내용 충만한 도덕적 의무에 대한 특정한 관점을 정전적으로 확립하는 건전한 합리적 논증)이나 혹은 특정 이데올로기, 종교 또는 형이상학적 전제를 보증하는 특정 공동체 내에서만 이용 가능한 특별한 전제 중 하나를 요구한다. 권한의 원천으로서 허락(permission)에 호소하는 것은 특별한 도덕 비전과 이해를 수반하지 않는다. 허락에는 특별한 가치가 부여되지 않는다. 그것은 세속적인 도덕적 권한이 허락의 권한이라는 것을 간단히 인식한다. 이러한 호소는 도덕적 권한을 가지고 도덕 이방인들 사이의 문제를 해결하는 것에 의존하는 최소한의 조건이다. 즉, 동의다. 그것은 결론에 대해 세속적으로 인정받을 수 있는 권한을 확립한다. 즉, 협약을 통해서다. 평화적으로 협상하는 도덕 분쟁의 해결 수단으로서 윤리에 호소함으로써, 우리는 일반적이고 세속적인 윤리의 필요충분조건(함께 협력하기로 결심했을 때 충분하다)으로서 도덕 논란 참여자들의 자유를 존중해야 한다는 요청(즉, 그들을 사용하려면 허락을 얻어야 한다는 의미에서)을 공통적인 도덕적 권한(즉, 이러한 협력의 허락으로부터)의 근거로서 공개한다. 도덕 논란은 원칙상 모든 도덕 행위자를 (그리고 우리가 보게 될 것처럼 오로지 도덕 행위자만을) 포괄하기 때문에 우리는 근본적으로 위력에 근거하지 않는 방식으로 도덕 논란을 해결하는 데 관심을 가진 인격체들의 가능한 지적 기반으로서 이 세속적 도덕 공동체를 특징짓는 수단을 가지고 있다.

세속적인 도덕적 권한은 어느 정도는 협력에 동의하는 사람들의 권한에 불과하다. 그것은 신, 이성, 또는 특정한 도덕 전통이나 이데올로기로부터 파생된 도덕적 권한을 발동하지 않는다. 세속적인 도덕 세계는 도덕 내용을 가진 건전한 합리적 논증에 근거하지 않더라도 자유의지로부터 빚어낼 수 있다.[81] 비록 초월적 합리성을 달성하지 못하더라도, 우리는 이러한 의지의 결정으로부터 내재적이고 초월적인 기반을 획득한다.[82] 즉,

이는 게임, 또는 불가피한 규칙과 함께 아무 내용도 없이 다가오는 모면할 수 없는 문법적 가능성이다. 도덕 논란을 상호 협약(mutual agreement)으로 해결한다면, 이러한 공동 노력의 도덕적 권한은 상호 동의(mutual consent)로 설명할 수 있다. 도덕 이방인들 사이의 세속적인 도덕적 논란을 해결하기 위한 하나의 수단인 이것에 반하는 행동을 한다면, 우리는 방어적인 또는 징벌적인 위력과 만났을 때 이에 항의할 일반적이고 세속적인 도덕적 근거를 잃게 된다. 이러한 실천을 보증하는 이들은 도덕 이방인들과 공유할 수 있는 도덕적인 세계를 발견한다. 이 실천을 거부하는 사람들은 처벌받을 때 항의할 수 있는 세속적인 근거를 잃게 된다. 도덕적 관점의 포스트모던적 복수성에 직면하여, 도덕적 권한이 있는 행동에는 여전히 일반적으로 이해 가능한 의미가 있다. 특정한 내용 충만한 도덕적 진리에 상응하는 의미에서 세속 도덕성의 객관성을 전제하지 않고, 또 내용 충만한 도덕적 일치를 요구하지 않으면서 간주관적 도덕적 일관성과 협력할 수 있는 가능성이 있다.[83]

어떤 개인이 이러한 실천에 참여하기를 거부하고 위력으로 분쟁을 해결한다면, 비록 그것이 도덕적으로 정당화되더라도(예: '신이 내게 병존하는 의료 시스템은 잘못이라 말씀하셨으므로 우리는 법으로 이를 금지해야 한다'), 타인은 이렇게 반박할 수 있다. '일반적으로 정당화될 수 없는, 혹은 모든 당사자가 동의하지 않은 도덕적 주장에 입각하여 무고한 자에게 위력을 행사할 때 당신은 우리가 당신의 이른바 권한을 거부하고 당신으로부터 우리를 보호하기 위해 위력을 사용한다 해도 이에 합리적으로 항의할 수 없다. 증거 없이 주장되는 것은 쉽게 반박할 수 있다. 더구나 일반적이고 세속적인 도덕적 권한으로 도덕 논란을 해결하고, 폭력을 분쟁 해결의 일차적 근거로 사용하지 않는 이성적 존재는, 우주의 그 어느 곳에 있든 당신을 세속 도덕의 적으로 이해하고, 그래서 비난할 것이며, 우리가 정당하게 행동하고 있다고 주장할 것이다.'

한편 개인이 특정 협약에 참여하기를 평화적으로 거부하고(이 거부는 방어적 위력에 의해 보호된다), 무고한 자에게 동의 없는 위력(예컨대 약속을 어기는 것)을 행사하지 않을 때, 우리는 협약의 특정 영역 또는 특정 공동체에 대한 한계를 발견할 뿐, 강제적인 협력을 요구하는 것은 아니다. 여기서 우리는 모든 인격체의 근본적인 평등을 발견하였다.[84] 만약 어떤 가치의 위계도 정전적으로 확립할 수 없다면, 개인은 관련된 인격체들의 소망이나 행동(예컨대 정당한 처벌)의 범위 밖에서 한 사람을 다른 사람에게 종속시킬 수 없다. 게다가 어떤 특정 공동체에 참여를 거부하는 모든 인격체의 권리는 홀로 남겨질 권리를 모든 인격체에게 평등하게 인정하고, 원하는 다른 이들과 함께 공동체를 구성할 권리를 추구한다.

윤리와 생명윤리에 대한 이러한 관점은 평화의 가능성에 대한 관심에 근거하지 않는다. 그것은 평화로운 공동체를 확립하는 데 대한 관심에 기반을 둔 것이 아니다. 그 관점은 일반적이고 세속적인 측면에서 선하고, 칭찬할 만하며, 합리적으로 바람직한 것으로 볼 수 없다. 칸트의 말을 빌자면 그것은 초월적 조건을 밝히는 것으로 인식되어야 하는데, 이는 인간 삶의 일반적인 영역의 가능성의, 그리고 일반적으로 인격체의 삶의 필요조건이다. 그것은 도덕 이방인에 대한 비난과 찬사와 관련된 최소한의 문법을 밝히는 것이며, 위력을 통해서가 아닌 권한에 대한 도덕적 다짐의 특정한 집합을 확립하는 것이다.[85] 이 설명은 권한의 원천으로서 자유(freedom)라는 원칙을 측면 제약 조건으로 정당화하는 초월적 주장으로 간주될 수 있다.[86] 측면 제약 조건으로서 자유의 권한, 즉 허락 없이 타인을 이용할 수 없다는 원칙은, 인격체들의 공동의 노력의 가능성을 위한 필요조건—즉 도덕 이방인들에게 정당화될 수 있고, 그들을 구속할 수 있는 세속 도덕의 직조물—으로부터 도출된다. 과학적 추론의 가능성을 위해 어떤 조건이 전제되어야 하는 것처럼, 여기서 우리는 세속 윤리의 기본적인 최소한의 전제를 발견한다.[87]

이 분석은 동어반복을 해결하는 특징을 가지고 있다. 그러한 순환적 추론(즉, 위력에 근본적으로 의존하지 않고, 도덕적 권한에 입각하여 도덕 논란을 해결하려는 기획으로서의 윤리라는 개념에서 도출된다)은 그것이 인격체의 삶의 주된, 불가피한 요소들의 특징을 밝힌다면 받아들일 수 있다.[88] 그것은 지적인 통찰을 제공한다. 그것은 비록 좋은 삶에 대한 적절하고 구체적인 특정 견해와 내용 충만한 도덕적 의무의 밖에서 내용 충만한 도덕적 선을 발견할 수는 없지만, 우리는 세속적인 도덕적 구조를 형성할 수 있는 근거를 여전히 밝힐 수 있다는 것을 보여준다.

다음 요약은 도덕 논란의 권위 있는 해결과 관련된 이러한 요점을 잘 보여준다. 위력에 의한 해결은 (1) 어떤 관점이 올바른지, 또는 (2) 올바른 관점이 위력에 의해 부과될 수 있는지에 관하여 어떠한 지적 권위도 없다. 그러한 경우 권위는 그저 힘, 강제력이다. 세속 다원주의 사회에 대해서는 개종의 요구도 충분하지 않다. 비록 공통된 개종의 은총을 경험한 신자들의 공동체, 또는 특정 도덕감이나 도덕적 전제에 충실하기로 다짐한 이데올로그들의 공동체라면 충분할지 몰라도 말이다. 개종의 은총이나 특별한 다짐은 일반적이고 세속적인 도덕적 권한이 없다. 건전한 합리적 논증이 특정한 내용 충만한 도덕적 관점을 정당화할 수 있다면 이성의 권위를 제공할 것이다. 건전한 합리적 논증이 형식적인 내용 충만한 도덕적 이해를 확립하는 데 원칙적으로 실패하기 때문에, 우리는 협약을 맺게 된다. 종교개혁(공통된 개종의 불가함에 대한 역사적 은유)의 출현과 더불어, 좋은 삶에 대한 단일하고 구체적인 이해와 내용 충만한 도덕적 의무의 권위에 대한 세속적이고 합리적인 정당성을 부여하고자 하는 계몽주의적 희망의 붕괴에도 불구하고, 우리는 여전히 평화적으로 도덕적 권한을 창조하는 절차를 가지고 있다.

도덕 이방인을 구속할 수 있는 도덕성에 대한 이 설명은 살아남은 계몽적 희망의 한 요소로서 광범위한 인간의 실천과 의료정책을 정당화하기에 여전히 충분하다. 사실, 그것은 순수한 동의나, 또는 동의 없이 개인을 사용하는 것에 대한 필요한 용인으로부터 권위를 얻는 모든 실천을 정당화할 수 있는데, 이것은 일반적이고 세속적인 도덕의 가능성에 바탕을 두고 있다. 따라서 자유롭고 충분한 정보에 의한 동의, 시장, 제한된 민주주의와 같은 실천에 대한 정당한 설명이 가능하다. 허락, 동의 또는 협약을 구하는 과정에서 배제될 것은 그것을 구하는 측의 강압적인 위력뿐이다. 협약 체결 당사자가 그러한 강압에 대한 책임이 없는 한 우리는 자연이나 제3자에 의해 강요를 받는 이들에 대한 시장의 우위(market advantage)를 갖는다. 게임 참여자들과 허락, 협약, 혹은 동의를 위해 유인책을 쓰거나 평화로운 조종을 하는 것은 부적절하지 않다. 설득력, 유도력 및 시장 지배력은 개인이 특정 사업에 참여하는 것을 가치 있게 만드는 수단이다. 그러한 조종은, 그것이 평화로운 한, 그리고 위력에 의한 협박이나 자유로운 협약이 불가능한 상황에서의 동의받지 못한 개입이 아닌 한(일반적이고 세속적인 측면에서 이는 불가능한 선택에 동의하도록 다른 사람을 평화적으로 유인할 가능성을 배제하지 않는다. 예컨대 '함께 취해보자' 같은 부도덕한 제안이다) 공통적인 권한을 가지고 행위하는 인격체들로 구성된 세속 사회의 구조 일부를 형성한다.

### 포스트모더니티의 도덕적 권위: 의료정책의 정당화

포스트모더니즘은 공공정책과 특히 의료정책에 도덕적 권한을 제공할 수 있는 도덕이나 생명윤리학에 대한 건전한 합리적 논증이 불가능함을 보여준다. 건전한 합리적 논증이 그러한 만족스러운 도덕 지침을 확립할 수 있다면 (1) 불복하는 자는 모두 불합리하다고 일축할 수 있었을 것이고, (2) 합리성의 권위에 입각한 강압적인 위력을 그들에게 행사할 수 있었을 것이며(그리고 그들은 그런 합리적인 논증을 정당화하는 내용 충만한 이해와 일치하여 행사되는 한 그런 위력 행사에 항의할 합리적 근거가 없을 것이다), (3) 그러한 강압적인 위력은 그들을 소외시키는 것이 아니라, 합리적 존재로서 그들에게 적합한 합리적인 도덕적 행위로 회복시키는 것일 것이다. 기본적으로 권한은 이성과 신으로부터도, 그리고 힘에의 의지(즉, 위력)로부터도 유래되지 않고, 도덕 이방인이 공유할 수 있는 하나의 권한을 가진 순수한 의지로부터 유래된다. 세속적인 도덕적 권한은 도덕에 대한 순수한 의지에서 비롯된다. 허락할 수 있는 능력은 그렇게 의욕할 수 있는 능력이다.

이러한 성찰은 민주주의와 민주주의 다수결의 도덕적 권한에 대한 재검토로 이어진다. 만장일치로 찬성하지 않는 한, 우리는 다수결이 얼마나 정전적이고 왜 그런지를 보여주어야 한다. 민주주의에 대한 특정한 이해, 혹은 민주주의 다수결의 권위를 신성화하는 건전한 합리적 논증을 할 수 없다면, 민주주의의 세속적인 도덕적 지위는 해체되고 상반되고 경쟁적인 이념들로 붕괴될 것이다. 의료정책을 포함한 모든 공공정책을 정당화하기 위해서, 우리는 제한적인 민주주의가 얼마나 많은 것을 할 수 있는지를 보여주어야 하고, 시민들로부터 그 도덕적 권한을 끌어내야 한다. 이 과제의 성격을 설명하기 위해, 이 책의 모든 독자가 자신을 제외한 모두가 죽어간다고 상상해보자. 만약 그들이 정부를 만들고 의료정책을 수립해야 한다면, 그들이 좋은 삶이나 적절한 도덕적 권위에 대한 공통의 이해를 공유하지 않을 것이다. 그들은 낙태, 안락사, 그리고 의료에 대한 정부의 지원에 대해 서로 다른 견해를 가질 것 같다. 그럼에도 불구하고 그들은 도덕적 권한을 가진 정부를 구성하여 동의 없이 무고한 사람들을 사용하는 사람들에게 징벌적이고 방어적인 힘을 사용할 수 있다(예: 동의 없이 사람을 실험 대상으로 사용하는 것). 또는 서면 계약(예: 의사와 환자와의 협약)을 부과할 수도 있다. 만약 그들이 공통 자원을 생산한다면, 어떻게 자원을 분배할지를 결정하기 위해 그들은 원하는 어떤 규칙도 만들 수 있다. 예를 들어, 그들은 국민투표에서 3분의 2 이상의 찬성에 의존할 수 있다. 그들은 단순 다수결로 의결 가능한 정부 부처를 만들 수 있다. 그들은 위원회를 단순 다수결로 결정하여 10개의 가장 중요한 예산 지원 사업을 결정할 수도 있고, 추첨으로 대상을 결정할 수도 있다. 우리는 심지어 복지권, 특히 정부 예산으로 의료 서비스를 받을 권리를 창출할 수도 있다.

비록 의료정책을 포함한 현대 공공정책의 많은 부분이 다시 이해되고 정당화될 수 있지만, 많은 것은 그렇게 할 수 없다. 특히 다수결의 특별한 도덕적 권한에 대한 근대의 세속적 신화는 정당성을 넘어서는 것이다. 다수결에 의한 위력의 사용도 명분 없는 위력일 뿐이다. 만일 그러한 위력의 사용이 압도적인 사회세력을 존중하는 실물 정치로 이해되지 않는 한, 공공정책에서 세속적인 도덕적 권한의 정당성은 실제 개인의 동의에서 도출되어야 한다. 정부 조직, 특정 영토에 대한 통제권, 또는 특정한 도덕적 이상에 호소하여 정부의 세속적인 도덕적 권한을 정당화하려는 헛된 주장을 하기보다 공공정책(여기서는 의료정책)의 도덕적 권한이 관련자의 협약에서 어느 정도 도출될 수 있는가를 결정해야 한다.

그러한 권한을 세우려는 시도는 즉시 그 한계를 드러낸다. 공권력에 대한 세속적인 도덕적 한계는 개인이나 '자연적' 권리의 리스트를 통해 표현할 수 있는데, 여기서 '자연적 권리'는 개인이 위력에 의한 위협 없이 암묵적으로 사회조직에 양도하였다고 결코 추정될 수 없는 권리들이다.[89] 이러한 권리(공동 동의의 한계와 정부의 도덕적 권한의 한계를 표현한다)는 한계를 지을 수 없으며, 피임할 권리, 사적 의료 시스템을 가질 권리, 그리고 자살할 권리와 같은 세속적 권리를 포함한다. 이것들은 필연적으로 선한 일이기 때문에 권리가 되는 것이 아니다(필자는 자살은 중대한 도덕적 악이라고 이해한다). 단지 그것을 박탈하는 것이 세속 국가의 도덕적 권한을 넘어선다는 것이다.[90] 이러한 권리는 다수결에 반해서도 보장된다. 그 권리의 폐지에 한 사람을 제외하고 모두가 동의한다 해도 그 세속적인 도덕적 지위에 영향을 미치지 않는다. 그러한 권리는 개인에 대한 공동체의 세속적인 도덕적 권한의 근본적인 한계를 상기시켜준다. 세속적인 도덕적 관점에서 그러한 행동은 관련된 개인이 도덕 이방인들 사이에서 도덕적으로 권위 있는 행동을 위한 조건을 위반하거나 특정한 공동체의 규제에 그들의 사생활을 양도하는 것에 동의하지 않는 한 사적인 것이다. 예컨대, 사람들은 장기 이식 목적으로 자신의 장기를 매매할 수 있는 세속적이고 기본적인 도덕적 권리를 가지고 있다.

세속적인 의료정책에서의 도덕적 권한은 허락으로부터 도출되며 복잡한 협력적 임무의 상황에서도 합의 또는 계약을 그 뿌리에 가지고 있다. 생의학에서 도덕 논란은 동의 없이 위력을 사용할 수 없다는 원칙에 근거하여 도덕 규칙을 만드는 절차에 동의하는 것을 통해 평화롭게 해결되어야 할 공공정책 논쟁이다. 명시적이고 묵시적인 동의의 맥락은 대개 매우 복잡하기 때문에, 동의가 언제 일어났는지 정확한 도식을 작성하는 것은 종종 어렵다. 우리가 무엇을 해야 하는지, 언제 그리고 어디서 세속적인 도덕적 의무가 존재하는지를 명확히 하기란 종종 불가능하다. 그러나 우리는 제반 상황에서 최선을 다해야 한다. 조건이 완벽하지 않다 해도, 잘 해야 할 가치가 있는 것은 잘해야 한다.

국가 및 공공정책에 대한 이러한 관점은 국가와 정치 이론에 대한 서구적 이해가 도덕적으로 응집력 있는 전체로서 형성된 국가에 관한 아리스토텔레스적 이상에 의해 너무나 영향을 받아왔다는 점에서 이국적으로 보일 수 있다.[91] 아리스토텔레스는 도시국가는 한눈에 볼 수 있는 것보다 더 커서는 안 된다고 주장하였고(『정치학』 7.4.1326b), 즉 10만 명 이하의 시민으로 구성되어야 한다(『니코마코스 윤리학』 9.10.1170b). 아리스토텔레스가 최초의 주요 제국 중 하나를 건설한 알렉산더 대왕을 가르쳤음에도 불구하고 폴리스를 통해서 정치를 구상했다는 것은 아이러니하다. 세속적인 도덕적 권한과 의료정책을 가진 거대 국가를 만드는 것은 도전적인 일인데, 이는 아리스토텔레스의 도시국가와 유사하지만 특정한 지리학적 위치와 결부되지 않는 수많은 도덕 공동체를 포괄한다. 거대 국가는 적절하고 내용 충만한 생명윤리에 관해 다양한 관점을 가진 수많은 공동체를 아우르는 중립적인 수단으로서 행동해야 한다.[92] 일반적이고 세속적인 도덕성에 대해 더욱 발전한 이 설명에 대응해서 우리는 이와 대조적인 구체적인 도덕 공동체의 내용 충만한 도덕으로 돌아가 이를 재검토할 수 있다.

## 도덕성과 도덕 공유인을 위한 생명윤리학
; 도덕성과 도덕 이방인을 위한 생명윤리학

우리가 도덕 내용과 구조의 완전한 매트릭스에 자리 잡는 것은 거대 사회가 아닌 공동체 안에 서다. 우리가 살면서 삶의 완전한 의미를 찾고 구체적인 도덕적 방향을 찾는 것은 특정한 도덕 공동체 안에서다. 우리가 내용 충만한 생명윤리를 소유하는 것은 특별한 도덕 공동체 안에서다. 우리는 남부 침례교도, 정교회 신자, 로마 가톨릭교도, 정통 유대교도 또는 마오주의자가 될 수 있다. 그러한 공동체 안에서만이 즐거움이나 괴로움과 더불어 삶이 완전한 의미를 가질 수 있다. 그러한 공동체를 인도하는 가치관에서만 어떤 대가를 치르면서 어떤 도덕적인, 또는 도덕과 무관한 좋음을 추구해야 하는지 알게 된다. 일반적이고 세속적인 측면에서 보면 환자와의 약속을 어기는 것은 무고한 사람을 상대로 동의 없이 힘을 행사한 형태라는 것을 알 수 있다. 우리가 어떤 약속을 해야 하는지를 배우는 것은 그러한 공동체에서이다. 특정 공동체 안에서, 오랫동안 치명적인 질병의 고통을 겪을 겪는 것과 자살을 통해 이를 피하는 것, 대리모를 고용하는 것과 불임을 받아들이는 것, 결함을 가진 아이를 사랑으로 키우는 것과 사전 진단과 낙태를 통한 그런 아이의 출산을 막는 것 중 무엇이 더 나은지를 알 수 있다. 그러한 선택은 가치, 의무, 권리, 그리고 잘못에 관한 구체적인 이해로부터 실질적인 내용을 얻는다.

젊은 의사와 간호사들은 '역할 모델'을 통해 특정한 가치와 덕목을 배운다. 특정한 도덕적 관점의 미덕을 구현함으로써, '역할 모델'은 삶의 선, 악, 그리고 의미를 이해할 수 있는 가능성을 보여준다. 그들은 좋은 의료에 대한 특정한 이해에 있어 행동과 헌신을 통해 가르친다. 일반적이고 세속적인 측면에서 보면, 우리는 다양한 도덕 공동체를 도덕적 세계를 구축하는 실험으로, 좋은 삶과 대안적인 내용 충만한 생명윤리의 관점을 빚는 창조적인 노력으로 생각할 수 있다. 다양성을 통해 그들은 의술 및 다른 직역의 실천에서뿐 아니라, 개개인이 선을 경험하고, 의료의 재화들을 이해하는 데 있어 교육적 역할을 한다. 그들은 또한 인간의 성, 출생, 성장, 건강, 질병, 고통, 죽음의 의미에 대한 인간 정신의 갈망을 반영한다.

경쟁적인 도덕적 관점들 사이에서 도덕적 선의 구성상의 차이는 '구체적인 것(in concreto)' 안에서 가장 잘 보이고, 인식되고, 경험된다. 우리는 대개 영웅과 성인의 이야기, 역사, 소설, 시, 연극을 통해 내용 충만한 도덕적 성격을 가장 잘 배운다. 하지만 그 가능성은 심지어 하나의 도덕 공동체 안에서조차 다양하다. 우리는 성인들의 삶에서 좋은 삶과 내용 충만한 도덕적 의무의 모델을 찾는 어린이의 경우를 생각해볼 수 있다. 여기서 그는 알래스카의 성스러운 수도승 성 허먼(St. Herman)[93]과 노르웨이의 전사-왕 성 올라프(St. Olaf)의 이야기와 만난다. 그는 인간이든 동물이든 모두를 사랑한 성 허먼(1757~1837)과 조국의 적을 물리치기 위해 최선을 다하다가 1030년 7월 29일 금요일에 스티클스타드에서 죽은 성 올라프 하랄드손(995~1030)[94] 중 누구를 택해야 하는가? 올라프가 무고한 사람들에게 동의받지 않은 위력을 행사하지 않았다고 가정한다면 일반적이고 세속적인 주장은 그 선택에 대한 결정적인 지침을 제공하지 않을 것이다. 미덕에 관한 내용 충만한 이해를 높이 평가하려면, 특정 공동체 내에서 특정한 사람의 삶과 특정 도덕 전통과 관행이 결합된 미덕을 보아야 한다.[95]

좋은 삶과 내용 충만한 의무에 대한 특정 관점을 일반적으로 지속 가능하고 세속적인 논증을 통해 확립할 수는 없으므로, 고려 대상인 삶의 방식이 무고한 사람들의 자유를 존중하는 한, 외부로부터, 어떤 특정한 도덕 공동체 중 하나를 선택하는 것은 미적 선택과 유사하게 보일 것이다. 세속적인 도덕적 논증에 기초하여 배제할 수 없는 여러 도덕적 관점이 있을 것이다. 즉, 그들은 동의 없이 무고한 자를 사용하지 않을 것이다. 이러한 제약 조건 안에서, 도덕의 스타일이나 도덕의 지향 중의 선택은 가장 아름답거나 잘 짜인 것으로 보이는 것에 기초하여 가능하다. 예컨대 독실한 남부 침례교도, 텍사스 이신론자, 혹은 샌프란시스코의 동성애자 무신론자가 되는 것 중 어느 것이 더 나은가? 각각은 미래의 질병, 사망률 및 삶의 질과 관련하여 특별한 위험과 이득을 가질 가능성이 높다. 또한 각각은 선에 대한 특정한 이해를 가지고 있다. 세속 도덕성은 어떤 선택의 근거도 제공할 수 없다.

낙태 의사와 내과 의사로 의술을 행하는 것 중 무엇이 더 나은가? 수익을 위해 진료하는 것과, 비영리 종교재단 클리닉에서 진료하는 것 중 무엇이 도덕적으로 더 나은가? 이런 여러 가지 다른 상황에서 세속 도덕 논증은 아무런 지침도 주지 못할 것이다. 정전적인 내용 충만한 도덕 공동체로 개종하지 않은 사람들에게, 그러한 선택은 모든 이를 구속하는 내용 충만한 원칙의 관점에서 보편화하거나 정당화할 수 있는 엄격한 의미에서 도덕적 선택이 될 수 없을 것이다. 대신에, 그 선택은 좋은 삶과 내용 충만한 도덕적 의무에 대한 경쟁하는 견해 중 하나로 가장 잘 이해되며, 어떤 대안이 가장 풍성하고, 가장 포용적이며, 가장 매력적으로 보이는가에 따라, 특정한 정서에 따라 이루어져야 하는 선택이다. 앞에서 보인 바와 같이, 그러한 선택은 이미 특정한 도덕감이나 관점을 지지하지 않으면서 건전한 논증에 기초한, 도덕적으로 권위 있는 일반적이고 세속적인 설명에 결정적으로 근거할 수는 없다.

구체적인 도덕 공동체는 외부에서 어떻게 경험되는가와 달리 내부에서는 상당히 다르게 보일 수 있다. 특정 종교 집단 내에서는, 불치의 암으로 마지막 몇 주 동안 극도의 쇠약을 겪는 상황에서도, 자살은 잘못—신께서 용인하지 않은 잘못—임이 명백할 수 있다. 그런 도덕 공동체에 사는 이들은 그들 모두가 이를 도덕적으로 받아들여야 한다는 것을 인식할 것이다. 하지만 그들은 도덕 이방인들에게 그런 자살이 잘못임을 보여주기 위해 일반적이고 세속적인 도덕 논증을 하지 않을 것이다. 기본적인 전제나 증거와 추론에 관해 그들에게 동의하는 이들에게는 그러한 논증은 성공할 것이다. 그렇지 않다면, 그들은 기껏해야 증언과 설득을 통해 개종하기를 바랄 수 있을 뿐이다. 자유에 대한 존중이 세속 윤리 문법의 핵심이기 때문에, 개인은 자살할 수 있는 일반적이고 합리적이고 옹호 가능한 권리를 좁은 의미로 가지고 있으며 그래서 국가가 자살을 금지할 세속적인 도덕적 권한을 가지고 있다는 것을 보여주기는 일반적이고 세속적인 측면에서는 불가능할 것이다. 그런데 외부로부터 어떤 개인은 모든 도덕적 다짐이 일관되고 완전한 도덕적인 삶으로 어떻게 조화를 이루는지를 분석하여 자살을 금지하는 공동체를 고려하는 것에서 도덕적 가르침을 끌어낸다. 결국 이 외부의 관찰자는 이러한 특정한 삶의 방식이 최선의 삶을 제공하고 죽음에 완전한 의미를 부여하므로 자살해서는 안 된다는 것이 명백하다는 결론을 내릴 수도 있다. 그러나 그 판단은 공동체의 더 깊은 진실(예컨대 신의 의지 안에서의 초월적 근거)을 지지하는 이들의 동의를 얻지 못할 것이다. 또한 그것은 결정적인 세속적이고 도덕적인 논증의 결론도 아닐 것이다. 그것은 대신에 세속적이고 다원적인 사회에서 편안하게 느끼는, 그러나 의미와 공동체 모두를 제공하는 삶에 대한 이해를 추구하는 개인의 준(準)미학적인 판단이다.

다양한 종교적·문화적 '전통'으로부터 지적·도덕적 통찰력을 '쇼핑'하는 코스모폴리탄적 개인들이 종종 이러한 선택을 한다.[96] 우리는 여기서 애틀랜타, 부에노스아이레스, 런던, 뉴욕, 파리, 시드니 같은 도시에서 개신교, 로마 가톨릭, 유대교, 이슬람교 신자들이 피임, 낙태, 정자 기증에 의한 인공수정에 관해 '전통적인' 견해들과 어떻게 멀어지게 되었는지를 생각해볼 수 있다. 그들은 다양한 뉴에이지 운동과 기타 종교와 실재에 관한 대중적인 이해뿐 아니라, 고전 시대와 현대의 철학적 성찰에 뿌리를 둔 도덕적 직관을 결합했다. 우리는 이 종교적인 반문이가 어떻게 통증, 고통, 질병의 초보적 의미에 관해 다양한 영역에서 조각을 모으고 있는지를 생각해볼 수 있을 것이다. 진정한 신자들에게 그러한 다양성은 단순히 영성하고 천박할 뿐 아니라 깊이와 실질이 결여되어 있다. 평화로운 관용 사회의 대가는 이렇다.[97]

반면 강한 도덕적 신념은 가져서는 안 된다는 강한 도덕적 신념을 갖고 있는 사람도 있다. 믿음, 헌신, 그리고 확고한 도덕적 신념은 기껏해야 분열을 일으키고 최악의 경우 폭력을 불러일으키는 것으로 간주된다. 그들은 믿음과 도덕적 신념이 적다면 이 세계가 더 낫게 될 것이라고 굳게 믿는다. 대신에 그들은 대부분의 쟁점이 미학적 선택의 모델에서 더 잘 다루어질 수 있다고 믿는다. 그러한 개인은 우리가 처한 상황의 특징인 도덕적 신념의 다양성을 수용하는 대신 그저 용인해야 할 사람들을 용납하지 못하는 경향이 있다. 아이러니하게도, 도덕적 다양성의 가치를 숭배하는 무리는 강한 도덕적 신념 때문에 그들이 용인하지 않는 많은 종교 공동체만큼이나 편협할 수 있다.

진정으로 믿고, 도덕을 올바르게 알고, 해야 할 일을 올바르게 경험하는 사람들에게 도덕 내용의 선택은 자의적이지 않을 것이다. 도덕 내용은 단순히 미학적 선택의 결과가 아닐 것이다. 이 신자들은 도덕적 차이의 심각함을 각하하는 것을 지지하지 않을 것이다. 도덕성은 주어진 진리가 될 것이다. 예를 들어 전례의 참여를 통해 도덕적 내용을 받는 다음 설명을 고려해보자. 그것은 신비로운 만남에 대한 우회적인 초대장을 제공한다.

그대는 다른 사람이나 사물과 분리되어 있지 않다. 그대는 우주의 감옥에 갇혀 있지 않다. 그대는 생명이 유한하다는 저주에 질식하지 않는다. 그대의 인생은 마셔도 갈증을 풀어주지 않고, 마시지 않으면 눈앞에서 상해버리는 한 잔의 물이 아니다. 그대는 무한한 전체의 기계적으로 작동되는 일부도 아니고, 익명의 군중 속에 있는 개인도 아니다. 이 생명의 저자는 순수하게 기계적인 존재의 연결을 산산조각 냈다. 그대는 신인양성의 미스터리의 유기적인 일부다.[98]

그런 맥락에서, 우리는 함축적으로 생명윤리를 소유하게 될 것이다. 우리는 영적인 아버지에 의해 만들어지고 우리를 인도하는 결의론을 가지게 될 것이다. 그러한 맥락 안에서, 우리는 알래스카의 허먼과 노르웨이의 올라프의 생애의 차이점과 근본적인 통일성을 이해하는 것을 배울 것이다. 우리는 자신의 도덕적인 삶의 발전에 어떻게 그것을 사용해야 하는지를 배울 것이다. 그 모든 풍요로움이 담긴 이 내용은 일반적이고 세속적인 윤리의 요소들을 다루거나 건드리지 않을 것이다. 그것은 세속적인 도덕성의 틈, 혹은 고립된 지역 안에서 살게 될 것이다.[99] 그것은 도덕 이방인들에게 도덕성이나 생명윤리를 제공하지 않을 것이다.

우리는 윤리와 생명윤리의 본성의 변증법적 이해와 함께 남겨졌다. 한편으로 내용 없는 세속 윤리와 생명윤리의 보편성을 인식하면서 우리는 또한 마찬가지로 구체적인 도덕적 관점과 내용 충만한 생명윤리의 다원성을 인식하게 될 것이다. 이 일반적이고 세속적인 도덕의 관점에서 볼 때, 특정한 윤리와 생명윤리의 내용은 돌이킬 수 없을 정도로 주관적이고 상대적이기는 하지만, 간주관성이라는 의미에서 세속적이고 객관적인 도덕이 존재한다. 위력을 통한 분쟁 해결에 대한 권위 있는 대안으로 윤리를 잘 이해하면 세속적 윤리의 간주관적 구조가 존재한다. 예컨대 부자가 가난한 이들은 이용할 수 없는 의료 서비스를 구매하는 걸 금지하는 것을 일반적으로 옹호할 수 있는 근거가 없기 때문에, 그러한 의료 서비스의 구매는 비록 특정 주 내에서 특정한 도덕 공동체들이 이 세속적인 도덕적 권리를 금지하는 데 성공했더라도, 일반적이고 세속적인 윤리에서는 지지 가능한 권리가 될 것이다. 비록 외부에서 보면 도덕적 이해와 공동체의 다원성은 내용 충만한 도덕적 대안들의 다양성으로 나타날 것이지만, 안으로부터 보면 진리를 볼 수 있고, 바로 이 도덕적 다양성은 오류의 다양성으로 인식된다.

## 공동체들, 세속성, 그리고 생명윤리
: 도덕적으로 분열된 세계에서 의료의 제공

도덕적인 삶은 두 차원 안에서 사는 것이다. 즉 (1) 내용이 없고, 그래서 수많은 상이한 도덕 공동체를 아우를 수 있는 능력을 가진 세속적 윤리, 그리고 (2) 좋은 삶과 내용 충만한 도덕적 의무에 대한 완전한 이해를 달성할 수 있는 특정한 도덕 공동체. 첫째는 윤리의 본성에 관한 일반적이고 세속적인 도덕적 논증의 관점에서 옹호할 수 있다. 이 차원은 비록 내용이 없기는 하지만 어느 정도 세속적으로 절대적이고 보편적인 세속적 도덕적 결론을 제공한다. 그것은 도덕 공동체들 전반을 아우르는 공통 행동을 목적으로 도덕적 권한을 확보하기 위한 시도인 만큼, 경쟁적인 여러 도덕적 관점의 존재와 그들이 담고 있는 도덕적 삶의 풍요로움을 전제하고 있다. 그 자체로서는, 세속 생명윤리는 공허한 프레임워크가 될 것이다. 두 번째 차원은 미덕과 악덕에 대한 구체적인 설명을 포함하여, 좋은 삶에 대한 완전한 비전과 만족스러운 도덕적 의무라는 내용을 결합하는 것이다. 환자의 연명의료조차 거부할 수 있는 세속적 권리를 확립할 수 있는 것은 첫 번째 차원이다. 언제 이 권리를 행사해야 하는지를 알려주는 것은 두 번째 차원이다. 절차를 제공하는 일반적이고 세속적인 윤리와 내용을 제공하는 특정 도덕 공동체의 윤리 및 생명윤리 사이, 그 개념적 핵심을 허락이나 세속 도덕 권위의 원천으로서 도덕 행위자의 자유에 대한 존중에 의지하는 윤리와, 그 구체성이 특정 좋음, 또는 특정 도덕 비전 내에서만 이해 가능한 의무의 존중을 추구하는 윤리 혹은 생명윤리 사이에는 긴장이 있을 수 있다. 그 결과, '그 환자는 그럴 권리가 있지만, 그것은 옳지 않다'라고 말하는 것이 종종 적절하다.

만약 우리가 이념적 또는 종교적인 다짐을 내용이 없는 세속 도덕성의 도덕적 다짐과 비교해본다면 그 대비는 종종 예상하는 것만큼 극명하지 않을 것이다. 도덕적인 삶보다 미학적인 삶을 사는 사람이 점점 더 많아진다. 그들은 자신의 도덕성의 많은 요소를 절대적인 주장으로 인식하기를 꺼린다. 그들은 '글쎄, 이 생명윤리 주장은 내게는 진리입니다. 아마 당신에게 맞을지도 모르지요'라고 말할 것이다. 그들은 관대하다. 그들은 바뀌는 내용과 부담 없는 의무의 도덕성을 갖춘 에큐메니컬 코스모폴리탄이다. 그러나 그들은 도덕 이방인들이 제공할 수 없는 도덕성의 내용을 여전히 소유하고 있는데, 비록 그 내용은 특정 이데올로기나 종교에 진정으로 헌신적인 이들의 도덕적 열정과 전통적으로 관련 있는 것은 아니더라도 그렇다. 그 결과 도덕 이방인의 내용 없는 도덕성과 도덕 공유인의 내용 충만한 도덕을 대조할 때 우리는 도덕 공유인들의 도덕성이 모두 하나는 아님을 인식해야 한다. 또한 내용 충만한 도덕이 모두 같은 성격과 강도의 주장을 낳는 것도 아니다.

이것은 왜 많은 에큐메니컬 코스모폴리탄이 강력한 도덕 공동체 안에서 사는 사람들을 분리시키는 도덕적 차이를 인식하기 어렵다고 여기는지 설명해줄 수 있다.[100] 그들은 다양한 종교와 문화적 배경을 가진 이들과 쉽사리 소통할 수 있다. 그들이 친구로서 협력하는 이들이 그리스도교도, 유대교도, 이슬람교도, 또는 헌신적인 자유주의자 또는 평등주의자임을 결코 알아차리지 못한다. 오히려 그들의 토론 파트너는 신앙의 열정을 피하려는, 억눌린 도덕관을 가진 이들이다. 그들은 종교적 또는 이념적 열정을 가진 사람들을 도덕적으로 기형이라고 격하하며 피할 수도 있다. 그 결과, 그들이 만나고 인정하는 도덕 이방인들은 그들에게는 결코 그렇게 이상하지 않다. 그들 자신의 특정 도덕 비전과 이해를 따라, 그들은 관찰 대상을 신자나 이데올로그로 취급하지 이방인이나 정신 나간 사람으로 취급하지 않으며, 그래서 실제로 깊게 분열되고, 도덕적 다짐의 다양성을 강조하는 그 차이를 경시한다.

이것은 우리가 다양한 생명윤리를 이해하는 방식에 중요한 함의를 가진다. 우리는 명목상의 로마 가톨릭 생명윤리가 명목상의 장로교, 유대교, 불교의 생명윤리와 극명하게 대조를 이루거나, 명목상의 사회주의자의 생명윤리와 명목상의 자본가의 생명윤리가 날카롭게 대조를 이룰 것이라고 순진하게 예상할 수도 있다. 그러나 실제로 의료 서비스의 전달 과정에서 우리는 많은 이의 생생한 도덕성은 특정한 종교나 이념 집단이 선언한 도덕적 다짐과는 상당히 거리가 있음을 알게 된다. 많은 개인에게 그 대조는 침묵하고, 주장의 열정은 사그라들었다. 그래서 그들이 의존하는 도덕성이 (1) 궁극적 다짐을 요청하는지, 아니면 (2) 생명, 고통, 의료(그리고 비록 강요하지는 않더라도 그 도덕성에 특정 개인이 헌신해야 하는 정도)에 대한 내용 충만한 이해를 그저 제공하는 것인지를 내용 충만한 생명윤리들 사이에서 구분하는 것이 유용하다.

### 도덕 이방인의 낯섦

도덕 이방인을 나누는 구분은 (1) 차이들을 무시하거나 격하하는 정치적 유용성, (2) 합의의 관리와 정치적 절차를 통한 그 존재의 투사, 여기엔 생명윤리위원회 등이 포함된다. (3) 도덕적 다짐의 정도가 희미한 많은 개인의 존재에 의해 종종 흐릿해지기 때문에, 많은 인격체는 도덕 이방인들이 종종 실제로 자기들을 내세우는지를 의심할 수 있다. 다시 강조하지만 도덕적 낯섦은 타인을 이해 불가능한 타자로 볼 것을 요구하지 않는데, 그 타인은 도덕적/형이상학적 다짐의 차이에 있어서만 타자로 보이기 때문이다. 도덕 이방인은 마음을 나누는 최고의 친구가 될 수 있다. 사실 그들은 배우자가 될 수도 있다(그 문제에 있어서는 배우자가 도덕적 적이 될 수 있다). 그래도 도덕 이방인이 되는 것은 서로 다른 도덕의 세계에 사는 것이다. 네덜란드의 무신론자 의사는 고통스러워하는 말기 환자의 조력 자살을 거부하는 것을 의사의 도덕적 다짐과 어울리지 않는 것으로 간주할 수도 있다. 무신론자는 신자와는 동떨어진 도덕적인 세계에 살고 있는데, 신자는 다음과 같은 기도를 하며 신의 의지에 복종하는 것으로 고통을 견딘다. "오 주님, 저는 마땅히 제가 받아야 할 벌을 받아야 함을 알고 있습니다. 제가 그토록 자주 당신을 배반하고, 죄를 지었기 때문입니다."[101] 사실 많은 이에게 질병을 신의 처벌로 여기는 것은 잘못된 생각일 뿐만 아니라 모욕적인 일이다. 더욱이 그러한 복종은 계몽된 민주주의 문화의 도덕성과 충돌하는 것으로 보일 수도 있다. 그렇듯 마찬가지로 성폭행을 당했지만 종교적 이유로 낙태를 거부하는 여성은 모범적인 도덕적 확신의 용감한 증인이 아니라 잘못된 가부장적인 가치관에 의해 착취당하는 여성으로 간주될 수 있다.

도덕 이방인의 낯섦은 무신론자와 신자들이 만날 때 비로소 그 모습을 드러내는 것이 아니다. 두 집단의 무신론자들을 생각해보자. 한 집단은 매춘, 영리 목적의 대리모, 그리고 장기 매매는 착취적인 것이라고 주장하는 반면, 다른 집단은 매춘, 영리 목적의 대리모, 그리고 장기 매매의 금지가 착취적인 것이라고 주장한다. 전자는 성 서비스, 생식 서비스 또는 장기 판매자와 구매자 간의 부적절한 힘의 균형을 본다. 후자는 성 서비스, 생식 서비스 또는 장기의 구매자/판매자와 이를 금지하는 국가 간의 부적절한 힘의 불균형을 본다. 전자는 세속적인 의미에서 성, 생식, 또는 육체를 특별한 지위를 가진 것으로 간주한다. 후자는 성 서비스와 생식 서비스의 판매를 가수나 발레 댄서의 서비스 판매와 다르지 않다고 본다. 장기 매매를 포함하여 이는 원칙적으로 노동에 동의한 것과 다르지 않다는 것이다. 또한 우리는 정의로운 사회를 그들이 타고난 재능, 그리고 자연적이고 사회적인 로또의 운(자유방임주의)에 따라 성공도 실패도 할 수 있는 기회를 동등하게 부여하는 것으로 이해하는 이들과, 정의로운 사회는 가능한 한 결과의 평등을 보장하는 것이라고 이해하는 이들 간의 대비를 생각해볼 수 있다. 한 집단은 부자만이 가난한 이들은 감당할 수 없는 구명 치료를 구매할 수 있는 상황에서 어떤 불공정함도 느끼지 못하지만, 다른 집단은 이러한 상황은 극악하게 부당하다고 생각할 수도 있다.

  도덕 이방인에 대한 인식은 세속적인 도덕적 권한의 한계를 인정하는 것이 되어야 한다. 이러한 인식은 프랑스 혁명의 대학살로 이어진 계몽주의 열망과 10월 혁명으로 절정에 이른 과도한 합리주의의 한계를 드러낸다. 이성은 내용 충만한 도덕이나 정의의 비전을 전달할 수 없다. 이 인식은 나쁘지 않은 국가권력의 한계를 설정한다. 이러한 한계는 마치 그들이 이성 자체에서 우러나온 것인 양 특정 철학과 이데올로기를 감싸려는 강한 유혹에 맞서 인식되어야 한다.

  여기서 우리는 아마도 현대의 도덕적 광신주의의 가장 큰 원천을 발견한다. 즉 어떤 대가를 치르더라도, 심지어 허락을 구하지 않고 타인을 수단으로 이용하는 대가를 치르더라도 반드시 공정, 정의, 평등의 특정한 비전을 성취해야 한다는 관념 말이다. 개종을 강요할 수 있다면 국가의 힘을 사용할 종교 광신도들과 마찬가지로, 그러한 이데올로기도 정의, 공정, 평등에 대한 이해를 성취하기 위해 철저히 국가의 힘을 활용할 것이다. 심지어 타인들이 상반되는 도덕 이해의 주변에서 자유롭게 협력하는 영역에서조차 말이다. 법과 질서를 성취하는 데 복무하는 파시스트들이 아무 데나 끼어드는 국가를 창조하는 것처럼, 그들의 정의관의 이해에 복무하는 공정 파시스트들도 그들의 침입으로부터 어떠한 사적인 영역도 남겨두길 원하지 않는다. 의료정책 분야에서, 그들은 개인이 더 나은 생필품 혹은 고급 의료 서비스를 구매하기 위해 자신의 자원을 자유롭게 사용하는 것을 도덕적으로 불쾌하게 여길 것이다. 그들은 자유롭고 평화롭게 의료에 있어 공정, 정의, 평등의 대안 이해를 추구하는 도덕 이방인의 존재를 용인할 수 없을 것이다.

   도덕 비전들 사이에는 진정한 차이가 있다. 그들은 생명윤리에 대해 실질적으로 다른 이해에 기반한다. 이러한 차이는 도덕 논란에 참여하는 이들에게 서로 다른 전제와 증거 규칙의 가용성에서 비롯되므로, 그러한 분쟁은 건전한 합리적 논증이나 일반적으로 인정된 도덕적 권한(즉, 특정한 협약—우리가 그 중재자의 서비스에 동의하겠다는—에 의해서가 아니라 공통의 도덕 비전에 의해 그 권위가 적절하다고 인식된 사람)에 호소하여 해결될 수 없다. 그 거리가 낯설다고 감정적으로 이상하게 느껴지지 않을 때도 도덕 이방인 사이의 거리를 표시하는 협약을 제외하고는 도덕 논란을 해결할 수 없는 것은 바로 이 무능함이다. 오직 내용 없는 일반적이고 세속적인 도덕성만이 그러한 간극을 넘어설 수 있고, 내용 충만한 도덕적 일치가 없을 때도 협력을 허용한다.

### 가치의 관료이자 지리학자인 의료인

   의사, 간호사 등의 의료 종사자들은 도덕성의 다양한 특징으로 인해 복잡한 도덕적 역할을 수행한다. 첫째, 그들은 적어도 두 개의 도덕적인 세계, 두 개의 도덕적인 차원 안에서 도덕적인 삶을 살아야 한다. 첫째는 그들이 개인적인 내용 충만한 의미를 끌어내고 내용 충만한 도덕적 과제를 실천하는 도덕 공동체다. 그들이 어떤 도덕적 다짐을 해야 하는지, 무엇을 위해 살고 죽을 가치가 있는지(예: 환자를 치료할 때 에이즈 바이러스에 감염될 위험이 얼마나 되는지) 아는 것은 이 도덕적인 세계 내에서다. 그들이 구체적인 미덕과 악덕에 대해 배우고 좋은 인격을 형성하는 가르침을 받는 것은 그런 도덕적인 맥락 안에서다. 그러나, 건강 전문가로서, 그들 자신의 구체적인 도덕 세계를 구조화하는 도덕적 전제들은 모든 이에게 정전적인 일반적이고 세속적인 도덕적 권한과 함께 일반적이고 세속적인 측면에서, 정당화될 수 없음을 인정하는 한, 그들은 세속적인 다원주의 사회를 위한 중립적인 공통어(lingua franca)의 가능성에 호소해야 한다.

그들이 제칠일안식일예수재림교회 공동체와 병원 내에서, 또는 독실한 로마 가톨릭 공동체와 병원 내에서 의술이나 간호를 실천한다 하더라도, 그들은 특별한 도덕적으로 고립된 영토를 만들어냈고 유지하고 있음을 인식해야 한다. 그렇다고 그러한 고립된 영토가 그다지 실질적이지 않을 수 있다는 뜻은 아니다. 실제로, 그들은 그들 자신의 구체적인 도덕성의 지시를 받고(낙태는 그 전제 안에서는 죄가 된다), 그들 자신의 시설과 직원만을 지배하는 특별 민형사법의 보호를 받는 특수 의료 시스템을 예견할 수 있다. 그들은 도덕적 전제를 공유하지 않는 다른 이들과 접촉할수록, 그들이 단지 그 공동체 안에서만 살고 있지는 않으며, 공통된 도덕적 전제 안에서 서로 다른 도덕 공동체에 속한 개인들을 구속하고, 그 공동체들을 넘어서는 세속적인 도덕적 구조 안에서 살고 있다는 사실을 인식하도록 강요받게 될 것이다. 예를 들어, 피임과 낙태에 반대하는 로마 가톨릭교도 산부인과 의사는 낙태가 도덕적으로 매우 잘못이지만, 여성이 낙태에 대한 세속적이고 다원주의적인 도덕적 권리를 갖는다는 사실을 받아들일 필요가 있을 것이다. 그러한 의사는 환자에게 제공하지 않을 예상 서비스의 범위와 제공하지 않을 정보에 대해 사전에 알려주는 수단을 개발할 필요가 있을 것이다. 그들은 또한 자신들이 부도덕하다고 인식하는 것을 행하지 않을 권리에 대한 세속적인 법적 인정을 확보해야 할 필요가 있다.

이러한 경고를 할 때, 의료 전문가들은 환자들의 권리와 주장이 제한받을 수 있는 상황을 상기시켜주는 준관료적 역할을 담당한다. 그들은 승인이나 허락(예: 생전 유언이나 사전의료의향서 등)을 받을 의무가 있다. 의료종사자를 관료에 빗대는 이 은유는 의사와 간호사가 환자를 도덕 이방인으로 만날 때 반드시 해야 할 역할을 분명히 할 수 있다. 우리가 실제로 함께 일하는 사람들의 도덕적 전제를 공유하지 않는다면, 오해로부터 보호할 방법을 찾아야 한다. 그런 상황에서는 관료주의적인 규칙과 규정이 불가피하다. 그들은 비공식적 합의를 추정할 수 없는 상황에서 공식적인 지침을 제공한다. 관료주의적 규칙은 개인이 도덕 이방인으로서 만날 때 권리를 보호하는 기능을 종종 수행한다. 이는 거대 규모의 세속적 다원주의 사회에서 특징적으로 그러하다. 여기서 우리는 자유롭고 충분한 정보에 의한 동의를 얻기 위한 다양한 양식화된 규정(예: 기관생명윤리위원회[IRB] 및 동의서 양식)을 생각할 수 있다. 그러한 것들은 관련된 모든 이가 의료 중재와 연구가 보장하는 최선의 이익에 관해 동일한 가정을 공유한다는 것이 불분명할 때 필요하다.

    의사와 간호사는 또한 가치와 권리의 지리학자 역할을 수행한다. 그들은 경험을 통해 특정 질병을 앓거나 특정 방식으로 죽는 것이 무엇인지 알게 된다. 그들은 서로 다른 치료법을 선택하거나 특정 질병이나 임종 방식을 채택할 때 발생할 수 있는 결과를 알고 있다. 이러한 지리학자의 역할을 하기 위해서는 세속적이고 다원주의적인 도덕적 틀뿐만 아니라 특정 환자의 특정 도덕 공동체가 갖는 도덕의 섬세한 질감을 알 필요가 있을 것이다.

    다음 장에서 보듯, 생명윤리적 난맥의 그러한 지리학은 단순히 내용 충만한 도덕과 도덕 이방인의 세속적 도덕성 사이에서만이 아니라 도덕성의 핵심 원리 사이의 주된 긴장을 보여준다. 즉 (1) 우리는 동의를 얻은 인격체만을 사용해야 한다(허락 원칙), 그리고 (2) 우리는 선을 행해야 한다(선행의 원칙) 사이의 긴장이다. 의사와 간호사는 환자의 자유 존중과 환자의 최선의 이익 사이의 갈등을 반복적으로 직면한다. 가치와 권리의 지리학자로서 의료 종사자들은 이러한 긴장의 특징과 그 도덕적 함의를 환자들에게 알려주는 전문가가 되어야 한다. 우리가 다음 장에서 볼 것은 이런 종류의 갈등이다.

### 도덕적 다양성의 얼굴을 한 생명윤리: 요약

우리는 계몽주의 기획의 실패를 전제로 위협받고 있는 겉보기에 고삐 풀린 허무주의와 상대주의와 마주치면서 이 장을 시작했다. 서양의 도덕성과 공공정책의 도덕적 권한은 이성이 도덕 이방인을 위한 정전적이고 내용 충만한 도덕과 생명윤리의 규범적 내용을 정당화하고, 이성이 보장하는 도덕 원칙에 부합하는 공공정책에 이성의 권위를 부여할 수 있다는 가정에 근거했다. 이 가정은 믿을 수 없는 것으로 드러났다. 그러나 여전히, 이성이 도덕적 권한을 부여하지는 못하더라도, 도덕 이방인을 구속하는 도덕적 권한은 협력을 선택한 사람들의 허락으로부터 획득할 수 있다. 계몽적 희망의 한 가닥이 실현될 수 있다. 우리에게 도전하는 허무주의에 한계를 그을 수 있다. 즉, 세속 도덕성의 정전(canon)을 실제로 구현할 수 있다. 무제한의 상대주의로 보이는 것에 한계를 그을 수 있다. 즉, 세속 도덕성의 정전은 비록 내용은 없지만 도덕적으로 권위 있는 협력을 허용한다. 그러나 허무주의와 상대주의의 한계는 의료정책을 포함한 세속 공공정책의 도덕적 권한에 제한을 둔다.

계몽주의 프로젝트가 붕괴한 것은 이성을 통해 무엇을 해야 하는지를 알 수 있다는 인식론적 주장이 실패한 데 기인하므로, 궁극적인 진리의 존재나 은총을 통해 그 진리를 알게 되는 능력에 대해서는 아무것도 달라지지 않았다. 그 결과, 도덕 이방인들을 구속하는 내용 없는 도덕성과 생명윤리에도 불구하고, 내용 충만한 생명윤리를 가진 수많은 도덕 공동체가 남아있다. 다시 말하지만, 세속적인 도덕성과 도덕 공유인의 도덕성 사이의 거리, 그리고 세속적인 도덕적 권한의 한계로 인해 'X는 A를 할 수 있는 도덕적 권리를 갖지만, 그것은 잘못이다'라고 종종 적절하게 주장할 수 있다. 가장 중요하게도, 일부 공동체는 여전히 활기가 넘치고 견고한 도덕적 주장을 그 구성원에게 제시하고 있다. 그러나 도덕 이방인들이 창조한 거대 규모 사회는 개인이 도덕적 삶의 완전한 구조를 발견하거나, 진정한 연대를 이해하거나, 내용 없는 개인주의의 혼미함을 초월할 수 있는 공동체를 제공하지 못한다.

주

1 Plato, *Republic* 5.459e, 5.461c
2 Aristotle, *Politics* 7.16, 335b20-26.
3 *Republic* 3.405-10, and *Laws* 4.720b-e.
4 히포크라테스의 에토스는 *The Art, Decorum, Law, Physician and Precepts*를 참조. 에토스는 당연한 것으로 여겨지는 도덕적 기대로 이해되어야 한다. 하나의 에토스는 다른 삶의 방식으로서 다른 에토스와 다를 것이며 공통 도덕 생활세계에서 상이한 일단의 도덕적 호소가 아니다. 이 생활세계의 구성에 대한 설명은 Alfred Schutz and Thomas Luckman, *The Structures of the Lifeworld*, trans. R. M. Zaner and H. T. Engelhardt, Jr. (Evanston: Northwestern University Press, 1973) 참조.
5 예를 들어 카트라이트(Samuel A. Cartwright)의 "Synopsis of Medical Etiquette", *New Orleans Medical and Surgical Journal* 1, no. 2 (1844): 101-4; Medical Association of North Eastern Kentucky, *A System of Medical Etiquette* (Maysville, Ky.: Maysville Eagle, 1839) 참조. 미국 의사협회 윤리 강령의 개발에 관한 연구는 Donald E. Konold, *A History of American Medical Ethics, 1847-1912* (Madison: State Historical Society of Wisconsin, 1962)를 보라.
6 *Code of Medical Ethics Adopted by the American Medical Association at Philadelphia in May, 1847, and by the New York Academy of Medicine in October, 1847* (New York: H. Ludwig, 1848). 이러한 윤리 및 예절 규칙에 대한 연구는 Jacqueline Jenkinson, *Scottish Medical Societies 1731-1939* (Edinburgh: Edinburgh University Press, 1993), especially pp. 53-67 참조.
7 예절의 규칙은 단순한 예절이라고 무시되는 경우가 많지만, 윤리의 중요한 요소를 지탱하고 있다. 예를 들어 Miss Manners: Judith Martin and Gunther S. Stent, "I Think; Therefore, I Thank," *American Scholar* 59 (Spring 1990): 237-54를 보라.
8 토니 아너레이(Tony Honoré)가 지적하는 바와 같이, 긴밀한 도시국가에서 그리스인들은 관습과 법을 뚜렷하게 구별하지 않았다. 노모스(nomos)는 둘 다를 의미했다. 반면 mos(매너, 관습, 유행)과 consuetudo(관습, 버릇, 용법)을 jus(옳음, 법, 정의), 또는 lex(법)과 구별했다. Tony Honoré, *Tribonian* (Ithaca, N.Y.: Cornell University Press, 1978)를 보라. 관습, 예절, 법 사이의 구별은 신앙 공동체들을 넘어서면서 행동함에 따라 필요하다. 그리스의 도시국가는 하나의 공동체를 아우르려고 했다. 이와는 대조적으로, 로마는 단일하고 공정한 법체계 안에서 다양한 공동체를 포용하려고 했다. 로마는 또한 발달된 다신교를 가지고 서로 다른 종교를 받아들이기 위해 노력했고, 따라서 법이라는 것과 특정한 관습에 의해 요구되는 것 사이의 추가적인 구분이 요구되었다.
9 커다란 국가가 단순히 하나의 도덕 공동체가 아니라는 인식은 헤겔이 국가를 비난, 선한 삶, 그

리고 내용 충만한 도덕적 의무에 대한 상이한 관점을 가진 수많은 공동체를 아우르는 중립적인 자유의 구조물로 보는 시각과 일치한다. 이 설명은 헤겔이 유대인이 시민권을 가져야 한다고 주장함으로써 그의 당대의 반유대주의자들을 비판하는 것을 정당화한다. 국가는 그리스도교나 유대인이 아니라 다양한 신념의 다양한 공동체를 평화롭게 포용할 수 있는 중립적인 틀이어야 한다. 헤겔은 다음과 같이 주장했다.

> 그런 관점에서 유대인 등에 대해 제기되는 격렬한 항의(외국인으로 간주해야 한다)는 무엇보다도 그들이 인간이라는 사실을 무시하고 있으며, 인간다움은 단순히 피상적이고 추상적인 자질과는 거리가 먼 것이 그들의 소유자에게서 어떤 민권이 생기는가 하는 것이 수수료라는 사실 그 자체에 근거하고 있는 것이다. 권리를 가진 사람으로서 시민 사회에서 셈하는 것으로서 그 자신의 말씨, 그리고 모든 제약으로부터 무한하고 자유로운 이 자아에 대한 느낌은 기질과 사고방식에서 원하는 유사성이 생겨나는 근원이다.

Hegel, *Hegel's Philosophy of Right*, trans. T. M. Knox (London: Oxford University Press, 1965), sec. 270, p. 169. 헤겔이 관료를 보편적 계급으로 칭하는 대목에서도 국가를 공동체들을 아우르는 중립적인 매트릭스로 보는 관점이 제시된다. *Philosophy of Right*, sec. 303을 보라.

10 현대는 신이교주의와 다신교의 부활이 특징이다. 예컨대 다음을 보라. David L. Miller, *The New Polytheism: Rebirth of the Gods and Goddesses* (New York: Harper and Row, 1974). 실제로 많은 뉴에이지 정서는 이교도에 대한 공명과 자연과 지구의 힘과의 유대를 회복하려는 시도로 이해할 수 있다. 영성과 그리스-로마의 신과 여신을 언급하는 심리학 가이드들도 있다. 예컨대 다음을 보라. Thomas Moore, *Care of the Soul* (New York: HarperCollins, 1992). 이 저자는 다신교를 찬양하지 않는다. 성 그레고리 팔라마스(St. Gregory Palamas, 1296~1359)는 합리적인 영혼은 건강하지 않고 "인지 기능이 병들어 있다"라고 인식하였다. Gregory Palamas, *The Triads*, ed. John Meyendorff, trans. Nicholas Gendle (Mahwah, N.J.: Paulist Press, 1983).

11 일반적이고 세속적인 도덕의 맥락에서 '무고한 이'는 허락 없이 도덕 행위자의 역할을 하지 않은 이들이다.

12 J. Cook, *Captain Cook's Journal 1758-71*, ed. Capt. W. S. L. Wharton (London: Elliot Stock, 1893), pp. 91-95.

13 Colin M. Turnbull, *The Mountain People* (New York: Simon and Schuster, 1972), p. 135.

14 세상이 우리에게 어떻게 보이는가는 우리의 기대에 의해 형성된다. N. R. Hanson, *Perception and Discovery* (San Francisco: Freeman, Cooper, 1969). 현실에 대한 접근에서 우리는 인식적 가치와 비전문적 가치에 의해 인도된다. H. T. Engelhardt, Jr., and A. L. Caplan (eds.), *Scientific Controversies* (New York: Cambridge University Press, 1987)를 참조. 또한 실재에 대한 우리의 많은 체계적인 접근은 '다른 모든 조건이 동일하다면(ceteris paribus)' 조건에 관한 명시적 및 묵시적 합의에 의해 인도된다. 과학적 실재는 상당 부분 사회적 구성물이다.

15 I. Lakatos and A. Musgrave (eds.), *Criticism and the Growth of Knowledge* (Cambridge: Cambridge University Press, 1970) 매독의 역사에 관한 플레크의 업적도 관련이 있다. Ludwik Fleck, *Entstehung und Entwicklung einer wissenschaftlichen Tatsache, Einführung in die Lehre vom Denkstil und Denkkollektiv* (Basel: Benno Schwabe, 1935); *Genesis and Development of a Scientific Fact*, ed. T. J. Trenn and R. K. Merton, trans. F. Bradley and T. J. Trenn (Chicago: University of Chicago Press, 1979). 이 연구에서는 Lothar Schäfer, "On the Scientific Status of Medical Research," pp. 23-38, and Nelly Tsouyopoulos, "The Scientific Status of Medical Research," pp. 39-46, in Corinna Delkeskamp-Hayes and Mary Ann Cutter (eds.), *Science, Technology, and the Art of Medicine* (Dordrecht: Kluwer, 1993); Robert S. Cohen and Thomas Schnelle (eds.), *Cognition and Fact: Materials on Ludwik Fleck* (Dordrecht: Reidel, 1986). 또한 Thomas Kuhn, *The Structure of Scientific Revolutions* (Chicago: University of Chicago Press, 1962; 2d ed. 1970)를 보라.

16 이것은 잘 논의된 문제다. A. J. Ayer in *Language, Truth, and Logic* (London: Peter Smith, 1935) 에서 Charles Stevenson in *Facts and Values: Studies in Ethical Analysis* (Westport, Conn.: Greenwood Press, 1962; repr. 1975). 이 책은 근대의 도덕적 주장이 어떤 의미에서 진실 또는 거짓인지, 또는 그들이 단순히 감정이나 기능을 다른 사람들에게 공통의 행동에 참여하도록 설득하는 방법으로 감정이나 기능을 표현하는지의 쟁점을 제기하였다.

17 Henry Sidgwick, *The Methods of Ethics*, 7th ed. (London: Macmillan, 1907), pp. 338-42.

18 다양한 경쟁적인 도덕적 호소에 민감하게 반응하는 도덕 프로젝트의 훌륭한 예는 Baruch Brody, *Life and Death Decision Making* (New York: Oxford University Press, 1988)을 참조. 브로디는 매우 세련되고 미묘한 직관주의의 예를 제시한다.

19 생명윤리의 논쟁을 해결하기 위해 비토대주의적 접근법을 찾으려는 헛된 시도에서 종종 결의론에 대한 호소가 이루어진다. 보이는 바와 같이, 결의론 분석은 일련의 도덕적 약속을 전제로 한다. 결의론에 대한 세속적 접근은 잘못이다. 예를 들어 Albert Jonsen and Stephen Toulmin, *The Abuse of Casuistry* (Berkeley: University of California Press, 1988). 첫째, 그러한 호소는 특정 사례를 해석할 수 있는 일반적으로 받아들여지는 도덕 내용 없이는 운영될 수 없다. 로마 가톨릭에는 권위 있는 가르침과 권위를 가진 인물이 둘 다 있었다. 둘째로, 사례에 대한 세속적인 호소는 하나의 도덕적 이해 안에서가 아니라 어느 것에 호소해야 할지를 결정하려는 희망 속에서 여러 도덕 비전을 넘어서서 일어난다. 토머스 쿤의 은유를 빌리자면, 세속 도덕주의자들은 정상 결의론이 아닌 위기의 결의론(casuistry)에 호소한다. 전자는 로마 가톨릭 결의론의 영역이었다. 문제는 세속적인 결의론이 직면한 도덕 논란을 해결할 수 있는 틀을 찾는 것이다. 이 어려움에 관한 연구는 다음을 보라. Kevin Wm. Wildes, S. J., *A View from Somewhere* (in manuscript). 로마 가톨릭의 결의론과 그 두껍게 문맥적인 성격의 예시로서, 로마 가톨릭 사제가 직면한 문제에 관한 다음의 탐구를 살펴보자.

어느 일요일 아침, 그곳은 비가 내려 평소보다 더 어둡다. 고해 사제에게 한 나이 많은 여자가 찾아왔는데, 그는 목소리와 어조를 통해 이를 알았다. 그녀가 고백을 막 끝내자, 가까운 제단에서 성체 거양을 위해 종이 울렸다. 고해 사제는 그녀에게 성체 거양이 끝날 때까지 잠시 기다리라고 말하고 그녀는 "네, 신부님"이라고 대답한다. 고해 사제는 성호를 긋고 훈계를 위해 생각을 모은다. 성체 거양 후 그는 다시 그녀에게 몸을 돌리고, 훈계하고, 위로하며 죄를 사해주었고, 관습적으로 "주님께서 축복하시기를"이라는 기도문으로 끝냈다. 그러자, 매우 놀랍게도, 남자의 깊은 목소리로 아멘이라는 말이 들린다. 고해 사제는 재빨리 위를 올려다보았더니 한 젊은이가 고해소를 떠나 사라지는 중이었다. 이 젊은이가 어떻게 그 나이 많은 여자를 대신해서 그곳에 있었을까? 설명은 하나뿐이다. 그 여자는 사제가 성체 거양 후까지 잠시 기다리자고 했을 때 고해 사제의 뜻을 오해했을 것이다. 그때 고해자가 성호를 그었을 때, 그녀는 아마도 이것이 용서라고 생각했을 것이다. 살며시 그녀는 그곳을 떠났고, 젊은이가 살며시 들어왔는데, 그는 아마도 놀라면서 죄를 용서받았을 것이다. 그는 이 고해 사제가 자신의 죄를 고백할 것조차 요구하지 않았다는 사실에 기분 좋게 놀랐을지도 모른다. 이는 다음과 같은 문제를 제기한다. 1. 고해 사제는 그 나이 많은 여자의 죄를 젊은 남자에게 언급하며 훈계함으로써 고해 비밀 누설(Laesio sigilli)의 죄를 지은 것일까? 2. 여자는 용서를 받았는가? 3. 젊은 남자는 용서를 받았는가?

첫 번째 질문에 대해, 고해 사제는 '부득이한 실수로 인해(ob errorem invincibilem)' 고해의 봉인을 어겼기 때문에 따라서 무죄가 된다. 즉, 그는 자신이 그 여자의 죄를 다른 사람에게 알리고 있을 가능성이 있음을 알 수 없었을 것이다. 그녀에 대해서는 "나는 당신의 죄를 사합니다(Ego te absolvo)"라고 하였을 때 사제가 "당신(te)"이라고 한 것은 그 여인을 의미했다는 답변이 가능하다. 사제는 그녀가 아직 교회를 떠나지 않았기 때문에 용서를 받을 거리 안에 있다고 추정할 수 있다. 세 번째 문제에 대해서는, 죄를 고백하지 않음으로써 성사의 본질에 일치하지 않았기 때문에, 그 젊은이는 용서받지 못한다. 이 주석은 "그러나, 그 젊은이가 진실로(bona fide) 죄를 용서받았다고 생각했고, 그 생각에서 비록 도덕적 죄의 상태일지라도, 성찬을 받았다면? 이 경우에는 그가 성찬에 성심껏(bene attritus) 응했다면 성찬을 통해 그의 죄는 우연히(per accidens) 용서받았을 것이다." Anonymous, *The Casuist* (New York: Joseph Wagner, 1906), vol. 1, pp. 73-74. 이러한 접근은 성령을 통해 인도하는 장로(geron)나 영성 지도자(staretz)에게 고해하는 정교회의 접근과 대조적이다. 전체 분석은 사제가 죄를 사해줄 권한이 있고, 사제의 능력 범위에 관한 권위 있는 정보가 있음을 전제로 하고 있다. 일반적이고 세속적인 맥락 안에서는 그와 같은 도덕적 권한이나 사례 분석을 위한 내용의 두터운 그물망은 존재하지 않는다. 세속 결의론을 괴롭히는 문제에서 벗어나려는 가장 매력적인 시도 중 하나는 다음을 보라. Baruch Brody, *Life and Death Decision Making* (New York: Oxford University Press, 1988).

20 Baruch A. Brody, "Intuitions and Objective Moral Knowledge," *The Monist* 62 (Oct. 1979):

455. 서로 경쟁하는 도덕적 호소나 도덕적 탐구의 버전들을 어떻게 균형을 잡고 판단할 것인가에 대한 수많은 제안이 있다. Alasdair MacIntyre는 그와 반대로, 그것이 내용이 있다면, 하나 이상의 특정한 도덕적 호소나 관점, 전통이 아닌 도덕적 호소, 전통, 관점은 없다고 한다. 비록 특정한 버전의 도덕적 탐구가 내적으로 모순되는 것으로 논할 가치가 있다 해도, 내용 충만한 선택은 특정 도덕 전통이나 관점 안에서 선택하는 것이다. Alasdair MacIntyre, *Three Rival Versions of Moral Enquiry* (Notre Dame, Ind.: University of Notre Dame Press, 1990).

21  Roderick Firth, "Ethical Absolutism and the Ideal Observer," *Philosophy and Phenomenological Research* 12 (1952): 331-41.

22  Richard B. Brandt, *A Theory of the Good and the Right* (Oxford: Clarendon Press, 1979).

23  롤스는 '합리적 선택 이론'을 제공하는데, 이는 좋음의 다층적 개념에 직면할 때 합의를 고려하는 것이다. John Rawls, *A Theory of Justice* (Cambridge, Mass.: Harvard University Press, 1971), p. 16. 협약 당사자의 선택은 특정한 좋음에 대한 얇은 이론(pp. 396-97)에 따라 결정된다.

24  Ibid., pp. 17-22, 126-42. 무역사적인 원초적 입장에 대한 설명은 "정의에 대한 칸트식 해석 '공정성'"(pp. 251-57)에서 찾을 수 있다. 원초적 입장과 헌법/법률의 틀 간의 관계에 대한 설명은 pp. 195-201 참조.

25  롤스의 주장대로, "원초적 입장에 있는 사람들은 평등한 자유를 희생하면서 더 큰 이익을 얻으려는 욕구를 가지지 않는다"(*Theory of Justice*, p. 156).

26  롤스에게, 기본적 사회 재화(primary social goods)의 허용량은 정의의 두 원칙에 따라 분배되는 양이다. 특히『정의론』에서 그의 제2원리(part a, p. 302)를 보라. 롤스는 계약자의 개념에 위험-혐오를 구성하는 것에 관한 특정한 이해를 집어넣는다. 예컨대 다음을 보라. John C. Harsanyi, "Can the Maximin Principle Serve as a Basis for Morality?" *American Political Science Review* 6 (1975): 594-606.

27  *Theory of Justice*, p. 137.

28  Ibid., p. 302.

29  "일부 불평등을 받아들임으로써 모든 사람의 환경을 개선할 수 있다는 관점에서 모든 1차재에 대한 균등한 분배는 비합리적이다." Ibid., p. 546. 불평등에 관한 전혀 다른 직관에 근거한 설명으로는 다음을 보라. Larry S. Temkin, *Inequality* (New York: Oxford University Press, 1993).

30  롤스는 질투에 대해 다음과 같이 이야기한다. "어느 정도까지는 사람의 자기 가치에 대한 감각은 사회제도에서의 지위와 소득에 달려 있을 수 있다. 하지만 사회적 시기와 질투에 대한 설명이 건전하다면, 즉 적절한 이면의 배치가 있다면, 이러한 경향은 지나친 것이 아니며, 최소한 자유의 우선권이 효과적으로 유지된다면 그러하다." *Theory of Justice*, p. 546.

31  의료에 대한 롤스의 적용은 의료의 고려사항을 자유의 원칙에 두는지(예컨대 Ronald Green, "Health Care and Justice in Contract Theory Perspective," in R. Veatch and R. Branson [eds.],

*Ethics and Health Policy* [Cambridge, Mass.: Ballinger, 1976], pp. 111-26 "The Priority of Health Care," *Journal of Medicine and Philosophy* 8 [Nov. 1983]: 373-80) 또는 공정한 기회평등의 원칙에 두는지(예컨대 Norman Daniels, *Just Health Care* [New York: Cambridge University Press, 1985]에 따라 달라진다.

32  Rawls, *Theory of Justice*, p. 396을 보라.
33  Ibid., pp. 152-58.
34  Ibid., pp. 143, 546.
35  Ibid., p. 128.
36  밤부티족에 대한 설명은 다음을 보라. Colin Turnbull, *Forest People* (New York: Simon and Schuster, 1961); Wayward Servants: *The Two Worlds of the African Pygmies* (West, Conn.: Greenwood Press, 1965).
37  롤스는 그의 결론의 한계를 인정한다. 예컨대, 그는 『정의론』의 끝부분에서 다음과 같이 말한다.

> 그래서 정의의 원칙에 관한 논증은 어떤 합의로부터 진행되어야 함은 지극히 당연하다. [······] 확실히 정의의 원칙들에 대한 논증은 그것이 보다 체계적으로 평가된 보다 포괄적인 목록으로부터의 최선의 선택임이 증명된다면 강화될 것이다. 나는 이러한 일이 어느 정도나 가능할지 모른다. 하지만 정의의 원칙들이 완전한 목록과 같은 어떤 것에 관한 선호되는 개념이라는 것은 의심스럽다. (여기에서 나는 복잡성 및 다른 제한 사항에 상한선이 주어질 경우 합당하고 실현성 있는 대안들이 효율적으로 한정될 것이라 생각한다.) 내가 제시한 논의가 타당하다 할지라도 그것은 단지 결국 적합한 이론(만일 그러한 것이 존재할 경우)이란 우리가 논의한 어떤 다른 이론들보다 계약론과 더 유사할 것이라는 점을 나타낸 것에 불과하다. 그리고 이러한 결론마저도 어떤 엄밀한 의미로 입증되지 않았다. (p. 581)

*Political Liberalism* (New York: Columbia University Press, 1993)에서 그는 정의에 대한 자신의 개념을 근대 입헌 민주주의의 개념과 결부시켜 이 요점을 발전시킨다.

> 그러한 개념[즉, 정의에 대한 정치적 개념]은 물론 도덕적 개념이지만, 그것은 특정한 종류의 주제, 즉 정치, 사회, 경제 기구에 대해 고안된 도덕적 개념이다. 특히 내가 근대 입헌 민주주의로 여기는 사회의 기본구조에 적용된다. (나는 입헌 민주주의와 민주정, 그리고 이와 유사한 단어는 달리 명시하지 않는 한 서로 바꾸어 사용한다.) (p. 11)

많은 내용이 '근대' '헌법' 그리고 '민주주의'로 묶인다. 『정의론』은 정의나 공정에 대한 많은 관점 중 하나를 재구성한다.

38  자유주의의 서로 경쟁하는 다양한 개념에 대한 탐구는 다음을 보라. John Gray, *Liberalisms* (New York: Routledge, 1991).
39  평등 개념에 호소하는 방식에 있어 윤리 이론들이 어떻게 다른지에 대한 탐구는 다음을 보라.

Amartya Sen, *Inequality Reexamined* (New York: Russell Sage Foundation, 1992). 사실, 많은 현대 윤리학은 이러한 주제를 다루는 이들이 이러한 모호함을 소거하려고 시도했을 때에도 평등과 자유 개념의 모호함을 암묵적으로 인식하게 되었다. 예컨대 다음을 보라. Thomas Nagel, *Equality and Partiality* (New York: Oxford University Press, 1991), and Susan Wolf, *Freedom within Reason* (New York: Oxford University Press, 1990).

40 Bruce A. Ackerman, *Social Justice in the Liberal State* (New Haven, Conn.: Yale University Press, 1980).

41 Robert Nozick, *Anarchy, State and Utopia* (New York: Basic Books, 1974).

42 Ürgen Habermas, *The Theory of Communicative Action* (Boston: Beacon Press, 1984), trans. Thomas McCarthy, vol. 1, p. 42.

43 Ibid.; 또한 *Moral Consciousness and Communicative Action*, trans. Christian Lenhardt and S. Nicholsen (Cambridge, Mass.: MIT Press, 1990), p. 65.

44 *Theory of Communicative Action*, vol. 1, p. 115.

45 Ibid., vol. 2, p. 399.

46 도덕성에 관한 게임이론의 흥미로운 설명은 David Gauthier, *Morals by Agreement* (Oxford: Clarrendon Press, 1986)를 참조. Gauthier는 또한 이러한 맥락에서 홉스가 가상 계약 이론을 제공한 것이 아니라, "각자가 불이행을 처벌하기 위한 제재의 필요성을 인식하고, 이것이 사회계약의 중추적 부분을 구성하는 제도적 협약을 구성하는" 사회계약에 대한 설명을 제공하였다고 한다. "Taming Leviathan," *Philosophy and Public Affairs* 16 (Summer 1987): 296. 그렇게 사회계약은 사회 문제들에 대한 해결책이 되고, 이런 의미에서 평화로운 공공정책의 틀을 구성하는 것에 대한 게임이론적 해결책이 된다. Jean Hampton, *Hobbes and the Social Contract Tradition* (Cambridge: Cambridge University Press, 1986), and Gregory S. Kavka, *Hobbesian Moral and Political Theory* (Princeton: Princeton University Press, 1986).

47 Tom L. Beauchamp and James F. Childress, *Principles of Biomedical Ethics* (New York: Oxford University Press, 1979).

48 이론적 틀은 원래의 도덕감정(moral sentiments)에 상당한 수정을 요구할 것이다. 따라서 한 명은 벤담, 다른 한 명은 칸트의 신봉자인 두 사람이 환자를 속이는 문제를 분석한다면, 전자는 속임수가 허용되는 상황(실제로는 그것이 의무가 되는 상황)을 찾게 될 것이고, 칸트주의자는 모든 속임수는 부도덕하다고 생각하게 될 것이다. 중간 수준의 원칙에 대한 호소의 중요성과 함께, 이 점에 관한 논의에 있어 나는 예수회원 케빈 윌데스, S. J. 예수회 신부에게 많은 빚을 지고 있다.

49 때때로 두 다른 이론으로 재구성된 두 다른 도덕적 관점이 여전히 '동일한' 도덕적 결론을 지지할 것이다. 그 결론의 의의는 같지 않을 수 있다. 예컨대, 의무론자는 비통상적 치료의 거부가 의무라고 주장할 수 있다. 왜냐하면 그러한 치료를 받는 것은 합리적인 개인의 행동이라는 격언에 반하기 때문이다. 그런 선택은 칸트의 이해대로 타율적이라고 여겨질 것이다. 결과주의자는 심

리적인 비용 등 관련된 다른 비용을 고려한다면 치료 거부가 똑같이 의무적이라고 생각할 수 있다. 둘 다 치료 거부를 지지하지만, 의무론자는 그 결과와 별개로 그 행동이 적절하다고 생각한다. 결과주의자는 결과와 무관한 그런 옳음을 생각하지는 않겠지만, 같은 행동을 지지할 것이다. 도덕 결정이 이루어지는 맥락은 선택과 행동의 의의를 형성한다. 중립적인 관찰자에게는 행동이나 선택이 같다고 보일 수 있지만, 그 의의는 상당히 다를 것이다.

50 Rawls, *Theory of Justice*, p. 8.
51 John Rawls, "Justice as Fairness: Political Not Metaphysical," *Philosophy and Public Affairs* 14 (Summer 1985): 223-51.
52 John Rawls, *Political Liberalism*, p. 369.
53 『정치적 자유주의(Political Liberalism)』에서 롤스가 제시하는 합당성, 평등, 그리고 중첩적 합의에 관한 논의는 특히 pp. xix-xx, 25, 39-40, 51 및 150-54를 참조. 또한 p. 224의 자유주의적 가치의 목록을 보라. 롤스가 정치적 자유주의에 대한 설명을 뒷받침하기 위해 특정한 규범에 의존하는 방식에 대해서는 많은 이야기를 할 수 있다. 예컨대 롤스는 합의를 규범적이라고 확인하기 위해 이전의 합당성(reasonableness) 개념에 의존한다. "그러한 합의는 어느 정도 정의로운 헌정 제도 안에서 여러 세대에 걸쳐 지속되고 상당수의 추종자를 가지고 있는 모든 합당하나 상충하는 종교, 철학, 도덕적 교의로 구성된다. 정의의 기준은 그 정치적 개념 그 자체다." Ibid., p.15. 많은 것이 '합당(reasonable)'의 의미에 달려 있다.
54 여기서 합의의 기만적인 의미에 대한 분석은 케빈 윌데스 신부와 나눈 논의에 큰 빚을 지고 있다.
55 Nozick, *Anarchy, State, and Utopia*, p. 160.
56 나는 합의의 외양이 형성되는 방식에 관한 논의에 있어 케빈 윌데스 신부에게 큰 빚을 지고 있다.
57 Karl Marx and Frederick Engels, *The German Ideology* (New York: International Publishers, 1967), p. 39.
58 John Gray, *Post-Liberalism* (New York: Routledge, 1993), p. 82.
59 Ibid.
60 합의의 모호함에 관한 연구는 다음을 보라. Kurt Bayertz (ed), *The Concept of Moral Consensus* (Dordrecht: Kluwer, 1994).
61 소련의 붕괴는 거대 합의, 또는 중첩적 합의로 보이는 것이 사실상 지배 이데올로기였음을 보여주었다. 공산당의 70년 지배 이후 10월 혁명 전에 존재했던 많은 정당이 정치 환경에서 한 자리를 차지하기 위해 다시 모습을 드러냈다. 어느 정도 안정되어 보이는 나라들이 많은 이가 잊어버린 이해 주변을 어슬렁거렸다. 힘과 상황은 분명 지속적인 합의가 아닌 것을 창출하였다.
62 예컨대 다음을 보라. Michael Oakeshott, *Rationalism in Politics and Other Essays* (Indianapolis: Liberty Press, 1991).

63 로티의 헤겔에 대한 해석은, 그가 단지 삶 안에서 주어진 도덕만을 수용한다는 것을 시사한다. H. T. Engelhardt, Jr., "Sittlichkeit and Post-Modernity: An Hegelian Reconsideration of the State," in H. T. Engelhardt, Jr., and T. Pinkard (eds.), *Hegel Reconsidered: Beyond Metaphysics and the Authoritarian State* (Dordrecht: Kluwer, 1994), pp. 211-24. Pace Rorty, 헤겔은 단순히 우연한 것들을 보증하지 않고 특정 도덕성의 우연성을 비판적으로 음미하는 듯하다.

64 Richard Rorty, *Contingency, Irony, and Solidarity* (Cambridge: Cambridge University Press, 1989), p. 59.

65 Ibid., p. 61.

66 로티는 민주주의의 중심성과 그가 이해하는 성격이 단순히 역사의 선물로 수용될 수 있으며 어떤 권위를 가질 필요가 없다는 관점을 가진 것 같다. "나는 민주주의가 이제 자기들 건설에 사용되었던 사다리 중 일부를 버려야 할 처지라고 생각해왔다." Ibid., p. 194. 도덕 이방인의 도덕성에 대한 나의 견해로는, 사다리가 제공되었고 어떤 사다리를 버릴지는 참여하는 개인이 승인하는 것이다.

67 Ibid., p. 196.

68 Singapore Ministry of Health, "Overview of Singapore Health Care System," Apr. 1993.

69 뉘른베르크 재판에서 국제 군사 법정의 행동은 일부 자연법의 개념을 전제하고 있다. 전쟁 범죄(즉, 평화에 반하는 범죄)와 인류에 반하는 범죄를 기술하는 이 법정의 헌장은 자연법이나 만민법(ius gentium)을 명시적으로 언급하지 않는다. 그래도 이 법정의 권위는 합리적으로 이해 가능하다. 제6조에서, 이 법정은 그 행위가 "저질러진 나라의 국내법을 위반하지 않았다"라는 사실이 인류에 반하는 범죄 혐의에 대한 변호가 될 수 없음을 분명히 밝히고 있다. "Charter of the International Military Tribunal II, Art. 6c," *Trial of War Criminals* (Washington D.C.: U.S. Government Printing Office, 1945), p. 16. 이 전범 재판의 서문으로 출판된 『Robert H. Jackson 의 대통령 보고서』는, 과거의 조약에 근거하여 이 법정의 권한을 정당화하려 시도한다. 잭슨 또한 자연법 논쟁에서 도출된 정의로운 전쟁과 정의롭지 못한 전쟁의 구별에 호소한다.

70 가이우스(Gaius)가 말한 대로, "그러나 자연적 이성은 모든 사람 사이에서 성립되며, 같은 방식으로 모든 민족은 마치 그렇게 할 권리를 가진 것처럼 국가에 의해 보호를 받고, 또 국가를 보호해야 한다(Quod uero naturalis ratio inter omnes homines constitute, id apud, omnes populos performos peraque custoditur us gentium, quasi quo jure umnes utuntur)." *Institutes of Gaius*, trans. Francis De Zulueta (London: Oxford University Press, 1976), p. 3, vp. 1.

71 유스티니아누스의 말에 따르면 "자연법은 자연이 모든 동물에게 가르치는 법이다. 이 법은 인류에게만 배타적으로 속하는 것이 아니고 모든 동물에게 속한다." Flavius Petrus Sabbatius Justinianus, *The Institutes of Justinian*, trans. Thomas C. Sandars (1922; repr. Westport, Conn.: Greenwood Press, 1970), 1.2, p. 7.

72 블랙스톤은 자연의 법칙을 이성에 의해 발견할 수 있다고 말한다. 이러한 자연의 법칙은 "선악

의 영원한 불변의 법칙"이며, 창조자 자신이 모든 영역에서 준수하고, 그것이 인간의 행동에 필요한 한 인간의 이성으로 발견할 수 있도록 한 것이다. 이러한 원칙 중에는 우리가 정직하게 살아야 하고, 아무도 해치지 말아야 하며, 모든 사람에게 의무를 다해야 한다는 것들이 있다. 이 세 개념으로 유스티니아누스는 전체 법률을 요약했다. William Blackstone, *Commentaries on the Laws of England*, ed. St. George Tucker (New York: Augustus and Kelly, 1969), I vol. 1, p. 40. 그렇게 표현된 자연법은 지극히 추상적이라는 것을 알아야 한다. 정직의 본성은 명시되지 않았고 타인에 대한 해악의 본성도 그러하며, 타인에 대한 의무는 더욱 말할 것도 없다. 그러한 명시화는 특정한 도덕감을 필요로 할 것이다.

73 그리스도교 신앙 및 계몽주의의 희망이 붕괴한 결과에 대한 평가는 다음을 보라. Alasdair MacIntyre in *After Virtue* (Notre Dame, Ind.: University of Notre Dame Press, 1981). 나는 계몽주의 꿈의 한 조각에 대한 증거가 있다고 주장한다. 즉 협약에 의한 도덕 논란의 해결을 통해 일반적인 도덕성을 구현할 가능성에 대한 꿈이다. 매킨타이어는 근대의 곤경을 요약하는 데 상당한 기여를 하고 있는데, 이는 부분적으로 그 선행 문화의 잔재에 의해 정의된다. 포스트모더니티는 한때 통합되었던 도덕 비전의 파편만을 제공한다. 그것은 서구 그리스도교와 계몽주의 모두에 있어 합리주의자가 전제한 것인데, 이는 윤리학을 도덕적으로 권위를 가진, 특정한 내용 충만한 도덕적 관점으로 확립하기 위한 결정적인 합리적 근거를 찾도록 오도해왔다.

74 나는 톰 비첨에게 많은 빚을 지고 있다. Tom L. Beauchamp for his article, "Ethical Theory and the Problem of Closure," in Engelhardt and Caplan, *Scientific Controversies*, pp. 27-48. 사실, 이 논문 저자들과의 대화가 이 책을 쓰는 과정에서 나를 인도해주었다.

75 서구의 중세 시대에는 교황이나 공의회가 최종 권한을 갖고 있는지에 대한 논쟁이 있었다(동방 정교회는 둘 중 어느 쪽에도 최종 권한을 부인했다). 공의회 권위가 우월하다는 성명은 1415년 3월 30일 콘스탄츠 공의회가 반포하였는데, 이는 실은 교황의 권위에 비해 공의회가 우월하다는 전통적인 견해(즉, 11세기 이전)를 확인한 것이다. 공의회는 "그리스도에게서 직접 권위를 받았으며, 어떤 지위나 존엄이 있는 사람, 심지어 교황이라 하더라도 신앙과 관련된 문제에 대해서는 이에 복종해야만 한다"라고 밝혔다. *Conciliorum Oecumenicorum Decreta* (Basil: Herder, 1962), p. 384 (저자 번역). 전체 교회에 공의회가 권위를 가진다는 주장은 전통적인 가르침에서 일부 벗어났다. 어쨌든 로마 교황들은 대체로 반대 관점을 가졌다. 사실, 공의회 운동의 관점은 명시적으로 단죄받았다. 예를 들어 다음을 보라. *Exsecrabilis* of January 18, 1460. Henricus Denzinger (ed.), *Enchiridion Symbolorum*, 33rd ed. (Rome: Herder, 1965), p. 345. 이 논쟁에 관한 좋은 개괄은 다음을 보라. Heiko A. Oberman et al. (eds.), *Defensorium Obedientiae Apostolicae et Alia Documenta* (Cambridge, Mass.: Harvard University Press, 1968). 현재의 교황 수위권에 관한 로마 가톨릭교회의 신조는 교황무류설이 공포된 1870년 7월 18일 제1차 바티칸 평의회에 의해 명시되었다. 공의회 운동에 대한 설명은 다음을 보라. Antony Black, *Political Thought in Europe 1250-1450* (New York: Cambridge University Press, 1992).

76 로마 가톨릭 교리는 발전 과정에서 이성이 자연법이나 만민법(ius gentium)의 근거를 밝힐 수 있다고 보았다. 예를 들어, 교황 비오 12세의 회칙 *Summi pontificatus* of October 20, 1939 를 보라. 제1차 바티칸 공의회는 이 요점을 밝혔다.

자연법에 대한 로마 가톨릭교회의 이해는 원래의 그리스도교 신앙의 요소들에 대한 합리주의적인 해석에 의존한다. 성 바울은 이방인들이 "율법의 요건이 […] 마음에 새겨져 있다"(『로마서』 2:15)라고 했다. 정교회는 바울이 사실 인간의 마음, 즉 올바른 성향이라면 신의 인도를 인식할 수 있는 영혼의 능력에 대해 이야기하고 있다고 해석한다. 예컨대 다음을 보라. John S. Romanides, *Franks, Romans, Feudalism, and Doctrine* (Brookline, Mass.: Holy Cross Orthodox Press, 1981), pp. 45ff. 이와 대조적으로 로마 가톨릭 신자들은 마음이 아닌 이성이 신의 율법을 분별할 수 있다고 주장하게 되었다.

77 예를 들어, 토머스 페인의 『이성의 시대(The Age of Reason)』에 나오는 그리스도교에 대한 비판을 보라.

78 이성과 은총에 대해 이렇게 말하는 것은 서방 그리스도교 내부에서 발전하여 그 특징이 된 용어를 사용하는 것이다. 이는 도덕과 신학적인 추론이 진실한 신앙과 숭배의 맥락 밖에서 적어도 부분적으로는 성공할 수 있다는 견해로 이어졌다. 이것은 무신론자라도 신학자가 될 수 있다는 독특한 서방 교회적 관점을 뒷받침해 왔다. 이와는 대조적으로, 전통적인 관점은 "신학과 영성 사이의 불가분의 관계"를 강조하였다. Archimandrite Vasileios, *Hymn of Entry*, trans. Elizabeth Briere (Crestwood, N.Y.: St. Vladimir's Seminary Press, 1984), p. 24. 신학은 기도와 단식의 표현이자 결과다. 그러므로 다미안 수도원장은 이렇게 말한다. "우리의 믿음은 지성도, 머리의 것도 아니고, 신비적이고, 초자연적이며, 영적인 마음의 믿음이다. 성령이 거처하여 치유하고 인도하고 가르치는 곳, **부서지고 뉘우치는 마음속**에 있기 때문이다. 우리의 목소리의 기도가 침묵을 배우고 고요하게 하나님을 알 수 있는 곳이 바로 그곳이다." *Dawn* 15 (Oct. 1992).

79 중세에 이단자들, 특히 회개하지 않거나 두 번째로 배교한 이단자들은 죽임을 당하는 것이 당연했다. 이 견해는 다음에서 분명히 명기되어 있다. St. Thomas Aquinas's *Summa Theologica* 2 Q. xi arts. 3 and 4. 이미 지적한 바와 같이, 이는 "진실로 십자가를 지고 이단자의 몰살에 헌신하는 가톨릭 신자들은 성지 순례자들에게 성스러운 특권으로 주어지는 것과 같은 면죄부를 누려야 한다"라고 한 제4차 라테란 공의회(1215년)의 헌장에도 반영되어 있다. *Conciliorum Oecumenicorum Decreta*, p. 210 (저자 번역).

누가 이단자인가의 문제는 종교개혁 이후 더욱 복잡해졌다. 로마 교회뿐만 아니라 이단이라 여겨진 이들도 다른 이단자들을 몰살하기 시작했다. "de haeretico comburendo(이단자를 불태우기 위해 발행된 영장)"의 사용은 17세기까지 계속되었다. 의심의 여지 없이 당대의 권력자들은 이 책의 저자나 많은 독자에게 그러한 영장을 발부했을 것이다.

80 실제로 서양 그리스도교는 이성으로 그리스도교 신앙을 정립하고자 시도하여 그 뿌리를 훼손시켰다는 주장이 제기되어 왔다. 신앙이 보여주는 바를 이성을 통해 입증하고자 시도하면서 서

방 그리스도교는 무신론을 초대했다. Michael Buckley, *At the Origins of Modern Atheism* (New Haven, Conn.: Yale University Press, 1987). 내용 충만한 도덕을 합리적으로 정당화하고자 하는 서방 그리스도교 문명의 실패는 내용 충만한 도덕의 정당성에 대한 근원적인 위기를 보여준다.

81  사람은 자유스럽지 않으면 자기 자신을 일관되게 대할 수 없다. 이것은 칸트의 요점이다. 비록 자유롭다는 걸 알지 못한다 해도, 자신은 자유롭다고 생각해야만 한다. 그러므로 "나는 내가 자유롭다는 것을 안다"라고 일관되게 말할 수 없다. 말할 수 있는 것은 이 정도다. "나의 모든 과거의 인과 조건, 나의 성격, 그리고 현재 자극에 노출되어 있는 것을 고려하면, 나는 결정했다고 말하게 된다." 사람은 결정했다고 말하는 행동만 할 수 있다. 즉, 자신이 자유롭다고 생각할 때 말고는, 도덕적 선택에 대한 안다는 주장을 할 수 있기가 불가능하다. 더욱이 우리 인간이 도덕 선택이나 안다는 주장을 하지 않기가 불가능해 보이지는 않는다. 결정론자들도 역설적으로 우리가 결정론의 진리를 인정해야 한다고 제안하고 싶어한다.

82  '초월(transcendental)'은 인간의 행동 경험의 주요 영역의 가능성에 대한 조건을 제시하는 논증을 식별하는 데 사용된다. 규정 조건으로, 초월적 조건들은 선험적 조건이다. 이를 나는 칸트의 용법에서 빌렸는데, 그는 자유가 도덕의 전제임을 강조한다(e.g., *Critique of Pure Reason*, Bxxviii-Bxxix; *Critique of Practical Reason*, 31, 43f, 46).

칸트는 이론적 지식으로 초월적 주장을 제한하고 이를 도덕까지 확대하지 않는다. "나는 대상들이 아니라 대상들에 대한 우리의 인식 방식을 이것이 선험적으로 가능하다고 하는 한에서 일반적으로 다루는 모든 인식을 초월적이라 부른다." *Critique of Pure Reason*, A11 = B25, p. 59. 그러나 초월적 논쟁의 영역을 그렇게 좁게 제한할 필요는 없다. 특히 Klaus Hartmann, "On Taking the Transcendental Turn," *Review of Metaphysics* 67 (Dec. 1966): 224-25를 보라. *The Critique of Pure Reason*, A12 = B25를 보라. 여기서 나는 초월적 주장이라는 개념을 도덕 경험의 영역으로 확장시킨다. 자신을 자유롭다고 생각할 수밖에 없는 것은 경험적 사실이나 형이상학적 주장이 아니라 초월적 조건이다.

83  객관성으로서 간주관성에 대한 호소는 이마누엘 칸트의 초월 논증과 유사성이 있다. 칸트는 그 자체로서의 실재(즉, 인간의 경험 조건에 의해 왜곡된 실재가 아니라 신성에 의해 알려진 실재)에 호소하여 실재의 본성에 관한 논증을 해결할 수 있다는 것을 믿지 않았다. 사실 그는 인간 경험의 조건에 호소했다. 시공간, 즉 지각 가능한 세계에 대한 지식은 개념적으로 표현할 수 있는 전제 조건을 가지고 있다. 경험이 있으려면 그 경험 안에 영속적인 지점이 있어야 한다. 변화는 어떤 패턴이나 규칙에 따라 일어나야 한다. 변화와 더불어 그 영속적인 지점은 서로 상관관계가 있어야 한다. 이것들은 일관성 있는 경험의 필요조건인데, 왜냐하면 공통적으로 공유되는 현상계가 있기 때문이다. "유추의 원리는 다음과 같다. 즉 경험은 지각의 필연적 연결 표상을 통해서만 가능하다." A176 = B218, p. 208. 또한 "**경험 일반을 가능하게 하는** 조건들은 동시에 그 **경험 대상들을 가능하게 하는** 조건들이다." Norman Kemp Smith (trans.), *Immanuel Kant's Critique of Pure Reason* (London: Macmillan, 1964), A158 = B197, p. 194. 지식과 도덕성의 범주적 조건에

대한 나의 결론이 매우 칸트적이기는 하지만, 그것은 원칙적으로는 헤겔의 용어로 더욱 유익하게 재조명될 수 있다. 헤겔주의자의 범주적 설명은 이 논증을 이성 안에 놓고, 대상의 그저 주어짐과, 유한한 인식주체의 곤경 사이를 중재해야 하는 칸트의 어려움을 피한다. 여기서는 유한한 인식주체의 우려가 일반적인 범주적 이해 안에서 어떻게 대치될 수 있는지를 보이지는 않을 것이다. 독자는 Hegel's *Encyclopedia of the Philosophical Sciences* (1830) 445-450절을 참고할 수 있을 것이다. 또한 다음을 보라. Klaus Hartmann, "The 'Analogies' and After," in L. W. Beck (ed.), *Proceedings of the Third International Kant Congress* (Dordrecht: Reidel, 1972), pp. 47-62; and "On Taking the Transcendental Turn," pp. 223-49.

칸트는 그 안에서 특정한 경험적 주장이 틀 지어지고 시험될 수 있는 일반적인 개념의 체계를 스케치하려고 시도했다. 칸트에게 있어서 경험적으로 알려진 것의 구조는 인식주체로부터 오는 것이지, 사물 그 자체에서 오는 것이 아니다. "이제까지 사람들은 우리의 모든 지식이 대상과 일치해야 한다고 가정해왔다. 그러나 선험적으로 관련된 무엇인가를 확립함으로써 대상에 관한 우리의 지식을 확장하려는 모든 시도는 실패로 끝났다. 그러므로 우리는 대상이 반드시 우리의 지식과 일치해야 한다고 전제한다면 형이상학의 과제에서 더 큰 성공을 거둘지 아닐지를 시험해 보아야 한다." *Critique of Pure Reason*, Bxvi, p. 22. "우리는 우리 자신이 그것들 안에 집어넣은 것만을 선험적으로 인식한다는 사고방식의 변화된 방법이라고 우리가 받아들이는 것의 빛나는 시금석을 제공할 것이다." Ibid., Bxviii, p. 23.

이 설명은 철학적 관심의 특정한 전환을 수반했다. 칸트가 실재의 본성에 대한 자신의 설명을 정당화하는 출발점은 신의 관점이 아니라, 시공간적·감각적으로 인식하는 인식주체들의 가능한 공동체의 관점이다. 칸트는 인간 경험의 조건이라는 용어로 실재(즉, 우리에게 대한 실재)에 대한 설명을 제공한다.

> 그것은 [인식의 초월적 통일]은 실로 인간 이해의 제1 원칙이며, 그것에 불가결하기 때문에 우리는 그 자체로 직관적이거나 현물이 다른 감각적 직관의 기본 모드를 가질 수 있는 어떤 다른 가능한 이해에 대한 최소한의 개념을 형성할 수 없다. (B139, p. 157)

> 따라서 우리는 사물 그 자체로서의 대상에 대해서가 아니라 오직 그것이 감성적 직관의 객관인 한에서만, 다시 말하면 현상으로서의 대상에 대해서만 인식을 가질 수 있다. (Bxxvi, p. 27)

인간에게는 그런 유일하고 유한한 관점밖에 없다는 것을 나는 칸트만큼 확신하지 못한다. 칸트는 우주론과 양자물리학에서와 같이 비유클리드 및 비뉴턴적 이해의 모드가 있을 수 있음을 결코 고려하지 않았다. 그러나 칸트는 우리의 직관 방식이 독특할 필요는 없다는 것을 깨달았다.

또한 우리는 공간·시간상에서의 직관 방식을 인간의 감성에 국한할 필요는 없다. 모든 유한한 생각하는 존재자는 이 점에서 인간과 반드시 일치할지도 모른다. 그러나 그렇다고 해

서 이 직관 방식이 이런 보편타당성으로 인해 감성이기를 그치지는 않는다. (B72, p. 90)

어느 정도 단서를 붙이면, 여기서 나의 입장과 칸트의 입장과는 아무런 충돌도 없다. 나는 다음과 같은 인식을 진행하도록 하겠다. (1) 특수한 실재(예: 거시 대 미시물리학)들은 많을 수 있다, (2) 실재의 상태를 세부적으로 묘사하는 것 자체가 특정 역사적 시기의 관점에 의해 조건화되어 있다, (3) 세속적 과학과 도덕은 인간 실재의 두 주요 영역을 구성하며 각각은 자신의 존재 가능성을 위한 조건을 가지고 있다.

84 여기서 나는 Amartya Sen에게 동의하는 것처럼 보일 수도 있다. 그는 이렇게 주장한다.

> 사회 구성에 관한 주요 윤리 이론들은 모두 어느 정도 초점을 맞추는 변수들의 차이가 있지만—비록 그 선택된 변수들이 이론에 따라 종종 매우 다를 수도 있지만—평등에 대한 강조를 공유한다는 관찰로 시작하는 것이 편리하다. '평등에 반한다'라고 널리 받아들여지고 있는 이론들(그리고 저자들 스스로도 종종 그렇게 묘사한다)도 어떤 다른 초점에서 보면 평등주의적이라고 판명된다는 것을 알 수 있다. 어떤 초점(변수)의 관점에서 그러한 이론이 평등을 거부한다면 또 다른 초점의 관점에서는 평등을 지지한다.

*Inequality Reexamined* (Cambridge, Mass.: Harvard University Press, 1992), p. 3. 만약 그것이 신학적인 성격을 가진 것을 비롯하여 모든 윤리 체계를 포함하기 위한 것이라면 그의 주장은 오류이다. 신과 인간은 평등하지 않다. 예를 들어, 성 요한 크리소스토무스의 「신의 불가해한 본성에 관하여」를 보라.

85 위기에 처한 문법의 개념에 대해서는, 루트비히 비트겐슈타인의 문법과 존재론과 관련한 발언을 생각해보라. "본질은 문법에 의해 표현된다." *Philosophical Investigations*, trans. G. E. M. Anscombe (Oxford: Basil Blackwell, 1963), sec. 371. 또는 "문법은 대상이 어떤 종류의 물체인지 말해준다" (sec. 373). 이런 의미에서, 문법은 인간의 의미 차원의 일관성의 가능성을 보여준다. 비트겐슈타인의 초월적 논증에 관해서는 다음을 보라. Stanley Cavell, "Availability of Wittgenstein's Later Philosophy," George Pitcher (ed.), *Wittgenstein: The Philosophical Investigations* (New York: Doubleday, 1966), pp. 151-85. 예컨대 Cavell은 "우리는 그러한 해답이 우리에게 사실에 대한 더 많은 지식이 아니라, 다양한 '사실들'로 간주되는 것에 관한 지식을 제공함을 의미한다고 말할 수 있다고 한다. 이것은 경험적 지식인가? 이것은 선험적 지식인가? 이것이 비트겐슈타인이 문법이라고 했던—칸트는 '초월적'이라 불렀던—지식인가?" (p. 175)

86 노직이 자유를 측면 제약(side constraint)으로 내세우는 것은 부적절하다. 그것은 그의 설명에서 다소 과장되게 제시되어 있다. Nozick, *Anarchy, State, and Utopia*, pp. 30-34. 나는 다소 유사한 개념에 도달했지만, 특별한 종류의 초월적 논증에서 세속 도덕의 기반을 닦을 가능성을 탐구하다가 도달했다.

(다른 전제들뿐만 아니라) 물리적 필연성을 도덕적 자유를 비교하여 보여주는 그의 특정 접근 방식을 구성하는 이론적 필요성으로 인해 칸트는 가치로서의 자유와, 측면 제약으로서의 자유

를 구분하지 못한다. 칸트를 따라 나는 정당하게 비난과 칭찬을 할 수 있기 위한 조건으로서 자유를 존중해야 한다는 전제를 강조한다. 정당한 비난과 칭찬(예를 들어, 단지 규정짓기에 유용할 뿐 아니라, 마땅히 주어져야 할 것으로서의 비난과 칭찬)은 도덕적 권한을 가진 행동뿐만 아니라, 어떤 옳고 그른 행동을 보여주는 근거를 상정한다. 오직 사람들을 그들의 허락과 더불어 활용하는 것만이 이러한 도덕적 연쇄에 필요한 최소한의 토대를 제공한다. 이 원칙은 일반적이고 세속적인 도덕성을 위한 최소한의 기초를 제공한다. *Metaphysik der Praktischen Vernunft*와 *Metaphysik der Sitten*의 주장이 상당히 달랐던 칸트와의 유사성과 불일치를 다루기 위해서는 더 많은 설명이 필요할 것이다.

87 나는 윤리학을 가능한 경험과 행동의 주요 영역 중 하나로 기술한다. 다시 말해 칸트와 달리 나는 경험의 왕국만이 아니라 목적의 왕국의 일부로 스스로를 생각하기 위한 조건을 강조한다. 칸트의 저서에도 도덕적 실재에 초월적 설명을 어떻게 진행해야 할지에 대한 몇 가지 제안이 있다. 칸트의 윤리학 관련 저서뿐 아니라, 순수이성비판 제2판 서문에서 칸트는 우리 앎의 대상으로 결정하는 것을 통해서 또는 그 대상을 현실로 만드는 것을 통해서 선험적 지식을 가질 수 있다고 하였다(Bix-x). 이 장은 세속 도덕 세계를 형성할 수 있는 가능성에 대한 필요조건에 관한 설명을 제공한다. 다른 분야에서 초월적 설명들이 어떤 장단점을 가지고 있든지 간에, 적어도 이 영역에서 그것들은 도덕적 실재의 조건이 어떻게 인격체로서의 우리의 특성에 근거하는지를 이해하는 수단을 제공한다. 초월적 논증의 전개에 관한 나의 관점에 대한 설명은 다음을 보라. *Mind-Body: A Categorial Relation* (The Hague: Martinus Nijhoff, 1973). 예컨대, *Critique of Pure Reason*, A783 = B811 through A790 = B818; and A808 = B836을 참조.

88 철학은 사유의 원 안에서 자신을 정당화한다는 헤겔의 주장을 생각해볼 수 있다. 원이 포괄적일수록 설명은 더욱 강력해진다. 예컨대 다음을 보라. *The Encyclopedia of the Philosophical Sciences* (1830), sec. 17.

89 텍사스의 초기 정부는 그러한 기본권이나 자연권의 관념이 어떻게 미국 전통의 한 갈래로 발전했는지를 보여주는 흥미로운 예시를 제공한다. 텍사스 공화국의 창시자들이 주의 권위를 마음에 품게 되었을 때, 그들은 미국의 창시자들보다 훨씬 더 강력한 이신론과 반교권주의 정서의 영향을 받았다. The Declaration of Independence (Mar 2, 1836)은 "군대와 성직자"를 "시민 자유의 영원한 적, 언제나 준비된 앞잡이, 그리고 폭군의 통상적인 도구"라 여긴다. Ernest Wallace (ed.), *Documents of Texas History* (Austin: Steck, 1963), p. 98. 이는 단순히 특정 종교의 성직을 비난하는 것이 아니라 위력으로 강요되는 어떤 정통 교의도 비난하는 것이라는 해석이 가장 잘 맞는다. 또한, 미국 헌법에 명시되고 제1차 텍사스주 헌법(1845년)에서 반복된 텍사스주 권리장전은 정부를 자유로운 개인의 창조물로 묘사하고 있으며, 그러한 자유로운 개인으로서의 근본적 권리는 결코 정부에 양도될 수 없다. 따라서, 이 권리 선언은 혁명권을 내세운다. "모든 정치권은 국민에게 내재되어 있고, 모든 자유 정부는 그들의 권위에 기초하고, 그들의 이득을 위해 제정된다. 그리고 그들은 항상 편리한 방식으로 그들의 정부 형태를 바꾸거나, 개혁하거나,

또는 폐지할 수 있는 권리를 가지고 있다." 1845년 헌법의 권리장전의 첫 번째 권리로 같은 것이 존재한다. 1836년 3월 17일 텍사스주 헌법, 1845년 8월 28일 텍사스주 헌법과 권리장전을 보라. Documents of Texas History, pp. 106, 149.
이 구절은 텍사스주의 현행 헌법에서도 일부만 변경되어 사용된다.

> 모든 정치적 권력은 인민에게 내재되어 있으며, 모든 자유 정부는 그들의 권위에 기초하여 설립되고, 그 이득을 위해 제정된다. 텍사스 주민의 믿음은 공화정 형태의 정부를 보존할 것을 서약하고 있으며, 이러한 제한에 따라, 그들은 언제든지 편리한 방식으로 정부를 변경, 개혁 또는 폐지할 수 있는 권리를 가지고 있다. (Constitution of the State of Texas, art 1., sec. 2.).

만약 권리장전이 정부에 양도되지 않은 자신에 대한 권위라는 의미에서 자연권을 열거한다면, 정부는 그것을 수정하거나 변경할 권한이 없다. 1845년 헌법 21조는 다음과 같이 말하고 있다. "위임한 권력의 침해로부터 보호하기 위해, 우리는 이 '권리장전'에 있는 모든 것은 정부의 일반권력에서 제외되며, 영원히 불가침으로 남을 것이라고 선언한다." Texas Constitution of Aug. 28, 1845. art. 1, sec. 21 Documents of Texas History, p. 150. 이 구절은 텍사스주의 현행 헌법에도 존재한다.

이러한 설명에서 정부의 권위는 신으로부터도, 좋은 삶과 내용 충만한 도덕적 의무에 대한 특정한 비전으로부터도 아니라, 일반적인 것을 형성하는 도덕 행위자들의 자유로운 동의, 즉 res publica에서 유래한다. 정당한 공공정책의 가장 일반적인 특징은 그것의 목표가 아니라 그것을 형성하는 과정에서의 절차이다. 국가나 여타 사회적 기구는 먼저 그리고 가장 일반적으로 관련자들의 동의로부터 그것이 생겨났다는 점에서 도덕적 권한을 가진다.

텍사스의 예는 휴리스틱하다. 선한 삶의 구체적 성격과 내용 충만한 도덕적 의무의 구체적 성격을 합리적으로 발견할 수 있다는 정치적 가정의 은유인 아테네와, 선의 구체적 특성은 신과의 개인적인, 혹은 공동체적인 관계에서 발견된다는 정치적 이해의 은유인 예루살렘과 달리 말이다. 워싱턴-온-더-브라조스(Washington-on-the-Brazos, 텍사스 최초의 수도)는 상호 존중의 도덕적 제약 내에서 (일반적이고 세속적인 도덕성이 인격체와 그들의 허락을 활용하여 정당화될 수 있다는 제한된 의미에서) 활동하는 모든 지나치게 인간적인 사람들의(즉, 모든 타락한 자들)의 이미지를 정치적 구조물을 창조하기 위해 제시한다. 텍사스 공화국은 레이캬비크에서 동쪽으로 30마일 떨어진, 그림 고트-슈가 선택한 장소인 싱벨리르의 알싱에서 서기 930년에 모인 이 교도들을 인도한 정치적 전통의 계승자를 대표한다. 영미 배심 제도가 개인의 권리에 대한 많은 영미적 이해(즉, '영국인의 권리[the Rights of Englishmen]')와 더불어 도입된 것은 아이슬란드인들이 속해 있던 그 이교 전통의 요소에서 비롯된다. 그러나 아테네, 예루살렘, 레이캬비크 중에서 선택할 필요는 없다. 레이캬비크(또는 워싱턴-온-더-브라조스)는 아테네나 예루살렘을 추구하기 위한 평화로운 장소를 제공한다. 이곳은 사람들이 천국, 또는 지옥에 갈지, 어떻게 갈지를 스스로 선택할 수 있는 곳이다.

90 특히 도덕 공동체 안에서 세속적인 정부는 세속적이지 않은 권한을 가졌다고 이해될 수 있다. 예를 들어 『로마서』(13:1)에서 성 바울은 이렇게 말한다. "누구나 자기를 지배하는 권위에 복종해야 합니다. 하느님께서 주시지 않은 권위는 하나도 없고 세상의 모든 권위는 다 하느님께서 세워주신 것이기 때문입니다." 여기서 전통 그리스도교 신앙에서 중요한 주제를 발견할 수 있다. 권위에 겸손하게 복종하라는 것이다. 그래도 성 바울의 명령이 그리스도교 신앙을 버리라는 로마 황제에게 복종하라는 것이 아님은 분명하다. 복종에는 한계가 있는데, 이는 때때로 순교를 통해 드러나야 한다.

그래서, 세속적이거나 이교도적인 국가가 아니라 그리스도교 국가에서, 종교적인 태도는 무엇이 되어야 하는가 하는 의문이 생긴다. 다시 말하지만, 그리스도교 신앙의 전통은 다른 사람들을 개종시키기 위해 폭력을 사용하는 것을 금한다. "다른 사람을 억지로 당신과 같은 모습으로 만들 수는 없다. [······] 지금 그런 상태인 것을 부끄러워해서도 안 된다. 그것이 우리가 다른 사람들을 우리에게 합류시키거나 우리의 신앙을 강요하도록 불법적인 방법을 사용해야 한다는 것을 의미하지는 않는다. 아니, 우리가 우리 존재를 선언하는 것은 자유와 완전한 밝음과 평온의 정신 안에 있는 것이다." Patriarch Ignatius IV of Antioch, *Again* 15 (June 1992): 17-18. 그러나, 축성받은 황제가 있다면, 비록 그러한 한계에 얽매여 있지만, 그는 세속적으로는 정당화될 수 없는 권한을 가지고 있다. 성 바질(St. Basil)의 기도는 다음과 같다.

> 주님, 신을 두려워하고 그리스도를 사랑하는 지배자 아무개(N)를 기억해 주십시오. 당신은 그에게 이 땅에서 다스릴 권리를 주셨습니다. 그를 진리의 갑옷과 자족의 갑주로 무장시켜 주십시오. 전투의 날에 그의 머리를 지켜 주십시오. 그의 팔을 강화하고, 오른손을 높이 들어, 그의 왕국을 위대하게 만들고, 전쟁을 바라는 모든 야만족을 그의 아래 굴복시키고, 그에게 심오한 평화와 불굴의 정신을 허락하시고, 당신의 교회와 모든 당신의 백성들에 대한 선행으로 그의 마음을 고무시켜 주십시오. 그의 침중함을 통해서만 우리는 경건하고 평온한 삶을 살 수 있기 때문입니다.

*Service Book of the Holy Orthodox-Catholic Apostolic Church*, trans. Isabel Hapgood, 6th ed. (Englewood, N.J.: Antiochian Orthodox Christian Archdiocese, 1983), p. 109.
신앙을 통해 주어진 도덕성(그리고 생명윤리)과 도덕 이방인을 구속하기 위해 그들에게 정당화될 수 있는 도덕성 간의 차이는 정치적·종교적으로 이질적인 사람들에 대해 종교재판과 강제 개종을 정당화하려는 사람들에게는 골칫거리다.

91 아리스토텔레스의 국가관은 이 요약이 시사하는 것보다는 훨씬 더 복잡하다. 그럼에도 그것은 내용 충만한 도덕 비전을 활용하는데, 이는 여러 개의 도덕 비전을 가진 현대의 대규모 사회를 세속적인 도덕적 정당화로 포괄할 수 없다. 아리스토텔레스의 공동체의 취급에 대한 통찰력 있는 설명으로 다음을 보라. Bernard Yack, *The Problems of a Political Animal* (Berkeley:

University of California Press, 1993)를 참조.

92  국가와 공동체, 그리고 사회와 공동체의 차이는 다음을 보라. Engelhardt, "Sittlichkeit and Post-Modernity: An Hegelian Reconsideration of the State," pp. 211-24.

93  다음은 알래스카의 성 허먼(St, Herman)의 여러 일화 중 하나이다.

> 허먼 신부는, 봄철 강에 물고기가 나타날 때, 물고기가 간신히 지나갈 수 있도록 모래를 팠는데 그 물고기들은 해안을 향해 가다가 이 덫에 걸려들곤 했다. 그러면 이 노인은 다음과 같은 행동을 했다고 이그나티(Ignatii)는 전한다. 이 아파(장로)는 물고기를 잡아 내장을 꺼내고 두 조각으로 잘랐다. 매우 작은 부분은 그가 먹고 나머지는 식탁에 올려 잘게 잘라 그의 감방 주변에 항상 맴돌던 새들에게 먹였다. 더욱 놀라운 사실은 그의 감방 아래 살면서 새끼를 낳은 밍크가 있었다는 것이다! 이들이 새끼를 낳았을 때는 보통 사람이 접근하는 것이 불가능하다. 하지만 허먼 신부는 먹이를 손으로 주어 이들을 먹였다. 우리가 본 것은 기적이 아닌가! 하고 이그나티는 묻는다. 허먼이 죽은 후 새와 동물들은 떠났다.

> Michael Oleksa (ed.), *Alaskan Missionary Spirituality* (New York: Paulist Press, 1987), p. 79.

94  시그바트(Sigvat)는 『헤임스크링라(Heimskringla)』에서 스노리 스툴루손(Snorre Sturlason)을 인용하여 올라프 하랄드손(Olaf Haraldson) 특징을 다음과 같이 말한다.

> 어떤 지도자들은 신을 믿고, 누군가는 안 믿는다.
> 그들의 부하들도 그렇지만, 난 그렇게 했다.
> 신을 두려워하는 올라프가 싸워서 이겼다.
> 스무 번의 전투, 차례 차례로
> 그리고 항상 그의 오른쪽에 놓였다.
> 그리스도교 신자들은 힘든 싸움을 했다.
> 하느님이 자비를 베푸시기를, 나는 기도한다
> 그가–싸움을 피할 수 있기를

올라프 하랄드손은 정교회 가톨릭, 로마 가톨릭, 개신교에서 노르웨이의 수호성인으로 간주된다. Snorre Sturlason, *The Heimskringla*, trans. Samuel Laing (London: Norroena, 1906), vol. 2, p. 645.

95  Stanley Hauerwas, *A Community of Character: Toward a Constructive Christian Ethics* (Notre Dame, Ind.: University of Notre Dame Press, 1981).

96  종교에 대한 이러한 태도는 신앙을 다양한 문화적 습관이나 전통으로 만들어버린다. 그렇게 종교적 헌신을 전통의 다양한 형태로 제시한다. 예를 들어 다음을 보라. David M. Feldman, *Health and Medicine in the Jewish Tradition* (New York: Crossroad, 1986); Martin E. Marty, *Health*

*and Medicine in the Lutheran Tradition* (New York: Crossroad, 1983); Robert Peel, *Health and Medicine in the Christian Science Tradition* (New York: Crossroad, 1988); Fazlur Rahman, *Health and Medicine in the Islamic Tradition* (New York: Crossroad, 1989).

97 일부 이념적이고 종교적인 광신자들에게 상황은 이렇게 참을 수 없는 것까지는 아니어도 답할 수 있다. 그들은 다른 사람들의 자유를 침해하지 않아야 한다. 일부 예전 신자들은 사심과 제약 없는 헌신만이 제공할 수 있는 의미가 그들의 삶에 결핍되었다고 느낄 수도 있다. 그들은 자신의 헌신이 다른 사람들도 자신과 마찬가지로 헌신하도록 제약할 필요성을 포함하고 있다고 잘못 해석할 수도 있다. 아마도 혁명 단체에 가입하는 많은 중산층 청년은 모든 것을 삼키는 헌신을 위한 노력으로 그렇게 할 것이다. 균형감각―세속적 다원주의 사회가 요구하는 관용, 혹은 소프로시네―는 바더-마인호프 집단이나 '빛나는 길'과 같은 공산주의자, 종교재판, 또는 자신을 과도하게 성화시키고 진리에 모든 것을 마친다고 하는, 그래서 불신자를 강제 개종하고자 하는 어떤 이념적 또는 종교적 집단의 일원이 느끼는 자기파괴적 헌신과 비교해볼 때는 공허하고 무미건조하며 허약하다. 이러한 형태의 완전한 헌신을 추구하는 사람들은 헌신의 목소리가 침묵한 사회에서 자신을 발견한다. 그들은 하시딤이나 아미시와 같은 도덕적인 고립 안에서 자신들의 목표를 추구할 수 있다고 생각하지 않는다(하시딤이나 아미시는 기껏해야 증언을 통한 개종을 추구하지 결코 위력을 사용하지 않는다). 순교자로서 죽을 기회를 찾기보다 그들은 타인을 순교시킨다.

98 Archimandrite Vasileios, *Hymn of Entry*, trans. Elizabeth Briere (Crestwood, N.Y.: St. Vladimir's, 1984), pp. 75-76.

99 평화로운 복종에 대한 전통적인 그리스도교 신앙의 의지 덕분에 이 경우에 일반적인 세속 도덕성과 충돌할 일은 없을 것이다. 진실로 그리스도의 부름은 결국 절대적 복종과 사랑이다.

> 그러나 나는 이렇게 말한다. 누가 오른뺨을 치거든 왼뺨마저 돌려대고 또 재판에 걸어 속을 가지려고 하거든 겉옷까지 내 주어라. 누가 억지로 오 리를 가자고 하거든 십 리를 같이 가주어라. 달라는 사람에게 주고 꾸려는 사람의 청을 물리치지 말아라. 네 이웃을 사랑하고 원수를 미워하여라고 하신 말씀을 너희는 들었다. 그러나 나는 이렇게 말한다. 원수를 사랑하고 너희를 박해하는 사람들을 위하여 기도하여라. (『마태오』 5:39-44)

자기방어 목적으로나 정의로운 전쟁에서 사람을 죽였다 하더라도 그 이유로 파문을 당하는 것은 이 때문이다. The sixty-sixth Apostolic Canon, as well as Canon 5 of St. Gregory of Nyssa (Sts. Nicodemus and Agapius, *The Rudder of the Orthodox Catholic Church*, trans. D. Cummings [1957; repr. New York: Luna Printing, 1983], pp. 113-16, 874-76)을 참조. 세속적 이념뿐 아니라 다른 종교들은 권력을 추구하고 자신들의 도덕 비전을 동의 없이 강요하는 이해로 인해 일반적이고 세속적인 도덕의 제약과 충돌하게 될 것이다.

100 에큐메니컬 코스모폴리탄의 생활세계의 탐구와 여피에게 당연하게 여겨지는 경험의 한 장

르에서 나타나는 그 표현에 대해서는 다음을 보라. H. T. Engelhardt, Jr., *Bioethics and Secular Humanism: The Search for a Common Morality* (Philadelphia: Trinity International Press, 1991), especially pp. 33-40.

101 "Prayer of a Sick Person," in *A Pocket Prayerbook for Orthodox Christians* (Englewood, N.J.: Antiochian Orthodox Christian Archdiocese, 1990), pp. 22-23.

제3장

# 생명윤리의 원칙

　윤리와 생명윤리의 뿌리에는 깊은 긴장감이 흐르고 있다. 윤리는 단일한 실천이 아니다. 가족 유사성에 의해 연결된 서로 다른 실천들은 종종 충돌한다. 제2장에서 살펴봤듯이 도덕 이방인을 구속할 수 있는 도덕성과 생명윤리, 그리고 도덕 공유인을 구속할 수 있는 도덕성과 생명윤리 사이에는 심대하고 중요한 차이가 있다. 도덕 이방인을 구속할 수 있는 도덕성은 개인이 허락을 통해 만들어낸 권위에 의존한다. 이 도덕성은 네거티브한 구조를 가지고 있다. 그것은 용인의 권리와 의무를 밝힌다. 동의가 있어야만 개인을 활용할 수 있다는 요건은 한계를 설정한다. 한편, 이러한 도덕은 협력에의 합의를 통해 도덕적으로 내용 충만한 공동의 노력을 정당화한다. 그 도덕 이방인들의 도덕이 이 책의 초점이다.
　도덕 이방인의 도덕보다 더 중요한 것은 도덕 공유인을 구속할 수 있는 것이다. 이 도덕은 내용을 제공한다. 그러나, 다른 도덕 비전으로 틀이 잡힌 다양한 도덕 공동체가 있다. 이러한 도덕 비전은 내용 충만한 생명윤리를 산출하고, 환자, 의사, 간호사 또는 의료정책을 수립하는 시민들에게 적절한 행동 방식에 관한 실질적인 지침을 제공한다. 이 책은 그러한 도덕과 그들이 지지하는 생명윤리 문제를 다루지 않는다. 이 책은 도덕 공유인 간의 협력을 통해 생명윤리를 형성하고, 의료정책을 인도하는 특정한 내용 충만한 도덕을 탐구하지 않는다.

 도덕 이방인의 도덕은 서로 다른 도덕 공동체 출신의 개인들이 어느 정도까지 협력할 수 있는지를 보여준다. 그것은 또한 그들이 함께 행동할 때 그 권한의 한계 또한 제공한다. 도덕 이방인의 도덕은 위력이 아니라 개종에 의존하는 것이 중요하다는 사실을 보여준다. 그것은 수용을 강제하지 않을 수도 있다. 그래서 우리는 종종 다른 이의 행동이나 상황의 부당함을 이해하지만, 사태를 바로잡을 세속적인 권한을 가지고 있지 않다. 도덕 이방인의 도덕은 내용이 없고 타인의 비동의에 한계를 설정하기 때문에, 'X는 A를 할 권리를 갖지만 A는 정말 잘못이다'라는 주장을 함에 있어 종종 긴장이 표출된다.

 두 번째 근본적인 긴장은 자유의 존중과 개인의 최선의 이익을 보장하는 것의 차이에서 비롯된다. 이러한 긴장은 의료에서 반복적으로 표출된다. 환자들은 종종 의사와 간호사의 생각으로는 위험하고, 어쩌면 장애를 일으킬 수 있고, 결국은 치명적일 수도 있는 행동을 선택한다. 이러한 이들을 존중하려면, 의사와 간호사는 항상은 아니라 해도 종종, 유해한 생활 방식이나 치료 거부를 인내해야 한다. 그러나 의사와 간호사들은 의료에 종사하면서 환자들의 최선의 이익을 위해 헌신한다. 이러한 긴장은 두 가지 윤리 원칙, 즉 허락 원칙과 선행의 원칙 간의 갈등으로 인식될 수 있다. 낙태, 치료 순응(treatment compliance), 의료 거부 등과 관련된 여러 선택에서 느껴지는 도덕적 긴장은 이 두 원칙의 대비 사이에서 이해된다.

 허락과 선행은 두 가지 의미에서 원칙이다. 그것은 우리를 여러 쟁점의 묶음으로 지시하는 인덱스, 혹은 챕터의 표제 기능을 한다. 이 경우 원칙은 아마도 최우선 규칙으로서, 탐구자가 문제의 해결을 위한 특정 접근방식을 향하게끔 지시하는 규칙으로서 기능한다. 이와 같이 원칙은 근본적이지는 않다고 해도 최소한 유용하다. 이러한 원칙은 또한 도덕적 권리와 의무의 특정한 영역의 원천을 표시하는 기능을 한다. 이러한 의미에서 그들은 시초(principia)이다. 즉, 그들은 도덕 생활의 특정한 영역의 원천, 시작, 출발, 또는 기원을 표시한다. 그것은 의료에 있어서 도덕적 관심의 정당성을 위한 두 가지 다른 뿌리를 표시한다는 의미에서 원칙이다.

## 허락과 이득: 생명윤리의 뿌리에 있는 갈등

### 도덕에의 의지와 간주관성의 문제

마지막 장에서 알 수 있듯이, 세속 다원주의 사회의 생명윤리적 난국에 대한 합리적으로 정당한 해결에 이르는 데는 큰 문제들이 있다. 공통 전제가 도덕 생활에 관한 구체적인 이해를 형성하기에 불충분하고, 합리적인 논증만으로는 그러한 전제를 확신할 수 없는 경우, 합리적인 남녀는 상호 합의를 통해서만 도덕의 공통 구조를 확립할 수 있다. 그러면 도덕의 구체적인 구조는 합리적 논증이 아니라 도덕적인 관점(moral viewpoint)에 대한 의지에 기초해야 한다. 가장 일반적으로 정의 가능한 의미에서 세속적인 도덕적 관점은 특정 행동의 적절성 또는 부적절성에 관한 갈등이 상호 협약에 의해 간주관적으로 해결될 수 있음을 이해하는 지적 관점이 될 것이다. 우리는 간주관성의 기반 위에 칭찬과 비난, 상호 존중, 그리고 도덕적 권한을 둘 수 있게끔 그 관점을 받아들인다. 도덕 생활의 다양한 형태를 유지하는 도덕의 구조는 도덕 분쟁을 해결하는 데 대한 관심만큼이나 불가피한 일반적인 실천이다. 그 도덕의 측면에서 상호 존중은 허락을 통해 타인을 이용하는 것으로 이해된다.

우리는 경험적 지식 주장을 하는 간주관성의 실천과 유사성을 발견할 수 있다. 귀납의 원칙이 미래에 성공할 것이라고 장담할 수는 없지만, 지식 주장의 간주관적 확립에 관심이 있다면, 우리는 일반적인 용어로 특정한 경험적 지식 주장을 정당화하는 정전(canon)을 제공할 수 있다.[1] 그러한 지식 주장이 간주관적으로 확립될 수 있는 한, 그들은 귀납적이라고 묘사될 수 있는 접근을 전제로 할 것이다. 형이상학적인 전제나 확신이 없어도 매우 일반적이고 인간적인 실천에 필요한 조건을 표시할 수 있는데, 이는 즉 경험적 일반화의 발전이다.[2] 그러므로 우리는 실제 도덕 공동체가 형성될 것인지를 확신할 필요는 없다. 그러나 도덕 공동체가 형성되려면 도덕 세계를 간주관적으로 빚어내는 데는 실질적인 관심이 필요함을 인식하면서 필요조건을 스케치할 수 있다.

특정 어떤 특정 도덕 관점이 단지 특정 도덕 관점에 대한 쏠림 이상이 되기 위해서는 도덕성 그 자체의 개념과 마찬가지로 일반적인 도덕 구조에 대한 의지가 될 필요가 있을 것이다. 그러나 실제 윤리적 삶은 특정한 구체적인 도덕감을 필요로 할 것이다. 도덕 그 자체의 개념에 얽매이면서, 상호 협약에 의해 구체적인 도덕성을 확립하는 과정은, 위력에 의지하지 않고 도덕 분쟁을 해결하겠다는 바로 그 다짐의 요소인 일반적으로 이용 가능한 논리와 함께 존재한다는 의미에서 일반적인 합리적 정당성을 얻는다. 세속 윤리의 실천이 적어도 위력 이외의 방법으로 행동의 적절성을 확립하려는 노력이라면, 그리고 개인의 도덕감이 다양하다면, 중추적인 도덕 원칙은 공동 협상을 통한 상호 존중과, 구체적인 도덕 세계의 창조가 될 것이다.

도덕 구조는 인간 삶의 특정한 선의 요청을 다짐하는 것에 의해 특정성을 얻기 때문에, 특정 도덕 구조의 특징은 그러한 특정 요청의 세부 사항을 제공할 수 없다. 그렇게 하면 그것은 일반성을 잃을 것이다. 한편 그 도덕 구조의 특징이 인격체임(being a person)에 얽매여 있을수록, 그것은 더 굳건하게 일반적으로 정당화될 수 있다. 철학적인 물음으로서 도덕에 관한 질문을 할 때 우리는 불가피하게 가능한 한 합리적인 대답을 추구한다. 우리는 **의무적으로** 선택해야 하는 인생을 살아가거나 의술을 행하는 방식과 관련된 논쟁의 결정적 해답을 찾는데 여기서 '의무'의 위반을 금지하는 것은 위력에 의한 협박이나 죄의식이 아니라 비합리성, 비난받을 만함, 혹은 우리가 성취하고자 하는 선의 구현의 실패이다. 합리성의 구조에 얽매여 있는 도덕과 생명윤리 구조의 특징을 추구함에 있어 우리는 도덕 생활의 구체적 성격을 특징지을 만한 내용을 확보하지 못할 것 같다.

 이 요점에 대한 논증을 통해, 우리는 왜 의사가 허락 없이 의사능력이 있는 환자를 치료하거나, 실험하거나, 관리하지 말아야 하는지 이해할 수 있다. 우리는 의료에 있어서 상호 존중이라는 강력한 의무의 기초를 확립했다. 그러나 선행의 의무는 그렇게 확립되어 있지 않다. 우리는 어떤 좋음을 추구해야 하는지는 알지 못하고, 우리의 권한이 끝나는 지점만을 알 수 있다. 예컨대 우리는 치료비를 지불할 능력이 없는 사람들을 위한 의료 서비스를 제공해야 하는가? 단순히 타인에 대한 무단 행동의 금지가 아니라, 개인과 사회가 선행을 해야 하는 비계약적인 의무는 무엇인가? 베풀어야 할 선은 무엇인가? 선행을 행할 의무는 무단 위력 행사를 막아야 할 의무보다 특정 도덕 공동체들을 아울러 정당화하기 더 어렵다. 우리는 선행의 원칙을 수용하지 않고도 협약에 의해 도덕 분쟁의 정합적 해결 가능성을 가지고 있기 때문이다. 선행의 원칙은 생명윤리, 혹은 도덕 세계의 정합성을 위해 요구되지는 않는다. 이런 의미에서 이 원칙은 내가 '허락 원칙'이라고 부르는 것만큼 기본 원칙이 아니다. 선행의 원칙은 불가피한 것이 아니다. 우리는 최소한의 도덕 개념과 상충되지 않으면서, 선행과 무관하게 행동할 수 있다.

### 어떻게 칸트는 도덕 결론에 내용을 슬쩍 밀어넣었나

 도덕성을 정당화하려는 칸트의 시도를 조사한다면, 우리는 선행의 일반적인 정당화를 구하는 것이 얼마나 어려운지를 느끼게 된다. 그는 도덕적으로 행동하는 것은 자기모순이 아닌 방식으로 행동하는 것임을 보여주기 위해 노력한다.[3] 이러한 방식으로 칸트는 유사한 실체를 유사하게 간주하지 않는다면, 자기 존중에 관해서, 그리고 비난할 만한/칭찬할 만한 (혹은 행복할 만한/행복할 만하지 않은) 자신에 관해서 일관되게 말할 수 없음을 보여줄 수 있다. 칸트는 인격 존중의 윤리를 상세히 기술한다. 그러나 자기모순에만 호소한다고 해서 선행의 원칙을 정당화할 수는 없다. 사실 헤겔,[4] 그리고 그를 따라 매킨타이어[5]가 보여주듯 칸트는 윤리의 내용을 제공할 수 있는 논증을 하지 않는다. 칸트는 그 성공 여부가 다음에 달려있는 논증을 통해 윤리에 내용을 주려고 시도한다. (1) 가치로서의 자유와 제한조건으로서의 자유를 구분하는 것의 실패(칸트는 인격 존중을 확립함으로써 자율성 존중의 의무를 확립했다고 생각한다), (2) 한 가지 형태의 모순에 대한 호소. 그것은 의지의 모순이라 한다. 그는 후자에 행동을 포함시키는데, 즉 개념적 모순(conceptual contradiction)을 수반하지 않은 확신이다(권한이 위력에 근거하지 않았다는 의미에서 평화로운 공동체의 개념을 긍정하면서 한편 동시에 동의 없이 무고한 이에 대해 위력을 사용하기로 결정하는 것은 개념적 모순이다). 그러나 칸트는 우리가 스스로에 대해 그 상반되는 일을 하기를 원하지 않으면서 사실 타인에게 그것을 요구할 수 없다는 것을 믿는다(예컨대 미래에 그러한 선행이 자신에게 베풀어지기를 바라면서도 타인에게 선행을 베풀지 않는 것이다).

첫 번째 요지에 대해서, 칸트의 도덕률 존중 원칙은 단순히 동의 없이 인격체에 반하는 행위를 제약하는 것이 아니다. 그것은 자유를 중추적 가치로 확인한다. 따라서 그것은 칸트의 실제 논증을 뒷받침하는 단계를 넘어선다. 즉 그 주장은 특정한 도덕감에 호소할 필요가 있다. 칸트의 논증이 그러한 호소를 채택하고 있기 때문에, 의사능력이 있는 인격체가 확실하게 승인했다 해도 칸트는 자살을 허용하지 않는다.[6] 앞 장에서 본 바와 같이 자유의 가치를 포함하여 어떠한 가치라도 확립하려 한다면, 그 중추적 가치는 특정 윤리를 보증해야 한다. 자유를 높이 치는 것은 도덕성 그 자체의 구조를 정교하고 정당화하는 것 이상을 한다. 우리는 개인이 자살을 선택하여 (프랑스 외인부대의 용어를 빌자면) 자유롭기를 중단하게 될 시점을 자유롭게 결정할 수 있다는 도덕 경구를 확신하면서 모든 인격체를 그 자체로 목적으로 일관되게 대우할 수 있다. 상호 존중, 비난·칭찬의 언어를 가능하게 하는 필요조건으로서 자유를 존중하는 것은 어떤 특정한 가치나 좋음의 순위에 의존하지도, 위력에 의거하지도 않은 문제 해결에 대한 관심만을 필요로 한다. 자유를 도덕의 조건으로부터, 자유를 가치로부터 구분한다면, 우리는 마찬가지로 자신에 대한 의무의 기초를 상실한다. 또는 다른 말로 하자면, 그러한 세속적인 의무가 존재한다면, 스스로에 대한 의무로부터 자유롭게 해방될 수 있다.[7] 자유 그 자체를 높게 평가하지 않는 한, 우리는 무고한 이들에게 동의 없는 위력을 강제하지 않는다는 제한조건 내에서 행동한다. 이와 대조적으로, 칸트의 주장에 기초한 생명윤리는 그들이 자율성의 어떤 내용 충만한 원칙을 확신하지 않는 한 환자의 선택을 존중하지 않도록 우리를 인도할 것이다. 환자들은 자유를 가치로 여기지 않는 방식(예: 자살)을 자유롭게 선택할 수 없을 것이다.

두 번째 요지에 대해서는, 우리는 모순 없이는—형식적 모순이 아니라 우리의 의지의 모순으로 인해—내가 말하는 '선행의 원칙'을 폐기하기를 의욕할 수 없다고 주장함으로써, 칸트는 또한 윤리의 추가적인 내용을 추구한다.[8] 사실 칸트는 선행의 의무에 대한 논증이 그 반대 생각이 불가능하다는 데 근거한 것이 아님을 인정한다. 그는 대신에, 우리는 정합적으로 선행의 원칙을 존중하지 않을 수 없다고 주장한다. 강조하자면 칸트는 여기서 논리가 아닌 의지의 모순을 본다. 이러한 차이는 그가 인정하듯이, 선행의 의무를 엄격한 의무가 아닌 칭송할 만한 의무로 보이게끔 한다. 칸트는 이런 입장을 취하는 사람의 정서를 다음과 같이 묘사한다. "내 관심사는 무엇인가? 각자가 하늘의 뜻에 따라, 또는 그가 할 수 있는 한, 행복해지도록 하라. 나는 그에게서 어떤 것도 빼앗지 않을 것이며, 심지어 선망하지도 않을 것이다. 그러나 나는 그의 복지, 또는 도움을 필요로 하는 순간에 기여할 마음이 없다."[9] 이에 대해 칸트는 비록 우리는 그런 것을 비록 보편적인 자연법으로서 정합적으로 받아들일 수는 없지만, 그런 원칙이 모든 곳에서 자연법처럼 관찰되어야 한다고 **의욕하기는** 여전히 불가능하다고 주장한다. "이러한 것을 해결하는 의지는 종종 스스로와 충돌을 일으키는데, 그가 타인의 사랑과 동정을 필요로 하는 순간, 그리고 자신의 의지로부터 솟아난 어떤 자연법칙으로 인해 자신이 기대하는 모든 도움에 대한 희망을 스스로 앗아버리는 순간이 종종 발생하기 때문이다."[10] 선행의 원칙을 정초하기 위해 칸트가 개념적 모순보다는 의지의 모순에 의존하는 것은 이런 의미에서 그렇다.

칸트의 이 제안은 휴리스틱하다. 도덕 세계는 그것이 합리적 삶의 개념에 매여 있다는 점에서 엄격한 정당화를 인정하는 하나의 차원, 그리고 공감의 개념에 매여 있는 두 번째 차원으로 구분될 수 있다. 칸트를 소환한다면, 이 사안은 이렇게 된다. 즉, 우리는 타인의 불행을 배려하면서도 다양한 도덕 공동체를 아우르는 윤리의 개념에 입각한 선행의 원칙이 엄격한 도덕적 의무가 아닌 합리적인 도덕적 이상을 제공한다고 정합적으로 주장할 수 있다. 게다가 우리에게 유일한 정전적 이상만이 제공되지는 않을 것이다. 이것은 이롭지 않은 행동이 평화로운 공동체의 개념과 상충되는 것이 아니라 오히려 자비로운 공동체의 개념과 상충되는 것이며, 선행에 대한 수많은 내용 충만한 이해가 존재한다는 점에서 그러하다. 그 결과, 평화롭지만 자선에 무관심한 개인에 대해 위력을 사용할 권한은 없는데 왜냐하면 그것은 세속적인 윤리의 핵심인 평화로운 공동체의 개념에 위배되기 때문이다. 사실 그것은 세속 도덕성의 핵심에 있기 때문에 그러한 위력을 사용하는 이들은 비난받을 것이다. 선행의 원칙은 권고적이고 비결정적인 반면, 허락 원칙은 구성적이다. 그 결과, 인격에 대한 존중의 측면에서 자유롭고 충분한 정보에 의한 동의의 국제적 기준을 결정하는 것은 용이하지만, 나쁘지 않은, 혹은 기본적인 의료의 기준을 정하기는 더욱 어렵다.

선행의 원칙은 적어도 도움이 필요한 이들에게 자선을 베푸는 것이 좋다는 것 정도는 제시할 수 있다. 비록 이 원칙이 사람들에게 자선을 위력으로 강요하거나 자선의 내용을 명시하는 것을 정당화하지 못한다 해도 그렇다. 따라서 의사가 빈곤한 환자에게 무료로 의료 서비스를 제공하는 것은 좋다. 이것의 위반은 적어도 계약이나 협약으로부터 도출되지 않은 자선을 철회하는 것을 정당화한다. 이 원칙은 우리에게 도덕적 삶이란 무엇인가를 상기시킨다. 즉, 어려운 동료 시민에게 재화를 제공하겠다는 다짐을 통해 공감의 그물망을 만드는 것이다. 그러나 무엇을 도덕적 주장으로 여길 만한 것인가는 특정 맥락에서만, 그리고 종종 다자간 협약에 의해서만 결정될 수 있다. 의사의 의무는 의사 사회의 모든 구성원이 의사는 실제로 필요한 사람들에게 일정한 범위의 서비스를 무료로 제공해야 한다는 데 동의하면 더욱 실질적인 것이 된다.

우리는 그의 선행의 원칙을 옹호하면서 신중하게 칸트를 읽고 싶은 유혹을 받을 수 있다.[11] 그러나 이 문제는 공감의 상호 그물망으로 도덕성을 이해할 수 있는 필요조건을 일깨워주는 것으로서 더욱 강력하고 정합적으로 이해된다. 평화로운 공동체의 구조라는 설명에 의해 도덕적인 삶이 고갈되지는 않는다. 그것은 또한 상호 공감의 구조이기도 하다. 문제는 이 두 번째 이해는 얼마나 불가피하고 그 내용은 무엇인가 하는 것이다.

### 부도덕함의 제재

우리는 여기서 부정행위에 대한 도덕적 제재에 주목해야 한다. 세속 도덕에는 법과 종교의 제재가 없다. 그것은 그 자체로는 사형에 처하거나,

옥에 가두거나 벌금을 물리거나 지옥에 떨어지게 할 수 없다. 세속 도덕은 특정한 행동 방식이 비난의 정당성을 입증하거나 행위자가 추구하는 목적의 실현을 방해한다는 것을 보여줄 수 있다. 세속 도덕은 언제 방어력이나 징벌력이 정당화되는지를 보여줄 수도 있다.[12] 그러나 그 자체로는 물리력이 없다. 도덕의 제재는 그 정당성에 구속된다. 무고한 이를 상대로 위력을 행사하는 것은 다른 이들이 자신에게 그런 위력을 사용하는 것은 잘못이라고 하는 것과 양립할 수 없으며, 또는 우리가 다른 누군가의 행동을 싫어하고 그것을 자제하기를 바라는 것 이상으로 무엇이 칭찬/비난할 만하다고 하는 것과 양립할 수 없다.[13] 간단히 말해 허락 원칙에 의해 빚어진 평화로운 공동체의 개념은 사람들의 삶에서 중요한 요소다. 도덕 공동체 전반을 아우르는 도덕에 대해 이야기하려는 순간 우리는 그것을 받아들인다. 그것을 채택하지 않는 것은 세속적이고 다원적인 사회에서 정합적인 도덕 담론의 기초를 잃는 것이다. 허락 원칙은 오직 동의가 있을 때 타인을 이용할 수 있다고 요청한다는 의미에서 상호 존중의 도덕성에 근거를 둔다. 그 제재는 지적인 것이다. 윤리 문제를 제기하는 것은 행동의 정당성에 관한 지적 질문을 제기하는 것이다.

 선행의 경우는 도덕성의 정합성이 아니라 내용의 필요에 달려 있다. 내용 생성 절차를 정당화하는 허락 원칙과 달리 선행의 원칙은 도덕 실천의 내용을 규명한다. 허락 원칙은 환자들을 단지 수단으로 이용하지 말아야 함을 보여준다. 즉, 선행의 원칙은 의학을 인도하는 구체적인 도덕적 목적을 지지한다. 그러나 특정 도덕감들은 삶의 경쟁하는 좋음들의 순위를 정한다. 가장 일반적인 형태의 선행의 원칙은 단순히 도덕 논증은 무엇을 하는 것이 좋은지 혹은 적절한지에 대한 질문에 집중한다는 신호를 보낸다. 선행의 원칙의 어려움은 특정 좋음의 순위가 특정 도덕감에 달려 있고, 따라서 (다양한) 도덕 공동체들을 아우를 수 없다는 상황에 있다. 그 내용은 특정한 협약, 도덕 비전, 또는 공동체에 구속된다. 이는 정말 난관의 핵심이다. 예를 들어, 어떤 상황에서, 그리고 어느 정도까지 타인을 도와야 하는 의무는 스스로를 위해 자의적으로 자유 시간을 갖는 것의 좋음을 능가하는가? 좀 더 구체적으로 말하면, 개업의는 업무 중 얼마나 많은 시간을 가난한 사람들을 위한 무료 진료에 할애해야 하는가? 선행에 대한 윤리적 불일치는 도덕적 다짐을 한 공동체들을 갈라놓는데 왜냐하면 특정 도덕 감을 확립하는 세속적으로 합리적인 결정적 논증이란 없기 때문이다. 어떤 특정한 관점의 선행을 정당화하는 문제는 그러한 상황에서 해결 불가능하다.

일반적이고 세속적인 윤리—그 일반성 내에서 인격체의 노력에 통합된다—의 기술이 가능한 한, 그 윤리 이론은 삶의 불가피한 요소로 정당화된다. 이러한 방식으로 허락 원칙이 정당화되었다. 즉, 그것은 도덕적 권한을 가지고 도덕 이방인 사이의 도덕 분쟁을 해결하고 칭찬과 비난의 최소한의 세속적인 윤리적 용어를 유지하는 데 필요한 조건이다. 그것은 이런 의미에서 형식적이다. 그것은 상호 협약을 통해 세속적인 다원주의 사회에서 도덕적 권한을 창출하기 위한 텅 빈 절차를 제공한다. 그것은 낙태, 피임, 자살이 도덕적 권한으로 금지되지 않을 수 있음을 보여줄 수 있지만, 가난한 이들을 위해 낙태와 피임 비용을 지불하거나, 도움이 필요한, 조력 자살을 하려 하는 합리적인 이들을 돕는 것이 좋다는 것을 보여줄 수는 없다. 우리는 합리적인 삶은 선(善)을 공동으로 추구하는 것에 관심을 갖는다고 주장할 수도 있다. 그러나 허락 원칙을 통한 상호 존중에 대한 호소와는 달리, 선행의 원칙은 어떤 실용성을 가지려면 **특정**(particular) 도덕 공동체 내에서 특정화될 필요가 있다.

결과적으로 선행의 원칙은 또 다른 이유로 허락 원칙보다 더 조건부적이다. 만약 누군가가 '왜 나는 다른 이들에게 선을 행해야 하는가?'라고 묻는다면, 우리는 '그렇게 하지 않는다면, 당신은 자신을 포함하여 일반적으로 인격체를 존중해야 하는 원칙을 부인한 것이므로, 도덕적 권한의 가능성을 부정하게 된다'라고 대답할 수 없을 것이다. 그 대신 우리는 기껏해야 '우리가 다른 이들에게 선을 행하지 않는다면, 우리는 선행의 왕국, 혹은 선을 행하는 공동체라 부를 만한 것의 가능성을 확신하지 못하게 될 것이다'라고 반박할 수 있을 것이다. 선행의 원칙은 선한 삶과 서로 인간적인 공감을 추구하는 데 대한 관심을 반영한다. 그것은 복지와 사회적 공감의 도덕이라 부를 만한 것의 근거다.

인간은 사회적 동물이고, 결과적으로 그들은 선을 사회적으로 받아들이는 경향이 있다. 그러나 누군가가 그렇지 않다면, 우리는 그가 그다지 동정심이 없다는 명백한 사실을 넘어서서 무엇을 말할 수 있을까?[14] 도덕의 측면에서 동정심이나 선행이 없음에 대한 제재가 무엇일까? 허락 원칙을 어긴 경우 그 제재는 보복의 위력 사용에 반대할 근거를 잃을 정도의 비난이 된다. 허락 원칙을 어긴 개인은 평화로운 공동체에서 쫓겨난다. 그러한 죄인에게 방어력을 사용하는 사람은 세속적인 도덕성을 침해하지 않는데, 왜냐하면 그 죄인은 그 위력의 사용을 비난하기 위해 그들이 거부해버린 원칙에 정합적으로 호소할 수 없기 때문이다. 따라서 그 제재는 무거운 것이다. 그러나 만일 우리가 선행을 베풀지 않는다면, 우리는 기껏해야 그 선행의 공동체로부터 스스로를 단절시킨다. 그러한 지원을 제공하기로 계약하지 않는 한, 우리는 스스로 동정심이 없다면 자선가들의 동정과 지원을 정합적으로 요구할 수 없다는 것은 진리이다. 그 경우 그들의 지원은 선행의 원칙이 아니라 허락 원칙에 바탕을 둘 것이다. 일종의 원칙으로 선행을 거부하는 것은 도덕적 삶의 본질적인 빈곤으로 이어질 뿐, 완전한 거부로 이어지지 않는다. 더욱이 대부분의 사람은 선행의 원칙을 노골적으로 거부하는 것이 아니라, 오히려 **그들의** 원칙을 다른 사람의 것으로 대체하기를 바랄 뿐이다.

그러나 개인이 단순히 선을 행할 의지나 선행을 거부하는 것이 아니라 다른 사람에게 악을 행하겠다는 의지를 가질 때, 이 악인은 허락받아 행동할 때도 도덕 공동체와 의절한다. 두 가지 중요한 변형이 있다. 첫째로, 악의적인 개인은 다른 개인이 선하다고 생각하는 것, 그가 동의한 것을 할 것이다. 그러나 악의적인 개인은 그것을 악이라고 이해한다. 예를 들어 낙태가 악하다는 것을 알면서 그 행위를 선으로 여기고 동의한 여성에게 낙태를 행하는 의사를 생각해보자. 그 의사가 그녀를 악에 끌어들이려는 앙심을 품고 그런 짓을 한다고 상상해보라. 그 의사는 그녀의 입장에서 볼 때는 선행을 한 것이지만, 이 경우는 허락받고 악의적으로 행동한 것이다. 두 번째 경우, 악한 개인은 그것이 악하다고 주장하지만 수용하기로 동의한 다른 개인을 위해 선을 행한다. 우리는 이번에는 앞의 의사가 싫어하는 여호와의 증인 신도에게 그 의사의 동생이 수혈을 해주는 것을 상상해 볼 수 있다. 그 의사는 그 신도를 위해서가 아니라 그의 순수한 신체적 이득을 위해 수혈을 주장한다. 반면 그 신도는 그 의사의 꼬드김 때문에 허약한 신앙심의 결과 수혈을 받아들인다. 그 의사의 소망은 그 시점부터 그 신도가 양심의 가책을 갖고 살기를 바라는 것이다.

그런 악행은 무엇이라고 말할 수 있겠는가? 첫째로, 해악금지 의무는 선을 행해야 하는 의무보다 더 강하다. 선을 베풀지 못하는 경우, 우리는 도덕의 핵심 목적—선을 행하는 것—에 부응하지 못하면서 살게 된다. 그러나 악행의 경우, 우리는 이 목적에 반하는 행동을 한다. 이는 선악에 대한 어떤 내용 충만한 이해에 호소하지 않아도 그럴듯해 보인다. 악행은 선의 거부이기 때문에, 우리는 해악금지 원칙을 선행에 대한 도덕적 관심의 가장 구속력 있는 요소로 인식할 수 있다. 그렇다면 우리는 악인에 대항하는 위력을 사용할 수 있는 허락을 받은 것인가? 악행의 대상인 인격체가 그 악행에 동의할 때, 악은 어떤 방어력이나 징벌력을 사용하기 위한 일반적이고 세속적인 근거를 무효화하고 행해진다. 왜냐하면 세속적인 도덕적 정당성의 핵심은 승인(authorization)이기 때문이다. 그럼에도 불구하고, 동의할 수 없는 미래의 인격체, 심지어 도덕 행위자가 아닌 도덕적인 주체에 대해 악의로 한 행위에 대해서는 정당한 방어력이 동원될 수 있다. 악행을 막는 것은 특정한 도덕 비전을 상정할 필요가 없다. 더욱이 허락 없이 악하게 행동하는 사람은 방어력과 마주쳤을 때 항의할 근거가 없다.

 이런 성찰과 함께 우리는 이제 부도덕에 대한 제재를 재론할 수 있다. 첫째, 이미 언급한 바와 같이, 철학적 논증은 특정한 종교적인 논증을 통해 이용 가능한 제재를 산출하지 못할 것이다. 철학자는 특정한 형태의 부도덕이 영원한 고통을 받게 됨을 보여줄 수 없을 것이다. 철학은 법의 제재를 갖지 못한다. 그것은 벌금, 투옥, 채찍질을 제공할 수 없다. 앞서 살펴본 논증은 평화로운 공동체의 개념에 반하는 행동은 우주 어디에 있는지 합리적인 존재의 눈으로 볼 때 비난받을 만하다는 것을 보여준다. 결과적으로, 우리는 그 방어력, 징벌력, 또는 보복력에 항의하는 것에 대해 어떤 근거도 상실한다. 우리는 위력을 통한 도덕 분쟁 해결의 대안으로 윤리에 관심을 갖는 순간에 상호 존중을 다짐했다. 그리고 상호 존중의 원칙을 거부하면, 다른 이들이 위력으로 대응할 때 합리적으로 항의할 수 없다. 부도덕에 대한 제재와 관련된 질문은 지적이기 때문에 그 제재는 지적이다. 제재는 이를 침해하는 개인을 무법자로 선언하는데, 이는 부도덕한 행동을 계속하는 한, 그가 지속적으로 항의할 수 없는 죄목이다. 자율성에 대한 성찰은 상호 존중의 도덕성을 정당화하는데, 그 제재는 존중의 근거, 그리고 타인으로부터의 방어적·징벌적 행위에 대한 항의의 근거의 상실이다. 그러나 선행의 도덕성에 대한 성찰은 공동 복지의 도덕성에 초점을 맞추고 있다. 선행의 도덕성을 긍정하는 것은 공동선을 긍정하는 것이며, 그것은 상호 공감의 직조물이고 이는 복지의 도덕을 형성한다. 선행을 노골적으로 거부하는 것은 다른 이들의 공감에 대한 모든 권리를 잃는 것이다. 그러나 특정한 선행의 원칙을 거부하는 것은 단지 특정 맥락이나 공동체 안에서 다른 이들의 공감을 상실할 뿐이다. 요컨대 허락 원칙의 위반은 그 침해자의 자율성을 우회하는 것을 정당화한다. 선행의 원칙의 위반은 다른 이들에게는 거부한 선행을 받을 자격이 있다는 그 침해자의 주장을 무력화한다.

**선행의 원칙에 권한과 내용을 부여하기**

그렇다면 선행의 원칙에 대해 무엇을 말할 수 있을까? 이 책의 독자가 굶주린 가난한 사람들을 돕기보다 이 책을 사는 데 돈을 쓴 것은 적절했는가? 만약 이 책을 사는 것과, 멸종위기종을 구하거나, 제3세계의 굶주린 자들을 먹이거나, 오스트레일리아의 어떤 어린이가 구명 가능성이 50퍼센트 미만인 고가 치료를 받을 수 있도록 기금을 내는 것 사이에 선택할 수 있다면? 어떤 원칙에 기초하여 우리는 얼마나 선행이 필요한지, 어떤 형태를 취해야 하는지 결정할 수 있는가? 그 어려움은 선행이 언제 의무가 되는지 결정하는 데 놓여있지, 칭찬받을 만한 방식으로 행동하는 것에 놓여있지 않다. 이는 추상적으로 명확한 답을 내릴 수 없는 것 같다. 다른 동물뿐만 아니라 인간에게도 피해가기 위해 달성해야 할 선의 범위는 넓고 복잡하다. 요구와 욕구가 특정한 의무를 부과하는 시점과 더불어 올바른 순서는 논쟁의 대상이다. 다른 동물뿐 아니라 인간에게도 성취해야 할 선과 피해야 할 악의 범위는 넓고 복잡하다. 그 정확한 순서는 논쟁거리이며, 욕구와 욕망이 특정한 의무가 되는 지점의 문제도 그러하다.

이것이 의무, 그리고 선행에 대한 권리라는 두 가지 큰 난제로 이어짐을 기억하는 것이 중요하다. 우리는 (1) 그 내용(좋은 삶에 관한 특정한 관점에 의존한다)과 (2) 그 권한(즉, 다른 것이 아닌 어떤 특정 선행의 관점을 요구하는 권한. 이는 그 불편함이나 반대의 경향으로 인해 선행의 의무에서 벗어날 수 있는 환경의 중요성을 포함한다)을 정해야 한다.

선행의 결합은, 그것이 확립되려면, 내용과 권한을 모두 확립하는 묵시적이거나 명시적인 상호 이해를 통해 그 틀이 마련되어야 한다. 특정한 도덕 공동체의 울타리 안에서, 특정한 사회적 맥락에서만, 실제로 선행의 결합이 무엇인지를 발견할 수 있다. 개인을 친구, 동료, 배우자, 부모, 자녀,

환자 및 의사라는 특별한 역할 안에서 구속하는 선행의 결합은 부분적으로 계약적이다. 나는 이를 명시적인 계약이 아닌, 암묵적인 이해의 그물망으로 제안하고자 한다. 어떤 이들은 언약(covenant)이라는 용어를 사용하여 그러한 이해에 특별한 차이를 부여하려고 한다. 그들은 의심의 여지 없이 준종교적 의미를 시사하고자 한다. 비록 언약의 성서적 의미는 정복의 위력과 더불어 조약의 개념으로부터 유래하기는 했지만 말이다.[15] 어떤 경우든, 우리는 묵시적이든 명시적이든 다짐과 이해의 그물망 혹은 연결망을 구축하며, 이는 도덕적 이해의 구조를 지탱한다. 이러한 이해는 대개 개정이 가능하다.

우리는 많은 상황에서 친구, 동료, 환자, 의사, 또는 의료 제공 시스템을 선택할 수 있다. 심지어 부모의 친권을 박탈하거나 아이를 입양할 수도 있다. 우리는 이민을 가거나 보다 실질적인 동의를 하고 사회단체에 가입할 수 있다. 우리는 당적을 바꾸거나 새로운 종교로 개종할 수 있다. 비록 역사, 문화, 환경이 그러한 선택을 제약하고 있지만, 친밀한 접촉이 가능한 다수의 도덕 공동체를 포함하고 있는 세계에서의 삶은 그러한 사회적 유대감의 형성과 재형성의 가능성을 매일같이 보여준다. 그러나 여기서 문제가 되는 선행의 원칙은 특정한 도덕 공동체에서만 지탱되는 것이 아니다. 밤부티족, 이크족, 공화정 로마인, 또는 현대의 정통 유대교나 메노나이트 그리스도교인의 공동체 안에는 종종 복잡하지만 선행의 원칙을 구체적으로 지탱하는 도덕적 이해의 망이 있다. 그러한 원칙의 측면에서, 우리는 환자에 대한 의사의 선행의 의무를 상세히 스케치할 수 있다. 그러나 다양한 공동체를 아우르는 선행의 원칙은 특정한 선의 순위를 지지할 수 없고, 일반 개인에게 일반적인 선의 제공만을 지지할 수 있다. 그 원칙은 기껏해야 선행의 특별한 역할이 그러한 관계를 특징짓는다는 것을 표시할 수 있다. 선행의 원칙은 일반적으로 그저 선을 행하는 원칙이다.

실제로 선을 행한다고 간주되는 것에 대한 상이한 이해로 인해, 세속적인 도덕에서는 선행의 원리를 황금률로 이해할 수 없다. 만약 어떤 사람이 다른 사람에게 자신을 대해주기를 원하듯 행동한다면, 사실 그는 상대의 의지에 반하여 타인에게 좋은 삶에 대한 특정 관점을 강요하는 것일지도 모른다. 따라서 황금률은 좋은 삶에 대한 특정한 구체적인 이해를 전제적으로 부과하는 근거가 될 수 있다(사실상 그래오긴 했다). 이러한 횡포를 피하기 위해서는 '다른 사람에게 그들이 원하는 선을 행하라'는 긍정적인 형태로 선행의 원리를 표현할 필요가 있을 것이다. 그러나, 우리가 다른 사람에게, 우리 혹은 우리가 속한 도덕 공동체가 그들의 선이라 주장하는 바가 아니라, 그들 자신이 자기들의 선이라 주장하는 바를 행하려고 하는 한, 선을 행하라는 의무의 의미는 약해진다. 첫째, 우리 자신의 도덕 공동체 안에서 선행에 대한 우리 자신의 이해는 타인들에게 선을 행하기 위해 떠맡아야 하는 부담의 기준을 정할 것이다. 둘째, 우리는 타인을 위해 선을 행하는 적절한 부담을 치른다는 관점을 선악의 위계, 그리고 의무와 초과의무에 관한 다른 관점을 가진 다른 도덕 공동체에 속한 이에게 선을 행한다는 관점으로 바꿀 필요가 있다. 셋째, 우리 자신의 도덕 공동체 안에서 우리는 타인들이 자신의 선으로 여기는 것이 촉발하지 말아야 할 해악이나 교사하지 말아야 할 악이라고 이해할지도 모른다.

    A 공동체에 속한 의사를 생각해보자. 그는 성공 확률은 매우 낮고 비용은 매우 높더라도 생명을 구하는 것이 중요하다고 주장한다. 이 공동체에서는 GDP의 3퍼센트 이상이 오로지 중환자 치료에 지출되고 있으며, 전체 GDP의 18퍼센트가 의료비로 지출된다. GDP의 4퍼센트만을 의료에, GDP의 0.3퍼센트만을 중환자실에 투자하면서 5퍼센트는 철학과 예술에 투자하는 B 공동체를 방문하고 이 의사는 충격을 받는다. B 공동체의 사람들은 틀렸는가? 그들은 의학적인 선에 대한 오도된 감각을 가지고 있는가? 아니면 그들은 대신에 훌륭한 인문학과 좋은 예술(그러한 탁월함이 투자를 통해 성취된다는 것을 전제로)에 쉽게 접근할 수 있게 하여 타인에게 선

을 행하는 것에 대한 올바른 감각을 가지고 있는가?

'다른 사람에게 그들이 원하는 선을 행하라'라는 격언으로 선행의 원칙을 표현하는 것은 타인의 최선의 이익에 대한 어떤 이야기든 그러한 최선의 이익을 구성하는 것에 대한 특정 판단을 전제로 함을 인식한다. 우리가 도덕 공동체들을 아울러 말할 때, 서로 다른 도덕적 의미를 띤 최선의 이익에 대한 서로 다른 판정이 전제된다. 더욱이 상호 존중의 도덕성은 그들이 원하지 않는 선의 제공에 대한 거부권을 부여한다. 반면에 우리 자신이 속한 도덕 공동체의 도덕적 통찰은 그들이 선이라 주장하지만, 우리는 악하거나 해롭다고 알고 있는 것을 타인에게 행하는 것을 금지할 수도 있다. '다른 사람에게 그들이 원하는 선을 행하라'라는 격언은 (1) 해로운 것으로 알려진 선이나, (2) 어떤 의미에서 잘못될 선의 제공을 인식하지 않는 한 '다른 사람에게 그들의 선을 행하라'로 이해되어야 한다. 선의 다양한 비전 사이의 갈등 때문에, 좋은 사람은 다른 사람에게 해야 할 일이 종종 해악으로 보일 것임을 인식한다. 우리는 허락 원칙에 의해 우리가 그들에게 좋다고 생각하지만, 그들은 해악으로 여기는 것을 다른 이에게 행하는 것을 금지당할 수 있다. '그들의 선'의 모호함은 제7장에서 관심을 가진 주제인 온정적 간섭주의에 대한 우려의 근원에 있다. 일반적으로 개인이 하나의 도덕 공동체와 하나의 도덕감을 더 많이 공유할수록 선행의 도덕적 의무는 더욱 명확하게 정의되고, 선의 본성에 관하여 제공자와 수혜자 사이에 더욱 일치를 보게 될 것이다.

다른 이들에게 더 심각한 해를 끼치거나 사실상 도움을 구하는 바로 그 사람을 해치기 때문에 어떤 개인은 타인에게 이득을 제공할 의무가 없다는 주장이 적절할 수 있다. 두 번째 사례에는 해악금지 원칙의 예를 들 수 있는데, 이 원칙은 선행의 원칙을 특별하게 적용하는 것이다. 그것은 우리가 선행의 원칙을 침해한다면 다른 이에게 어떤 서비스를 제공할 의무가 없다는 사실을 강조한다. 여기서 나는 해악금지 원칙을 그 개인이 반대하지 않는 (그리고 그가 동의할 것으로 추정되는) 또 다른 해를 입히지 않는 것으로 사용한다. 열정적인 연애 끝에 괴테의『젊은 베르테르의 슬픔』을 읽고 친구 집에 와서 자살할 목적으로 16구경 엽총을 빌리는 대학 2학년생을 생각해보자. 허락 원칙은 요청이 있다면 그 엽총의 제공을 금지하지는 않겠지만, 해악금지 원칙은 그렇게 할 것이다. 의학적 예에는 정당하지 않은 시술, 약물 또는 기타 치료 요청이 포함될 수 있다. 우리 자신의 도덕감에서 그 선의 제공이 해와 균형을 이룬다고 보이지 않는 한, 타인에게 선을 행하는 것은 의무이거나 초과의무일 것이다.

예를 들어, 유방암에 대한 적절한 치료는 근치적 유방 절제술뿐이라고 확신하는 외과 의사를 생각해보자. 만약 그 외과 의사가 암종의 외과적 절제 후 방사선치료와 항암 화학요법을 원하는 환자와 만난다면, 그는 이것이 그 환자의 생존과 관련된 선을 극대화한다고 믿지 않더라도 환자의 말을 따를까? 여기서 답은 '그렇다'인데, 이는 그 의사도 기능 및 외관에 대한 환자의 우려를 인식할 수 있고, 그 환자가 단지 최대 기대 여명, 최상의 외관, 최대한의 팔의 사용, 자유 가치의 극대화 간에서 균형을 이루는 다른 가치의 위계를 가지고 있다고 주장할 수 있기 때문이다. 그 의사는 완전한 맥락을 고려하면 환자에게 환자 자신이 요구하는 치료를 제공하는 행위가 유익하다고 간주할 수 있다. 15세 소녀가 십대의 성행위는 바람직하다고 믿지 않는 의사로부터 피임에 관한 정보를 구하는 경우도 마찬가지일 것이다. 그 의사는 심지어 그 정보의 제공이 청소년 성행위의 가능성을 증가시킬 수 있다고 주장할 수도 있다. 그럼에도 그 의사는 원치 않는 임신의 영향은 피임 정보와 자료를 제공하는 것의 이득과 균형을 이룬다고 적절하게 판단할 수 있다.

여기서 우리는 다시 한번 이러한 도덕 원칙들에 대한 논의의 맥락을 기억해야 한다. 즉, 특정한 도덕 공동체들을 모두 아우르려는 시도 말이다. 우리가 도덕 공동체들 전반에 걸쳐 도덕적 권한의 토대를 모색해야 하는 것처럼, 우리는 그러한 공동체들을 아우르는 도덕 내용의 특징을 탐색해야 한다. 허락 원칙은 예컨대 동의의 필요성을 나타낸다. 마찬가지로 선행의 원칙은, 우리가 희망하기에 도덕 공동체들을 아울러 환자에게 적절한 것—빈민에게 최소한의 기본적 의료 패키지의 제공 같은 것—에 대한 신호를 보낼 수도 있다. 이것은 적어도 어떤 구체적인 방식으로도 가능해 보이지 않는다. 우리에게는 오히려, 허락 원칙과 선행의 원칙이 남는데, 이는 권한의 일반 원칙과 선의 일반 원칙으로서 대비를 이룬다. 특정 도덕 공동체들을 아우르는 원칙으로서, 그것은 최소한의 내용만 가지고 있다. 이러한 상황은 선행의 원칙을 타인에게 삶의 좋음을 제공하는 데 대한 일반적인 관심으로 만든다. 다소 공허하더라도 선행의 원칙은 핵심적이다. 도덕적인 난관은 누가 도덕 분쟁을 해결할 권한을 가지고 있는지에 관한 난관만이 아니다. 그것은 추구해야 할 좋음의 성격에도 관심을 갖는다. 실제로, 어떤 평화로운 사회라도 그 구성원들로부터 권한을 구하는 한, 좋은 삶에 대한 구체적인 이해는 선(좋음)과 해에 대한 순위, 비전 또는 이해를 전제로 한다. 그 결과, 세속 다원주의 사회에서 도덕은 이질적인 도덕 비전을 가진 공동체들을 아우르는 도덕적 권한의 범위 내에서 선을 행하는 것이다.

**특정** 도덕 공동체의 가능성의 필요조건은 (1) 그 안에서 선을 추구하고 해를 회피하는 데 대한 이해, (2) 도덕적 권한의 제약, 즉 허락을 추구한다. 선과 해악은 특정한 도덕 비전을 가진 공동체의 맥락 안에서 구체적인 도덕적 의의를 지닌다. 허락 원칙은 모든 도덕 공동체의 경계를 나타낸다. 그것을 위반하는 것은 일반적으로 도덕 공동체의 적이 되는 것이다. 하지만 그것을 기리는 것만으로는 아직 그 도덕 공동체의 일원이 될 수 없다. 이는 부분적으로 허락 원칙은 오직 용인의 원칙이기 때문이다. 그것은 부정(否定)의 원칙이다. 일반적이고 세속적인 도덕에서는 허락 원칙이 어떤 구체적인 선악을 넘어서 있지 않고, 그 앞에 있다. 도덕적인 삶의 내용이 획득되는 것은 오직 긍정적인 선행의 원칙을 통해서만 가능하다. 그러므로 선을 베풀지 않는 것은 그 도덕 공동체의 적이 되는 것도 아니고, 일원이 되는 것도 아니다. 자신의 고독한 이익을 추구하면서도 타인의 권리를 침해하지 않는 개인은 일종의 도덕적 림보(limbo)에 빠진다. 우리가 어떤 도덕 공동체를 형성하는 사업에 전념하고, 선행에 내용을 부여하는 것은 오직 선행의 원칙을 긍정하는 데 있다.

생명윤리의 경우 이는 허락을 통한 권위의 요구에 기인하는 제한조건의 이해가 핵심적이지만 적절한 의료 서비스에 대한 설명으로는 불충분함을 의미한다. 우리는 동의를 보장해야 하고, 낙태와 피임을 금지하는 것을 삼가야 하며, 의료 서비스의 사적 층위를 유지하도록 개인의 권리를 존중해야 한다. 그러나 일반적인 세속적 도덕에서 용인(forbearance)의 의무라는 이 필요한 거미줄은 도덕적 삶(moral life)의 그림으로는 불충분할 것이다. 이와 더불어 우리는 환자에 대한 관리와 지원을 제공하는 의사와 사회의 의무를 결정하는 것도 필요하다.

선한 행동과 의료정책에 대한 실질적인 도덕적 권한을 획득하는 어려움에 대한 모호함을 인식하기 위해서 우리는 도덕 공동체, 사회 또는 정치조직 사이의 차이를 주목해야 한다. 내용 충만한 도덕 공동체는 도덕적 권한 안에 있는 개인뿐만 아니라 도덕적 권한을 가진 자들로 가득 차서 온전한 도덕적 전통, 관습, 그리고 선한 삶의 이해를 즐긴다. 그 구성원들은 도덕 공유인으로 만나서, 건전한 합리적 논증이나 일반적으로 인정된 도덕적 권한에 호소하여 도덕적 논쟁을 해결하기 위해 충분한 도덕적 전제, 증거와 추론의 규칙을 공유한다. 때때로 이러한 공동체(community)와 정치조직(polity)은 거의 동일할 것이다. 아마도 그리스 도시국가들에서는 이런 경우가 있었을 것이다. 아마도 많은 일본 마을에서는 여전히 그런 것 같다. 그러나 도시국가들은 기벨린과 구엘프의 역사와 북부 이탈리아 도시들에 대한 이중 행정에서 알 수 있듯이 중요한 다른 공동체들에 맡겨질 수 있다. 어쨌든 거대 정치조직은 도덕 공동체가 아니라, 오히려 특정 공통 임무를 가진 개인, 때로는 다양한 공동체의 연맹이다. 거대 정치조직은 정의, 공정, 공동체, 도덕적 염결성, 그리고 좋은 삶에 관한 상이한 관점을 가진 다양한 공동체를 아우른다. 거대 정치조직은 개인과 공동체를 도덕적·정치적·이념적·종교적 다짐을 가진 개인과 공동체를 아우른다. 거대 사회가 선행 프로그램(예: 의료 제공)을 수립하는 것은 가능하지만, 그 선행에 관한 **단일한** 공통의 이해는 없을 것이다. 예를 들어, 몇몇은 기본적인 인권이나 요구에 대한 요청으로 의료를 바라보게 될 것이다. 다른 이들은 의료를 특정 서비스에 대한 임의의 공약으로 볼 것이다. 또 다른 이들은 고속도로망 개선 대신이라는 정치적 대가를 치르면서 제공되는 공약으로 의료를 이해하게 될 것이다.

사회와 공동체라는 용어의 대비는 어느 정도 규정적이다. 많은 공동체는 도덕적 이해의 틀을 구성하는 관습과 전통에서 벗어나서 그들의 도덕적 다짐은 정합적인 의미의 틀에 의해 유지되지 않는 직관과 편견으로 보인다. 매킨타이어의 주장대로 그들의 도덕적 확신은 18세기 후반과 19세기 초의 하와이 원주민들의 터부처럼 되었다.[16] 그들의 공동체는 연합체(association)에 더 가깝다. 반면에 어떤 공동체 내에서 이용 가능한 목적과 도덕적 권한에 목마른 사람들은 자신들의 정치조직을 마치 도덕 공동체가 되거나 될 수 있는 것처럼 간주하고 공통 선행에 대한 완전한 비전을 공유하는 것을 선호한다.

**도덕 원칙의 정당화**

이러한 도덕 원칙의 정당화는 단순히 존중할 만한 혹은 공감이 되는 처분에 관한 그저 심리적인 주장이 아니다. 그것들은 특정한 불가피한 개념적 틀 안에서 우리 자신을 정합적으로 생각하는 것이 무엇을 의미하는지에 관한 개념적 요지이다. 예를 들어 암의 원인을 어떻게 결정하는가, 혹은 베리 열매가 독성이 있는가를 묻는 것은 패턴이나 규칙의 변화에 따라 상대적 영속성의 특정 지점을 전제로 하는 질문을 던지는 것이다. 영속성과 변화의 지점 사이에도 상호성이 있다. 여기서 우리는 경험의 가능성에 대한 필요조건에 관한 칸트의 주장을 상기한다.[17] 경험적 현실의 본질에 대해 질문(또는 생각)하는 것(또는 정합적 경험을 갖는 것)은 우리에게 경험적 정합성에 관해 일련의 전제들을 부과한다. 그러한 원칙들은 불가피해서 그것을 거부하는 것은 심각한 자폐증을 앓는 정신질환자를 보증하는 것과 마찬가지다.[18] 경험은 이성적인 존재가 하는 경험이기 때문에 개념적으로 진술할 수 있는 일련의 전제를 가지고 있다.[19]

그래서 역시 정당한 비난이나 칭찬을 생각하는 것은 평가의 기준이나 권위의 측면에서 어떤 틀을 전제로 한다. 이러한 가능성에 대한 최소한의 조건은 상호 존중이며, 허락 원칙에서의 비난과 칭찬의 정당성, 그리고 도덕적 권한 모두가 그 근거 위에 있다. 보다 구체적인 도덕감을 확립하기 위해서는 일반적이고 세속적인 측면에서는 확보 불가능한 전제가 필요하다. 그러한 전제들은 이미 수용된 형이상학적·이념적, 또는 종교적 전제를 가진 특정 공동체에 전념할 것을 요구한다. 허락의 필요성이라는 의미에서 상호 존중은 가까스로 충분하지만, 도덕적 권한의 세속적인 구조에 필요한 최소한의 문법에 대해서는 상당히 충분하다. 상호 존중의 도덕성의 핵심을 요약한 허락 원칙은, 우리가 타인을 존중하거나 비난과 칭찬의 면에서 그들을 평가할 때 우리 자신을 정합적으로 생각할 수 있는 한, 혹은 세속적 다원주의의 맥락에서 도덕적 권한을 인식하는 한—즉 이 맥락은 특정 종교적·형이상학적, 또는 이념적 가정이 인정되지 않는 맥락이다—수용되어야 한다. 우리가 상호 존중의 이러한 세상에 참여하지 않는다면, 우리는 일반적이고 세속적인 정당화 없이, 일반적이고 세속적인 측면에서는 확보가 어려운 이른바 (특정 종교적·형이상학적, 또는 이념적 관점에서의) 정당화를 통해서 위력을 사용하게끔 된다. 따라서 우주의 어느 곳에서든 존중, 칭찬이나 비난의 가치, 또는 일반적인 정당화의 부여에 관심이 있는 사람들은 그러한 정당화되지 않은 힘을 사용하는 사람을 부도덕하다고 인식할 수 있는 근거를 갖게 될 것이다. 상호 존중의 도덕성은, 허락 원칙을 통해 일반적으로 도덕성에 대한 경계를 정한다. 그것은 그 도덕성의 관점에서 무법자들을 폭로하고 그들은 방어력이나 징벌력에 저항할 수 없다. 그렇게, 그것은 제약의 원칙이다.

복지와 사회적 공감의 도덕성은, 선행의 원칙이라는 수사학으로 요약되는데, 도덕성의 노력, 인격체와 지각 있는 존재(sentient being)의 선의 실현에 대한 관심 등을 일반적으로 보여준다. 도덕을 이해하는 것은 그것이 인격체를 위한 선의 성취와 유관함을 이해하는 것이다. (1) 선과 선에 대한 정당한 구체적인 관점을 규명할 수 있는 이성의 능력의 일반적인 한계, 그리고 (2) 상호 존중의 도덕에 기인하는 제한(자율성 존중 원칙의 네거티브한 면이다)은 선행을 대변하여 세속적 도덕으로 정당화된 행위를 제한한다. 그러나 우리가 이러한 제약의 관점에서만 생명윤리를 이해한다면, 우리는 환자와 잠재적 환자들을 위한 일련의 중요한 선의 성취를 위해 의료에 종사하기로 한 이유를 망각하게 될 것이다.

선행의 원칙은 무엇이 좋은가 나쁜가 하는 질문만큼 불가피한 것이다. 그러한 질문에 대한 간주관적인 답변에 관심을 갖는 것은 일반적으로 인격체와 지각 있는 존재의 선에 대한 관심을 전제하는 것이다. 이러한 방식으로 선과 악에 대한 문제를 제기하는 것은 어떤 특정인뿐 아니라 모두가 갖는 일반적 관점, 익명의 관점을 취하려고 시도하는 것이다. 그것은 특정한 개인적 이해관계와 이익으로부터 벗어나, 어떤 행동이 일반적으로 선으로 확인되거나 일반적으로 악으로 비난받는지를 판단하는 것이다. 그런 합리적인 질문에 대답하는 것은 결국 나에게 있어서 특유하게 진실한 것이 무엇인지를 결정하는 것이 아니라 질문자가 일반적으로 진실이라고 여기는 것을 결정하는 것이다. 세속적 도덕성의 일반적 관점 안에서, 우리는 간주관적인 익명의 평가(appreciation)에 대한 바이어스와 편견, 그리고 인간적 왜곡으로부터 한 걸음 떨어져 있다.[20] 일반화에 대한 이러한 다짐은 목적, 규제적 원칙의 표현이며, 결코 완전히 실현되지 않는다.

선한 삶에 대한 올바른 구체적인 이해가 무엇인가에 대한 일반적인 합의가 이루어지기 어렵기 때문에, 무엇을 하는 것이 선인가, 악인가 하는 문제는 구체적인, 또는 내용 충만한 답을 하기 어렵다. 이 질문은 휴리스틱하다. 즉, 그것은 개인이 선한 또는 악한 결과에 대해 가능한 한 합리적으로 정당화할 수 있는 설명을 지향하는 것을 목표로 한다. 그러나 이러한 설명은 개인마다 선과 해악의 서로 다른 위계를 수용하기 때문에 달라질 것이다. 그것은 또한 그 선이 행위자 중립적인지, 혹은 행위자 상대적인지에 따라 달라질 것이다. 그것은 또 우리가 사람들이 선과 선에 대한 자신의 비전에 따라 행동하고자 하는 목적을 얼마나 높게 평가하느냐에 따라 달라질 것이다. 우리가 할 수 있는 최선은 특정한 도덕 공동체들의 구체성 안에서, 타인에게 선을 행하는, 선행의 원칙을 분명하게 표현하는 것이다. 선과 악의 특정한 이해를 추구하는 반면, 선을 행하고 악을 피하는 일반적인 관심사의 절대성을 잊지 말아야 한다. 선행의 원칙은 이처럼 변증법적이다. 그것은 일반적이고 세속적 용어로 직접적으로 분명히 표현될 수 없는 목적을 말한다. 즉, 무엇이 성취해야 하는 선 또는 악인지에 대한 진실하고 최종적인 이해이다. 이러한 이해는 오직 특정 도덕 공동체 안에서만, 사실상 올바른 사회 안에서만 충분히 실현될 수 있다.

허락과 선행의 원칙은 두 가지 핵심적인 도덕적 관점을 요약하고 있다. (1) 권위를 가지고 행위하는 것이 의미하는 바, 그리고 (2) 선을 행하고 악을 피하는 것이 의미하는 바이다. 각각은 불가피한 의미의 요소에 얽매이는 것을 통해 정당화된다. 허락 원칙은 우리가 도덕적인 권위가 있다는 의미에서 옳게 행동하는지 (혹은 행동할 것인지) 여부를 묻는 한 불가피하다. 선행의 원칙은 타인을 위해 성취해야 할 선과 피해야 할 악에 관해 묻는

한 불가피하다. 그 원칙들은 도덕적인 관점이 인격체에 대한 존중이라는 제한 안에서 선행 중 하나라는 상황을 표현한다.

### 원칙들 간의 긴장

허락 원칙도 선행의 원칙도 결과의 측면에서 정당화되지 않는다. 그것들은 오히려 개인적 행동의 불가피한 영역을 폭로한다. 이런 의미에서 그들은 의무론적 원칙이다. 즉, 그들의 옳음은 그 결과의 관점에서 정의되거나 정당화되지 않는다. 그러나 구체적인 선행의 구체적인 규칙은 그 결과의 측면에서 정당화되는 목적론적이 되기 쉽다. 이와는 대조적으로, 허락 원칙의 구체적인 적용은 자유에 부정적인 결과를 초래하더라도 구속력이 있다. 상호 존중의 도덕성 측면에서 정당화되는 허락 원칙은 일반적이고 세속적인 도덕적 권한의 원천으로서 가치로서의 자유가 아닌 인격체에 초점을 맞춘다. 그것은 목표 지향적이거나 결과 지향적이지 않다. 의사-환자 협약(예컨대 환자의 정보를 비밀에 부치기로 한 의사의 동의)은 그 결과와는 무관하게 허락 원칙이라는 관점에서 일반적이고 세속적인 도덕에 있어 구속력이 있다. 이와 대조적으로, 선행에 입각하여 의료자원을 분배하는 규정은 다른 대안보다 더 많은 혜택을 제공하지 못한다면 패배할 것이다.

따라서 이 두 원칙은 도덕 담론의 상반되는 영역으로 이어진다. 하나는 존재론 지향적이고 다른 하나는 목적론 지향적이다.[21] 이러한 대비는 도덕적 긴장과 해결 불가능한 갈등을 일으킬 수 있다. 어떤 행동은 도덕의 한 차원에서는 정당화될 수 있지만 다른 차원에서는 정당화될 수 없다. 그러므로 우리는 그런 종류의 갈등을 보게 된다. 즉 'X는 A를 할 수 있는 권리(의무)를 가지고 있지만, 그것은 잘못된 것이다.' 예를 들어, '의사는 여가 시간에 하고 싶은 일을 할 권리가 있다. 비록 그가 아주 적은 시간만을 써도 가난한 환자를 도울 수 있다 하더라도, 혹은 다른 이들이 그 환자들을 돕는 데 그 시간을 쓰지 않는 것은 잘못이라고 주장하더라도 말이다.'

여기에는 상호 존중의 도덕성과 복지의 도덕성 간에 갈등이 있다. 상호 협약, 즉 상호 존중의 도덕성(즉 의사는 여가 시간의 자유에 큰 가치를 부여하여 (1) 선행과 해악의 비교, (2) 특정한 노력을 비합리적으로 만드는 자신에게 강요되는 부담에 대해 동의하지 않을 수 있다)에 호소하지 않으면서 복지의 도덕성을 특정할 수 없다고 하는 것은 타당하지 않다. 또한 자비롭지 못한 것이 방어적이거나 징벌적인 위력을 요청하지도 않는다.

첫째, 선과 악은 공통 도덕 비전을 가진 공동체 안에서, 혹은 어떤 연합체나 사회를 형성하고 유지하는 협약을 통해서 간주관적인 선이나 악이 된다. 그러한 공동체와 사회는 오직 허락 원칙의 존중을 통해서만 그 자신과 선과 악을 다루는 방식에 대해 도덕적 권한을 가진다. 또한, 허락 원칙은 타인들이 스스로 선이라고 주장하는 악을 행함을 묵인할 것을 요청하는데, 이는 어떤 도덕 공동체의 관점과 불화할 수 있다. 목숨은 건졌지만 전신을 일그러지게 만든 화상을 입은 한 젊은이가 자살을 결심하는 경우, 혹은 의료보험 제도의 규칙 안에서 마침내는 비용 증가의 결과로 그 제도를 전복시키는 것을 선택하는 이들의 경우를 생각해볼 수 있다. 자유의 존중과 선에 대한 관심은 서로 충돌한다.

선에 대한 견해는 다양하며, 일반적이고 세속적인 측면에서 어떤 특정 관점이 도덕적 정전으로 확립될 수 없기 때문에, 사람들이 선한 삶에 대한 자신의 견해를 평화롭게 추구하거나 다른 사람들에게 동의하는 것을 막는 도덕적 권한은 없을 것이다. 우리는 담배를 끊고 운동 프로그램에 참여하게 하여 구성원들에게 더 높은 수준의 건강을 실현하고 특정 의료비용을 낮추려고 하는 사회를 생각해볼 수 있다. 그렇게 성취한 건강은 더 많은 사람이 더 오래 사는 것만큼의 비용을 들일 가치가 없기 때문에, 그러한 노력이 가치가 있다고 생각하지 않는 운동을 전혀 안 하는 흡연자들의 경우는 어떠한가? 비흡연자들이 결국 수명을 연장하여 노령 복지 수당을 증가시킬 뿐 아니라, 알츠하이머병에 걸릴 만큼 살기 때문에 장기 요양을 해야 해서 공동체의 재정적 안정을 파괴할 것이라고 주장하는 사람들은? 이러한 선에 대한 사회적 관점에서의 성취는 종종 그 번영을 돕지 않으려는 개인의 자유로운 선택의 희생양이 될 것이다. 선에 대한 정통적인 관점에 동의하지 않는 그러한 반대자들은 다른 좋음보다 개인의 자유를 더 높게 평가하거나 비용과 편익의 상대적 중요성을 다르게 보는 좋은 삶에 대한 다른 관점을 가졌다고 볼 수 있다. 그러한 반대자들은 또한 특히 사회적 수준에서, 자유의 존중과 선한 행동 간의 긴장을 강조한다.

거대 연합체, 사회, 그리고 정치조직의 영역 안에서 의견이 다른 공동체들은 우리에게 그러한 정치조직의 세속적이고 도덕적인 권위의 한계를 상기시킨다. 제한된 민주주의 국가들은 기본적으로 도덕적으로 중립이다. 그들은 특정한 도덕 비전, 종교 또는 이데올로기를 확립하기 위한 승인을 얻을 수 없다. 결국 합리적이고, 규범적이며, 만족스러운 도덕 비전을 발견하기 어려운 이성을 감안한다면, 정부의 구체적 도덕이나 도덕 비전으로 어떤 도덕이나 이데올로기를 확립하는 것은 특정 종교의 확립보다 더 세속적인 도덕적 신뢰성이나 권위를 갖지 못한다. 제한된 민주주의 국가들은 그러므로 도덕적인 선의 특정한 비전에 도덕적으로 헌신하지 않는다. 그들은 오히려 개인이나 공동체가 선에 대한 자신의, 다양한 비전을 추구할 수 있도록 보호해주는 사회적 구조가 되고자 헌신한다. 제한된 민주주의 국가들은 가능한 한, 개인이나 공동체가 다른 개인과 공동체의 도덕적 다짐을 훼손하지 않으면서 그들 자신의 선에 대한 비전을 추구할 수 있도록 해야 한다. 제8장에서 보게 될 것처럼, 이는 도덕적으로 상이한, 병존하는 의료 시스템을 확립할 권리를 옹호한다.

### 정의의 원칙

정의의 원칙에 대한 대부분의 호소는 그 뿌리에 선에 대한 관심이 있는 것으로 이해될 수 있다. 특정한 도덕 비전에 따라 재화의 배분을 지지하는 정의의 원칙은 선을 행하고자 시도하는 특별한 경우이다. 유스티니아누스는 『법학제요』에서 "정의는 모든 이에게 각자의 몫을 주고자 하는 끊임없는 바람"[22]이라 하였다. 문제는 물론 누구에게 왜 그렇게 해야 하는가에 있다. 한편, 로버트 노직과 같이 정의에 관한 허락 원칙에 기초한 이해는 정의로운 배분은 소유주의 자유로운 선택에 의해 폭력 없이 일어나는 것으로 해석한다.[23] 이와는 대조적으로, 재화의 이상적인 분배에 대한 호소에 근거한 정의의 견해가 있다. 이는 선한 삶에 관한 특별한 관점을 전제로 한다. 우리가 보게 될 것처럼, 정의에 관한 주장의 이 이질적인 근거들은 사유 재화와 공용 재화의 분배에 관한 주요한 도덕적 갈등을 떠받치고 있다.

이러한 이질적인 근거들은 다음과 같은 진술에 제시된 것들과 같은 복잡한 주장들의 근저에 있다. 즉 '당신이 선택한 사람들의 건강을 위해 당신의 돈을 쓰는 것은 당신의 권리이다. 그러나 그것이 다른 사람의 필요를 인정하지 않는다는 의미는 아니다.' 첫 번째 조항은 권리에 대한 호소에서 공권력의 한계를 나타낸다. 그것은 허락 원칙에 호소한다. 두 번째 조항은, 그릇됨이라는 개념을 통해, 좋은 삶과 정당한 분배에 대한 특정 도덕 비전에 호소한다. 그것은 선을 행하고, 자비를 베푸는 특정한 원칙에 호소한다. '나는 우리가 공동의 자원을 투입하는 방식에 대해 일반적으로 합의된 절차에 따라 투표하였음을 안다. 그러나 의학 연구나 의료보다는 주로 좋은 포도원을 개발하는 데 자원을 투입하는 것은 합의했다 해도 잘못이다.' 첫 번째 구절은 어떤 사회의 공통적인 협약을 통해 만들어진 선의 관점에 호소한다. 두 번째 구절은 자원의 적절한 사용과 관련하여 그런 축복을 받지 못한 특정한 관점에 호소한다. 그리고 물론 분배의 정의와 의무적인 자선 행위에 관해 수많은 경쟁적인 관점들이 있다. 그러한 견해들은 자원의 적절한 사용에 대한 다양한 내용 충만한 도덕적 철학적 이해, 또는

종교나 전통적인 도덕 비전에 뿌리를 두고 있다.[24]

## 생명윤리의 원칙들

생명윤리학에서 도덕적 판단의 문제에 접근할 때, 우리는 두 가지 주요 도덕적 원칙을 가지고 있다. 그들의 성격은 그들이 공통의 도덕 비전을 공유하지 않는 사람들 간의 도덕 분쟁을 해결하기 위한 원칙이라는 상황을 반영한다. 그들은 세속 다원주의의 도덕적 분열 안에서 우리를 인도한다. 그들은 어떤 단일한 도덕감도 확립될 수 없는 세속 다원주의 사회에서 도덕 담론의 가능성을 견지하고 있다. 그들은 또한 공공정책을 위해 세속적인 도덕적 권한의 계보를 추적하는 지침의 역할을 한다. 도덕적으로 정당한 권위가 없는 공공정책은 세속적인 도덕적 힘이 없다. 우리는 여기서 의사능력이 있는 개인을 대상으로 하는 상업적 자살 조력 금지법을 생각할 수 있다.[25] 그러한 법률은 개인이 자살할 권리를 명시적으로 양도하지 않는 한(예컨대 우리는 임무 수행을 위해 특정 상황에서 그러한 권리를 포기하는 군 장교의 경우를 상상해볼 수 있다) 세속적인 도덕적 권한이 없다(여기서 우리는 내용 충만한 도덕과 일반적이고 세속적인 측면에서 확립될 수 있는 것 사이의 고통스러운 괴리를 다시 경험한다). 반면에, 인간 연구 대상자가 동의 없이 실험에 이용되는 것을 금지하는 법률은 평화로운 공동체를 보호한다는 바로 그 개념에 근거한다는 점에서 도덕적 권한을 가지고 있다. 그들은 상호 존중의 도덕관념에서 비롯되었다.

공공정책의 다른 분야들은 특정한 도덕적 권한이 부족하다. 공동선을 뒷받침하는 방식으로 공동 소유의 자원을 사용하는 방식이 분명해질 것이다. 공동 기금에서 예방의료와 일차의료의 혼합 형태를 제공하는 것은 타당하게 보일 것이다. 그러나 사전 예방과 일차의료 중 무엇을 더 선호하는지 등을 포함하여 다양한 혼합 형태에 대한 논증이 제시될 수 있다. 따라서 공중 보건 정책의 실제 성격은 공동의 협약에 의해 창조되어야 할 것이며, 고립된 선행의 원칙에 의거하여 발견될 수 없을 것이다. 우리는 특정 자선 프로그램을 공통으로 구성하는 기초로서 허락 원칙에 호소할 필요가 있을 것이다. 대부분의 경우 이 두 원칙은 서로 얽혀 있다. 이 두 원칙은 기초(principia)가 된다는 의미에서 원칙이다. 그들은 도덕 생활의 주요 요소들에 대한 기초를 시사한다. (나머지 파생 원칙들은 제4장에서 소개할 것이다.)

### 원칙 I: 허락 원칙(THE PRINCIPLE OF PERMISSION)

세속 다원주의 사회에서 타인과 관련된 행위에 대한 권한은 그들의 허락으로부터 획득된다. 그 결과,

i. 그러한 허락이나 동의 없이는 권한이 없다.
ii. 그러한 권한에 반하는 행위는 일반적으로 도덕 공동체 외부로 위반자를 추방하고, 합법적 보복(하지만 의무적이지는 않음), 방어, 또는 징벌적 위력을 행사할 수 있다는 의미에서 비난받을 수 있다.

A. 묵시적 동의: 개인, 집단, 국가는 무고한 사람을 동의 없는 위력으로부터 보호할 권한을 가지고 있다.
B. 명시적 동의: 개인, 집단, 국가는 계약을 강제하거나 복지권을 만들 수 있다.
C. 이 원칙의 정당화: 허락 원칙은 세속적이고 다원화된 사회에서 도덕 분쟁을 해결하기 위한 권위는 그것이 합리적 논증이나 공통의 신념에서 파생될 수 없기 때문에 참여자들의 협약에 의해서만 얻어질 수 있는 상황을 표현한다. 따라서 허락이나 동의는 권한의 기원이며, 참여자의 동의권 존중은 도덕적 공동체가 가능하기 위한 필요조건이다. 허락 원칙은 세속적인 도덕 담론에 최소한의 문법을 제공한다. 정당성을 가지고 비난 혹은 칭찬을 하거나 도덕적 권한을 가지고 쟁

점을 해결하는 데 대한 사람들의 관심만큼이나 이는 불가피하다.
D. 이 원칙을 지키려는 동기는 다음과 같이 행동하는 데 대한 관심과 엮여 있다. i) 일반적으로 평화적인 사람들에게 정당화될 수 있는 방식으로, ii) 자신에 대해 방어적 혹은 징벌적인 위력의 사용을 정당화 할 수 없는 방식으로.
E. 공공정책의 함의: 허락 원칙은 무고한 이들을 보호하기 위한 공공정책의 도덕적 근거를 제시한다.
F. 격률: 그들 자신에게 하지 않을 일을 타인에게 하지 말고, 그들이 하기로 계약한 일을 하라.
G. 허락 원칙은 상호 존중으로서의 자율성의 도덕성이라 불릴 만한 것의 근거가 된다.

### 원칙 II. 선행의 원칙(THE PRINCIPLE OF BENEFICENCE)

도덕 행위의 목적은 좋음(선)의 성취와 해악의 회피다. 그러나 세속 다원주의 사회에서는 선과 해악에 대한 어떤 특별한 설명이나 우선순위도 정전적으로 성립될 수 없다. 결과적으로, 자율성을 존중하는 범위 안에서 (적어도 평화로운 세속 다원주의 사회 내에서는) 경쟁하는 의미들을 초월하여 어떤 특정한 내용 충만한 도덕 비전도 확립될 수 없다. 여전히 선행에 대한 다짐은 도덕성의 수행을 특징으로 하는데 왜냐하면 선행에 대한 다짐이 없다면 도덕적 삶은 아무런 내용도 없기 때문이다. 그 결과,
 i. 한편으로, 우리가 호소할 수 있는 어떤 일반적인 내용 충만한 선행의 원칙은 없다.
 ii. 반면에, 선행에 대한 관심과 무관한 행동은 위반자를 특정한 내용 충만한 도덕 공동체의 맥락 밖에 둔다는 의미에서 비난받을 만하다. 그러한 행동은 개인들로 하여금 선행을 했다고 주장할 수 없게끔 한다. 특히 악의는 선행의 결속을 거부하는 것이다. 우리가 선한 삶

에 대한 특정한 관점에 근거한 특정한 선행의 규칙만을 거부한다면, 사람은 그 특정한 도덕 공동체 안에서 선행을 했다는 자신의 주장만을 잃게 된다. 어느 경우든, 자비(자선)에 대한 탄원은 여전히 가능할 수 있다. 선행에 반하는 행동은 도덕적으로 부적절하다. 그들은 도덕적인 삶에 적합한 내용에 반한다.

A. 묵시적 계약: 선행의 원칙의 내용은 선과 해악에 대한 적절한 설명, 혹은 위계에 대한 공통적인 관점을 어떤 공동체에 부여할 때 도출된다.

B. 명시적 계약: 선행의 의무의 내용은 명시적 협약에서 도출될 수 있다. 이 경우는 앞의 경우와 마찬가지로, 선행의 의무의 내용은 허락 원칙에 근거한다.

C. 이 원칙의 정당화: 선행의 원칙은 도덕적 관심이 선의 추구와 해악의 회피 등을 포괄하는 상황을 반영한다. 그러한 분쟁은 세속 다원주의 사회에서는 허락 원칙에 대한 호소로만 해결될 수 있기 때문에, 허락 원칙은 개념적으로 선행의 원칙에 우선한다. 우리는 상호 존중의 도덕성을 침해하고 있는 때를 알 수 있고 심지어 내용 부재로 인해 선행의 원칙을 침해하고 있는지를 알 수 없는 때조차 그러하다. 그러나 선행의 원칙의 인식은 도덕적 관심사에 요구되는 내용을 최소한으로 특징지을 수 있다.

D. 이 원칙을 지키려는 동기는 다음과 같은 식으로 행동하는 것에 대한 관심과 얽혀 있다. i) 선한 사람들에게 일반적으로 정당화되는 방식으로, ii) 특정 또는 어느 공동체의 선행으로부터 배제될 수 있는 이들을 비공감적인 개인이라 특징짓는 것을 정당화하지 않는 방식으로.

E. 공공정책의 함의: 선행의 원칙은 공동의 자산으로부터 도출되는 거부 가능한 복지권의 도덕적 근거를 제공한다.

F. 격률: 다른 사람에게 그들이 원하는 선을 행하라.

G. 선행의 원칙은 복지와 사회적 공감의 도덕성이라 할 수 있는 것의 근거이다.

---

### 도덕적 긴장과 용인의 권리의 중심성

이 두 가지 원칙에 비추어 우리는 의료에 내재한 갈등의 성격을 더 잘 음미할 수 있다. 그 갈등은 도덕 프로젝트 자체에 내재한 심오한 긴장을 반영하기 때문에, 다루기 불가능하지는 않을지라도, 종종 깊숙하다. 상호 존중과 공통 복지에 대한 관심은 그들의 긴장을 조정하는 수단을 허용하지 않을 만큼이나 충분히 구별된다.[26]

권리와 의무, 그리고 행동의 옳음 또는 그름에 관한 다양한 주장들은 세속적 도덕의 다른 요소들(즉, 허락에 기초한 도덕 대 선행과 관련된 도덕)과 세속의 철학적 윤리와 특정 종교 혹은 도덕적 관점에 기초한 도덕성 사이의 갈등에 기반하여 생성될 수 있다. 덧붙여, 선행과 관련된 고려사항은 그 자체가 복잡하다. 선행이 무엇을 의미하는지에 관한 여러 경쟁하는 합리적 설명들이 존재한다. 즉 공동의 복지를 뒷받침하는 것, 또는 상호 공감의 그물망을 지탱하기 위해 행동하는 것 등이다.

선을 성취하거나 해악을 피하는 관심을 표현하는 다른 방식들은 무엇이 선한지에 대한 다른 주장으로 이어진다. 여기에는 선의 서로 다른 위계가 선하게 행동하는 것이 무엇을 의미하는지에 관한 다른 관점을 생성하는 상황이 포함된다. 무엇이 더 중요한가? 중독의 위험을 무릅쓰며 통증을 완전히 조절하는 것인가? 혹은 중독의 위험을 피하기 위해 상당한 통증의 대가를 치러야 하는가? 우리는 최적의 건강을 성취하는 혹은 질병을 치료하고 기능을 회복하는 데 대한 관심과 재정적 이해관계 간에 발생하는 갈등을 생각해볼 수도 있다. 그러한 갈등은 개인뿐만 아니라 사회적 수준에서도 존재한다. 우리가 살펴본 바와 같이, 암을 치료하는 다양한 수단의 선택에 있어서 치료의 가능성을 극대화하고 기대 수명을 연장하는 이해관심 대 환자가 직면하는 통증과 고통의 위험 사이에 갈등이 있다. 후두암에 대한 5년 완치율은 낮추지만, 적당한 발성 기능을 유지할 수 있다면 이 둘을 어떻게 비교할 수 있는가? 누구의 관점에서? 선행의 원칙을 탐구하면 우리는 그것이 선행의 수많은 의미로 분절되는 것을 알게 된다. 사람들에게 열려 있는 좋음은 여럿이고 종종 양립 불가능하기 때문에 선을 행하는 것이 무엇인지에 대한 단일한 세속적이고 정전적인 의미는 없다. 결과적으로, 선한 행동의 서로 다른 규칙들이 충돌할 것이다.

건강과 장수를 극대화하는 데 대한 관심과. 비교적 제한을 받지 않고 자유로운 삶을 사는 것에 대한 관심을 비교해보자. 이를 등산가의 곤경이라고 부를 수도 있다. 한 해의 특정 계절에 어떤 산의 등반로를 최초로 개척하기 위해 목숨을 거는 것은 어느 시점에서 비합리적이 되는가? 계속 흡연을 원하는 만성폐쇄성폐질환자 또는 최적의 치료에 관한 의사의 제안을 따르지 않으려는 고혈압이나 당뇨병 환자들에게도 이와 유사한 의문이 제기된다. 이러한 사례들은 자유와 다른 다양한 가치, 그리고 건강과 장수의 가치 사이에 있는 갈등을 나타낸다.

우리는 환자들이 병에 걸렸음을 부정하고 대신 잘 있는 척하는 것을 선택할 때 생기는 불안을 회피하기 위한 단기간의 관심사와 건강에 대한 관심사 간의 갈등도 보게 된다. 이러한 선택은 고혈압 환자나 이와 유사한 질병을 앓는 환자들의 비순응으로 이어진다. 우리는 다른 갈등도 분명히 나열할 수 있다. 의학은 상충하는 가치관과 상충하는 가치관에 대한 이해가 충돌하는 영역으로, 많은 상황은 심지어 합리적이고 신중한 개인들에서도 통약 불가능하다. 적어도 일반적이고 세속적인 의미에서 정전적인 우선순위를 발견할 수 없다. 합리적이고 신중한 개인이라면 어떤 선택을 해야 하는지를 일반적으로 알려주는 그러한 선과 해악에 대한 일반적이고 합리적인 위계를 보여줄 수는 없다.

　이는 선택과 그 결과에 대한 세심한 분석적 검토가 도움이 되지 않는다는 말은 아니다. 개인이 선택할 수 있는 선택의 결과뿐만 아니라 경쟁하는 가능한 선택지의 이유와 반대하는 이유를 개인에게 더 많이 보여줄수록, 그들은 더 이성적으로 선택할 수 있게 될 것이다. 우리는 가능한 한, 가치의 지리학자 역할을 해야 하며, 가능한 결과의 지형에서 특정 장소에 우리 자신을 둘 때의 다양한 결과를 매핑해야 한다. 그런 지리학은 분명히 복잡할 것이다. 우리는 다양한 확률에 의해 결합된 다양한 가능한 결과의 다차원 세계를 도표로 작성할 필요가 있을 것이다. 대부분의 의학적 선택은 100퍼센트의 확률로 특정한 결과를 초래하지 않는다. 이는 그 자체로 가치 이론에 문제를 제기할 것이다. 우리는 그다지 비참하지 않은 결과의 매우 높은 확률과 매우 비참한 결과의 낮은 확률을 어떻게 비교할 수 있는가? 판돈이 생명이나 심한 장애에 가까울수록, 신중한 도박으로 간주되는 것에 대한 일반적인 평가는 달라지는 것처럼 보인다. 따라서 한 개인은 5만 달러를 번다면 0.1퍼센트의 죽을 확률을 받아들일지도 모르지만, 5천만 달러를 받는다고 거의 100퍼센트의 죽을 확률을 받아들이지는 않을 것이다. 그러나, 객관적인 계산의 관점에서, 두 '도박'은 직접적으로 비교 가능하다.

　자유로운 선택을 존중해야 하는 의무와 사람들의 선을 성취하는 데 대한 관심의 관점에서 정의되는 도덕 세계를 돌아다니는 길을 찾기 위해서 우리는 이러한 복잡성에 주의 깊게 관심을 기울일 필요가 있을 것이다. 덧붙여 우리는 개인의 자유로운 선택을 존중하는 것에 관한 관심과 개인의 최선의 이익을 달성하는 것에 관한 관심 사이의 갈등은 최선의 이익의 수많은 의미뿐만 아니라 도덕적 관심은 특정 종교적/도덕적 공동체뿐 아니라 세속적인 차원에서도 틀 지어진다는 사실에 의해서 복잡해진다는 사실을 인식할 필요가 있다. 도덕 세계는 미묘한 계층과 차원으로 갈라진다.

다층적이고 다차원적인 도덕의 우주에서 자신의 길을 찾기 위해서는 우리는 도덕적 권리와 의무의 영역, 올바른 결정과 잘못된 결정 조건의 이론이나 지리학을 최선을 다해 빚어낼 필요가 있다. 예를 들어, 환자와 의사가 통증과 중독 위험 사이의 적절한 지점을 파악하는 방법은 좋은 삶의 특성과 합리적인 선택의 특성에 대한 그들의 특정 관점의 영향을 받을 것이다. 비록 많은 경우에 도덕적 관계의 논란의 여지가 없는 지리학을 빚어내는 것은 불가능할 것이지만, 어떤 지침은 여전히 없는 것보다는 낫다.

이 때문에 상호 존중의 도덕성과 복지의 도덕성을 참고하여 권리와 의무, 또는 행위의 옳고 그름에 관한 주장에 대한 근거를 제시하는 것이 종종 유용하다. 웰빙에 대한 다양한 의미가 우리의 복지 관념이나 최선의 이익에 대한 개념을 구성하기 때문에 이 구분 자체는 복잡하다. 또한 우리는 적어도 일부 영역에서는 관습적인 구분이 정당하지 않을 수 있다는 점에 유의해야 한다. 예를 들어, 선행의 원칙은 선행의 루브릭(rubric) 아래 좋음(선)으로서의 자유에 관심을 둔다. 허락 원칙은 자유가 자유 자체를 소중히 여기는 것이 아니라 다른 좋음과 자유를 교환하는 쪽을 지향하는 경우에도 자유롭게 선택할 수 있는 개인의 권리에 관심을 갖는다. 마지막으로, 우리가 도덕 이방인과 평화롭게 협력할 수 있는 도덕성은 좋은 삶에 관한 구체적인 초상을 제공하는 특정한 종교/형이상학/이데올로기(예컨대 정치적 자유주의자인 감리교도)에 의해 주어진 구체적 도덕적 삶을 살아가는 맥락과는 대비를 이룬다.

도덕 이방인들을 구속하는 도덕은 어떤 특정한 가치 순위나 선에 대한 얇은 이론, 또는 적절한 행동의 비전에 헌신하는 것에 있어 내용이 없다. 도덕 이방인의 도덕성은 협력하는 사람들의 협약으로부터 유일한 세속적인 도덕적 권한을 이끌어내기 때문에, 내용 충만한 도덕적 함의를 가지고 있다(예컨대 허락을 받지 않고 의사능력이 있는 개인을 생체 장기 기증자로 활용할 수 없다). 그러나 이러한 함축적 의미는 일반적인 도덕적 권한과 함께 도덕적 이방인을 공통의 노력에 있어 구속할 수 있는 이 관행의 중심성에서 비롯된다. 즉, 사람은 오직 그들의 허락을 통해서만 이용 가능하다. 이 관행이 좋거나, 가치가 있거나, 높이 평가할 만한 것은 아니다. 평화적인 행동조차도 높이 평가되지 않는다. 적어도 일반적이고 세속적인 도덕적 관점에서 그런 판단이 정당화될 수 없다. 오히려 이런 관행을 채택하는 사람들은 여전히 도덕 이방인들을 구속할 수 있는 담론을 공유할 수 있다. 서로 다른 도덕 공동체의 구성원으로서, 각자는 왜 도덕 이방인의 이러한 도덕성 안에서 발을 내딛는 것이 중요하거나, 좋거나, 유용하거나, 또는 최소한 용인할 수 있는가에 대해 공동체가 결정한 이해를 하게 될 것이다. 그러나 도덕성 자체는 가치에 관한 판단을 내리지 않는다. 그것은 대신에 도덕적 권한의 구조를 유지하는데, 이것은 순수한 동의에서 비롯된다.

일반적이고 세속적인 도덕의 맥락에서, 허락 원칙은 항상 선행의 원칙을 능가한다. 다른 사람들에게 그들의 선을 행해야 하는 의무는 근본적인 것이다. 그러나 이와 같은 의무는 구체적이지 않다. 오직 구체적인 맥락에서만 의무의 범위와 문제가 되는 다양한 재화의 순위를 어떻게 정할지를 결정할 수 있다. 권한이 없다면 위력을 사용하지 말아야 하는 일반적 의무는 그러한 위력의 대상이 될 개인의 이해 이상의 어떤 것에 대한 호소 없이 특정한 상황에서 분명히 공개할 수 있다는 점에서 더 큰 지배력(governance)을 가지고 있다. 허락 원칙은 선행의 원칙에 호소하지 않고 적용할 수 있다. 따라서 동의 없이 치료받지 않을 권리는 환자의 희망으로부터 즉시 적용 가능성을 획득한다. 의사의 권한이 그 환자에게까지 확대되지 않는다는 것을 시사하기 위해서는 그 개인이 거절하는 것으로 충분하다. 이와는 대조적으로, 네바다주로 가서 도박하고, 잘 먹고 마시려는 친구에게 돈을 주기보다는, 어떤 사람의 의료비를 지원해야 한다는 주장은 이 재화의 상대적인 중요성에 대한 합의를 필요로 한다. 일반적이고 세속적 맥락에서, 선행의 원칙은 적용되기 위해서는 허락 원칙에 대한 호소가 필요하다.

어떤 선택에 대해 자기 자신이나 다른 사람에게 동의하는 권리는 근본적일 뿐만 아니라 특정한 사회적 이해에 호소하지 않고 기능한다. 그러한 권리는 일반적으로 도덕 행위자의 관점, 즉 공통의 도덕 비전을 공유하지 않으면서 위력에 의지하지 않고 권위를 가지고 분쟁을 해결하는 사람들의 관점에서 정당화되기 때문이다. 상호 존중의 도덕성을 정당화하는 것이 바로 이 관점이다. 좋은 삶에 대한 특별한 견해는 상정되어 있지 않다. 용인의 의무는 공동체의 일치가 필요한 것이 아니라, 곧 위력의 대상이 되는 개인의 반대만 요구하는 것이 바로 이 때문이다. 개인의 거부는 이 원칙의 적용 가능성을 부여하기에 충분하다.

물론 상황은 결코 간단하지 않다. 특정 경계에 대한 특정한 개념은 용인에 대한 특별한 권리를 지지하며 종종 특정 공동체의 특정한 이해를 요구할 것이다. 그럼에도 불구하고, 이미 동의한 것으로 추정할 수 없기 때문에(예: 용종을 검사하기 위해 대장내시경 검사를 수행하기 전에) 위력의 대상이 될 사람들에게 먼저 허락받아야 한다는 합리적인 추정이 있는 일련의 행동이 남아있을 것이다. 그러나 예외가 있다(예: 인명 손실, 신체 손상 또는 신체나 심리적 기능의 저하를 피하기 위해 당장 공급해야 하는 응급의료 지원의 제공). 상존하는 공동체의 가정은 이러한 일반적인 전제를 무너뜨린다. 그리고 한계도 있다. 예방접종을 받는 줄에 들어가 팔을 내미는 것은 동의를 얻기에는 충분하지만 예방접종을 받을 권리를 구성하기는 충분하지 않다. 요컨대 용인의 의무와 선행의 의무의 차이는 다른 사람의 거절이 용인의 의무를 발생시키기에 충분하다는 사실에서 비롯되는 반면, 구체적인 선행의 의무에 대해서는 상호 합의가 요구된다. 결과적으로 용인에 대한 권리와 의무는 선행에 대한 권리와 의무보다 더 큰 절대성, 문화를 초월한 방식으로 주장할 수 있는 더 큰 역량을 가지고 있다. 여성이 낙태를 거부할 권리가 있다는 주장은 그들이 경제적 여유가 없을 경우 낙태 비용을 다른 사람들에게 지불하게 할 권리가 있다는 주장보다 더 쉽다.

  네거티브한 권리와 의무가 포지티브한 권리와 의무보다 더 강하다는 것은 이런 의미에서이다. 따라서 살인하지 않아야 하는 의무와 자신의 허락 없이 살해되지 않을 권리는 생명을 구하기 위한 자원이나 자원에 대한 접근권을 제공하는 의무보다 더 강하다. 예를 들어 인간 대상 연구에서 환자를 죽이지 않아야 하는 의사의 의무는 적어도 우리가 도덕 이방인으로 만났을 때, 생명을 구하기 위해 충분한 보살핌과 자원을 제공해야 하는 의무보다 세속적인 일반성을 더 많이 가진다. 우리는 허락 없이 다른 사람을 죽이지 말아야 한다는 것을 알기 위해서 그에 대해 아무것도 알 필요가 없다. 그러나 우리가 사전에 어떤 비용도 지불하지 않은, 고가의 의료비를 필요로 하는 이방인을 만나면 그 문제는 명확하지 않다(우리는 어느 정도의 수고를 감수해야 하는가?). 상호 존중에 기초한 일반적인 네거티브 의무는 특별한 합의나 이해 없이도 유지된다. 따라서 우리는 의학 연구에 있어 인간 연구 대상자의 동의를 얻어야 하는 기본적인 의무를 갖는다. 재화나 용역을 제공해야 하는 계약상 의무(예: 고가의 치료)도 그만큼 강력할 수 있지만, 그들은 특별한 사전 이해(보험증권, 특정 수준의 진료에 대한 HMO의 확약 등)를 필요로 한다. 콜카타에 있는 고급 호텔에서 휴가를 보내는 의사와 HMO에서 근무 중인 동일한 의사 간의 차이를 고려해보자. 이 호텔에 있는 의사는 HMO와 계약한 환자보다 콜카타에 있는 도움이 필요한 환자에게 덜 정의된 의무(만약 있다면)를 가질 것이다. 선행의 의무는 특별한 계약 및/또는 선행의 원칙에 대한 특정 해석에 의존하는 것처럼 보인다. 선행의 원칙은 허락이 있어도 남을 해치지 말아야 한다는 의무처럼 일반적인 네거티브한 의무를 발생시킨다는 데 주목해야 한다. 따라서 해악금지 원칙은 의사들이 환자의 자유나 다른 이해관계가 그 위해를 상쇄하지 않는 한, 해롭다고 판단하는 치료를 제공하지 않아야 한다고 요구한다. 이러한 네거티브 의무는 선행에 대한 포지티브 의무와 마찬가지로 부정확할 것이다.

## 권리와 의무의 충돌

많은 상황에서 어떤 의무나 권리가 존중되어야 하는지를 결정하는 것은 불가능하다. 만약 우리가 의료에 있어서 선한 방식으로 재화를 배분하려 한다면, 홍역이나 소아마비에 노출될 가능성이 크지만, 예방접종을 받지 않은 사람들의 요구와 비교해서 말기 신부전증 환자의 요구를 어떻게 평가해야 하는가? 우리는 어떻게 예방의료 대 특효약에 관한 주장, 또는 암 치료를 원하는 사람들과 관절염이나 일상생활의 통증이나 고통 치료를 원하는 사람들의 주장을 서로 비교할 수 있을까? 선행의 의무의 순위를 매기는 것은 이미 본 바와 같이 매우 어렵다.

더욱이 약속과 계약의 충돌이 있는 것처럼 보이는 경우에는 어떻게 해야 하는가? 가능한 한 신중하게, 무엇이 우선하는지 보기 위해 권리와 의무의 지형도와 계보를 추출해야 한다. 열성 유전자로 인한 선천성 결함을 가진 둘째 아이가 태어날 가능성에 대해 조언을 구하는 커플의 경우를 생각해보자. 검사 결과 남편이 첫째 아이의 친부가 아니었다고 나타난다면, 의사는 그 커플이 장래 질병이 있는 아이를 낳을 가능성과 관련하여 누구에게, 그리고 왜 공개해야 할 의무를 갖는가? 의사는 단순히 그 커플에게 둘째가 질병에 걸릴 위험은 없다고 안심시키고 아내에게 문제의 첫째 아이의 친부인 애인과 더 이상 생식의 위험을 떠안지 말라고 사적으로 알릴 수 있을까? 특히 아이를 키우는 데 특별한 금전적·심리적·사회적 비용이 수반될 경우 의사는 그 남편이 첫째 아이의 친부가 아니라는 사실을 그 남편에게 알려야 하는가?

이 문제의 답에 접근하는 방법 중 하나는 의사가 누구(아내 혹은 남편)와 주요한 환자-의사 관계를 맺고 있는가를 결정하는 것이다. 그러한 우선순위는 누가 먼저 의사에게 연락했는가, 혹은 누가 의사에게 보수를 지불하는가에 의해 결정될 수 있다. 의사가 제3자를 통해 환급받을 경우 그 문제는 어떤 식으로든 변형되는가? 제3자가 만약 정부기관이라면? 그 대신에 우리는 의사가 처음 그 커플을 돕기로 한 방법을 찾아야 하는가? 때로는 의사가 운이 좋아서 의무의 선(lines of obligation)이 분명하게끔 그 관계를 구축할 수 있을 것이다. 아마도 그 의사는 그 아내에게 일차적인 의무를 지고 있는 산부인과 의사일 것이다. 다른 경우에 이 문제는 해결되지 않을 수 있다. 중요한 도덕적 질문에 대해 때때로 명확한 세속적인 해결책이 없을 수도 있다.

## TEYKU: 도덕 추론의 대상이 되는 몇몇 문제들의 불투명성

전형적인 도덕적 난제의 예는 서양의 종교 문헌에서 찾아볼 수 있다. 그리스계 시리아인들이 점령한 동안 그들에 의해 부정을 탔던 제2사원의 제단석 처분에 대해 유다 마카베오가 내린 해결책을 생각해보라. 그는 이 거룩했으나 부정해진 돌들을 어떻게 처분해야 할지를 결정할 수 없었기 때문에 훗날 예언자가 와서 어떻게 해야 할지 알려줄 때까지 그것들을 성전 언덕 위에 두라고 명령했다(『마카베오 전서』 4:44-46). 도덕 추론으로 해결되지 않은 문제는 TEYKU라는 탈무드의 개념*에서 강조되어 왔다. TEYKU 문제는 양쪽의 주장이 서로 균형을 이루기 때문에 해결책을 찾을 수 없는 법에 관한 논증을 포함한다. TEYKU 문제는 미해결인 채로 무한정 유지된다. 또는 일부 신비주의 문헌에서 알 수 있듯이, 메시아의 전령인 엘리야가 TEYKU 문제를 해결하기 위해 재림할 것이다.[27] 즉, 구체

---

\* '엘리야 예언자가 다시 오시면 이 문제를 풀어주실 것이다'라는 히브리어 알파벳의 머리글자를 딴 개념으로 일반적인 추론으로 해결 불가능한 도덕적 난제를 의미하는 탈무드의 개념이다.

적인 도덕 공동체에서는 그 불분명함을 어떻게 해결할지를 결정할 수 있는 권한이 있는 사람이 있을 수 있다. 그렇지 않으면, 우리는 몇몇 중요한 도덕적 문제가 실제로 해결될 수 없는 것일 수도 있다는 사실을 인식할 수밖에 없다. 그것은 상황의 사실의 불분명함에 기인하거나, 또는 그 자체로 도덕 원칙에 관한 불분명함에 기인한다.

유전병을 앓는 아이의 사례로 돌아가보면 남편에 대한 의무나 아내에 대한 의무 중 무엇이 더 강한지 선행의 원칙으로는 불분명할 수 있다. 진정 TEYKU인 도덕적 갈등의 문제에서, 우리는 확실히 동전을 던지거나, 자신의 성향을 따르거나, 또는 신중함에 근거하여 선택할 수 있다. 그러나 결과에는 차이가 있는 경우가 많다. 이러한 상황에서는 가능한 한 적게 선을 잃고 가능한 한 적게 권리를 침해하도록 행동해야 한다(상호 존중에 근거한 권리의 만족이 우선 주장될 것이다). 의학은 모든 환자가 결국 죽고 대부분 죽기 전에 병을 앓는 비극적인 상황에서 행해지는 분야이므로, 의사들은 종종 모든 권리가 충족되지 않고 확실히 모든 선이 구현되지 않으며 분명하고 모든 것을 아우르는 권리와 선의 위계가 성립할 수 없는 곳에서 선택에 직면한다.

TEYKU의 개념은 도덕적 난제를 해결하는 데 있어서 이성의 한계를 나타낸다. 때로는 무엇을 해야 하는지가 분명하지 않을 수도 있다. 그러한 불분명함은 때때로 권위를 가지고 행동하는 것과 선을 행하는 것 사이의 도덕성 그 자체의 긴장에서 비롯된 것이다. 대부분의 경우, 개인은 무고한 사람들의 저항에 대항하여 선에 대한 그들의 견해를 달성하기 위해 위력을 사용할 권위를 갖지 못할 것이 분명하다. 그러나 한 국가나 IBM이나 텍사코(Texaco)와 같은 법인의 존재가 문제라면 어떨까?. 아니면 세계나 우주적인 문제라면서? 이처럼 중요한 선의 목적을 달성하기 위해 한 개인을 노예로 삼을 수 있을까? 우주를 구하기 위해 내켜하지 않는 사람을 고문할 수 있을까? 언제 평화로운 도덕 공동체라는 세속적인 개념을 무시할 정도로 문제의 선이 중요해지는가? 세 사람의 가족을 구하기 위해 무고한 이방인을 쏘아 죽이는 것은 세속적인 도덕적 측면에서 타당한가? 만약 그 가족 구성원이 12명이라면? 백 명의 목숨이 위태롭다면? 1천만 명? 100억? 100조 명? 아마도 그러한 사례들은 TEYKU일 뿐 아니라 지극히 비극적이다. 이처럼 중요하고 유익한 선에도 불구하고 허락의 도덕성을 어긴 개인은 비난받아 마땅할 것이다. 만약 문제의 그 선이 그렇게 압도적이라면, 대부분은 특별한 자비와 이해를 보일 것이다. 그러나 우리는 도덕 질서의 위반이 발생했음을 여전히 인정할 필요가 있을 것이다. 그러한 제한된 사례들은 세속 도덕의 한계와 도덕적 열망으로 항상 어느 정도 긴장 상태에 있고 때로는 우리의 도덕적 열망에 대해 매우 불투명한 세계에서 그것이 제공할 수 있는 지침을 보여준다.

따라서 의학의 비극적 성격은 상반되는 가치관과 도덕성으로 더욱 심화된다. 의학은 종종 죽음을 미루거나 고통을 크게 완화하지 못하는 상황에서 언젠가 모두 죽을 개인을 치료한다. 의학의 특성이 그러하기에 우리는 어떤 일이 일어날지 확실히 알지 못한 채 고통과 죽음의 상이한 형태의 대안적 가능성 중에서 선택해야 하는 경우가 많다. 생명을 구하기 위해 수술을 했는데 마취로 환자가 사망할 때도 있다. 항생제를 투여했는데 환자에게 생명을 위협하는 과민 반응을 일으키는 일도 있다. 의사가 해야 하는 선택의 특성은 원치 않는 고통스러운 결과로 이어질 가능성을 가지고 있다. 또한 치료법과 관련한 선택을 해야 하는 세속 도덕의 특성은 인격체를 존중해야 하는 도덕적 의무로 인해 종종 의사들이 환자의 선택―아마도 중요한 선의 상실로 이어질 가능성이 높은 선택―을 묵인하는 것을 제한한다는 점에서 그 자체로 결함이 있다. 의학에서는 선의 상실을 빈번하게 직면한다.

주

1 Hans Reichenbach, *Theory of Probability* (Berkeley: University of California Press, 1949), pp. 470-82.
2 이러한 귀납적 지식의 관점은 그 전개가 일반 개념 구조를 전제한다는 의미에서 존재론적 가정을 필요로 한다.
3 첫 번째 정언명령인 "너의 의지에 의해 너의 행동이 자연의 보편적 법칙이 되도록 하라는 경구에 따라 행동하라"를 생각해보라. Immanuel Kant, *Foundations of the Metaphysics of Morals*, trans. L. W. Beck (Indianapolis: Bobbs-Merrill, 1976), p. 39; *Grundlegung zur Metaphysik der Sitten*, AK IV 421.
4 G. W. F. Hegel, *Hegel's Philosophy of Right*, trans. T. M. Knox (London: Oxford University Press, 1965), sec. 135.
5 Alasdair MacIntyre, *A Short History of Ethics* (New York: Macmillan, 1973), pp. 190-98.
6 Karen Lebacqz and H. Tristram Engelhardt, Jr., "Suicide," in D. J. Horan and D. Mall (eds.), *Death, Dying, and Euthanasia* (Washington, D.C.: University Publications, 1977), pp. 669-705; Kant, *Grundlegung*, pp. 421-22.
여러 가지로 엮인 근거에서 칸트는 자살에 동의할 수도 있다는 생각을 거부한다. 여섯 가지 근거를 특히 언급할 만하다. 그들은 모두 일반적 세속적 윤리가 정당화할 수 있는 것보다 더욱 많은 것을 가지고 있는 칸트의 내용 충만한 도덕 둘레에 뭉쳐 있다. 첫째, 칸트에 있어 인격은 도덕적 권한의 근원이 아니라 구체적 의무의 대상이다. "사람은 인격체이며, 그 자신에 대한 의무를 인정해야 하기 때문에 그의 생명을 보전할 의무가 있다." *The Metaphysical Principles of Virtue: Part II of the Metaphysics of Morals*, trans. James Ellington (Indianapolis: Bobbs-Merrill, 1964), p. 83, AK VI 422. 둘째, 칸트에 따르면 자살은 자신의 가치를 떨어뜨린다. "자살한다면 그는 자신의 가치를 짐승의 가치로 취급하는 것이다. 그렇게 행동하는 사람은 인간 본성을 존중하지 않고 자신을 한낱 물건으로, 모든 이에게 자유의지의 대상으로 격하시키는 것이다. [······] 생명이 매우 소중한 것이어서 자살이 가증스럽고 용납될 수 없는 것이 아니다. [······] 그러나 도덕성의 규범은 그것이 인간의 본성을 동물의 본성 아래로 깎아내리고, 그것을 파괴하기 때문에 어떤 조건에서도 인정할 수 없다." *Lectures on Ethics*, trans. L. Infield (Indianapolis: Hackett, 1963), p. 152. 셋째, 자살은 의무를 수행하기 위한 조건인 존재를 스스로 파괴하기 때문에 금지된다. "자살하는 사람은 자기 인격을 보전하지 않는다. 그는 인격체를 파괴하지, 수반되는 조건을 파괴하는 것이 아니다. 그는 자신의 인격으로부터 스스로를 박탈하는데 이는 우리가 자신에 대해 지는 의무를 위반하는 것이다. 왜냐하면 그것은 모든 의무를 무효화해버리기 때문이다." *Lectures on Ethics*, p. 149. 넷째, 칸트는 자살 결정을 도덕 공동체를 없애버리겠다는 뜻으로 간주한다. "자신의 인격체 안에 있는 도덕성의 주체를 파괴하는 것은 도덕성 그 자체를 파괴하고 [……] 세상에서 지워지는 것과 같다." *Metaphysical Principles of Virtue*, p. 83, AK Ⅵ 422. 칸트는 도덕 공동체를 갖는 것과 도덕 공동체의 존재를 그 존재를 구현하거나 파괴할 결정과 결합한다. 그는 물질적 조건과 형식적 모순을 합한다. 칸트는 더 이상 합리적이지 않겠다는 합리적인 결정에서 모순을 보게 될 것이다. 다섯째, 칸트는 또한 자살하겠다는 선택이 충동의 모순이라고 주장한다. "그 사명이 생명의 촉진을 추동하는 것인 바로 그 감각이 생명 자신을 파괴하는 것이 자연의 법칙이라면, 자연은 자기 자신과 모순을 일으키고, 그래서 자연은 존립하지 못할 것이고, 따라서 그 준칙은 자연의 법칙이 될 수 없으며, 모든 의무의 최고의 원칙과 전적으로 모순된다." *Foundations of the Metaphysics of Morals*, trans. L. W. Beck (Indianapolis: Bobbs-Merrill, 1976), p. 40, AK Ⅳ 323. 여섯째, 자신에 대한 의무로 인해 자살은 허락 없이 일어나고, 그래서 그것은 자기-살해로 간주된다. "그는 모든 의무에서 물러날 수 있는 권한을 가져야 한다는, 즉 그러한 물러남에 아무런 허가도 요구되지 않는 것처럼 자유롭게 행동할 수 있다는 사실은 모순을 구성한다." *Metaphysical Principles of Virtue*, p. 83, AK Ⅵ 422. 칸트의 이 모든 고려는 그의 결정론과 도덕적 선택에 대한 설명 둘레에 뭉쳐 있다. 칸트는 경향성(inclination)에 근거하여 내린 모든 결정은 자율적 선택에서 제외한다. 선택이 자유롭기 위해서는 이성적 행위자의 성격을 따라야 한다. 자율적 선택은 우리가 원하는 것(즉, 우리의 경향성이 기울어지는 것)이 아니라 도덕률을 따르는 것들이다. 칸트는 자유와 결정론이라는 문제의 해결책 때문에 이 입장에 전념한다.

요약하면 자살에 대한 칸트의 입장은 자율성에 대한 그의 설명이 허락 원칙에 반한다는 것을 매우 분명하게 보여준다. 자율성에 대한 그의 설명은 자유의지와 결정론의 문제에 대한 특별한 해결책에 포함되어 있다. 칸트는 눈치채지 못했지만, 이 설명은 이성적인 행동의 개념을 이성적으로 행동하는 것에 대한 수많은 적극적인 이해 안에 통합한다. 결과적으로 칸트에게 있어서 자신에 관한 선택은 다른 사람에 관한 선택과 다르지 않다. 따라서 칸트는 자살하는 사람은 다른 사람을 살해하지 않아야 하는 원칙적인 근거가 없다고 결론짓는다. "만약 인간이 모든 경우에 있어 자신의 삶의 주인이 된다면, 그는 타인들의 삶의 주인이 될 것이다." *Lectures on Ethics*, p. 151.

7  Marcus Singer, "On Duties to Oneself," *Ethics* 69 (1959): 202-11.
8  Kant, *Grundlegung*, p. 424.
9  Kant, *Foundations of the Metaphysics of Morals*, p. 41; *Grundlegung*, p. 423.
10  Kant, *Foundations*, p. 423.
11  칸트는 일반적으로 신중함에 대한 관심을 진정한 윤리적 관심사로 보지 않는다. 사실, 그는 선행에 대한 관심을 단순히 신중함에 대한 관심으로 인정하지 않을 것이다.
12  이것은 응보적 정의에 대한 설명이다. 하지만 그 설명은 소극적 형태를 띤다. 그것은 단지 특정한 처벌 행위가 금지되지 않는 경우를 보여준다. 이러한 이해는 고대 게르만 사고와 칸트 이론의

유사성을 드러낸다. 도덕 공동체의 직조물에 반하는 행동을 하는 범죄자는 상호 존중을 무시하고, 평화로운 공동체의 법률을 거부하며, 평화로운 공동체에 보호를 요청하지도, 방어적이거나 징벌적인 위력의 사용에 일관되게 항의하지도 못하는 무법자가 된다.

13 그런 상황에서는 윤리에 대한 감정적인 설명만이 남게 될 것이다. Charles L. Stevenson, *Facts and Values* (New Haven: Yale University Press, 1967), especially pp. 1-70.

14 흄에게 공감(sympathy)은 우리의 도덕감정을 만들어내는 인간 본성에 있는 강력한 원칙이다. 그의 주장은 다음과 같다.

> 정의는 도덕적인 미덕이다. 단지 그것이 인류의 선에 대한 그러한 경향을 가지고 있기 때문이다. 그리고 사실, 정의는 그러한 목적을 위한 인위적인 발명에 불과하다. 충성도, 자연의 법칙, 겸손함, 그리고 좋은 매너에 대해서도 같은 말을 할 수 있다. 이 모든 것들은 사회의 이익을 위한 단순한 인간의 소유물들이다. 그리고 모든 나라, 그리고 모든 연령대가 그들에 참석했던 도덕의 정서가 매우 강하기 때문에, 우리는 인품과 정신적 자질의 경향에 대한 반성이 우리에게 승인과 비난의 정서를 주기에 충분하다는 것을 허용해야 한다. 이제 목적을 위한 수단은, 끝이 쾌적한 곳에서만, 그리고 우리 자신의 이익이나 친구들의 이익에 관계없이 사회의 선으로서, 오직 동정에 의해서만, 부디 다음과 같이 하십시오. 그 후, 그 동정은 모든 인위적인 덕목에게 우리가 지불하는 존경의 원천이다.

David Hume, *A Treatise of Human Nature* (Oxford: Clarendon Press, 1964), p. 577.

15 언약의 성서적 의미에 대한 분석은 다음을 보라. George E. Mendenhall, *The Tenth Generation* (Baltimore: Johns Hopkins University Press, 1973), and Diebert R. Hillers, *Covenant: The History of a Biblical Idea* (Baltimore: Johns Hopkins University Press, 1969).

16 Alasdair MacIntyre, *Three Rival Versions of Moral Enquiry* (Notre Dame, Ind.: University of Notre Dame Press, 1990), pp. 182-83.

17 칸트는 가능한 경험의 일반적인 조건으로 대상과 조우할 가능성을 전제로 두고 있다. *Critique of Pure Reason*, A158 = B197.

18 오이겐 블로일러(Eugen Bleuler)는 자폐증을 "내적 삶의 절대적 우위와 함께 있는 [……] 현실로부터의 해리"라고 정의했다. *Dementia Praecox or the Group of Schizophrenias*, trans. Joseph Zinkin (New York: International Universities Press, 1950), p. 63. 블로일러가 말하는 현실은 우리가 공동의 노력을 위해 인정해야 하는 것이다. 이 현실은 칸트의 현상적 실재와 유사하다. 블로일러는 그 자체로는 외부 현실의 존재를 증명할 방법이 없다고 주장한다. 간주관적 활동의 가능성에 필요한 조건으로 당연하게 받아들여야 하는 것이다.

> 그러나 외부 세계가 존재한다는 증거는 없다. 우리가 보는 테이블이 존재한다는 것은 실제적인 필요성이 있다 해도 단지 가정일 뿐이다. 그러나 내가 일단 테이블의 존재, 다른 사람들의 존재, 그리고 외부 세계의 존재를 당연하게 여긴다면, 이 테이블은 이 다른 사람들에게

보일 수 있다. 나처럼 그들은 감각으로 그것을 감지할 수 있다. 따라서 물리적 세계의 현실은 불확실하고 상대적이지만, 즉 그것을 증명할 수는 없지만, 다른 한편으로는 객관적으로 보일 수 있다.

Eugen Bleuler, *Textbook of Psychiatry* (New York: Macmillan, 1936), p. 8.
19  칸트의 범주 목록은 다음을 보라. *Critique of Pure Reason*, A80 = B106.
20  전통적으로 그리스도교인들에게 그 문제는 전혀 다르다. 구체적으로 무엇을 해야 할지를 결정하기 위해서, 익명의 관점이 아니라, 탁월한 인격적 신의 관점에 의지한다. 도덕성과의 관계는 그러므로 합리와 원칙의 그것이 아니라 은총, 사랑, 그리고 살아있는 실체의 그것이다.
21  나는 여기서 특정한 좋음이나 가치를 실현하는 데 대한 관심으로 환원될 수 없는 의무론의 원칙과 그렇게 환원될 수 있는 목적론적 원칙을 구분한다. 롤스가 지적한 바와 같이, "의무론에서 선은 옳음과 독립적으로 정의되지 않으며, 그래서 옳음은 선을 극대화하는 것으로 정의되지 않는다." *A Theory of Justice* (Cambridge, Mass.: Harvard University Press, 1971), p. 30. 이와 대조적으로 목적론에서는 "좋음은 옳음으로부터 독립적으로 정의되고, 옳음은 좋음을 극대화하는 것으로 정의된다." Ibid., p. 24.
22  "Justitia est constans et perpetua voluntas jus suum cuique tribuens." Flavius Petrus Sabbatius Justinianus, *The Institutes of Justinian*, trans. Thomas C. Sandars (1922; repr. Westport, Conn.: Greenwood Press, 1970), 1.1, p. 5.
23  Robert Nozick, *Anarchy, State, and Utopia* (New York: Basic Books, 1974).
24  온전한 도덕 공동체 내부의 관점에서 보면, 도덕성에 대한 그들의 생각은 창조된 것이거나 협약의 산물로는 거의 여겨지지 않는다. 비록 그러한 평화로운 도덕 공동체의 권위의 바깥에서 본다면 암시적·묵시적 동의의 다양한 형태에서 튀어나온 것으로 보여질 수는 있지만 말이다.
25  H. T. Engelhardt, Jr., and Michele Malloy, "Suicide and Assisting Suicide: A Critique of Legal Sanctions." *Southwestern Law Review* 36 (Nov. 1982): 1003-37.
26  헤겔이 지적했듯이, 이 추상적인 갈등은 구체적인 인륜적 삶, 즉 지틀리히카이트(Sittlichkeit) 안에서 매개된다. 『법철학』을 참조하라. 이러한 문제에 대한 탐구는 다음을 보라. H. T. Engelhardt, Jr., and Terry Pinkard, *Hegel Reconsidered: Beyond Metaphysics and the Authoritarian State* (Dordrecht: Kluwer, 1994). 그래도 추상적으로 보면, 자율의 의무와 자선의 의무 사이의 실천적 이성에는 이율배반이 있다.
27  Louis Jacobs, *TEYKU* (New York: Cornwall Books, 1981).

제4장

## 의료의 맥락: 인격체, 소유, 그리고 국가

모든 인간이 평등하지는 않다. 의료는 성인, 지적장애 성인, 아동, 영아, 태아 등 매우 다양한 역량을 가진 개인들과 만난다. 이러한 차이는 도덕과 관련된 불평등의 기초가 된다. 보통 성인은 태아나 영아가 갖지 않는 도덕적 지위를 갖는다. 게다가 권력과 부의 불균형의 결과로 성인들 사이에도 사회적 불평등이 존재한다. 부자들은 빈자들이 사용할 수 없는 상품과 서비스를 구매할 수 있다. 이러한 불평등은 의료 결정의 핵심을 건드린다. 마지막으로, 국가는 사람 간의 평등과 불평등에 대한 특별한 질문을 제기한다. 정부는 종종 의료를 규제하고 의료자원을 분배하는 데 있어 특별한 도덕적 특권을 주장한다. 국가의 영역에서 환자와 의료 전문직에게 발생하는 생명윤리 문제를 수용하기 위해서는, 사람들 간의 다양한 도덕적·경제적 불평등, 그리고 국가의 소위 도덕적 특권을 얼마나 진지하게 받아들여야 하는지 알 필요가 있다.

### 인격체의 특별한 지위

사람(human)이 아니라 인격체(persons)가 특별하다. 적어도 일반적이고 세속적인 도덕 내에서 그렇다. 도덕 판단 능력이 있는 사람은 인간 태아나 심지어 어린이들조차 갖고 있지 않은 핵심적인 도덕적 지위를 누린다. 의사와 의학자들이 성인, 어린이, 영아, 태아 및 실험용 쥐의 삶에 수많은 방식으로 개입하기 때문에 이러한 불평등의 성격을 어느 정도 상세하게 이해하는 것은 중요하다. 왜 세속적인 자율성 존중이나 선행의 의무가 관련자들의 도덕적 지위에 따라 달라지는지 어느 정도 상세히 이해할 필요가 있다. 또한 일반적이고 세속적인 도덕과 내용 충만한 정전적 도덕 사이의 고통스러운 괴리를 인식하는 것이 필수적이다.

오직 인격체만이 철학에 관한 책을 쓰거나 읽는다. 그는 세속적인 도덕 공동체의 구성원인 인격체다. 오직 인격체만이 도덕 논증에 관심이 있고 이를 통해 확신을 얻는다. 오직 인격체만이 협약을 맺을 수 있고 협력을 통해 공동 프로젝트에 권한을 부여할 수 있다. 선택과 협약은 자신이 하는 일을 의식하는 것이다. 이는 자의식의 자기 성찰을 요구한다. 그렇지 않으면 '행동(doing)'이 아니라 '사태(happening)'밖에 없게 된다. 동의하거나 동의하지 않거나, 권한을 부여하거나, 유보하는 선택을 위해서는 선택과 관련된 이 기본적인 차이에 대한 인식이 필요하다. 이런 소박한 의미에서 도덕 행위자의 자의식은 합리적이어야 한다. 그것은 선택과 그것의 영향, 또는 의미를 아는 것(ratio)을 포함해야만 한다. 더욱이 단지 의사능력이 있을 뿐 아니라 권한 부여자나 권한 유보자가 되려는 도덕 행위자에게 있어서는 그것은 단지 유발된 것일 뿐 아니라 귀책 가능한 것으로 간주되어야만 한다. 그것은 자유로워야 한다. 마지막으로, 행위자는 **도덕** 행위자이어야 하며, 이는 어떤 행동이 비난받거나 칭찬받을 수 있음을 알고 있다는 의미에서 도덕적 합리성을 소유하고 있음을 의미한다. 어떤 행위자는 모든 의미에서 칭찬이나 비난을 거부할 수도 있다. 그러나 원칙적으로 그에 대한 도덕 갈등을 해결하거나 해결하지 못하는 실체가 되려면 그 실체는 도덕과 유관할 수 있을 뿐 아니라 선택을 이해해야만 한다. 이러한 인격체의 개념은 (도덕 역량의 개념과 함께) 동의나, 도덕 권한을 부여하거나 유보하는 것을 통해 도덕 갈등을 해결하는 도덕 이방인의 실천의 범주 안에서 온전히 정의된다.¹

일반적이고 세속적인 도덕 공동체의 개념 자체는 자의식이 있고 합리적이며, 선택의 자유가 있고 도덕적 관심사의 감각을 가진 실체들의 공동체를 전제한다. 그러한 실체들이 자신이나 다른 사람들이 언제 비난받을 만한, 혹은 칭찬할 만한 방식으로 행동하는지를 이해하는 데 관심을 가질 때 비로소 도덕 담론이 가능하다. 공통의 권위와 협력하기를 원할 때에만, 그들은 평화로운 도덕 공동체를 형성한다. 평화로운 세속적인 도덕 공동체는 실제로 그리고 잠재적으로 존재한다. 그것은 자의식이 있고 이성적인 실체가 그것에 입각하여 칭찬과 비난을 할 수 있고, 허락과 동의를 통해 스스로 공통 권한에 구속된다고 이해하는 도덕 관점으로서 잠재적으로 존재한다. 일단 칭찬이나 비난이 무엇인지 확실히 이해하게 되면 사람들은 그러한 활동들이 칭찬할 만한, 혹은 비난할 만한 것이라는 실체(평화로운 공동체의 가능성이라는 전제에 의해 고수되는 것들이다)를 전제하고 있음을 인식하게 된다는 의미에서 지적인 관점이다. 이러한 가능한 도덕 관점에서 인격체는 언제 어디서든 자신이 평화로운 공동체에 속하며 그 규범에 의해 구속받는다는 사실을 알게 된다. 도덕 언어에 대한 검토는 매우 중요한 지적 관점을 드러낸다. 즉 칸트의 '지성계(mundus intelligibilis)'가 그것이다.²

우주 어디서나 이성적인 종에 속하여 도덕 역량을 가진 의사와 환자들은 지구의 병원 종사자와 환자들뿐만 아니라 비행접시를 탄 외계인 선의(船醫)와 환자들까지도 포용하는 이러한 도덕 관점에 참여할 수 있다. 칸트의 주장대로 사람들이 스스로 자유롭다고 생각하는 것은 이러한 지적 가능성이나 관점에서이다.[3] "우리는 스스로 자유롭다고 생각한다. 우리는 그 일원으로서 자신을 지성계로 보내고, 그 결과 도덕성과 더불어 의지의 자율성을 안다."[4] 어떤 인격체가 평화로운 공동체의 개념과 일치하게 자신을 파악할 때, 그들은 진정한 경계를 가진 일반적이고 세속적인 도덕 공동체에서 살 수 있다. 그래서 자신의 선택에 의해 평화로운 공동체에 반하는 행동을 하는 사람은 어떤 특정한 도덕 공동체의 도덕적 무법자들이 될 수 있다. 요약하면, 모든 인격체는 **평화로운 (도덕) 공동체의 개념**을 품을 수 있다. 그들이 이러한 개념에 부합되게 행동하는 한, 지능, 권력, 부의 불평등에도 불구하고, 그들은 **평화로운 (도덕) 공동체** (즉, 일반적이고 세속적인 다원주의적 도덕에 의해 정의되는 공동체)에 타인들과 함께 참여한다. 그들은 또한 타인들에게 동의함으로써 **특정한** 도덕 공동체(좋은 삶에 대한 특정한 관점을 가진 공동체)를 형성하는 기회를 갖는다.

칸트는 도덕의 기초를 검토하여 인간 사유의 주요한 차원의 문법을 제시했다. 합리적이고 자기 성찰적인 실체들은 도덕적이고 책임 있는 실체가 아니라면 정합성 있게 스스로를 제약하는 것이 불가능하다. 다르게 취급받아야 한다고 항의하고, 특정 행동에 대해 자신이나 다른 사람들을 비난하는 것은 도덕 담론의 영역에 들어가는 것이며, 동시에 그 담론에 관여하는 모든 실체에게 특별한 조명을 비추는 것이다. 우리 사유의 자기 성찰적 성격은 우리 자신과 다른 비슷한 실체들을 바라보는 특정한 방식을 우리에게 제시한다.

우리는 오로지 우리가 하는 일을 하게끔 야기된 존재로 우리 자신을 간주할 수는 없다. 모든 주장이 합리적으로 승인받지 않고, 그저 단순히 일어난 것이라고 주장하는 실체는 바로 그 순간에 결정론이 진실이라는 주장을 포기하게 된다. 즉 그 진술 역시 그러하게끔 야기된 것이고, 사려 깊은 성찰이나 합리적 기반과는 무관하기 때문이다(즉, '나는 결심했어'라고

223

말하기로 결심한 것은 그것이 사실이기 때문이 아니라 '나는 결심했어'라고 말하게끔 야기되었다는 것이다.)[5] 우리가 스스로를 자유롭고 책임 있는 존재로 생각하는 도덕의 영역은 불가피하다. 한편 칸트가 정확하게 인식하였듯, 세계를 결정론적인 것으로 취급하는 과학과 경험적 성찰의 영역이 있다. 이 두 번째 관점은 도덕 관점과 마찬가지로 불가피한 것이다.[6] 인격체는 스스로를 결정론적인 존재(어떠한 일을 하게끔 야기된 존재)로 여기면서, 한편으로 자신과 타인들을 비난받을 만한/칭찬받을 만한 존재(그래서 자유로운 존재)로 여겨야 한다는 독특한 곤경에 처하게 된다.[7] 칸트의 통찰은 이러한 이해가 어떤 형이상학적 주장(즉, 초월적 실재에 대한 주장)을 요구하지 않는다는 인식이다. 인간에게는 추론과 경험이라는 두 가지 불가피한 주요 영역이 있다. 우리 자신을 자의식이 있고, 합리적인 실체로 간주하는 것은 단지 인과적 산물이 아닌 도덕 행위자, 인격체, 그리고 이해하는 자로서 우리 자신을 취급할 것을 요구한다.

그 결과, 인격체는 도덕 담론에서 특별한 중요성을 가지고 등장한다. 용인에 대한 세속적인 도덕적 권리를 가진 것은 그 실체들인데, 왜냐하면 그들은 허락을 거부할 수 있기 때문이다. 능력이 있는 도덕 행위자는 도덕 논란에 참여하고 협약으로 해결할 수 있는 사람들이다. 하지만 그들은 또한 동의하지 않을 수도 있다. 도덕 이방인들 간의 권위 있는 협력 구조는 협약에 달려 있기 때문에, 도덕 행위자는 허락 없이는 이용되지 않는다. 이러한 도덕적 관심은 **사람이 아닌 인격체**(not on human but on persons)에 초점을 맞춘다는 사실을 강조해야 한다. 특정 종에 속하는 것은 일반적이고 세속적인 도덕적 의미에서 중요한 것이 아니다. 그 종의 구성원임이 실제로 도덕 판단 능력이 있는 행위자가 되는 결과를 초래하지 않는 한 말이다.

특정 종의 일원으로서 사람됨(to be a human)이 무엇을 의미하는지 성찰하면 이는 상당히 명백하다. 첫째로, 호모 속(genus Homo)에는 사실 많은 인간 종이 존재해왔다. 호모 사피엔스의 일원으로서 어떤 실체를 식별하는 것은 특정 분류학적 위계에 그것을 배치하는 것이다. 호모 속은 포유류 강 영장류 문에 속한 호미니드 과에 라마피테쿠스 속과 오스트랄로피테쿠스 속과 함께 속한다. 어떤 실체를 사람으로 식별한다는 것은 그것이 긴 팔다리와 다섯 개의 손가락/발가락, 분화된 신경계와 같은 영장류의 특징을 지니고 있음을 시사한다. 호미니드 과에 속하려면 도구 제작 능력, 언어 및 기타 상징 관련 또는 상징 의존적 행동을 확인해야 한다. 만약 미래에 우주에서 이성적인 종에 대한 은하 차원의 연구를 한다면, 수많은, 다소 상이한 생물학적 기초로부터 도구, 언어, 추상적 기호를 사용하는 능력이 생겨났음을 발견할 수 있을 것이다. 사람은 영장류로서 주로 생물학적 특성을 통해 구별될 것이다. 그러나 사람의 독특한 해부학적 구조와 생리학적 능력은 영장류의 특징이지만, 일련의 생물학적 특징들이 도덕적 의미를 가지려면 그것은 인격체의 특별한 특성, 즉 도덕 공동체에서 역할을 수행할 수 있는 능력을 갖춰야 한다. 사람됨이 그렇게 중요하다면(적어도 일반적이고 세속적인 도덕의 의미에서) 그것은 호모 사피엔스의 구성원이 대개 자의식이 있고, 합리적이며, 어떤 도덕감을 가지고 있기 때문이다.

  다른 행성의 이성적이고 자의식을 가진 실체에 관한 SF적 추측은 별개로 하더라도 천사들은 모든 인격체가 사람일 필요는 없음을 시사한다. 인격체를 식별하는 것은 자의식, 이성, 그리고 비난과 칭찬에 마음을 쓰는 역량이다. 그러한 실체의 가능성은 도덕 공동체의 존재 가능성의 기반이다. 그것은 우리에게 행동의 옳고 그름과 행위자의 가치나 무가치함을 성찰하는 방법을 제공한다. 한편으로 모든 사람이 인격체는 아니다. 모든 사람이 자의식이 있고 이성적이며, 칭찬과 비난의 가능성을 생각할 수 있는 것은 아니다. 태아, 영아, 지적장애인, 그리고 심각한 혼수상태에 빠진 사람들은 인격체가 아닌 사람의 예를 제공한다. 그들은 인류의 구성원이지만 스스로 세속적 도덕 공동체에 속하지 않는다. 그러한 실체들은 비난하거나 칭찬할 수 없다. 그들은 약속도, 계약도, 선행에 대한 이해도 할 수 없다. 그들은 세속적인 도덕 기획의 주요 참여자가 아니다. 오로지 인격체만이 그 지위를 가질 수 있다.

일반적이고 세속적인 도덕에 대한 관심 때문에, 도덕 행위자로서 인격체는 도덕의 핵심임을 자임한다. 칭찬이나 비난을 받을 만한 실체를 식별하기 위해서는 인격체들에 대해 말해야 하는데, 이들은 스스로 칭찬이나 비난을 받을 수 있고, 결과적으로 도덕 생활의 핵심 역할을 할 수 있다.

요약하면 도덕 담론에 개입하기 위해서, 도덕 논란에 참여하여 그것을 해결하거나 거부하기 위해서는 그러한 실체들은 스스로 성찰할 필요가 있다. 즉, 그들은 **자의식**이 있어야 한다. 그들은 도덕 공동체의 가능성을 품기 위해 자신과 타인들 위한 행동 규칙을 구상할 수 있어야 한다. 그들은 **이성적** 존재일 필요가 있다. 그 합리성은 비난과 칭찬의 가치에 대한 이해, 즉 **최소한의 도덕감**(minimal moral sense)을 포함해야 한다. 소시오패스는 자신을 다치게 하는 사람을 비난할 수 없을 정도까지 비난에 대한 이해 능력을 상실해야 도덕 행위자(도덕적 의미에서의 인격체)가 아니게 될 것이다. 마지막으로, 그들은 자신들을 자유롭다고 생각할 수 있어야 한다. 자의식, 합리성, 도덕감 및 자유의 이 네 가지 특성은 도덕 담론이 가능하고, 도덕 공동체를 만들어 유지할 수 있고, 허락을 할 수 있는 그러한 실체를 식별한다. 허락 원칙과 상호 존중이라는 세속적 도덕성에 대한 그 정교함은 그러한 존재들에게만 적용된다. 그것은 오직 인격체와 관련되며, 이는 합의를 통해 도덕 논란을 해결하는 실천을 할 수 있는 능력이 있는지 여부로 정의된다. 자율성의 도덕은 인격체의 도덕이다.

이 때문에 이성적이지 않은 태아나 영아, 또는 심한 지적장애인의 자율성을 존중한다고 말하는 것은 일반적이고 세속적인 측면에서 비논리적이다. 그들에게는 훼손할 수 있는 자율성이 없다.[8] 그들이 소유하지도 않았고, 소유할 수도 없는 것과 무관하게 그러한 실체를 취급하는 것은 일반적이고 세속적인 도덕적 지위를 가질 수 있는 어떤 것도 그들로부터 빼앗지 못한다. 그들은 세속적 도덕의 내적 성역 밖에 있다. 도덕 행위자를 존중하는 이러한 관심이 일부 사람들을 배제하는 것과 마찬가지로, 그것은 사실 비인간 인격체도 포함할 수 있다. 엄밀한 의미에서 태아나 영아를 인격체로 대하지 않는다고 해서 그 태아나 영아를 일반적이고 세속적인 의미에서 존중하지 않는 것은 아니겠으나, 그러한 존중 없이 평화로운 외계인 도덕 행위자를 대하지 않는 것은 근본적인 방식으로 부도덕한 행동일 것이다. 이는 그 평화로운 공동체의 가능성에 반해 행동함을 의미한다.

일반적이고 세속적인 의미에서 중요한 것은 우리가 호모 사피엔스 종에 속한다는 사실이 아니라, 우리가 인격체라는 사실이다. 사람과 인격체의 이러한 구별은 어느 세속 생명윤리가 사람의 인격적 삶과 단순한 생물학적 삶을 취급하는 방식에 중요한 영향을 미친다. 일단 이러한 구별이 명확하게 그어진다면 낙태와 관련된 세속적인 도덕 논란을 괴롭혔던 개념적 혼란의 일부가 드러날 수 있다.[9] 이러한 논쟁들은 일반적이고 세속적인 생명윤리의 특징과 한계를 인식하는 데 부분적으로 실패했다. 일반적이고 세속적인 생명윤리에서는, 언제 인간 종이 진화했는지를 판단하려고 하지 않는 것처럼, 언제 사람의 삶이 시작되느냐에 관심이 없을 것이다. 생명은 40억 년 이상 오래된 끊임없는 연결고리이고, 사람의 생명은 약 200만 년 혹은 그 이상 된 현상이다. 일반적이고 세속적인 도덕은 발생 과정에서 사람이 언제 인격체가 되는지에 관심이 있고, 또 그래야 한다.

일반적이고 세속적인 도덕의 세계는 많은 사람이 생각하거나 바라는 것과는 상당히 다르다. 그것은 태아, 영아, 심한 지적장애인, 심한 뇌손상 환자에 관한 도덕적 판단으로서 도덕 이방인들이 공유할 수 있는 것을 근본적으로 재평가하라고 압박한다. 이 분야에서 세속적인 도덕이 갖는 완전한 함의는 아직 의료정책에서 실현되지 않았으며, 만약 그렇게 된다면 전통적인 유대-그리스도교적 도덕과 그것이 지지하는 생명윤리와는 더욱 멀어지는 쪽으로 가게 될 것이다. 그럼에도 불구하고, 인격체의 지위에 대한 일반적이고 세속적인 도덕적 성찰이 영혼의 존재나, 인간 발생의 어떤 특정한 시점에서 그것의 유입에 관한 전통적인 종교적이고 형이상학적인 관점을 부정하지 않는다는 것을 강조하는 것은 가치가 있다. 종교적인 관점에서 음미할 수 있는 삶의 특별한 가치를 그것은 부정하지도 않는다. 결국 일반적이고 세속적인 도덕은 도덕 이방인들이 공유할 수 있는 것만을 공개한다. 이를 공개하는 과정에서 그것은 일반적이고 세속적인 도덕과, 도덕 공유인들을 구속하는 내용 충만한 도덕 간의 고통스러운 차이를 드러낸다.

### 인격체를 선호하는 바이어스?

이러한 접근방식은 형이상학적인 난제들에 대한 논의를 풀어놓아 문제를 단순화시키지만, 그것 자체로 특별한 문제와 수수께끼를 낳는다. 첫째로, 도덕을 해석하는 이런 방식이 도덕 우주의 지나치게 인격체 중심적이거나 인격체 지향적인 구조를 만든다고 반대할 수도 있다. 동물, 나무, 환경은 어떤가? 우주가 인격체보다 더 중요하지 않은가? 그러나 세계를 성찰하고, 그 의미에 대한 설명을 빚어내는 것은 오직 인격체일 뿐이다. 더구나 그들이 도덕 이방인으로서 만날 때면 은총이나 특별한 도덕적 통찰도 없이 만난다. 그들은 그들이 만든 협력체에서 유권적으로 행동할 수 있는 가능성을 가지고 만난다. 그러한 도덕적 협력은 인격체를 세속적인 도덕 구조의 기초로 놓는다. 오직 인격체만이 허락을 하고, 권한을 생성한다. 이러한 지향은 복지와 사회적 공감의 도덕성을 표시한다. 스스로 최선의 이익을 정의할 수 있는 것도 인격체들이다. 비록 자신을 다른 인격체 또는 비인격적 사물에 비해 낮게 평가한다 해도 그들은 자신과 고유의 관심사를 고려에 넣는다. 여전히 선행의 원칙하에서 계산하여 자신과 타인을 평가하는 것도 인격체이다. 그러나 비인격적 유기체의 경우, 다른 이들이 그들을 대신해서 선택해야 한다. 다른 이들이 그들의 최선의 이익이 무엇인지 결정해야 한다. 판단력이 있는 성인 환자들은 최선의 이익을 자신의 관점에서 정의할 수 있다. 이성적인 개인이 그런 계산에서 실수를 저지르는 것은 분명한 사실이다. 그러나 자신에 대한 그들의 판단은 기꺼이 감당하고자 하는 위험을 포함하여, 삶에서 진지하게 받아들이기를 원하는 비용과 편익의 서열을 스스로 결정할 수 있다는 점에서 핵심적인 중요성을 갖는다.

사람들은 매우 중요한 의미에서 자기 입법을 한다. 영아, 심한 지적장애인, 그리고 스스로 비용과 편익의 서열을 결정할 수 없는 다른 개인들의 경우는 그렇지 않다. 다른 인격체가 그들을 위해 선택해야 한다. 그러한 선택은 선택자의 도덕감에 따라 달라질 것이고, 일반적이고 세속적인 의미에서는 비용과 편익에 대한 유일한 권위 있는 위계가 없기 때문에, 비인격체들은 그들의 운명을 특정 인격체나 인격체들의 공동체에 맡겨야 할 것이다. 상호 존중의 도덕성과 복지와 동정의 도덕성 모두 불가피하게 인격체-중심적이다.

일반적이고 세속적인 도덕의 관점에서 한 인격체가 인격체 대 비인격체 간의 이해관심에 가중치를 계산해야 하는 경우, 인격체의 위치가 핵심적이다. 인격체는 복잡하고 성찰적인 방식으로 해악과 선, 쾌락과 고통을 분별할 수 있다. 이성적인 존재라면, 비록 진통제의 임상시험이 동물들에게 고통을 준다 해도, 인격체에게 바로 적용하기보다는 먼저 동물에게 적용해봐야 한다고 주의 깊은 성찰 후에 주장할 것 같다. 인격체의 더 큰 선은 의학 실험과 연구 과정에서 희생될 실험동물의 선보다는 선의 위계에서 더 높은 위치를 차지하는 것처럼 보인다. 사냥꾼은 사냥의 즐거움, 그리고 다른 사냥꾼들과 이야기를 나눌 수 있는 그 사냥의 추억이 사냥의 대상이 되고 죽임을 당할 동물의 생명의 가치보다 우위에 있는 선이라고 주장할 것이다. 어떤 선에 더 비중을 둘 것인가를 결정하는 것은 인격체 말고는 없다. 인격체가 아니며, 결코 될 수 없는 동물은 그러므로 불가피하게 이 인격체 중심 도덕성 내에서 인격체 중심적 이해관심에 의해 지배된다.

인격체를 선호하는 편견이 다른 이성적 종에 대해 사람을 선호하는 편견이 아니라는 것을 기억해야 한다. 예를 들어, 만약 우리가 인간과 외계인을 비교할 필요가 있다면, 우리는 동물을 사용하는 것처럼 그들을 단지 수단으로만 사용할 수 없다.

### 잠재성과 가능성

일반적이고 세속적인 의미에서 배아, 태아, 신생아와 같은 실체를 상당한 확률로 도덕 행위자로 발달시키는 것은 무엇인가?[10] 그러한 상황에서 태아와 어린이들이 잠재적 인격체이기 때문에 바로 그 사실에 입각하여 (eo ipso) 그들은 인격체의 권리와 지위를 부여받아야만 한다고 주장하기 위해 잠재태 개념에 호소할 수 있다. 이 논증은 성공할 수 없다. 또한 그것은 아리스토텔레스의 세계관과 그의 잠재성 이론을 지침으로 하여 낙태 문제에 접근한 서양 중세 신학자들에게 중심적인 역할을 했던 논증도 아니었다. 토마스 아퀴나스는 초기 태아(배아)가 잠재적으로 인격체라 해도, 초기 태아의 생명을 빼앗는 것은 살인이 아니라고 논했다.[11] 이러한 관점은 토마스 아퀴나스의 시대부터 1869년에 이르기까지, 1588년에서 1591년 사이의 짧은 기간을 제외하고 로마 가톨릭교회의 신학에 반영되었다.[12] 그 기간에, 초기 태아(배아)의 생명을 빼앗는 것은 대개 피임과 다소 유사한 도덕적인 죄로 치부되었다.[13] 그러나 로마 가톨릭교도들에게 이는 살인죄가 아니었다.[14] 로마 가톨릭교회는 인격체의 삶에 선행하는 일종의 사람의 삶을 인식했다.

의심할 여지 없이, 잠재성이라는 언어는 그 자체로 오해의 소지가 있다. 잠재적으로 Y인 X가 어떤 신비한 방식으로 이미 Y의 존재와 의미를 가지고 있다고 생각하는 경우가 종종 있다. 그러나 X가 잠재적인 Y라면 X는 Y가 아닌 것이다. 태아가 잠재적 인격체라면, 태아는 인격체가 아닌 것이다. 결과적으로 X는 Y의 실제 권리를 가지지 않고 잠재적으로 Y의 권리만을 갖는다. 태아가 단지 잠재적인 인격체일 뿐이라면, 그들은 인격체의 권리를 가지고 있지 않다. 벤(S. I. Benn)의 예를 빌자면 만약 X가 잠재적 대통령이라면, X는 아직 실제 대통령의 권리와 특권을 가지고 있지 않다는 사실이 도출된다.[15] 따라서 X가 잠재적 Y가 아니라 X는 Y로 발전할 가능성이 어느 정도 있다고 말하는 것이 더 나을지도 모른다. 그 결과에 확률값을 할당할 수도 있다.

이러한 고려에서 다음 결론이 도출된다. 비록 일반적이고 세속적인 도덕에서 동의하지 않은 해악을 금지하고, 선을 성취하는 것을 도우라는 의미에서 인격체를 존중해야 하지만, 그러한 의무를 지닌 그러한 실체들의 숫자를 늘려야 한다는 의무가 도출되지는 않는다. 인구 과잉이라는 개념을 성찰하면 먹이고 돌보고 존중할 인격체가 더 없는 것이 최선이라는 합리적인 결론을 도출할 수 있다. 또한, 신체적 또는 정신적 장애가 있는 이들과 같은 특정한 종류의 인격체가 특히 심각한 도덕적 의무를 발생시킬 것이라는 결론을 내릴 수 있는데, 이는 피하는 편이 최선일 것이다. 그런 상황에서 낙태하여 그러한 의무의 발생을 막기로 결정할 수도 있다. 접합자,\* 배아, 태아들이 원숭이과나 개과 동물보다 사람이라는 사실은 일반적이고 세속적인 도덕에서는 다른 종의 개체보다 더 많은 사람을 갖는 것에 대한 관심의 측면에서 주로 의미를 가진다. 실제로 인격체들이 흰두루미의 배아가 곧 태어날 가능성에 대해 매우 기뻐하지만, 인간 배아의 출생(예컨대 심각한 기형을 가진 아기의 출생)은 평가절하할 상황을 상상할 수 있을 것이다. 일반적이고 세속적인 도덕은 인격체 중심성에 초점을 둔다. 그러나 일반적이고 세속적인 도덕성은 사람의 생물학적 삶의 핵심적인 가치를 규명할 수 없다.

---

\* zygote: 정자와 난자가 만나 수정된 상태의 수정란을 접합자라 한다.

인격체의 생명이 아닌 동물의 삶의 가치는 인격체가 결정해야 한다. 그러한 동물의 경우 존중할 인격체가 없기 때문에, 그 실체에게 귀속되는 가치와 그 동물의 고통과 쾌락에 대한 고려가 쟁점이다. 한 유기체의 삶이 단순한 감각이 아닌 목적과 목표를 의식한다는 특징이 있을수록 그것은 가치에 대한 어떤 선이해(先理解)를 가진 내면의 삶을 살 가능성이 높아질 것이다. 가치는 자의식이 있는 자유로운 행위자에 의해 이해되기 때문이다. 성숙한 고등 포유류는 삶을 즐기고, 쾌락을 추구하며, 정교하고 복잡한 방법으로 고통을 피한다. 이 매우 직설적인 의미에서 그들의 삶은 가치와 역가치(disvalue)를 둘 다 가질 수 있다. 하지만 그들은 인격체가 아니기 때문에, 존중을 요구할 수 없다. 그들은 인격체로서 다른 이들이 자신을 이용할 수 있는 도덕적 한계를 설정할 수 없다. 그들은 그들 자신이나 다른 실체들에게 선을 행하는 것의 가치 평가에 참여하는 것을 도덕적 권한을 가지고 거부할 수 없다. 그들은 도덕 공동체의 구성원이 아니라 오히려 그 선행의 대상이다. 따라서 동물의 삶의 질에 대한 가치는 두 가지 의미에서 사람에 의해 결정된다. 첫째로, 만약 그 동물이 발달된 의식적 삶을 가지고 있지 않다면, 사람들은 그러한 삶에서 내적 가치를 거의 찾을 수 없을 것이고, 지배적인 가치는 그 삶이 사람을 위한 대상으로 가지고 있는 가치일 수 있다. 둘째로, 비록 동물이 전 성찰적인(pre-reflective) 의미에서 그 유기체에 대한 가치를 가지고 있는 내적 삶을 가지고 있다 하더라도, 인격체는 여전히 그 가치를 다른 경쟁적인 가치와 비교해야 한다.
　이러한 일반적이고 세속적인 도덕의 이유들 때문에 접합자, 배아, 태아의 가치는 그들이 실제 사람들을 위해 가지고 있는 가치들의 관점에서 주로 이해되어야 한다. 접합자, 태아, 배아는 성인 포유류의 풍부한 내적 삶을 가지고 있지 않다. 만일 어떤 접합자가 아이를 낳기 위해 몇 년 동안 고생해온 부부가 오랫동안 기다렸던 자녀가 될 것이었다면, 이 접합자는 그 예비 부모의 희망에 공감하는 모든 이로부터 높은 평가를 받을 가능성이 매우 높다. 반면에, 만약 이 접합자가 임신으로 인해 학습계획의 큰 차질을 의미하는 미혼 대학원생의 몸에 있다면, 그 접합자는 그녀와 그녀의 계획에 공감하는 모든 이에 의해 크게 평가절하될 것이다. 또는 그 접합자가 21번 염색체가 세 개라면(다운증후군을 의미), 부모와 그 친지들은 그 접합자를 평가절하할 뿐 아니라, 장애아를 돌보는 비용을 감당해야 할 사회의 많은 사람이 그 임신을 중단시키고자 할 것이다. 물론 어떤 가치가 단순히 사람이라는 이유만으로 그 접합자에 할당될 가능성이 있다. 그러나 사람들은 접합자, 배아, 태아의 쾌고감수능력(sentience)이 성인 포유류의 그것보다 훨씬 적다는 것을 기억해야 한다. 누군가는 여전히 낙태가 태아에게 고통을 줄 수 있다고 걱정할지 모른다. 그러나 일반적인 세속적 도덕에서 태아에 대한 의무의 수준은, 다른 모든 조건이 동일하다면(ceteris paribus), 감각과 운동 기능, 지각 수준이 비슷한 동물에 대한 의무와 동일하다는 것을 기억해야 한다. 고통이 일어나려면 상당히 발달된 전두엽 연결부가 있어야만 통증을 경험할 수 있을 뿐만 아니라, 그 통증을 피해야만 하는 해로운 특질로 시간에 걸쳐 인식할 수 있다.[16] 태아의 능력이 성인 포유류의 고통감수능력에 접근한다는 어떤 징후도 없다. 결과적으로, 일반적이고 세속적인 도덕적 의무는, 다운증후군 어린이의 출산을 피하는 것과 같은 추구해야 할 선은, 죽임을 당할 동물의 고통이라는 악을 능가한다는 것을 확실히 한다. 낙태의 악은 일반적이고 세속적인 의미에서는 더 이상 인정되기 어렵다.

**동물에 관한 여담**

어떤 이들은 사람과 동물의 비교 평가가 부적절하다고 한다. 로버트 노직은 "동물에게는 공리주의, 사람에게는 칸트주의"라는 격언에 대해 비판적으로 말한다.[17] 그는 "인간은 다른 사람의 이익을 위해 이용되거나 희생되지 않을 수 있다. 동물들은, 오직 그러한 이익이 가해진 손실보다 더 큰 경우에 한해, 다른 사람이나 동물의 이익을 위해 사용되거나 희생될 수 있다."[18]라고 말했다. 그러한 입장은 사람과 사물 사이의 칸트의 도덕적 대비에서 비롯된다. 사실 이러한 도덕적 입장은 동물 모델을 가지고 신약을 연구하는 의학 연구 산업에 의해 전제된다. 그리고 동물 연구를 통해 비교적 안전성이 입증된 후에야 인격체를 활용할 수 있다. 그런 접근은 칸트식이다. 칸트에게 인격체는 그들의 행동에 대한 책임을 지울 수 있는 대상이다.[19] 어떤 이들은 어떤 포유동물이 동물일 뿐 아니라 실제로 우리처럼 인격체임을 의심할 만한 근거를 찾을지도 모른다. 만약 그들이 인격체라면, 우리는 그들을 존중해야 한다. 그러나 아마도 고등 유인원을 제외한 모든 동물의 행동은 도덕적인 삶에 대한 이성적 접근의 증거를 보여주지 않는다. 인격체는 도덕 행위자이며, 정당하게 칭찬과 비난을 받을 수 있는 실체이다. 그들은 목적 공동체의 일부가 될 수 있는 실체들이다. 이와는 대조적으로 비인격체들은 비난이나 칭찬을 받을 만한 가치가 없다. 그 결과 "자유를 결여하고 있으며, 자유로운 선택을 할 수 없는 모든 대상은 따라서 사물(res corporis)이라고 한다."[20] 칸트에게는 인격체에 대한 의무가 있고 동물을 포함한 사물에 대한 인격체의 의무가 있다.[21] 동물과 관련하여 다른 인격체에 대한 의무는 부분적으로 도덕 감수성(moral sensibility)을 증진하고 보호할 수 있도록 행동해야 하는 의무로서 구성된다. 따라서 칸트는 "동물에 대한 다정한 느낌은 인류에 대한 인간적인 느낌을 발달시킨다"[22]라고 주장한다. 동물에 대한 친절과 배려라는 규칙이나 행위는 일반적으로 인격체 존중을 위해 제정된 도덕 실천에 유리하게 작용할 수 있다.

우리는 칸트의 관점을 넘어서야 한다. 동물에 관하여 다른 인격체에 대한 의무에 대한 인식에 덧붙여 동물의 통증과 고통을 직접 고려해야 할 의무도 인식해야 한다. 우리는 동물에 대해 선을 베풀어야 할 의무를 가지고 있는데, 비록 그러한 의무 중 가장 강한 것이 그저 간접적인 선행, 즉 해악금지 의무라고 해도 말이다. 상호 존중의 도덕의 범위를 벗어나기 때문에 동물에 대한 존중의 의무는 없지만, 복지와 상호 공감의 도덕 측면에서 동물에 대한 의무는 있다. 여기서 존중을 받아야 할 인격체와 동물을 구별하는 것은 유용할 수 있다. 우리는 인격체를 존중하고 걸맞은 선을 베풀어야 한다. 동물들에게는 걸맞은 선을 베풀어야 한다.

부분적으로 노직의 우려를 감안하여 개혁 칸트주의 관점에서 해석할 수 있는데, 이 관점은 해악과 이득의 상대적 중요성에 대한 판단자이자 우리의 존중과 걸맞은 선행의 대상은 인격체인데 비해, 동물들은 우리의 걸맞은 선행의 대상이라는 사실을 인식하는 것이다. 인격체가 인격체가 아닌 실체를 다루는 경우, 해악과 이득의 어떤 교환의 의미에 대해 판단을 내리는 것은 인격체이다. 특정 도덕 감각, 역사, 실천을 통해 실제 도덕 공동체를 빚어내는 것은 인격체들이다. 동물은 도덕 공동체를 구성하지 않으며, 또한 역사를 가지고 있지 않다. 더구나 비인격 유기체를 보호하는 존중의 경계선도 없다. 동물은 오히려 복지와 공감이라는 도덕적 관심의 망을 통해 보호되고, 이는 또한 인격체도 보호한다. 인격체의 존중은 그들이 정당하게 칭찬받을 만한/비난받을 만한 방식으로 행동할 수 있다는 관심에서 비롯된다. 이와 대조적으로, 일반적이고 세속적 도덕에서 동물의 보살핌은 복지를 극대화하고 공감의 망을 유지하는 세계를 가져야 한다는 관심에서 비롯된다.

이 공감의 망은 우리가 보통 공감할 수 있는 동물들―포유류와 아마도 몇몇 조류들―과 우리를 가깝게 묶어준다. 이러한 공감의 유대는 인간과 성숙한 영장류 사이에서 가장 충분히 도출된다. 이 공감의 망은 광범위한 (동물보호) 자비 행위를 정당화한다. 그들은 동물에 대한 친절과 공감을 강력히 지지한다. 그러나 그들은 고기나 사냥을 위해 동물을 기르는 것을 금지하지 않으며, 연구용으로는 훨씬 더 그러하다. 비록 그 연구가 엄격한 의미에서 의학적 연구이든, 아니면 심지어 새로운 화장품의 안전성에 대한 테스트가 되든 말이다. 사실 모든 선, 가치, 공감이 그러하듯, 동물의 사용과 관련된 관심과 공감도 그들이 악의적인 것이 아닌 한 동등하게 받아들여질 수 있는 세속적 도덕의 특정 도덕 비전, 이론, 그리고 전통 안에 놓여있다.

요약하면, 동물들은 선행의 도덕성에 의해 보호된다. 동물의 쾌고감수능력의 범위는 고등 영장류에서 단세포 동물까지 다양하기 때문에, 선행을 주장하는 강도는 극적으로 달라질 것이다. 동물들이 더 많이 느끼고, 더 많이 고통받고, 다른 동물에게 애정을 가질수록, 그들에 대한 선행의 관심에는 더 많은 무게가 실린다. 반면에 바퀴벌레나 아메바에 대한 선행의 관심은 영장류보다 훨씬 덜 실질적이다. 그럼에도 불구하고, 오락을 위해 변덕스럽게 짚신벌레를 괴롭히는 것은, 만약 짚신벌레가 고문의 대상이 될 수 있다는 의견을 가졌다면, 해악금지의 원칙을 위반하는 것이며, (그 오락을 통해 비례적인 선이 성취되지 않는다는 전제하에) 선행의 도덕성에 반하는 행위일 것이다. 만약 누군가가 (사냥에서) 선의 균형이 긍정적이라고 주장한다면, 악의적으로 짚신벌레를 고문하는 것은 오락을 위해 유인원을 사냥하는 것보다 세속적인 도덕성에서는 더 명백하게 잘못된 것이다. 우리는 또한 동물에 관한 의무를 분명히 하기 위해 동물을 (1) 개인이나 집단이 소유한 것, (2) 소유되지 않은 것으로 분류할 필요가 있을 것이다.

### 신생아, 심한 지적장애인, 그리고 '인격체'에 대한 사회적 의미

이 결론은 세 번째의 매우 성가신 난제를 불러일으킨다. 신생아, 심한 지적장애인, 그리고 중증 치매 환자를 일반적이고 세속적인 측면에서 뭐라고 할 수 있을까? 그러한 실체는 엄밀한 의미에서 인격체가 아니다. 그러나 많은 이는 보통 성인들이 소유한 권리의 많은 수가 그 실체들에게도 주어져야 한다고 생각한다. 태아나 신생아를 죽이지는 않지만 불구로 만들거나 다치게 하는 것을 금지하는 규칙의 경우, 그러한 태아나 신생아가 될 가능성이 있는 미래 인격체에 대한 존중의 관점에서 우리의 도덕적 관심을 정당화할 수 있다. 단지 가능한 인격체(possible person, 예를 들어, 이 책의 독자가 철학 연구보다는 생산적인 성적 행위에 몰두하였다면 임신될 수도 있었던 인격체), 또는 개연적인 인격체(probable person, 예컨대 현대 신학 학위를 마치기 위해 엄마가 낙태를 하지 않았더라면 인격체로 발달했을 접합자)에게만 특별한 도덕적 권리를 부여하지 않더라도, 우리는 여전히 태아의 지위를 미래에 실제 인격체가 될 수 있다는 측면에서 이해하고 있다. 미래 인격체는 우리가 미래에 존재할 것으로 알고 있는 실제 인격체의 지위를 가질 수 있다. 만약 누군가가 15년 뒤 폭발하도록 학교 초석 아래 시한폭탄 장치를 설치한다면, 미래에 존재할 실제 사람들을 죽이려는 의도가 있는 것이다. 그러므로 태아나 신생아를 죽이지 않지만 다치게 한다면, 미래의 실제 인격체를 다치게 할 일련의 사건을 배치하는 것이다.[23] 이러한 관점에서 신생아에 대한 특정한 도덕적 보호(및 법적 보호의 도덕적 근거)를 확보할 수 있다.

선행의 고려는 사람이든 아니든, 비인격체 동물을 쓸모없는 고문을 당하지 않도록 보호한다. 미래 인격체의 권리에 대한 고려는 인격체가 될 실체를 불구로 만드는 것으로부터 보호한다. 그것은 신생아, 심한 지적장애인, 또는 진행된 치매 환자들이 해악금지라는 동기에 의해 고통 없이 안락사 당하는 것을 보호하지는 않는다. 우리는 여기서 다시 한번 일반적이고 세속적인 도덕과 내용 충만한 정전적 도덕 간의 고통스러운 대비와 직면한다. 해악금지라는 이유에 의해 죽임을 당하지 않을 권리를 포함하여, 엄밀하게 인격체만이 소유한 권리의 일부를 신생아, 심한 지적장애인, 그리고 매우 노쇠한 사람들에게 배정하는 것을 일반적이고 세속적인 도덕의 기초 위에 정당화하려 할 때, 우리는 거의 만족하지 못할 것이다.

아마도 우리는 일반적으로 인격체의 보호를 이끌어낼 실천을 지원할 필요성에 대한 칸트의 제안을 발전시킬 것이다. 그러한 개체를 보호할 근거를 찾기 위해, 우리는 특정 공동체에서 '사회적 고려 대상인 인격체'라

부를 수 있는 것의 사회적 역할을 정당화하기 위해 인격체에게 중요한 의미에서 특정 사회적 관행의 정당성을 살펴볼 필요가 있을 것이다. 이러한 인격체의 의미는 도덕의 기본 문법에서는 정당화될 수 없기 때문에(즉, 그러한 실체는 도덕 행위자가 됨을 통한 내재적인 도덕적 지위를 획득하지 않기 때문에), 특정 실체를 마치 인격체인 것처럼 취급하는 관행의 유용성 측면에서 인격체의 사회적 의미를 정당화할 필요가 있을 것이다. 만약 그러한 관행이 정당화될 수 있다면, 도덕 행위자라는 엄격한 인격체의 의미에 덧붙여, 다양한 실용주의적인 측면과 결과주의적인 고려들로 정당화된 인격체에 대한 사회적 의미를 갖게 될 것이다.

사실 대부분의 사회는 대개 태어날 때, 또는 출생 직후의 어느 시기에 인간 존재에게 할당되는 그런 사회적 의미에서의 인격체 개념을 가지고 있다. 고대 그리스 법에서 신생아는 특별한 의식인 암피드로미아*를 통해 가족으로 인정될 때까지 처벌 없이 방기될 수 있었다. 그 후, 신생아는 인격체의 주요 권리 중 일부를 갖게 되었다.[24] 다른 사회에서는 그 선이 덜 명확하게 그어졌다. 예를 들어, 한 유대교의 해석은, 출생 후 30일 동안의 영아 사망은 유산으로 간주되어야 한다고 주장한다. 그러한 신생아는 이 시기를 지나기 전까지는 생존한 어린이의 완전한 지위를 부여받지 못했다.[25] 현대 미국 사회에서도 심각한 결함이 있는 신생아에 대한 치료 중단은 어린이 역할로 완전히 사회화된 어린이의 경우보다 더 폭넓게 수용된다. 마치 많은 신생아에게는 사회적 인격의 완전한 송달이 즉시 일어나지 않는 것과 같다.[26] 제6장에서 보듯이 신생아 대 다른 어린이에 대한 치료 사이의 이러한 비공식적인 구별은 비판적인 공격을 받게 되었다.[27] 배아와 신생아가 성인과 동등한 도덕적 지위를 갖는지 여부에 대한 이해는 일반적이고 세속적인 도덕적 관점에서 파악할 수 없는 도덕적 통찰에 달려

---

* amphidromia: 고대 그리스에서 아기가 태어난 지 5일 또는 7일 되는 날에 가족이 열어주는 축제.

있다.

그러나 일반적이고 세속적인 측면에서 배아나 신생아 등이 보호받는 사회적 역할은 정당화되거나 최소한 공식적이거나 비공식적인 합의를 구성하는데 다음 의미에서 그렇다. (1) 그 역할은 공감이나 사람 생명의 보호와 같은 중요한 덕목을 지지하며 특히 사람의 생명이 연약하거나 의존적일 때 그러하다. 덧붙여 신생아나 다른 자궁 밖 사람의 경우 여기서 이점을 취한다. (2) 그 역할은 정확히 언제 사람이 엄격한 의미에서 인격체가 되는지와 관련된 불확실성에 대한 보호를 제공한다. 이는 능력과 무능력에 걸친 다양한 스펙트럼 하에 있는 사람을 보호하는 이점도 있다. (3) 그 역할은 사람이 인격체가 되어가는 과정에서 어린이 양육이라는 중요한 실천을 보장한다.

그러한 관심에 근거하여 인격체의 지위 일부를 사회적 역할로 배정하는 것은 공리주의적이고 결과주의적인 고려사항에서 정당화되어야 하기 때문에, 그 정당화는 다음에 따라서 다소 달라질 수 있다. (1) 과거에 엄격한 의미에서 인격체였던 사람(예컨대 심한 치매 환자), (2) 인격체가 될 가능성이 높고 특별한 사회적 역할 안에서 특별한 지위를 부여받은 사람(예컨대 신생아), (3) 엄격한 의미에서 인격체가 아니고 앞으로도 그렇게 될 수 없는 사람(예컨대 심한 지적장애인). 각 사례에서 제공되는 특정 보호에 대해 다소 다른 정당성이 있을 수 있다. 각각의 경우에, 사람들은 서로 다른 세속 사회에서 합의된 다른 고려사항의 관점에서 정당화된 다른 특별한 사회적 역할을 발견하게 될 것이다. 마지막으로, 특정 공동체는 권리와 의무, 이득과 해악에 대한 그들 자신의 도덕 비전에 대해 평화롭게 행동할 세속적인 도덕적 권리를 항상 가질 것이다.

### 심한 장애가 있는 신생아: 인격체의 사회적 역할에 대한 보호의 약화

인격체가 아닌 사람에게 권리를 부여하는 이러한 관행은 절대적이지 않은데, 적어도 일반적이고 세속적인 도덕에서는 그러하다. 일련의 고려 사항에서 그러한 관행의 중단이 해악보다 이득을 더 크게 성취하는 것으로 나타난다면 그러한 예외는 정당화될 것이다. 문제가 되는 선의 비중을 달아보는 잘 확립된 규칙의 관점에서만 그러한 예외를 만들 것을 요구할 수 있다. 우리는 어쩌면 심지어 관행 사이의 갈등과 같은 것을 요구할 수도 있다. 어떤 경우에도 엄격한 의미에서 인격체인 사람들에게 과도한 금전적·심리적 부담을 주지 않아야 하는 세속적인 도덕적 근거가 있다. 첫째로, 인격체는 그들이 달리 합의하지 않는 한, 그들이 무고한 인격체에게 위력을 행사하거나, 무고한 유기체에 정당하지 못한 고통을 가하지 않는 한 자유롭게 행동할 수 있는 일반적이고 세속적인 도덕적 권리를 가지고 있다. 결함이 있는 신생아에게 고통 없는 죽음을 허용해야 한다고 판단하는 부모들은 이 두 가지 제약 중 어느 한 가지도 불쾌하게 여기지 않는다. 엄밀한 의미에서 인격체인 부모와 보호자의 이득을 보호하는 관행은 때때로 어린이들에게 인격체의 사회적 역할을 부과하여 부모나 보호자에게 의무를 가하는 관행과 상충될 것이다. 따라서 인격체의 사회적 역할과 관련하여 다른 사람들이 부과하는 의무는 기껏해야 일반적이고 세속적인 도덕에서는 초견적(prima facie) 의무일 것이며, 특정한 상황에서는 제쳐둘 수 있다.

심한 장애가 있는 신생아를 돌보는 등 복지 제공 의무를 특징짓는 선행의 구체적인 성격은 엄격한 의미에서 인격체인 사람들의 판단을 통해 특정 공동체 내에서 결정된다. 이 일에는 다양한 정서가 있을 것 같다. 또 가족의 선택에 대항하여 신생아를 의무적으로 치료하도록 하는 주변 사회의 사회적 제약에 가족이 어느 정도까지 충실해야 하는지에 대한 문제도 있다. 우리가 정전적이고 내용 충만한 도덕을 확립하는 데 있어 일반적이고 세속적인 도덕의 실패를 진지하게 받아들일수록, 엄격한 의미에서 인격체가 아닌 구성원들에 대해 판단할 권리를 가진 인격체들 간의 자유로운 연합으로서 가족의 도덕적 지위를 심각하게 받아들일 필요가 있을 것이다. 부모에게 심각한 결함을 가진 신생아를 치료하도록 강요하는 것은 실제로 특정한 선행의 관점이 없다면 강제가 된다.

의무의 지형도는 한 가족이 신생아를 받아들이고, 정해진 일련의 관행 안에서 신생아의 역할을 할당함에 따라, 아마도 어린이의 돌봄과 양육을 위한 다양한 형태의 사회적 지원을 받아들임으로써 바뀔 수 있다. 그러면 신생아는 가족과 더 큰 사회 모두에서 도덕적 지위를 얻을 수 있다. 문제가 명확하지 않은 것은 그 이전이다. 예를 들어, 어떤 상황에서 부모가 심각한 결함이 있는 신생아를 돌보지 않을뿐더러 더욱이 그가 (1) 죽도록 허용하거나, (2) 죽게 해야 한다고 주장할 수 있다. 우리는 제6장에서 심각한 결함을 가진 신생아들에 대한 논의에서 이러한 문제들로 돌아갈 것이다.

여기서 우리는 내용 없는 세속적 도덕의 여러 함의 중 하나와 더불어 결함이 있는 신생아와 만나게 된다. 그들은 사회적 역할 내에서 완전히 성장한 어린이들과 대조적으로, 사회적 인격체로서의 특별한 입지가 약화된 실체의 예를 제공한다. 영아, 심한 지적장애인, 그리고 심한 치매 환자는 권리는 있지만 의무는 없는 도덕적 지위를 얻을 수 있다. 어떤 상황에서는 그 도덕적 지위의 요소들을 철회하는 것이 정당화될 것이다. 제6장에서 더 자세히 논할 다소 분명한 예로, 절망적일 정도로 노쇠한 개인은 종종 심각한 결함이 있는 신생아들과 매우 유사한 퇴화된 의미에서 사회적 인격체의 지위를 부여받는데, 그들에게는 기본적인 간호만 도덕적으로 제공되어야 한다. 마지막으로, 가망 없는 혼수상태에 빠진 환자와 무뇌아가 있는데 이들은 도덕적 지위는 있지만, 일반적이고 세속적인 도덕적 의무는 훨씬 더 적게 부과된다.

### 인격체라는 것: 엄밀한 의미와 다양한 사회적 의미

우리는 일반적이고 세속적인 도덕과 그 생명윤리에 대해 다음과 같은 구분을 할 수 있다. 도덕 행위자로서 인격체의 의미가 있는데, 나는 엄격한 의미에서의 인격체(인격체 1)이라 부르지만, 이는 어린이들(인격체 2)의 경우에서처럼 엄격한 의미에서의 인격체의 상당한 권리들이 부여된 사회적 의미에서의 인격체와 대조를 이룬다. 사회적 의미에서의 인격체 역시 한때는 인격체였지만 지금은 최소한의 상호작용만 하는 인격체(인격체 3)와, 매우 심한 지적장애여서 엄격한 의미에서 한번도 인격체였던 적이 없고 앞으로도 그럴 수 없는 인격체(인격체 4)로 구분된다. 어떤 이들은 최소한의 사회적 역할도 수행할 수 없는 심각하게 손상을 입은 사람(심각하고 영구적인 코마 환자)을 인격체 5로 구분할 수도 있을 것이다. 겉보기에 단일한 사람의 개념은 인격체들과 도덕 행위자들로 분절된다.

    도덕 행위자인 사람과 도덕 행위자의 권리가 귀속되는 사람 사이에는 필연적으로 중요한 구분이 있다. 사람은 판단력 있는 성인 환자를 비난하고 칭찬할 수 있는데, 이는 그들이 권리와 의무를 모두 가지고 있기 때문이다. 그들은 도덕 행위자이다. 어린이들을 탓하거나 칭찬할 수는 없다. 그들은 권리는 소유하지만 의무는 소유하지 않는다. 우리는 기껏해야 그들의 최선의 이익을 위해 행동할 수 있다. 도덕 행위자인 인격체는 일반적이고 세속적 도덕의 성격에 필수적인 권리를 가지고 있다. 사회적 의미에서의 인격체의 권리는 특정한 공동체에 의해 만들어진다. 또한 최소한 사회적 역할을 할 수 있는 사람의 도덕적 지위와 그러한 역할을 할 수 없는 사람들(예: 영구적인 코마 환자나 무뇌아) 사이에는 실질적인 구별이 있다. 이러한 구분은 이미 잘 갖춰져 있는 도덕적 전제들의 지형을 반영한다. 더욱이 이러한 도덕적 전제의 지형은 일반적이고 세속적인 측면에서 이들 분야에서 정당화될 수 있는 것과 일치한다. 그럼에도 불구하고, 이러한 고려사항 중 어느 것도 특정 도덕 공동체들이 그들 자신의 연합체(의료시설을 포함한다) 안에서 배아, 신생아, 노인들이 성인들과 도덕적 존엄성을 공유한다는 것을 인정하는 것에 반대하지 않는다.

이러한 결론은 어린이나 신생아의 지위를 약화시키려는 것이 아니다. 의도는 그 반대다. 목표는 일반적이고 세속적인 논증에서 정당화된 가장 강력한 근거를 사람의 도덕적 지위에 제공하는 것이었다. 세속적인 도덕 관행을 세심하게 조사해보면 엄격한 의미의 인격체의 중심적인 중요성이 드러나지만, 그러한 사람에게는 그렇지 않다. 신생아, 심한 지적장애인, 그리고 노인의 도덕적 입지를 정당화하고 그것을 설명하려면 인격체의 사회적 의미라는 이차적 개념을 정교하게 만들 수밖에 없으며, 우리는 서양의 지배적인 세속적 도덕의 전통에서조차 이를 알게 된다. 그러나 엄격한 의미에서 인격체가 아닌 사람에게 유리하게 발전될 수 있는 가장 강력한 권리 주장은 일반적이고 세속적인 측면에서는 기껏해야 공식적이거나 비공식적인 협약을 통한 결과주의자들의 (공리주의자들에 대해 그렇지 않다면) 고려사항들에 있어 가장 잘 드러날 뿐이라는 사실은 불안하다.

이러한 결론은 엄밀한 의미에서 인격체가 아닌 사람에 대한 공격을 의미하지는 않는다. 그 상황은 세속적인 철학적 추론의 한계를 반영한다. 우리의 도덕적 신념 중 일부만이 일반적이고 세속적 도덕 안에서 정당화될 수 있다. 우리는 이용할 수 있는 논증이 적어도 엄격한 의미에서 인격체에 대한 강력한 의무론적 권리를 지지한다는 것을 기뻐해야(안도해야) 한다.

### 잠자는 인격체와 임바디먼트\*의 문제

아직 직면해야 할 또 다른 중요한 퍼즐이 있다. 우리는 잠자는 사람들의 상태를 어떻게 생각해야 하는가? 인격체가 되는 것이 도덕 행위자가 되는 것에 달려 있고, 인격체가 잠자고 있을 때 어디로 가는가를 설명하는 형이상학적인 영혼의 교리가 없다면 잠자는 인격체의 세속적이고 도덕적인 입지는 무엇인가?[28] 우리가 잠자는 동안 인격과 그 권리는 없어지

---

\* 'embodied'는 '체화'로, 체화가 된 상태인 'embodiment'는 '임바디먼트'로 옮겼다.

는가? 이 퍼즐은 도덕 이방인들의 공동체 안에서 도덕적 주장을 하는 사람이 된다는 것이 무엇을 의미하는지에 관한 분석에 호소하여 영혼이나 유사한 실체에 관한 형이상학적 가정 없이 대답할 수 있다. 이 분석은 다음 두 가지 중추적인 고려사항에 달려 있다. 어느 한쪽이든 잠자는 인간들에게 엄격한 인격체의 지위를 줄 수 있는 퍼즐을 충분히 해결해야 한다. (1) 사람 도덕 행위자들이 스스로를 시공간적 존재로 내세우는 방식, (2) 도덕적 권한이 있는 협력을 시공간적으로 연장된 도덕 행위자들로부터 도출하기 위해 필요한 조건들.

첫 번째 요점은 체화된 인격체(embodied person)가 된다는 것이 무엇을 의미하느냐에 관한 것이다. 인격체는 스스로에게 불연속적으로 보이지 않는다.

유한하고, 공간적·시간적 확장의 일부로서 감각적으로 공간적·시간적 연장을 인지하고 있는 마음.²⁹ 그들의 임바디먼트는 이 세상에서 공간적으로 그리고 시간적으로 연장된 것이다. 그런 상황에서 인격체가 뜻하는 것은 자의식의 끊김이 없는 신과 같은 연속성이 될 수 없다. 오히려 그것은 불연속성에 걸친 경험의 반복적인 통합으로서, 그 모든 것이 공간적으로 연장된 몸속에 있는 자아의식이다. 그런 존재들은 하나의 정체성 안에서 깨어난 그들의 여러 가지 에피소드들을 봉합해야 한다.

알프레트 슈츠*는 수면과 각성에 대한 현상학적 설명에서 이것을 탐구한다.³⁰ 인격체의 바로 그 감각은 여러 일시적 불연속적인 에피소드를 하나의 삶으로 통합시키는 것을 포함한다. 물론 이러한 시도는 전부 또는 부분적으로 실패할 수 있다. 존 휴링스 잭슨**은 우리의 연속적인 인격체로서의 통합이 불안정하고 어려운 일이라는 것을 분명히 인식한 첫 번째 사람

---

\* Alfred Schutz(1899~1959): 오스트리아 태생의 미국 사회학자이자 철학자.
\** John Hughlings Jackson(1835~1911): 영국의 신경학자. 간질에 관한 초창기 연구로 유명하다.

중 하나이다.³¹ 그것은 실제로 하나의 성취다. 유한하고, 지각 있는 직관적인 사람이 되는 것은 시간적으로 다양한 경험을 끊임없이 자신의 것으로 구성하는 임무를 갖는 것이다. 이 점은 칸트가 선험적 통각(transcendental unity of apperception)이라는 용어로 인격체, 혹은 주체를 특징짓는 데서 잘 인식되었는데 이는 '나는 생각한다'하에서 자신의 다양한 경험을 하나로 통일할 수 있는 능력이다. 우리가 '나는 생각한다' '나는 경험한다' 아래서 이 통각 안에 하나로 묶일 수 있는 이 경험들은 우리 자신의 것이 된다. 인격체는, 그들이 시공간적 연장에서 자유로운 존재(예컨대 천사)가 아니라면, 다양한 경험을 자신의 것으로 통합하는 도전을 받게 될 것이다. 수면은 단순히 통합을 위한 그러한 도전의 한 예를 구성한다.

경험된 자아 정체성의 통합을 이루는 체화된 자의식은 태아는 잠재적 인격체이기 때문에 인격체로 간주해야 한다는 형이상학적인 전제나 그런 주장을 하는 이에게 요구되는 교의에 호소하지 않고 이해할 수 있다. 문제는 인격체의 역량을 보여준 적이 없는 실체를 마치 인격체인 것처럼 보아야 하는지가 아니다. 문제는 오히려 간헐적으로 도덕 행위자의 전 능력을 보여주는 실체를 어떻게 보는가 하는 것이다. 그러한 역량을 보여주지 않는 기간에도 여전히 그러한 역량(즉, 뇌가 멀쩡한 상태)을 가지고 있고, 장차 그것을 행사할 것이라는 실체를 우리는 어떻게 보아야 하는가?

우선, 누군가의 **몸인** 육체와 누군가의 몸이 **될지도 모르는** 육체 사이에는 일반적이고 세속적인 도덕에서 종류의 차이가 있다. 의사능력이 있는 성인의 경우 자고 있는 사람이 누구인가를 아는 것과, 태아가 장차 될 사람을 아는 것 사이에는 종류의 차이가 있다. 일단 사람이 도덕 행위자가 되면, 그 행위자 아래에 전기(biography)가 쓰인다. 접합자, 태아, 또는 심지어 영아에 관해서도, 적어도 일반적인 세속적 관점에서는, 그 몸에 어떤 인격체가 들어오게 (혹은 더 낫게는 함께할지에) 대해서는 알 수가 없다.³² 우리는 잠자는 사람에 관해서는 누구의 몸인지 알고 있다. 우리는 그가 누

245

구인지 안다. 그 인격체는 다시 각성하고, 판단을 내리고, 질문에 대답할 것이다. 그 인격체의 삶의 물리적 표현인 감각 운동 통합의 완전한 역량을 가진 육체는 그 사람이 세계에 육화한 것이다. 그 신체의 역량은 특정 인격체의 역량이다. 우리는 인격체가 **될 수 있는** 잠재력과 **인격체의** 잠재력을 구분해야 한다.

요점은, 시공간적으로 연장되고, 의미 있게 직관적인 인격체의 바로 그 의미는 시간적 확장을 포괄하고 통합하는 것과 관련이 있다는 것이다. 우리 자신에 대한 바로 그 경험은 시간이 흐르면서 도덕 행위자가 연장되는 것이다. 또한, 세속적인 도덕 관행의 한 요소로서, 도덕적 허락과 그것의 원천은 도덕 행위자들이 자신과 그 대화 상대자들을 계속해서 구속하는 합의를 할 수 있도록 시간이 지나도 정체성을 소유하는 것을 전제한다. 이것은 결과론적인 고려가 아니다. 오히려 계약, 시장, 제한적 민주주의의 관행에 존재하는 세속적 도덕의 실상을 인정하는 것이다. 그러한 관행에서, '나는 무의식적으로 이것을 한다'(예를 들어, '나는 이 계약을 한다' '나는 이 행위를 한다')라는 통념 아래에서 인격체가 통합한 것이 무엇이든 그것은 일정 시간 동안 특정 장소에 존재하는 도덕 행위자로서 그들에게 통합된다. 그러한 관행에서 그러한 인격체들의 존재는 '나는 이러한 행위를 했다'라는 '개연적인' 보고에 의해 타당하다고 추정될 수 있는 정체성의 일시적 불연속성에 의해 배제되지 않는다.

도덕적인 현실은 사회적이면서 우선순위가 있다. 과학적이고 형이상학적인 실재조차도 인격체를 (1) 인식론적 가치와 고려사항에 대해 협상하고 합의할 수 있는 실체로서, (2) 자신을 단순히 원인에 의해 결정되는 것이 아니라 고려사항 중에서 선택하는 것으로 간주하는 실체로 전제한다. 그 결과, 인격체의 정체성에 관한 퍼즐은 세속적 도덕의 측면에 자리잡게 되는데, 도덕은 그러한 논쟁을 해결하기 위한 전제로서 개인의 중심성을 드러내는 것이다. 모든 과학적이고 형이상학적인 설명의 틀은 세테리스

파리부스 조건(모든 조건이 동일하다면)을 확립하기 위한 협약을 전제로 하기 때문에, 협약에 의해 논쟁을 해결하는 관행은 항상 그러한 논쟁에 종사하는 사람들의 지위에 관한 어떤 세속적인 과학적 혹은 형이상학적 퍼즐보다 우선한다. 과거와 미래를 가진 인격체의 정체성에 관한 모든 퍼즐은 이것이 도덕적 권한으로 가능한 한 협약을 통해 해결될 필요가 있다.[33]

이 관행은 일정 시간에 걸친 인간의 정체성을 확인시켜준다. 즉, 개인은 일정 시간에 걸쳐 도덕 행위자로 자신을 경험하고 불연속성을 아우르는 협약을 맺는 세상에 살고 있다. 기억상실증, 뇌 분열, 우주선 전송 장치 오작동으로 발생하는 개인적 정체성의 문제는 협약으로 해결할 수 있는 TEYKU, 불충분한 사례, 퍼즐로 볼 수 있다. 우리는 인격체가 존재하거나 사라지거나, 적응하기 위해 특별한 관행을 만들어야 하는 다양한 공상과학 세계를 상상할 수 있다. 마찬가지로 우리는 천사가 어떻게 다른 천사와 합의하거나 불일치할 수 있는지를 생각해볼 수도 있다. 하지만 이것은 우리가 경험하는 세계가 아닐 것이다. 그러한 퍼즐을 논외로 하더라도, 세속적 도덕의 실천(예를 들어, 허락 원리가 중심성을 갖는 세속적 도덕)은 그 안에서 도덕적·형이상학적·과학적 문제가 발생하고 협상되는 실천이다. 그것은 그것을 구성하는 협상가들의 시공간적 체화의 중심성을 수반한다. 인격적 정체성, 계약 준수, 시장 협약 및 책임의 가정에 관한 퍼즐의 중요성에 일정 시간에 걸쳐 동의해야 하는 것은 그들이다. 동의할 때, 그들은 일정 시간 동안 동의하고 행동하는 다른 이들과 함께 일정 시간 동안 행동한다.

인간을 시공간적으로 연장된 실체로 인식하는 것은 그 체화가 세속적인 도덕의 실천에서 도덕 행위자의 물리적 하위 요소인 능력을 유지하는 한, 그 자체로서 그들의 온전한 임바디먼트를 의미하는 것이다. 사람은 어떤 설명에서처럼 천사와는 달리 영원한 지금을 살고 있지 않다. 인격체로서 사람은 현재에서 미래로 뻗어나가고, 인격체의 현전은 과거의 협약과 행동에 의해 구속된다. '나는 X를 생각했다'와 'Y를 했다'의 불연속성에 걸쳐 인격체가 자신의 전기를 결합하고 잠을 잘 수 있는 한, 인격체는 일정 시간에 걸쳐 자신을 연장된 것으로 취급하고 생각할 수 있다. 그들의 전기에는 추가적인 경험적 정보에 근거한 개정이 있을 것이다(예: '내가 정말 그랬을까? 글쎄, 그런 것 같아.'). 그러나 시간의 흐름에 따라 주의와 의식의 불연속성에 걸쳐 연장된 인격체를 고려할 목적으로 개정되었다는 측면에서 보면 기본적인 준거의 개정은 없을 것이다. 판단의 준거는 어떤 과거가 진정으로 자신의 것이며 어떤 과거가 거짓인지를 스스로 결정할 수 있다고 간주하는 것이다.

인간의 허락과 협약은 시간에 걸쳐 유지되지만 의식 안에서는 불연속적이다. 사람 도덕 행위자는 시간에 걸쳐 구속력을 가진 협약을 포함하여 협약을 맺는 종류의 실체다. 만약 각성이나 자의식에 대한 개입이 인격체의 정체성을 산산조각 낸다면, 우리는 잠에 떨어짐과 동시에 그 사람을 죽여도 이를 살인으로 여기지 않을 것이다. 유한하고 시공간적인 도덕 행위자의 불연속적 성격을 고려한다면, 그의 통상적인 불연속성이 동의받지 않은 살인을 정당화할 경우, 이는 도덕 공동체를 불가능하게 만들 것이다. 또는 이 사안을 재론하자면, 만약 우리가 도덕 행위자로 하여금 각성상태가 일시적으로 약해졌거나, 일시적으로 둔화되거나, 잠든 무고한 도덕 행위자들을 허락 없이 말살하도록 허용했다면, 우리는 허락의 권한을 가지고 도덕 논란을 해결할 가능성에 반하여 행동하는 것이며, 평화로운 도덕 공동체의 가능성에 반하는 것이다. 시공간적으로 연장된 인격체는 일정 시간에 걸쳐 관심의 순간과 수면의 순간마다 도덕적인 행동을 하기 때문에, 주의력이 떨어지거나 잠을 잘 때도 존중하여 다루어야 하는 종류의 실체다.

이러한 고려사항들은 우리가 역사를 통해 실제 도덕 공동체가 존속하도록 도덕 행위자를 존재하게 해야 하는 도덕적 의무가 (일반적이고 세속적인 도덕의 관점에서) 있다고 하지는 않는다. 그러한 논증은 도덕 공동체를 추구해야 하는 가능한 목적 중 하나의 목적으로 만들 것이다. 이것은 특정한 구체적인 목적의 순위에 대한 호소를 필요로 할 것이다. 오히려 이제까지 이야기한 것은 세속적인 도덕 공동체의 개념에 필수적인 조건의 스케치다. 우리가 우리 자신을 도덕 행위자로 생각할 때, 우리는 우리 자신을 수면, 마취, 부주의 중에 일어나는 자의식의 불연속성에 반하여 행동하는 것으로 생각해야 한다. 우리의 뇌, 우리의 임바디먼트가 그대로 남아있는 한, 우리는 이러한 불연속성을 넘어서서 존재하는 것으로 인식될 수 있다. 이러한 연속성 가정은 세속적인 도덕의 실천 안에서 우리 자신을 이해하기 위한 조건이다. 우리는 세상에서 다른 도덕 행위자의 고유한 위치와 임바디먼트를 기꺼이 파괴하려 하면서 그들을 존중할 수는 없다. 실로 인격체의 임바디먼트를 파괴하려는 의지는 상호 존중의 바로 그 도덕성에 반하는 행동이다.

### 사람, 동물, 그리고 사물의 소유

존 로크는 "어떻게 누군가가 무엇을 소유하게 되는지는 어떤 이들에게는 매우 어려운 문제처럼 보인다"[34]라고 말했다. 그 어려움은 물(物)과 대상을 소유와 소유자라는 개념적인 틀 안에 끼워 넣는 것이다. 소유와 소유자에 대해 말하는 어떤 특정한 시스템은 문화적으로 상대적이며 다른 협약을 맺은 다른 공동체 구성원들의 도전에 열려 있다고 보인다. 어떤 사람들은 여기서 토지에 대한 권리와 그 사용에 관한 유럽 이민자들과 다양한 인디언 부족들 간의 갈등을 생각할지도 모른다. 소유 상태의 해결은 부족한 자원의 분배, 특히 부족한 의료자원의 배분에 대한 도덕적 정당성을 이해하는 데 핵심적이다. 의사, 환자, 그리고 의료자원을 할당하는 국가 및 국제 기구들의 권리를 설명하기 위해서는 누가 무엇을, 어떤 방식으로 소유하는지 이해해야 한다.

일부는 재산권이 특정 시민사회 내에서만 존재한다고 주장해왔다. 이마누엘 칸트와 같은 사람들은 완전한 재산권이 실현되는 것은 시민사회 내에서만 가능하다고 주장한다.[35] 윌리엄 블랙스톤*과 같은 다른 사람들은 사유재산권에 대한 권리를 인정하면서도 재산권의 기원에 관한 이론의 다양성을 인정하고 있다. 블랙스톤은 재산권은 한 영토의 첫 번째 점유자가 소유자가 되어야 한다는 모든 인류의 묵시적인 동의에 기초한다는 휘호 흐로티위스**의 관점에 주목한다. 반대로, 로크는 그러한 묵시적인 동의는 없으며, 그 소유는 단지 물(物)을 소유로 바꾸는 육체노동에서 비롯된다고 주장한다.[36] 나는 로크의 편을 드는 것이 분명해지겠지만, 헤겔주의자의 재해석을 통해서다. 노동은 대상을 단순한 물체에서 사람의 생각과 의지에 의해 만들어진 실체로 변화시킨다. 물체를 상품으로 바꿈으로써, 그것은 사람과 그들의 소유권 영역으로 유입된다.

헤겔은 우리는 (1) 사물을 육체적으로 직접 파악하여, (2) 그것을 형성하고, (3) 자기 것으로 표시함으로써 손에 넣는다고 지적한다. 소유에 대한 그의 패러다임의 예는 우리 자신에 대한 소유다.[37] 우리가 우리 자신보다 더 완전하게 파악하거나 사용하는 것은 없다. 우리는 먹고 삼키고, 우리 속에 통합시킴으로써 우리를 만들어낸다. 그들은 우리의 일부가 된다. 그래서 그것에 대한 행동은 개인으로서 우리를 향한 행동이고 따라서 상호 존중의 도덕성을 침해하는 것이다. 사람의 신체, 재능, 능력도 마찬가지로 원시적으로 자신의 것이다. 로크가 주장하듯이, "모든 인간은 자신이라는 재산을 가지고 있다. 자신 외에는 누구도 이에 대해 아무런 권리도

---

\* William Blackstone(1723~1780): 18세기 영국의 법학자이며 판사, 정치인. 옥스퍼드 최초의 영국법 교수였다.

\*\* Hugo Grotius(1583~1645): 국제법의 아버지로 불리는 네덜란드의 법학자.『전쟁과 평화의 법(De jure belli ac pacis libri tres)』(1624) 등의 저술을 남겼다.

없다."³⁸ 상호 존중의 도덕성은 자신의 자아를 안전하게 하고, 자신의 신체나 재능을 허락 없이 사용할 다른 사람에 대한 자신의 주장을 보증하기 때문에, 사람의 몸은 자신의 인격으로서 존중되어야 한다. 다시 말하지만, 시공간적으로 확장된 인격체는 공간을 점유해야 하기 때문에, 그 공간이나 장소에 반하여 행동하는 것은 그러한 사람들 자신들에게 불리한 행동을 하는 것이다. 이러한 개입에 대한 부동의는 상호 존중과 평화로운 공동체의 개념에 반하는 행동이 될 것이다.

문제는 다른 형태의 소유권을 어떻게 설명하느냐 하는 것이다. 소유권을 정당화하는 이 문제는 개인만큼이나 사회에도 큰 문제다. 한 개인이나 한 사회가 어떻게 도구나 토지를 소유하는가? 다른 인격체를 소유하는 것은 사물의 소유권보다 더 쉽게 설명되는 것처럼 보인다. 만약 다른 사람들이 우리가 자신을 소유하는 것처럼 스스로를 소유한다면, 그들은 전체 또는 일부에 걸쳐 자신의 소유권을 전달할 수 있다. 타인의 서비스에 대한 소유권은 상호 존중의 도덕성인 허락에 직접적으로 기초한다. 다른 사람들을 존중하는 것에는 그들이 특정한 서비스를 수행하고 복종의 특별한 관계를 맺는 데 동의할 권리를 존중하는 것이 포함된다. 따라서 (적어도 자발적 입대자들에게) 특정 의료시술을 받으라고 명령할 수 있는 군대의 권리는 이해할 수 있다. 실제로 해병이나 프랑스 외인부대에 입대하는 것에서부터 수도원에 들어가는 것, 결혼하는 것, 또는 어떤 경우에는 병원 인턴이 되는 것 등 다양한 형태의 봉사는 자신이 소유하는 권리 전체, 혹은 일부를 다른 사람에게 이전하는 것으로 이해될 수 있다. 동산(動産)이라는 어떤 특별한 지위 관계는 아마도 이런 식으로 이해될 수 있을 것이다. 어린이들은, 그들이 여전히 무직 상태로 남아있고, 그들 스스로 밖에 나가지 못하고, 그들 스스로 자립하지 못하기 때문에, 부모 손에 남아 부분적으로 소유된다(또는 고대 로마의 관습을 상기하면 그들은 부모의 손에[in manu] 있거나 보호[potestas]를 받는다). 부모의 지원을 받는 대가로, 그들은 부모의 도덕적 통제와 부분적 소유권에 속한다고 볼 수 있다. 이것은 엄격한 의미에서 어린이나 피보호자가 인격체일 때에만 유효하며, 순종을 위한 그러한 지원의 교환에 암묵적으로 관여했다고 볼 수 있다. 결과적으로, 이러한 고려사항은 어린이와 청소년들의 지위에 적용되지만, 신생아와 매우 어린 영아들의 지위에 적용되지는 않는다.

요컨대, 계약 봉사\*는 개념적으로 반투명한 소유의 가장 분명한 예를 제공한다. 그들이 자유롭게 소유물로 변모했기 때문에 우리는 다른 이들을 소유할 수 있다. 소유와 소유자가 모두 인격체, 마음이기 때문에 그들의 소유물로서의 지위는 분명히 이해할 수 있다. 소유된 것은 소유물로 인정받기 위해 개념적 용어로 번역할 필요가 있는 사물이 아니다. 의무의 구조를 만드는 것은 오히려 마음과 마음의 만남이다. 다시 말하지만, 그러한 계약 봉사의 예는 매우 많다. 의학을 공부하면서 경제적 지원을 받는 대가로 의무적인 군복무에 동의하는 의대생을 여기서 생각해볼 수도 있다.

사람은 또한 자신이 생산하는 것을 소유한다. 누군가는 여기서 동물과 어린이들을 생각할지도 모른다. 그들이 사람들의 독창성이나 에너지의 산물이기 때문에, 그것들은 소유물이 될 수 있다. 그러나 사물에 관해서는 존재하지 않는 자비라는 도덕 때문에 동물에 대해서는 특별한 의무가 있다. 그러한 고려사항과 어린이가 인격체가 될 것이라는 사실은 부모들이 어린 자녀들에 대한 소유권을 갖는 범위를 제한한다. 그러나 이러한 한계는 적어도 일반적이고 세속적인 측면에서 만들어질 수 있기 때문에, 인격체로 발달할 수 없는 사람 접합자, 배아, 태아에 대한 소유권과 관하여, 또는 거의 지각력이 없는 하등 척추동물들에 관한 한 매우 약할 것이다. 예를 들어, 일반적인 세속적 도덕의 테두리 안에서 식물, 미생물, 사람 접합

---

\* indentured servitude: 도제 계약처럼 급여 또는 기간을 확실히 정하지 않은 자발적인 노동력 제공을 의미한다.

자가 상품으로 만들어지고, 그것들이 단순한 물건인 것처럼 사고 팔릴 수 있다는 것은 매우 개연적으로 보일 것이다. 이와는 대조적으로, 강한 소유권 주장은 어린이가 인격체가 되고, 스스로의 권리(sui juris)를 가지면서 중단될 것이다. 어느 실체가 자의식을 갖게 되는 시점에서, 허락이나 상호 존중의 도덕은 자식에 대한 부모의 소유권을 소멸시킬 것이다. 그 후 자녀에 대한 새로운 권리는 자녀가 부모의 도움을 받는 대가로 부모의 권한에 복종함에 따라 생겨날 수 있다.

사물에 관해서는, 그 물건 자체가 소유된다고 주장할 필요가 없다. 그 대신 우리는 제작자의 자아의 연장으로서 부과된 형상(form)이 그 사물 내에서 그 인격체의 소유라고 주장하면 된다. 헤겔의 주장대로, 사물의 소유권에서 자신의 신체에 관한 타인의 용인을 주장할 수 있는 권리는 형성되는 대상에까지 연장된다. 대상을 소유한다는 것은 자신의 의지에 따라 자신의 생각과 닮은 이미지 내에서 그것을 빚어내고, 형성하고, 변형시키는 과정이다. 그것은 자신의 의지에 사물을 통합하는 방법이다. 이런 식으로 우리는 자신의 임바디먼트의 영역을 증진하고 자신의 권리의 범위를 다른 사람의 용인의 한계까지 확장한다. 타인에 의해 변형되지 않은 것들을 우리는 자신의 목적을 위해 자유롭게 변화시킬 수 있다. 자신의 아이디어가 주입된 것들은 소유가 된다. 누군가가 그것을 폐기하지 않는 한, 다른 이가 그 사물에 대한 어떤 선점권을 가지는 경우를 제외하고, 그들은 허락 없이 다른 이들에 의해 변형되거나 변경되지 않는다. 동물은 자의식이 없고, 도덕률을 따를 수 없기 때문에, 그들은 사용되거나, 다시 만들어지거나, 그저 취할 수 있는 물건이다. 가이우스가 『법학제요』에서 말한 것과 같이, "만약 우리가 야생동물, 새, 물고기를 잡으면, 우리가 잡은 것은 즉시 우리의 것이 되고, 그것이 우리의 통제하에 있는 한 우리의 것으로 남아있게 된다."[39]

이 접근은 소유권에 대한 설명을 제공한다. 내가 제안한 것은, 한 개인이 어떤 물(物)에 들어가서 그것을 재형성하고, 재주조하고, 로크의 제안에 따르면, 그 물(物)과 자신의 노동력을 섞으면, 그 대상은 소유물이 된다는 것이다. 로크는 이를 다음과 같이 특징지었다. "그가 자연이 제공한 것을 무엇이든 제거하고, 그것을 남겨두든가, 자신의 노동력과 그것을 섞어 자신의 소유인 어떤 것에 결합하면, 그것은 소유물이 된다."[40] 우리의 소유물은 단지 우리의 노동의 산물, 또는 증여나 거래를 통해 얻은 다른 이들의 노동만을 반영할 것이다. 소유는 우리 자신의 자아, 혹은 타인의 자아의 연장을 반영한다. 허락 없이 어떤 인격체의 실질적인 연장물을 취득하거나, 바꾸거나, 변경하는 것은 그 인격체에 반하는 행동을 하는 것이다. 허락의 도덕, 상호 존중의 도덕은, 우리의 즉각적인 체화뿐만 아니라, 우리의 의지와 에너지로 체화된 대상을 보호한다. 이 세상에서의 임바디먼트는 우리의 몸의 경계에서 멈추지 않고, 우리의 의지가 표시된 다른 대상으로 확장된다. 소유권은 자신의 허락 없이 간섭받지 않을 기본권으로부터 파생된다. 일단 그러한 권리가 취득되면, 인격체가 자신에 대한 권리를 양도할 수 있는 것처럼, 그 권리는 자유롭게 매각되거나 다른 사람에게 양도될 수 있다.

이 접근은 제품의 소유권을 설명하는 좋은 방법이 될 것이다. 남아있는 어려움은 날것 그대로의 물질 그 자체, 즉 제품이 빚어지는 그 원료에 대해 뭐라고 말할 것인가이다. 변형되지 않았기 때문에, 그것은 어떤 특정인이 소유하는 것이 불가능해 보인다. 기껏해야 그 물질에 대해 동등한 접근을 할 수 있는 모든 이들의 권리에 대해 말하는 것이 가능한 것처럼 보인다. 이와 유사한 고려사항으로 인해 토머스 페인,[41]* 오길비,[42]** 바루크 브

---

\* Thomas Paine(1737~1809): 미국의 작가, 혁명 이론가. 『상식론(The Common Sense)』을 발간하였고 미국 독립과 프랑스 혁명에 사상적 영향을 미쳤다.
\*\* William Ogilvie(1736~1819): 스코틀랜드의 토지 개혁가, 교수, 작가. 1782년 『토지소유권에 관한 에세이(An Essay on the Right of Property in Land)』를 출간하였다.

로디⁴³*와 같은 이들은 제품에 사용된 (원료) 물질에 대한 임대료(rent) 징수로서 세금이 정당하다고 주장하게 되었다. 우리는 이른바 로크적 단서(Lockean Proviso)**에 근거해 세금을 징수할 수도 있을 것이다. 로크는 "아직도 다른 이들이 공통으로 사용할 수 있는 충분한, 그리고 양질의 것들이 남아있어야 한다"라는 조항을 통해 노동력을 혼합하여 물질적 소유권을 개인이 가질 수 있는 권리를 부여한다.⁴⁴ 그러면 타인이 유사한 소유를 가질 수 있는 기회를 감소시키는 것을 통해 특정한 소유를 하는 만큼 개인이 타인에게 납부해야 할 지불로서 세금을 징수할 수 있다.

그러한 과세는 개인이나 특정 그룹(예: 특정 사회 또는 국가)이 그 대상을 전적으로 소유할 수 없기 때문에 국제적인 수준에서 징수해야 한다. 물질 그 자체는, 그것이 제품으로 바뀐 뒤에도 여전히 남아있는 차원에서, 공통의 소유로 남아있다. 그러나 그러한 공통의 소유권은 특정 사회나 국가의 공통적인 소유권이 아니라 일반적인 개인의 소유권이다. 이것은 다른 난관으로 이어진다. 그 세금은 국제적 차원에서만 징수되는 것이 아니라 아마도 우주적 차원에서 징수되어야 할 것이다. 그러나 다른 행성에 있는 것들은, 편안한 우주여행이 현실화되지 않는 한, 이 지상의 사용이 로크적 단서에 근거하여 무엇을 박탈하더라도 그 양이 매우 적기 때문에 아마도 덜 문제가 될 것이다. 그러한 세금은 제품으로서의 지위를 고려하는 것과는 별도로 그러한 물질에 대한 공정한 임대료를 반영할 필요가 있을 것이다. 이 세금은 또한 다른 이들이 그 재료를 사용할 수 없게 된 것에 대한 특별한 비용을 포함할 수 있다. 의심의 여지 없이, 그 세율 설정에 관해서는 분명히 해야 할 것과 논쟁의 여지가 많을 것이다. 국가들은 토지에 납부해야

---

\* Baruch Brody(1943~2018): 미국의 생명윤리학자. 라이스 대학 철학과 교수를 지냈다.
\*\* 공유상태인 자연에서는 자신의 인신에 대한 소유권과 노동이 결합하여 사유재산권이 발생하지만, "적어도 공동으로 사용 가능한 충분한 양과 양질의 몫이 타인에게도 남아있어야" 사유재산권이 인정된다는 로크가 주장한 단서이다.

할 일반 임대료에 기반한 세금의 적절한 징수자임을 특별히 자임하지 않을 것이다. 여기서 나의 견해는 국가 단위로 분배되는 네거티브 소득세를 주장해온 바루크 브로디의 견해와 대비를 이룬다.[45] 적어도 그 세금은 지구상 모든 이의 이해관계를 포함하기 때문에 왜 국가가 그러한 세금을 징수할 권리를 주장할 것인지를 우리는 규명해야 할 것이다. 이것은 개인과 기업만이 이 세금을 내야 할 뿐만 아니라, 정부들도 내야 한다는 것을 의미한다. 이 임대료는 적어도 지구상의 모든 이들의 권리에 관한 것이기 때문에, 국제적인 기준으로 징수되고 분배되는 것이 가장 좋을 것이다.

그 소유에서 소유권의 모든 요소를 환수하기 위한 재산에 대한 과세는 공동의 재화를 생산할 수 없다. 소유에 대한 임대료 방식의 그런 과세는 모든 개인에게 네거티브 소득세와 다소 유사한 형태를 지급해야 하는 세무 당국의 의무로 이어질 것이다. 일반 조세 기구는 관련자의 허락 없이 특정 프로젝트에 대한 해당 자원을 배정할 권한이 없을 것이다. 그러한 임대료를 통해 어떤 특정 프로젝트를 지지하도록 선정하는 것은 특정한 구체적인 도덕감을 지지하는 것을 수반할 것이다. 국제적 네거티브 소득세 지불청구권(그리고 더 기본적으로 로크적 단서에 제시된 우려사항)은 국제적 네거티브 소득세의 혜택을 받기 위해 적극적으로 아이를 낳는 가족으로부터 보호받을 수 있는 권리에 근거를 두고 있다(우리는 엄밀한 의미에서 그들이 인격체가 될 때까지 그 개체는 지불받지 못할 것임을 안다). 재생산은 자원과 환경에 대한 (타인의) 접근을 저해한다면, 일반적으로 물질의 임대료에서 징수되는 네거티브 소득세를 받을 자격을 가진 새로운 개인을 만들어 다른 사람의 기회에 영향을 준다. 따라서 이러한 재생산은 그러한 비용에 부과되는 세금에 대하여 타인의 권리에 반하는 행동을 구성한다. 개인이 그러한 세금을 납부할 수 없을 때, 일반적이고 세속적인 측면에서 그들이 더 이상 재생산을 하지 못하도록 하는 것은 허용될 것이다.

정부는 시민의 자유롭고 공통적인 노력으로 간주되는 한 존재하고 수익을 얻을 수 있다. 그러나 큰 어려움이 있다. 전부는 아니더라도 현 정부 대부분은 일반적이고 세속적인 측면에서 정당화될 수 있는 범위를 넘어서 강압적이다. 그러한 강요는 개인이 자기 자신과 타인에게 동의한 것뿐만 아니라, 그들의 재능과 사적 자원의 결실에도 이른다. 문제는 광범위한 과세 권한을 정당화할 만큼 충분한 합의를 전제로 할 수 있는 정도다. 그러한 권한은 특정한 규범적 내용—정의, 공동의 이익 등에 대한 내용 충만한 이해—에서 파생될 수 없기 때문에 허락을 통해 정당화되어야 한다. 이것은 우리가 곧 살펴볼 문제다. 여기서 정부가 세금이라는 장치를 통해 자금을 대는 것을 포함하여, 특정 노력에 있어 시민들을 구속하는 것을 어떻게 정당화할 수 있는지 이해하는 데 어려움이 있다. 그러한 노력은 보통 지구의 물질에 대한 임대료의 집합체라기보다는 재분배적인 것이다. 결과적으로, 그들은 강력한 정부 권한의 정당성을 요구한다. 사실, 다국적 기업에 의한 공동 자금의 소유는 정부에 의한 공동 자원의 소유보다 도덕적으로 훨씬 덜 취약해 보일 것이다. 정부는 모든 기업은 아니더라도 대부분의 기업, 즉 자국/다국적 기업들보다 훨씬 더 강압적이다. 기업은 개인을 징집하지 않는다. 시민권을 바꾸는 것보다 다른 기업으로 전직하기가 훨씬 더 쉽다. 노동조합이 대표하든 아니든 주주나 노동자의 동의는 정부보다는 기업의 경우 위력의 위협에 덜 취약하다.

기업이나 정부가 평화적으로 하나의 공동의 노력에 참여하기로 합의한다면, 우리는 소유주나 참여자에게 돌려줄 필요가 없는 공동 소유의 자원을 생산할 수 있다. 공동 자원은 또한 기업이나 정부의 재화와 자원의 판매를 통해 생산될 수 있다. 두텁고 온전한 전통과 관행을 중심으로 하여 완전히 빚어진 공동체, 예컨대 수도원에 입회하여 수도원장의 원한에 전적으로 자신을 맡긴다면, 그 인격체는 자신의 소유와 자기 자신을 그 공동체에 효과적으로 양도할 수 있다. 그런 상황에서 사유재산은 암시장에 접근하는 세속적이고 도덕적 권리와 마찬가지로 (적어도 수도원장이 이를 금지한다면) 소멸한다. 수많은 도덕 공동체를 아우르는 거대 사회에서는 이와 같은 권한과 재산의 무단 이전은 일어나지 않을 것이지만, 그러한 사회는 여전히 집단의 소유(corporate property)를 가질 수 있다. 이러한 특별한 의미에서의—공통적인 내용 충만한 도덕 비전에 대한 확고한 다짐을 중심으로 형성되는 공동체와 긴밀하게 대조되는—사회는 재산을 소유할 수 있지만, 그러한 공동 소유는 특정 공동체—예컨대 수도원—가 이용할 수 있는 것의 포괄성에 결코 접근하지 못할 것이다. 공동체와 사회 양쪽의 경우 모두 우리는 개인이 어떻게 결합하여 공동의 소유를 증여하거나 생산하는지를 보여주어야 한다. 일반적이고 세속적인 도덕의 중추적 원칙은 허락이라는 점에서, 사유에 대한 주장은 소유에 대한 공동체적 또는 사회적 주장보다 항상 더 강력할 것이다. 비록 부동산에 대한 사적인 주장이 관련되어 있지만, 재능, 능력, 서비스에 대한 사적인 (소유) 주장은 솔직하고 원초적이다. 소유에 대한 공통의 주장이나 사회적 주장이 일차적인 것이라는 견해는 소유권 경계에 관한 분쟁을 해결하기 위한 공동의 방식의 필요성과, 소유권의 기초를 혼동한 데서 비롯된다. 그럼에도 공동의 자원이 있을 것이다. 이러한 자원은 배당금이나 네거티브 소득세의 형태로 지급될 필요는 없지만 의료와 같은 다양한 일반적인 복지 노력에 사용될 수 있다.

명확한 공동의 자원이 없는 경우, 우리는 임대료 징수에서 얻는 수익으로 네거티브 소득세를 제공할 수 있을 뿐이다. 사실 이미 지적한 바와 같이 토지 임대료(land rent tax)—로크적 단서에 의해 징수된 금액 포함—는 적어도 지구상의 모든 이의 권리에 관한 것이므로 국제적인 기준에서 가장 잘 징수되어 분배될 것이다. 특정 사회단체와 그 프로젝트를 위한 특별 기금은 우리가 협력체(cooperates)나 정부의 해당 자원을 생산한 평화로운 협약의 연계를 추적하여, 그들이 의료, 빈민을 위한 식량, 또는 보편적인 즐거움을 위한 예술을 제공하는 데 사용되는 공동의 결정을 정당화할 수 있을 때에 한해 이용될 것이다.

그러면 세 가지 형태의 소유가 있다. 개인, 공동체 또는 사회, 그리고 일반적 소유이다. 제품으로 변모한 물(物)들은 개인적으로 그리고 공동으로 소유될 수 있다. 심지어 방목장의 사용과 관리도 보석을 가공할 때와 같이 부분적으로 제품의 특성을 부여할 수 있다. 그 지위는 인격체의 노동과 의지의 산물이다. 그러나 이러한 전환이 결코 완전하지 않기 때문에, 잔여 권리는 모든 개인이 개별적으로 보유한다. 내가 일반 소유권(general ownership)이라고 부른 것은 이 마지막 소유권의 의미이다.

공동 또는 사회적 소유권은 합법적으로 개인이 공동 사업을 위한 공동 기금을 조성하기 위한 공동 노력을 시작할 때에만 존재한다. 자원의 이러한 결합은 촘촘히 짜인 공동체의 도덕 공유인이나 거대 사회의 도덕 이방인들과 함께 이루어질 수 있다. 이 모든 것에서, 공동체나 거대 사회 모두 그들을 구성하는 개인의 허락이나 동의로부터 그들의 세속적인 도덕적 지위와 권한을 얻는다. 그들의 자원에 대해서도 같은 말을 할 수 있다. 우선 자원은 강요, 이익, 자선(즉, 증여)을 통해서만 개인과 연합체의 소유가 된다. 우리가 아는 세상에서는 강도나 세무 당국 모두 위력을 통해 자원을 취하는데, 전자는 종종 후자에 비해 세속적인 도덕적 권한이 거의 없다. 우리는 욕심은 부를 창출하고 사랑은 구호금을 제공한다는 것을 안다. 이 두 경우, 강제성이 없다면, 자원의 이전은 도둑질이나 지나친 세금이 초래하는 도덕적 난관에 직면하지 않는다. 이러한 자격요건을 고려할 때, 우리는 국가가 합법적으로 자원을, 심지어는 부를 획득하는 것을 상상할 수 있다.

이것은 기업, 교회, 노조와 같이 자유롭게 가입하고 탈퇴할 수 있는, 지역에 국한되지 않는 연합체와 관련하여 더욱 그러하다. 예를 들어, 가입할 수는 있지만 다수는 탈퇴하지 않는 연합체에는 누군가의 소득에 과세할 권한을 요청할 수도 있다. 예를 들어, 로마 가톨릭교도들이 국경을 넘어서 모든 신도에게 세금을 부과하는 권한을 창출하는 것을 상상할 수 있다. 독일이 그 교회를 대신하여 로마 가톨릭교도들로부터 세금을 징수하는 것처럼, 이 관행이 세계적으로 확립될 수 있을 것이다. 종교 공동체의 그러한 연합체는 (1) 지리적으로 한정되지 않기 때문에 그 영역 내에 있는 사람들이 참여하거나 탈퇴하도록 강요하지 않고, (2) 회원 자격의 조건으로 모든 참여자에게 완전히 준수하도록 요청할 수 있는 공통의 도덕 비전을 중심으로 두터운 동의(thick consent)를 얻을 수 있다.

의료 선택에 있어, 소유권의 특성을 고려한다면, 사적인 일반 소유권은 개인에게 의료 서비스를 자유롭게 구매할 수 있는 사적 자금을 제공할 것이다. 공동체적 또는 사회적 지원을 받는 의료에 대한 적극적인 권리는 공동의 자원이 이용 가능한 범위 내에서만, 그리고 그러한 권한을 창출하면서 그것에 자원을 투입하기로 한 공동의 결정이 있는 한에서만 가능하다. 따라서 도덕적으로는 의료를 사적으로, 혹은 공동체적으로(또는 사회적으로) 구매할 수 있는 기회가 존재해야 한다. 개인이 사적으로 사물들을 소유하는 한, 모든 의사가 서비스를 사적으로 판매할 권리를 포기하고 모든 신규 의사도 그 뒤를 따르지 않는다면—이는 강압이 없다면 불가능한 일인데, 강압은 협약을 무효로 만든다—사보험과 진료 행위별 지불(fee for service)을 통해 의료 서비스를 구매할 권리가 항상 있을 것이다.

마지막으로, 지역에 국한되지 않는 연합체는 의료 시스템을 포함한 그들 자신의 사회 시스템을 만들 수 있어야 한다. 이것은 많은 장점을 제공한다. 첫째, 그 연합체의 구성원들은 자원을 배치하는 방식에 대해 명확하고 완전한 권한을 부여할 수 있다. 둘째, 그들은 도덕적으로 부적절하다고 여기지만, 그 연합체가 속한 더 큰 사회의 구성원은 하기를 원하는 일들에 관여하는 것을 피할 수 있다. 셋째, 그들은 일종의 개인법(personal law), 즉 지리적 경계를 넘나드는 법을 만들 기회를 가질 수 있다. 그러한 법은 그 연합체가 소유한 재산에서 특정 활동을 금지(예: 로마 가톨릭교회 병원에서는 낙태를 금지한다)할 수 있을 뿐만 아니라, 사회가 금지한 특정 활동에 종사하여, 민형사상의 제재를 받은 회원들의 방문을 허용할 수 있다(예: 그 연합체가 소유하지 않은 병원에서 낙태 보장).

### 멸종위기종, 콜로세움, 그리고 생태학의 생명윤리

생명윤리라는 용어는 도덕과 생태학의 관계에서 광범위한 쟁점을 다루기 위한 목적으로 밴 렌슬리어 포터에 의해 주조되었다.[46] 소유에 관한 이 짧은 성찰을 마무리하면서 포스트모더니즘과 도덕적 다양성이라는 문제가 여기서도 등장한다는 것에 주목해야 한다. 멸종위기종이나 미개척지의 경우 이들을 얼마나 활용하면서 보호할 수 있느냐는 문제가 있다. 아무도 찾아볼 수 없는 도서관의 금고에 보관된 희귀본 책처럼 그들을 한쪽으로 치워놓는 것을 상상할 수도 있다. 그러나 이것은 환경에 대한 적절한 접근을 이해하는 여러 가지 방법 중 하나일 뿐이다. 예루살렘의 성전산, 델포이의 신전, 로마의 콜로세움도 비슷한 질문에 직면한다. 어떻게 그 많은 민족이 자신의 핵심 이익을 주장하는 그런 지역에 무제한으로 접근할 수 있을까? 가능한 한 많은 접근을 허용하는 것이 그러한 곳을 가장 잘 관리하는 길인가? 그러한 지역은 텔레비전으로만 보게끔 희귀한 물체처럼 보존해야 가장 잘 관리하는 것은 아닌가? 콜로세움은 그대로 유지되어야 하는가, 아니면 예전 모습으로 복원되어야 하는가? 아니면 콜로세움이 로데오장이나 가축 전람회장과 같은 텍사스 스타일의 장소로 리모델링을 해야만 할까? 누가 어떻게 이 문제에 대답할 수 있는가?

이 문제에 대해서, 우리는 어떻게 사람 생명을 보호하고 다른 사람의 선을 실현하는 데 대한 관심과 다양한 멸종위기종에 대한 관심의 균형을 맞출 수 있을까? 미개척지를 어떻게 보호해야 하는지, 멸종위기종을 어떻게 보존해야 하는지, 혹은 기념물을 어떻게 유지해야 하는지를 이해할 수 있는 확실한 방법은 없다. 시대와 장소에 따라 자연과 제작물을 보는 적절한 방법에 대한 이해는 현저히 달랐다. 여기서 한스-마틴 새스의 제안이 유용하다. 그러한 장소와 물건에 대한 우리의 스튜어드십은 다소간 정원에 대한 우리의 태도로 간주되어야 한다.[47] 프랑스 정원, 영국 정원, 일본 정원, 미국 국립공원 간의 차이를 고려한다면 그러한 다양성은 교훈적이다. 그들 각각은 자연과의 적절한 관계에 대한 특별한 관점을 반영한다.

각각의 견해는 중요한 절충점을 가지고 있다. 인간의 침입 이전이라는 상상의 상태로 자연 그대로의 보존을 시도하는 것은 멸종위기종의 상당한 손실을 초래할 가능성이 있다.[48] 멸종위기종을 보존하려면, 우리는 종종 간섭적인 수단을 사용할 필요가 있을 것이다. 예를 들어, 특정 멸종위기종을 보호하려면 매년 일정 숫자의 수렵권을 팔아야 할 수도 있다. 그 수입은 자연환경의 변화와 밀렵꾼들의 침입에 대항하여 그 동물들을 보존하는 것에 대한 관심을 제고할 것이다. 어떤 사람들에게는 '한 마리를 쏘아라, 그리고 종을 구하라!'라고 단언하는 것이 완벽하게 이치에 맞을지도 모른다. 또는 도발적으로 말하자면 '상아를 사서, 코끼리를 구하자!'[49] 그러나 종의 보존에 대한 그러한 수단과 태도는 받아들여질 수 있을까? 보편적인 해답은 없다.

적어도 일반적이고 세속적인 도덕의 관점에서 자연과 주요 유적지를 어떻게 취급할 것인가에 관한 정답을 알아낼 방법이 없기 때문에, 가능한 최선의 방법은 로크적 단서를 다시 활용하고 시장에서 민주적으로 추진되는 다양한 힘으로 하여금 기회와 손실에 가격을 매기도록 하는 것이다. 예를 들어 멸종위기종이나 미개척지를 어떻게 관리해야 하는지에 대해 획일적인 해결책을 세울 수 없다면, 그러한 착취가 로크적 단서를 위반할 때마다 착취자들에게 세금을 부과하는 것은 타당해 보인다. 어떤 종이나 특정한 종류의 미개척지가 충분하다면 로크적 단서는 위반되지 않을 것이며 특별한 과세 근거는 없을 것이다. 또한 정부는 이런저런 맥락에서 개인보다 더 큰 토지 소유권을 가지지 못할 것이기 때문에, 정부들도 유사한 국제 미개척지와 멸종위기종에 대한 세금을 내야 한다. 그러한 상황에서,

만약 민간 기업이 미개척지와 종의 보존에 있어 정부를 능가한다면, 정부는 민간인과 그 집단에 매각해야 할 주된 동기가 생겨날 것이다. 결국 우리는 생태학적 생명윤리의 광범위한 차이를 묵인할 필요가 있을 것이다.

### 소유: 요약

소유에 관한 이러한 성찰은 소유의 원칙이라고 할 수 있는 것으로 뭉뚱그려질 수 있다. 노동 이론이나 특정한 자산 개념의 유용성에 대한 관점에 의존하지 않고, 그것이 인격체의 연장인 한에서 소유물에 대한 허락의 원천인 인격체와 소유물로서의 대상(object, 물(物))에 의존하는 소유권에 관한 설명이다. 허락 원칙에 호소하는 것이 도덕 이방인들 사이의 도덕 논란을 해결할 수 있는 유일한 수단이기 때문에, 오직 그 점에서 개인 재산이나 공동 재산, 또는 물(物)에 대한 자격이 이해될 수 있을 뿐이다. 결과적으로 이 설명은 허락을 통한 권한의 원천인 인격체 안에서 소유권을 산출한다.

도덕 이방인들에게 도덕 권한의 유일한 원천은 허락이기 때문에, 사람들은 허락 없이는 인격체를 이용할 수 없다. 그러나 인격체는 크기가 없는 기하학적 점으로만 존재하는 천사가 아니다. 그들은 시공간적으로 연장된 임바디먼트로서 세상에 존재한다. 그러므로 한편으로 어느 인격체의 체화에 반하는 행동을 하는 것은 그 인격체에 반해 행동하는 것이다. 반면 인격체는 자신에 대한 권한을 다른 인격체에게 이전할 수 있고 그렇게 함으로써 자신의 몸에 대한 권한을 이전할 수 있다. 이것은 소유의 원칙(그리고 실로 정치적 권한의 원칙)의 근본적 요소가 바로 허락 원칙이라고 말하는 것이다. 소유의 원칙은 (정치적 권한의 원칙과 마찬가지로) 허락 원칙의 특별한 표현이다. 특히 소유의 원칙은 인격이 몸 안에 있을 뿐 아니라 그가 생산하는 것 안에 있는 환경에 초점을 맞춘다.

대상을 파지하고, 작업하고, 모양을 잡고, 생산할 때 이 대상은 그 일을 하는 인격체를 다양한 정도로 확장한다. 이러한 파지, 작업, 모양 잡기 및 생산은 대상의 존재를 소진시키지 않으며, 다만 타 인격이 그 대상을 파지, 작업, 모양을 잡거나 생산할 기회를 제한하기 때문에, 소유물의 이용 불가능성을 보상하라는 주장인 로크적 단서를 재구성할 수 있다. 한편으로 대상은 인격체의 연장이라는 성격을 띠게 될 수 있다. 반면에, 한 사람이 점점 더 많은 대상으로 자신을 연장한다면, 이러한 대상들에 대해 최초로 그럴듯한 소유 주장을 했던 타인들의 기회는 소유자들에 의해 제한된다. 따라서 국제 재산세(international property tax)는 제품에 투입되어 재산이 된 물질의 더 이상의 사용 불가능성이라는 측면에서 정당화될 수 있다. 이 세금은 그러나 상품 가치에 근거하여 부과될 수는 없다. 예컨대 이 세금은 민간 또는 정부가 소유한 담수호에는 적절하지만, 평범하고 쉽게 구할 수 있는 물질로 만들어진 희귀하고 비싼 약품에는 그렇지 않다(희귀한 재료로 만들어지더라도 기회비용의 손실만을 반영해야 하며, 그 발견이나 정제 등에 의해 만들어진 부가가치가 반영되어서는 안 된다).

소유의 원칙은 의료 서비스에 대한 공공 및 민간 기금의 역할과 국가 의료 서비스의 제약으로부터 벗어날 수 있는 의사의 권리를 이해하는 데 핵심적이다. 사유재산이 존재하는 한, 사유재산의 소유는 확립된 시스템 바깥에서 환자들이 의료 서비스를 구매하는 것을 항상 허락할 것이다. 그러므로 개인의 재능의 소유권을 통해 의사는 그 시스템의 제약 바깥에서 서비스를 판매할 수 있다. 이것은 암시장에 대한 인격체의 기본권이라고 명확하게 요약할 수 있다.

---

### 원칙 III: 소유의 원칙

소유는 허락으로부터 얻어진다. 그것은 상호 존중의 도덕 안에 성립된다. 우리는 어떠한 실체가 소유주의 영역 안에 있을 때 소유권 주장을 존중하므로, 그 소유권의 침해는 그 소유주의 인격에 대한 침해가 될 것이다. 집단들에 의한 소유권 주장은 개인의 소유권 주장만큼 확립이 어렵다. 사실 그것들은 더욱 어렵다.

 i. 물(物)은 어떤 인격체의 생산물인 한 소유된다.
 ii. 동물은 인격체에 의해 먹이고 길러지고, 길들여지고, 그래서 상품의 성격을 갖거나 잡혔을 때 소유된다. 그러한 소유권은 선행과 해악금지 원칙에 의해 제한된다. 우리는 동물을 학대하거나 누군가의 선에 반하는 방식으로 사용할 수는 없다. 언제나 그렇듯, 선행의 내용 충만한 비전은 도덕 공유인의 공동체 내에서 형성될 것이다.
 iii. 어린이와 사람 유기체는 그것을 생산한 사람들에 의해 소유된다. 소유권은 선행의 원칙뿐 아니라 그 어린이(또는 배아)가 인격체가 될 수 있는 상황에 의해서도 제한될 수 있다.
 iv. 인격체는 자기 자신을 소유한다. 그들은 소유되기로 합의하였다면 다른 인격체도 소유한다. 이러한 소유권에는 군복무와 같은 특별한 관계뿐 아니라 서비스와 상품의 공급과 같은 계약 관계를 포함한다.
 A. 재산은 개인, 공동체, 일반적 소유의 3가지 유형으로 구분된다.
 B. 묵시적 계약에 의한 소유권: 자기 자신, 자식 및 생산물의 소유권은 명시적 규칙과는 별도로 상호 존중의 도덕성 측면에서 존재한다. 명시적 규칙은 이미 존재하는 이러한 자격에 명확성과 정밀성을 부여할 수 있다. 이러한 소유 형태는 고전적으로 '소유권 획득의 자연적 방식'이라 불린 것과 유사하다.[50]
 C. 명시적 계약 또는 동의에 의한 소유권: 그러한 소유권은 서비스 또는 상품 제공에 동의하는 형식적이고 종종 양식화된 절차로부터 유래한다. 여기서 주식이나 미래의 상품을 생각할 수도 있다. 이러한 소유 형태는 자연적인 소유 방식을 전제로 할 수 있지만, 이것들은

개인의 무리에 공통적인 고도로 발달된 사회적 이해를 통해 극적으로 변화되어 왔다.

D. 이 원칙의 정당화: 일반적이고 세속적인 도덕적 권한의 개념과 세속적이고 평화적인 공동체의 개념에 반하는 행동이 아니고서는 동의 없이 무고한 사람들에게 반하는 행동을 할 수 없다. 다른 사람의 재산에 반하는 행동은 소유주에 반하는 행동이며, 인격체는 그들 자신을 소유물로 확장하기 때문에, 허락이나 상호 존중의 도덕성에 위배된다. 즉, 인격체는 (1) 대상을 상품으로 변형시켜 그것을 자신의 것으로 만들어 자신을 확장시키거나, (2) 타인의 동의를 통해 그 인격체나 신체에 대한 권리를 획득하거나, (3) 그들에게 물(物)이나 인격체에 대한 권리를 이전하기 때문에 그들은 일반적이고 세속적인 도덕의 일부로서 존중받아야 하는 소유권(property rights)을 가진다.

E. 원칙을 존중하는 동기: 일반적이고 세속적인 도덕적 권한을 가진 공동의 협력 활동을 하는 평화로운 공동체의 가능성에 대해 관심을 갖는 한, 사람들은 소유권의 원칙을 존중하게끔 움직일 것이다. 더욱이 우리가 타인에게 선을 베풀 의지와 선행의 도덕을 포용하는 한, 우리는 그들의 소유에도 그렇게 해야만 할 것이다. 그러므로 소유권 존중의 동기는 허락과 선행의 원칙을 존중하는 동기가 될 것이다. 그러나 아무도 자신의 것을 박탈당하지 않아야 한다는 선행과, 모든 이가 번영해야 한다는 선행 사이에서 갈등이 있기 때문에 일부는 번영을 위한 자원이 부족할 것이다. 허락 원칙이 우선하기 때문에 우리는 선행의 원칙 사이의 긴장이 생기는 그런 상황(개인에게 그 소유를 허락하는 것과 다른 이에게 삶의 필수품을 제공하는 것 사이의 갈등)에서도 소유권을 존중해야 한다.

F. 공공정책의 의미:
  i. 소유권은 전적으로 사회적일 수 없다. 개인의 사적 소유권에 덧붙여

세계의 사물들은 부분적으로는 모든 인격체의 소유이다. 게다가 특정 공동체나 사회의 인격체는 공동의 노력을 하고 있기 때문에 공통 자원을 생산할 기회가 있다.

ii. 재료에 대한 공동 소유에 기초하여 모든 인격체에게 배분되는 세금에 의해 기금을 만들 수 있다. 어떤 이들에 의한 특정 소유가 타인의 소유를 위해 필요한 몫을 남기지 못할 경우 모든 이에게 보상하기 위해서이다. 이러한 세금은 국제적으로 징수되는 것이 최선이며, 개인이나 회사뿐 아니라 정부도 납부해야 한다.

iii. 세금도 서비스에 대한 요금으로 징수될 수 있다.

iv. 사회나 정부의 의사에 반하여 암시장에 참여할 근원적인 도덕적 권리가 있다. 어떤 세속 정치체제도 자유로운 개인이 그들의 서비스나 소유를 다른 자유로운 개인의 서비스나 소유와 교환하는 것을 금지할 수 있는 권리는 없다. 이 기본적 도덕적 권리는 정부가 확립한 의료 서비스 체제와 함께 의사들이 진료 행위에 대한 사적 보수를 받는 것을 정당화한다.

G. 격률: 인격체는 그 자신, 그가 만든 것, 그리고 다른 인격체가 소유하고 그들에게 이전한 것을 소유한다. 공동체나 사회는, 인격체가 그 공동체나 사회를 형성하고 공동 재산권으로 재산을 이전했든지, 혹은 집단이 공통의 부(common wealth)를 형성할 때에만 소유권을 가진다. 모두가 토지와 재료에 대한 권리를 가진다. 그들은 모든 이들이 활용할 수 없을 때는 그 소유자가 보상해야 한다. 그러므로 권리를 가진 이들에게는 주고, 타인에게 속한 것을 빼앗지 마라.

## 국가와 그 권한

히포크라테스 전집 중 『법』의 저자는 "우리 국가가 수치 말고는 어떤 처벌도 가하지 않는 유일한 기예는 의료"라고 썼다.[51] 형사처벌은 없었을 지 몰라도 그리스에서는 적어도 의료과오에 대한 민사적 처벌은 있었다.[52] 지금은 법률과 규정을 통해 거의 모든 중요한 방식으로 의료 행위가 통제받고 있다는 데는 의심의 여지가 없다. 의사가 처방하거나 환자가 구매할 수 있는 의약품에 관한 법적 제약이 존재한다. 헤로인은 영국에서 진통 목적으로 사용할 수 있지만, 미국에서는 말기 암환자에 대해서도 사용할 수 없다.[53] 의사가 낙태 시술을 할 수 있는가는 나라마다 다르다. 환자가 의사를 고소할 수 있는 민법 조항들이 있다. 고대 그리스 시대와는 달리 지금 의료는 국가가 면허를 준 사람만 할 수 있다. 실제로 심지어 병원이 고가 의료기기를 이용하는 것은 결함이 있는 신생아의 치료 결정과 마찬가지로 다양한 방식으로 법률과 정부의 규제에 의해 영향을 받는다. 국가의 권한은 어디에나 있고 공통적이라서 아주 단편적인 방식 말고는 거의 정당화에 의문을 품는 일이 없다.

정부의 엄격한 규제하에 사는 이들의 입장을 이해하기 위해서는, 의사, 다른 의료 종사자들, 그리고 환자들은 국가의 도덕적 권한에 관한 근본적인 철학적 문제를 제기해야 한다. 국가와 그 대변자들은 어느 정도까지 보건의료의 성격을 규제할 수 있는 도덕적 권한을 가지고 있는가? 의료에 대한 정부의 규제가 어떤 세속적인 도덕적 힘을 가지고 있는가? 아니면 적발과 처벌의 상당한 위험을 고려한다면, 법률이나 정부 규정의 위반은 기껏해야 경솔한 것인가? 명백한 형사적 민사적 처벌과는 별개로 그 법의 위반자들에게 세속적인 도덕적 비난이 가해지는가? 그들의 행동은 부도덕하다고 비난받을 수 있을까? 이러한 매우 중요한 질문에 대한 적절한 지적 대답은 오직 국가 권한의 정당성을 검토해야만 확보될 수 있다.

국가는 개인이 소유하지 않은 어떤 권한을 가지고 있는가? 만약 국가가 그들의 권한을 도덕법의 기초로부터 직접 끌어낸다면, 사실 그들은 어떤 특정한 개인이나 집단이 소유하는 권한 이상의 어떤 권한도 갖지 못할 것이다. 이 경우, 국가는 개인의 상호 존중을 확보하고, 선행의 의무를 이행하는 것을 지원하고, 개인과 공동체의 소유권을 보호하기 위해 개인이 할 수 있는 일만을 할 수 있다. 적어도 부분적으로 우리는 어떤 도덕적 규제의 도덕적 권한을 세 가지 가장 중요한 원칙(즉, 허락, 선행, 소유)으로 추적하여 결정할 수 있다. 만약 그 규정이 그러한 연계를 보여주지 못한다면, 그 규정의 준수는 신중할지 모르지만, 세속적인 도덕에서는 도덕적인 의무가 아니다. 그렇다면 현대 국가의 광범위한 개입은 무엇인가?

생명윤리 및 의료정책에서 이런 질문은 학문과는 거리가 멀다. 국가는 의료의 성격을 극적으로 규제한다. 예를 들어, 어떤 개인이나 특정 의료보험 회사가 법정 가격(수가)보다 더 많은 돈을 기꺼이 지불할 의사가 있더라도 국가는 그 가격을 결정할 수 있다. 단지 그러한 일을 금지하는 법이 있다고 해서 더 나은 서비스를 받으려고 비공식적으로 추가 요금을 내는 것이 부도덕한 일일까? 만약 정부가 의사들이 정부가 책정한 수가만을 받을 수 있도록 입원 특권(admitting privileges)을 제한한다면 어떻게 될까? 그러한 질문들을 통해 우리는 국가의 도덕적 권한에 대한 지적 정당성을 제시하는 방식을 검토하게 된다. 나는 국가의 권한을 정당화하는 방식들을 검토할 것이다. 이러한 검토를 통해 다소 자의적이고 졸렬하기는 하지만, 국가 권한에 대한 주요 정당화, 그 근거들의 강도, 그리고 국가의 세속적이고 도덕적인 권한에 대한 결과적인 한계를 평가할 수 있을 것이다.

첫째, 주권자의 권위는 신으로부터 나온다는 주장이 있다. 이러한 견해는 그리스도교에서 발전하여 성 바울의 말씀(『로마서』 13:1)*을 인용하기도

---

\* 누구나 자기를 지배하는 권위에 복종해야 합니다. 하느님께서 주시지 않은 권위는 하나도 없고 세상의

한다. 이 설명은 중세 서양에서는 로마 교황권과 황제권이라는 교의로 발전하였고, 왕권(특히 서양 황제의 권위)은 교황을 통해 신으로부터 나온 것이다. 여기서 1198년 10월 30일 인노켄티우스 3세의 교서「만물의 창조주처럼(Sicut universitatis conditor)」를 생각해보자. 여기서 그는 굳건한 권위의 두 원천인 '교황권(pontificalis auctoritas)'과 '황제권(regalis potestas)'를 말한다.[54] 이 세속적 권위에 대한 입장은 1415년 7월 6일 콘스탄츠 공의회에서 흥미롭게 해석되었다. 1408년 3월 3일 파리 대학의 장 프티는 이 명제에 입각하여, 폭군 살해는 합법적이라는 주장을 옹호했다. 이 주장의 대상은 1407년 11월 23일 오를레앙 공작을 죽인 부르고뉴 공작이었다.* 이 공의회는 폭군을 살해할 권리라는 주장을 오류로 규정했다.[55] '신권(jure divino)'에 입각한 이 주권의 교의는 17세기와 18세기에 강력한 도전을 받았다.[56] 어떤 경우에도 군주의 신성한 권리라는 원칙은 세속적이고 다원주의적인 맥락에서 옹호될 수 없다. 그러한 신성한 권리 개념을 위해 필요한 전제는 모든 사람이 동의하지도 않고 일반적이고 세속적인 합리적인 정당성에 대해서도 열려 있지 않은 특정한 문화적·종교적 입장에 의존한다.

  우리는 좋은 삶과 도덕적 의무에 대한 도덕적으로 매우 중요하고 구체적 이해를 성취하기 위해 국가가 실제로 움직이고 있음을 보여주어 정부의 권한을 확립하기를 바랄 수도 있다. 직관, 사례 분석, 결과, 편견 없는 관찰자의 선택, 합리적인 도덕적 선택의 성격, 논쟁에 대한 적절한 게임이론의 합리적 해결책, 현실의 성격, 또는 중간 수준의 이론의 적절한 역할 등에 호소하여 이러한 좋은 삶과 도덕적 의무에 대한 관점을 정당화하려고 시도할 수도 있다. 건전한 논증을 통해 우리가 이 모두를 묶는 설명을 확립한다면, 그 설명과 그것이 지지하는 국가적 개입은 합리적인 권한을 얻

---

  모든 권위는 다 하느님께서 세워주신 것이기 때문입니다.
\* 1407년 부르고뉴 공작 장이 샤를 6세의 동생 오를레앙 공작을 암살한 사건. 당시 프랑스 왕 샤를 6세의 법정 후견인 자리를 놓고 벌어진 다툼의 결과였다.

게 될 것이며, 국가권력의 사용은 합리적인 요청이 되고, 그러한 강제력은 우리를 소외시키는 것이 아니라 적절한 자아로 회복시킬 것이다. 그러나 제2장과 제3장이 이미 보여준 바와 같이, 도덕적 삶이나 도덕에 대한 특정한 정전적이며 구체적이고 세속적인 관점을 확립하는 것은 불가능하다.

  세 번째 선택지는 가상의 계약(마지막 접근법의 특별한 변형)에 호소하여 정부의 권한을 정당화하려고 시도하는 것이다. 존 롤스의 원래 입장[57]과 다소 비슷한 지적 구조물을 상상할 수도 있다. 그는 우리가 사회에서 자신의 특별한 이점을 모르는 개인으로서 일반적인 도덕적 규칙을 제정하는 것을 상상하게끔 초대한다. 롤스에 따르면, 이런 상황에서 우리가 합리적으로 선택할 수 있는 것은 사회 정의의 기본 규칙으로 간주되어야 한다. 그런 다음 그러한 기본적 규칙을 실제 법률을 제정하는 데서 실제 헌법과 입법기구들을 인도하도록 사용할 수 있다.[58] 여기서의 문제는 이전과 같다. 어떤 일차적인 사회적 재화(예: 자유)를 다른 것보다 높게 평가하기 위해서는 가상의 계약자에게 특정한 도덕적 감각을 부여해야 한다. 그 결과, 가상의 계약자에게 호소하는 장치는 의료에 관한 근대 국가의 광범위한 법률과 규정을 정당화하기 위한 도덕 원칙이나 정의의 원칙에 대한 구체적이고 보편적인 이해를 권위 있게 제공하지 못한다. 무역사적인 동의 또는 무역사적인 계약에 대한 모든 호소는 그러한 동의나 계약의 적절한 성격에 관한 수많은 내용 충만한 관점 중 하나를 받아들이도록 하는 데 실패하기 마련이다.

  정치적 권한을 얻어내기 위해, 일반적인 정부의 협약이나, 특정 헌법에 과거에 모두가 실질적으로 동의하였다는 관점에 대해 호소하기도 하였다. 장 자크 루소, 토머스 홉스, 존 로크와 같은 이들의 정치적 주장을 여기서 생각해볼 수 있다. 실제로 이러한 철학적 고려가 미국 헌법의 많은 전제를 인도하였는데, 이는 1787년에서 1790년 사이에 현재의 미국 헌법을 채택한 개인들의 행위가 그 헌법과, 법률의 제정, 시행과 해석, 그리고 헌법의 개정에 이르기까지 장차 모든 미국인의 행동을 구속한다고 전제한다.[59] 그러한 견해는 적어도 군주의 신성한 권리에 대한 호소만큼 형이상학적이다. 누구나 일단 특정 헌법에 동의하면 실제로 그 동의를 한 모든 사람은 헌법에 구속된다는 것에 동의할 수 있다. 그러나, 1789년의 미국 헌법이나, 어떤 거대 국가의 헌법에도 그러한 경우가 분명히 없었다. 더구나 오래전에 죽은 사람들 간의 그런 합의가 현세대를 그 자체로 구속하지는 못할 것이다. 최소한 우리는 죽은 자가 산 자를 다스려야 하는 이유를 보여줄 필요가 있다. 그러한 의심은 우리를 권리와 권리의 충돌로 되돌리는 것처럼 보일 것이다. "불만이 호소할 수 있는 유일한 법정은 전투라는 신의 법정이다"[60]라고 말한 블랙스톤의 국가를 결속하는 법, 즉 위력의 법을 생각해볼 수도 있을 것이다.

이러한 갈등이 내전으로 이어질 것이라는 전망은 정부의 권위에 대한 다섯 번째 가능한 정당성, 즉 사려 깊음을 도입한다. 살인, 강간, 약탈을 일삼는 흉포한 집단들에 의해 정기적으로 공격받는 마을에 살고 있다고 생각해보자. 이처럼 걷잡을 수 없이 무분별한 대학살이 몇 년 동안 계속되어 온 이 마을에 연간 수확물의 10분의 1을 받는 조건으로 그 마을을 공격하는 무리들로부터 지키기로 동의한 군벌을 가정해보자. 그는 마을 여자들 10분의 1이 후궁으로 2년간 봉사하도록 하고, 남자들 10분의 1이 2년간 군복무를 하도록 하며, 모든 의사가 봉급을 받는(모든 개별적인 행위별 서비스 사례금은 금지한다) 의료제도를 만들 수 있다. 게다가 이 군벌의 부하들은 그의 명령이 아닌 한, 살인, 강간, 약탈로부터 마을 주민들을 보호해줄 것이다. 이 군벌은 만약 마을 주민들이 동의하지 않는다면 즉각 약탈을 시작할 것이라고 덧붙인다. 만약 생명과 자유, 재산의 손실이 독립보다 이 군벌의 통치하에서 훨씬 덜하다면 이 군벌의 권한에 대한 동의는 신중한 합의가 될 수 있다. 이 군벌의 권한에 대한 명분은 사려깊음이다. 이 군벌의 권력과 행정부의 통일성이 없다면, 더 많은 약탈이 있을 것이고, 이것은 모두에게 훨씬 더 큰 비용을 초래할 것이다. 여기서 홉스의 "인간의 삶은 고독하고, 음험하고, 고약하고, 잔인하고, 짧다"[61]라는 자연 상태에 대한 발언을 생각해볼 수도 있다. 홉스가 남녀는 필멸의 신, 리바이어던, 정부, 코먼웰스, 키비타스*를 만든다고 주장할 때 이와 같은 고려를 한 것이다.[62]

홉스는 코먼웰스의 권한이 단지 사려 깊음에 근거한 것 이상이기를 바란다. 그는 정부의 권한이 다음과 같은 명시적/묵시적 합의에서 발생하였다고 생각한다. "나는 이 사람 또는 저 사람들의 집단을 승인하고 나 자신을 지배할 권리를 포기한다. 이 조건으로 당신은 당신의 권리를 그에게 양도하고, 그의 모든 행동을 그와 같은 방식으로 허락한다."[63] 그는 코먼웰스의 본질을 다음과 같이 정의한다. "다수의 사람이 상호 신의계약을 체결하여 세운 하나의 인격으로서, 그들 각자가 그 인격이 한 행위의 본인이 됨으로써, 그들의 평화와 공동방위를 위해 모든 사람의 힘과 수단을 그가 임의로 사용할 수 있도록 한 것."[64] 난제는 모든 사람이 사실 동의하지 않았다는 것이다. 홉스의 주장대로 모두가 "모인 사람들의 무리"에 들어간 것은 아니다. 많은 이는 그저 코먼웰스가 무엇을 결정하든지 간에 단지 그들이 평화롭게 살 수 있다면 된다고 응답할 것이다.[65] 그러한 반대자들은 원래 국가가 형성될 때 그곳에 살던 개인뿐만 아니라 원래의 동의자들로부터 태어난 아이들도 포함할 수 있다. 동의가 세습된다는(아마도 세습 노예제의 낡은 교의를 모델로 하였다)[66] 어느 정도 형이상학적인 교리를 발전시킬 수 없다면, 그 협약 이후에 태어난 이들은 역시 동의하지 않는 한 그 동의의 당사자가 아니다. 이런 반대파에 '코먼웰스에 동의하든지, 아니면 떠나든지'라는 경구로 이의를 제기하는 사람들은 '왜 이 코먼웰스는 우리

---

* 홉스의 주장에 따르면 자연 상태에서 만인은 만인에 대한 투쟁을 벌이는데 그 위험에서 벗어나기 위해 계약을 맺고 이를 보장하기 위해 커다란 권력을 가진 정부(국가)를 요청하게 되었다. 이는 구약성서의 괴물 리바이어던과 흡사한 국가(commonwealth)이며, 이를 라틴어로 키비타스(civitas)라고 한다.

를 내버려두지 않는가?, 왜 우리가 강제로 떠나야 하는가?'라는 반대파들의 항변에 대비해야 한다. 코먼웰스가 동의하지 않는 이들에게 정치적 경계를 주장하기가 불가능하기 때문에 이 코먼웰스가 사용할 수 있는 효과적인 반박은 없어 보인다.[67] 코먼웰스는 분명히 반대자들을 복지권과 시민권의 보호에서 제외할 수 있다. 그러나 반대자들은 강제 징수된 세금의 환급을 주장하고 그 돈으로 경호원을 고용할 수도 있다.

반대자들은 특정한 형태의 개인의 안전보다 특정한 가치를 더 소중히 여기며, 일반적인 혹은 특정한 분야에서 리바이어던의 권위에 동의하지 않을 것이라고 주장할 수 있다. 그러한 반대자들, 즉 코먼웰스의 법률과 규정을 준수하기로 자유롭게 동의하지 않은 이들은 그들이 특정 코먼웰스에 속했을 때 도덕적 정당성을 가지고 그들이 비도덕적이라고 생각하는 코먼웰스의 사업들뿐만 아니라 그들이 권력을 주기를 원하지 않는 이들에게도 참여를 거부할 수 있다.

권한을 가지기를 열망하는 지배자들과, 그들이 통치하고 싶어하는 사람들의 욕구 사이에는 갈등이 존재한다. 피지배자들은 필요한 만큼만, 그리고 동의한 만큼만 지배받기를 원한다. 지배자의 강제력과 그것이 강도나 해적과 어떻게 다른지를 구별하는 것은 고전적인 주제이다. 이는 의료정책의 맥락에서 다시 드러난다. 특히 어떤 세속적이고 정전적인 도덕 비전이 없는 경우, 정부의 침입, 규제, 과세는 다양한 불법적인 강제 집단과 어떻게 구별되는가? 이 질문은 알렉산더 대왕과 해적의 만남에 대한 키케로의 글을 인용한 히포의 아우구스티누스가 제기한 것이다.[68] "대왕이 그에게 바다를 노략질한 것은 무슨 생각에서 그랬는지 물었을 때, 그는 반항적인 독립심으로 이렇게 말했다. '당신이 세계를 노략질한 것과 마찬가지입니다! 나는 작은 배로 이 짓을 하니까 해적이라고 불리지만, 당신은 거대 함대를 가지고 이 짓을 하니까 황제라고 불리지요.'"[69] 정부의 권한이 단순히 우월한 위력에 대해 존중받는 것이 아니라면, 일반적인 정당화가 제시되어야 한다.

그중 하나는 정부의 도덕적 권한에 대한 궁극적 원천, 즉 정부의 행동에 대한 시민들의 실제적인 동의를 제기한다. 이 조건은 처음 생각처럼 충족이 어렵지 않다. 평화로운 개인들은 언제라도 위력을 사용하지 못하게끔 다른 무고한 사람들을 보호할 수 있기 때문에, 정부 역시 살인, 강간, 강도 같은 범죄로부터 무고한 사람들을 보호하기 위해 행동할 것이다. 그것은 모든 당사자가 동의한 계약을 존중하도록 개인을 돕는 것은 도덕적으로 칭찬할 만한 행위이기 때문에, 마찬가지로 정부가 시민들 사이에서 구속력이 있는 계약을 시행하는 것은 도덕적으로 허용된다. 정부의 이러한 모든 행위는 논란의 여지가 없는 세속적인 도덕적 권한을 가졌는데, 관련된 모든 평화로운 개인들이 그에 동의했기 때문이다. 그 외에도 공동 소유의 재산은 공동 소유권을 형성한 사람들이 규정하는 방식대로 분배될 수 있다. 이런 식으로, 원래 헌법은 공동체에 참여하기 위해 오는 후손들을 구속하여 민주적 절차를 통해 그러한 재산을 분배할 수 있다. 시민이 되는 것은 제한된 사업에서 자기 몫을 갖는 것이다. 시민이 되는 것은 주주가 되는 것과 동등해진다. 간단히 말해서, 모든 관련자의 실제 동의라는 제약 안에서, 여전히 상당한 능력과 권한을 가진 정부를 만들 수 있다. 합의되지 않은 위력 사용을 금지할 수 있고, 계약을 시행할 수 있으며, 의료는 일반적으로 보유한 자원으로부터 바로 복지로서 제공될 수 있다. 단지 그 국가의 세속적인 도덕적 권한이 사유재산의 사용을 포함한 자유로운 개인의 합의적 행동의 통제로까지 확장되지 않을 뿐이다.

모두의 합의로 해결될 수 없는 문제가 있을 것이다. 재산 경계선을 구축하고, 범죄를 예방하고, 법원의 관할권을 명시하고, 규정에 의해 정해진 회색 지역에서 일련의 결정을 내려야 한다. 여기서, 도덕 이방인들이 만나면, 건전한 이성적 주장이 결정적인 것이 되기에는 충분한 도덕적 전제가 없다. 또한 모든 것의 명확한 합의가 문제를 해결할 수 있도록 충분한 공동의 이해는 없을 것이다. 그럴 경우 최소한의 강압과 최대한의 동의가 수반되는 수단에 의해 할 수 있는 최선을 다하고 논란을 해결해야 할 것이다. 이에 가장 잘 적응하는 절차는 수많은 동의 행위의 결과를 반영하고 특정한 도덕 비전을 포함하지 않지만 서로 다른 도덕적 이해를 가지고 상호 작용하는 개인의 결과를 반영하는 시장 메커니즘이다. 그러한 것이 충분하지 않은 경우, 어떤 목표도 회피하지만 명확하지 않은 지점의 규정으로 제한되는, 견고하게 제한된 민주적 메커니즘을 사용할 필요가 있을 것이다. 이러한 민주적 메커니즘은 개인의 권한에 의해 도덕적으로 제한될 것이며, 그들 자신, 그들의 재산, 그리고 다른 사람들과 자유롭게 행동할 수 있다. 정당화할 수 있는 정부 형태는 민주적이기보다는 그 권위에 의해 더 많이 구속된다. 도덕성, 생명윤리, 의료정책의 다원성은 평화적인 다양성을 최대한 아우르는 정부를 필요로 한다.

따라서 내용 충만한 권한은 자연스럽게 자유의지에 의한 연합체(free will association)으로 넘어가는 반면, 정부는 국제적이고, 근본적으로 제한적이며, 내용 충만한 도덕 목표를 갖지 않는다. 영토 국가는 어떤 규모의 정부든 도덕 공동체의 다원성을 포함하는 대가를 지불하는 반면, 합의에 의한 비영토적 공동체의 거버넌스는 참여자의 입장에서 내용 충만한 도덕적 다짐에 대한 권한을 이끌어낼 수 있다.

국가와 정부의 의료정책이 주장하는 강력한 도덕적 권한의 상당 부분을 확립하려는 논쟁이 왜 실패하는지에 대한 이 간략한 검토는 제2장에서 제시한 시험을 요약한다. 모두가 같은 이념이나 종교로 개종하지 않으면 이성과 합의의 권위에 호소해야 할 것이다. 만약 모든 존재와 권위의 근거인 신에게 호소하여 정부의 권한을 확립하지 않는다면, 이성적인 개인들 사이의 논쟁, 특히 정부가 시민들을 어떻게 규제해야 하는지에 대한 권한의 원천으로서 합리적인 주장에 호소할 수 있다. 그러나, 제2장에서 살펴봤듯이, 정전적이고 내용 충만한 세속적인 도덕적 이해와 생명윤리는 직관, 결의론, 결과의 계산, 이상적인 관찰자/편견 없는 계약자의 호출, 합리적인 도덕적 선택의 성질, 게임이론, 자연의 특성, 또는 타성에 호소하여 성립될 수 없다. 중간 수준의 원칙의 역할. 또한 중복되는 컨센서스나 우발적인 도덕적 신념이 특정 세속적 도덕, 생명윤리 또는 정부 의료 규제의 이해의 합리적인 규범성을 확립하는 것에 호소하지 않을 것이다. 그러한 모든 호소는 결정적으로 특정한 지도적인 도덕적 감각, 선에 대한 얇은 이론, 또는 도덕적 이해를 전제로 한다. 그 근본은 각각 자신이 설립해야 하는 것을 전제로 한다.

### 세속 국가의 도덕적 권한의 한계

모든 것을 아우르는 국가를 정당화하려는 시도는 실패한다. 그들은 신의 권위, 세속적인 도덕적 권한의 성스러운 비전으로 표현된 이성의 권위, 또는 산 자를 구속하는 이미 죽은 자들의 협약 등을 통해 국가의 도덕적 권한을 확립하는 데 실패하면서 우왕좌왕한다. 가상의 계약자 또는 신중함에 대한 호소는 계약자들을 인도하는 내용과, 신중함을 선택하는 권한을 제공하는 정전적인 도덕 비전 밖에서는 성공하지 못할 것이다. 우리가 제2장에서 보았듯이, 그러한 세속적이고 도덕적인 이해는 불가능하다. 국가를 규범적 도덕 비전, 정의에 대한 이해, 또는 이데올로기의 옹호자로 세우려는 시도는 도덕 비전의 다원성과 내용적 선택의 정전적 근거가 없는 도덕 공동체의 다양성 앞에서 실패한다. 그 결과, 거대 다원주의 국가는 모든 것을 포괄하는 완전한 의료정책을 강요하거나 제정할 수 있는 도덕적 권한이 제한되어 있다. 결과적으로, 시민들은 사실 일반적이고 세속적인 측면에서 시민들이 더 나은 기본적 또는 고급 의료 서비스를 구매하거나 판매하지 못하도록 강제하는 국가의 위력 사용에 의해 방해받는 원조를 필요로 하지 않는다. 희생자가 없는 범죄에 대해 개인을 유죄로 낙인찍는 국가권력의 사용은 금지되어야 한다. 비록 그러한 범죄(음란물, 매춘,

마약, 그리고 국가 의료 시스템을 위반하는 더 나은 기본 의료의 제공)가 아무리 부도덕하다고 인식된다 한들 말이다.

민간 의료 서비스가 금지되고, 진단 및 치료 서비스에 대한 접근이 통제된 의무적인 단일 급여 의료 시스템을 가지고 있는 나라에 살고 있는 의사를 생각해보자. 어느 환자가 암 검진을 위한 검사를 요구한다. 이 환자는 정부가 통제하는 보편 시스템 내에서 통상적인 대기 시간을 원하지 않는데, 불안의 시간을 연장하고 싶지 않고, 또 치료를 위해 해외로 갈지 여부를 결정하고 싶어하기 때문이다. 이 의사가 해외에서 밀수한 장비로 몇 시간이면 검사를 마칠 수 있다면, 이는 허용될 수 있는가? 이 의사는 그 서비스에 대해 보수를 받을 수 있는가?*

일반적이고 세속적인 도덕의 관점에서 의사가 명시적이고 자유롭고 강제성 없이 그 권리를 국가에 양도하기로 동의하지 않는 한, 의사는 사려 깊은 고려에 의한 경우를 제외하고는 도덕적으로 자유롭게 치료를 수행하고, 심지어 보수의 지급을 요구할 것이다. 그러나 사려 깊은 개인으로서 의사도 구금, 벌금, 수감을 우려할 수 있다. 게다가 의사는 법에 불복종하는 일반적인 관행이 받아들여지면 사회의 구조가 약해져 모두에게 일반적인 상해를 초래할 수도 있다고 우려할 수도 있다. 그러나 의사들이 적발되지 않고, (환자에 대한) 유익을 능가하는 그러한 영향들이 없이 행동할 수 있다고 생각했다면, 그들이 부도덕하게 행동했다고 주장하는 일반적이고 세속적인 근거는 없을 것이다.

몇몇 이는 이런 결론들이 혼란스럽다고 생각할지도 모른다. 그들은 사적 의료 영역(private tier of healthcare)을 금지하고자 시도하는 사람들의 도

---

\* 이와 같은 일은 단일 국가 건강보험 제도를 채택하고 있는 우리나라에서 매일 일어난다. 이와 같은 것을 '임의비급여'라고 하며 원칙상 불법이고, 이러한 의료 서비스를 제공하고 요금을 받는 의료기관은 과태료 등의 처벌을 받는다. 최근의 대법원 판결은 어쩔 수 없이 그중 일부를 용인하는 경향을 보이고 있음에도 기본적으로 환자-의사 관계의 계약적 성격을 국가가 침해하고 있다.

덕적인 지위가 세속 도덕에서는 매춘부와 포주의 세속적인 도덕적 지위보다 훨씬 더 의심스럽다는 것을 나타낸다. 곰곰 생각해보면, 이는 그리 놀랄 일이 아니다. 본 장에서 알 수 있듯이, 허락 원칙은 윤리의 지적 이해의 핵심이다. 매춘부와 포주들이 매춘 관계자들이 자유롭게 참여하고 있음을 보여줄 수 있는 한, 그들의 행동에 대한 세속적인 도덕적 권한의 경계는 분명히 입증될 수 있다.* 매춘부는 고객과 상호 협약의 측면에서 무엇을 하는지를 설명할 수 있다. 민간 의료보험과 민간 의료 서비스의 판매를 금지하는 정부 관리들은 그렇게 할 수 없다. 그들은 일반적이고 세속적인 측면에서 정당화할 수 없는 정부 권한의 관점을 상정해야 한다. 그들은 정부 권한이 무소불위라서 개인들이 세금을 납부하고도 남은 자원으로 사적 의료 시스템을 구축할 수 없음을 보여주어야만 한다. 이는 개인의 재화와 용역이 전적으로 공동체의 처분이나 통제하에 있다는 관점을 요구한다. 그러한 주장이 설득력이 없어 보일수록 국가의 일반적이고 세속적인 도덕적 권한은 약해진다.

우리는 일반적이고 세속적인 도덕의 관점에서는 정부의 모든 규칙과 규정(대부분? 일부?)에 복종하는 편이 사려깊다는 잠정적인 결론을 내릴 수 있지만, 그러한 규칙과 규정을 만드는 정부의 일반적이고 도덕적인 권한은 IBM, 다우 케미컬, 엑손과 같은 다국적 기업이나 노동조합의 도덕적 권한에 비해 강하지 않다. 그들은 노동자들이나 조합원이 강압 없이 입사했거나 조합에 가입하였다고 전제한다. 정부는 도덕적으로 의심스러운데 왜냐하면 그들은 영토 내의 국민에게 권한을 수용하게끔 강요하기 위해 전통적으로 위력을 행사하기 때문이다. 강제성의 위협을 배제하고서 개인

---

* 그렇다고 저자 엥겔하트가 매춘에 찬성하는 것은 아니다. 그는 도덕적 초보수주의자이지만 어디까지나 이는 '정교회 신도로서' 자신의 도덕성 내에서의 판단이다. 그가 보여주고자 하는 것은 '허락 원칙에 입각한 세속 도덕으로는 매춘을 금지해야 할 이유를 찾기 어렵다'라는 것이다. 이는 낙태 등 다른 생명윤리 쟁점에서도 마찬가지다.

이 자신이 살고 있는 코먼웰스의 권한에 동의했음을 보여주기란 매우 어렵다(예를 들어, 이 책의 독자들은 미국의 예와 같이, 정부가 말기 암환자 통증 조절을 위한 헤로인의 구입을 금지하는 데 자유롭게 동의했는가?). 다국적 기업이나 노조에게는 결코 용납할 수 없는 것이 정부가 행할 때는 당연한 일로 받아들여진다. 예를 들어, 다우 케미컬이 보안군에 복무하도록 개인을 징집한 일은 없다.

이러한 고려사항은 정부 소유 기관 바깥에서 수행하는 의료 행위를 규제하는 정부(즉, 영토 국가의 정부)의 권한에 있어 심각한 한계를 보여준다. 일종의 도덕 테스트로서, 우리는 어떤 상황에서 엑손이나 다우 케미컬 보안대가 의료 규제에 있어서 국가권력의 도덕적 한계를 폭로하기 위해 도덕적인 권한을 가지고 의료를 통제할 수 있는지 자문해볼 수도 있다. 정부는 강압, 사기, 계약 위반으로부터 환자와 의료 종사자들을 정당하게 보호할 수 있다. 또한 다수결로 정부 자금과 재산의 사용에 대한 규제를 부과할 수 있다. 그러나 개인은 타인이 동의해주는 것과 같이 타인과 그들의 자원에 동의할 도덕적 권리를 계속 가질 것이다. 의심의 여지 없이, 우리는 재능과 서비스를 포함하여, 인격체와 그들의 소유를 허락 없이 사용하는 것을 삼가야 한다. 공동의 재산과 권리가 상당하더라도 일부 민간 자원의 존재(예컨대 자신의 서비스와 재능에 대한 권리)와 기꺼이 다른 사람과 계약할 수 있는 권리는 근본적으로 정부의 권한과 정부 의료정책의 세속적이고 도덕적인 권한을 제한할 것이다.

### 유토피아를 향해

이런 이해가 공공정책을 구체화한다면, 개인의 자유로운 합의 행위를 통제하고, 의료를 규제하는 방식에 있어 정부의 역할 등 세법의 근본적인 변화를 초래할 것이다. 나는 여기서 이 성찰의 근본적인 의미를 탐구하지 않을 것이다. 다만 현재 상황이 극적으로 변경될 것이라는 점을 충분히 언급할 수 있다. 상호 존중의 도덕성에 의해 제한되는 일반적이고 전 세계적인 평화를 유지하는 권력의 등장과 함께(즉, 세속적 밀레니엄의 도래와 함께) 개인들이 어떤 특정한 지리적 영역에 국한되지 않아도 되는 다양한 연합체에 자유롭게 참여할 수 있는 가능성을 우리는 확신할 수 있다. 우리는 여기서 다른 종교를 가진 사람들이 그 특정 종교집단의 규칙에 근거하여 이스라엘에서 이혼을 진행하는 방식을 생각해볼 수 있다.* 그러한 연합체들에서, 개인은 좋은 삶에 대한 자신의 관점을 추구할 수 있다. 각 연합체는 그 나름대로 좋은 삶에 대한 지도적 견해에 따라 다양한 수준과 종류의 의료를 제공할 수 있다. 그러한 연합체들은 그 구성원에게 세금을 부과할 것이다. 일부 연합체(예: 종교)는 두터운 규제와 규약을 제정할 것이다. 그 결과는 개인들이 서로 다른 방식으로 서로 다른 연합체에 속하는 세상이 될 것이다. 결과적으로, 개인은 의료 및 기타 지원에 대해 복잡한 접근 자격을 가질 수 있다.

만약 이 책이 생명윤리보다는 정치이론에 주로 초점을 맞추고 있다면, 우리는 현재 연관되어 있는 몇몇 기능을 국가가 어느 정도 적절하게 수행할 수 있는지에 대해 자세히 탐구할 필요가 있다. 예를 들어, 국가는 사법 집행을 독점할 명분이 없을 수도 있다. 사실 10세기부터 13세기까지 정의 구현은 사적인 문제였던 아이슬란드의 역사적 사례와 같이 민간이 정의를 집행하는 것의 효율성을 지지하는 주장도 가능하다.[70] 일반적이고 세속적이고 다원적인 사회에서 최후의 보루의 감독자로서 민간 경찰의 활동을 감시하는 경찰의 필요성을 여전히 구상할 수도 있을 것이다. 이 제안에 대해 국가 또는 국제법원이 정한 제약 조건 내에서 시장이 이 기능을 수행하거나 더 잘 수행할 수 있는 경찰력을 생산할 수도 있다는 반응이 있을 것이다. 공공 범죄를 재판하는 법원과 마찬가지로 사적·공적 정책의

---

* 이스라엘은 유대교, 기독교, 이슬람교 모두의 성지이기 때문이다.

힘 간의 균형을 고려할 필요가 있을 것이다. 인간 신념의 다양성과 인간 공동체의 다양성에 대해 진정한 관용이 부여되는 세상에는, 특정 협력체, 연합체 및 공동체 내에서 권리와 의무를 지배하기 위해 개발된 수많은 특별한 법체계가 있을 것이다. 한때 세속법과 카논법 사이에서 획득한 관계 모델에서 그러한 합의를 어느 정도 예견할 수 있을 것인데, 수많은 카논법의 장르가 있을 것이라는 사실을 제외하고는 말이다. 우리가 세속법을 위한 단일 법정을 설립해야 하는지의 문제가 있을 것이다. 아마도 일반적이고 세속적인 다원주의 국가는 기껏해야 특정 장르의 법원을 선정하는 과정에서 개인에게 조정의 형태를 부과할 수 있을 것인데, 어떤 중재 절차를 거쳐 어느 법정이 허락 원칙에 부합되어야 할 것인가 하는 것이다. 이것은 이 책이 아닌 다른 곳에서 다루어져야 할 복잡하고 중요한 문제이다.

이 시점에서 그러한 가능성의 실현은 꿈, 희망에 지나지 않는다. 이는 자유로운 연합체에 사는 자유로운 개인들의 유토피아의 가능성에 대한 유혹이다. 그럼에도 이 비전은 정부가 종종 추구하는 두 가지 목적을 구현한다. 첫째, 그것은 시민들에 대한 공정한 보호를 제공한다. 국제경찰은 살인, 강도, 그리고 그들 자신이나 그들의 재산에 대한 다른 무단 점거로부터 사람들을 보호해줄 것이다. 그것은 문서화된 계약을 보호하고 일반 토지세나 자원세로부터 얻은 수입을 모두에게 동등하게 분배할 것이다. 하지만, 그것은 좋은 삶에 대한 견해도 없고, 구체적인 도덕의식을 강요하지도 않고, 의료와 같은 복지 권리를 제공하지 않을 것이다. 특별한 복지 권리의 경우, 개별 국가, 미국 노동총연맹산업별조합회의(AFL-CIO)와 같은 협회 또는 IBM과 엑손과 같은 특정 기업체에 호소해야 할 것이다. 이러한 자산은 구성원이 공동으로 보유할 수 있으며, 미리 정해진 절차를 통해 이를 사용하는 방법과 그 자산이 창출하는 소득을 결정할 수 있다. 마지막으로, 개인은 특정 지리적 영역에 국한되지 않을 수 있는, 좋은 삶에 대한 잘 확립되고 구체적인 견해를 공유하는, 밀접하게 결합된 공동체에

속할 수 있다.

 그러한 상황에서는 수많은 충성과 헌신의 대상이 있을 수 있다. 다신교의 은유는 정치 생활에서 세속적인 표현을 찾을지도 모른다. 이러한 비전은 환상이지만, 그들은 국가가 특별한 세속적이고 도덕적인 지위를 가지고 있지 않다는 점을 우리에게 상기시키는 데 있어서 교훈적이다. 국가는 다국적 기업, 노동조합 또는 다른 큰 조직보다 더 정당한 규칙 제정자가 아니다. 사실, 지적한 바와 같이, 그들의 세속적이고 도덕적인 합법성은 덜 안전하다. 기업, 노조, 종교 단체, 또는 이와 유사한 자발적으로 구성된 단체보다 주권을 포괄하는 국가가 개인과 세계 모두에게 훨씬 더 큰 위험이기 때문에, 국민의 인격과 재산에 대한 강력한 권한을 가진 주권국가라는 사상은 지나가야만 하는 시대의 것임을 알 수 있다. 이러한 비전은 특정 집단의 규칙 제정자들이 제기한 도덕적 권한에 대한 주장을 조사할 필요성을 상기시키는 데 도움이 될 것이다. 세속적인 도덕적 정당성이 결여되어 있다고 해서 의사나 간호사가 반드시 규칙(지방법, 주법, 국가법 등)을 위반하도록 해서는 안 된다. 규칙을 준수하는 것은 개별 간호사와 의사뿐만 아니라 그 일반 직역에 대해서도 사려 깊은 일이다. 그럼에도 불구하고 우리가 실천해야 할 명령이 도덕을 통해 정해진 것인지, 아니면 편의상 수용되는 것인지 아는 것은 일정한 도덕적 만족을 제공한다.

 이성에 호소하여 도덕성과 정치적 권한에 관한 내용 충만한 주장을 뒷받침하는 데 실패했다 하여도 이런 국가의 재평가는 그 의미와 중요성을 약화하지 않는다. 정확히 말해 국가는 우리가 그 안에서 상이한 도덕 비전을 가진 사람과 공동체들을 구속하는 도덕적 권한을 이해할 수 있고 용인에 대한 일반적 권리를 보장하고 보호할 수 있는 사회적 구조다. 국가는 단순히 또 다른 공동체가 아닌 사회의 조직화를 성취하는 방법이다.[71] 계몽주의의 많은 오류 중 하나는 이성을 통해 권위 있고 대규모이며 세속적인 공동체의 규범적 근거를 발견하려고 노력하는 것이다. 이 희망은 헛된 것으로 드러났다. 국가는 오히려 그러한 공동체들과 그 구성원인 개인들의 권리를 보호하는 다양한 공동체를 다룰 수 있는 사회적 구조다. 국가를 공동체로 생각하면, 특정 이념, 정치적 올바름 또는 규범적인 내용 충만한 도덕적 삶에 대한 완전한 이해를 강요하고 싶은 유혹을 받는다. 정확히 말해 국가는 다양한 도덕성과 좋은 삶에 대한 이해가 있는 수많은 조합(combinations)을 아우르는 구조다. 국가는 문서 계약을 보증하고 특정한 복지권을 제공할 수 있다. 하지만 그것은 이를 도덕적인 방식으로 한다. 도덕이 다양한 곳에서는 국가는 그 하는 일에서가 아니라 참여하는 사람들의 허락을 통해 권한을 이끌어낸다.

건전한 이성적 논쟁에 호소하여 정전적이고 내용 충만한 도덕 비전을 발견하는 것의 실패, 다양한 도덕 공동체의 지속성, 그리고 권위 있는 대규모의 사회구조에서 그러한 공동체를 평화롭게 아우를 수 있는 능력은 제한적으로 국가를 필요로 한다. 개인이나 공동의 행동을 위한 세속적인 도덕적 권한이나 합법성을 갖기 위해서는 국가가 도덕적 여지를 남겨야 한다. 그러한 여지는 우선권에 대한 표시 또는 경계로 이해될 수 있다. 그들은 서로 다른 공동체가 선에 대한 다양한 이해에 근거하여 행동할 수 있는 사회적 환경이다. 그들은 국가가 그러한 행동을 정당화하거나 지시할 권한이나 정당한 도덕 비전을 가지고 있지 않기 때문에 개입하지 않을 수 있는 도덕적 환경이다. 다양한 의료정책이 발전하고 구체화될 수 있는 것은 세속적이고 이성적인 사고의 실패가 남긴 공간인 이 여지들 안에 있다.

### 원칙 IV. 정치적 권한의 원칙(THE PRINCIPLE OF POLITICAL AUTHORITY)

도덕적으로 정당화된 정치적 권한은 선행을 포함한 좋은 삶이나 도덕적 의무에 대한 정전적이고 내용 충만한 이해에서가 아니라 피지배자들의 동의에서 비롯된다. 그런 관점이나 다짐의 실질적 의미는 공통의 합의에 의해 구체화되어야 한다. 예를 들어, 한 조직의 권위에 대한 동의의 성격은, 예를 들어, 텍사스주와 다국적 기업 IBM을 비교해보면 서로 다르다. 정치적 실체에는 다음 사항에 대한 권한이 있다.

　ⅰ. 무고한 사람들을 강제력으로부터 보호(예: 동의 없이 의료 실험의 대상이 되거나 사적 의료 서비스에 자유롭게 접근하지 못하게 하는 것).
　ⅱ. 계약 시행(예: 의사 측의 비밀 유지에 대한 약속).
　ⅲ. 공통 자원(예: 의료 접근권)의 사용을 통한 복지권의 개발.
　ⅳ. 시장 메커니즘을 통해 그러한 일이 이루어질 수 없는 경우, 그리고 특정한 도덕성에 대한 이해를 회피하면서 분쟁을 해결하고 경계를 명확하게 하는 절차의 확립.
　A. 묵시적 동의에 의한 권한: 허락 원칙, 평화로운 공동체의 개념은 동의하지 않은 강제력에서 무고한 이들을 보호(예컨대 동의하지 않은 목적으로 환자들을 사용)한다고 가정한다.
　B. 명시적 동의에 의한 권한: 특정 개인은 공동체에 참여함으로써 공동의 노력과 자원을 관리하기 위해 권한을 그 정치적 실체로 이전하는 명시적 합의의 그물망을 형성할 수 있다. 이러한 방식으로, 국가와 집단들은 구성원들을 위한 특정한 의료권을 만들어낸다.
　C. 원칙의 정당화: 정치적 권한은 허락 원칙, 상호 존중의 도덕성 측면에서 일차적인 도덕적 정당성을 부여받는다. 그것은 또한 선행의 원칙에서도 정당성을 얻는다. 그러나 이러한 권한은 상호 동의를 통해 선행의 원칙을 명시한다는 점에서 항상 허락 원칙의 제약 안에 두어야 한다.
　D. 정치적 권한을 존중하는 동기: 합법적인 정치적 권위에 반하는 행동은 징벌적이고 방어적인 강제력에 대한 항의의 근거를 잃는 것이다. 따라서 존중의 동기는 부분적으로 허락의 원, 상호 존중의 도덕성에 바탕을 둔 고려에서 도출된다. 덧붙여, 집단은 개인들이 개별적으로

행동한다면, 일반적으로 달성하기 불가능할 재화를 추구할 수 있는 근거를 제공한다. 플라톤이 풍요로운 도시가 삶의 사치재에 필수적이라고 말하는 것을 여기서 생각해볼 수도 있다(『국가』, 2.373). 따라서 특정한 선의 관점을 성취하는 선행의 문제는 개인으로 하여금 특별한 집단적 노력을 창출하도록 동기를 부여할 것이다. 선행에 관한 내용 충만한 도덕 비전은 도덕 공유인들의 공동체나 도덕 이방인들의 합의를 통해 만들어진 특별한 규정에서만 발견된다. 마지막으로, 편의와 사려 깊음에 대한 고려는 정부의 법과 규칙을 받아들이는 편을 선호할 것이다.

E. 공공정책 의미: 정부의 권한은 다음과 같은 경우 의심스럽다.
 i. 동의 없이 자유로운 개인의 선택을 제한(예: 인간 장기 또는 사적 의료 보험의 판매를 금지하려는 시도).
 ii. 부정행위, 강요 또는 계약 위반과 같은 폐해에 대한 보호를 넘어, 재화와 서비스의 자유로운 교환의 규제.
 iii. 집단적 노력 참여자들에 의해 제정된 규칙에 따라 공동으로 소유되는 토지 및 기타 소유물에 대해서는 정치적 권한이 적절하게 행사된다.

F. 격률: 의료에 관한 정부의 규칙과 법률을 존중하는 것은 사려 깊지만, 우리는 정당한 도덕적 권한에 반하여 행동할 때만, 일반적이고 세속적인 도덕의 관점에서 도덕적으로 비난받을 수 있다. 그러므로, 법을 지켜야 할 때는 법에 복종하라. 그래야 할 때는 위반에 대해서 죄의식을 느껴라.

## 소유, 국가, 그리고 의료정책에 관한 포스트모던적 성찰

우리는 소유권, 국가 권한, 공공정책의 권한, 그리고 의료정책의 정당성에 대해 근대와 계몽주의 시대의 합리주의적 전제들과는 전혀 다르게 이해하고 있다. 정전적이고 내용 충만한 도덕이나 보편적인 도덕적인 서술이라는 규범적인 내용이 없을 때, 개인의 소유권을 주창하기보다 공동의 소유권을 주창하는 것이 더 어렵지는 않더라도 그만큼 어렵다. 더욱이 개인이나 공동체의 소유권 주창 모두 일반적이고 세속적인 측면에서 철저하지 못하다. 모든 이들은 지구와 물질적 자원의 사용에 대한 일반적인 소유권 주장(claim)을 가지고 있다. 이러한 잔유물 청구는 국제 토지세의 기초가 되는데, 이 세금은 개인, 기업, 국가 모두가 마찬가지로 네거티브 소득세로서 납부해야 한다. 이러한 상태는 바람직하거나 유용하거나 가치가 있기 때문에 하는 것이 아니다. 그것은 일반적이고 세속적인 도덕 안에서 만들어질 수 있는 최대의 것이다.

마찬가지로 국가와 그 권한은 수많은 도덕성과 경쟁적인 도덕적 주장들 앞에서 근본적으로 재고되어야 한다. 특히 기업, 종교 단체, 노조 및 기타 자유의지로 결성된 협력체와는 달리, 영토 국가들은 특정한 도덕성을 강요하는 권한을 정당화할 수 없다. 계몽 기획의 붕괴와 도덕 비전의 다양성에서 보면, 통치하는 사람들의 허락을 받아 행동한다는 그들 주장의 타당성에 따라 지배할 수 있는 권한이 달라진다. 계몽 기획의 붕괴와 도덕 비전의 다양성에도 불구하고, 동의받지 않고 타인을 이용하는 사람들을 비난하고 처벌하는 것은 가능하다. 국가는 문서 계약을 시행하고 상환할 수 있는 복지권을 만들 수 있다. 회색 영역, 불분명한 경계, 피할 수 없는 퍼즐이 남을 것이다. 이러한 메커니즘은 시장 메커니즘에 의해 해결될 수 있기 때문에 더 선호된다. 이러한 메커니즘은 참여하는 모든 사람의 허락을 받아 권한을 끌어내기 때문이다. 그러한 해결책이 실현 가능하지 않을 때는 경계를 분명히 하고, 법원을 세우고, 민주적 결정에 의해 처벌을 내려야 한다. 민주적 선택은 TEYKU 논쟁에 직면한 엘리야의 세속적 버전이다. 결정을 내려야 하는데 시장의 자발적인 질서가 선택지 중에서 유권적으로 선택하지 않을 경우, 우리는 다양한 대안 중에서 가능한 한 많은 수를 '동전 던지기' 목록에 올리도록 노력해야 한다.

민주적 의사결정을 위한 이러한 지속적인 역할을 마주할 때, 사생활에 대한 공동의 권리와 개인의 권리는 크게 다가오고, 거대 국가의 일반적이고 세속적 권한은 근본적으로 제한되어 있다. 일반적인 세속적인 도덕의 한계를 고려할 때, 특히 비영토적 공동체는 사회구조를 조직하고 의료에 대한 권리를 포함한 특별한 시민권 및 복지권을 유지할 수 있다. 이러한 피할 수 없는 도덕 비전의 다양성은 공동체를 구성하고 형성할 수 있다. 이것은 좋거나, 귀중하거나, 바람직하기 때문에 보증되는 것이 아니다. 대신 우리는 다양성, 상대주의, 위협적인 허무주의를 직면하여 구할 수 있는 것을 발견한다. 계몽운동의 희망 중 일부는 실현될 수 있다. 그러나 인양된 것은 내용이 없고 제한된 협력(예: 동의, 계약, 자유시장, 제한적 민주주의)을 위한 일련의 절차에 불과하다. 우리가 직면한 바로 그 한계는 덕성과 인격을 위한 도덕적 공간과 기회를 제공한다.

주

1 도덕적 논쟁의 해결에 있어 사람이 도덕적·형이상학적 공유인이 될 필요가 없음을 기억해야 한다. 그들은 도덕적 삶의 내용에 대해 의견이 갈리고, 도덕 이방인으로서 만나면서 도덕 논란의 해결에 참여할 수 있다. 마찬가지로 과학에서도 '다른 조건이 동일하다면(ceteriss paribus)' 조건이 확립될 수 있고, 다른 합의가 체결되어서 과학이 깊은 형이상학적 합의가 없어도 경험적 논쟁을 간주관적으로 해결하는 수단으로서 기능할 수 있다. 사람은 형이상학적인 이방인이면서 경험과학의 실천에 참여할 수 있다.

2 Kant, *Grundlegung zur Metaphysik der Sitten*, AK IV 438.

3 Ibid., AK IV 452.

4 Ibid., AK IV 453; *Foundations of the Metaphysics of Morals*, trans. L. W. Beck (Indianapolis: Bobbs-Merrill, 1976), p. 72.

5 자유와 그것의 신경학적 과정으로의 환원에 대한 수수께끼의 현대적 탐구는 다음을 보라. Patricia Churchland, *Neurophilosophy* (Cambridge, Mass.: MIT Press, 1986).

6 *Grundlegung*, AK IV 452.

7 이 점은 칸트가 『순수이성비판』에서 제3 이율배반을 해결하는 과정에서 길게 탐구하고 있다. 제3 이율배반은 결정론적 관점과 도덕적 관점의 불가피한 대비를 보여준다. 칸트의 주장처럼 이러한 대비나 긴장은 특정한 관점만으로 해결될 수 없다. 이는 결과적으로 인간의 모든 행동이 원칙적으로 예측 가능하다는 주장을 고수하는 데로 이어진다. (*Kritik der reinen Vernunft*, 2d ed., 1787, p. 578, B578), 다른 한편으로는 우리는 우리가 자유롭다는 것을 증명할 수 없지만 스스로 자유롭다고 생각해야만 한다는 주장으로 이어진다.

8 램지(Paul Ramsey)는 태아나 어린이들은 동의할 수 없기 때문에 그들에 대한 실험을 꺼렸다. 그러한 논증은 태아가 그러한 존중의 대상이 될 수 있다고 가정한다. 램지는 또한 그들에게 이득이 되지 않는 연구에 어린이를 활용하는 것에 반대한다. 왜냐하면 그것은 "그의 의지와 무관하게" 그 개인을 활용하는 것을 의미하기 때문이다. 하지만 유아의 경우에는 존중할 의지가 없다. Paul Ramsey, *The Patient as Person* (New Haven, Conn.: Yale University Press, 1970), p. 35.

9 제롬 르준 박사(Dr. Jerome Lejeune)는 미국 상원에서의 증언에서 이렇게 말했다. "그러나 이제 우리는 분명히 생명이 언제 시작되느냐는 문제가 더 이상 신학적이거나 철학적인 논쟁의 문제가 아니라고 말할 수 있다. 그것은 확립된 과학적 사실이다. 신학자와 철학자는 생명의 의미나 삶의 목적에 대해 논쟁을 계속할 수도 있지만, 인간의 생명을 포함한 모든 생명은 수태 순간부터 시작된다는 것은 확립된 사실이다." Testimony by Dr. Jerome Lejeune on the Human Life Bill: Hearings before the Subcommittee on Separation of Powers of the Committee of the Judiciary, 97th Congress (Washington, D.C.: U.S. Government Printing Office, 1982), vol. 1, p. 13.

10　낙태 문제에서 일반적이고 세속적인 도덕의 관점으로 확립될 수 있는 것과 정전적인 내용으로 적절하게 인정될 수 있는 것 사이에 엄청난 간극이 있다. 그리스도교는 낙태가 언제 살인으로 간주되어야 하는지를 결정하기 위해 서양 중세 시대에 발달한 것과 같은 전통적인 주장을 사용하지 않았다는 점에 유의해야 한다. 영아 살해뿐만 아니라 낙태도 그저 잘못이다. "낙태를 하지 말고, 영아도 죽이지 말라." The Didache in *The Apostolic Fathers*, trans. Kirsopp Lake (Cambridge, Mass.: Harvard University Press, 1965), vol. 1, pp. 313, 315, Ⅲ, 5. 배아의 발달 단계에 관한 구별도 하지 않는다. 언제라도 배아 파괴는 살인으로 간주된다. Council in Trullo, Canon XCI. 이는 생명은 수태에서 시작한다는 그리스도교의 원론적 견해를 반영한다.

11　토마스 아퀴나스는 *Summa Theologica* 1, 118, art. 2.에서 초기 태아와 후기 태아의 상태를 구분한다. 그는 또한 아리스토텔레스에 대한 주석에서 아리스토텔레스가 영아 살해나 후기 낙태 보다 조기 낙태를 선호하는 도덕적 민감성을 보인다는 점을 지적한다. 그러한 조기 낙태는 살인으로 간주되지 않았다. *Aristoteles Stagiritae: Politicorum seu de Rebus Civilibus*, Book 7, Lectio 12, in *Opera Omnia* (Paris: Vives, 1875), vol. 26, p. 484. 아퀴나스는 *Summa Theologica* 2-2, 64, art. 8.에서도 이 문제에 대해 논했다. 또한 *Commentum in Quartum Librum Sententiarium Magistri Petri Lombardi*, Distinctio 31, Expositio Textus, in Opera Omnia, vol. 11, p. 127. 참조.

12　로마 가톨릭교회법(canon law)에서 낙태의 역사에 대한 좋은 개요는 다음을 보라. John T. Noonan, Jr., "An Almost Absolute Value in History," in John T. Noonan, Jr. (ed.), *The Morality of Abortion* (Cambridge, Mass.: Harvard University Press, 1971). 로마 가톨릭교회의 관점은 여러 영향하에 발전했다. 『탈출기』 21:22의 칠십인역 번역은 형성된 배아와 미형성 배아, 영혼이 주입된 배아와 그렇지 않은 배아 사이의 도덕적 차이가 있음을 시사한다. 이 성경의 구별은 아리스토텔레스가 묘사한, 동물혼을 갖기 전과 갖기 후의 태아의 구별과 흡사하다. *De Generatione Animalium* 2.3.736a-b and *Historia Animalium* 7.3.583b. 이것과 다른 고려사항의 기초에 대한 신학적·철학적 성찰을 통해 로마 가톨릭교회의 매개주입설(mediate animation, 영혼은 육신이 수태된 후 일정 시점이 지나 주입됨)과 즉시주입설(immediate animation, 영혼은 수태 시점에 즉시 주입됨)이 각각 발전하였다. J. Donceel, "Abortion: Mediate v. Immediate Animation," *Continuum* 5 (Spring 1967): 167-71, and "Immediate Animation and Delayed Hominization," *Theological Studies* 13 (Mar. 1970): 76-105. 또한 다음을 보라. Canon Henry de Dorlodot, "A Vindication of the Mediate Animation Theory," in E. C. Messenger (ed.), *Theology and Evolution* (London: Sands, 1952), pp. 259-83. 12세기의 교회법 판례는 13세기에 로마 가톨릭교회법에 채택되었는데, 살인죄와 형체가 없는 태아를 파괴하는 행위 사이의 차이를 인정하는 선례를 남겼다. *Corpus Juris Canonici Emendatum et Notis Illustratum cum Glossae: decretalium d. Gregorii Papae Noni Compilatio* (Rome, 1585), *Glossa ordinaria* at book 5, title 12, chap. 20, p. 1713.

　로마 가톨릭교회의 초기 낙태에 대한 취급의 변화는, 성모 무염시태 축일(12월 8일)을 성모 마리아 탄신 축일(9월 8일)보다 9개월 전에 정한 데서 영향을 받은 것 같다. 이는 초기 낙태도 살인과 마찬가지라고 주장한 사람이 없었음을 시사하는 것이 아니다. 예를 들어, 교황 식스토 5세 (재위 1588~1591)는 초기 낙태를 사람의 생명을 앗아가는 것과 동등하게 보았다. Pope Sixtus V, *Contra procurantes, Consulentes, et Consentientes, quorunque modo Abortum Constitutio* (Florence: Georgius Marescottus, 1888).

13  로마 가톨릭의 피임죄의 의의와 낙태의 죄와의 관계에 대한 훌륭한 연구는 다음을 참조. John T. Noonan, Jr., *Contraception* (Cambridge, Mass.: Harvard University Press, 1965). 또한 이 문제에 있어 현재 로마 가톨릭교회의 관점에 대한 유용한 문헌은 다음을 참조. James J. McCartney, "Some Roman Catholic Concepts of Person and Their Implications for the Ontological Status of the Unborn," in W. B. Bondeson et al. (eds.), *Abortion and the Status of the Fetus* (Dordrecht: Reidel, 1983), pp. 313-23.

14  로마 가톨릭교회가 초기 낙태를 살인으로 인정하지는 않았지만, '영혼 주입' 이전의 낙태 행위도 심각한 죄악으로 인식하였음을 유의해야 한다.

15  S. I. Benn, "Abortion, Infanticide, and Respect for Persons," in Joel Feinberg (ed.), *The Problem of Abortion* (Belmont, Calif.: Wadsworth, 1973), pp. 92-104.

16  통증(pain)과 고통(suffering)의 구별은 George Pitcher, "Pain and Unpleasantness," pp. 181-96; David Bakan, "Pain? The Existential Symptom," pp. 197-207; Bernard Tursky, "The Evaluation of Pain Response: A Need for Improved Measures," pp. 209-19; and Jerome A. Shaffer, "Pain and Suffering," pp. 221-33, in S. F. Spicker and H. T. Engelhardt, Jr. (eds.), *Philosophical Dimensions of the Neuro-Medical Sciences* (Dordrecht: Reidel, 1976) 참조.

17  Robert Nozick, *Anarchy, State, and Utopia* (New York: Basic Books, 1974), p. 39.

18  Ibid.

19  칸트는 인격체, 자아, 또는 주체에 대해 적어도 여섯 가지 다른 의미를 사용하고 있다. 첫 번째는 초월적 자아, 즉 지성의 자발성의 논리적 형태인데 그 판단 기능이 범주(categories)이다. (*Critique of Pure Reason*, B137, 140, 143). 모든 판단에 수반되는 것이 바로 이 초월적 자아다(*Critique of Pure Reason*, B406, 419). 두 번째는 누군가가 존재한다는 날것 그대로의 사실에 대한 의식이다(*Critique of Pure Reason*, B156). 이 사실은 참된 인식으로 포착될 수 없지만 (*Critique of Pure Reason*, A346 = B404) 지적 표상이나 사유로 파악될 수 있다(*Critique of Pure Reason*, B158). 세 번째로, 경험적 자아가 있는데, 그것은 내적 의미에서는 스스로 나타나는 주체이지만, 객체는 아니다(*Critique of Pure Reason*, B278, A347 = B405, A381f.). 네 번째 의미, 즉 이성적 심리학의 자아의 의미는 논리 기능의 거짓 저속화이다(*Critique of Pure Reason*, A403f) 다섯 번째 의미, 즉 본체적 자아(noumenal ego)의 의미는 도덕 행위자인 인격체의 의미다. 이를 통해 우리는 행동을 생각하지만, 그에 관해서는 이론적 지식은 없다. 왜냐하면 주체는 경험적으로 주어지지 않기 때문이다(*Critique of Pure Reason*, A538-40 = B566-68). 도덕 행

위자로서의 인격체에 대한 이 책의 성찰에 중요한 것은 이 의미이다. 이러한 의미에서 도덕 세계를 구성하는 원천으로서 존재하는 것은 인격체이다. 칸트가 주체, 혹은 인격체를 심리학적 관념으로 취급하는 마지막 의미는 인격체에 대한 우리의 인식에 통일성을 부여하는 이 관념의 규범적 사용을 통해 경험으로 읽힌다. *Critique of Pure Reason*, A665 = B693, A671-74 = B699-702, A682-84 = B710-12. 칸트는 일반적인 주체 범주의 필요성을 간절히 느낀다. 그런 범주에 대한 설명은 더 확장된 범주의 설명을 통해 접근해야 한다. H. T. Engelhardt Jr., *Mind-Body: A Categorial Relation* (The Hague: Martinus Nijhoff, 1973).

20  *Metaphysik der Sitten*, AK Ⅳ 223; *The Metaphysical Principles of Virtue: Part Ⅱ of the Metaphysics of Morals*, trans. James Ellington (Indianapolis: Bobbs-Merrill, 1964), p. 23. 일반적인 칸트식 생명윤리를 개발하려는 시도는 다음을 참조. Mats G. Hansson, *Human Dignity and Animal Well-being: A Kantian Contribution to Biomedical Ethics* (Uppsala: Almqvist & Wiksell, 1991).

21  Immanuel Kant, *Lectures on Ethics*, trans. Louis Infield (Indianapolis: Hackett, 1979), p. 240.

22  Ibid. 칸트는 "그런 행동은 인간에 대한 우리의 의무를, 그것도 필수적인 의무일 때 지지하는 데 도움이 되기 때문에 늙은 개를 죽을 때까지 보살펴야 한다"라고 주장한다. 그러나 칸트에 따르면, 만약 그 개를 쏘아 죽인다면, 개에 대한 의무를 다하지 못한 것이 아니다. 그러나 그런 행동은 비인간적이며, 인류에 대한 의무인 인간성을 훼손시킨다. 개 주인에게는 개에 대한 의무는 없지만, 개와 관련한 인간성에 대한 의무가 있다. 나의 논증에서 나는 개 주인에게는 덧붙여 그 개에 대한 선행의 의무가 있음을 암시했다. 나는 인간의 목적이 동물에 대한 선행을 고려하기보다 더 클 수 있다는 칸트의 의견에 동의한다. "살아있는 동물을 실험에 이용하는 생체해부학자들은, 비록 그 목적이 칭찬할 만하지만, 잔인하게 행동하는 것이나 그들은 잔인함을 정당화할 수 있는데 왜냐하면 동물은 인간의 도구로 간주되어야 하기 때문이다. 하지만 스포츠 목적의 그러한 잔인함은 정당화될 수 없다." Ibid. pp. 240-41. 일반적인 세속적 도덕성은 스포츠를 목적으로 동물을 사용하는 것을 배제하지 않는다. 예를 들어 사격 연습에 살아있는 비둘기를 이용한 사격 클럽의 보고서를 생각해보라. Olive Talley, "Gun Club Again Using Live Pigeons," *Houston Chronicle* (Feb. 16, 1985), sec. 1, p. 32.

23  여기서 내가 제기하는 것은 잘못된 삶(wrongful life) 소송을 지원하기 위해 발전된 일부 논증과 도덕적 등치이다. 세속 도덕성에서는 누군가가 임신하고, 의도적으로 태아를 손상시키고 나서, 그 태아를 낙태시키지 못한다면, 태아가 적절한 시점에 낙태되었다면 예방 가능했을 해악의 가해자가 될 수 있다. 잘못된 삶 판례들이 제기한 문제들에 대한 개요는 다음을 보라. Angela Holder, "Is Existence Ever an Injury?: The Wrongful Life Cases," in S. F. Spicker et al. (eds.), *The Law-Medicine Relation: A Philosophical Exploration* (Dordrecht: Reidel, 1981), pp. 225-39.

24  Richard H. Feen, "Abortion and Exposure in Ancient Greece: Assessing the Status of the Fetus

and 'Newborn' from Classical Sources," in Bondeson et al. (eds.), *Abortion and the Status of the Fetus*, pp. 283-300. 바이킹 법에서는 아이가 젖을 빤 후에는 죽일 수 없었다. P. G. Foote and D. M. Wilson, *The Viking Achievement* (London: Sidgwick & Jackson, 1980), p. 115.

25  이 점은 *Kitzur Shulhan Arukh*, by Rabbi Solomon Ganzfried (the standard condensed version of the code of Jewish religious law, entitled *Shulhan Arukh*, compiled by Joseph Karo [1488-1575], sec. 203, par. 3)에 나타난다. "신생아가 30일 이내에, 혹은 30일에 죽으면, 머리와 손톱이 자랐다 해도 어떤 애도의 절차도 지킬 필요가 없다. 이는 유산이나 마찬가지기 때문이다."

26  더프(Raymond S. Duff)와 캠벨(A. G. M. Campbell)의 제안을 여기서 생각해볼 수도 있다. 더 프와 캠벨은 심각한 장애가 있는 신생아의 치료 거부 상황에서 부모의 선택을 도울 방법에 관해 논의한다. "Moral and Ethical Dilemmas in the Special Care Nursery," *New England Journal of Medicine* 289 (Oct. 25, 1973): 890-94. 또 다음을 보라. Anthony Shaw, "Dilemmas of Informed Consent in Children," *New England Journal of Medicine* 289 (Oct. 25, 1973): 885-90.

27  미국 정부는 부모나 의사가 신체적 · 정신적 장애를 근거로 치료 선택에서 신생아를 차별하는 것을 금지하려 했다. 그러한 간섭이 제기하는 문제는 제6장에서 논의한다.

28  Gary E. Jones, "Engelhardt on the Abortion and Euthanasia of Defective Infants," *Linacre Quarterly* 50 (May 1983): 172-81.

29  Engelhardt, *Mind-Body: A Categorial Relation*.

30  Alfred Schutz and Thomas Luckmann, *The Structures of the Life-World*, trans. R. M. Zaner and H. T. Engelhardt, Jr. (Evanston, Ill.: Northwestern University Press, 1973), p. 47.

31  근대 신경학의 아버지 존 휴링스 잭슨(John Hughlings Jackson, 1835~1902)이 이 문제를 검 토했다. 특히 잭슨의 글 중 다음을 참조. "Evolution and Dissolution of Nervous System," in *Selected Writings of John Hughlings Jackson*, ed. James Taylor (New York: Basic Books, 1958), vol. 2, pp. 45-75; reproduced from the initial publication of the Croonian lectures delivered at the Royal College of Physicians, Mar. 1884, and published originally as "Evolution and Dissolution of the Nervous System," *British Medical Journal* 1 (1884): 591-93, 660-63; "Evolution and Dissolution of the Nervous System," *Medical Times and Gazette* 1 (1884): 411-13, 445-58, 485-87; and "Evolution and Dissolution of the Nervous System," *Lancet* 1 (1884): 555-58, 649-52, 739-44. 또 다음을 보라. H. T. Engelhardt, Jr., "John Hughlings Jackson and the Mind-Body Relation," *Bulletin of the History of Medicine* 49 (Summer 1975): 137-51.

32  정교회 신자들은 세례자 요한 수태 축일(9월 23일), 성모 수태 축일(12월 9일)에서 보듯 수태 시 에 개인이 존재한다고 본다.

33  그러한 형이상학적 고민의 예는 Derek Parfit, *Reasons and Persons* (Oxford: Clarendon Press, 1984) 참조.

34  John Locke, *The Treatises of Government, in the Former, the False Principles and Foundation*

of Sir Robert Filmer, and His Followers, Are Detected and Overthrown; the Latter, Is an Essay concerning the True Origin, Extent, and End, of Civil Government, book 2, chap. 5, sec. 25.

35 Kant, *Metaphysik der Sitten*, AK IV 245-58. 칸트가 볼 때, 사람은 시민사회를 기대하며 자연 상태에서 외부 재산을 소유한다.

36 William Blackstone, *Commentaries on the Laws of England*, ed. St. George Tucker (New York: Augustus and Kelly, 1969), book 2, chap. 1, pp. 8-9, vol 3, p. 8.

37 Hegel, *Hegel's Philosophy of Right*, trans. T. M. Knox (London: Oxford University Press, 1965), sec. 54.

38 Locke, *Treatises of Government*, book 2, chap. 5, 27.

39 Gaius, *The Institutes of Gaius*, trans. F. de Zulueta (Oxford: Clarendon Press, 1946), part 1, sec. 67, p. 83.

40 Locke, *Treatises of Government*, no. 27.

41 Thomas Paine, *Agrarian Justice* (London: T. G. Ballard, 1798).

42 W. Ogilvie, *Essay on the Right of Property in Land* (London: J. Walter, 1781).

43 Baruch Brody, "Health Care for the Haves and Have Nots: Toward a Just Basis of Distribution," in Earl E. Shelp (ed.), *Justice and Health Care* (Dordrecht: Reidel, 1981), pp. 151-59.

44 Locke, *Treatises of Government*, book 2, chap. 5, no. 27. 일반적으로 모두가 재화를 임대할 권리를 가졌다는 이 개념은 특정 토지에 대한 특정 권리를 누구에게도 부여하지 않는다. 특정 토지에서 일하거나 그것을 변형시켰을 때에 한해 그들은 타인에 의해 방해받지 않을 권리—예컨대 모든 토지는 모두에게 속한다며 야간에 집에 쳐들어오지 못하게 할 권리—를 누린다. 그러한 침입은 활동에 의해 그 땅을 변형시켰을 경우에 한해, 그 땅에 대한 실제적인 권리 주장을 침해할 것이다. 타인이 가진 것은 사유지를 돌아가야 하는, 또 사유지 잔디밭 대신에 공원으로 소풍을 가야 하는 불편함에 대해 보상받을 권리다. 로크의 단서 조항은 이익을 얻을 기회뿐 아니라 불편함에 대한 보상의 원칙이다. 토지를 변형시켰거나, 변모된 땅을 적절하게 소유하게 된 사람은 그 땅을 소유하고 싶어했던 사람들의 권리와 상충되는 권리를 가지고 있다. 후자는 그 땅을 소유하고 있지 않지만 기회 상실에 대한 보상을 받을 권리가 있다.

얼마나 많은 임대료를 부과할지에 대한 답은 발견 불가능하고 반드시 만들어져야만 한다. 그러한 답을 만들기 위한 최선의 방법은 최대의 권한을 가진 무엇이다. 이는 어떤 민주적 절차를 통해야 한다. 이것은 모든 이에 의한 모든 것의 소유를 뜻하지 않는다. 첫째, 임대료는 토지 및 원자재에 대해서만 징수할 수 있다. 둘째, 임대료의 액수는 재분배의 목표를 기반으로 결정할 수 없다. 실제로 토지의 임대료에 대한 전반적인 개념은 모든 이에게 부과되는 국제적인 지불로서 국제 재산세에 가까운 무엇이 될 것이다.

45 Brody, "Health Care for the Haves and Have Nots," pp. 151-59.

46 Van Rensselaer Potter, *Bioethics, Bridge to the Future* (Englewood Cliffs, N.J.: Prentice-Hall,

1971), and *Global Bioethics* (East Lansing: Michigan State University Press, 1988).

47 Hans-Martin Sass, "Mensch und Landschaft: der anthropologische Ansatz einer Umweltphilosophie," in *Landschaft und Mensch*, ed. Humboldt-Gesellschaft (Mannheim: Humboldt-Gesellschaft, 1981), pp. 293-322.

48 Alston Chase, *Playing God in Yellowstone* (Boston: Atlantic Monthly Press, 1986).

49 National Center for Policy Analysis, *Progressive Environmentalism* (Bozeman, Mont.: Political Economy Research Center, 1991). 또한 다음을 보라. Robert K. Davis, Steve H. Hanke, and Frank Mitchell, "Conventional and Unconventional Approaches to Wildlife Exploitation," in *Transactions of the Thirty-eighth North American Wildlife and Natural Resources Conference* (Washington, D.C.: Wildlife Management Institute, 1973), pp. 75-89; and Randy Simmons and Urs Kreuter, "Herd Mentality: Banning Ivory Sales Is No Way to Save the Elephants," *Policy Review* 50 (Fall 1989): 46-49.

50 Gaius, *The Institutes of Gaius*, part 2, pp. 75-80.

51 Hippocrates, *Law in Hippocrates*, trans. W. H. S. Jones (Cambridge, Mass.: Harvard University Press, 1959), vol. 2, p. 263.

52 고대 그리스와 로마의 '의료과오'의 성격은 다음 논문을 참조. Darrel Amundsen, "The Liability of the Physician in RomanLaw," in H. Karplus (ed.), *International Symposium on Society Medicine and Law* (New York: Elsevier, 1973), pp. 17-30.; "The Liability of the Physician in Classical Greek Legal Theory and Practice," *Journal of the History of Medicine and Allied Sciences* 32 (Apr. 1977): 172-203; "Physician, Patient and Malpractice: An Historical Perspective", in Spicker et al., *The Law-Medicine Relation*, pp. 255-58.

53 Marcia Angell, "Should Heroin Be Legalized for the Treatment of Pain?" *New England Journal of Medicine* 311 (Aug. 23, 1984): 529-30; and Edward N. Brandt, Jr., "Compassionate Pain Relief: Is Heroin the Answer?" *New England Journal of Medicine* 311 (Aug. 23, 1984): 530-32. 자유주의적이고 실용주의적인 관점에서 보면, 왜 마약이 금지되어야 하는지 물을 수 있다. 무엇이 개인에게 더 위험한가? 해로운 약물에 중독될 위험인가, 아니면 마약 관련 범죄를 당할 위험인가? 현재 상황에서 중독자들은 그 실제 가치의 몇 배나 되는 가격으로 약을 사기 위해 훔친다. 마약은 불법이기 때문에 수십억 달러의 수익을 올리는 불법 마약 산업이 성행하고 있다. 그래서 특별 경찰과 무서운 사생활 침해적인 법률이 정당화되고 있는데 그러한 개입으로 인해 불법 마약의 가격은 계속 높게 유지되고, 불법 거래의 커다란 인센티브도 지속된다.

54 Pope Innocent Ⅲ, "'Sicut universitatis' ad Acerbum consulem Florentinum, 30 October 1198," in H. Denzinger (ed.), *Enchiridion Symbolorum*, 33d ed. (Rome: Herder, 1965), p. 244.

55 "Erronea propositio de tyrannicidio," in *Enchiridion Symbolorum*, p. 326.

56 Blackstone, *Commentaries*, vol. 2, book 1, pp. 191-92.

57 John Rawls, *A Theory of Justice* (Cambridge, Mass.: Harvard University Press, 1971), pp. 62-63, 136-42, 302-3.

58 Ibid., pp. 195-201, 221-34

59 1789년의 미국 헌법에 대한 원초적 동의의 의미에 관해 미국 역사에서 상당한 논쟁이 있었음을 알아야 한다. 비록 이 논쟁은 남북전쟁 시에 최고조에 달했지만, 그 기원은 존 애덤스가 시민 자유를 제한했던 시기에 이를 간섭했던 버지니아주 의회와 이를 무효화했던 켄터키주 입법자들의 해결책에서 이미 발견된다. The Kentucky Legislature in the House of Representatives, Nov. 14, 1799, and the General Assembly of Virginia in the House of Delegates, Jan. 7, 1800, reprinted in *We the States* (Richmond, Va.: William Byrd Press, 1964), pp. 155-59. Blackstone, Commentaries, vol. 2, book 1, part 2, p. 193.

60 Blackstone, *Commentaries*, vol. 2, book 1, part 2, p. 193.

61 Thomas Hobbes, *Leviathan, or the Matter, Forms, & Power of a Common-wealth Ecclesiastical and Civil* (London: Andrew Crooke, 1651), part 1, chap. 13, p. 62.

62 Ibid., part 2, chap. 17, p. 87.

63 Ibid. 홉스는 집행, 조정, 무임승차자 문제의 해결에 있어 계약이 아니라 합리적인 게임이론에 호소한다고 해석될 수도 있다. 그러한 게임이론적 해결의 어려움 중 일부는 제2장에서 탐구되었다.

64 Ibid. p. 88.

65 Ibid. part 2, chap. 18, p. 90.

66 휘호 흐로티위스가 『전쟁과 평화의 법(De jure belli ac pacis)』에서 했던 노예제도에 대한 옹호를 여기서 떠올릴 수도 있다. 그는 도덕적으로 정당한 세습 노예는 전쟁에서 죽지 않고 사로잡힌 사람에게서 생겨난다고 주장한다. 포로를 살해할 권리를 포기하면서, 포로를 붙잡은 자는 그 노예에게서 태어난 자녀에 대해 무한한(ad indefinium) 권리를 가지게 된다. 3권 7장 특히 1-5부를 보라. 이러한 고려는 사실 당대의 서구 신학자들이 지지한 것이었다. 비록 그리스도교인은 노예로 삼는 것을 금했지만 말이다. 3권 7장 9부를 보라.

비록 노예가 법적으로는 인격체가 아니었다 하더라도 노예제의 이론은 여전히 그들이 도덕적 인격체임을 전제하고 있다는 것을 주목해야 한다. 이는 이 특별한 제도를 보다 수용적으로 만들기 위해 노예의 도덕적·심리적 약점이나 장애를 강조했던 특별한 합리화에도 불구하고 그러했다. 예를 들어, 남북전쟁 전에 테네시와 텍사스에서는 노예들이 노르만 농노제와 비슷한 위치에 있었음을 알 수 있다. 이는 노예에게 특정한 법적 지위를 부여했다. A. E. Keir Nash, "Texas Justice in the Age of Slavery: Appeals concerning Blacks and the Antebellum State Supreme Court," *Houston Law Review* 8 (1971): 438-56.

67 동의가 이루어지지 않고 고립된 지역에 사는 이들이 평화로운 한 일반적이고 세속적인 측면에서 부분적인 정전적이고 내용-충만한 도덕의 비전이 확립되어야 할 것이다.

68 "XIV. [······] 어떤 사악함으로 인해 해적 갤리선을 타고 바다를 어지럽히게 되었느냐는 질문에 대해 그는 이렇게 대답했다. '전 세계를 어지럽히도록 당신을 몰아넣은 것과 같은 그 사악함이죠.'" Marcus Tullius Cicero, *The Republic* 3.14.24.

69 Augustine of Hippo, *City of God*, trans. George McCracken et al. (Cambridge, Mass.: Harvard University Press, 1957), 4.4.25.

70 David Friedman, "Efficient Institutions for the Private Enforcement of Law," *Journal of Legal Studies* 13 (June 1984): 379-97; "Private Creation and Enforcement of Law: A Historical Case," *Journal of Legal Studies* 8 (Mar. 1979): 399-415. 아이슬란드인의 경험은 앵글로-색슨법의 상당 부분이 유래한 같은 튜턴족의 뿌리에서 발전했다. 아이슬란드 법률 및 사회 시스템에 대한 연구는 다음을 보라. P. B. Foote and D. M. Wilson, *The Viking Achievement* (London: Sidgwick & Jackson, 1970). 옛 아이슬란드 법과 관습에 관한 원문은 날의 사가(Njals Saga)와 아이슬란드 법률의 가장 초기 모음인 그라가(Gragas)에서 찾아볼 수 있다.

71 H. T. Engelhardt, Jr., "Sittlichkeit and Post-Modernity: An Hegelian Reconsideration of the State," in H. T. Engelhardt, Jr., and T. Pinkard (eds.), *Hegel Reconsidered: Beyond Metaphysics and the Authoritarian State* (Dordrecht: Kluwer, 1994), pp. 211-24.

제5장

의료화의 언어

## 실재의 구성

의학은 실재를 의료화한다. 그것은 세상을 창조한다. 그것은 일련의 문제를 자신의 용어로 번역한다. 의학은 경험 세계가 형성되는 방식을 구성한다. 즉, 그것은 우리에게 실재를 조건화한다. 그리하여 사람들이 겪는 온갖 어려움들(difficulties)은 무구한 고통, 통상적인 통증, 혹은 마귀의 빙의가 아니라 질환, 질병, 기형, 그리고 의학적 비정상으로 인식된다. 의학적 문제는 의학적인 평가, 설명, 그리고 어느 정도까지는 완화 또는 치료할 수 있는 것처럼 보이는 현상들의 집합이다. 여기서 우리는 흔히 질환, 질병, 기형, 장애 및 손상이라고 부르는 어려움들의 집합을 보게 되는데, 이는 이들로 인해 고통을 겪는 이들의 즉각적인 통제를 넘어선 데다가 생리학, 해부학 또는 심리학적 인과관계에 근거를 두고 있는 것으로 추정된다. 그들의 의미, 중요성, 그리고 실재는 의학의 사회적이고 지적인 기구의 용어 안에서 주조된다. 의학적인 문제로 간주될 때, 그것들은 대개 적절한 수준의 기능, 아프지 않음, 그리고 기대되는 인간의 형태와 우아함을 성취할 수 있는 생리학적 또는 심리학적 이상(ideal)으로부터 벗어난 상태로 특징지어진다. 그렇게 아픔이나 통증은 의학적인 고장(disorder)이 된다. 게다가 의학은 사회제도이기도 하므로 고통, 기형, 기능장애 등에는 사회적 가치가 부여된다.

심장병 진단을 받은 뒤 경험하는 실재의 변형을 생각해보자. 장시간의 일을 마치고 약간 숨이 가빠지거나 발목이 붓는 것은 질병의 징후가 된다. 베개를 두 개 올려야 잠이 들 수 있는 것은 더 이상 범상한 일이 아니라 치명적인 질병의 낙인이다. 한 개인의 인생관은 심장병의 위험성과 조기 사망 가능성에 대한 일련의 예측에 의해 변화한다. 의사, 또는 기타 의료인들과 새로운 관계가 생겨난다. 종교와 맞먹는 힘과 성격을 띤 새로운 의례들이 강요된다. 즉 이제는 규칙적으로 약을 복용하고, 소금과 콜레스테롤 섭취를 줄이기 위해 새로운 식단을 따라야 한다. 식사나 운동, 오락과 같은 이전의 범상한 일들이 이제는 생사 문제까지는 아니더라도 심각한 건강 문제가 된다. 이제 흡연은 명백한 위험으로 보일 것이다. 그는 심지어 섹스를 하면 죽을 수 있다고 걱정할 수도 있다. 다른 사람들이 그 병에 대해 알게 되면 그 개인의 사회적 환경도 타인의 기대에 따라 변할 것이다. 친구들은 존이 스키 여행을 갈 수 있을지 궁금해할 것이다. 스키는 그에게는 너무 무리일까? 만약 그가 항공기 조종사라면, 더 이상 그 일을 계속할 수 없을지도 모른다. 이제 보험회사는 상당히 인상된 보험료를 청구할 가능성이 높다. 간단히 말해서 경험하는 실재의 커다란 변형이 일어나게 될 것이다.

그것은 예상하지 못한 일이 아니다. 우리가 사는 세계는 해석되지 않은 사실들에 의해 채워진 것이 아니다. 우리는 사회적·이론적 기대를 통해 주변을 바라본다. 우리는 일찍부터 우리 세계에서 일어나는 것들을 설명하는 법을 배웠다. 통상 지배적인 과학적 세계관 안에서, 우리는 일련의 복잡하고 직접적인 힘이 질환과 질병의 발생을 초래한다는 것을 당연하게 여긴다. 다른 문화에 속한 이들, 또는 우리 문화의 선조들은 오늘날의 과학적인 세계관을 교육받지 못했고, 그래서 질병을 병원체나 유전적 결함, 또는 내분비 장애의 결과로 보지 않았다. 하지만 우리는 그렇다. 우리의 세계는 우리의 경험의 규칙 지배적인 성격에 관한 특별한 전제들에 의해 구조화된다. 이러한 과학적이고 형이상학적인 전제는 우리의 일상적 기대를 충족시킨다. 그것들은 우리의 생활세계에 형태를 부여한다. 덧붙여, 우리의 사회제도는 그 일들에 사회적 의미를 덧붙인다. 치과 의사, 외과 의사, 내과 의사, 정신과 의사 사이에서 현재의 배치는 상당 부분 우리의 특정한 문화에 기인하는 과거의 역사적 힘의 결과이지만, 이는 치통, 맹장염, 심장병 또는 조현병에 어떤 의의를 부여한다.

우리는 사회적·과학적, 그리고 가치적 기대를 통해 세상을 바라본다. 생명윤리가 다루는 의학적인 사실들은 시대를 초월한 진리가 아니라 우리의 역사와 문화의 형성적 기대를 통해 주어진 데이터들이다. 어떤 특정 상태를 심장병, 암, 우울증, 동성애, 결핵으로 인식하는 것은 풍요하고 복잡한 과정이다. 모든 지식은 역사적으로나 문화적으로 조건화되어 있으며, 우리가 보게 될 역사나 문화의 영향은 특히 의학에서 종종 두드러진다. 이는 연구자들이 시간을 초월하여 사회적·문화적 제약을 받지 않는 무시간적 진리를 추구하지 않는다는 말이 아니다. 진리를 알고자 노력할 때 우리는 세상을 마치 신의 눈으로 보듯 냉정하고, 과학적인 관찰자 혹은 조사자의 관점에서 이해하려고 시도하면서 우리 문화 밖의 다른 연구자, 심지어 원칙적으로는 먼 별 주위를 도는 행성의 외계인 조사자와도 그 발견을 공유할 수 있도록 하려 한다.

왜곡되지 않은 지식의 목적은 휴리스틱하다. 그것은 우리가 과학자로서 진리의 식자(識者, knower)가 되도록 지시한다. 프래그머티즘의 창시자 퍼스*는 "결국 어떤 것이 진실로 무엇인가는, 결국 완전한 정보라는 이상적인 상태에서 알려진 것이다. 그렇게 실재는 어떤 공동체의 궁극적인 결정에 달려 있다. 사유도 마찬가지다. 미래를 예측할 수 있어야만 사유는 사유로서의 가치를 지니게 되며 그것과 동일시된다"[1]라고 말했다. 퍼스는 실재의 인식주체와 동떨어져서 실재에 대해 말하는 것이 불가능함을 시사하고 있다. 우리가 실재에 대해 가질 수 있는 어떤 개념도 경험된 실재의 개념이다. 비록 이상적인 관찰자가 경험한다 하더라도 말이다. 역사적·문화적 맥락에 의해 왜곡되지 않은 의학적 사실, 또는 실재의 본성에 대해 말하는 것은 모든 정보를 완전히 소유하고, 실재에 근거하지 않은 가정에 의해서는 움직이지 않는 식자의 관점에 대해 말하는 것이다. 어떤 특정 관점과도 무관하게 실재를 인식하고자 하는 관심으로 인해 식자는 인식하지 못한 전제들로부터 벗어나 이 특정 전제들을 극복하는 쪽으로 움직인다. 이는 그 전제들에 대한 인식, 그리고 그가 속한 문화적 맥락의 특이성에 의해 조건 지워지지 않고 실재를 기술하는 더 큰 능력을 성취하게끔 그 특정 전제들을 보상하려는 노력을 통해서이다. 우리는 도덕적·형이상학적 이방인과 공유 가능한 실재의 관점을 추구한다. 완벽한 우위를 누리는 과학자들의 공동체라는 퍼스의 이상을 추구하면서, 우리는 그 이상을 참조로 실재에 대한 더 나은 서술이나 더 나쁜 서술을 구별할 수 있지만, 그 이상이 실제로 성취되어야 한다고 주장할 필요는 없다. 그 이상은 과학의 실천에 있어 하나의 요인, 외부 실재와 관련되어 그에 의해 보증되는 지식의 간주관성을 지향하는 문화적 책무로서 과학적 노력의 요인이다. 질병의 명명, 분류, 등급화, 단계 표시, 설명을 함에 있어 우리는 외부 실재에 반응하는 이상적인 연구자들의 공동체가 수행하듯 이러한 임무를 다룰 수 있기를 희망한다. 다시 말하지만, 우리는 결코 이 목표에

---

\* Charles S. Peirce(1839~1914): 미국의 철학자로 프래그머티즘의 선구자. 존스홉킨스 대학 교수를 지냈고 분석철학과 기호논리학에 기여하였다.

도달하지 못한다. 실재에 대한 모든 서술은 특정한 관점의 서술이다.

역사적으로나 문화적으로 조건화된 지식의 성격에 대해 최근 많은 관심이 있었지만, 이러한 생각의 뿌리는 깊다. 실제로 헤겔(1777~1831)과 딜타이*를 거쳐 현재에 이르기까지, 어느 정도나 문화적 기대라는 울타리 안에 우리의 실재에 대한 해석이 존재하는지에 대한 지각은 끊임없이 증가하였다. 최근에는 플레크[2]**와 토머스 쿤[3]***에 의해 이러한 통찰이 발전하면서 과학과 특히 의학에서 역사적·문화적 힘의 역할에 대한 이해가 향상되었다.[4] 플레크가 보여준 것처럼 의학은 과학 지식 내에서 가치와 목적의 역할을 탐구하는 유망한 장이다. 의학에서 진실한 앎과 효율적인 중재에 대한 관심은 서로 얽혀 있다.[5] 사회적 가치의 역할은 종종 대단히 중요하다.

예를 들어, 아이작 베이커 브라운****의 『여성에 있어 특정 종류의 발광, 간질, 강직증, 그리고 히스테리아의 치료 가능성에 대하여(On the Curability of Certain Forms of Insanity, Epilepsy, Catalepsy, and Hysteria in females)』[6]를 보자. 이 증례집은 18~19세기 동안 자위행위라는 '질병'에 초점을 맞춘 고전 문헌이다.[7] 그 시기에는 자위행위를 하면 죽는다고 생각되었고,[8] 부검 결과는 자위행위가 척수에 미치는 영향을 보여주었다.[10] 이러한 배경에서 여성 자위행위자들을 치료하고자 한 브라운 박사는 지속적인 말초 흥분을 종료하기 위한 목적으로 음핵의 절제를 권고하였다. 그런 흥분은 신경의 힘(nerve force)의 손실을 증가시킨다는 것이었다. 경험을 통해 그는 최선의 방법은 "환자를 클로로포름으로 마취하고 나이프나 가위로 음

---

\* Wilhelm Dilthey(1833~1911): 독일의 철학자, 해석학자. 정신과학의 방법론을 정초하였으며 베를린 대학 교수를 지냈다.

\*\* Ludwik Fleck(1896~1961): 폴란드 출신의 유대계 의사, 생물학자. 과학철학자. 과학적 발견에 있어 사회역사적 맥락을 중시하는 '집단사유(Denkkollectiv)' 개념을 제시하였다.

\*\*\* Thomas Kuhn(1922~1996): 미국의 과학사학자, 과학철학자. 『과학혁명의 구조』로 유명하다.

\*\*\*\* Isaac Baker Brown(1811~1873): 영국의 산부인과 의사. 1867년 환자 동의 없이 음핵절제술을 하였다고 고발당하였으며 그 결과 런던 산부인과학회에서 제명되었다.

핵을 완전히 절제하는 것"임을 발견했다. 그는 "항상 가위를 선호했다."[11] 이러한 가정하에 브라운 박사는 그의 치료의 성공을 입증하기 위해 많은 사례를 발표하였다. 그의 책에 실린 48개 증례 중 31번 증례의 예를 보자.

Case 31. 강직증 발작—병력 2년—수술—완치. M.N., 연령 17세; 런던 외과요양원 1861년 4월 입원.

병력: 그녀가 영국 서부의 기숙학교에 입학한 15세까지는 아무 문제가 없었다. 서너 달이 지나자 그녀는 각종 히스테리 증상에 시달리게 되었고, 그 무렵부터 점차 심해져서 경련했다. 처음에는 증상이 가볍고 드물게 발생했지만 점차 더 심해지고 빈번해져서 마침내 강직증 진단을 받았다. 입원 몇 달 전부터 그녀는 하루에 4~5번의 발작을 일으켰고, 영국 북부에서 런던으로 이송되는 동안 의식을 잃고 몸이 뻣뻣해졌다. 그녀는 도착하자마자 진찰을 받았고 진실로 이 병에 이환되었음은 의심의 여지가 없었다. 그녀는 너무 예민해서, 누군가가 그녀의 침대에 손을 대거나 방을 가로질러 걸어가면, 그녀는 즉시 강직 상태에 빠졌다.
브라운 박사는 진찰하기 전에, 어머니와 그녀 자신으로부터, 그녀가 학교 친구로부터 처음 배운 음핵 자위에 오랫동안 몰두해 있었음을 확인했다. 그녀의 발병은 그 원인의 기원과 정확히 일치한다. 즉 사실, 인과관계가 아주 완벽해서, 정확한 진단을 내리기 위해 그 병력 이상의 것이 필요하지 않았다. 이러한 증례에 나타나기 마련인 다른 모든 증상도 분명했다. 입원 다음 날 그녀는 수술받았고, 그 후로는 한 번도 발작을 일으키지 않았다. 그녀는 몇 주 동안 입원해 있었다. 수술 5주 후에 그녀는 웨스트민스터 사원을 걸어 다녔다. 이 치료를 받기 전에는 1년 반 동안 조금도 기운을 쓸 수 없었던 것이다.[12]

이 젊은 여성은 성공적인 진단과 치료를 받았다. 사회적 문화적 기대가 관찰의 과정을 형성했다. 그것은 발견의 심리를 구조화했다.

우리는 사회적 가치의 명백한 침투를 보기 위해 19세기로 갈 필요는 없다. 최근 동성애의 역사는 미국정신의학회의 『정신질환 진단 및 통계 매뉴얼 1판(DSM-I)』*의 사회병리2적 인격장애로부터[13] 『DSM-Ⅱ』의 인격장애[14]로, 『DSM-Ⅲ』의 '에고 디스토닉 동성애' 분류하의 심리사회적 기능 이상으로,[15] 그 후에는 『DSM-Ⅲ 개정판(DSM-Ⅲ-R)』의 '달리 명시되지 않은 성 장애'라는 불분명한 분류하의 성기능 장애로 발전해온 것을 보여준다. 이는 이성애자들의 "지속적이고 현저한 성적 지향에 대한 괴로움"[16]을 포함하였다. 『DSM-IV』에서 동성애는 『DSM-Ⅲ-R』과 같은 루브릭(rubric) 아래에 남아있다.[17] 한마디로, 그것은 지금 오직 개인이 성적 지향의 변경에 지속적인 관심을 가지고 있는 경우에만 정신질환이다. 동성애에 대한 의학적인 이해의 변화는 섹슈얼리티에 대한 생각, 변태 관념, 그리고 질병 언어의 적절한 경계에 관한 관점의 변화와 관련이 있었다. 이와 유사한 논란이 후기 황체기 불편증(Late Luteal Phase Dysphoric Disorder, 보통 생리 전 스트레스 증후군으로 불린다), 가학적 인격장애, 자기파괴적 인격장애 등의 질병 분류를 향하고 있다.[18] 정신장애에 대한 분류의 형태는 가치와 기대치 안에서 질병에 대한 정당한 특정 분류 체계가 드러나는 방식을 보여준다.[19] 중요한 것은 단순히 배경에 있는 기대가 발견의 심리를 규정하는 방식이 아니라 도덕적·형이상학적 이해의 역할, 그리고 서로 다른 공동체들이 그것을 어떻게 지속시키고 규정하고 있느냐 하는 것이다.

무엇을 명확하게 질병으로 간주해야 할지의 어려움은 정신의학이나 섹슈얼리티에 국한되지 않는다. 우리는 "빈혈, 변비, 소화불량, 심계항진, 그

---

* Diagnostic and Statistical Manual of Mental Disorder의 약자. 미국 정신의학회(American Psychiatric Association)에서 발간한 정신장애의 진단과 분류 체계로 1952년 제1판이 나왔고 2013년 제5판(『DSM-5』)이 출간되었다.

리고 생리 불순"[20]을 증상으로 하는 19세기에 유행한 질병인 위황병*을 떠올릴 수도 있다. 17세기의 저명한 의사 토머스 시드넘**을 시작으로 19세기 수많은 의사가 이 병으로 고생하는 여성들을 기술하였다. 과거는 오늘날의 우리의 이해와는 걸맞지 않은 질병관과 경험으로 충만해 있다. 그런 것들 중에 우리는 18세기 내내 증상이 아니라 질병으로 여겨진 열병을 포함할 수도 있다.[21] 과거로 회귀할수록 질병의 풍경은 우리에게 익숙한 것에서 더 많이 벗어나게 된다.

사실 과거로 회귀할수록 친숙한 질병에 대한 인식은 더 어려워진다. 당시의 의사들은 우리와 같은 관심을 가지고 있지 않았다. 그 결과, 그들은 질환들을 다소 다른 방식으로 기술했다. 소음으로 간주해야 할 것과 정보로 간주해야 하는 것 사이의 경계에 대한 그들의 관점은 종종 우리와는 매우 다른 전제 조건으로 인해 형성되었다. 결과적으로 그들이 실제로 어떤 질병을 기술하고 있었는지를 이해하기란 종종 어렵다. 히포크라테스 전집에 실린 다음 증례를 생각해보자.

멜리보이아에서 한 젊은이가 장시간의 음주와 성행위 후에 잠자리에 들었다. 그는 경련, 구역질, 불면증은 있었으나 갈증은 없었다.
제1일. 점액이 풍부하고 단단한 유색의 변을 엄청나게 많이 봄. 간격이 긴 느린 호흡. 명치 아래 부드러운 동통이 양쪽으로 퍼져감. 상복부에 지속적인 박동. 지성 소변.
제10일. 섬망이 있으나 안정 상태. 차분하고 조용함. 피부는 건조하고 긴장감 있음. 대변은 양이 많고 묽음. 혹은 담즙이나 기름기가 많은 대변.

---

* chlorosis: 16세기에 젊은 여성에게서 흔히 발견되는 빈혈증과 히스테리를 기술하기 위해 사용된 진단명이다. 철분 대사의 과정이 밝혀지면서 20세기 초반 이후로는 이 용어를 사용하지 않는다.
** Thomas Sydenham(1624~1689): 영국의 의사. 통풍 등 여러 질병을 상세하게 기술하였으며 질병분류학에 능했다. '영국의 히포크라테스'라고 불렀다.

제14일. 전반적인 악화. 섬망과 횡설수설.
제20일. 정신이 혼미함. 많이 뒤척임. 소변을 못 봄. 물만 조금 마심.
제24일. 사망.[22]

이 질병의 본성에 대해 우리는 여러 가지 추측을 할 수 있지만, 어떤 특정한 진단도 확신을 가지고 내리기 어렵다. 이것은 단순히 히포크라테스가 우리에게 실험실 검사 결과를 제공하지 못하기 때문이 아니다. 그는 또한 이와 같은 증례를 만날 때 어떤 실험실 검사 결과도 없다면 하게 될 신체검사의 결과도 제공하지 않는다. 우리 같으면 이 젊은이의 치명적인 질병에 관하여 우리가 가진 전제들로 충만한 보다 완전한 병력을 제공할 것이다.

우리는 또한 과거 의사들의 질병 기술에서 몇몇 발견들은 쉽사리 인식한다. 고환염이 생긴 볼거리 환자에 대한 히포크라테스의 유명한 기술을 보자.

많은 환자가 한쪽 귀, 또는 양쪽 귀가 붓는다. 대부분의 경우 열이 동반되지 않아 침상 휴식은 불필요하다. 어떤 증세에서는 미열이 있지만, 모든 부기는 다른 문제 없이 가라앉는다. 다른 이유로 생긴 부종에 동반되는 것과 같은 화농은 없다. 다음이 그 특징이다. 즉 염증이나 통증을 동반하지 않는 축 늘어지고 큰 부기. 모든 증례에서 그것은 흔적도 없이 가라앉았다. 환자는 어린이, 청소년, 그리고 젊은 청년이며 대개 레슬링 학교나 체조 학교에 다니고 있었다. 여성은 거의 걸리지 않았다. 많은 환자가 가래가 없는 마른기침을 하고 목소리가 쉰다. 그러나 몇몇 증례에서는 시간이 흐른 뒤 한쪽 고환이나 양쪽 고환에서 통증을 수반한 염증이 생겼다. 때로는 발열을 동반하나 때로는 그렇지 않았다. 대개 이런 경우는 훨씬 고생한다. 다른 측면에서 이 환자들은 의학적 조력이 필요한 어떤 병도 없었다.[23]

볼거리는 멜리보이아 출신 청년을 죽인 병보다 맥락이 없는, 날것 그대로의 사실에 더 가까운 것일까? 우리는 무엇이 실제 의학의 증례인지를 어떻게 결정하는가? 어떻게 우리는 베이커 브라운과 같은 의사들의 과오를 저지르지 않고, 볼거리에 대한 히포크라테스의 기술과 같은 데이터에 입각해서 적절하게 의과학을 구축할 수 있을까?

이는 단지 이론적인 질문이 아니라 실천적인 질문이다. 왜냐하면 의학 이론들은 19세기 음핵절제술에서 일어났듯이 실제 중재로 이어지기 때문이다. 사실 단순히 어떤 현상을 의학적인 문제로 보는 것은 사회적 기대의 성격을 바꿀 수 있다. 예를 들어, 출산 과정을 회음절개술이나 제왕절개수술이 필요한 의료적 위험이 수반되는 것으로 보는 것은 출산의 의미를 바꾸고 의사를 직접 대면하는 산모와 아기 아버지의 사회적으로 지지받아온 권리를 변화시키는 것이다. 이반 일리치*가 주장해온 바와 같이, 삶의 의료화는 어디에나 있고 파괴적일 수 있다.²⁴ 삶의 한 요소를 의학적인 문제로 보는 것은 과학적 의학의 쟁점보다 더 많은 것을 제기한다. 실재의 의료화는 공공정책과 윤리적 쟁점을 제기한다. 우리가 무엇을 질병으로 분류하는지, 그리고 어떻게 분류하는지는 사람들의 생활과 사회 전반에 즉각적인 영향을 미친다. 자궁경부암 도말검사**를 하려면, 이 검사 결과가 암을 시사한다고 판독하기 전에 얼마나 많은 세포에서 어떤 성격의 변화가 있어야 하는지를 결정해야 한다. 세포를 암으로 분류하는 데 지나치게 느슨하다면 불필요한 수술이 뒤따를 것이다. 그 분류가 너무 엄격하면, 성공적인 치료를 하기에는 너무 지연될 것이다. 우리가 어떻게 암성, 비암성, 전암성 소견들 사이의 경계선을 부분적으로는 발견하고, 부분

---

\* Ivan Illich(1926~2002): 오스트리아의 철학자이자 신학자. 현대의 교육제도 및 의료제도 등에 대한 비판으로 유명하다.

\*\* Pap smear: 자궁 경부에서 세포를 채취하여 유리 슬라이드에 도말 후 현미경으로 살펴보는 검사법.

적으로는 구성하는지는, 암을 예방하면서 몸을 온전하게 유지하려는 개인들과, 의료비를 억제하면서 구성원들의 혜택은 극대화하려는 사회에게는 중요한 순간이다.[25] 그런 분류 방식은 유병률, 사망률, 그리고 건강 재정에 영향을 미친다.

강한 의미와 약한 의미 모두에서 의학은 사회적으로 수용되는 실재를 만들어낸다. 어떤 문제를 의료적 문제로 명명함으로써, 기대가 형성되고 우리의 운명은 영향을 받는다. 합법적으로 강제된 의학적 관점에 내재한 분류의 경우, 그것들은 분명히 강력한 의미에서 실재를 형성한다. 여기서 우리는 동성애를 질병으로 분류할 것인가에 대한 미국정신의학회의 투표를 생각할 수도 있다.[26] 동성애를 질병으로 간주하는 의학적인 견해는 동성애 활동의 법적 금지 안에서 통합되었다. 암의 특정한 병기 시스템*은 사회적으로는 보다 덜 강제적인데, 이는 특정 수준의 치료로 이어진다.[27] 그러한 병기 시스템은 실재 영역을 규정하는 가장 적당하고 유용한 방법에 대한 의사 집단의 의사결정을 반영한다. 특정 병기 시스템의 수용은 훈련되고 조정된 방식으로 실재를 바라보고 반응하는 것에 동의하는 것이다. 1기 암과 2기 암 사이의 차이는 제한된 외과적 시술, 보다 덜 낙관적인 예후와 함께 화학요법 및/또는 방사선요법이라는 보다 광범위한 중재 가운데서 표현된다. 이는 우리가 실재에 대한 의학적 설명의 특징을 조사한 후에 복귀하는 지점이다.

의학적 실재는 평가적·서술적·설명적·사회적이라는 라벨이 붙은 관심사들의 복잡한 상호작용의 결과다. 우리가 의학적 실재에 대해 말하고, 반응하고, 경험하는 방식은 이러한 관심사들에 의해 형성되고 규정된다. 이 네 개의 관심 덩어리들을 나는 의학의 네 가지 언어라는 말로 부를 것이다. 하지만 그들은 언어 그 이상이다. 그것들은 임상적 문제들을 다루

---

* staging system: 암의 크기, 침윤 정도, 전이 여부 등의 요인에 따라 진행 상태를 판정하는 것.

는 네 가지의 개념적 차원을 보여준다. 그것들은 의료화의 모드다. 그러나 '언어'는 각각의 모드가 의미를 형성하는 고유의 문법이나 규칙을 가지고 있음을 시사함으로써 유용한 은유를 제공한다. 우리가 의학적 실재를 말하고, 이해하고, 경험하는 방식을 형성하는 '통사론적'이고 '의미론적'인 네 개의 서로 다른 제약의 무리가 있다.

### 의학의 네 가지 언어

의학적 논의가 이루어지는 경험된 실재는 (1) 적절하고 수용 가능하다는 의미에서 어떤 기능, 통증 및 기형이 정상인지에 관한 평가적 가정, (2) 어떻게 기술해야 하는지에 대한 관점, (3) 인과적 설명 모델 및 (4) 개인의 질환이나 특정 형태의 질병에 관한 사회적 기대에 의해 형성된다. 우리가 질병을 설명하는 사람들과 더 많은 가정을 공유하면 할수록, 그들이 기술하는 질병을 인식하고 의학적 실재에 대한 그들의 특징짓기에 동의하기가 더 쉬워진다. 가정이 다를수록 그 설명은 간주관적인 것과 멀어질 것이다.

오늘날의 통증의 분류와 18세기의 분류 사이의 차이점을 생각해보자. 20세기에 통증은 대부분 질병의 증상으로 간주된다. 현재『국제 질병 분류(International Classification of Diseases)』에서 통증은 주요 질병 분류에 나타나지 않는다.[28] 이와는 대조적으로 린네*의 질병 분류는 통증을 11가지 주요 질병 분류 중 하나로 기록하였다.[29] 프랑스의 의사 소바주**의 당대에 영향력이 컸던 분류도 통증을 10가지 질병 분류 중 하나로 열거하였다.[30] 통증의 분류에 대한 이러한 차이는 질병의 실재에 관한 가정의 차이점을 보여준다. 그들은 환자의 통증을 얼마나 심각하게 받아들여야 하는지에

---

\* Carolus Linnaeus(1707~1778): 스웨덴의 자연철학자. 근대적 생물분류학을 창시하였다.
\*\* François Boissier de Sauvages(1701~1767): 프랑스의 의사이자 식물학자.『질병분류학 방법론 (Nosologia Methodica)』의 저자로 유명하다.

대한 의사들의 시각을 미묘하게 규정한다. 예컨대 오늘날 통증은 그 자체로는 질병으로 간주되지 않기 때문에, 병리학적 또는 병태생리학적 원인이 수반되지 않는 한 평가절하되는 경향이 있다. 우리는 환자의 통증 호소가 완전한 진실임을 인정하기에 앞서 그 호소의 병리학적 또는 병태생리학적 진실을 찾아보아야 한다.[31]

따라서 의료에 있어 기술적·평가적·설명적 및 사회적이라는 라벨이 붙은 언어의 상호작용은 의학적 문제에 대한 우리의 인식을 형성한다. 네 가지의 언어가 불가분의 관계에 있지만, 그들은 구별될 수 있다. 그것들을 구별하는 것은 우리가 서로 다른 문화적 맥락에서 질병에 대한 상이한 이해의 뿌리를 인식할 수 있게 해준다. 그것은 또한 숨은 가치와 정책 판단이 우리가 받아들이는 '의학적 사실'들을 어떻게 형성하는지 아는 데 도움을 줄 수 있다. 만일 그러한 가치와 정책 판단의 역할을 인식하지 않으면, 우리는 우리에게 제공되는 것을 무비판적으로 '과학적 사실'로 받아들일 가능성이 높다. 사실로, 특히 과학적인 사실로 제시되는 것은 종종 신자들의 공동체에 신의 계시를 전달하는 것과 유사한 은밀함을 가지고 있다. 그것은 시대를 초월하고 가치와 무관한 현실로 여겨질 수 있다. 이것은 어려움을 초래한다. 동성애가 사실상 질병이라면, 어떻게 그것을 정신질환으로 인식할지 여부를 투표로 결정할 수 있겠는가? 그 입장의 결정은 오직 과학적인 연구의 몫으로 남겨져야 하지 않을까? 이와 같은 질문에 답하기 위해서 우리는 의학의 언어를 매우 자세하게 살펴볼 필요가 있다.

### 평가로서의 질병 언어

어느 현상을 질병, 기형, 또는 장애로 보는 것은 그것에서 뭔가 잘못된 것을 보는 것이다. 질환, 질병 및 기형은 해당 사람에게 적절하다고 주장되는, 기대되는 상태를 달성하는 데 실패한 것으로 경험된다. 이것은 통증이나 불안으로부터, 기대되는 자유로움의 수준을 달성하는 데 실패한 것일 수도 있다. 또는 이것은 기대되는 인간의 형태나 우아함의 실현을 달성하는 데 실패한 것일 수도 있다. 또는 기대 수명을 성취하는 데 실패한 것일 수도 있다. 이러한 판단의 종류는 어떤 상황을 고통, 병리, 해결해야 할 문제로 특징짓는다. 그러한 판단은 환자 개인에 의해서나, 그와 관련된 다른 이들에 의해 이루어질 수 있다. 변태, 질병 또는 기형으로 성격 지워지면, 부정적인 판단이 내려진다. 이는 심지어 미용 수술을 받기 원하는 추한 코의 경우에도 마찬가지다.

**자연에서 가치 찾기** 어떻게 하면 우리는 의학 현상을 문제로 조우할 수 있을까? 그것은 사회적으로 조건화된 가치에 의한 것인가? 아니면 생물학적·심리학적 정상으로 간주되어야 하는 것을 규정하는 지침으로서 드러날 수 있는 자연적 과정의 가치적인 요소가 존재하는가? 최근까지, 특히 서양의 사유에서, 그 대답은 후자를 확신했다. 자연에는 기능 이상, 기형 및 장애를 객관적으로 판단할 수 있는 구성요소와 목적이 포함되어 있다고 가정했다. 이 언어는 성적인 변태라는 언어에서 가장 완전히 발달되었다. 비자연적인 행동과 변태에 대한 다음과 같은 법규정을 생각해보자.

> 다른 사람이나 동물의 생식기를 입에 넣은 죄로 유죄판결을 받거나, 자신의 생식기를 다른 사람이나 동물의 입에 넣은 죄로 유죄판결을 받거나, 다른 사람이나 동물과 기타 부자연스럽거나 변태적인 성행위를 한 죄로 유죄판결을 받은 자는 1천 달러 이하의 벌금형, 또는 10년 이하의 금고, 징역, 또는 교정시설 수용형에 처하거나, 법원의 재량에 따라 상기 한도 내에서 벌금과 신체형을 함께 부과한다.[32]

그런 행동이 비자연적임을 어떻게 알 수 있을까? 그 행동이 어긴 규범을 어떻게 발견하는가? 특정 사회에서 개인이 통상 또는 관습적으로 무엇을 하는지에 관한 통계에 호소하는가? 만약 그렇다면, 그러한 발견은 어떤 도덕적 힘을 가지고 있을까? 그들은 어떻게 생물학적 또는 생리학적 이상을 보여줄 수 있을까?

전통적인 서양식 해답은 인간과 자연이 신에 의해 창조되고 따라서 신의 목적을 달성하기 위해 고안되었다는 관점으로서 주어졌다. 성적인 행동이나 다른 행동에서 자연을 위배했다고 말하는 것은, 따라서 창조 시점으로부터 자연에 신성한 표준 요소가 있음을 전제로 한다. 그래서 서양 그리스도교 중세 시대는 본질과 목적인(final cause)이라는 아리스토텔레스의 용어로 창조주 신과 자연에 대한 그의 설계와 관련된 일련의 전제들을 종합할 수 있었다. 아리스토텔레스의 프레임 안에서, 사물의 본질을 알아낼 수 있고, 이러한 본질을 검토하면 구성요소의 목적이 드러날 것이라고 간주되었다. 이러한 아리스토텔레스적인 가정은, 사람이 자연의 법칙을 따를 때 자신의 몫이 극대화된다는 스토아학파의 견해에 의해 강화되면서, 무엇이 자연스럽거나 부자연스러운지를 우리가 알아낼 수 있다는 서구 그리스도교의 종합을 위한 비옥한 토대를 제공하였다. 그러한 전제는 토마스 아퀴나스의 판단처럼 모든 것이 동등하다면 자위행위는 자연법에 위배되기 때문에 자연적으로 일어나는 강간보다 더 큰 죄라는 판단을 뒷받침한다.[33]

창조주 신이 설계했다는 관점 덕택에 자연의 설계에 호소하면 진실하고 객관적인 질병을 발견할 수 있으리라는 전제가 타당하게 된다. 예의 특정 상태가 질병으로 간주되어야 하는지 결정하려면 해당 기관의 그 기능에 주목하면 충분하다. 이는 우리가 자연에 대한 규범적 설명을 하기 위해 도덕의 요청을 형이상학 이론과 통합하는 관점 안에 머물러 있는 한 그럴듯하다. 세속적인 신다윈주의 관점에서는 사정은 상당히 달라진다. 여러 환경에서는 불리하지만 위장(카무플라주)을 인식해야 할 경우에는 유리하게 작용하는 색맹을 고려해보자. 위장을 찾아내는 것이 생식 성공률을 높이는 환경에서는 색맹이 그 특성을 가진 개체에게 유리할 것이다.[34] 그러나 창조론자의 관점에서는 그 특성을 여전히 결함으로 이해할 수 있다. 그저 특정한 예외적 환경에서 결함이 장점이 될 수 있다는 것이다. 특정 환경에서 유리하게 작용할 수 있는 동성애에 대해서도 마찬가지일 것이다. 비록 진화를 통해서라도, 신이 인간의 본성을 설계하였다고 인식하는 사람들은 여전히 인간의 이상적인 본성이라는 타락 이전의 에덴을 규범적인 기준으로 가지고 있다.

이상적인 설계라는 가정에서는 인간의 적절한 형태, 기능, 통증의 부재에 관해 도덕적·생리-미학적·해부-미학적 판단을 내릴 수 있다. 그러나 우리가 일단 설계를 인정하는 관점으로부터 떠난다면, 어떻게 가치판단의 근거를 제공하는 정상성(normality)에 호소할 수 있을까? 우리는 설계나 그 이상적인 환경에 호소할 수 없다. 무엇이 옳은지를 결정하기 위해 통계적으로 정상인 것 자체에 호소할 수도 없다. 대부분의 사람이 어느 정도 거짓말을 하거나 속인다는 사실로부터, 그러한 행동이 칭찬받을 만하거나, 적절하거나, 이상적이라는 결론이 뒤따르지 않는다. 노인들 사이에 카리에스나 동맥경화와 같은 질병이 보편적이지는 않다 해도 널리 퍼져 있다는 것도 마찬가지다. 이는 문제가 충분히 자주 발생한다면 받아들여질 것임을 부정하지 않는다. 개인들은 널리 분포한 질병을 실제로 묵인할 수도 있다. 그러나 그들을 치료할 기회가 주어진다면, 그러한 상태는 임상적 문제, 질환, 질병으로 인식될 수도 있다. 그런 판단의 근거는 무엇일까.

비정상은 특정한 기대의 맥락 안에서 비정상으로 인식된다. 예를 들어, 어떤 행동이 부적절하다는 강력한 관념의 도덕적 전통에서 한 발짝 벗어나면, 합의된 행동이 일탈이라거나 부자연스럽다고 하기가 어렵다. 의사능력이 있고, 불임인데, 50세에 서로 성교를 하기로 결정한 미혼 남매의 예를 생각해보자. 그런 행동이 부자연스러운가? 일탈인가? 잘못인가? 동의를 하였고 해를 입힐 가능성이 없다면(예컨대, 해를 입을 자녀들은 생기지 않을 것이다), 일반적이고 세속적인 도덕의 관점에서 일탈이라고 할 만한 것이 거의 없다. 그러나 로마 가톨릭교회의 형이상학적 전제가 없어도 근친상간의 부적절함은 전통 유대교와 그리스도교 내에서 이해된다. 이 세계의 모든 타락한 특성과 생물의 역사에서 진화의 역할을 인정하면서도, 전통 그리스도교는 도덕 생활의 본성을 침해하는 행위나 성향을 일탈적이거나 부자연스럽다고 인정할 수 있다. 사실상 남녀의 결혼생활 이외의 모든 성행위는 일탈적이거나 부자연스러운 것으로, 어떤 것은 다른 것보다 더 나쁜 것으로 인식될 것이다.[35] 그러나 그러한 이해는 도덕 이방인과 공유될 수 없다. 방금 스케치한 것과 같은 남매간 근친상간의 잘못을 포함하는 이러한 도덕적·비도덕적 잘못의 전체 범위는 일반적이고 세속적인 도덕의 관점에서나 인간의 정상성과 비정상성에 대한 비전 내에서 인정될 수 없다.

그러므로 한편으로 우리는 세속적인 도덕적 설명의 부재와 다시 만나게 된다. 한편으로 우리는, 수많은 경쟁하는 내용 충만한 규범적 비전의 존재를 인식해야 한다. 페미니스트, 로마 가톨릭교회, 그리고 정통 유대교인들의 일반적인 실재에 대한 비전, 특히 의학적 실재에 대한 비전은 착취와 적절한 행동뿐만 아니라 정상이나 일탈로 간주되는 것들에 대한 서로 다른 이해의 다양한 대조적인 성격을 우리에게 상기시킨다.

**비전형적인 종으로서의 질병, 혹은 진화의 산물 안에서 설계를 발견하려는 시도** 우리는 부어즈*와 같이 진화를 통해 확립된 종-전형적 기능의 종-전형적 수준에 호소하여 질병으로 간주해야 하는 것을 발견하려고 시도할 수 있다. 그렇게 초기 저서에서 부어즈는 가치가 개입된 질환(illness)의 개

---

\* Christopher Boorse(1946~ ): 미국의 철학자. 델라웨어 대학 교수를 지냈으며 의철학 분야에서 여러 업적을 남겼다.

념과, 가치가 부재한 질병(disease)의 개념을 구별하려고 시도했다. 부어즈는 질환을 기능장애를 일으킬 만큼 심각하고 "(i) 당사자에게 바람직하지 않고, (ii) 특별한 치료를 받을 만하며, (iii) 정상적이라면 비난받을 만한 행동에 대한 타당한 구실이 있는" 질병을 가진 상태라고 규정했다.[36] 이와 대조적으로 그는 욕망과 사회적 역할과는 독립적인 것으로 질병의 개념을 바꾸려고 시도했다. 따라서 그는 다음과 같은 용어로 질병의 개념을 구체화했다.

1. **준거 집단**은 단일한 기능 설계를 가진 자연 종의 집단이다. 특히 한 종의 한 성별의 한 연령 집단이다.
2. 준거 집단의 구성원 내에서 (신체) 부분, 혹은 과정의 **정상 기능**은 그들 개체의 생존과 번식에 기여하는 통계적으로 전형적인 특성이다. [……]
3. **질병**은 정상 기능 능력의 장애, 즉 전형적인 효율성 이하로 하나 혹은 그 이상의 기능적 능력의 감소이거나 환경적 인자들에 의해 유발된 기능적 능력의 제한이다.
4. **건강**은 질병의 부재이다.[37]

이와 같이, 부어즈는 무엇을 질병으로 간주해야 할지를 발견하기 위해 정상치(norm)로부터의 편차를 확인하려 한다. 창조론자의 가정도, 사회의 가치에 대한 호소도 배제한 채 그는 건강과 질병의 경계를 밝히기를 바란다.

부어즈의 접근방식에도 여러 난제가 있다. 첫째로, 개인의 생식적 적합성을 강조하면서 그는 포괄적 적합성(inclusive fitness)이라는 더 일반적으로 인정되는 개념을 강조하지 못한다. 진화에서 중요한 것은 특정 개체의 번식 여부가 아니라, 그 개체가 자신의 유전자를 유전자 풀에 퍼뜨릴 가능성을 극대화하는지 여부다. 따라서 결혼을 하지 않고도 총각 삼촌이나 처녀 이모가 되어 집에 머물러 함께 사는 형제자매의 생식능력을 극대화할 수 있도록 도울 수도 있다. 그런 식으로 실제로 자신의 유전자가 후세에 전해질 가능성을 극대화할 수 있다.

부어즈가 '생물학적 설계'의 진화적 설명에서 포괄적 적합성의 역할을 간과했다고 하는 것은 적절하지 않다. 그는 다양한 대조적인 특징들 사이의 균형 덕분에 종들이 실제로 더 잘 적응할 수 있다는 사실에 공감하지 않을 뿐이다. 단일한 설계가 아니라 여러 설계가 있을 수 있다. 그런 경우라면 한 종의 설계나 종의 전형성을 직설적으로 말할 수 없다. 대조적으로, 부어즈의 접근방식은 인간의 탁월성을 달성하기 위해 유일하고 전형적인 방법을 선호하는 다소 플라톤적인 관점을 반영한다.[38] 그 자체가 포괄적 적합성을 극대화하기 때문에 많은 특성이 의심의 여지 없이 균형 속에서 존재한다. 여기서 우리는 낫형적혈구빈혈증*이라는 다소 고전적인 예를 생각할 수 있다. 만일 겉보기처럼 낫형적혈구빈혈증이 팔시파룸 말라리아에 대항해서 임산부를 보호하기 위해 발달하였다면 이는 진화의 성공적인 산물이다.[39] 종-전형적인 혈액 유형으로 간주할 수 있는 것은 무엇인가? 특정 혈액의 유형인가?, 혹은 낫형적혈구를 포함할 수 있는 유형 간의 균형인가? '인간 종의 전형적인 설계'는 여러 상이한 설계나 특징들 가운데서 균형을 이루고 있는 것처럼 보인다.

동성애를 질병으로 간주하는 것이 부어즈에게 너무나 분명한 것은 이러한 이유 때문이다.[40] 그러한 전형성에 대한 개념이 없다면, 무엇을 동성애로 간주해야 하는지를 일반적이고 세속적 용어로 어떻게 결정할 수 있는지도 분명하지 않을 것이다. 동성애적 만남은 한 번으로 충분할까? 동

---

* sickle cell anemia: 헤모글로빈 단백질의 아미노산 유전자 변이로 적혈구 모양이 낫 모양으로 되어 생기는 빈혈증으로 아프리카계 미국인들에게 흔하다. 이 변이는 빈혈에 취약하지만 말라리아에 저항성을 갖는다.

성애 경험이 전혀 없는 킨제이 0에서 동성애가 지배적인 성생활인 킨제이 5s, 혹은 전혀 이성애 활동이 없는 킨제이 6s에 이르는 킨제이 척도상에서, 부어즈가 킨제이 5s나 6s에 속한 개인들을 염두에 두고 있는지는 명확하지 않다. 비록 그들이 주로 동성애 성생활을 하지만, 여전히 이성애 경험을 하고 있고, 킨제이 0과 같은 비율로 생식이 가능한 킨제이 4s는 어떤가? 요컨대 우리가 생물학적·행동적 현상이 종종 일련의 연속체로 나타난다는 사실을 더 깊이 인식할수록, 특정한 규범적 관점에 대한 명시적 호소 없이 종의 전형성을 말하기는 더 어려워진다.

문제는 우리가 환경과 일단의 목적을 특정하지 않으면 무엇이 의학적인 문제인지 판단하기 어렵다는 점이다. 그러나 진화, 생식적 적합성, 그리고 포괄적 적합성에 호소하는 것은 무엇을 치료해야 할 의학적 문제로 간주해야 하는지를 결정하지 못한다. 우리는 종 중심적 관점이든, 아니면 개인 지향적 관점이든 취하지 않으면, 낫형적혈구빈혈증(낫형적혈구 형질의 동형접합자)이 실제 질병인지 결정할 수 없을 것이다. 우리가 개인의 통증과 고통, 기대 수명에 관심을 가진다면 낫형적혈구의 동형접합자는 질병이 될 것이다. 반면 우리가 종의 생존의 극대화에 관심을 가진다면, 약물(예컨대 키니네)로 통제 불가능하여 전 세계로 팔시파룸 말라리아가 확산되는 재앙의 경우에는 그 낫형적혈구 형질이 인간 유전자 풀에 남아있기를 바랄 것이다. 그러면 우리는 그것이 질병이 아닌 진화상의 이점이라고 말할 것이다.

무엇이 의학적 문제인지 결정하기 위해서는, 그 개인이 잘 적응할지를 이해할 수 있도록, 특정한 환경과 특정한 일단의 목적을 참고해야만 한다. 특정 목적의 실현에 요구되는 것은 환경마다 다를 것이다. 만약 외부의 비타민 D의 공급이 없이 트론헤임\*에 사는 흑인이라면, 짙은 색소로 침착된

---

\* Trondheim: 노르웨이의 도시로 이 맥락에서는 햇빛이 별로 없는 북유럽의 도시를 지칭한다.

피부는 생존에 불리하게 작용할 것이다. 그들은 구루병에 걸릴 위험이 더 클 것이다. 그러나 근대 환경에서처럼 비타민 D 농축 우유를 제공한다면 그는 잘 적응할 것이다. 또한 피부 색소가 옅은 노르웨이인이 적절한 옷을 입어 태양으로부터 보호하지 않고 열대지방으로 가면 피부암에 걸릴 위험이 현저하게 증가할 것이다. 성공적인 적응의 개념은 맥락 특정적이며, 특정한 맥락에서 달성하고자 하는 것에 의해 결정된다.

무엇을 질병으로 간주해야 하는지의 결정을 단순히 진화의 결과에 의지할 수는 없다. 일반적이고 세속적인 측면에서 볼 때, 우리는 맹목적이고 선택적인 힘들의 산물로서, 만약 그들이 성공했다면, 우리는 더 이상 생존이 어려울지도 모르는 환경에 적응해왔다. 종 전형성은 우리가 더 이상 살지 않는 환경에 대한 적응을 반영할 수 있기 때문에, 그것은 우리에게 어떤 종 비전형적 형질이 제공하는 것과 같은 수준의 적응을 제공하지 못할 수도 있다. 더욱이 진화는 인간의 안락함이나 즐거움, 목적과는 직접적인 관계가 없다. 이러한 모든 이유로, 사람들은 의학적 문제로 간주하거나 간주해서는 안 되는 것을 알아내기 위해 단순히 생물학적 조건이나 진화의 결과에 의존할 수 없다. 특정 개인이나 집단의 목표를 좌절시키거나, 선하거나 유덕한 삶에 대한 특정한 이해의 실현을 어렵게 할 때 그 조건들은 문제시된다.

동물학자들은 어떤 상태가 종 전형적 수준의 기능으로부터 종 비전형적인 수준의 일탈을 반영하는지를 결정하는 데 관심을 가질 것이다. 그러나 특정한 환경과 특정 개인의 목적과 가치관의 맥락 안에서 그것이 좋은 차이인지 나쁜 차이인지를 알 수 없다. 진화는 개인이나 사회의 목적의 실현을 목표로 하지 않기 때문에, 진화의 결과는 개인과 사회의 목적과 가치에 부합하지 않을 수 있다. 실제로 낫형적혈구빈혈증은 우연의 일치가 결여된 예를 제시한다. 은유적으로 말하면, 낫형적혈구빈혈증으로 죽는 개인은, '진화적 관점'에서는, 이형접합자의 적합성을 극대화하는 과정에서 희생되는 것이다. 그러나 사람들은 의사가 유전자나 생물 종의 생존 가능성을 극대화하기 위해서가 아니라, 환자들이 적절하다고 여기는 고통의 구제와 장애의 예방이라는 목적을 달성하기 위해서 그들을 치료해야 한다고 생각할 것이다. 그들은 통증을 완화하고, 장애를 예방하며, 기능을 회복하는 데 헌신할 기구를 창설할 것이다. 그러한 개인이나 사회의 관점은 진화에는 낯선 것이며, 진화는 그러한 관점을 가지고 있지 않다. 진화는 결국 형질이 무작위 돌연변이를 통해 나타나고 자연의 맹목적인 힘에 의해 선택되는 과정의 총칭이다. 진화는 한 세대에서 다른 세대로 유전자 발현 빈도의 변화다.

그 결과, 우리는 자연의 조건이나 진화의 결과에 호소하는 데 있어서 또 다른 어려움에 주목해야 한다. 그러한 호소는 과거에 질병으로 간주되었거나 간주되지 않은 것에 대한 판단을 내린다.[41] 종 전형적 기능의 종 전형적 수준이라고 우리가 현재 알고 있는 것은 현재의 상황에 잘 적응하지 못한 생물학적 능력을 물려주었을 수도 있는 과거의 선택적 압력의 결과다. 예를 들어, 폐경은 그 시기에 도달할 만큼 여성이 오래 살지 못했던 과거의 진화론적인 힘의 결과일 가능성이 있다. 결과적으로, 이 현상(폐경 자체)는 장점도 단점도 아니었을 것이다. 어쨌든 폐경 후 여성의 칼슘대사라는 종 전형적 특성은 칼슘 균형을 네거티브로 만든다. 칼슘이 뼈에 침착되는 것보다 더 많이 빠져나가 골다공증이 생기고, 척추 압박골절을 포함 여러 부위의 골절과 같은 고통스러운 증상이 발생하게 된다. 그러한 현상은 폐경 그 자체만큼이나 종 전형적이다. 그러나 보통 폐경 여성의 골다공증은 질병이라고 말하고 싶을 것이다. 우리는 자연의 맹목적인 결과가 때로는 유익하고, 때로는 중립적이며, 때로는 우리의 목적과 복지를 훼손한다는 것을 인식해야 한다. 그 결과, 의사는 종 일반적 기능의 종 전형적인 수준으로 간주되는 것을 발견하는 것만으로 질병의 분류를 결정할 수 없을 것이다.

간단히 말해 부어즈의 기획은 실패하게 되어 있다. 생식률 감소와 상관관계가 있는 종의 비전형적 기능 수준은 어떤 상태를 질병으로 인정하기에 충분한 조건이 되지 않는다. 예컨대, 우리는 IQ가 140 이상인 개인이 평균보다 2 표준편차 이내에 있는 이들(평범한 사람들)보다 효과적으로 재생산하지 않는 경향이 있다고 판단하더라도, 높은 지능을 질병이라 하고 싶지는 않을 것이다. 한편 폐경의 예에서 알 수 있듯이, 종 비전형적 기능의 종 비전형적 수준이 질병이 되기 위한 필요조건은 아니다. 폐경 여성의 골다공증과 같은 상태는 사실 질병으로 파악할 수 있다. 종의 비전형적 기능은 질병의 필요조건도, 충분조건도 아니다. 요점은 이 사실에 호소하는 것은 환자와 의사가 질병을 이해하는 방식을 적절하게 재구성하지도, 설명하지도 못한다는 것이다.

그렇다면 정상과 비정상, 환자와 건강인을 어떻게 구별할 수 있을까? 세속 학문으로서 의학은 창조주의 설계에 호소할 수 없다. 둘째, 부어즈도 동의하겠지만, 통계적 발견은 기껏해야 시사적일 뿐, 의학에서 질병으로 간주되는 것을 분명히 정의하지는 않는다. 셋째, 종 전형성에 대한 부어즈의 호소와 같은 것은 비응용 과학 연구에 종사하는 생물학자들에게만 일차적인 관심사가 된다.[42] 여기서 부어즈류의 접근방식에 대한 비판은 적절하게 긍정적인 조망을 받을 수 있다. 동물학자로서, 우리는 어떤 기능 수준이 특정 종을 특징짓는지 결정하는 데 관심이 있을 수 있다. 덧붙여 그러한 상태를 초래한 진화 과정을 발견하는 데 관심이 있을 수도 있다. 그러나 통증의 경감, 기능의 보존, 바람직한 인간의 형태와 우아함의 성취, 그리고 죽음의 연기와 같은 비인지적인 목적을 가지고 있는 의사나 환자의 관심사는 그런 것이 아니다. 크리스토퍼 부어즈가 조금이라도 성공했다면, 그는 임상의학의 질병 개념이 아니라 아마도 비응용 과학자가 채택하게 될 질병의 개념을 재구성했기 때문이다. 부어즈의 시도가 실패한 것은 특정한 개인과 사회적 목적의 달성에 의술이 적용되기 때문이다. 부어즈는 포괄적 적합성 개념을 고려하지 않기 때문에, 그의 설명이 실제로 동물학자에게 적합한지는 의문이다. 어쨌든 부어즈는 부지불식간에 의학적 관심사의 특수성을 비응용 생물학의 관심사와 대비하여 강조하는 매우 중요한 기여를 우리에게 해주었다.[43]

**질병과 가치판단** 부정적 가치가 부여되기 때문에 어떤 문제들은 의학적 문제가 된다.[44] 그들은 병적(pathological)으로 보인다. 그들은 격정(pathos)이나 고통과 연관되어 있으며, 고통은 다른 모든 것이 동등하다면 부정적 가치를 갖는다고 평가된다. 의학적 문제로서 어떤 문제를 인식하는 것 자체가 바람직한 상태를 달성하지 못한 것과 관련이 있다. 즉, 통증이나 불안으로부터 바람직하거나 기대되는 수준의 자유를 달성하는 데 실패한 것일 수 있다. 기대되는 기능 수준을 달성하는 데 실패한 것일 수 있다. 기대되는 인간 형태나 우아함의 실현을 달성하는 데 실패한 것일 수 있다. 또는 기대 수명을 달성하는 데 실패한 것일 수 있다. 이러한 판단의 종류는 가치관에 따라 달라진다. 그들은 상황을 고통, 병리, 또는 해결해야 하는 문제들 중의 하나로 특징짓는다. 앞으로 보게 될 것처럼, 이 문제는 즉각적으로 해소되는 것을 넘어서, 의학적 설명과 조작에 열려 있는 해부학적·생리학적, 또는 심리학적인 인과력(causal force)의 그물망에 탑재된 종류의 것이라는 추가적인 가정이 있다. 이 요건은 인과적으로 결정된 것으로 보이는 이 부정적인 상태들을, 인간의 선택의 결과로 의학, 그리고 법률의 대상으로 주어진 것들과 구별하기 위해 필요하다. 이러한 부정적인(negative) 판단은 당사자나 그와 유관한 다른 이들에 의해 이루어질 수 있다. 부정적 판단이 내려지면 어떤 사람은 질병에 걸리거나 신체가 기형인 것이다. 결핵 감염을 근심하는 것이나 당사자가 성형수술을 받고 싶어 하는 못생긴 코나 마찬가지다.

우리는 일종의 연속성을 따라 놓여있는 광범위한 문제들과 만난다. 연속성의 한쪽 끝에는 한 개인이 어떤 문화에 살든, 그리고 그 개인이나 사회의 목적이 무엇이든 간에 어떤 면에서든 부정적으로 평가될 가능성이 있는 상태가 있다. 인간의 기능이나 형태의 적절한 범위에 관한 초문화적인 가치를 상정할 필요는 없다. 어떤 상황은 (1) 거의 모든 예측 가능한 환경에서, (2) 그것이 어떠한 종류의 목적이든 간에, 인간 목적의 실현에 장애가 될 가능성이 있다는 사실만을 인식하면 족하다. 한편으로는 그래서 무력감, 의식 저하, 임박한 죽음의 느낌을 동반한 왼팔로 방사되는 짓누르는 듯한 흉통은 문화의 차이를 넘어서 심근경색을 부정적인 상태로 만든다. 비록 인체의 기능에 관하여 각 문화의 가치 간에 상당한 차이가 있더라도 말이다. 한편으로 색맹, 혀를 둥글게 말지 못하는 것, 페닐티오카바마이드에서 쓴맛을 느끼지 못하는 것은 그 사람이 사는 환경과 그와 해당 문화가 지지하는 목적에 따라 유전병이나 결함으로 간주될 수도, 그렇지 않을 수도 있다.[45] 인간의 적절한 형태와 우아함에 대한 관념은 가치와 문화적 기대에 심하게 오염되어 있다.[46] 우리는 무엇을 질병으로 간주해야 할지에 대하여 문화를 넘어서 상당한 합의를 여전히 기대하는 한편으로, 환경, 문화적 기대, 개별 목적, 그리고 문제가 질병으로 드러나는 방식 사이의 복잡한 상호작용을 인식할 수 있다. 문화는 목적에 영향을 미칠 뿐만 아니라 목적을 성취하는 환경을 형성한다는 것과 함께, 그 목적이 무엇이든 간에 환경과 문화를 넘어서서 목적을 훼손하는 여러 상태라는 의미에서 질병의 간주관성을 여전히 설명할 수 있음을 인정할 수 있을 것이다. 질병의 치료는 사회적인 책무이기 때문에, 치료할 만한 문제로 더 널리 인정되는 그러한 상태들은 더 쉽게 질병으로 수용될 것이다. 따라서 결핵, 조현병, 심근경색, 골육종은 단도직입적으로 질병으로 인정될 수 있으며, 자아 이질적(ego-dystonic) 결핵, 자아 이질적 조현병, 자아 이질적 심근경색이라고 할 필요가 없을 것이다.

그러나 어떤 상태가 일반적으로 문화와 집단을 초월하여 가치가 매겨지지 않을 때 어려움이 있다. 폐경을 질병으로 분류하는 것이 결핵이나 심근경색을 질병으로 분류하는 것보다 더 큰 논란의 대상이 되는 것을 생각해보라. 폐경 치료를 거부할 수 있다는 점을 드는 것만으로는 충분하지 않다. 누군가가 병에 걸렸다는 판단은 부정적인 함의를 지닌다. **질병**이라는 용어는 결핵을 식별하는 데 적절하게 사용되는 반면, 특정 상황에서 특정 사람만이 치료받아야 할 임상적 문제로 간주될 수 있는 폐경 같은 상황에서는 그다지 적절하지 않다. 결국 어떤 이들에게는 치료 거부만으로는 충분하지 않을 수도 있다. 마찬가지로 그들은 폐경을 질병으로 분류하는 것을 거부하고 싶어할 것이다.

이러한 우려를 고려한다면, 사람들은 오해가 발생할 수 있는 상황에서는 질병이라는 용어를 삭제하거나 반대로 강조하기를 원할 수 있다. 우리는 의학이 다루고 해결해야 할 상태들을 식별하기 위해 **임상적 문제(clinical problem)**라는 용어로 대체할 수 있을 것이다.[47] 이 용어는 특정 상태를 치료해야 할 문제로 확립하는 일련의 가치판단들이 작용하는 방식을 더 정확하게 드러낼 것이다. 그것은 또한 질병의 본성에 관한 논쟁의 오랜 역사를 조명하는 데 기여할 것이다. 우리는 여기서 질병에 대한 존재론자들과 생리론자들 사이의 논쟁, 어떤 의미에서 질병을 사물이나 실체라고 생각하는 사람들과 그것을 생리학적·해부학적 현상에 대한 인위적인 성격 부여라고 여기는 사람들 사이의 논쟁을 떠올리게 된다.[48] 사람을 괴롭히는 그 일단의 소견들을 의학이 설명하거나 치료할 수 있다는 이유로 질병이라 내세운다면 질병을 지속적인 실체가 아니라 진단과 치료의 유용성 때문에 한데 모은 소견들의 뭉치로 생각하는 편이 훨씬 정확하다. 임상적·병인학적·병태해부학적 '질병 실체'는 치료의 보증서로 기능한다.[49] 우리는 무던한 생리적 또는 심리적 소견과 병리적 소견 사이에 선을 긋는데, 특정한 인간적 기대의 바깥에 존재하는 본질적인 차이를 발견해서가 아니라, 특정한 환경에서 특정한 인간적 가치들 때문에 그렇게 한다. 치료를 요하는 문제인지 여부를 결정할 때는 비용에 관한 고려, 성과의 질, 그리고 생존 기간을 모두 통합한다. 질병에 대한 유명론자나 도구주의자의 견해는 질병의 본질을 발견하려는 존재론적 탐구를 회피한다는 점에서 더욱 정당화된다.

**임상적 문제**라는 용어는 중립주의자의, 순수하게 기술적인(descriptive) 질병 이론을 구축하려는 시도가 실패하기 마련이라는 사실을 강조한다. 질병은 다른 모든 것은 동등한, 해결해야 할 문제로서 우리에게 드러난다. 물론 수반되는 상황이 이들을 동등으로부터 멀어지게 할 수도 있다. 적절한 시기에 적절한 질병에 이환되면 병역 면제나 괜찮은 장애 보험금을 받을 수 있다. 그러나 질병은 특정한 방식으로 부정적으로 평가되기 때문에 질병이다. 부어즈가 어느 정도 그랬던 것처럼 우리는 실제로 현재 고통을 주고 있는 생리학적으로나 해부학적으로, 또는 심리적인 근거가 있는 상황들과, 그 개인에게 확실히 고통을 주거나 줄 가능성이 있는 상황, 그리고 대개 인간과 동물(여기서 동물의 질병에 관해 말하는 것의 특별한 문제를 상기할 필요가 있다)에게 X라는 종류의 고통을 주게 될 상황들을 구분한다. 이는 맥락이 없는 질병 실체를 시사하는 것은 아니다. 그것은 어떤 개인이 질병, 혹은 임상적 문제를 가지고 있지만, 아직, 아니면 지금 당장은 아프지 않다는 것을 인정한다. 질환 판단은 현재의 고통과 관련된 특별한 부정적인 평가를 초래할 것이다.

핵심은 우리가 중요한 비도덕적 가치들의 망을 통해 질병, 질환, 장애, 고통에 직면한다는 것이다. 그 가치들은 어떤 개인이 타인의 권리를 침해하거나 착하거나 자비롭지 못하기 때문에 사악하다는 주장과 관계있는 가치가 아니다. 비록 미학적 성격과 유사한 것을 공유하기는 하지만, 의학을 구조화하는 비도덕적 가치들 역시 '저것은 아름다운 석양이다' '이것은 추한 그림이다' '그는 매력적인 사람이다'와 같은 판단에서 사용되는 비도덕적 가치들과 구별할 수 있다. 그것들은 인간의 기능, 형태, 그리고 우아함을 판단하는 데 필요한 가치들이다. 그것들은 고통으로부터의 자유, 인간의 능력, 그리고 신체의 형태와 움직임에 대한 이상을 반영한다. 그들은 기형과 기능장애는 추하다는 점에서 미학적이다. 그들은 해부학적·생리학적·심리적 성취와 실현의 이상에 의존하는 특별한 의미를 가지고 있다.

존이 병들었거나 기형이라거나 장애라고 말하는 것은 부정적인 가치판단을 내리는 것이다. 그러한 판단의 힘은 '메리는 어떤 기형이 있어'와 같이 비교적 온건한 것에서부터 '허버트는 변태야'와 같이 다소 강한 것에 이르는 범위에 거쳐 다양할 것이다. 종종 그 가치는 '조지는 조현병 환자야'에서처럼, 질병의 명칭 자체에 숨겨져 있다. 조현병은 평가되지 않는다. 조현병으로 진단받는 것은 부정적인 가치를 담지하는 것이다. 무좀이든, 결핵이든, 비뚤어진 코든, 질병이나 임상적 문제는 좋은 것이 아니다. 예방하거나 치료하거나 완치해야 하는 것들이다. 그렇게, 건강 개념은 사람들에게 무엇을 성취해야 하는지를 상기시킨다.

건강 개념은 부정적으로, 긍정적으로 작용한다. 한편으로, 건강 개념은 어떤 상태들을 피해야 하는지를 나타낸다. 이런 의미에서, 건강 개념은 특정한 질병이나 질병의 부재를 식별한다. 이런 의미에서 건강하다는 것은 아프지 않다는 것이 아니다. 건강 개념은 1958년 세계보건기구가 발표한 성명에서 "건강은 단지 질병이나 질병의 부재가 아니라 육체적·정신적·사회적으로 완전히 안녕한 상태"[50]라고 주장했던 것과는 정반대의 방식으로 작용한다. 이러한 의미에서 다른 것과 마찬가지로, 많은 질병이 있을 뿐만 아니라 많은 건강도 있다.[51] 적극적인 의미뿐 아니라 소극적 의미(특정 질병, 기형, 기능장애의 부재)의 건강도 있다.[52] 가장 넓은 의미에서 건강 개념은 웰빙과 인간의 번영을 실질적으로 시사하기도 한다.[53] 건강과 질병의 개념 모두 수많은 가치의 상호작용에 의해 형성되기 때문에, 비정상의 교정과 잠재력의 증강 사이에 명확한 선을 발견하기는 불가능하다. 예를 들어, 갱년기 증상의 치료는 비정상을 치료할 것인가, 아니면 단순히 개인의 안녕을 증진하는 것인가? 질병의 치료와 본성의 증강을 구별하기 위해서는 종의 전형적인, 규범적인, 또는 본성적인 것에 대한 개념을 가져야 한다. 실제 종 내 형질의 다형성 안에서, 정상 상태의 회복으로 간주되는 것을 식별하기 위해서 우리는 그 지침 설계를 인식해야만 한다. 인간의 본성, 목적, 가치에 대한 특정한 이해 밖에서는 그러한 구별과 식별은 불가능하다. 우리는 제9장에서 생식세포 유전공학의 SF적 유혹을 탐구하면서 이 문제를 더 자세히 다룰 것이다. 우리의 생명윤리 판단을 인도하는 이 비도덕적 가치판단의 그물망을 음미해야만 의료에서 발생하는 실제의 사회적 거래를 충분히 이해할 수 있을 것이다.⁵⁴ 사람은 단순히 자신의 도덕적 인테그러티를 유지하거나 덕을 성취하기 위해 의료에 관심을 갖는 것이 아니다. 의료는 신체와 정신의 기능과 형태, 고통으로부터의 자유와 관련된 광범위한 비도덕적 가치의 실현을 지향한다.

### 기술로서의 질병 언어

질병은 단순히 가치들의 망을 통해 나타나는 것이 아니다. 그들은 또한 일련의 기술적 가정들을 통해 인식되고 이해되며 보여진다. 언어는 주관적이기 때문에 용어의 표준화를 필요로 하고, 이는 결과적으로 개념의 표준화로 이어진다. 정밀도가 요구될수록 표준화는 더욱 형식적이 된다. 우리는 여기서 기술적 소견에 대한 3가지 대안을 제공하는 병리학의 체계화된 명명법(Systemized Nomenclature of Pathology)을 생각할 수 있다. 예컨대 윌슨병*은 '구리 대사 장애' '세룰로플라스민 장애' 또는 '간렌즈핵변성' 으로 설명될 수 있다.⁵⁵ 우리는 맥락에 따라 병인학적·해부학적, 혹은 임상적으로 용어를 기술할 수 있다. 그 선택은 순수한 것이 아닌데 이는 이미

---

\* Wilson's disease: 13번 염색체의 ATP7B 유전자 돌연변이로 인해 구리 대사 이상이 생겨 구리가 간, 뇌, 각막, 신장 등에 침착되어 생기는 질병이다. 혈청 세룰로플라스민이 감소하고, 간과 뇌 렌즈핵(lenticular nucleus)에 변성이 생겨 간렌즈핵변성(hepatolenticular degeneration)이라 부른다.

직면한 문제를 음미하는 방식을 왜곡하고 있기 때문이다. 여기서『질병 및 수술의 표준 명명법(The Standard Nomenclature of Diseases and Operations』 과『국제 질병 분류』에 대한 파인스타인*의 비판을 생각할 수 있다.[56] 그는 그러한 분류는 데이터가 정당화하는 것보다 더 구체적인 진단을 하라며 임상의사를 압박할 수 있다고 주장한다. 이러한 이유로 파인스타인은 뇌동맥경화증이나 뇌병증이라는 보다 정확한 용어에 대항하여 뇌졸중(stroke)이라는 임상 범주를 옹호한다.[57]

실재의 기술은 항상 평가적 기대와 설명적 기대 둘 다에 의해 감염된다(infected). 우리는 마음속에 품고 있는 해석의 관점에서 본다. 이런 이유로 의학은 발견의 심리학에서 오류의 훌륭한 사례들을 제공한다. 우리가 이미 기대를 품고 현실을 본다는 사실은 과학에서 일반적으로 잘 탐구되어 왔다.[58] 그러나 의학에서는 울프**가 진단적 해석의 영향과 관련하여 주장했듯이 이는 되풀이해서 실천적인 중요성을 지니고 있다. 어떤 소견들을 의학적인 것으로 기술하는 바로 그 자체는 종종 눈에 띄지 않는 가치와 이론의 영향을 수반하면서 기대의 측면에서 그것들을 주조한다. 이러한 진단적 데이터의 변화는 우리가 폐렴 환자 엑스선 사진에서 폐에 생긴 음영을 볼 때 발생한다. 그러나 그것들은 또한 누군가가 숨쉬기 힘든 증상에 '호흡곤란'이나 '숨참'이라는 용어를 붙일 때 발생한다. 의학 용어로 무엇인가를 기술하는 것 자체는 이미 어떤 소견들을 순수한 빈호흡뿐 아니라, 추가 진단 검사와 치료가 필요한 어떤 어려움으로 인식하는 것이다.[59]

홍역의 증상인 코플릭 반점(Koplik's spot)의 경우를 생각해보자. 코플릭 반점을 보면 100퍼센트의 정확도로 홍역 진단을 내릴 수 있다. 코플릭 반점은 정의상 홍역 초기의 한 요소이기 때문에 그렇다. 그런데 우리가 구강과

---

* Alvan Feinstein(1925~2001): 미국의 의사. 예일 의대 교수. 역학자로 임상역학의 창시자이다.
** Henrik R. Wulff(1932~ ): 덴마크 코펜하겐 의대 임상이론 및 임상윤리 교수.

혀의 점막에서 작고 불규칙한 밝은 붉은 반점을 보게 되면 진단적 데이터의 변형이 일어난다. 우리는 중간에 푸르스름한 하얀 딱지가 있는 불규칙한 붉은 반점을 볼 수 있지만 이것이 코플릭 반점인지는 확실하지 않다. 우리가 보는 것은 역으로 그 상황에서 부분적으로 우리의 기대를 생성한다.

위드*가 제시한 바와 같이 의학적 소견을 가능한 한 순수한 가치와 이론으로 기술하려고 시도할 수 있다.[60] 그러나 의학적 문제로서 문제들을 보는 것조차 그것들을 기대와 가정으로 풍부한 맥락 안에 밀어넣는 것이다. 기술은 용어의 표준화를 필요로 한다. 그러한 표준화는 준정치적 또는 사회적 논의를 통해 그리고 특정한 목표와 목적을 달성하는 데 무엇이 유용할지에 대한 배경의 가설을 통해 만들어진다. 그러한 가정은 그 자체로 설명적인 관점에 의해 구조화된다.

### 설명으로서의 질병 언어

의학의 언어는 그 설명적 가정의 주변에 구축되어 있다. 어떤 문제는 병태생리학, 병리해부학 또는 정신병리학적 연결고리에 내재되어 있다고 추정되기 때문에, 그리고 해당 환자의 즉각적인 의사에서 분리 가능한 것으로 경험되지 않기 때문에 의학적 문제로 보이게 된다. 이와 같이 그들은 법적 혹은 종교적 문제가 아니며, 특수한 인과관계망의 요소들에 대한 조작을 통해 해결해야 할 문제들이다. 우리가 이 망을 어떻게 이해하는지는 중요한 함의를 지닌다. 우리가 이면의 인과력으로 수용하는 것은 우리가 좋거나 나쁜 예후 증후라고 판단해야 하는 것들을 어떻게 기술해야 하는지에 대한 우리의 관점에 영향을 미칠 것이다. 우리가 이미 보았던 것처럼, 설명 모델들은 의학에서 마주치는 다양한 사태들에 정합성(coherence)을 부여한다. 그것들은 질병과 질환에 대한 이야기에 의미를 부여한다. 우

---

* Lawrence Weed(1923~2017): 미국의 의사. 버몬트 의대 교수. 문제중심의무기록(POMR)을 창시하였다.

리가 히포크라테스의 임상 기록들을 탐구하면서 언급했듯이, 그러한 이야기들은 이야기꾼들이 정합적인 설명과 관련하여 취하는 용어들과 다르다. 설명 모델은 우리가 보고 경험하는 것의 의미를 구성한다.

증상과 증후들의 군집을 인식하고 명명하는 것조차 그 자체로 설명의 한 형태이다. 최근의 극적이고 고통스러운 예는 에이즈에 대한 우리의 이해의 진화였다. 후천성면역결핍증은 느리게 예후를 보여주는 일단의 소견들로서 시작되었다. 처음에 그 증후들의 의미는 잘못 이해되었다. 예컨대, 질병에 선행하는 감염 기간은 완전히 과소평가되었다. 또한 한 증후군의 식별과 그 이면의 원인인 인체면역결핍증바이러스(HIV)에 대한 초기의 이해 사이에 상당한 시간이 있었다. 이 질병에 대한 근본적인 이해가 진화함에 따라 수많은 진단 데이터의 변형이 가능해졌다. 게다가, 모든 질병과 마찬가지로, 에이즈는 또한 특정한 사회적·도덕적 관심사 안에 놓였다. 예를 들어 성병과 동성애에 수반되는 도덕과 여타 가치들을 이해하지 않고 그 진단의 무게감을 온전히 이해하기는 불가능할 것이다. 그러나 에이즈 경험을 형성하는 관심사는 도덕적 가치만이 아니다. 그들은 모든 질병과 마찬가지로 비인식론적 가치와 올바른 설명은 무엇인가에 대한 특별한 이해에 의존한다.

더 나아가기 전에 우리는 설명의 본질은 퍼즐임을 알아야 한다. 여기서는 설명의 구조가 제기하는 쟁점과, 그 목적이 제기하는 쟁점을 구분하는 것만으로 충분할 것이다. 설명은, 헤겔식으로 이야기하면, 성찰을 위한 구조이다. 그것은 외양과 법규, 관찰과 규칙성 등 다양한 종류의 요소를 연관시킨다. 그들은 상관관계라는 의미에서 함께 직조된 존재로서 연결된다. 따라서 우리는 이면의 법칙, 지각할 수 있는 패턴, 해부학적 이해, 생리학적 기전의 용어로서 환자의 발열, 통증, 발진, 발한, 설사 등을 이해하게 된다. 법칙과 규칙성은 반복성과 정합성의 부여를 통해 그 의미를 얻는다. 숨은 병리학적 힘과 질병 기전은 그 표현 안에서 내용을 얻는다. 질병의 다양한 표현은 그들이 전제하고 표현하는 것으로 보이는 메커니즘을 통해 의미와 정합성을 얻는다.

이러한 소견과 이해가 서로 얽혀 있는 의학에서 가장 중요한 예는 임상의사의 데이터와 병리학자 및 병태생리학자의 데이터 사이의 관계인데, 이 데이터는 병리학 및 병태생리학의 법칙에 의해 제공된다. 두 관찰의 세계는 연관되어 있다. 임상의사의 소견은 병리학자와 병태생리학자의 관찰과 관련되며, 이러한 해부학적 및 병리학적 관찰을 통해 새로운 의미를 갖게 된다. 병리학자와 병태생리학자의 관찰은 임상의사의 세계와 관련됨을 통해 임상적 의의를 얻는다. 이러한 의미의 교환은 메커니즘, 법칙, 규칙성의 그물망을 통해 이루어진다. 설명은 관찰과 소견의 무리들 사이의 정합성을 제공한다.[61] 임상-병리학 및 병리학-임상 간의 상관관계의 발달을 통해, 두 서로 다른 영역의 관찰은 광범위한 유기체적 틀(병리학과 해부학의 법칙)을 통해 상호 연관되고 해석됨으로써 의학의 설명력을 확장한다. 질병에 대한 새로운 설명은 임상의사와 기초의학자 모두의 영역 안에서 관찰에 의해 서로 다른 방식으로 테스트될 수 있다.

메커니즘, 법칙, 그리고 규칙성을 통한 이러한 관찰의 상관관계는 단지 통찰력을 제공하기 위해서만 의학에서 수행되지는 않는다. 그것은 주로 현실을 조작하기 위해서, 즉 질병, 통증, 기형, 장애 등을 치료하고 질병 경과의 예측, 즉 예후 제공을 위해서 수행된다. 과학은 일반적으로 설명과 예측을 제공하고 자연을 조작하는 것에 관심이 있다. 그러나 의료에서 예측과 조작에 대한 관심은 두드러진 비인식론적 성격을 지닌다. 우리는 더 잘 알기 위해 예측하고, 더 잘 이해하기 위해 조작하는 것이 아니다. 오히려 우리는 인간의 고통, 불안, 장애, 기형, 그리고 임상적 문제들과 타협하기 위해 설명을 구성한다. 앞으로 보게 될 것처럼 이러한 설명의 목적은 의학과 같은 학문이 이들 비인식론적 목적들의 성취를 촉진하기 위한 목적으로 이 설명의 성격을 주조하도록 지시한다. 우리는 질병의 치료, 통증의 완화, 그리고 환자들이 대개 관심을 가진 종류의 예측 정보를 제공하는 데 가장 유용한 설명들을 강조할 것이다.[62]

의학적 소견은 널리 퍼져 있는 병인학, 병리학, 정신병리학 이론에서 볼 수 있다. 의학적 문제에 대한 서술이 설명적 이론과 함께 어떻게 변화하였는지를 비교한다면 우리는 우리가 경험하는 의학적 실재에 대해 이론들이 한 기여를 더 잘 이해할 수 있을 것이다. 예를 들어, 한때 전통적 질병분류학(nosology)의 서로 다른 분류로서 구분되었던 결핵과 관련된 다양한 문제는 현재 우리의 병인학적 모델을 고려한다면 하나의 루브릭 아래에 함께 모일 수 있다. 우리는 이제 포트병(Pott's disease), 연주창(King's evil), 소모증*을 한 질병의 발현으로 본다. 한편 우리는 한때 동일한 질병으로 보이던 장티푸스와 티푸스**를 이제 분명하게 구별할 수 있게 되었다. 질병 기술과 질병을 설명하기 위해 사용되는 설명 모델 사이에는 변증법적 상호작용이 있다. 만약 우리가 17세기 또는 18세기의 임상 세계에 들어간다면, 결핵, 발진티푸스, 임질, 매독의 의의에 대해 우리가 오늘날 가지고 있는 이해를 발견하지 못할 것이다. 우리가 오늘날 이 질병들과 관련짓는 소견들은 과거에는 다른 루브릭하에 모여졌다. 토머스 시드넘의 성병에 대한 설명을 고려해보자. 그의 기술에서, 그는 우리가 더 이상 그러지 않는 방식으로 매독과 임질의 증상과 증후를 한데 섞는다. 그에게 그들은 하나의 병이었다.

이 병은 다음과 같이 진행된다. 환자는 조만간, (함께 사는 여인이 감염되었거나, 그의 체질이 감염되기 용이하거나 하는 데 따라서) 처음에는 생식기

---

\* 포트병은 결핵균의 척추 침범으로 생긴 결핵성 척수염이다. 연주창은 목 주위에 생긴 결핵성 림프샘염이다. 소모증은 결핵으로 인한 체중감소와 미열, 발한이 주 증상으로 현대의 시각에서는 모두 결핵 감염의 변형이지만 결핵균이 발견되기 이전의 과거에는 서로 다른 질병으로 취급하였다.
\*\* 장티푸스와 발진티푸스.

부위에 흔치 않은 통증과 고환이 꼬이는 증상을 느낀다. 그 후, 환자가 할례를 받지 않았다면, 귀두 부위에 크기와 색깔이 홍역을 닮은 반점이 나타나고, 곧 그로부터 정액과 같은 액체가 부드럽게 흐른다. 그 색깔과 경도는 매일 달라지는데, 한참 있으면 노란색으로 변하지만, 달걀노른자만큼 진하지는 않다.[63]

우리가 암이라고 부르는 일단의 질병에 대한 더 나은 병인학적 설명을 발전시킬 때 우리는 비슷한 분류의 변화를 경험할지도 모른다. 우리가 한 특정 형태의 암으로 간주하는 것이 사실상 하나 또는 그 이상의 병인학적 요인들에 의해 발생한다는 사실을 알게 되면 우리는 이 설명적 가정에 따라 장래의 질병 기술을 재구성할 수도 있다. 설명적 가정은 환자와 의사 모두가 의학을 어떻게 경험하는지를 구성한다.

18세기 소바주의 잘 알려진 질병 분류, 또는 질병분류학(Nosology)을 고려해보자. 소바주의 최종 분류는 『Nosologia methodica sistens morborum classes juxta Sydenhami mentem et botanicorum ordinem』[64] 이라는 제목의 책에서 제시되었다. 이 제목이 시사하듯, 이는 '토머스 시드넘의 제안을 따라 식물학적 순서로 배열한 질병에 대한 체계적인 분류'인 것이다. 시드넘 자신은 프랜시스 베이컨(1561~1626)의 저술과 17세기 식물학의 성공에 의해 큰 영향을 받았으며,[65] 18세기 내내 베이컨과 시드넘의 영향은 소바주뿐만 아니라 윌리엄 컬런[66]*에도 영향을 끼치면서 의학에 강하게 남아있었다. 게다가 식물학은 성공적인 실재 분류의 패러다임적 전범을 지속적으로 제시하였다. 유명한 자연학자이자 식물학자인 린네 또한 질병분류학을 제공했다는 사실을 포함하여 의학에 대한 식물학

---

\* William Cullen(1710~1790): 스코틀랜드의 의사이며 화학자. 에든버러 의대 교수. 스코틀랜드 계몽주의의 중심인물 중 한 사람이며, 이후 영국의 의사들에게 큰 영향을 주었다.

의 영향은 여러 갈래였다.[67] 소바주와 린네는 분류학에 관해 편지를 주고받았다.[68]

그 결과는 우리와는 현저하게 다른 질병과 질환의 실재에 대한 관점이었다. 소바주가 42개 목(order), 315개 속(genera), 2,400종(species)의 질병(판본에 따라 숫자는 다르다)을 그 아래로 통합한 10개의 주요 강(class)을 생각해보자.[69]

    Ⅰ. 결함/흠(Vitia, 그리고 외과적으로 치료 가능한 증상들): 이 강에는 피부 백반증과 안구돌출로부터 골절과 헤르페스까지의 모든 것이 포함된다.
    Ⅱ. 열병(Febres).
    Ⅲ. 염증(Phlegmasiae).
    Ⅳ. 경련(Spasmi).
    Ⅴ. 호흡곤란(Anhelationes).
    Ⅵ. 허약(Debilitates).
    Ⅷ. 통증(Dolores).
    Ⅷ. 정신이상(Vesaniae).
    Ⅸ. 배출(Fluxus).
    Ⅹ. 악액질(Cachexiae): 형태, 균형, 체중, 그리고 안색 등의 전신 장애 및 형태 변화(탈색 등의 '소실'이나 임신 등의 '형태 변화'도 포함한다).*

소바주와 동시대의 다른 이들에게 발열과 통증은 분류에서 알 수 있듯 그 자체로 질병이었다. 게다가 현상들은 우리 시대 많은 이에게 이상하게

---

\* 이상 10개의 강에 해당하는 '질병' 혹은 '증상'은 오늘날의 개념과 크게 다르다. '염증'이나 '경련' 등으로 억지로 번역했지만 오늘날의 내포(connotation)와는 매우 다름에 유의해야 한다.

보이는 방식으로 한데 묶였다. 예컨대 '배출' 강에는 출혈과 설사 모두가 다 포함되어 있었다. 소바주도 그러한 분류를 했지만, 그 분류는 병인학적이거나 해부학적이기보다는 임상적이었다.

소바주는 미국의 『정신질환 진단 및 통계 매뉴얼(DSM-Ⅲ)』과 그 개정판인 『DSM-Ⅲ-R』 및 『DSM-Ⅳ』의 개발 과정에서 미국 정신의학회에 영향을 준 것과 유사한 이유로 그 분류를 개발했다. 즉, 이론과 무관한 질병 기술을 제공하는 것이었다. 일반적으로 소바주 시대의 의학은 질병의 원인에 대해 무지했고, 오늘날 정신의학처럼 상반되는 이론들에 짓눌려 있었다. 소바주와, 유사한 분류를 만든 다른 이들은 가능한 한 실재에 대해 편견이 없는 기술을 추구했다. 여기서 그들은 시드넘을 추종했는데, 그는 베이컨과 더불어 (1) 세계는 일반적이고 합리적인 구조를 가지고 있으며, (2) 세심한 조사를 통해 이를 발견할 수 있고, (3) 다만 선입견으로부터 벗어나야 한다고 가정했다. 시드넘은 실재의 내재적 합리성과 그 구조를 알 수 있는 인간의 마음의 능력에 관한 견해를 베이컨과 공유했다. 예를 들어 1676년에 출판된 그의 저서 『의학의 관찰(Obervationes medicae)』 제3판 서문에 실린 경고를 생각해보라.

> 그러므로, 질병의 자연사를 쓰면서, 그 저자 편을 들었던 모든 철학적 가설은 완전히 치워버려야 한다. 그리고 질병의 분명하고 자연적인 현상들은, 아무리 작더라도, 극도로 정확하게 기록해야 한다. 그림을 그리면서, 원래 모델의 가장 작은 점이나 사마귀까지 극도의 정확성으로 그리는 화가들을 모방해야 한다. 가설로부터 생겨나는 수많은 오류를 자세히 설명하기가 어렵기 때문에, 저자들은 잘못된 인상에 이끌려, 결코 존재하지 않았던 그러한 질병 현상들을 자신의 뇌에 할당한다.[70]

소바주와 시드넘의 영향을 받은 18세기의 다른 저자들은 질병의 자연사를 이해하는 일에 대한 시드넘의 영향력 있는 헌신과 함께 이러한 전제들을 계승하였다. 시드넘으로부터 그들은 질병 실재에 대한 서술이 질병의 종을 보여줄 것이라는 가정도 계승하였다.

시드넘, 소바주, 린네, 컬런 등은 경험적 탐구의 이성에 대한 믿음과 결합된 이론의 거의 역설적인 불신에 의해 인도되었다. 그들은 세계를 이론과 무관하게 보려는 바로 그 시도 자체가 지식의 본성과 실재에 관한 이론적 가정으로 충만해 있음을 감지하지 못했다. 시드넘의『관찰』에 실린 각주의 설명 하나는 이 의미를 제공한다.

> 가설들은 과시적 허영심과 게으른 호기심 때문에 생겨났다. 의학의 발전을 방해하기 위해 그들이 얼마나 필요한지를 이해하기는 쉬운데 의학은 주로 잘 수행된 실험과 밀접하고 충실한 관찰에 의존하는 학문이기 때문이다. 반면 가설들은 항상 매우 위태롭고 종종 매우 애매한 원칙에 의해 만들어진다.[71]

시드넘, 소바주, 컬런의 노력과 그들이 만든 질병분류학은 17세기와 18세기 의학의 특징인 부담스러운 이론화로부터 마음을 자유롭게 하려는 시도였다. 이는 우리에게는 실재에 대한 매우 정교한 이론 작업의 결과로 보이기는 하지만 말이다.

시드넘과 소바주의 것과 유사한 작업이 이론을 가지고 현상을 효과적으로 설명하는 데 거의 성공하지 못한 의학의 한 분야에 남아있다. 좋은 예가 미국 정신의학회가 개발한 질병분류학이다. 로버트 스피처[*]는『DSM-Ⅲ』의 서문에서 다음과 같이 주장했다.

---

[*] Robert Spitzer(1932~2015): 컬럼비아 의대 교수를 지낸 정신과 의사.『DSM』의 개발에 크게 기여했다.

그러나 『DSM-Ⅲ』에 수록된 대부분의 장애에서 병인학은 알려져 있지 않다. 어떻게 이런 장애들이 발생하는지 설명하는 다양한 이론들이 발전하였고, 증거에 의해 뒷받침되지만, 항상 설득력이 있는 것은 아니다. 『DSM-Ⅲ』에서 취한 접근방식은 잘 확립되어 있고 따라서 그 장애의 정의에 포함된 장애들을 제외하고는 병인학 또는 병태생물학적 과정과 관련하여 무이론적이다.[72]

7년 후, 재닛 윌리엄스*와 함께 쓴 『DSM-Ⅲ-R』 서문에서 그 요점은 그대로 남아있다.[73] 특정 분류가 특정 이론에 대해 '무이론적'이라고 주장하지만, 그것들은 소바주나 린네의 분류와 마찬가지로 이론적 가정에 대해 순수하지만은 않다. 이는 오히려 병인학이나 병태생리학의 가정에 거의 의존하지 않으면서 분류를 구성하려는 시도이다.

의학적 현상에 대해 병인학적·병리학적 설명의 제공에 있어 해부학과 생리학의 성공을 통해, 19세기에 진입하면서 환자와 의사가 질병을 경험하는 방식이 재구성되었다. 테오필 보네의 『묘지(Sepulcretum)』(1689)[74]와 조반니 모르가니의 『질병의 자리와 원인에 관하여(De sedibus et causis morborum per anatomen indagatis)』(1761)[75]**에서 임상 소견과 병리학적 상관관계에 대한 인식은 있었지만, 실험실과 부검실의 업무라는 의미에서 임상 세계가 전적으로 재구성된 것은 19세기 초반의 일이었다. 환자와 임상의사가 모두 경험하는 질환의 세계는 병리해부학자와 생리학자의 소견과 연결되고, 그에 의해 재해석되었다. 푸코***는 이러한 전환을 자신의 저

---

\* Janet Williams(1947~ ): 미국의 사회복지사로 컬럼비아 대학 교수를 지냈다. 『DSM-Ⅲ』의 편집인.
\** Theophile Bonnet(1620~1689): 제네바 출신의 의사로 이탈리아에서 의학을 공부했으며 3천여 구의 시신 부검을 통해 근대 육안병리학의 기초를 놓았다. 『묘지』는 그의 대표 저서이다.
Giovanni Morgani(1682~1771): 이탈리아의 의사, 병리학자로 파도바 의대 교수를 지냈으며 『질병의 자리와 원인에 관하여』를 저술하여 병리해부학에 크게 기여했다.
\*** Michel Foucaut(1926~1984): 프랑스의 철학자. 현대 인문학과 사회과학에 깊은 영향을 주었다.

서인 『임상의학의 탄생』의 핵심으로 삼고 있다.[76] 그중에서도 그자비에 비샤와 프랑수아 조제프-빅토르 브루세*의 작업으로 인해 시선은 내면을 향하게 되었다고 그는 언급한다. 진정한 질병은 더 이상 임상의사나 환자가 경험하는 것이 아니다. 진짜 질병은 병변(lesion)이 된다. 브루세가 말했듯이, "진정한 의학적 관찰은 장기와 그 변형의 관찰이다. 사실 그것은 신체 자체에 대한 관찰이다."[77] 19세기에 질병은 루돌프 피르호**의 주장처럼, "크고 작은 세포나 세포 무리의 살아있는 상태의 변화"가 되었다.[78]

우리는 이 변화의 힘을 음미해야만 한다. 질병의 모든 언어가 바뀌었다. 발열은 더 이상 그 자체로 질병이 아니라 단순한 증상이 되었다. 황달은 이제 간염이라는 질병의 증상이었다. 이러한 변화들은 의학적 실재를 재구축하고, 소바주의 것과 같은 당연하게 여겨지던 임상적 병인학에서 벗어날 것을 요구했다. 예를 들어, 비샤는 이러한 전환을 어떻게 경험하였는지 생각해보자.

우리가 증상의 단순한 관찰에 국한하면서 얼마나 많은 오류를 범했는가는 잘 알려져 있다. 소모증(consumption)을 예로 들어보자. 우리가 사후 부검을 하기 전에는 그것은 본질적 질병으로 여겨져 왔다. 그 이후, 마라스무스***는 한 장기를 침범한 병의 결과적인 증상이었음이 밝혀졌다. 황달은 오랫동안 임상의들에게 본질적 질병으로 여겨져 왔다. 사후 부검은, 비록 초보적이기는 하지만, 이 병이 실제로 다양한 간의 변성의 결과였음을 증명하였다. 비록 오랫동안 본질적 질병으로 여겨지긴 했지만 어떤 장기의 질병의 결과로 여겨지지 않았던 수종증에 대해서도 같은 일이 일

---

\* Xavier Bichat(1771~1802): 프랑스의 의사이자 병리학자로 조직병리학의 기초를 놓았다.
  François-Joseph-Victor Broussais(1772~1838): 프랑스의 의사로 생리학에 관심을 가졌으며 거머리를 이용한 사혈 치료로 유명했다.
\*\* Rudolf Virchow(1821~1902): 독일의 의사이자 병리학자. 세포병리학의 아버지로 알려져 있다.
\*\*\* marasmus: 영양성 소모증을 의미한다.

어났다. 그것은, 그렇다면, 대부분의 질병에 대해 고대 의사들을 오도한 원인이었고, 사후 검진을 소홀히 한 결과인, 장기의 침범에 대한 무지이다. 따라서 컬런과 소바주는 그들의 분류에서 오류를 범했다.[79]

질병으로 여겨졌던 것이 증상이 되었고, 질병의 실재는 이제 장기의 변화에서 발견된다. 18세기 분류 언어의 잔재 몇 개는 남아있었다. 예를 들어, '본태성 고혈압(essential hypertension)'*이라는 용어는 원인 불명의 증상들이 그 자체로 질병으로 간주되었을 때를 상기시킨다.

이 변화는 복잡했다. 인과관계와 해부학적 설명에 대한 자신감의 상실 때문에 시드넘은 임상 현상학으로 눈을 돌렸었다. 이전의 설명들은 불충분한 가설에 관련되어 있었다. 후자의 현상학은 의사에게 나타나는 임상적 실재로 향하였다. 소바주는 그의 입장에서는 인과관계와 해부학적 분류에 대한 관심을 지속했다. 이것은 다소 주변부에 남아있었다. 예를 들어, 두 권으로 된 1768년 판본[80] 전체 1,562쪽 중 겨우 73쪽이 병인학에, 10쪽이 해부학에 할애되어 있다. 18세기 말과 19세기 초에 확신과 에너지는 해부학을 향했고, 그리고는 의학적 실재에 대한 생리학적 설명으로 옮겨갔다. 소바주 등이 묘사한 임상 세계의 존재론은 신빙성이 없어졌고 의학적 실재는 참신한 방식으로 재조립되었다.

해부학적·생리학적 설명을 향한 관심의 전환은 18세기 질병분류학의 틀에 걸쳐 한때 분산되었던 현상들을 하나의 루브릭 아래에서 설명할 수 있는 가능성을 제공했다. 요컨대 이러한 변화는 새로운 설명 모델 내에서 관찰의 통일을 가능하게 했다. 그 변화는 이전에는 없었던 질병의 메커니즘에 대한 통찰력을 제공했다. 그러나 가장 중요한 것은, 의학에 대한 당혹스럽고 동떨어진 발견과 주장들을 이제 해부학과 생리학의 떠오르는

---

* 다른 선행 요인이 없이 발생하는 고혈압.

이해라는 관점에서 조사하고 비판하고 조직할 수 있는 연구 프로그램을 제공했다는 것이다. 그것은 19세기 전반에는 의학적인 이해에서, 19세기 후반과 20세기 동안에는 치료에서 주요한 진보를 이끌어내는 방식으로 의학의 에너지를 전환시켰다.

　1800년대에 우리가 발견한 것은 의학적 기술의 두 영역의 상관성이다. 첫 번째는 시드넘, 소바주, 컬런의 관심사였던 임상적 소견이라는 전통적인 영역이다. 두 번째는 해부학자, 생리학자, 병리학자, 미생물학자들이 제공한 비교적 새로운 기술 영역이다. 두 영역은 질병에 대한 새로운 설명에 의해 결합되었다. 임상 소견과 실험실 소견은 이론적 가정을 위조할 수 있다. 그 결과는 의학적 실재의 본성을 연구할 수 있는 일련의 복잡한 기회였다. 임상 소견은 그 임상 소견을 설명하기 위해 실험실 소견을 모색하는 이론적 모델을 구상하도록 초대했는데, 그 결과들은 이제 새롭게 부상하는 기초과학 모델의 관점에서 다시 설명되었다. 한편, 실험실 소견은 기본적인 과학적 모델 측면에서 예측할 수 있는 현상을 찾아보도록 임상의사를 초대했다.

　변증법적인 상호작용이 성립되었다. 임상 연구 결과는 이론적 모델 측면에서 다시 설명되었다. 다시 설명된 실재는 그 자체로 이론적 모델 등에 추가 변화를 일으키는 수수께끼를 제공할 수 있다. 실험실 소견은 임상 소견을 설명하는 데 사용되는 메커니즘의 일부로서 그들의 진정한 의미를 가지고 있었다. 해부학적 소견은 그것이 임상적 문제를 강조했기 때문에 병변이 되었다. 반면에 임상 소견은 이론적 모델과 그것들을 설명하기 위해 채택된 실험실 소견에 의해 그 의미를 얻었다. 설명과 설명 사이에는 각각 자신의 의미에 대해 다른 파트에 의존하는 동적 상호작용이 있었다.

　의학을 이해하는 과거의 방법은 믿을 수 없는 것으로 나타났다. 과거 의학 연구에 대한 브루세의 성찰을 생각해보자.

우리는 대부분 임의로 형성한 증상의 집단들로 질병분류학 표를 채웠다. 그것은 각기 다른 장기의 침범들, 즉 진짜 질병들을 나타내지 않는다. 이러한 증상 그룹은 대부분 완전히 인공적인 작품인 실체들이나 또는 추상적인 존재로부터 파생된다. 이러한 실체는 거짓이며, 그 결과로 나온 논문은 존재론적이다.[81]

그러나 브루세와 사실 푸코는 이러한 변화의 완전한 징후를 인식하지 못했다. 그들은 증상의 세계가 새롭고 강력한 연구 문제를 상정하고 있다는 점에서 재조명되었다는 것을 이해했다. 그들은 이 구조조정이 환자의 호소(complains)*의 중요성을 경시하는 이념이라는 점을 인식하지 못했다. 환자 문제는 병리적 또는 병태생리학의 진리적 가치가 있는 경우에만 진실한(bona fide) 문제로 이해하게 되었다. 그 호소를 쉽게 설명할 수 있는 병변이나 생리적 장애가 없는 경우, 그 호소는 믿을 수 없는(mal fide) 문제로 간주될 가능성이 높았다. 이 요구사항은 실험실 과학이 중요한 존재론적 의미에서 기초의학이 되었기 때문에 신뢰할 수 있었다. 그들은 임상 소견의 기초가 되는 실재를 드러내는 것으로 보였다. 한편, 시드넘과 소바주에게 있어 기초의학, 임상의학에 필수적이었던 임상 관찰은 이제 이차적인 것이 되었다. 임상의학은 더 깊은 실재의 발현이 되었다. 이것은 설명 모델의 개발과 관련하여 매우 제한적인 의미로만 옳았다. 질병에 대한 설명은 이제 기초적인 병태생리학적 그리고 병리학적 메커니즘의 관점에서 공식화되었다. 그 오류는 의학의 목표와 목적을 강조하는 데 실패한 데도 있었다. 응용학문으로서 의학은 인간의 고통을 돌보는 데 초점을 맞추고 있다. 임상의학은 환자들의 문제로부터 시작되어 그곳으로 되돌아온다. 그러나 설명적 가정의 변화와 기초과학의 발달은 증상의 이데올로

---

* 환자가 호소하는 불편함이나 증상들. 이 중에서 가장 주요한 증상을 주소(chief complain)라 한다.

기에 어떤 불행한 변화를 일으켰다.

이를 음미하기 위해서는 임상적 질병분류학이 환자들이 경험하는 문제들을 강조했다는 점을 유념해야 한다. 통증은 소바주의 질병분류학에서 10가지 강의 질병 중 하나로 기록되었다. 그것은 린네의 11강 중 네 번째 (dolorosi)[82]였다. 예를 들어, 소바주의 통증 범주 중 5가지 속의 하나에 해당하는 "특정한 위치의 이름이 없는 떠도는 통증(dolores vagi, qui nomen a side fixa non habent)"[83]을 고려해보자. 소바주의 분류는 환자의 불안과 불편을 정당한 심각한 문제로 받아들였다. 그의 분류는 이러한 증상들을 질병으로 고려함으로써 부각시켰다.

그러한 호소들을 정당화함으로써, 소바주는 광범위한 통증과 고통을 호소하는 사람들의 사회적 역할을 정당화했다. 어떤 증상이 진실한 것인지 믿을 수 없는 것인지 결정함으로써, 의학은 특정한 치료 형태와 특정한 사회적 역할에 대한 개인의 주장을 유효화한다. 따라서 의학의 평가적·기술적·설명적 노력에 대한 관심도 그것을 통해 사회적 실재를 형성하는 언어의 수행적 역할에 밀접하게 연관되어 있다.

**사회적 실재를 형성하는 질병 언어**

의학적으로 기술하고 평가하고 설명하는 것 외에도, 의사와 다른 의료 종사자들은 이러한 문제들을 사회적 실천 안에 배치한다. 그러한 이들은 치료 역할, 또는 탤컷 파슨스*의 보다 제한적인 용어로는 '환자 역할(sick role)'의 문지기이다.[84] 아픈 사람을 환자로 특징짓는 것은 그가 해결되어야 할 문제가 있고 그 문제가 의학적인 용어로 설명될 수 있다고만 말하는 것이 아니다. 그것은 또한 특정한 사회적 반응이 기대되는 사회적 역

---

* Talcott Parsons(1902~1979): 미국의 사회학자. 하버드 대학 교수를 역임했으며 기능주의 사회학 이론을 설파하였다.

할 안에 그 개인을 배치하는 것이다. 만일 완전한 환자 역할을 하게 되면, 환자는 대개 자신의 역할에 대한 책임으로부터 벗어나고, 그 질환으로부터 영향을 받을 사회적 의무에서 면제되며, 사회적으로 적절한 치료자라고 인정된 일군의 개인들로부터 치료를 받는다.[85] 치료해야 한다는 명령이 확립된다. 누군가가 아프다는 것을 결정하면서, 우리는 그 사람을 어떻게 취급해야 할지에 관한 초견적 주장을 받아들인다. 그 병은, 모든 것이 동일하다면(ceteris paribus) 가치평가를 하지 말아야 할 상태이며, 그 사람은 그렇게 취급받는 것을 원하지 않는 상태라는 것이다. 그러므로 아픈 이들을 치료해야 한다는 명백한 전제가 있다. 게다가, 병에 걸린 개인은 특정한 사회적 권리와 특권을 잃을 수도 있다. 정신이상과 같은 결정은 환자의 특정한 사회적 권리를 감소시킨다. 한편 어떤 개인이 부분적으로 또는 완전히 불구가 된다면, 그는 복지 수당을 받을 수 있을 것이다.

그러므로 의학 언어는 수행적인 성격을 가지고 있다. 보안관이 범법자에게 '당신을 체포한다'라고 말할 때 단지 설명하는 것이 아니라 법적 실재를 바꾸는 것처럼, 의사는 환자에게 '당신은 암에 걸렸습니다' '당신은 매독에 걸렸습니다' '당신은 에이즈에 걸렸습니다' '당신은 50퍼센트 장애입니다' 또는 '당신은 말기 질환에 걸렸습니다'라고 말할 때 사회적 실재를 바꾼다. 환자는 일련의 사회적 기대를 가진 사회적 상황에 놓인다. 이러한 일상화된 기대는 틀에 박힌 역할의 그물망을 통해 사회적 세계를 안정시킨다.[86] 이는 진단을 하지 않으면 사람은 암이나 에이즈로 죽지 않을 것이라는 말이 아니다. 진단은 오히려 그러한 질병과 관련된 여러 가지 신체적·심리적인 사건들을 특별한 사회적 반응과 기대 속에 배치하는 것이다. 이러한 일상적인 기대는 또한 도덕적 판단을 지시하고 특정 반응을 불러일으킬 수 있다. 의학은 선택된 현상보다는 주로 '초래된 현상'에 초점을 맞추기 때문에 그런 사회적 역할은 그런 아픈 상태에 처한 데 대한 비난을 소거하는 경향이 있다(개인적인 선택에 의해 영향을 받는 한 아프게 된 것이나 계속 아픈 데 대한 비난[예컨대 '담배를 피우니까 그 병에 걸렸지']은 여전히 가능하긴 하다). 특정 상태는 돌봄이나 완치의 희망을 제공하는 어떤 의료제도 하에서 임상적 문제가 되기 때문에 그러한 문제를 다루기에 적절한 사람으로서 특정 개인(예: 의사, 치과 의사)들이 등장한다.

전형적으로 아픈 상태를 정의하는 일단의 기대는 진단에 따라 다르다. 심장병, 암, 매독, 에이즈 또는 여드름 진단에 대한 전형적인 사회적 반응이 공식적이거나 비공식적으로 확립될 수 있는 상이한 방식들을 생각해보자. 보험회사, 고용주, 복지기구, 친구, 연인으로부터 각기 다른 반응이 나올 것이다. 진단은 범인 체포 과정과 마찬가지로 복잡한 사회적 표지의 수단이다. 그러한 표지는 치료 목적 달성을 지향하는 사회적 실재를 형성한다.

## 의학적 실재의 사회적 구성과 임상적 결정의 도전

증상, 증후, 통증, 기형, 질환, 질병, 심지어 몸[87]과 웰빙까지도 기술적·평가적·설명적·사회적 기대의 구조 안에 나타난다. 특정한 상태를 질병이나 임상적 문제로 볼 때 추정되는 가치는 사회, 좋은 삶에 대한 사회의 견해, 그리고 그것이 지지하는 사회적 역할에 의해 조건화된다. 그래서 또한 실재를 기술하는 공동의 노력은 형식적이지는 않더라도 형식적이고 기술적인 용어에 관한 비공식적인 합의를 전제로 한다. 마지막으로, 의학사가 보여주듯이, 특정 학자들 집단—무엇이 적절한 증거와 추론의 규칙으로 간주되어야 하는지에 대한 특별한 흥미가 있는 집단—은 의학의 설명적 목적을 추구하는데, 이는 질병과 치료에 대한 일반적 이해나 다른 연구자들의 이해와 상충될 수 있다. 그러한 논란을 해결하기 위해서, 관련자들은 어떤 증거의 규칙을 수용해야 하고, 왜 그래야 하는지를 분명히 할 필요가 있을 것이다. 별다른 논쟁이 없더라도 그의 설명이 왜 '옳은' 설명으로 수용되어야 하는지에 대한 문제가 제기된다면 한 명의 학자라도 이 문제와 마주칠 수 있다. 그러므로 설명은 항상 잠재적으로 공통적인데, 우리는 다른 연구자들도 수용해야 한다는 전제하에 지식을 발전시킨다는 점에서 그러하다. 지식은 간주관성을 전제하는데 이는 비록 특정 공동체와 문화 내에서 특정 남녀들이 창출하더라도 일반적으로 정당화될 수 있어야 한다는 것이다.[88]

따라서 식자들(knowers)의 보편 지향과 실제 개인이 알고 탐구하는 특정한 맥락 사이에는 긴장이 존재한다. 과거의 경험과 우리가 참작해야만 할 것에 근거하여, 그리고 인간 이성의 한계를 인정한다면 우리는 그러한 모든 논쟁이 건전한 논증에만 호소하여 해결되지는 않는다고 예상해야 한다. 무엇이 정확한 증거와 추론의 규칙, 또는 적절한 결론들의 집합인지를 항상 단호하게 결정할 수 있는 것은 아니다. 그 결과 우리는 과학 논쟁에서도 토론과 그 해결에 있어서 공정의 규칙에 호소할 필요가 있을 것이다. 우리는 종종 위원회와 표결의 절차를 수립해야 할 것이다. 식자들을 진정한 지식의 추구에 평화롭게 묶어놓기 위해서는 일단의 비인식론적 고려사항들을 채택할 필요가 있을 것이다.

사회적 노력으로서 과학은 특정 시간, 문화, 논쟁을 초월하는 목적을 추구하기 위해 개별 과학자들의 열정, 질투, 논쟁을 중재해야 한다. 그런 중재의 상당 부분은 비공식적이다. 과학자들은 어떤 종류의 문제들이 다른 문제들보다 더 흥미롭다고 생각하게 된다. 공통 용어가 만들어지며, 왕립학회 회원들의 승인과 같은 인센티브는 가장 추상적인 작업에서도 연구자들의 탐구를 유도한다. 예를 들어, 노벨상은 국가 간 경계를 넘어 과학자들에게 동기를 부여하고 과학적 노력의 응집력에 기여한다. '정통' 연구를 지원하고 괴상해 보이는 연구는 무시할 가능성이 높은 연구비 제공 기관도 마찬가지다.

한 과학 분야가 더 많이 응용될수록, 그러한 비공식적 제약 조건은 표준화의 형식적 방식에 의해 보완된다. 의학에서는 이를 '의학의 관례적 표준'이라는 문구로 표현하고 있다. 비록 이 표준들은 항상 완전하게 공식적인 조문들은 아니지만, 그들은 공개 토론과 법정 증언의 대상이 된다. 또한 서로 다른 치료법의 효능을 평가하기 위해 미국 암공동위원회(American Joint Committee on Cancer, AJCC)와 같은 집단적 노력이 조직되어 진단 범주에 있어 기술적 용어의 사용을 위한 규칙을 제정한다. 이런 상황에서 응용과학의 사회적 실재는 위원회의 표결에 의해 결정된다. 그러한 상황에서 의사결정은 단순히 사실 그래야 하는 실재의 성격뿐 아니라 치료와 돌봄을 조직하는 데 가장 유용한 분류 방식의 측면에서도 이루어진다.

여기서 우리는 특히 암의 병기 판정 방법을 생각할 수 있다.[89] 암의 분류와 병기 판정은 "의사가 환자의 치료를 보다 적절하게 결정할 수 있도록 하고, 관리 결과를 보다 신뢰성 있게 평가할 수 있도록 하며, 기초, 광역, 그리고 전국 수준의 다양한 의료기관이 보고한 통계 결과들을 더 확실하게 비교할 수 있도록"[90] 하기 위한 것이다. 그러한 분류와 병기 판정은 여러 집단의 이해관계를 균형 있게 유지하는 특정한 사회적 조직의 결과물이다. 예를 들어, 미국 암 치료 및 최종 결과 보고를 위한 공동 위원회(American Joint Committee for Cancer Staging and End-Results Reporting, 1959년 1월 9일 창립)는 그 운영에 대해 다음과 같이 설명한다.

> 각 후원 기관은 이 위원회에 세 명의 위원을 지정한다. 미국 외과학회(American College of Surgeons)가 관리 주체로 기능한다. '태스크포스(task force)'라고 불리는 소위원회를 임명하여 선택된 해부학적 부위의 악성 신생물을 검토하여 암 분류의 개발을 하도록 한다. 각 태스크포스는 검토 대상 부위에 대한 특별한 관심과 적절한 능력을 갖춘 위원 및 기타 전문가들로 구성된다.[91]

역사상, 미국 암공동위원회의 이러한 분류와 원래 국제암연맹(Union Internationale Contre le Cancer)의 임상 병기 분류 및 응용통계 위원회라고 알려진 TNM 위원회의 권고사항을 조정하는 문제가 있었다. 이는 1983년의 타협적인 주장으로 이어졌다. "어떤 경우에, 국제암연맹 TNM 위원회의 권고사항과 일치하도록 AJCC의 권고사항을 임의로 변경하였다. 모든 해부학적 부위에서의 일관성은 아직 달성되지 않았다."[92] 이 그림은 공동의 노력을 위해 합의를 이루는 다양한 공식적 과정을 통한 실재의 사회적 구축이다.

암과 같은 현상의 기술을 결정하는 방법이 의사들만의 관심사가 아님은 명백하다. 환자들의 이해관계도 얽혀 있다. 암의 분류는 항성의 분류와는 다르다. 암을 분류하는 여러 방법 중 선택은 의사가 치료적 중재를 선택하는 방법의 조건을 설정한다. 선택된 단계의 수(예컨대, 특정 암에 대해 3기, 4기 또는 5기를 사용하는 이유는?)는 환자의 치료법에 직접적인 영향을 미치는 비용 편익 계산 및 사려깊은 조치에 대한 이해를 전제로 한다. 그것은 순전히 과학적인 판단 이상의 것을 포함한다. 즉 그들은 또한 특정 병기의 암에 대한 치료적 선택을 조직하는 데 있어 이득과 해악의 적절한 균형을 고려한다. 병기를 세분화하는 선택(예: 병기 IA와 B)은 치료 옵션에 대한 보다 복잡한 평가가 적절하다는 결정을 반영한다. 우리가 만들 수 있는 세분화의 수에는 제한이 있지만 그럼에도 그들은 여전히 유용하다. 의사들은 제한된 수의 분류로만 데이터를 기억하고 쉽게 정리할 수 있다. 환자에 대한 치료와 치료에 대한 평가는 집단적인 노력이기 때문에, 구분, 세분화, 분류에 있어 서로 경쟁하는 가능성 중에서 선택을 해야만 한다. 그 분류가 상응하는 고유한 자연의 경계는 실재에서는 존재하지 않는다. 오히려, 어떤 소견이 의미 있음을 발견하게 되면 그만큼 범주가 만들어지게 된다.

질병과 임상적 문제에 대한 분류와 병기 시스템을 결정한 후에도, 때때로 그때의 의사결정이 잘못이었음을 받아들일 필요가 있다. 이것은 임상적 판단과 의학적 결정이라는 루브릭 아래 수집된 일단의 도덕적이고 사려 깊은 우려들과 관련되며, 이는 임상의학에서의 문제 해결에 대한 다양한 인위적인 지적 접근을 통해 재구성될 수 있을 것이다.[93] 어느 개인이 질병이나 임상적 문제를 가지고 있는지 여부를 결정할 때 우리는 잘못으로부터 파생될 결과를 평가한 다음, 진단에 요구되는 확실성의 문턱을 설정하는 가능성을 고려해야 할 것이다. 한마디로 우리는 특정 진단이 진실이 되려면 비용이 얼마냐고 물어봐야 할 것이다. 예를 들어 암의 존재를 시사하는 애매한 데이터에 입각해서 유방이나 전립선 제거 수술을 받은 경우, 우리는 그러한 치료를 받은 사람에게 상당한 대가를 치르게 한 셈이 된다. 반면 더 나은 자료를 얻기 위해 특정 질병의 치료를 미루면 환자의 병세가 악화될 수 있다. 심지어 진단 데이터의 취득도 비용과 관련이 있다. 이 비용들은 금전적일 뿐만 아니라 종종 합병증과 사망의 위험을 포함한다. 여기서 간 생검, 심장 카테터 및 기타 침습적 진단 검사의 위험을 생각할 수 있다. 정보를 획득하기 전에 우리는 먼저 그 정보가 환자의 치료에 있어 환자가 노출될 위험과 비용이 가치 있을 만큼 충분한 차이를 만들 가능성이 있다고 판단해야 한다. 의학에서 정보를 획득하고, 그것을 주장하는 것은 환자를 치료하는 방식에 직접적인 영향을 미친다.[94]

과잉/과소 치료의 위험 사이에 적절한 균형을 잡기는 어렵기 때문에, 특정 치료적 중재가 필수적인지 여부를 결정하기는 종종 매우 어렵다. 우리는 의사들이 불필요한 자궁절제술이나 불필요한 편도선 절제를 하고 있는지 간단하게 알아낼 수 없다. 사실에만 집중해서 어떤 치료가 적절한지, 어떤 치료가 보통인지, 어떤 치료가 특별한지를 그저 알아내기란 불가능하다. 그러한 판단의 통합은 특정한 가치의 위계 구조와 이들 간의 분쟁을 해결하기 위한 평화로운 절차에 호소할 것이다. 그러한 판단은 그저 인식적인 것만은 아닐 것이다. 그러한 문제들에 대한 판단은 '수술로 해결할 수 있는 문제들을 피하는 것이 얼마나 중요한가' 대 '수술로 발생할 수 있는 문제들을 피하는 것이 얼마나 중요한가'를 결정하는 것에 달려 있다. 외과적 중재는 제3자 지불자를 통해 비용을 마련할 수 있는지에 의존하는 경우가 많기 때문에, 필요한 중재와 불필요한 중재의 정의는 특정 보험 플랜(정부 복지정책 포함)에 가입한 모든 사람에게 중요한 문제가 된다. 따라서 재정적 실재의 세계에서, 재정적 고려는 질병과 필수 치료적 중재의 세계를 구성하는 데 있어 모종의 역할을 할 것이다. 우리는 특정 기준을 공정하게 선택할 수 있는 메커니즘을 찾아야 한다. 개인들의 공동체가 연관되어 있기 때문에, 공정성과 민주적 절차의 문제들이 두드러지게 된다.

생명윤리 논쟁에서 중요한 용어의 대부분은 이와 같은 종류의 복잡성을 공유한다. 사망 진단은 사망을 결정하는 요인들의 상당한 위양성과 위음성을 배제하였다고 얼마나 확신할 수 있는가에 관한 판단을 배경으로 내려진다. 무엇을 **의미 있는** 것이라 간주할 것인가는 순수하게 사실적인 질문이 아니다. 우리가 보게 될 것처럼 낙태 논쟁에서 생존 가능한 태아가 무엇을 의미하는 것인지도 순전히 사실적인 문제가 아닐 것이다. 무거운 윤리적·정치적 함의를 가진 과학적 논쟁이나 무거운 과학적 관심사를 가진 윤리 논쟁에서 우리는 가치와 사실에 대한 관심을 발견하게 될 것이다. 이것에 의해 나는 많은 맥락에서 사실-가치 구분이 적절하지 않음을 시사하고자 하는 것이 아니다. 오히려 구별할 수 있는 사실적 요소와 평가적 요소는 일상적인 토론에서 분리할 수 없을 정도로 연결되어 있다.

## 법적·종교적·교육적 문제가 아닌 의학적인 것으로 문제를 바라보기

의학적 소견의 세계는 주요 사회 기구들이 통제하는 다수의 유한한 영토 중 하나일 뿐이다. 의사들이 사회적 역할을 창조하는 능력('당신은 병들었습니다' '당신은 변태입니다')은 파문하거나 공동체에 받아들이는 주교의 역할, 또는 유죄 혹은 무죄 판결을 내리는 판사들의 역할과 대비되어야 한다. 결과적으로, 그것은 단순히 의학 내에서 어떻게 상태를 이해해야 하는가의 문제가 아니다. 오히려 법률이나 종교와 같이 병존하는 경쟁적인 기구 내에서가 아니라 의학 내에서 이해되어야 하는 문제인가 하는 것이다. 각각의 주요 사회 기구는 문제들을 중재가 필요한 상황으로 만드는 일련의 가치들의 측면에서 자기들이 다루어야 할 대상으로 식별하는데, 이들은 표준을 만족시키지도 못하고 방치하기도 어렵다. 이러한 방식의 교육, 종교, 도덕, 법률, 의학 기구들은 어떤 상황을 무지, 죄악, 비난할 만한 행위, 범죄, 민사 책임, 또는 질병으로 다양하게 특징짓는다. 어떤 상황을 죄악, 범죄, 질병 중 하나로 보는 것은 주요 사회 기구 중 한 곳에 그것을 그 설명 모델과 그 자체의 특별한 지시적 목적과 함께 배치하는 것이다.

    종교, 법률, 도덕, 의학의 영역 안에서 활용 가능한 사실은 특정한 가치, 기술적 합의(descriptive convention), 설명적 모델, 그리고 사회적 역할의 그물망의 측면에서 특별한 종류의 문제로 보인다. 실재에 대한 종교적 설명은 개인과 우주의 최종 운명에 관한 관점에 의존하는 초자연적인 인과 모델을 포함한다. 이런 방식으로 종교는 삶, 고통, 죽음에 궁극적인 의미를 부여한다. 법률적 설명은 증거와 입증의 특정 시스템을 포괄하는데, 그것은 비난과 칭찬이라는 특정 관행의 목적을 성취하기 위해 어떤 조사 결과를 어떤 식으로 평가할 수 있는지를 결정한다. 여기서 우리는 하트와 아너레이*의 인과관계와 법률에 대한 고전적인 설명을 생각할 수 있다.[95] 그들의 지적대로, 정원사가 정원을 돌보지 않아 꽃이 시들면 그가 꽃을 죽게 하였다고 주장할 수 있다. 비록 좀 더 중립적인 시각으로 볼 때, 행인이 꽃

---

\* Hebert Lionel Adolphus Hart(1907~1992): 영국 법철학자이며 옥스퍼드 대학 교수를 지냈다.
Tony Honoré(1921~2019): 영국의 법학자이며 법률가.

에 물을 주지 않았거나, 비가 충분히 오지 않아서 꽃이 시들 수도 있는데도 말이다. 다른 상황들에는 배경적 조건의 역할만 부여하고, 시들어 죽게 한 원인으로 꽃에 물을 주어야 하는 정원사의 잘못을 강조하는 것은 정원사의 의무와 관련된 사회적 전제다. 특정 원인을 설명하기 위해 일단의 사회적 관련성이 채택되며, 사회적 실천 안에서의 그것의 역할 때문에 특정 인과관계를 식별하는 데도 그러하다. 그 결과는 일단의 사회적 기대와 가치가 경험과 행동을 위한 맥락을 구성한다는 것이다.

 의학은 이 실천의 유용성 때문에 어떤 원인들을 다른 원인에 비해 강조하기도 한다. 특정한 질병은 유전, 감염, 환경 요인 모두에 의해 영향을 받을 수 있지만, 유전병, 감염병, 그리고 환경병이라고 질병이 특징지어지는 방식을 생각해보라. 예컨대, 결핵은 유전적·감염적·환경적 영향에서 '기인'한다. 우리는 보통 그 표식의 일반적인 유용성 때문에 그것을 감염병이라고 말한다. 그것을 '감염성' 질병으로 보는 것은 우리의 주의를 집중시키고 보통 다루기에 가장 유용한 원인 인자(causal factor)에 대한 치료를 지시한다. 의학은 의학적 중재에 가장 잘 들어맞는 그러한 원인 인자를 강조한다.

 우리는 비록 그저 지나가면서라도 원인이라는 개념의 복잡성을 숙지해야만 한다.[96] 원인이라는 용어는 효과를 발생시키기에 충분하거나, 효과를 발생시키는 데 필요하거나, 효과가 발생할 가능성에 기여하는 조건들을 식별하는 데 사용될 수 있다. 데이터가 종종 통계적으로 주어지는 의학에서는 종종 마지막 의미에서 인과관계가 식별된다. 인자들은 실재를 정합적으로 경험하고, 어떤 규칙에 따라 사태가 일어나는 방식을 설명하는 것으로 식별된다. 응용과학에서, 우리는 그저 정합적 설명을 제공하는 데에는 관심이 없고, 자신의 목표와 목적을 달성하는 데 유용한 가능한 논리적인 설명 중에서 하나를 선택하는 데 관심이 있다. 대부분의 상황에서는 완전한 인과관계의 제공과 관련된 모든 요인에 주의를 기울일 가치가 없을 것이다. 대신에 우리는 그 인자들에 주목하여 가장 쉽게 조종할 수 있게 끔 그것들을 다룬다. 의학과 마찬가지로 법률도 제거, 방지 또는 유용하게 조종할 수 있는 원인을 강조하는 경향이 있다.[97] 그러한 주요 기구들은 특정 사회 기구의 어떤 인자들의 중요성(즉 형사적 또는 민사적 책임을 결정하거나, 유용한 방식으로 치료를 지시하거나 하는 등의 행위) 때문에, 실재에 대한 중립적이고, 포괄적이며, 과학적인 특정 인자들을 강조한다.

이미 지적한 바와 같이, 의학과 법률 같은 주요 사회 기구들은 바람직하지 않은 상황을 특징지을 때 내리는 부정적인 판단의 성격도 다르다. 반사회적 행동이 각각 죄악으로, 범죄로, 도덕적 잘못으로, 또는 질병(즉, 정신장애)으로 각기 다르게 이해되는 방식을 생각해보라. 어떤 상태를 죄, 도덕적 잘못, 또는 범죄가 아닌 질병으로 특징짓는 것은 단순히 그러한 행동을 문제를 더 잘 해결할 수 있는 사회 기구에 배치하려고 하는 것이 아니다. 우리는 또한 그 현상에 할당되는 가치 중에서 선택하고 있다. 다시 말하지만, 어떤 상태를 질병이라고 부르는 것은 가치 중립적 소견이 아니다. 어떤 상태가 질병, 기형, 장애 또는 기능장애의 하나로 여겨지면 생리학적 또는 심리학적 정상성에 미치지 못하는 것으로 판명된다. 마찬가지로, 어떤 상태가 범죄나 죄악으로 여겨질 때도 마찬가지다. 어떤 상황을 질병, 범죄, 또는 죄악 중 하나로 결정하는 것은 어떤 상태를 이해할 것인가와 상이한 사회적 반응 중에서 어떤 상태에 반응할 것인가의 측면에서 경쟁하는 가치 체계 중에서 선택하는 것이다.

그러므로 문제를 어떻게 이해해야 할지를 결정하는 것은 중요하다. 문제를 어디에 놓을까를 결정할 때, 우리는 중재를 위한 기준 프레임을 바꾼다. 일단의 문제를 의료화할 때, 우리는 그 문제를 가진 개인으로부터 일단의 부정적 가치는 덜어주지만, 다른 일단의 것을 올려놓는다. 마약 중독을 부도덕한 짓에서 병에 걸린 상태로 여기는 변화를 생각해보라. 또는 죄악, 도덕적 과오, 범죄 또는 질병으로 특징지을 수 있는 알코올 의존증을 고려해보라. 한 주요 사회 기구에서 다른 사회 기구로 강조점을 옮기는 것은 죄인, 환자, 병자 또는 범죄자로 간주되는 개인들로부터 기대되는 책임의 성격을 바꾼다는 점에서 그 강조점이 어디로 떨어질지 결정할 필요가 있을 것이다. 그러나 그러한 선택이 완전히 배타적일 필요는 없다. 서로 다른 사회적 맥락 안에서, 동일한 사람이 병자, 범죄자 또는 죄인으로 동시에 여겨질 수 있다.

주요한 어려움은 과도한 의료화 문제를 통해 발생했다. 특히 여기서 우리는 개인의 문제를 처벌이 아닌 치료의 대상임을 판단하기 위한 수단으로 정신이상 항소(insanity plea)를 사용하는 것에 관한 논란을 생각할 수도 있고,[98] 정치적 반대자를 통제하기 위해 구소련에서 정신과 입원을 사용했던 것을 고려할 수도 있다. 의학이 자유로운 표현을 통제하는 효과적인 방법을 제공하기 때문에 정치적 문제들은 의심의 여지 없이 부분적으로 의료화된다.[99] 문제의 과도한 의료화는 또한 의학이라는 사회적 기구의 심각한 남용을 반영할 수 있다. 자유롭게 선택된 것이 아니라 인과적으로 결정되었고, 그래서 치료의 여지가 있는 행동과 관련해서 이는 상당히 중요한 문제다. 문제아와 성인 범죄자들의 곤혹스러운 수수께끼에서는 그런 선택을 정기적으로 해야 한다. 그들은 주요한 도덕적 전제와 결과를 가진 선택이다. 그들은 과거의 교훈적인 유사점들을 가지고 있는데, 그중 일부는 남북전쟁 이전 미국 남부 노예들이 걸렸다는 특별한 병들, 예컨대 도망친 노예의 도주병(drapetomania)이나 게으른 노예의 감각이상 무기력증(dysaesthesia aethiopis)*이다.[100]

문제는 단순히 어떤 질병의 정확한 질병 역할, 혹은 정확한 병기나 성격을 결정하는 것이 아니라 문제를 아예 질병으로 볼 것인가 하는 것이다.

---

* 19세기 미국에서 자꾸 도망치려는 노예와 일을 하지 않으려는 노예에게 붙인 병명들이다. 질병이 아닌 상태를 억지로 질병화한 것.

주요 사회 기구들은 경쟁하는 비용 대비 편익을 가진 실재에 대한 경쟁하는 구조물들을 제공한다. 파괴적인 행동을 범죄, 죄악, 도덕적 과오, 질병으로 보는 데는 각기 장단점이 있다. 어떤 상황이나 특정한 관점에서는, 개인들이 자신의 행동에 대한 책임이 있고 치료가 아닌 처벌이나 규율이 필요한 것으로 보는 것이 더 중요하고 유용하며 그럴듯하다. 다른 곳에서는 행동이 인과적으로 결정되었으며 기술적 조작에 열려 있다고 보는 것이 더 유용하고 그럴듯하다. 일반적인 도덕은 이러한 선택들이 종종 명확하지 않음을 이해하는 것이다. 우리는 그것을 설명의 신뢰성 및 유용성 측면에서 가능한 한 최선으로 만들어야 한다. 많은 상태에 대해서는 의학적 설명을 제외한 어떤 것도 매우 적절하지 않을 것이다. 버틀러의 『에레혼(Erewhon)』에는 그러하지만,\* 맹장염에 대한 책임을 개인에게 미루는 것은 매우 적절하지 않을 것이다. 다른 상태에서는 예컨대 약물 중독에서처럼, 하나 이상의 방식으로 그러한 주장이 타당하게 제기될 수 있다. 어떤 상태에서는, 설명들 사이의 선택이 적절하지 않을 수도 있으며, 대신 둘 이상의 설명을 채택하는 것이 더 적절하고 유용할 것이다. 알코올 의존증을 질병으로 취급하는 것과 동시에 도덕적인 문제로 간주하는 것은 이치에 맞을지도 모른다. 적절한 선택은 'A이거나 B'보다는 'A와 B 모두'일 수 있다.

　이 책에서 우리는 일반적이고 세속적인 도덕과 생명윤리를 정당화할 수 있는 가능성을 탐구했다. 우리는 세속 도덕으로 확보 가능한 것은 내용이 공허하고, 관련자들의 허락을 받아야만 권한을 가진 내용을 확보할 수 있음을 알게 되었다. 응용과학과 비응용 과학에 대해서도 같은 말을 할 수 있다. 특정 시기에 특정 과학 공동체는 우리가 나중에 기이하다고 깨닫게 되는 특정 사실, 발견, 증거와 추론의 규칙들을 수용한다. 이는 특정 도덕

---

\* 영국의 작가 Samuel Butler(1835~1902)의 풍자 소설『에레혼』에서는 병에 걸리면 감옥에 갇힌다.

공동체가 좋은 삶에 대한 특정한 도덕적 규칙과 관점을 수용하는 것과 마찬가지다. 세계의 본질에 관한 주장을 간주관적으로 확립하기 위한 노력으로서 과학에 대한 일반적인 다짐의 구속을 받는 개인들 사이에서 과학적 논쟁이 일어날 수 있지만, 증거와 추론의 서로 다른 특정한 이해로 인해 분열될 수 있다. 그 논쟁이 비중이 큰 윤리적·정치적 함의를 가진 과학적 쟁점을 포함하면, 예상대로 갈등은 복잡해진다. 그러한 논쟁에 참여한 개인은 서로 다른 도덕적·과학적 공동체의 참여자가 될 것이며, 그 결과 진실로 알고 공정하게 결정한다는 것에 대한 서로 다른 이해와 관련하여 충돌하게 될 것이다.

진실로 알고 공정하게 결정하는 것이 무엇을 의미하는지에 관한 이해의 차이는 종종 의학적인 사실의 적절한 특성화와 관련된 갈등의 근원이 되기도 하고, 어떤 문제를 의학적인, 법률적인, 도덕적인 문제로 이해해야 하는지에 관한 갈등의 근원이 되기도 한다. 평가와 설명에 대한 관심은 해당 문제가 의학적 문제인지 여부, 그리고 의학적 문제를 어떻게 이해하고 분류해야 하는지에 대한 결정에 있어 의료에서 얽혀 있다. 어떤 상태를 보는 방법의 선택은 단순히 인식론적이거나 지식에 기초한 결정이 아니다. 그것은 또한 일련의 가치 고려에 근거한 결정이기도 하다. 따라서 실재의 특성화는 도덕 문제가 될 수 있다.[101] 어떤 문제의 명명 및 특성화는 어떤 가치가 개입되어야 하고 그것들이 어떻게 배열되어야 하는지에 대한 의문을 제기할 수 있다. 또한 (질병을) 분류하는 데 누가 참여해야 하며 비용과 편익의 어떤 위계가 우선권을 가져야 하는지에 대한 문제도 제기될 것이다. 이 문제는 이미 지적한 바와 같이 자유롭고 충분한 정보에 의한 동의의 실천을 통해 부분적으로 답변되어야 한다. 그것은 또한 문제가 의학, 법률, 종교 등으로 분류되는 방식에 대한 공적인 인정을 통해 답변되어야 한다. 문제의 의학적 특성화는 실재를 진정으로 아는 것뿐 아니라, 실재를 분류하는 여러 가지 방법 중에서 공정하게 결정하는 것에 달려 있기 때문에, 개인의 권리, 민주적 특권, 사생활의 권리가 두드러지게 된다. 어떤 분류가 자연의 본질이라면 실재를 있는 그대로 기술하는 데 잘못을 저지를 사람은 없다. 누군가는 실재의 존재 방식을 좋아하지 않을 수도 있지만, 과학자는 있는 그대로의 사물을 기술함으로써 누구의 권리도 빼앗지 않았다. 그러나 특정 목적을 추구하기 위해 분류를 구성하는 것이라면, 특정 목적의 선택은 관련자들 사이에서 협상 가능하다.

### 의학적 실재의 민주화: 부분적인 결론

실재의 기술(記述)은 문화의 산물이다. 대상의 성격이 식자로서의 우리에게 부여하는 제약들이 있지만, 대상은 우리의 개념을 통해 그리고 경험의 조건이라는 측면에서 우리에게 현현한다. 실재의 상이한 여러 해석 중에 고른 선택이 특정 가치와 목적으로부터 자유로운 완전히 객관적인 설명이어야 한다는 이상의 지배를 받는 비응용 과학의 경우, 특정한 식자 집단이 갖는 가치와 인식의 부과를 피하겠다는 다짐이 있다. 비응용 과학에서 우리는 익명적이고 비인격적인 인식을 시도한다. 그러나 여기서조차 실재에 대한 기술은 서로 다른 인식적 가치들 사이에서 내린 선택을 수반하는 배경을 바탕으로 이루어진다. 비응용 과학의 세계는 논쟁의 면전에서 만들어진 타협이다.[102] 비인식론적 가치(noepistemic value)의 역할이 더 두드러지는 응용과학에서는 현실의 구성적 성격을 더 쉽게 인식할 수 있다. 의학이 적용할 수 있는 목적은 명백히 다양하며 특정 개인과 공동체의 비전에 의존한다. 우리는 이것을 암의 병기와 의사결정에 관한 질문을 통해 예시하였다. 서로 다른 암의 병기 판정과 과다/과소 치료의 서로 다른 균형잡기는 부분적으로 관련된 가치에 대한 상이한 이해에 달려 있다. 의학적 실재에 대한 대안적인 설명 중에서 선택 가능한 것들이 존재한다. 이러한 선택은 단순히 인식론적 근거에 의해 결정되는 것이 아니기 때문에,

우리는 그 실재를 만드는 방법에 대해 책임을 진다. 서로 경쟁하는 실재의 기술(記述) 중에서 우리는 무엇을 선택해야 할까?

문제는 '누가 선택하는가?'이다. 이것은 암의 병기 시스템을 국민투표로 결정해야 한다는 탄원이 아니다. 그러나 응용과학에 있어 실재의 상이한 이해 중에서 선택을 내리는 것은 공동 관심사의 문제임을 인식해야 한다. 공동체는 의학적 실재의 구성적 성격을 인식하는 것으로부터 출발해야 한다. 이러한 인식은 우리의 선택을 강조하고 실재를 파악할 뿐만 아니라 그것을 조작하는 법을 아는 개인으로서의 책임을 강조한다. 우리는 또한 이러한 조작은 공동적(communal)인 경향이 있음을 인식해야 한다. 따라서 누가 결정하느냐의 문제는 개인의 자유롭고 충분한 정보에 의한 동의의 영역에서 실재의 구성에 관한 협상이라는 공동 영역으로 옮겨간다. 치료와 치료의 평가를 위한 체계적인 프로그램, 혹은 공동 보험정책은 원칙적으로 고립된 개인의 업무가 아니다. 결과적으로, 의사 집단, 보험사 및 다양한 공적 단체들은 협력할 때 사용할 의학적 실재의 특성화와 관련하여 협상할 필요가 있을 것이다.[103] 그러한 협상은 공식적이거나 비공식적인 성격을 띠게 될 수 있다. 협상은 시장을 통해 이루어지거나, 혹은 그것이 가능하지 않을 때는 공식적 민주주의 절차에 의해 이루어질 수도 있다. 어느 경우든 이것들은 실재의 민주화를 대표한다. 우리는 실재를 개인이 참여한 다양한 공동체의 선택의 결과로 인식하게 된다.

허락 원칙 덕분에 개인은 그런 협상에 자유롭게 참여할 권리가 있다. 이런 조건을 인정하고 존중하면 할수록 실재의 의료화는 공동체에 따라 달라질 것이다. 전통적인 로마 가톨릭교회 공동체는 건강, 질병, 일탈, 장애에 대한 이해를 세속화된 국제 사회의 이해와는 상당히 다르게 가질 것이다. 의학적 실재의 서로 다른 구조화는 치료해야 할 질병으로 간주해야 하는 것과 공동체가 지원해야 하는 치료비에 대한 상당히 다른 이해를 수반하는 대안 의료 시스템에 장착될 수 있다.[104] 서로 다른 공동 의료 시스템 내에서는 환자 역할과 의사 역할, 그리고 성직자의 역할 사이에 매우 다른 개념이 있을 수 있다.

의학적 실재에 대한 이해는 수없이 많기 때문에, 그렇게 바라는 사람들은 협력자들과 함께 그들 자신의 도덕적·형이상학적 비전에 따라 행동할 수 있어야 한다. 세속적인 도덕과 일반적인 국가 권한의 한계는 의학적 실재에 대한 활동과 인식의 다양성을 위한 공간을 남겨둔다. 이러한 상황은 단일 통합 의료 시스템을 구축하지 않아야 할 많은 근거 중 하나를 제공한다. 의학적 실재, 질환과 질병, 건강과 적절한 의료에 대한 정전적이고 내용 충만한 비전은 없다. 쿠바 공산주의자, 정통 유대인, 시아파 이슬람교도, 뉴에이지 이교도, 페미니스트, 남성 우월주의자, 남부 침례교도, 그리고 정교도 등의 의학적 실재와 적절한 의료에 대한 비전이 있을 뿐이다. 국가의 제한되고 세속적인 도덕적 권한과 의료 도덕성의 도덕과 형이상학적 비전의 다양성을 감안한다면, 마오쩌둥의 말을 빌리자면, 천 개의 의료 시스템의 관점이 발전할 수 있고, 백 개의 서로 다른 의료전달체계가 경쟁할 수 있는 공간이 있어야 한다.*

---

* 1956~57년에 중국에서 전개된 정치운동인 백화제방/백가쟁명(百花齊放, 百家爭鳴)을 의미한다.

주

1 Charles S. Peirce, *Collected Papers of Charles Sanders Peirce*, ed. Charles Hartshorne and Paul Weiss (Cambridge, Mass.: Belknap Press, 1965), 5.316.
여기서 내가 옹호하고 있는 견해는, 퍼스의 견해와 마찬가지로 칸트와 헤겔 모두에게 상당한 빚을 지고 있다. 이것은 제2장에서 이미 인정한 사항이지만 반복하고 확대할 가치가 있다. 첫째, 칸트의 논증은 본질적으로 옳다(적어도 헤겔의 액센트를 붙이면). 즉 우리는 개념을 통해서만 실재를 파악한다. 우리는 우리의 이해에 의해 해석되지 않은 실재를 결코 알지 못한다. 칸트의 관용어를 사용하면, 우리는 범주와 동떨어진 '사물들 자체(물자체)'를 알지 못하며, 이해의 범주를 통해서만 그것들은 우리에게 주어진다. "사물들 자체가 무엇이든 나는 아는 바가 없고, 또한 알 필요도 없다. 왜냐하면 나에게 사물은 결코 현상 이외에서는 나타날 수가 없기 때문이다." Kant, *Immanuel Kant's Critique of Pure Reason*, trans. Norman Kemp Smith (London: Macmillan, 1964), p. 286, A277 = B333. 우리는 실재에 대한 이해를 벗어나서 실재에 대한 이론을 만들 수 없다. 헤겔로부터 우리는 그 자체로 접근할 수 없는 실재에 대해서는 입을 다무는 편이 낫다는 시사를 얻을 수 있다. 경험의 한계로서, 대상을 향한 지향으로서, 우리가 단순한 "무엇인가 = x" (*Critique of Pure Reason*, A=250)에 대해 실증적인 조사를 할 때조차, 사물 자체는 사유의 산물이다(G. W. F. Hegel, *The Encyclopaedia of the Philosophical Sciences* [1830], sec. 44). 만일 우리가 그 자체로 대상인 순수타자와 만날 수 없다면, 우리는 실재를 알려는 노력을 실재에 대한 더욱 정합적인 설명으로 타자성과 불완전성을 극복하려는 것으로 간주할 수 있다. 타자성의 요소는 우리로 하여금 그 타자성을 치워놓을 설명을 찾도록 지시한다.
이 임무는 문화적인 노력이다. 이 임무에 대한 헤겔의 성찰을 생각해보라. "사물을 생각함으로써 우리는 그것들을 보편적인 것으로 변형시킨다. 그러나 사물은 개별적인 것이고, 일반적인 사자는 존재하지 않는다. 우리는 그들을 뭔가 주관적인 것으로, 우리가 생산하고, 우리가 소유하며, 물론 인간으로서 우리에게 특유의 것으로 만든다. 자연의 사물들은 생각하지 않고, 표현하지도 않기 때문이다." *Hegel's Philosophy of Nature*, trans. M. J. Petry (London: Allen & Unwin, 1970), p. 198, sec. 246 Zusatz. 우리의 목표는 자연을 우리 것으로 만들기 위해서 파악하고 이해하여, 우리를 넘어서서, 소외된 상태로 있게 두지 않는 것이다. 우리에게는 그 너머에 있고 우리에게 이질적이지 않다. 결과적으로 자연을 알기 위한 우리의 시도에서 우리는 단순히 자연을 아는 것이 아니다. 우리는, 헤겔의 주장처럼 우리 자신을 아는 것이다. "이 외부성에서 우리 자신의 거울만을 찾는다." Ibid., vol. 3, p. 213, sec. 376 Zusatz.
칸트는 인정하지 않았지만, 헤겔은 지식의 범주가 역사적임을 인정했다. 우리가 자연을 보는 방식들, 우리에게 외양을 통해 알려진 개념들은 만약 그러한 개념들의 어떤 세부 사항이 특정화된다면, 시간을 통해 발전할 것이다. 과학에서 혁명은 기본적인 범주가 변할 때 일어난다. "모든 문화적 변화는 스스로를 범주의 차이로 환원시킨다. 과학이든 세계사든 모든 혁명은 단지 정신이 그에 속한 것을 이해하고 조사하기 위해, 보다 진실하고, 더 깊고, 친밀하고 통일된 방식으로 그 자신을 소유하고 파악하기 위해 그 범주를 변화시켰기 때문에 일어난다." Ibid., vol. 1, p. 202, sec. 246 Zusatz. 퍼스의 인용문은 조사를 위한 방향, 즉 자연에 대한 보다 명확한 이해를 찾기 위한 시도와 과학이 역사적 과정이라는 깨달음을 강조한다.

헤겔의 부정으로서의 지식에 대한 개념과 타자성 안에서 대상과의 만남으로서의 지식에 관련된 철학적 쟁점에 대한 소개는 다음을 보라. Werner Flach, *Negation und Andersheit* (Munich: Ernst Reinhardt, 1959). 수많은 경쟁하는 형이상학적·경험적 이해들(예: 페미니스트 및 로마 가톨릭교회의 이해)가 남아있을 때는 지식에 대해 말하기가 어렵다. 우리는 형이상학적·도덕적 이방인을 위한 과학을 분명히 할 수밖에 없다.

2   Ludwik Fleck, *Entstehung und Entwicklung einer wissenschaftlichen Tatsache: Einführung in die Lehre vom Denkstil und Denkkollektiv* (Basel: Benno Schwabe, 1935); English version, *Genesis and Development of a Scientific Fact*, ed. T. J. Trenn and R. K. Merton, trans. F. Bradley and T. J. Trenn (Chicago: University of Chicago Press, 1979).

3   Thomas Kuhn, *The Structure of Scientific Revolutions* (Chicago: University of Chicago Press, 1962; 2d ed., enlarged, 1970).

4   의학사의 변화 중 하나는 역사와 과학에 대한 모든 설명들 일종의 관점이라는 인식이었다. 포스트모더니티를 고려할 때, 사람들은 로마 가톨릭교회에서 페미니즘까지 선택할 수 있는 수많은 관점을 가지고 있다. 예를 들어, Ann Oakley, "Ways of Knowing: Feminism and the Challenge to Knowledge," in *Essays on Women, Medicine and Health* (Edinburgh: Edinburgh University Press, 1993), chap. 16. 참조. 로마 가톨릭교회의 윤리와 에피스테몰로지처럼 페미니즘 윤리와 에피스테몰로지도 서로 얽혀 있다. 예를 들어 다음을 참조. Helen Holmes and Laura Purdy (eds.), *Feminist Perspectives in Medical Ethics* (Bloomington: Indiana University Press, 1992).

5   과학적 사유의 맥락적 논의와 토론은 다음을 참조. Peter Achinstein, *Law and Explanation* (Oxford: Oxford University Press, 1971), and *The Nature of Explanation* (New York: Oxford University Press, 1983). Imre Lakatos and Alan Musgrave (eds.), *Criticism and the Growth of Knowledge* (Cambridge: Cambridge University Press, 1970). Larry Laudan, *Progress and Its Problems* (Berkeley: University of California Press, 1977).

6   Isaac Baker Brown, *On the Curability of Certain Forms of Insanity, Epilepsy, Catalepsy, and Hysteria in Females* (London: Robert Hardwicke, 1866).

7   H. Tristram Engelhardt, Jr., "The Disease of Masturbation: Values and the Concept of Disease," *Bulletin of the History of Medicine* 48 (Summer 1974): 234-48.

8   자위행위를 하면 죽는다는 보고서는 다음을 참조. *Report of the Board of Administrators of the Charity Hospital to the General Assembly of Louisiana* (for 1872) (New Orleans: The

Republican Office, 1873), p. 30; and *Report of the Board of Administrators of the Charity Hospital to the General Assembly of Louisiana* (for 1887) (New Orleans: A. W. Hyatt, 1888), p. 53.

9   영국 버밍엄의 사망한 자위행위자에 대한 공식 부검 보고서는 자위가 "반복적인 소규모 출혈처럼 뇌와 척수에 영향을 준 것으로 그 에너지를 고갈시키며, 최후의 기진맥진한 영향을 준 이후에는 질식시킨 것으로 보인다. 아마 소혈관들의 상태에서 보이는 것처럼 이전에 유도된 위축의 매개를 통해서였을 것이다." James Russell, "Cases Illustrating the Influence of Exhaustion of the Spinal Cord in Inducing Paraplegia," *Medical Times and Gazette*, London 2 (1863): 456.

10  Baker Brown, *On the Curability of Certain Forms*, p. 11.

11  Ibid., p. 17.

12  Ibid., pp. 51-52.

13  American Psychiatric Association, *Diagnostic and Statistical Manual of Mental Disorders* (Washington, D.C.: American Psychiatric Association, 1952), pp. 38-39, taxon 000-x63. 이 매뉴얼은 '성적 일탈(sexual deviation)'을 이렇게 정의한다. "이 진단은 동성애, 트랜스베스티즘, 소아성애, 페티시즘, 그리고 성적 가학증(성폭행, 성추행, 신체 훼손) 등과 같은 병적 행동들의 유형을 구분한다."

14  American Psychiatric Association, *Diagnostic and Statistical Manual of Mental Disorders*, 2nd ed. (Washington, D.C.: American Psychiatric Association, 1968), p. 44, taxon 302.0.

15  American Psychiatric Association, *Diagnostic and Statistical Manual of Mental Disorders*, 3d ed. (Washington, D.C.: American Psychiatric Association, 1980), p. 281, taxon 302.00.

16  *Diagnostic and Statistical Manual of Mental Disorders*, 3d ed. rev. (Washington, D.C.: American Psychiatric Association, 1987), p. 296, taxon 302.90.

17  *Diagnostic and Statistical Manual of Mental Disorders*, 4th ed. (Washington, D.C.: American Psychiatric Association, 1994), p. 538, taxon 302.9.

18  *DSM-Ⅲ-R*, pp. 367-74. 이 정치적이며 이론이 있는 진단 범주는 다음 분류하에 등장한다. "더 많은 연구가 필요한 진단 기준." *DSM-Ⅳ*에서 우리는 월경전불쾌장애(Premenstrual Dysphoric Disorder)를 발견할 수 있다(pp. 715-18).

19  정신과 분류의 형태에 초점을 맞춘 논쟁의 개요는 다음을 보라. Bernard Gert, "A Sex Caused Inconsistency in DSM-Ⅲ-R: The Definition of Mental Disorder and the Definition of Paraphilias," *Journal of Medicine and Philosophy* 17 (Apr. 1992): 155-71; and Sue V. Rosser, "Is There Androcentric Bias in Psychiatric Diagnosis," *Journal of Medicine and Philosophy* 17 (Apr. 1992): 215-31. *DSM-Ⅳ*를 둘러싼 일부 철학적 문제에 대한 논의에 대해선 다음을 보라. David B. Allison and Marks. Roberts, "On Constructing the Disorder of Hysteria," 239-59; David DeGrazia, "Autonomous Action and Autonomy-?Subverting Psychiatric Conditions,"

279-97; Allen Frances, Avram Mack, Micheal First, et al., "DSM-IV Meets Philosophy," 207-18; John Sadler, Yosaf Hulgus, and George Agich, "On Values in Recent American Psychiatric Classification," 261-77; and Mark J. Sedler, "Foundations of the New Nosology," 219-38, *Journal of Medicine and Philosophy* 19 (June 1994).

20  T. Gaillard Thomas, *A Practical Treatise on the Diseases of Women* (Philadelphia: Henry C. Lea's Son, 1880), p. 778.

21  예를 들어, 소바주는 2천4백여 가지 질병을 네 강(綱)으로 구분하는데, 그 중 첫 번째가 열병이다. 그는 열병의 특징을 "오한을 느꼈다 이어 열감을 느끼는 증후군으로 전신쇠약과 맥박의 항진을 이따금, 또는 종종 동반한다(syndromes frigoris, successivique calons cum artuum debilitate & pulsus vi adaucta, saepe quoad frequentiam)"라고 기술했다. Sauvages, *Nosologia methodica sistens morborum classes* (Amsterdam: Fratrum de Tournes, 1768), vol. 1, p. 243. 윌리엄 컬런은 그의 질병분류학에서 질병을 네 강으로 나누는데 그 첫 번째가 '발열(Pyrexie)'이고 이는 다시 네 목으로 나누어져 그 첫 번째가 '열병(Febre)'이다. 그 증상은 이렇다. "지속적 권태감, 쇠약감, 그리고 때로는 허약, 발열로서 특정 부위 주된 병변이 없음(Praegressis languore, lassitudine, et aliis debilitatis signis, pyrexia, sine morbo locali primario)." William Cullen, *Nosologia methodica*, 3d ed., (Edinburgh: J. Carfrae, 1820), p. 21.

22  Hippocrates, *Epidemics* 3, case 16, in *Hippocrates*, trans. W. H. S. Jones (Cambridge, Mass.: Harvard University Press, 1962), vol. 1, pp. 285, 287.

23  Hippocrates, *Epidemics* 1.1, vol. 1, pp. 147, 149.

24  Ivan Illich, *Medical Nemesis* (New York: Pantheon Books, 1976).

25  Lee B. Lusted, *Introduction to Medical Decision Making* (Springfield, Ill.: Thomas, 1968), pp. 98-140.

26  Ronald Bayer, *Homosexuality and American Psychiatry* (New York: Basic Books, 1981).

27  American Joint Committee on Cancer, *Manual for Staging of Cancer*, 2d ed. (Philadelphia: Lippincott, 1983). 실재의 사회적 구성에 대해서는 다음 책들을 보라. Oliver Beahrs, Donald Henson, Robert Hutter, and B. J. Kennedy (eds.), *Manual for Staging of Cancer*, 4th ed. (Philadelphia: Lippincott, 1992).

28  U.S. Department of Health, Education, and Welfare, *Eighth Revision International Classification of Diseases*, 2 vols. (Washington, D.C.: U.S. Government Printing Office, 1968).

29  Carolus Linnaeus, *Genera morborum, in auditorum usum* (Upsalae: Steinert, 1763).

30  François Boissier de Sauvages de la Croix, *Nosologia methodica sistens morborum classes juxta Sydenhami mentem et botanicorum ordinem*, 5 vols. (Amsterdam: Fratrum de Tournes, 1763); 2d ed., 2 vols. (Amsterdam: Fratrum de Tournes, 1768), vol. 2, pp. 1-149.

31  Horacio Fabrega, Jr., "Disease Viewed as a Symbolic Category," in H. T. Engelhardt, Jr., and S.

F. Spicker (eds.), *Mental Health: Philosophical Perspectives* (Dordrecht: Reidel, 1977), pp. 79-106.

32  Maryland Annotated Code (1979 Cumulative Supplement), art. 27, sec. 554. 우리는 비자연적 행위에 대한 처벌이 미국에서 더 가혹했음을 생각해볼 수 있다. 벤저민 고드(Benjamin Goad)는 1673년 "도로와 들판에서 당나귀에게 비자연적이고 무서운 수간"을 한 뒤에 교수형에 처해졌고, 그의 당나귀는 면전에서 죽임을 당했다. *Records of the Court of Assistants of the Colony of the Massachusetts Bay 1630-1682* (1901), vol. 1, pp. 10-11.

33  Thomas Aquinas, *Summa Theologica* 2-2, 153-54. 이런 일들은 특정한 형이상학적 설명을 갖지 않고도 행위의 불멸성을 이해한 전통적 그리스도교 신앙 안에서는 전혀 다르다. 이 관점에서 자위는 간음이나 간통보다는 훨씬 가벼운 반응을 보인다. 다음을 보라. The canons of St. John the Faster (d. 595), Sts. Nicodemus and Agapius, *The Rudder of the Orthodox Catholic Church*, trans. D. Cummings (1957; reprt. New York: Luna Printing Society, 1983), pp. 936, 939, 940, 942, Canons 8, 11, 13, and 18.

34  Richard H. Post, "Population Differences in Red and Green Color Vision Deficiency: A Review, and a Query on Selection Relaxation," *Eugenics Quarterly* (Mar. 1962): 131-46.

35  그리스도교의 전통적 이해는 하느님께 마음을 닫거나 완고하지 않는 사람은 율법이 그들의 마음에 쓰인 것을 발견한다는 것이다. 토마스 아퀴나스의 견해와는 달리, 우리는 이를 단순히 이성을 통해서가 아니라 신의 에너지인 은총에 의해 이 법칙을 인정한다. 그 관계는 단순히 인식론적인 것이 아니라 정말로 개인적인 것이다. 이러한 견해에 대한 설명은 다음을 보라. Archimandrite Hierotheos Vlachos, *A Night in the Desert of the Holy Mountain*, trans. Effie Mavromichali (Levadia: Birth of Theotokos Monastery, 1991); Archimandrite Sophrony, *The Monk of Mount Athos*, trans. Rosemary Edmonds (Crestwood, N.Y.: St. Vladimir's Seminary Press, 1989); Archimandrite Sophrony, *Wisdom from Mount Athos*, trans. Rosemary Edmonds (Crestwood, N.Y.: St. Vladimir's Seminary Press, 1975); Archimandrite Vasileios, *Hymn of Entry*, trans. Elizabeth Briere (Crestwood, N.Y.: St. Vladimir's Seminary Press, 1984).

36  Christopher Boorse, "On the Distinction between Disease and Illness," *Philosophy and Public Affairs* 5 (Fall 1975): 61.

37  Christopher Boorse, "Health as a Theoretical Concept," *Philosophy of Science* 44 (1977): 562, 567.

38  Robert Trivers, "Parent-Offspring Conflict," *American Zoologist* 14 (1974): 259-64.

39  F. B. Livingstone, "The Distributions of the Abnormal Hemoglobin Genes and Their Significance for Human Evolution," *Evolution* 18 (1964): 685. 부어즈는 유전적 다형성과 종내 변이들을 인정한다. 그는 종종 개체의 희생을 대가로 형질 간의 다양한 균형이 적응을 극대화하는 방식을 받아들이지 않는다. Boorse, "Health as a Theoretical Concept," 542-71 especially pp.

546-47, 558, and 563.
40 Boorse, "On the Distinction between Disease and Illness," 63.
41 William K. Goosens, "Values, Health, and Medicine," *Philosophy of Science* 47 (Mar. 1980): 100-15.
42 정상성의 상이한 의미와, 정상성에 대한 생물학자의 분류적 관심 대 의사의 그것의 차이에 관한 논의는 다음을 참조. Marjorie Grene, "Individuals and Their Kind: Aristotelian Foundations of Biology," in Stuart Spicker (ed.), *Organism, Medicine, and Metaphysics* (Dordrecht: Reidel, 1978), pp. 121-36.
43 건강과 질병의 경계를 발견하려는 신아리스토텔레스주의자의 시도에 대해서는 다음을 보라. Georg Henrik von Wright, *The Varieties of Goodness* (New York: Humanities Press, 1963).
44 질병에 대한 약한 규범주의적 설명, 즉 부분적으로 경험적 결정에 기초하지만 질병에 대한 개념이 필수적인 평가 요소를 가지고 있다는 관점을 뒷받침하는 상당한 문헌이 있다. 이러한 견해는 질병에 대한 개념이 기술적이고 설명적이지만 평가적이지 않은 크리스토퍼 부어즈와 같은 이들의 중립주의적 견해와 대조된다. 약한 규범주의적 관점을 뒷받침하는 고전적인 논문은 Lester King, "What is Disease?" *Philosophy of Science* 21 (July 1954): 193-203. 참조. 동물과 식물의 질병 개념은 동물과 식물의 목적에 대한 인간의 관심사에 달려 있음을 시사하는 규범주의 관점에 주목해야 한다. 그러므로 동물과 식물에서 패러다임 질병의 예는 애완동물이나 식량 목적으로 기른 동식물을 괴롭히는 것들이다. 유추가 아니고서는 야생동물과 식물이 병들었다고 하기가 (적어도 임상적 의미에서 병들었다고 하기가) 어렵다. 우리는 부어즈적이고 중립적인 질병 개념을 발전시켜서 야생동물과 식물의 질병을 종 전형적 기능의 종 비전형적 수준으로 파악할 수도 있을 것이다. 그러나 그러한 것들은 동물이 경험하는 고통에 초점을 맞추지는 않을 것이다. 수의사나 농학자가 갖고 있는 질병의 개념은 이와는 대조적으로 특정한 살아있는 무리의 기능, 고통의 수준, 형태와 우아함에 대해 인간이 가지고 있는 적절함의 성격에 달려 있다. 특정 종의 동식물에게 보편적으로 나타나는 '질병'은 동물이나 식물을 애완동물로 키우거나 이익을 얻으려 길러야만 질병으로 인식될 수 있고, 이때 '질병'은 그러한 목표를 방해한다. Peter Sedgwick, "Illness—Mental and Otherwise," *Hastings Center Studies* 1 (1973): 19-40, and H. T. Engelhardt, Jr., "Is There a Philosophy of Medicine?" in F. Suppe and P D. Asquith (eds.), *PSA 1976*, vol. 2 (East Lansing, Mich.: Philosophy of Science Association, 1977), pp. 94-108.
45 이 점에 대한 발전된 논의로는 다음을 보라. Joseph Margolis, "The Concept of Disease," *Journal of Medicine and Philosophy* 1 (Sept. 1976): 238-55; H. T. Engelhardt, Jr., "Ideology and Etiology," *Journal of Medicine and Philosophy* 1 (Sept. 1976): 256-68.
46 인간의 형태와 능력에 대한 비전의 다양성을 음미한다면 우리는 신체 형상과 장애에 대한 페미니스트와 비페미니스트들의 이해가 제공한 상이한 생각들을 비교해볼 수 있을 것이다. 예컨대 다음을 보라. Barbara Stafford, John La Puma, and David Schiedermayer, "One Face of

Beauty, One Picture of Health," *Journal of Medicine and Philosophy* 14 (Apr. 1989): 213-30; Susan Wendell, "Toward a Feminist Theory of Disability," *Hypatia* 4 (Summer 1989): 63-81; Iris Marion Young, "Breasted Experience: The Look and the Feeling," in Drew Leder (ed.), *The Body in Medical Thought and Practice* (Dordrecht: Kluwer, 1992), pp. 215-30.

47  우리는 클라우저(Clouser), 컬버(Culver), 그리고 거트(Gert)가 도입하려 한 맬러디(malady)와 같은 용어가 여기서 필요한 것을 제공하지 않는다는 사실에 주목해야 한다. K. Danner Clouser, Charles M. Culver, and Bernard Gert, "Malady: A New Treatment of Disease," *Hastings Center Report* 11 (June 1981): 29-37. 그들은 맬러디의 정의를 다음과 같이 내렸다. "확실한 원인이 없는 가운데 어떤 해악(죽음, 통증, 장애, 자유 또는 기회의 상실, 즐거움의 상실)으로 인해 고통을 겪거나 그 위험이 증가한 상태—합리적 믿음이나 욕구가 아니라—를 가지고 있을 때, 그리고 오직 그런 경우에 맬러디를 가졌다고 한다(p. 36)." 또 다음을 보라. Bernard Gert, *Morality* (New York: Oxford University Press, 1988), pp. 60-61. 그러나 의학은 확실한 원인을 가진 여러 '맬러디'를 치료할 수 있는데, 예컨대 기증자로부터 인공수정을 받으면 불임을 치료할 수 있다. 그러한 '맬러디'는 클라우저의 루브릭하에서는 맬러디가 아닌데 남편의 정자 수가 낮다는 확실한 원인이 있기 때문이다. 그러므로 더 일반적인 용어가 요구된다. 나는 그 용어를 임상적 문제라 부른다. H. T. Engelhardt, Jr., "Clinical Problems and the Concept of Disease," in L. Nordenfelt and B. I. B. Lindahl (eds.), *Health, Disease, and Causal Explanations in Medicine* (Dordrecht: Reidel, 1984), pp. 27-41. 또 다음을 보라. L. Nordenfelt, *On the Nature of Health: An Action-Theoretic Approach* (Dordrecht: Kluwer, 1987).

48  소위 질병에 대한 존재론적 설명(질병을 실체—어떤 의미에서의 사물—로서 기술하는 것)과 질병에 대한 생리학적 혹은 기능적 설명(유명론자로서 질병의 실재에 대한 관점을 가지고 있고 질병을 인위적인 표지자로서 기술하는 것) 사이의 갈등에 대한 리뷰는 다음을 참조. A. L. Caplan, H. T. Engelhardt, Jr., and J. J. McCartney (eds.), *Concepts of Health and Disease* (Reading, Mass.: Addison-Wesley, 1981), especially pp. 143-263.

49  John L. Gedye, "Simulating Clinical Judgment," in H. T. Engelhardt, Jr., S. F. Spicker, and B. Towers (eds.), *Clinical Judgment: A Critical Appraisal* (Dordrecht: Reidel, 1979), pp. 93-113.

50  Constitution of the World Health Organization (preamble), *The First Ten Years of the World Health Organization* (Geneva: World Health Organization, 1958).

51  Chester R. Bums, "Diseases Versus Healths: Some Legacies in the Philosophies of Modem Medical Sciences," in H. T. Engelhardt, Jr., and S. F. Spicker, (eds.), *Evaluation and Explanation in the Biomedical Sciences* (Dordrecht: Reidel, 1975), pp. 29-47.

52  예를 들어 크리스토퍼 부어즈는 건강에 대한 적극적인 개념과 소극적인 개념을 구별했을 뿐만 아니라, 적극적인 건강 개념 중에서 그것들이 개인의 잠재력, 종의 잠재력, 혹은 인간의 능력 증강에 대한 전반적인 관심사를 갖고 있는지 여부라는 측면에서 이해하였다. "Health as

a Theoretical Concept", 542-73. 건강 개념과 관련된 일반적 쟁점에 대해서는 다음을 보라. Nordenfelt, *On the Nature of Health*.
53 웰빙에 대한 특정한 관념이 특정한 내용-완전한 도덕성과 함께 자라나고 풍성해지는 것은 특정한 공동체 안에서이다. 사람은 미덕, 인격, 올바른 행동에 대해서만 배우는 것이 아니라, 어떤 성향과 행동이 적절하고 바람직하며, 왜곡되고 부자연스러운지에 대해서도 배운다. 특정 공동체는 그들에게 복지, 건강, 번영에 대한 연령 특이적·성별 특이적, 그리고 역할 특이적인 개념을 제공해준다. 예컨대 다음을 보라. K. R Wesche, "Man and Woman in Orthodox Tradition: The Mystery of Gender," *St. Vladimir's Theological Quarterly* 37 (1993): 213-51.
54 '건강 과학' 개념의 모호함에 대한 연구로는 R. John Bench, "Health Science, Natural Science, and Clinical Knowledge," *Journal of Medicine and Philosophy* 14 (1989): 147-64. 참조.
55 Committee on Nomenclature and Classification of Disease, *Systematized Nomenclature of Pathology* (Chicago: College of American Pathologists, 1969), p. xvii.
56 *The ICD-10 Classification of Mental and Behavioural Disorders: Clinical Descriptions and Diagnostic Guidelines* (Geneva: World Health Organization, 1992); *International Statistical Classification of Diseases and Related Health Problems* (Geneva: World Health Organization, 1992).
57 Alvan R. Feinstein, *Clinical Judgment* (Huntington, N.Y.: Kreiger, 1974), p. 968.
58 Norwood R. Hanson, *Patterns of Discovery* (Cambridge: Cambridge University Press, 1961); *Perception and Discovery* (San Francisco: Freeman, Cooper, 1969). 의학과 생명과학에서 발견과 설명의 성격에 대한 철저한 연구는 다음을 보라. Kenneth F. Schaffner, *Discovery and Explanation in Biology and Medicine* (Chicago: University of Chicago Press, 1993).
59 Henrik Wulff, *Rational Diagnosis and Treatment*, 2d ed. (London: Blackwell Scientific, 1981), pp. 30-41.
60 우리는 여기서 로런스 위드(Lawrence Weed)의 문제 지향적 의무기록을 떠올릴 수 있다. 그것은 환자의 문제를 적어도 그가 경험하는 용어로 기술하라는 요구를 하고 있다. *Medical Records, Medical Education, and Patient Care* (Chicago: Year Book Medical Publications, 1970).
61 이러한 점들은 헤겔이 『논리학』 '본질' 부분과, 『엔치클로페디』 1부의 2 '본질의 교의(Die Lehre vom Wesen)'에서 탐구하였다. 그 요점은 헤겔이 『정신현상학』과 감각의 확실성, 지각, 그리고 힘과 이해에 관한 연구에서 발전시켰다. 헤겔은 외양의 의미와, 외양의 이면에 있는 법칙이 설명의 구조 자체 안에서 서로를 전제하는 방식에 대해 상세한 분석을 제공한다.
62 과학적 설명을 빚어내는 데 있어서 예측과 조작이 제기하는 쟁점에 대한 소개는 다음을 보라. R. G. Collingwood, *The Idea of Nature* (New York: Oxford University Press, 1960). 또한 다음을 보라. Stephen Toulmin, *Foresight and Understanding* (New York: Harper & Row, 1961), and *The Philosophy of Science* (New York: Harper & Row, 1953).

63   Thomas Sydenham, "Answer to Henry Paman, M.D. Fellow of St. John's College in Cambridge, publick Orator of that University; and Professor of Physic in Grethan College; containing the History and Treatment of the Venereal Disease," in *The Entire Works of Dr. Thomas Sydenham*, ed. and trans. John Swan, 3d ed. (London: E. Cave, 1753), p. 339.

64   Sauvages, *Nosologia methodica*.

65   16세기와 17세기의 과학적 의학의 발전사는 복잡하고 과학, 의학, 그리고 관찰자 편향의 역할에 대한 수많은 재평가와 얽혀 있다. 이전의 의료 행위의 대부분은 재검토되었다. 우리는 주술사나 소변관찰자(water caster)와 같은 종류의 사람들을 떠올려볼 수 있다. Thomas Brian, *The Pisse-Prophet or Certaine Pissepot Lectures* (London: R. Thrale, 1637). 또한 동료 의사이자 개업 파트너였던 로크가 '영국의 히포크라테스'라고 불렀던 시드넘의 영향도 있었다. Patrick Romanell, *John Locke and Medicine* (Buffalo, N.Y.: Prometheus Books, 1984). 킹(Lester King)은 18세기와 질병분류학의 시작에 대한 두 중요한 연구를 남겼다. Lester King, *The Medical World of the Eighteenth Century* (Chicago: University of Chicago Press, 1958), *The Philosophy of Medicine* (Cambridge, Mass.: Harvard University Press, 1978).

66   William Cullen, *Synopsis nosologiae methodicae* (Edinburgh: William Creech, 1769). 이 책에 대한 연구로는 다음을 보라. Robert Kendell, "William Cullen's Synopsis Nosologiae Methodicae," in A. Doig, J. P. S. Ferguson, I. A. Milne, and R. Pass-more (eds.), *William Cullen and the Eighteenth Century Medical World* (Edinburgh: Edinburgh University Press, 1993), pp. 216-33.

67   Carolus Linnaeus, *Genera morborum, in auditorum usum*.

68   Fredrik Berg, "Linné et Sauvages: Les rapports entre leurs systèmes nosologiques," *Lynchonos* (1956): 36.

69   Sauvages, *Nosologia Methodica* (1768), vol. 1. pp. 92-95.
    독자는 소바주의 임상 지향 질병분류학에서 주요 강(綱)의 의의를 현대 독자들에게 전달하기 어렵다는 점에 주목해야만 한다. 그 분류는 질병과 문제를 낯선 방식으로 함께 묶는다. 예를 들어, 10강 악액질(전신질환: 피부색, 형태, 모양의 일그러짐 [vol. 1, p. 95]) 아래에는 붓기, 전신 팽대, 체적 증가(tumores, corporis generalis intumescentia, seu adauctum volumen)라는 목(目)이 있다. 여기에는 임신이 포함된다. 임신을 질병 분류 내에서 나열하는 것이 특이하게 보일 수 있다. 그 분류가 임상적 문제 중 하나이며, 임신이 발등의 붓기를 포함한 임상적 어려움을 야기할 수 있음을 인식한다면, 그 특이성은 부분적으로 사라진다. 부적절함의 느낌은 임상 현상을 분류하는 오늘날의 관점과 관련되어 있다. 또한 그 어려움은 "악액질(체중 감소, 허약, 신체의 나쁜 상태)"이라는 용어에 충분한 의미를 주기 어렵다는 것과도 관련되어 있다.
    임상지향적 분류 외에도 소바주는 병인 지향적 분류(Class morborum anetiologicae)와 해부학적 분류(Methodus anatomica morborum)에 약 80페이지 이상을 할애했다. 요약하면 소바주는 상황에 따라 선택할 수 있는 세 가지 대안적인 분류를 개발했다.
70 Sydenham, in *The Entire Works*, sec. 9, pp. iv-v.
71 Ibid., p. v.
72 *DSM-Ⅲ*, pp. 6-7.
73 *DSM-Ⅲ-R*, p. xxiii.
74 Theophile Bonet, *Sepulchretum sive anatomica practica ex cadaveribus morbo denatis* (Geneva: L. Chouet, 1679).
75 Giovanni Morgagni, *De sedibus et causis morborumper anatomen indagatis* (Venice: Ex Typographis Remondiniana, 1761).
76 Michel Foucault, *Naissance de la clinique* (Paris: Presses Universitaires de France, 1963). *The Birth of the Clinic: An Archaeology of Medical Perception*, trans. A. M. Sheridan Smith (New York: Random House, 1973).
77 F.-J.-V. Broussais, *On Irritation and Insanity*, trans. Thomas Cooper (Columbia, S.C.: S. J. McMorris, 1831), p. ix. *De L'irritation et de la Folie* (Paris: Delaunay, 1828).
78 Rudolf Virchow, "One Hundred Years of General Pathology (1895)," in *Disease, Life, and Man*, trans. L. J. Rather (Stanford, Calif.: Stanford University Press, 1958), p. 214.
79 Xavier Bichat, "Preliminary Discourse," in Bichat, *Pathological Anatomy* (Philadelphia: John Grigg, 1827); reprinted in Caplan et al., Concepts of Health and Disease, pp. 167-68.
80 Sauvages, *Nosologia methodica sistens morborum classes juxta Sydenhami mentem et botanicorum ordinem*, 2d ed., 2 vols. (Amsterdam: Fratrum de Toumes, 1768).
81 F.-J.-V. Broussais, *Examen des Doctrines Medicales et des Systems de Nosologie* (Paris: Meguignon-Marvis, 1821), vol. 2, p. 646. 특히 흥미로운 부분은 브루세가 질병 실체를 지칭하는 의학 기록을 설명하기 위해 온톨로지라는 용어를 사용했다는 점이다. 나는 브루세의 그 용어 사용과 그리스어 신조어인 οντοι에 대해 설명해주신 카와키타 요시오 교수께 빚을 지고 있다. 또한 다음을 보라. Thomas J. Bole, "The Neologism ovxot in Broussais's Condemnation of Medical Ontology," *Journal of Medicine and Philosophy* 20 (Oct. 1995).
82 Carolus Linnaeus, *Genera morborum in auditorum usum* (Hamburg: Buchenroeder & Ritter, 1773 [?]), pp. 16-17.
83 Sauvages, *Nosologia methodica* (1768), vol. 2, pp. 1-42f.
84 탤컷 파슨스는 여러 저작에서 이 점을 언급했다. 특히 다음을 참조하라. *The Social System* (New York: Free Press, 1951); and "Definitions of Health and Illness in the Light of American Values and Social Structure," in E. G. Jaco (ed.), *Patients, Physicians and Illness* (Glencoe, Ill.: Free Press, 1958), pp. 165-87.
85 M. Siegler and H. Osmond, "The 'Sick Role' Revisited," *Hastings Center Studies* 1 (1973): 41-

58.
86  Alfred Schutz and Thomas Luckmann, *The Structures of the Life-World*, trans. R. N. Zaner and H. T. Engelhardt, Jr. (Evanston, Ill.: Northwestern University Press, 1973).
87  의학적 경험으로서 신체에 대한 탐구는 다음을 보라. Drew Leder (ed.), *The Body in Medical Thought and Practice* (Dordrecht: Kluwer, 1992).
88  의학적 실재의 사회적 구성에 대한 논의는 다음을 보라. P. Wright and A. Treacher (eds.), *The Problem of Medical Knowledge* (Edinburgh: Edinburgh University Press, 1982).
89  임상의를 위한 핸드북에 실린 림프종에 대한 다음 병기 진단표의 예를 고려해보자. 이 분류는 임상적 실재에 대해 사회적으로 당연하게 받아들여지는 사회적 구성물이다.

| 1기 | 한 영역에 국한 |
| 2기 | 횡경막 한쪽의 둘 이상의 영역 침범 |
| 3기 | 횡경막 양쪽의 둘 이상의 영역 침범 |
| 3-1 | 상복부, 비장, 비장 및 폐문 림프절 침범 |
| 3-2 | 하복부 림프절 침범 |
| 4기 | 림프계 밖으로 전이 |

Leonard Gomella, *Clinician's Pocket Reference*, 7th ed. (Norwalk, Conn.: Appleton & Lange, 1993), pp. 272-73.
90  American Joint Committee on Cancer, *Manual for Staging of Cancer*, p. vii.
91  Ibid., p. viii.
92  Ibid., p. xi. 제4판에도 비슷한 내용이 반영되어 있다. pp. ix-x 참조.
93  A. S. Elstein, L. S. Shulman, and S. A. Sprafka (eds.), *Medical Problem Solving* (Cambridge, Mass.: Harvard University Press, 1978); Feinstein, Clinical Judgment ; Edmond A. Murphy, *The Logic of Medicine* (Baltimore: Johns Hopkins University Press, 1976); Wulff, *Rational Diagnosis and Treatment*; and Steven Schwartz and Timothy Griffin, *Medical Thinking* (New York: Springer-Verlag, 1986).
94  이 쟁점에 대한 탐구는 다음을 보라. José Luis Peset and Diego Gracia (eds.), *The Ethics of Diagnosis* (Dordrecht: Kluwer, 1992). 특히 다음을 보라. Edmund Pellegrino, "Value Desiderata in the Logical Structuring of Computer Diagnosis," pp. 173-195.
95  H. L. A. Hart and A. M. Honoré, *Causation in the Law* (Oxford: Clarendon Press, 1959); see especially pp. 35-36.
96  의학에서의 인과관계 개념에 대한 연구는 다음을 보라. José Luis Peset, "On the History of Medical Causality," pp. 57-74; Dietrich von Engelhardt, "Causality and Conditionality in Medicine around 1900," pp. 75-104; Anne Fagot Largeault, "On Medicine's Scientificity," pp. 105-26; Eric Juengst, "Causation and the Conceptual Scheme of Medical Knowledge," pp. 127-

52; and Anne Marie Moulin, "The Dilemma of Medical Causality and the Issue of Biological Individuality," pp. 153-62, in Corinna Delkeskamp-Hayes and Mary Ann Cutter (eds.), *Science, Technology, and the Art of Medicine* (Dordrecht: Kluwer, 1993). Paul Humphreys, *The Chances of Explanation* (Princeton: Princeton University Press, 1989) and Kenneth F. Schaffner, *Discovery and Explanation in Biology and Medicine* (Chicago: University of Chicago Press, 1993).

97  의학에서의 인과성과 인과관계의 탐구는 다음을 보라. Kenneth F. Schaffner, "Causation and Responsibility: Medicine, Science and the Law," pp. 95-122, and H. T. Engelhardt, Jr., "Relevant Causes: Their Designation in Medicine and Law," pp. 123-27, in S. F. Spicker et al. (eds.), *The Law-Medicine Relation: A Philosophical Exploration* (Dordrecht: Reidel, 1981).

98  B. Brody and H. T. Engelhardt, Jr. (eds.), *Mental Illness: Law and Public Policy* (Dordrecht: Reidel, 1980).

99  A. Koryagin, "Unwilling Patients," *Lancet* 1 (1981): 821; Harold Mersky, "Variable Meanings for the Definition of Disease," *Journal of Medicine and Philosophy* 11 (Aug. 1986): 215-32.

100 S. A. Cartwright, "Report on the Diseases and Physical Peculiarities of the Negro Race," *New Orleans Medical and Surgical Journal* 7 (May 1851): 691-715. 카트라이트가 당대의 기대에 함몰되어 있었는지, 혹은 노예들을 보호하기 위해 그의 관점을 발전시켰는지는 불분명하다.

101 사실 질환과 질병의 경험은 평가적·설명적, 그리고 사회적 기대에 의해 구조화된다. 최근의 연구는 다음을 보라. S. Kay Toombs, *The Meaning of Illness* (Dordrecht: Kluwer, 1992).

102 응용 과학과 비응용 과학을 형성하는 인식론적·비인식론적 가치의 역할 비교는 다음을 보라. H. T. Engelhardt, Jr., and A. L. Caplan, *Scientific Controversies* (New York: Cambridge University Press, 1987).

103 우리는 무엇을 어디에 응용할 것인지를 발견하기보다는 권한 부여의 필요성과 함께 의학적 무용성의 이질성을 알아야만 한다. Loretta M. Kopelman, "Conceptual and Moral Disputes about Futile and Useful Treatments," *Journal of Medicine and Philosophy* 20 (April 1995): 109-21; Baruch A. Brody and Amir Halevy, "Is Futility a Futile Concept?" *Journal of Medicine and Philosophy* 20 (April 1995): 123-44.

104 특정 도덕 비전을 중심으로 만들어진 특정 의료 시스템 내에서는, 특정 상태를 변태적이거나 부자연스러운 것으로 인식하는 것이 가능하다. 왜냐하면 그러한 의료 시스템은 질병, 질환, 장애 등에 대해 일반적이고 세속적인 설명에서 가능한 것보다 훨씬 더 풍부한 의학적 실재를 인식할 수 있도록 하는 내용 충만한 도덕 및 기타 가치 다짐을 수행할 수 있기 때문이다.

제6장

# 인격체의 시작과 끝: 죽음, 낙태, 그리고 영아 살해

인격체*는 도덕의 중심이다. 제4장에서 설명했듯이, 오직 인격체들만이 도덕적 문제와 도덕적 의무를 지고 있다. 도덕 세계 자체가 인격체들에 의해 유지된다. 문제는 모든 사람이 일반적이고 세속적인 도덕에 있어서 인격체인 것은 아니라는 것이다. 세속적인 도덕을 갖춘 인격체가 되려면 도덕적 권한을 가진 허락을 할 수 있어야 한다. 또는 다소 다르게 말하면, 자신과 자신의 소유물에 관해 도덕적 권한을 부여할 수 있는, 허락을 할 수 있는 실체들만이 인격체라고 불리게 된다. 엄격한 의미의 인격체는 협력을 위한 도덕적 권한의 그물망을 협약에 의해 설립할 수 있거나 다른 인격체들과 관계 맺기를 거부할 수 있는 인격체들을 식별할 수 있다. 엄격한 의미에서 인격체는 도덕 이방인을 구속할 수 있는 적극적인 참여자인

---

\* person: 자의식을 가지고 합리적 사고와 도덕적 판단을 할 수 있는 지성을 갖춘 존재를 의미한다. 인격체는 사람(human)일 수도 있고, 아닐 수도 있으며 이 글에서 주장하는 바와 같이 모든 '사람' 종에 속하는 존재가 다 인격체인 것도 아니다.

데, 인격체만이 공동 노동의 영역을 협상할 수 있고 거절을 통해 다른 인격체의 침입을 제한할 수 있기 때문이다. 이와 같이 엄밀한 의미에서 인격체는 자신의 행동에 대해 책임질 수 있는 도덕 행위자이다.

모든 사람이 이 엄격한 의미에서 도덕 행위자가 되는 것은 아니다. 제4장에서 보았듯이 영아(infant)는 이런 의미에서 인격체가 아니다. 심한 치매 환자와 매우 심한 지적장애인들은 이렇게 중요하고 핵심적인 방식에서 인격체가 아니다. 심한 뇌손상을 입은 사람들도 아니다. 다시 말하지만, 일반적이고 세속적인 도덕은 인격체들로부터 그 권한과 범위를 끌어내기 때문에 허락의 주체인 도덕 행위자가 핵심적이다.

인격체와 사람에 대한 이와 다른 이해는, 비록 사실일지라도, 일반적이고 세속적인 도덕의 희박한 구조 안에 정립되거나 인정될 수 없다. (종교) 신봉자들은 이러한 세속 도덕성의 설명이 일반적이고 세속적인 측면에서 확보 가능한 도덕성의 내용이 얼마나 작은지, 또 그 확보한 것마저 얼마나 왜곡되고 부분적인지를 드러내고 있음을 인식해야 한다.[1] 사람의 내재적 가치나 의의는 인정될 수 없다. 우리가 인식할 수 있는 것은 인격체로부터 유래하는 도덕적 권한뿐이다. 그러나 일반적이고 세속적인 도덕을 확립하려는 다른 시도의 실패에도 불구하고, 적어도 이것은 확보되었다.

의학은 도덕 행위자라는 엄격한 의미에서 인격체와 관련되는데, 여기에는 자신의 문제를 의사와 상의하고 치료에 관해 합의하는 환자들이 포함된다. 의학은 개인의 권리와 특권의 일부가 일반적이고 세속적인 측면에서 귀속되는 사람들과도 관련이 있다. 영아나 노인들은 여러 면에서 마치 인격체인 것처럼 간주된다. 통상적으로 의료에서 **인격체**는 의사능력이 있는 성인과 심한 지적장애인 모두를 지칭할 때 사용된다. 이러한 잠재적인 모호성은 의미가 있는데 왜냐하면 엄격한 의미에서 죽음의 정의는 인격체의 죽음에 초점을 맞추는 것처럼 보이는 반면, 사실 그 초점은 다른 의미와 마찬가지로 사람의 죽음이기 때문이다. 그래서 우리는 생의 초기에, 낙태와 영아 살해에 관한 대부분의 논쟁은 엄격한 의미에서 인격체가 존재하는 시점에 초점을 맞춘다고 생각할 수 있다.² 그러나 사람은 출생 후 여러 해가 지날 때까지 엄격한 도덕 행위자라는 의미에서 인격체가 되지 않기 때문에 이는 타당하지 않다. 개인이 신앙을 통해 알게 되거나 물려받은 문화의 전제로 수용하는 것과, 일반적이고 세속적인 측면에서 지지될 수 있는 것 사이에는 상당한 긴장이 있다.

이러한 철학적 문제는 제4장에서 이미 탐구하였다. 여기서 우리는 이를 더욱 정교화하고 적용한다. 의사는 결국 삶, 혹은 죽음이라는 추상적인 개념을 실제 상황에 적용해야 한다. 의사는 개인에게 사망 선고를 한다. 앞 장에서 보았듯이, 그러한 결정들은 단순히 사실적인 것만은 아닌데 가능한 위양성과 위음성 오류의 대가를 고려하지 않고서는 그런 판단을 내릴 수 없다는 바로 그 이유 때문이다. 어떤 방향의 잘못을 택할지 결정하려면 비용과 편익의 균형을 맞추어야 한다. 문제는 우리가 가장 강력한 세속 도덕적 의무를 지고 있는 실체, 즉 엄격한 의미에서의 인격체들이, 출생 후 몇 년이 지나야 존재하게 되고, 유기체의 죽음 이전의 어느 시점에 존재하기를 멈춘다는 사실이 명백하다면, 이런 세계에는 어떻게 접근해야 하느냐는 것이다. 제4장에서 논한 사람의 생물학적 삶과 개인적인 삶의 구별을 여기서 기억해야 한다. 사람의 단일한 생물학적 삶은 엄격한 의미에서 인격체의 생명이 출현하기 전에 선행하며, 보통 죽은 후에도 한동안 지속된다. 이러한 상황 때문에, 즉 인격체들이 아이를 키워야 하며, 동정심과 보살핌의 감정을 육성해야 한다는 관심 때문에, 세속적인 도덕에서조차 인격체의 사회적 의미가 비인격적인 사람의 생물학적 생명으로 종종 귀속되는 경우가 있다. 그렇게 일반적이고 세속적인 도덕에서 영아(infant)는 마치 인격체인 것처럼 취급된다. 마찬가지로 엄밀한 의미에서는 아니지만 초고령자들도 인격체로 간주된다.

## 죽음의 정의

죽음의 정의에 관한 논쟁은 결국 종착점에 도달했다고 선언된 생명과 관련된 불확실성에 상당 부분 비롯된다. 우리는 이를 죽음을 정의하는 미국 법령의 상이한 단어들로부터 감지할 수 있다. 미국에서 최초로 제정된 법령인 1970년[3]의 캔자스주와 1972년[4]의 메릴랜드주 법령은 인격체(a person)의 사망 선언에 대해 말한다.

사람의 생물학적 생명이 중단되는 시점에 관심을 갖는 것과 인격체가 더 이상 존재하지 않는 시점에 관심을 갖는 것은 별개이다. 인체(human body)의 죽음에 관해 말하는 것은 사람의 생물학적 삶에 유기체적 관심을 두었음을 시사한다. 전신 지향 죽음 정의(whole-body-oriented definition)에서 전뇌 지향 죽음 정의(whole-brain-oriented definition)로의 발전은 사람의 생물학적 생명에 초점을 맞춘 정의에서 인격체의 삶에 초점을 맞춘 정의로 탈바꿈한 것으로 해석할 수 있다. 사실, 죽음의 정의에 관한 논쟁의 역사는 이 지점에 달려 있는 것으로 볼 수 있다. 그리고 두 가지가 더 있다. 첫째, 어떤 종류의 생명인가? 우리는 이 중에서 어느 것의 죽음을 결정해야 하는가? 여기서 이 논쟁은 사람의 생물학적 생명과 개인적인 삶의 대비에 초점을 맞추고 있으며 제4장에서 논의된 인격체의 다양한 의미를 포함할 수 있다. 둘째, 그 생명은 어떻게 그리고 어디에 구현되어 있는가? 문제가 되는 것은 뇌나 뇌의 일부가 죽음을 결정하려고 하는 그 생명의 유일한 장소, 임바디먼트, 또는 일종의 주관자(sponsor)인지 여부다. 셋째, 어느 정도까지 죽음 판정의 위양성, 위음성을 우리는 용인하거나 수용할 수 있을까? 하는 것이다.

### 신체, 마음, 그리고 인격체

첫 번째 쟁점은 사람 유기체의 생명과 인격체의 생명을 구별하는 것의 발전과 관련된다. 그 두 개념은 서양 철학 이론에서 사람 육체가 합리적 영혼(rational soul)에 의해 활력을 띤다고 여겨지자 더욱 밀접하게 결합되었다. 영혼은 도덕 행위자의 근원이 될 뿐만 아니라 육체에 활력을 불어넣는 동물적·식물적 기능도 포함하는 것으로 이해되었다. 그래서 아퀴나스는 영혼의 모든 부분이 육체의 모든 부분에 있다고 주장했다. 즉 "모든 영혼이 모든 부분에(tota in toto)"와 "모든 영혼이 특정 부위에(tota in qualibet parte)"있다는 것이다. 우리는 아퀴나스가 영양혼(nutitive soul), 감각혼(sensitive soul), 그리고 영혼(intellectual soul)을 구별했음을 기억해야 한다.[5] 비록 영혼은 다른 혼들의 존재를 그 임바디먼트 안에 포함시켰지만 말이다. 이로 인해 영혼은 유기적 과정의 일종의 촉매제로 보이게 되었다. 그러한 관점은 1828년 처음으로 무기물에서 요소를 합성했던 프리드리히 뷜러*의 업적에 특별한 의미를 부여했다. 유기물을 합성하려면 생명이 필요하다고 한 많은 생기론자(vitalist)는 이를 불가능하게 여겼다.

생명과학의 발달은 생물학적 기능을 생기론에 호소하지 않고도 이해할 수 있게 해준 지식의 발전에 기여했다. 이를 통해 우리는 그러한 과정을 인위적으로 재현할 수 있게 되었다. 생물학적 과정으로서의 생명은 특별한 영혼과 같은 촉매제를 필요로 하는 신비가 더 이상 아니게 되었다. 신체의 체계적인 통합은 영혼이나 도덕 행위자의 존재를 끌어들이지 않고도 이해할 수 있다. 반면 도덕 행위자는 자의식의 존재를 요구한다. 자의식은 기계적·화학적·생물학적 구조와 대비되는 뜻과 의미를 가지고 있다. 마음의 삶을 적절하게 이해하려면, 적어도 부분적으로는 내면 심리학의 용어로 포착해야 한다.[6]

생물학적 삶의 원리가 정신적 삶의 원리와 대조를 이루는 것은 바로 이러한 이유 때문이며, 특히 인격체의 삶이 그러하다.[7] 뷜러와 같은 성공으

---

\* Friedrich Woehler(1800~1882): 독일의 화학자.

로 점철된 생물학은 비록 마음의 생생한 경험을 이해하기에 충분하지는 않지만 신체의 체계적인 통합을 포함한 다양한 생물학적 기능을 이해하게끔 해준다. 우리가 소설과 영화 「2001 스페이스 오디세이」[8]에서 HAL과 같이 정신생활을 하고 어쩌면 인격체일 수도 있는 개체의 인공적 합성을 상상한다 해도, 이는 마찬가지다. 어떤 실체의 도덕적 지위에 관한 판단을 내리기 위해서는 의식과 자의식에 대한 능력뿐만 아니라 도덕적인 선의 개념을 가지고 합리적인 삶의 계획을 할 수 있는 능력도 결정할 필요가 있을 것이다. 우리는 그들이 자의식이 있는지를, 이성에 근거하여 선택할 수 있고 도덕적 주장을 할 수 있는지를, 그래서 도덕적으로 책임질 수 있는지를 알아야 한다. 하지만 이러한 지위에는 미치지 못한다 해도, 고통과 쾌감을 느낄 수 있는 실체들은 여전히 우리의 도덕적 관심사가 될 가치가 있을 것이다. 제4장에서 보여주었듯이 우리는 정신적 삶은 있으나 인격체가 아닌 실체와, 인격체인 실체를 구분해야 한다. 일반적이고 세속적인 도덕의 측면에서 선행의 원칙이 표현하는 바와 같이, 우리는 정신적 삶을 누리는 실체들은 고통과 쾌감을 느끼기 때문에 그들을 고려해야 한다. 우리는 인격체인 실체들을 존중해야 하는데 그들은 도덕 실천을 담지하고 있기 때문이다. 우리는 허락 없이는 그들을 사용할 수 없다.

   뇌간(brain stem)을 제외한 모든 뇌가 파괴된 사람의 몸과 완전히 기능하는 뇌를 가진 성인의 몸을 대비할 때 이는 분명해야 한다. 전자를 이해하기 위해서는 생물학적 삶의 원리에만 호소하면 된다. 후자를 이해하기 위해서는, 인격체를 포함한 정신적 실체의 원칙에 호소할 필요가 있을 것이다. 핵심적인 도덕적 관심사는 단순한 생물학적 생명이 아니다. 내면의 정신적 삶 없이 생물학적으로만 기능하는 사람의 몸은 도덕 행위자가 될 수 없다. 단순한 동물의 죽음은 고통과 쾌감을 느낄 수 있는 정신적 삶의 종말을 나타낸다. 한 인격체의 죽음은 약속을 할 수 있고 강력한 도덕 주장을 할 수 있는 실체가 소멸하였음을 표시한다. 죽음의 정의와 관련하여 다음과 같은 점을 강조해야 한다. 즉 뇌간을 제외한 뇌가 죽거나 전뇌사에 빠진 육체는 정신적 삶을 지탱할 수 없으며, 인격체의 삶은 더더욱 그러하다는 것이다.

이런 식으로 사물을 보는 것은 중대한 개념적 도약을 필요로 한다. 사람의 생물학적 생명만으로는 그 자체로 도덕적 가치가 거의 없음을 인식할 필요가 있다. 엄격한 의미에서 도덕적 관심사의 중심은 사람 인격체의 삶이라는 것을 인정할 필요가 있다. 그것은 또한 일단의 새로운 수수께끼와 맞닥뜨리는 것을 의미한다. 우리는 인격체의 삶이 아직은 아닌 수준에 있는 사람의 정신적 삶을 어떻게 보아야 할지를 결정해야 한다. 특히 어린이들의 입장과 심한 지적장애인, 뇌손상을 입은 이들을 어떻게 보아야 할지를 결정해야 한다. 그 초점은 사람의 정신적 삶의 특정 수준이 언제 중단되었는지를 결정하는 것으로 옮겨진다.

### 임바디먼트

인격체의 죽음에 대한 결정이 사람의 정신적 삶이 과연 중단되었는지 여부에 대한 확인이 될 때, 사람 생명의 임바디먼트라는 문제는 근대적 성격을 띠게 되었다. 우리가 그저 사람 생명의 임바디먼트에 대해 묻는다면, 아퀴나스의 것과 다소 비슷한 대답을 들을 것이다. 즉 사람의 생명은 사람의 모든 부분에 있다. 『블랙 법학사전(Black's Law Dictionary)』 제4판에 제시된 죽음의 고전적 정의는 여기서 "생명의 중단, 존재의 중단으로서 혈액 순환의 완전한 중단, 그리고 호흡이나 맥박과 같은 동물의 핵심적인 기능이 멈추었음을 의사(physician)가 정의한다"[9]라고 생각할 수도 있다. 다시, 우리의 관심사는 단순한 생물학적 생명의 보존에 있는 것이 아니라, 정신적 삶의 지속에 있어서 지각과 의식을 지탱하는 뇌에 초점을 맞추고 있다. 정신적 삶을 지탱하는 것은 뇌다. 이와는 대조적으로 육체는 인격체의 삶을 주관하는 뇌의 생명을 지탱하는 복잡하고 통합된 메커니즘으로 보인다. 우리는 신체의 여러 부분을 이식된 장기나 보형물로 대체할 수 있지만, 그 인격체는 그대로 남아있다. 그러나 우리가 뇌를 이식하는 데 성공한다면, 옛 신체에서 새 신체에 인격체를 이식하는 데 성공하게 될 것이다. 푸체티(Roland Puccetti)의 말대로, 뇌가 가는 곳에, 인격체가 간다.[10]

이는 다양한 정신 기능의 다양한 임바디먼트를 구별하게끔 한다. 우리는 이 쟁점과 관련된 19세기 논쟁에서 그 역사적 전조를 상기할 수 있을 것이다. 뇌의 국재성에 대한 근대적 이해의 상당 부분은 골상학자 프란츠 요제프 갈[11]*과 요한 슈퍼르츠하임[12]**에게 깊이 빚지고 있는데 이들은 정신 기능의 엄격한 국재성을 주장했다. 이 골상학자들은 후기 데카르트주의자인 플로랑스***에 의해 비판을 받았는데 그는 1845년에 저서 한 권을 데카르트에 헌정하면서 마음이 뇌의 반구에서 단일하게 활동한다는 관점을 옹호했다.[13] 복잡하고 중요한 방식으로 갈과 슈퍼르츠하임은 정신 기능이 엄밀하지는 않더라도 뇌의 여러 부분에 지도로 표시될 수 있다는 생각의 발달에 영향을 주었다.[14] 그들은 신경학(neurology)과 뇌 국재화(cerebral localization)라는 근대 용어를 만든 존 휴링스 잭슨의 연구에도 간접적인 영향을 미쳤다.[15] 이 논쟁과 전문용어를 통해서 우리는 상이한 임바디먼트를 가진 다양한 수준의 정신적 삶을 구별하게 되었다.

### 절대적인 확실성을 보장할 수 없는 삶과 죽음

도덕 이방인을 구속하는 허락의 도덕성에 참여하는 기준으로 인격체 기준을 이해하고, 이 일반적이고 세속적인 도덕적 실천의 참여자로서 뇌의 어느 부분이 인격체의 삶을 주관하는지를 결정하는 것은 죽음에 대한

---

\* Franz Josef Gall(1758~1828): 독일의 신경해부학자이자 생리학자. 뇌 국재성 연구의 선구자이며 골상학(phrenology)의 창시자로도 여겨진다.
\*\* Johann Spurzheim(1776~1832): 독일의 의사. 갈과 함께 골상학을 개척하였다. 골상학은 지금은 사이비 과학으로 간주된다.
\*\*\* Marie Jean Pierre Flourens(1794~1867): 프랑스의 생리학자로 실험뇌과학의 창시자.

수용 가능한 진단 기준을 만드는 데 충분치 않을 것이다. 마음이나 인격체로서 살아있음의 의미에 대한, 그리고 그 생명에 의해 상정된 임바디먼트에 대한 충분한 이해를 한 후에도, 우리는 그 생명의 임바디먼트가 언제 소멸되었는지를 안전하게 진단하는 방법을 여전히 찾아야 할 것이다. 이 세상에 살아있다는 것이 무엇을 의미하는지가 개념적으로 명확하더라도, 우리는 그 생명이 언제 멈추었는지를 결정하기 위해 신뢰할 수 있는 조작적 진단 기준을 만들어야 할 것이다.

대통령 직속 사망 정의를 위한 위원회의 보고서(1981)가 보여주듯이, 죽음에 대한 전신 지향 정의에도 불구하고 위양성(false positive) 진단*을 회피하고자 하는 강박적인 공포가 있었다. 예를 들어, 18세기와 19세기의 부자들은 때때로 관에서 살아날 경우 다른 사람들에게 신호를 보낼 수 있도록 하는 복잡한 장치와 함께 묻혔다.[16] 그러한 관은 특별한 통풍 장치를 구비하고 있었다. 마찬가지로, 죽음에 대한 전뇌사 정의 역시 어떤 진단 기준이 뇌가 죽었다는 신뢰할 만한 지표인가 하는 문제를 제기하였다. 우리는 여기서 누군가의 사망 판정을 하기 위해 어떤 조건하에 자발호흡 테스트를 해야 하는지, 혹은 반사 측정이나 심전도 검사와 같은 반복 테스트가 얼마나 자주 필요한지에 대한 오늘날의 논란을 떠올릴 수 있다. 그러나 더 이상 치료를 받고 싶어하지 않는 심한 뇌손상 환자들의 경우를 떠올려 본다면, 우리는 보통 생각하는 것처럼 위양성 오류 문제에 그렇게 집착할 필요가 없을지도 모른다. 한편 우리는 적절하게도 특정 진단 기준의 위음성 오류를 우려할 수도 있다. 만약 누군가가 실제로 죽었는데 살아있다고 여겨진다면, 돌봄과 치료라는 값비싼 도덕적 의무를 낭비하게 될 것이다.

그러한 우려는 살아있음이 의미하는 것, 또는 그러한 생명이 상정하는 임바디먼트에 대해 그저 간접적인 관심을 가지고 있을 뿐이다. 그들은 오

---

\* 실제로 죽지 않았는데 사망 판정을 한 오류를 의미한다.

히려 삶의 종말을 결정하거나 가능한 한 작은 위양성 확률로 그 임바디먼트를 없애는 방식에 주된 관심을 가지고 있다. 이는 의미 있는 애매함으로 이어질 수 있다. 우리는 전신이나 전뇌가 인격체의 생명을 주관해서가 아니라 신피질 죽음 정의를 채택하면 생길 수 있는 사망 판정의 위양성 오류를 걱정하여 전신사나 전뇌사를 선택할 수 있다. 또는 좀 더 원색적인 예를 들자면, 텍사스 여름의 태양 아래에서 악취가 날 때까지 사망 판정을 미루고 싶다고 해서 그것이 반드시 그 시점까지 그가 살아있음을 믿는다는 것을 의미하지는 않는다.

이러한 잠재적인 애매함 중 일부를 피하기 위해, 나는 '죽음의 개념(concept of death),' 그리고 '전뇌 지향 죽음 개념(whole-brain-oriented concept of death)'과 '신피질 지향 죽음 개념(neocortically oriented concept of death)'과 같은 변형들을 사용하여 정신적 삶이나 인격체의 삶, 그리고/혹은 생명의 임바디먼트의 의미에 대한 개념적 이해를 구별하도록 할 것이다. 이는 인격체는 전뇌 혹은 신피질 안에 체화(embodied)되어 있다는 주장으로 이어진다. 대조적으로, 나는 죽음의 특정 정의에 따라 죽음이 일어났는지를 판별하기 위해 사용되는 특정한 행위를 의미하기 위해 '사망 판정 검사(test for or determination of death)'라는 용어를 사용할 것이다. 나는 '죽음의 정의(definition of death)'라는 용어를 죽음의 개념과 사망 판정 진단의 개념으로 모두 사용할 것이다.

### 죽음의 전뇌사 정의의 발전

고등 뇌 중추 지향 죽음 정의는 아니더라도, 전뇌 지향 죽음 정의를 위한 개념적 구분은 19세기 말에 이르면 상당한 정도로 잘 발전되어 있었다. 뇌는 의식의 주관자였고 사실상 대뇌가 의식에 필수 조건임이 분명했다.[17] 주요 문제들은 개념적인 것이 아니라 조작적(operational)이었다. 그 어려움은 수용 불가능할 정도로 위양성 오류가 크지 않은, 죽음에 대한 전뇌 또는 신피질 중추 지향 사망 판정 진단 기준을 확립하는 데 있었을 것이다. 20세기에는 단순히 더 많은 정보가 제공되었을 뿐 아니라, 신피질 지향적이지는 않더라도 전뇌 지향적 사망 진단법을 개발해야 할 실질적인 필요성이 생겨났다.

이러한 필요성은 뇌사 상태가 되었지만 며칠, 혹은 몇 시간 동안 살아 있는 인체를 유지할 수 있는 중환자실과 인공호흡기의 개발에서 비롯되었다. 이러한 기술 발전은 첨단 기술의 맥락에서 전신 지향 죽음 정의가 초래한 위음성 결정(죽었는데 죽지 않았다는 결정)에 기인하는 새로운 재정적·심리적 비용을 추가했다. 1950년대의 신장 이식 기술, 1967년 심장 이식 수술의 발달과 함께 전뇌사를 정의해야 할 필요성이 더욱 부각되었다. 전신 검사에 근거하여 공여자의 사망 판정을 한다면 이식에 쓰일 신장과 심장에 심각한 손상을 입을 위험을 무릅써야 하는 것이다. 기술 발전, 비용 증가, 그리고 이식에 대한 관심으로 인해 더 이상 살아있는 인격체가 아닌 살아있는 신체로서 뇌사자를 정의할 수 있지 않은가 하는 물음이 절박해졌다.

1968년 헨리 비처*가 주재한 하버드 의대 특별 위원회는 전뇌사 중심 죽음 정의를 향한 최초의 단계를 망설이면서 밟아나갔다. 이 위원회가 엄격한 의미(sensus stricto)에서 죽음에 대한 정의를 내리지 않고, 오히려 비가역적 혼수상태에 빠진 개인에게 사망 선고를 할 수 있다고 결론을 내렸다는 점에 유의해야 한다. 이 위원회는 뇌 전체의 파괴와 그 인격체의 죽음을 명확하게 동일시하지 않았다.[18] 이러한 한계에도 불구하고, 이 제안은 죽음의 의미에 대한 이해에 즉각적이고 실질적인 영향을 미쳤다. 이 위원회가 기준을 발표한 직후, 세계의사회 22차 회의는 「시드니 선언」에서 사망 판정에서 뇌파계(EEG) 결과의 유용함을 인정했다.[19] 다음 해인 1969

---

* Henry K. Beecher(1904~1976): 미국의 마취과 의사, 의료윤리학자, 하버드 의대 교수를 지냈다.

년 미국 뇌파학회의 뇌사 결정 기준 특별 위원회는 사망과 뇌사를 동일시하는 기준을 발표했다. 그 제목은 대뇌 지향 죽음 정의를 시사하지만, 이 위원회는 사실 전뇌 지향 죽음 정의만을 지지했다.[20] 뇌 전체가 상당 기간 동안 사실 죽지 않았고, 일부 조직이 살아있다는 증거가 존재했음에도 불구하고, 소위 전뇌 지향 죽음 정의가 널리 받아들여지고 채택되었다는 점에 유의해야 한다.[21] 이러한 정책적 성공은 그것이 내재적인 최소(de minimi) 기준을 통합한다고 가정할 때만 설명 가능하다.

이러한 발전은 1970년부터 법률의 변화를 초래했다. 전뇌 지향 죽음 정의는 다음 10년 동안 잘 확립되었다. 인격체가 죽은 시점과 더 이상 사람의 생명을 유지할 의무가 없는 시점 간의 애초에 잠재적으로 치명적인 혼란이 명확해지기 시작했다. 전뇌가 파괴되었다면 그 개인은 죽었고, 그가 이 세상에 더 이상 존재하지 않게 되었다기보다는 우리가 그를 보살필 의무가 더 이상 없다는 점이 일반적으로 인정되었다. 이는 고통스럽고 어려운 조치였다. 뇌사 상태에 있지만 살아있는 사람의 몸은 만지면 따뜻하고, 비록 기계적인 도움을 받기는 하지만, 호흡을 한다. 그들은 사실상 살아있기 때문에 마치 살아있는 것처럼 보인다. 이식외과 의사들이 이상적인 장기 공여자로서 그러한 신체에 관심을 갖는 이유는 사람의 생물학적 삶이 꾸준히 지속되기 때문이다. 뇌사자이지만 살아있는 남성이 정자 기증자의 기능을 하지 못할 이유가 없다. 또한 대뇌피질은 죽었지만 다른 부분은 살아있는 임산부들은 분만 시까지 생체 기능이 유지되었다.[22] 그러한 신체들은 생물학적 생명력의 중요한 기준 중 하나, 즉 생식능력을 충족한다.

뇌사 상태지만 살아있는 사람의 육체는 생물학적으로 살아있기 때문에 일반 대중은 인격체의 전뇌 지향 죽음 정의를 받아들이기가 너무나 어려웠다. 이러한 어려움의 한 예는 1952년 켄터키주의 '그레이 외 대 소여 (Grey et al, v. Sawyer) 판례'가 보여주는데 이 판례에서는 상속 목적을 위해 두 사람 중 누가 먼저 사망했는지를 결정하는 것이 중요했다. 이 판례에서 사고로 한 사람은 머리가 절단되었는데 동승자가 더 이상 맥박이 뛰지 않은 이후에도 경동맥에서 계속 피를 뿜었다. 법원 기록에서 알 수 있듯이, 그녀는 "머리가 절단되어 몸에서 3미터 정도 떨어진 곳에 놓여있었고, 잘린 목에서는 계속 피가 뿜어져 나오고 있는 채로" 발견되었다. 의사들은 "피가 뿜어져 나왔다는 사실이 입증하듯 심박동이 있는 한 육체는 죽지 않았다"라고 법원에서 증언했다.[23] 우리에게 이 법원의 결정은 터무니없는데, 우리는 전뇌 지향 죽음 기준을 받아들이기 때문이다. 이 판례에서 우리는 절단된 그녀의 머리가 적어도 동승자의 뇌와 동시에 무산소증에 빠졌음을 이해한다. 우리는 이 세상에서 신체를 가지고 살아있음이 의미하는 바를 이해하는 데 있어 커다란 패러다임의 변화를 겪었다.

### 그곳에 존재하기(Being there)

인격체의 삶에 대한 철학적 성찰과 임바디먼트의 의미는 보다 직설적인 판타지의 측면에서 찾아볼 수 있다. 우리가 신경과 전문의에게 심각한 신경 질환 진단을 받았다고 상상해보라. 나쁜 소식은 우리의 뇌 전체가 망가질 것이라는 점이다. 좋은 소식은 의학의 발달로 인해 정상 수명은 여전히 보장될 수 있다는 점이다. 만일 이 정보에 대한 우리의 반응이 단순히 '그런 삶은 아무 쓸모도 없어'가 아니라 '쓸모 있건 없건 간에 그건 내가 존재하는 게 아니야'라면 우리는 전뇌 지향 죽음 관점을 받아들인 것이다.

그 의사가 다음 날, 그 소식은 그리 나쁘지만은 않다고 말한다면 신피질 지향 (더 정확하게 말하면 고등 뇌중추 지향) 죽음 정의로 가는 단계를 얻게 된다. 비록 우리는 대뇌 전체는 잃게 되겠지만, 뇌간, 뇌교와 소뇌는 보존할 수 있을 것이다. 우리는 인공호흡기를 사용하지 않고 정상적인 호흡을 계속할 수 있을 것이다. 그러나 지각도, 세상 경험도 없을 것이며, 영원한 혼수상태에 빠질 것이다. 그런 삶이 무용지물일 뿐 아니라, 여전히 내가 존재하는 건 아니라는 결론을 내린다면, 우리는 고등 뇌중추 지향 죽음 개념을 향해 한 걸음 더 나아간 것이다. 우리는 인격체로서 세상에 존재한 다는 것이 무엇을 의미하든지 간에 최소한 어느 정도의 지각과 의식을 필요로 한다는 결론을 내린 것이다. 생물학적 기능의 지속만으로는 충분하지 않다. 최소한의 의식의 각성에도 고등 뇌중추는 요구되기 때문에, 인격체는 그것을 생활에 필수적인 조건으로 인식한다. 대뇌가 없으면 인격체가 없다. 우리는 또한 뇌간, 뇌교, 소뇌의 존재만으로 인격체의 생명(혹은 마음의 생명까지도)에는 불충분하다는 것을 인정한다. 기능적이고 온전한 뇌간, 뇌교, 소뇌는 의식에 충분하지 않기 때문에 그 자체로는 인격체의 존재를 확보하지 못한다. 요컨대 대뇌가 죽었다면 인격체는 죽은 것이다.

사망에 대한 위양성 판정이 지나치게 늘어날 것이라는 우려로 인해, 비록 우리가 지적으로는 고등 뇌중추 지향 죽음 개념을 받아들이더라도, 사망 판정을 위해서는 고등 뇌중추 지향 검사를 채택하지 않기를 바랄 수도 있다. 그러한 우려로 인해 우리는 그러한 (위양성) 위험이 죽음에 대한 위음성 결정이라는 대가를 치를 만한 가치가 있다고 결정하게 될 수도 있다. 또한 고등 뇌중추가 죽었더라도 여전히 자발적으로 호흡하는 신체를 처리하는 데 드는 감정적·사회적 비용의 문제도 있다. 결과적으로, 적어도 일반적이고 세속적인 도덕적 측면에서 볼 때 우리는 캐런 퀸런*과 같은 개인이 사망 선언을 하기 몇 년 전에 죽었다고 판단할 수도 있지만, 가능한 부작용들 때문에 그러한 이들에게 사망 선고를 하는 정책을 채택하고 싶지 않을 수도 있다.

이러한 망설임에도 불구하고 우리는 전뇌 지향 죽음 정의로 나아간 것과 거의 같은 방식으로 고등 뇌중추 지향 죽음 정의의 방향으로 움직이고

---

* Karen Quinlan(1954~1985): 미국의 안락사와 연명의료 중단 논의에서 중요한 계기가 되었던 사건의 주인공. 1975년 파티에서 술과 안정제를 섞어 먹고 심한 뇌손상을 입어 인공호흡기에 의존하여 살게 되었으나 부모가 인공호흡기를 제거해달라고 소송을 제기했던 사건이다. 1976년 뉴저지주 최고법원은 부모의 요청을 승인하였으나 인공호흡기를 제거한 상태에서도 꽤 오래 살다가 1985년 사망하였다.

있는 것처럼 보인다.²⁴ 법률은 그러한 이들에게 사망 선고를 하는 것을 허용하지는 않지만, 가족들이 동의한다면 그러한 이들에게 모든 치료를 중단하는 것을 받아들이고 있다. 적어도 일반적이고 세속적인 측면에서 많은 성찰의 목소리는 (1) 환자와 그 직계 가족들의 희망, (2) 그러한 치료를 과도하게 만들 수 있는 부담과 비용, (3) 덧붙여 더 이상의 삶을 살 수 없다는 인식과 관련하여 더 진전된 방향으로 나아가고 있다. 대통령 직속 의학, 생명의학 및 행동과학에서 윤리 문제 연구를 위한 위원회는 1983년 3월 21일 보고서에서 다음과 같은 권고안을 만들었다.

> 환자 가족은 영구적인 무의식 상태의 환자들이 어떤 종류의 의료 서비스를 받을지를 결정해야 한다. 이러한 환자에 대한 적절한 의사결정 절차를 필요로 하는 것 외에, 법은 환자의 존엄성과 존엄을 보장하기 위해 필요한 기본적인 간호 관리를 제외하고, 어떤 특정한 치료를 적용하거나 지속하도록 요구해서는 안 된다.²⁵

영구적인 무의식 상태 환자에게 더 이상 할 수 있는 일이 없다는 인식이 있다. 실제로, 현재 영구적으로 무의식 상태인 개인은 살아있는 인격체와, 분명히 죽은 것으로 인식되는 인격체 사이의 림보에 빠져 있는 것처럼 보인다. 정맥관 수액 공급과 영양 공급을 포함한 모든 치료를 중단하는 것은 일반적이고 세속적인 도덕 측면에서는 합법적인데,²⁶ 이것은 합리적으로만 보인다. 탈수와 기아로 고통을 겪거나 수액과 영양 공급에서 쾌감을 얻을 인격체는 없다. 한편 환자나 그 가족이 그러한 상황에서 치료를 요구하는 것은 정당한가? 그런 신체를 죽인 살인범에게 우리는 유죄를 선고해야 하는가? 이 점에 대한 논증의 해답은 적어도 일반적이고 세속적인 측면에서는 모든 면에서 부정적이다. 그러한 신체는 더 이상 인격체나 심지어 마음의 임바디먼트가 아니기 때문에 적어도 일반적이고 세속적인 측면에서는, 생물학적으로 살아있는 시체로 간주될 것이다. 실제로 중환자 치료학회 윤리위원회는 "지속적 식물 상태나 영구적으로 의식불명 상태에 있는 환자들은 중환자실(ICU)에서 제외되어야 한다"[27]라고 권고하고 있다. 누군가가 그러한 시체의 치료를 지속하려 한다면, 그것이 그들의 도덕적 명령이라면, 그들이 의료비를 사적으로 부담해야 한다. 또한 그러한 신체를 죽인 사람은 시신 모독처럼 세속적으로 인지할 수 있는 도덕적 범죄를 범했다고 할 수 있겠지만, 그 죄는 살인죄는 아닐 것이다. 그 신체 안에 죽일 수 있는 인격체는 아무도 없을 것이다. 특정 도덕 공동체는 그들의 영역이나 시설에서 저질러진다면 그런 행위를 살인으로 간주하는 특별법을 요구할 수 있다. 일반적으로는 그러한 실체들의 생명을 보존하기 위해 의료과오 보상금을 지급해서는 안 된다.[28]

문제는 어디에 선을 긋느냐이다. 인격체의 생명이 존재하기 위해서는 얼마나 많은 정도의 의식이 필요한지 불분명하다. 다시 말하지만, 이런 이유로 인해 우리는 보수적인 측면에서 실수할 수도 있다. 전뇌 지향 죽음 개념을 적용할 때, 어떤 EEG 활동의 존재가 인격체의 존재를 분명히 확립하기에 불충분하기는 해도, 저체온증이나 중추신경 기능 억제제가 없는 경우, 모든 뇌파 활동이 소실되었다면 사망을 선고할 것을 요구할 수 있다. 이러한 접근방식은 상당한 EEG 활동이 사람 인격체의 임바디먼트에 필요한 조건임이 분명하기 때문에 수용 가능하다. 비록 인격체의 삶을 위해서는 얼마나, 어떤 종류의 EEG 활동이 충분한지는 매우 불분명하지만 말이다. 최소한 일반적이고 세속적인 측면에서 볼 때 최소한의 지각과 의식의 존재만으로는 인격체가 존재하기에 충분치 않을지라도, 모든 지각과 의식의 부재는 기꺼이 한 인격체의 죽음에 대한 기준으로 받아들일 수도 있다. 전체 신피질이 파괴되어야 하는 고등 뇌중추의 죽음이라는 정의도 어쩌면 보수적일 것이다.

그러한 경계선 사례의 예시는 '클레어 콘로이 판례(In re Claire C.

Conroy)'가 제공하는데, 이 판례는 기질적 뇌 증후군을 앓는 84세 여성에 대한 비위관 영양 공급을 중단해달라는 탄원이다. 그녀는 의사소통을 할 수 없고 심한 정신이상 상태였지만, 여전히 자발적으로 손을 움직이고, 머리를 빗겨주면 미소를 지었다. 콘로이 사례와 같은 경우에 대한 견해는 (1) 인격체의 삶에 충분한 정신생활은 어느 정도까지인지 (2) 우리의 보호는 인격체의 계승자인 실체들에게도 적용되어야 하는지에 달려 있다. 콘로이 사례의 사실들은 그녀가 여전히 도덕 행위자라는 주장을 믿을 수 없게 만드는 것으로 보인다. 그러나 아직도 이성이 희미하게 삶을 밝혀주는 이들은 말할 것도 없고, 여전히 약간의 지각력을 가지고 있는, 인격체를 계승한 실체를 대변하는 (대부분 종교에 근거한 도덕적 주장 외에) 일반적으로 정당화 가능한 세속적인 도덕적 주장이 있을 수 있다.

이것은 존재론적인 문제다. 즉 우리는 심각하게 노쇠한 인격체들의 불완전하게 통일된 정신생활을 어떻게 보아야 하는가? 일반적이고 세속적인 도덕의 관점에서 그들이 비슷한 수준의 정신생활을 하는 다른 동물들과 동등한 수준으로 간주되어야 한다고 말하기는 너무 쉽다. 노인들은 적어도 그러한 동물들이 갖는 세속적인 도덕적 권리(즉, 선행에 기초한 권리)를 가지고 있다. 심한 치매 환자들도 한때 엄격한 의미에서 한낱 인격체였다. 누군가가 그들이 누구였는지 안다. 그러한 실체들은 엄격한 의미에서 아직 또는 결코 인격체가 될 수 없는 영아나 심한 지적장애인의 도덕적 지위와 상당히 다르다. 여기서 우리는 고인의 유언적 소원을 존중할 의무가 있기 때문에 전-인격체(former person)들의 자신의 신체에 관한 이전의 협약에서 도덕적 의무를 도출할 수 있다. 실제로 이러한 경계선 사례에서 우리는 (1) 한때 인격체였던 그들에 대한 책무로 인해, (2) 그들이 속해 있는 실제 인격체들(즉, 그 가족)로 인해, (3) 전-인격체가 그 계승된 실체에서 어느 정도나 남아있는지 불분명하기 때문에(그 정신생활은 더 이상 도덕 행위자로 보기 어렵다), (4) 그러한 실체에 대해 선행을 해야 한다는 도덕적 의무로 인해, (5) 한때 그들이었던 도덕적 인격체와 관련된 가치에 대한 관심 때문에 그러한 실체들에 대한 어떤 의무를 지게 된다.

첫 번째와 두 번째 요점만으로도 현재 시신을 취급하는 것처럼 신체를 존중해야 한다는 것 이상의 의무를 정당화할 수 있을 것이다. 그러한 고려는 적어도 전-인격체의 신체가 살아있는 한 기본적인 간병 치료를 정당화할 수 있을 것이다. 비록 그 인격체는 죽었지만, 과거의 합의나 현재의 보호자에 대한 협약 때문에 우리가 상당한 세속적이고 도덕적인 의무를 가질 수 있다는 점에 대해서는 살아있다. 이러한 고려사항은 가장 큰 힘을 가지고 있다. 인격체는 자신이 상정했던 의무를 이행해야 한다. 이 중 상당 부분은 특정 도덕적 다짐의 묶음에 포함된 서로 다른 형태의 장기 간병 서비스를 확립하는 것 외에는 아마 도출되지 않을 것이다. 외부에서 보면 이러한 대안적 접근은 단순히 특별한 계약으로 보일 것이다. 내부에서 보면, 그것들은 예컨대 정통 유대교의 또는 로마 가톨릭의 요양 시설을 만드는 것과 같은 내용 충만한 도덕 비전에 의해 유지될 수 있을 것이다. 사망 선고 시점을 의식의 영구적인 상실로 정의함으로써 우리는 유아, 지체장애인, 성인, 노인에게 사망 선고를 위한 일반적이고 세속적인 도덕적 맥락에서 일관성(uniformity)을 제공하는 관행을 확립할 수 있을 것이다. 자신만의 죽음에 대한 이해를 보유한 특정 공동체는 이로부터 예외를 둘 수도 있다. 그러나 우리는 일반적이고 세속적인 도덕의 관점에서, 인격체의 삶을 계승한 정신생활을 하는 실체에 대한 대우의 문제를 보수적인 방식으로 해결할 수 있을 것이다. 이 접근방식은 유사한 심각한 신경학적 결함을 가지고 태어난 영아나 다른 무뇌아에게 인격체의 사회적 의미를 덧붙이는 것을 지지하지 않을 것이다. 클레어 콘로이와 같은 개인은 살아있다고 취급될 것이고 캐런 퀸란 같은 이에게는 사망을 선언할 것이다. 그러나 이는 이러한 점에서 특정 도덕 공동체를 위해 특별한 관행을 확립하는 것을 배제하지 않을 것이다.

### 죽음의 고등 뇌중추 정의를 향하여

우리는 세속적인 도덕의 관심사에 대해서는 전뇌 지향 죽음 개념이 불충분하다는 결론을 내렸다. 일반적이고 세속적인 도덕적 권한의 주요한 원천으로서, 허락의 주체인 인격체가 무엇을 의미하든 이는 적어도 영구적인 혼수상태에 빠진 이는 영원히 상실한 그런 지각(sentience)의 존재를 요구한다. 전뇌 지향 죽음 정의는 도덕 이방인을 구속하는 도덕성에 참여할 수 있는 도덕 행위자들, 즉 인격체들의 임바디먼트에는 불충분한 구조에 초점을 맞춘다. 모든 지각 있는 개인을 인격체로 취급하는 적절한 보수주의에도 불구하고 죽음에 대한 전뇌사 정의의 초점은 잘못 놓여있다. 이 오류는 전뇌사 정의에 일반적으로 내재되어 있으며, 1981년 7월 9일 대통령 직속 의학, 생물의학 및 행동과학에서 윤리문제 연구를 위한 위원회가 제안한 「통일사망결정법(Uniform Determination of Death Act)」에 의해 더욱 악화되었다. 이 법은 인격체의 삶의 임바디먼트로서 두뇌를 명백히 강조했던 이전의 제안에서 후퇴했다. 여기에서 미국 변호사 협회의 1975년 모델 법령의 명확성을 생각해보자. "모든 법적 목적을 위해, 의료 관행의 통상적이고 관습적인 기준에 따라, 전체 뇌 기능이 비가역적으로 정지한 인체는 사망한 것으로 간주되어야 한다."[29] 반면, 대통령 직속 위원회는 개체의 삶을 위한 뇌간 기능의 중요성을 강조했다. 이는 사망 선고를 위해 순환기 및 호흡기 검사를 명시적으로 통합하였다.

(1) 순환기 및 호흡기 기능의 비가역적 중단, 또는
(2) 뇌간을 포함한 전체 뇌의 모든 기능이 비가역적으로 중지한 개인은 사망한다. 사망의 결정은 승인된 의료 기준에 따라 이루어져야 한다.[30]

그 정의는 세속적 도덕적 입장의 핵심을 인격체라고 보면 납득할 수 없는 신체의 관점을 지지한다. 이는 전통적인 종교적 관심사에서는 중요할 수도 있지만, 이것이 명확하게 언급되지는 않았다.

첫째, 사망에 대한 순환기 및 호흡기 검사를 명시적으로 포함할 필요는 없다. 짧은 시간 동안만 순환기, 호흡기 기능이 멎으면 뇌는 죽게 된다. 순환기 및 호흡기 기능의 중지는 대부분의 상황에서 '의료의 통상적이고 관습적인 기준'과 일치하는 뇌사 판정 검사로 사용될 수 있다. 우리는 뇌사 이후 순환기와 호흡기 기능이 지속될 때에 뇌 기능의 결정에 명시적으로 초점을 맞추면 된다. 둘째, 더욱 곤란한 점은 뇌가 의식의 주관자가 아니라 주요 장기 체계의 기능을 통합하는 주된 기관, 또는 신체 통합의 특징으로서 뇌의 중요성을 제약하려는 이 위원회의 시도다.[31] 이 위원회의 보고서는 인격체의 임바디먼트로서 뇌의 특별한 중요성을 인정하기보다는, 유기체적이고 생기론적인 용어를 가지고 죽음의 전뇌사 정의를 재구성하려는 노력을 나타낸다. 다소 거칠게 말하면 이 위원회는 죽음에 대한 전뇌사 정의를 전신의 죽음에 대한 특별한 진단으로 바꾸려고 시도했다. 이 위원회에 뇌의 죽음은 통합적인 전체로서 신체의 죽음을 신호하는 것처럼 보였다.

고등 뇌중추가 죽은 사람의 신체는 정신생활이 없기 때문에(따라서 도덕적인 주체가 아니며, 인격체는 더더욱 아니다) 고등 뇌중추의 죽음에 대한 정의의 채택과 관련하여 일반적이고 세속적인 근거(특별한, 예컨대 종교적 고려의 부재하에)가 망설이는 유일한 이유는 결과-지향(이 위원회가 부분적으로 인식하고 있었다)이다. 첫째로, 고등 뇌중추 사망 판정 검사가 상당한 위양성 결정의 위험을 수반하지 않을지 우려할 수 있다. 그러한 것은 아마 극복할 수 있는 기술적 문제일 것이다. 지속적인 도덕적 문제는 영구적 혼수상태에 빠진 이들에 대한 당연한 문제로서 치료 중단에 수반되는 심리적 대가이다. 예를 들어, 이 위원회는 대뇌는 죽었지만 여전히 살아있는 신체가 더 이상 인격체의 임바디먼트가 아니라고 선언하기가 어렵다고 보았다.[32] 그러한 이들이 탈수와 기아로 죽는 것을 일반적으로 허용하면 중요한 도덕적 미덕과 관행에 나쁜 영향을 미칠까? 죽음을 초래하는 적극적인 조치들은 중대한 부작용을 일으킬까? 대통령 위원회의 성찰은 첫 번째 점에서 부정적으로 보인다. 사회는 두 번째의 대가를 신중하게 검토할 필요가 있을 것이다.

어떤 공동체들은 현재 그들의 신념으로 인해 다수가 죽음에 대한 전뇌사 정의를 받아들일 수 없기 때문에 고등 뇌기능 중추 정의를 받아들일 수 없을 것이다. 여기서 누군가는 최후의 숨을 거둘 때만 개인이 죽었다고 생각할지도 모른다.[33] 실제로, 죽음에 대한 신피질 정의로 이동하게 되면, 정통 유대인 외에 다른 유대인들은 다른 기준을 사용하기를 원할 것이다. 죽음에 대한 서로 다른 정의가 서로 다른 공동체를 위해 확립될 수 있다. 언제 상속자에게 토지를 양도해야 하는지에 대해 공동체 특유의 규칙을 갖는 것은 가장 어렵지 않은 일이다. 우리는 사망에 대한 정의가 공개적으로 알려진 특정 공동체의 일원으로 등록하기만 하면 된다. 어느 공동체가 사망 결정을 미루게 되는 죽음의 정의를 채택해서 추가 치료가 필요한 경우, 추가 치료비를 지불한다면 비용에 대한 우려를 더 잘 충족될 수 있다. 어떤 경우에는 특별 치료실이나 호스피스 병동을 만들도록 그러한 공동체에 요구할 수 있다. 그러한 지불을 하지 않으면, 일반적이고 세속적인 기준이 적용될 수 있다. 살인과 관련해서는 적어도 두 가지 접근 방법 중 하나를 취할 수 있다. 첫째로, 죽음에 대한 일반적인 신피질 정의는 살인에 대한 방어책으로 확립될 수 있지만, 시신 능욕죄는 막을 수 없다. 둘째로, 죽음에 대한 비신피질적 정의가 적용되어 그러한 인격체들이 죽지 않았다고 주장하는 공동체 내에서는 아직 살아있다고 이해되고 인정된 개인들이 생물학적 삶이 끝나면 범인은 살인죄로 기소될 수 있다. 죽음에 대한 일반적인 전뇌사 정의조차 수용하지 않는 다양한 종교가 많이 존재한다는 사실을 고려한다면, 적어도 모든 이에게 열려 있는 영역에서 그러한 사건이 일어날 때, 첫 번째 접근은 더 실현 가능하고 여전히 특정 도덕 공동체 구성원들의 주장을 충분히 충족시킬 수 있을 것이다. 그러나 그 특정 종교 공동체는 특별한 불법행위법과 형법이 적용될 수 있는 자신들만의 의료시설을 만들 수 있어야 할 것이다.[34]


### 낙태, 태아에 대한 해악, 그리고 영아 살해

이 장의 앞부분은 사람의 말기 생명에 초점을 맞추었다. 인격체의 죽음이 항상 신체의 생물학적 삶의 중단과 일치하는 것은 아니기 때문에, 우리는 많은 수수께끼와 마주쳤다. 정전적인 내용 충만한 도덕 지침이 없는 가운데, 엄격한 의미에서 언제 인격체가 허락 능력을 상실하는지의 측면에서 이 수수께끼를 탐구하였다. 이 불가피한 접근은 세속 도덕성의 멍청함에 관한 몇 가지 골치 아픈 발견으로 이어졌다. 이 가운데는 예컨대 노년층에 대한 재평가가 포함된다.

사람 생명의 시작과 관련된 문제들은 훨씬 더 곤란한, 낙태와 영아 살해의 부당함에 대한 도덕적 우려와 훨씬 더 많이 충돌한다. 세속 도덕성은 각각의 내재적 부도덕함에 대해 눈이 멀어 있다. 이는 상당한 정도로 사람의 생물학적 삶의 시작이 도덕 행위자로서의 인격체의 삶의 시작이 아니라는 상황에 근거를 두고 있다. 오히려 사람의 생물학적 삶의 첫 수개월은 정신생활에 대한 상당한 증거가 있기 오랜 기간 전에, 도덕 행위자로서 인격체의 증거가 있기 몇 년 전에 일어난다. 그 결과, 접합자, 배아, 태아, 심지어 영아의 도덕적 지위는 일반적이고 세속적인 도덕에서 문제가 되고 있다. 제4장에서 보았듯이 태아를 도덕 행위자인 인격체라고 주장하는 것은 엄격한 의미에서 타당하지 않다. 사실 엄밀한 의미에서 영아가 인격체라는 증거조차 없다. 태아나 영아에게 어떤 종류의 정신생활이 존재할지라도, 그것은 자의식이 있는 도덕 행위자의 그것이 아니기 때문에, 다른 모든 조건이 동일하다면(ceteris paribus) 성체 포유류의 도덕적 지위는 사람의 태아나 유아보다 더 높을 것이다.

 이러한 상황에도 불구하고, 서구 문화에서 확립된 세속적인 도덕적 관행은 성체 유인원을 죽이는 것보다는 사람의 태아나 신생아를 죽이는 것을 더 나쁘게 본다. 일반적이고 세속적인 측면에서 지지 가능한 논증의 입장에서 본다면, 이러한 관행은 기껏해야 인격체의 어떤 권리를 이러한 형태의 사람의 생물학적 삶에 귀속시키는 유용성 때문이라고 이해할 수 있다. 제4장에서 논했듯이, 이러한 관행은 사람의 생물학적 삶의 모습들을 인격체의 사회적 의미 내에서 다루는 것을 포함한다. 이러한 관행은 우리가 매우 노쇠하고 심한 정신장애에 걸린 성인을 대하는 방식과 유사하다. 우리는 그 태아나 신생아가 운이 좋다면 어떤 인격체가 될지 아직 모르는 반면, 그 노인이 한때 누구였는지를 알고 있다는 점의 차이는 있다.

 죽음의 경우, 우리는 인격성과 비인격성을 인식하는 세속적인 도덕적 경계선이 전신 지향 죽음 개념에서 전뇌 지향 죽음 개념을 거쳐 고등 뇌 중추 지향 죽음 개념으로 이동한 것을 보았다. 이 움직임은 엄밀한 의미에서 인격체가 아니지만, 한때 사회적 의미에서의 인격으로 취급되었던 개인에게 인격체의 지위를 부여한 것에서 후퇴한 것이다. 인격성을 구분하는 경계선으로 죽음/삶의 전신 지향적 정의를 사용하는 것 사이에는 표면적인 대칭성이 존재했었다. 마지막 숨을 쉴 때 인격체의 지위를 거두어들이고, 첫 호흡을 할 때 인격체의 지위를 부여했다. 죽음의 전뇌 지향 정의가 도입되면서 우리는 세속 도덕성에서 새로운 대칭을 찾는 오류를 저질렀다. 불행하게도, 그것은 찾을 수 없다. 이 탐색은 일반적이고 세속적인 도덕에서는 사망 판정 검사로 채택된 EEG 활동의 부재 기준이 거꾸로 인격체의 삶의 시작의 검사 기능을 할 수 있다고 정당화할 수도 있다. 그러면 우리는 인격체의 개념이 일반적이고 세속적인 도덕에서 정당화되는 한, EEG 활동이 시작할 때 인격체가 시작한다고 잘못 결정할지도 모른다. 사망 선고에서 EEG 활동의 존재는 인격체의 존재를 위한 충분조건이 아닌 필요조건 테스트로 사용된다. EEG 활동의 존재는 인격체의 존재를 보여주지 않는다. 태아가 도덕 행위자라는 증거는 전혀 없다.

전뇌 지향 죽음 정의로 옮겨갔을 때 상실된 대칭성은 고등 뇌중추 지향 죽음 정의로는 회복되지 않을 것이다. 생의 말기에, 우리는 언제 의식이 끝나는지를 표시하고자 한다. 고등 뇌중추가 일부 죽어서 의식이 크게 둔해질 때, 그 인격체의 생명이 종료되었음은 여전히 불분명할지도 모른다. 한편, 가장 최소한의 의식의 징후만 처음 나타날 때, 도덕 행위자라는 엄밀한 의미에서 아직 인격체는 존재하지 않는다는 것을 우리는 확신할 수 있다. 어떤 신피질 활동의 존재는 도덕 행위자의 존재에 충분하지 않다. 이러한 비대칭성은 우리가 그 죽어가는 인격체가 누구인지를 알고 있고, 비인격적 정신생활의 황혼 지대에서도 그들의 이익을 보호하기 위한 특별한 의무를 질 수 있다는 사실에서 비롯된다. 태아나 신생아의 경우는 아직 누가 될지 모른다. 아직 존재하지 않은 인격체에 대한 특별한 세속적이고 도덕적인 의무는 없다. 엄밀한 의미에서 허락할 수 있는 것은 인격체뿐이며, 허락 없는 사용은 세속적 도덕의 핵심을 침해한다. 인격체가 아닌 실체를 사용하는 세속적 도덕은 이미 인격체가 된 이들에게 의존한다. 엄밀한 의미에서 아직 인격체가 아닌 실체의 세속적인 도덕적 지위는 이미 존재하는 이들로부터 파생된다. 이와는 대조적으로, 우리는 죽은 인격체들과 시신 처리에 관해 특별한 약속을 할 수 있다. 또한, 사망의 경우, 우리는 위양성, 또는 때 이른 사망 판정의 위험에 노출될 수 있는 관행을 피해야 한다고 우려한다. 태아나 신생아의 경우 일반적이고 세속적인 도덕의 관점에서 이해할 수 있는 그런 위험은 없다. 우리는 결코 어린이가 될 수 없다. 세속적인 도덕에서, 우리는 기껏해야 그 태아가 장차 될 수도 있는 미래의 인격체를 악의적으로 다치게 하지 말아야 한다는 의무밖에는 없다.

### 접합자, 배아, 그리고 태아의 도덕적 지위

사람의 생물학적 삶의 시작의 도덕적 지위를 이해하려면, 우리는 그 삶이 도덕 행위자인 인격체들에게 어떤 식으로 중요한지를 검토할 필요가 있다. 그 생명은 엄격하게 말해 인격체의 생명이 아니기 때문에, 그 생명에서 해당 인격체는 아직 구현되지 않을 것이다. 인간 태아가 발육 수준이 비슷한 동물을 능가하는 도덕적 지위를 갖는다면, 일반적이고 세속적인 측면에서는, 그 태아를 잉태한 여성, 그에 관심을 가지는 주위의 다른 인격체들, 그리고 미래 인격체가 될지도 모를 그 생명의 중요성 때문일 것이다. 낙태가 악이라고 생각하는 신앙인에게는 이처럼 동물과 인간의 태아를 비교하는 것이 말이 되지 않을 것이지만, 이는 여성에게 태아의 낙태는 허용하면서 애완동물의 학대는 허용하지 않는 세속 형법에서는 확인된 비교이다.

이러한 이유로, 일반적이고 세속적인 도덕에서 우리는 태아의 가치를 결정하기 위해 그들이 속한 인격체들에게 의지한다. 자녀를 원하는 여성의 태아는 상당한 의미를 갖는다. 그 태아는 그녀의 관심과 사랑, 그리고 그녀 주위의 다른 이들로부터 가치를 획득한다. 예비 엄마, 아빠, 할머니, 할아버지, 삼촌, 이모들은 원하는 배아나 태아에게 상당한 가치를 부여할 수 있다. 그 반대의 상황도 있다. 임신의 상황, 태어났을 때의 상황, 또는 태아가 결함이 있거나 기형이라는 사실로 인해 부정적인 가치가 부여될 수 있다. 많은 이가 그러한 태아를 위협적이거나 해로운 존재로 여길 수 있다.

적어도 일반적이고 세속적인 도덕 안에서는 그 태아를 만든 사람들이 그 장래를 효과적으로 결정할 우선권을 가지고 있다. 이는 대개 그를 수태한 부모, 특히 임신한 어머니일 것이다. 그들이 그것을 생산했고, 만들었다. 그것은 그들의 것이다. 태아는 특별한 형태의 매우 소중한 소유물로 간주될 수 있다. 즉 가족의 생물학적 혈통이자, 사랑을 베풀고 보살핌과 배려를 해주어야 할 다른 인격체를 빚어내고자 하는 커플의 노력이다. 다른 이들은 특별한 계약을 통해 생식세포 제공자들과 관련을 맺어 '아버지'와 '어머니'라는 용어가 모호해질 수 있다. 우리는 자궁에 자신과 무관한 배아를 키우고 있는 대리모를 생각해볼 수도 있다. 생식세포 제공자들이 해당 커플을 위해 그 생물학적 모가 임신한 배아들을 생성하려는 목적으로 직간접적으로 그 커플과 계약했을 수도 있다. 혹은 그 커플은 배아 기증의 경우에서처럼 계약을 통해 다른 이에게 권리를 양도할 수도 있다. 그러나 요점은 그대로다. 일반적이고 세속적인 도덕에서, 접합자, 배아, 태아에게 가치를 부여하는 것은 인격체들이다. 접합자, 배아 또는 태아를 만들거나 창출한 이들이 그 가치를 분명하게 결정하는 데 있어 우선권을 가진다. 사적으로 생산된 배아와 태아는 사유물이다. 사회집단이나 협력체들이 생산한 경우에만 그들은 사회의 소유가 될 것이다.

 사회는 다양한 종류의 생식 활동이나 피임 활동에 대해 인센티브를 제공할 수 있지만, 국가의 제한된 세속적 도덕적 권한과 태아의 사유물로서의 지위로 인해 여성의 낙태 선택 결정에 있어 동의 없이 위력을 사용하는 것은 일반적이고 세속적 도덕에서는 부적절하다. 자신의 권리를 다른 사람에게 양도하지 않는 한(즉 다른 여성이나 커플에게 배아를 기증하는 경우), 그 생성자들에겐 태아를 낙태할 수 있는 세속적이고 도덕적인 권리가 있다. 비록 다른 사람들이 그 태아가 장차 될 어린이를 기꺼이 입양하더라도 말이다. 부모, 특히 어머니가 그 태아를 생성했다. 자신의 몸 다음으로, 자신이 만든 정자, 난자, 접합자, 태아는 세속적이고 도덕적인 의미에서 원초적으로 자신의 것이다. 그것들은 자신의 몸의 확장이고 열매다. 의식을 가진 실체로서 자신을 간수할 때까지, 공동체에서 특별한 지위를 부여받을 때까지, 자신의 권리를 다른 이에게 양도할 때까지, 또는 그들이 인격체가 될 때까지 그들의 처분은 생성자의 몫이다. 바로 여기서 정의의 의미는 그런 사적인 선택에 자신의 의지를 강요할 수 있는 타인의 권한이 없다는 데에 주목한다. 허락의 권한에 근거한 세속적 도덕에서, 다른 이들이라면 악으로 인식할 수 있는 것을 할 수 있는 커다란 도덕의 공간은 열려 있다.

우리는 낙태 여부를 놓고 의견이 갈리는 예비 아버지와 어머니가 갈등을 해결하기 위해 법원에 제소하는 경우를 상상할 수 있다. 여기서 우리는 그들이 뿌리 없는 여피족*이라고 상상해보자. 누가 누구에게 무엇을 약속했는지 결정하기 매우 어렵고, 사회적 단위로서 가족의 프라이버시를 존중하기 때문에, 그러한 문제를 해결하는 데 일반적이고 세속적인 국가권력을 개입시키기를 꺼리는 미국 대법원의 예를 따르는 것이 신중하게 보일 것이다.[35] 그 여성이 태아의 발달에 대부분의 에너지를 쏟고 있고, 통제의 대상이 되는 것은 그녀의 몸이라는 점에서, 특별한 합의가 없다면 법적으로 보호받는 선택을 그녀에게 하도록 하는 것이 적절할 것이다. 그러나, 혼전 계약 또는 이와 유사한 합의의 일환으로 자녀 갖기를 거부한 남성들은 세속 국가가 부과하는 양육비 지급 의무로부터 보호받아야 한다. 또한 대리모가 분만까지 임신을 유지하기로 계약한 태아를 낙태하는 것을 예방하기 위해 국가권력이 도덕적으로 정직하게 사용될 수도 있다.

이러한 접합자, 배아, 태아, 영아의 도덕적 지위에 대한 설명은 통상적인 그리스도교 신앙에서 우리가 이해하고 있는 것은 물론이고, 전통적인 서양 문화에서도 충격적일 수밖에 없다. 이 충격은 일반적이고 세속적인 도덕을 통해 확보할 수 있는 것과 신앙을 통해 알고 있는 것 사이의 거리를 인식하는 데 부분적으로 기인한다. 일반적이고 철학적인 측면에서 이 충격이나 실망은 일반적이고 세속적인 도덕적 추론을 통해 유대-그리스도교적 도덕 감수성(moral sensibilities)을 재구성하는 것이 불가능함을 인식하는 초대로 간주된다. 이미 주목한 바와 같이 불가능을 실현하기 위

---

* Yuppies: Young Urban Professional의 약어로 도시에 거주하는 젊은 고소득 전문직 종사자를 의미한다.

한 투쟁은 계몽주의에서 두드러지며 포스트모더니티의 실망을 특징짓는다. 이런 점에서 계몽주의의 정점이자 종말을 모두 시사하는 인물인 칸트는 훌륭한 예시가 된다. 우리는 자위행위가 자살보다 더 나쁜 부도덕한 행위라는 것을 이성만으로 증명하려는 그의 시도를 생각해볼 수 있다.[36] 칸트는 섹슈얼리티에 대한 특정 개신교의 이해를 이성적으로 정당화하려고 시도하였다. 우리 관점에서 이 시도는 우스꽝스러운 실패다. 그러나 이와 유사하게 낙태와 영아 살해의 악을 일반적이고 세속적인 측면에서 보여주려는 시도 역시 실패한다. 낙태와 영아 살해가 악임을 아무리 진정으로 알고 있다고 해도, 이는 일반적이고 세속적인 도덕의 관점에서는 성립될 수 없다.[37] 일반적이고 세속적인 도덕과 내용 충만한 도덕의 다짐 간의 대비는 극명하고 실망스럽다.

이러한 대비의 함의는 이런 문제에 대해 하나의 형법만을 부과하거나 요구하는 국가의 일반적이고 세속적인 권한과 상반된다. 특정한 내용 충만한 도덕의 부과를 위한 국민의 동의를 적절하게 획득할 수 없다. 재생산에 대한 적절한 비전은 다층적이고, 다양하며, 서로 양립할 수 없다. 이 문제들에 대해 일관된 접근을 하기에 충분한 허락을 얻어낼 수 없을 것이다. 만약 정부가 참여자들의 허락으로부터 도덕적 권한을 얻는다면, 그리고 그러한 허락이 제한된다면, 제4장에서 보듯이, 영토국가의 일반적인 우산 안에서 여러 공동체가 소속원에게만 적용되는 특정 형법 및 복지권을 수립하는 권한을 획득할 수 있는 도덕 공간이 남아있다. 이 특별한 공동 형법 및 복지법의 발달은 영토국가가 갖는 권한의 도덕적 한계를 인식할 것이다. 그러한 도덕 공간 안에서 개인은 다음과 같은 느낌을 쉽게 표명할 수 있을 것이다. '정부가 나의 특별한 도덕적 다짐을 좋아하지 않는다면, 정부는 나를 내버려두어 나 자신, 그리고 타인의 동의하에 그것을 평화롭게 실현하도록 할 수 있다.' 그러한 공동체별 법률은 세속적인 도덕적 권한의 한계를 인정하면서, 특정 도덕 공동체의 내용 충만한 다짐의 중요성을 인식하게 될 것이다.

이 법은 죽음의 공동체별 정의를 허용한 뉴저지주의 예에 따라, 특정 공동체가 접합자, 배아, 태아 및 영아의 상태를 고유한 방식으로 정의하면서 살 수 있도록 허용해야 한다. 특정 공동체의 구성원은 비록 그러한 법이 자신의 공동체 밖에서는 적용되지 않을지라도 접합자, 배아, 배아, 태아, 그리고 영아의 살해를 금지하는 법에 구속됨으로써 이 영역에서 자신의 도덕적 다짐을 실현할 수 있어야 한다. 일반 세속법이 인격체의 삶으로 간주하는 시점 이전에도 사람 생명의 특별한 지위를 존중해야 한다고 생각하는 이들은 자신의 도덕감정을 확신하면서 타인에 대해 그 중요성을 증언할 수 있다. 어떤 식으로든, 허락 원칙에 의해 정해진 제약 조건 안에서, 법률은 세속적으로는 이른바 죽었다고 여겨지는 이들을 죽이는 특정 공동체와, 그들이 여전히 살아있다고 믿는 특정 공동체의 구성원 사이에서 타협을 보게 된다. 이는 마찬가지로 접합자, 배아, 태아, 그리고 영아들에 대한 유사한 행위에도 적용될 수 있다. 도덕적으로 다양하고, 일반적이고 세속적인 도덕의 내용은 제한되며, 국제적으로 데이터를 저장하고 전송하는 정교한 기술이 발달하는 이 세상에서 개인은 자신의 특별한 형법상 및 복지상의 권리와 의무를 지고 살아야 한다.

### 잘못된 삶

우리가 태아에게 무엇을 할 수 있는지에 관해서 일반적이고 세속적 도덕에는 중요한 한계가 있다. 태아를 낙태하지 않기로 결정한다면, 태아를 죽이지 않기로 결정한다면, 우리는 태아가 될 수 있는 미래의 인격체를 다치지 않도록 주의해야 한다. 태아를 죽이는 것과 달리, 태아를 다치게 하는 것은 미래의 인격체를 다치게 할 수 있는 인과의 사슬을 작동하기 시작한다. 앞으로 인격체가 될 태아를 다치게 할 행동을 삼가야 할 도덕적 의무는 잘못된 삶을 초래하는 불법행위(tort for wrongful life)라는 표제하에 법률에서 탐구되어 왔다. 잘못된 삶을 초래한 불법행위 소송은 잘못된 임신 불법행위(tort for wrongful conception)이나 잘못된 출생 불법행위(tort for wrongful birth) 소송과 대비되는데, 여기서는 어떤 개인이 피임이나 불임시술의 실패로 인해 피해를 입었고, 이제 그 어린이, 혹은 사실상 장애아를 돌봐야 하는 피해로 인해 소송을 낸 것이다.[38] 잘못된 삶 소송에서는, 그 어린이 자신이 외상이나 해악과 결부된 상황에 대해 소송을 제기한다.

그러한 소송에서 원고는 그 자신을 임신하지 않았거나 그 자신을 낙태시킴으로써만 피할 수 있었던 해악을 호소한다. 이 소송의 역사는 다소 다채롭다. 여기에는 아버지에 대해 소송을 한 사생아 아들의 사례도 포함된다. 그는 일리노이주에서 혼외자로 출생한 것(다른 주와는 달리 이 주에서는 사생아가 아닌 것이 선출직 공무원의 자격이다)은 해악인데 왜냐하면 그 아이가 재정적 피해를 입기 때문이라고 주장했다.[39] 그 소송은 다른 소송들과 마찬가지로 성공적이지 못했는데, 예를 들어 뉴욕주의 정신병원에서 어머니가 동료 환자에게 강간당하여 태어난 소녀의 경우와 같은 것이다.[40]

'컬렌더 대 바이오사이언스 랩(Curlender v. BioScience Lab.) 판례'에서 캘리포니아주 항소법원은 새로운 근거를 만들었다.[41] 법원은 본인들이 테이-삭스병 보인자가 아니라는 오보를 통보받은 부부뿐 아니라 그 자녀에게도 손해배상을 하라는 명령을 내렸다. 법원은 또한 판결문에서 이 랩과 의사가 정보를 제대로 전달했다면 자녀가 부모를 고소하였을 수도 있다고 덧붙였다. 법원은 심지어 이것이 설령 출산하지 않는 것을 의미한다 해도, 자녀가 결함을 가지지 않고 태어나게 할 부모의 의무가 있다고 주장했다. 「불법행위법」*에 의하면 자녀가 결함을 가지고 태어날 것을 알면서도 출산하는 것은 태만한 행위라고 주장했다. 이 주장은 나중에는 각하되

---

\* tort action: 영미법에서는 타인에게 상해나 해악을 초래한 고의(intention)/과실(negligence), 그리고 엄격책임(strict liability)에 해당하는 것을 불법행위(tort)라 정의하며 법적 판단의 대상이 된다.

었다. 세속적인 도덕 문제로서, 이러한 견해는 만약 아이의 미래의 삶에서 해악이 이득을 능가하지 않는다면, 타당하지 않다고 보인다. 균형 있게 보자면 우리는 미래의 인격체를 존재하게 함으로써 그에게 해악을 끼치지 않는다. 만약 부모가 자녀에게 해악보다는 좋음이 상당히 많을 거라고 가정하는 편이 합리적이라면, 출산은 그 아이가 타인에게 합의되지 않은 짐을 지우지 않는 한 도덕적으로 정당화될 것이다.

악의적인 행동은 금지되어 있기 때문에, 예견된 해악과 의도된 해악을 구별하는 문제가 남아있다. 부모는 해악을 끼칠 의도가 없을 수도 있다. 그러나 자녀에게 해악을 의도하지는 않았지만 예견하는 것은 허용된 것처럼 보인다.[42] 우리는 왕위를 물려받을 계승자를 낳아야만 하는 입헌군주제의 왕의 예를 생각해볼 수 있는데, 계승자가 없으면 억압적인 정부가 들어서겠지만, 그 장래의 후계자는 매우 고통스러운 유전병을 물려받는다고 하자. 문제는 그 수태가 필연적으로 미래의 해악과 결부되어 있는 상황에서 인격체를 낳는 것이 그 미래 인격체에게 동의받지 못한 상해로 간주되어야 하는지 여부다. 만약 존재가 상해 그 자체와 묶여 있고, 그 상해가 의도된 것이 아니라 예견된 것이라면, 이는 그의 희망에 반하여 그 인격체를 이용한다는 의미에서 타인의 자율성을 침해한 것인가? 아니면 우리는 여러 다양한 이중효과에 의해 도덕적으로 보호를 받는가?

아이를 낳는 것이 무엇을 의미하는지에 관한 이해가 이 문제에 대한 부분적인 답변을 제공한다. 우리는 그 아이를 위해서 아이를 낳을 필요는 없다. 대부분의 출생은 직접 의도하지도 명시적으로 계획되지도 않았다. 그들은 오히려 습관, 우연, 열정의 결과다. 계획하에 태어난 사람들조차도 그들 자신만을 위해 수태되지는 않을 수 있다. 사실 그런 경우는 거의 없을 것 같다. 사람들은 노후 봉양의 필요성뿐 아니라 농업 노동자의 필요성 때문에 아이를 임신하기도 한다. 그들은 또한 동반자를 위해 아이를 가지려는 인간의 깊은 욕망과 사랑 때문에 그렇게 하는 것이지, 단순히 그들을 존재하게 하여 선을 베풀고자 그렇게 하는 것이 아니다. 또한 결혼의 의미에 대한 신앙의 이해를 통해 아이들을 생산할 수도 있다. 다음 세대를 요청하는 전통과 가족의 지속과 같은 전통적 목적도 있다. 그러한 것 역시 주로 아이를 겨냥하지 않더라도 생식을 상당히 사심 없고 헌신적인 행위로 만들 수 있다. 어떤 경우든, 아이들은 자신을 위해서가 아니라 다른 이들의 목적이 될 수도 있고, 그들이 동의하지 않은 목적에 의해 태어난다.

　삶의 선물은 짐과 함께 주어진다. 아이들은 부모가 거주하기 위해, 일하기 위해, 또는 휴가를 위해 위험한 지역을 선택할 때 위험에 처하게 된다. 작은 마을보다 도심에서 살겠다는 선택에는 부모뿐 아니라 자식에게도 위험이 따르는 경우가 많다. 지난 세기에 미국 서부로 이주한 사람들은 종종 자신과 아이들을 위험에 노출시키는 선택을 했다. 그런 식으로 제2장에서 논의된 밤부티족과 같은 특정한 전통적인 삶의 방식을 유지하는 개인들도 그렇지 않은 경우보다 더 높은 유아 사망률에 아이들을 노출시킬 수 있다. 부모들은 대개 가족들에 대한 혜택의 균형을 맞추기 위해 그러한 선택을 받아들인다. 그러한 선택은 일자리의 가용성이나 사회적 지원, 전통적인 삶의 방식의 미덕, 또는 새로운 개척의 약속이 위험을 가치 있게 만들기 때문에 이루어진다. 그들은 보통 부모들이 채택한 좋은 삶에 대한 특별한 이해의 관점에서 적절한 선택으로 이해된다. 부모들은 또한 그들의 생활 방식의 일부로서, 그리고 좋은 부모에 대한 그들의 비전의 측면에서 명분도 없이 그들의 아이들을 위험에 노출시킨다. 부모들은 종종 담배를 피우거나, 술을 마시거나, 스키를 타는데, 이는 그러한 행동이 아이들에게 도움이 될 것이라고 믿기 때문이 아니라, 단순히 이들이 그것을 즐기기 때문이다. 그러한 행동은 국가의 권력에 의해 중지되어야 하는가? 그러한 행동은 세속적인 의미에서 잘못된 것인가?

　미래 개인들의 희망을 알 수 없는 것을 포함하는 미래의 불투명성을 고려할 때, 그리고 정의상 미래인들은 아직 엄밀하게 인격체로 존재하지 않기 때문에, 만약 우리가 그러한 미래 개인에 대해 무해한 방식으로 행동한다면, 우리는 평화로운 공동체의 개념을 위반하지 않는다. 이는 수태된 개인들이 미래에 자신이 존재하게 된 상황을 축하받지 않더라도 그렇다. 첫째, 미래 개인에 대한 구체적인 선행의 의무는 없을 것이다. 그러한 것은 합의 없이는 이미 존재하는 개인에게도 성립될 수 없다. 아이들에게 어떤 특별한 재화의 유산(비록 유산 상속이 칭찬받을지라도)을 제공하는 것은 (일반적이고 세속적인 측면에서) 우리에게 요구되지 않을 것이다. 특정 도덕 공동체 및 좋은 삶에 대한 비전에 호소하지 않는다면, 아마도 가장 요구되는 것은, 부모의 도덕 비전이라는 관점에서 해악보다는 가능한 이득이 더 많을 수 있는 삶의 상태를 제공하려고 시도하는 것일 것이다. 어떤 행동이든 부모의 행동은 아이들에게 좋은 삶에 대한 특정한 비전을 어느 정도 강요할 것이다. 미래 인격체에 대한 그러한 의무는 불가피하고 부적절하지 않다. 그러한 사람들은 아직 좋은 삶에 대한 특별한 이해를 가지고 있지 않은 것은 말할 것도 없고 아직 존재하지도 않는다.

그들을 위한 선택은 그들이 허락하지 않을 것이 분명하지 않은 한(즉, 20년 후에 폭발하여 미래의 인격체들을 죽일 폭탄의 경우처럼) 허락 원칙에 위배되지 않는다. 평화로운 공동체의 개념은 미래의 인격체들에게 반하는 행위를 금지할 것이다. 제4장에서 언급한 폭탄 설치자가 미래의 인격체들을 죽이기 위해 앞으로 몇 년 후 폭발할 폭탄을 설치한다면, 폭탄 설치자는 비선의적으로, 사실상 악의적인 방식으로 행동했을 뿐만 아니라, 미래 인격체의 자율권을 침해했다고 할 수 있을 것이다. 폭탄 설치자는 그 미래 인격체들의 희망에 반한다고 합리적으로 추정될 수 있는 방식으로 행동했을 것이다. 게다가 그는 악의적으로 행동하여 방어력의 사용을 정당화한다. 그러나 미래 인격체들의 소망이 확실하지 않은 곳에서, 가장 확실한 것은 우리는 그 인격체들의 소망에 반할 가능성이 매우 높은 방식으로, 그들에게 직접적으로 영향을 미치는 행동을 해서는 안 된다는 것이다. 이 고려사항은 미래에 어린이들이 죽는 것이 더 낫다고 주장하는 미치광이 폭파범을 단죄한다. 평화롭고 유익한 공동체의 일반적 개념에 반하는 행동을 우리가 하고 있음을 보여주기가 어렵기 때문에, 가능한 미래 인격체들에 관한 한, 우리 자신의 선에 대한 견해에 따라 행동하는 데는 상당한 여유가 허용된다. 미래에서 산다는 것은 이득과 골칫거리에 대한 과거 삶의 비전을 포함하여 과거의 좋은 삶에 대한 비전에 좌우되는 것이다. 현재의 인격체들은 미래의 인격체들에게 허락을 구할 수 없다. 그럼에도 불구하고 이전의 논증은 어떤 제약 조건을 확립한다. 엄격함의 순위를 증가시키는 데 있어서, 우리는 선행과 허락의 원칙으로부터 어느 정도의 지침을 확보할 수 있다. 첫째, 우리는 자신의 도덕 비전에 따라, 이득보다 더 많은 해악을 끼칠 수 있는 방식으로 미래의 인격체들에게 반해 행동하지 않을 수도 있다. 일반적으로 선행의 원칙 위반은 강압적인 구속을 정당화할 수 없다. 그러나 악의적인 행동은 그러한 침해를 정당화할 수 있다. 보다 엄밀히 말하면, 미래의 인격체들을 그들의 희망에 반하는 것처럼 보이는 방식으로 이용하는 것은 허락 원칙에 위배된다. 또한 그들을 태어나게 한 이들의 소망에 반하여 미래의 인격체들을 이용하는 것도 마찬가지다.

이러한 제약 조건은 일반적으로 현재 인격체와 미래 인격체 간의 관계에 적용된다. 그들은 (1) '받아들이든지 말든지, 우리는 네게 해를 끼칠 상황이 아니라면 너를 낳지 않았을 것이다.' 또는 (2) '받아들이든지 말든지, 우리는 네게 해를 끼칠 상황에서 너를 기르지 않을 수 있었다면 너를 낳지 않았을 것이다'라고 주장하는 부모의 경우에나 가장 덜 심각할 것이다. (1) 악의적인 의도가 없고, (2) 그러한 상황에서 그 아이가 살고 싶어하지 않을 것이라는 예상이 없는 한, 선행의 원칙이나 허락 원칙에 위배되는 일은 없다. 두 번째 조건은 우리가 자녀의 허락 없이는 상해를 입히지 말아야 한다는 허락 원칙에 수반되는 부모의 의무를 지고 있음을 가장 잘 보여준다.[43] 특히 자녀로 인해 흡연을 하거나 행글라이딩을 하거나, 아마존 열대우림 트레킹을 하는 것을 포기해야 한다면 생식을 고려하지 않겠다고 부모가 주장할 수 있기 때문에 이 원칙은 특히 누그러진다. 이는 만약 산전 검사와 낙태를 필요로 한다면 아이를 낳지 않겠다는 견해에도 마찬가지로 적용된다. 아이는 적어도 장래 그 아이의 희망에 명백하게 반하지 않아야 한다는 비악의적인 삶의 선물을 받는다. 잘못된 삶을 초래하는 불법행위 소송이 제기하는 도덕 문제와 관련하여, 우리는 특정한 제약 안에서, 유전적 또는 다른 선천적 해를 동반함을 알면서도 아이를 임신하고 분만하도록 하는 것이 도덕적으로 금지되어 있지 않다고 결론을 내릴 수 있다. 특정 도덕 공동체 안에는 그러한 재생산을 금지하는, 특별한 선행의 원칙을 포함하는 특별한 도덕 원칙이 있을 수 있다. 우리는 다음 장에서 아이 양육권을 부모로부터 박탈하는 상황을 탐구하면서 이 쟁점으로 돌아갈 것이다. 그러나 이러한 성찰의 특별한 적용은 아직 남아있다.

### 태아를 위한 국가의 개입: 제왕절개수술, 태아 수술, 그리고 시민의 책무

이러한 성찰은 아이가 유전적 결함을 지녔음을 알 때의 재생산 결정에만 적용되는 것이 아니다. 그들은 태아 손상을 예방하거나 태아 질환이나 결함을 치료하기 위해 여성에게 내과적·외과적 중재를 강제하는 국가의 잠정적 권리에도 적용된다. 이 쟁점은 여성들이 태아의 생명과 건강을 보존하기 위해 제왕절개수술을 받도록 강요당한 여러 판례에 포함되었다. 그중 하나인 '제시 메이 제퍼슨 대 그리핀 스폴딩 카운티 병원(Jesse Mae Jefferson v. Griffin Spalding County Hospital) 판례'는 조지아주 최고법원이 판결하였으며, 제왕절개 분만을 명령하였다.[44] 그 판례는 임신 39주에 전치태반 진단을 받은 여성에 대한 것이었다. 조지아주 버츠 카운티의 샤일로 성 침례교회의 신도로서, 그녀는 종교적 믿음으로 인해 제왕절개를 거부하였다. 질식 분만을 했다면 대량 출혈이 불가피했을 것이고, 이는 제왕절개만이 예방할 수 있었다. 법원은 제왕절개를 하지 않을 경우 태아가 사망할 확률이 99퍼센트, 여성이 사망할 확률은 50퍼센트라는 증거를 채택했다. 힐 판사는 이 같은 사실을 감안할 때 "우리는 어머니가 자신의 신앙을 고수하고, 수술을 거부할 권리와 태아의 생존권을 저울질했다. 우리는 아이의 생존권을 옹호했다."[45] 그녀는 별 탈 없이 질식 분만을 했다.

이 법원 판례는 많은 의문을 불러일으켰다. 왜 여성이 자신과 태아를 위한 구명 치료를 거부하는 것이 일반적으로 세속적인 도덕적 측면에서는 잘못인가? 다시 한번 답은 미래 아이에 대한 예측 가능하지만 의도하지는 않았던 위험이 평화롭고 유익한 공동체의 개념과 어느 정도 양립할 수 있는지에 따라 달라질 것이다. 일반적으로 정당화되는 세속적 도덕적 권한과 함께 기능하는 공동체인 평화로운 공동체의 개념을 위반한다면, 그것은 허락 원칙에 따라 금지될 것이다. 만일 그것이 (예컨대 악의에 의해) 선을 베푸는 공동체의 개념을 침해한다면, 그것은 선행의 원칙에 따라 금지될 것이다. 제3장에서의 나의 제안은 동의하지 않은 인격체에 대한 악의적인 행동은 다른 사람들이 합법적으로 그들을 방어할 수 있게 한다는 것이었다. 그러나 기적(예컨대 전치태반의 이동)을 기다리는 사람들의 경우는 어떨까? 무책임한 행동의 경우는? 그들의 행동이 유익하지 않다는 것을 인정하지만, 그들의 행동이 선하지는 않지만, 그렇다고 악의적이지는 않다는 사람들은? 이것이 태아에게 위험할 수 있다는 것을 인식하면서 흡연이나 음주를 하는 여성의 경우를 생각해보라. 그녀는 태아에게 해를 입히기 위해 담배를 피우거나 술을 마시지 않는다. 사실 그녀는 태아가 잘되길 바란다. 그녀는 단순히 그녀에게 지워진 태아에 대한 책임이 그러한 습관을 바꾸게끔 충분히 강력하지는 않다고 생각하는 것이다. 그녀는 그 태아가 장차 될 미래의 인격체가 삶이라는 선물을 받은 데 대해 행복해해야 하며, 그녀의 습관 때문에 생길지도 모를 해악에 대해 항의해서는 안 된다고 주장할 수도 있다. 만약 그 아이가 받은 삶이라는 선물에 충분히 만족하지 않는다면, 일반적이고 세속적인 측면에서는 자유롭게 자살을 통해 자신을 해방시킬 수 있다고 그녀는 덧붙인다.

미래의 인격체가 살 가치가 없다고 믿고 고의로 태아를 해친다면, 자살이라는 옵션의 제공은 허락과 선행의 원칙에 반하는 행동을 했다는 비난을 방어하기에는 충분하지 않을 것이다. 최소한, 그 태어난 인격체는 자살하지 않아야 한다는 도덕적 의무를 인식할 수 있고, 그래서 고통을 받을지도 모른다. 우리는 또한 그 개인이 이득과 해악의 불리한 균형 속에서 살게 될 것이라 믿으면서 미래의 인격체를 생산하는 쪽으로 행동할 것이다. 이러한 상황에서 우리는 그 개인이 그러한 해악에 동의하지 않을 것이라고 가정할 수 있다. 자신의 선(善)에 대한 비전의 관점에서, 해악이 이득보다 더 크게 보인다면, 우리는 동의하지 않은 미래 인격체에게 해를 입힌다고 가정해야만 한다.

이전 장에서의 성찰을 고려할 때, 우리는 그 여성의 해로운 과실이나 태만이 (1) 악의적인 경우거나, (2) 그 미래 인격체에게 예측되는 상황을 매우 불리하게 만들어 그 아이가 그런 상황에서라면 살기를 바라지 않을 경우에만, 자궁 내 태아의 미래 건강을 보호하기 위해 제왕절개, 태아 수술 또는 기타 여성의 신체 침입을 강제하거나 자유를 제약하는 국가의 권력이 사용될 수 있다는 결론에 이른다. 이 두 가지 조건 중 하나를 위반하는 것은 무고한 미래 인격체를 보호하기 위한 권력의 사용을 정당화할 것이다. 진정한 악의의 경우에는 제3장에서 주장했던 대로 개입이 허용될 것이다. 살기가 어려울 만큼 큰 해를 입히는 경우, 동의한 적이 없는 무고한 인격체를 대신하여 개입하는 것은 정당화될 것이다. 개입할 수 있는 자유는 선에 대한 자신의 비전을 독자적으로 추구할 수 있는 그 여성의 초견적인 세속적이고 도덕적인 권리를 인식할 때 제한된다. 이러한 문제에 있어서 그 임산부의 자유는 예컨대 대리모처럼 이러한 문제에 있어 자신의 자유 중 일부를 계약에 의해 양도한 여성들이거나 그러한 해를 입힐 목적으로 행동하는 제3자에게까지 확장되지 않는다.

일반적이고 세속적인 도덕에 근거한 국가 권한의 이러한 제한은 (1) 특정한 도덕 비전의 관점에서 그 여성의 행동에 대한 비난, (2) 특정한 도덕 공동체, 특히 특정 지역에 국한되지 않은 공동체의 일원이 된 조건으로서 합의한 개입을 제한하지 않는다. 이러한 성찰은 여성에게 집중되어 왔지만, 다양한 상황이 그들의 미래 아이들의 피해를 유발하는 남성/여성의 생식세포에 어떤 영향을 미치는지가 명확해짐에 따라 이러한 성찰은 훨씬 더 넓은 의미를 갖게 될 것이다.

세속 도덕에 관한 이러한 성찰은 우리에게 새로운 결론을 제시하지 않는다. 최근까지 여성이 태아에 대한 위험을 피하기 위해 신경안정제 사용을 포기하고 정신병원에 입원하거나 그녀의 의사에 반하여 제왕절개 수술을 받아야 한다고 강요하는 심각한 위협은 없었다.[46] 이 절의 논증은 전통적으로 그래왔던 일들을 어느 정도 보장해줄 것이다. 즉, 여성은 자신의 동의 없이 제왕절개나 태아 수술을 강제로 받는 일을 두려워할 필요가 없을 것이다. 단, 그녀가 그러한 상황에 처한 아이가 생명보다는 무존재를 더 선호한다는 가정하에 악의적이거나 고의적으로 행동하는 상황을 제외하고는 말이다.

### 결함 있는 신생아를 죽게 내버려두는 것

비록 우리가 태아의 이익을 위해 여성에게 치료를 강요하는 데 있어 국가의 세속적이고 도덕적인 권한의 상당한 한계를 인정할지라도, 영아와 어린이의 생명과 복지를 보호하는 것을 정당화하기는 더 용이해 보일 것이다. 비록 어린이나 영아는 엄격한 의미에서 도덕 행위자가 아니지만, 우리는 그러한 규칙들이 어린이의 선한 양육에 좋은 결과를 미치는 데 기초하여, 그들에 대한 치료를 요구하고 의도적인 살해의 금지를 정당화하려고 시도할 수 있다. 그러한 관행이 그 결과로 인해 정당화될 수 있다 해도, (1) 규칙을 위반하지 않은 결과가 규칙을 준수하는 것보다 더 많은 비용이들 때, 그리고 (2) 그러한 예외의 타당성이 규칙 자체를 훼손하지 않는 것이 충분히 명백할 때와 같은 예외적 상황은 규칙을 능가한다. 규칙 보호에 대한 실용적 이해에 그러한 예외가 더 많이 포함될수록, 이것은 더 용이하게 받아들여질 것이다.

한동안 이것은 심각한 결함이 있는 신생아의 치료 중단 결정에 관한 미국의 법률과 공공정책이 어떻게 발달하는지의 문제로 보였다. 사례들에 관한 1973년의 어느 리뷰는 신생아 삶의 질이 상당히 의문시되고, 가족이나 사회가 부담해야 하는 비용이 상당할 때는 치료를 중단해야 한다고 제시하였다.[47] 1973년의 또 다른 리뷰는 한 특별 요양원의 299명의 사망 중 43명(14%)이 치료 유보와 관련된 것임을 보여주었다. 이 집단 중 15명의 신생아는 다중 이상을 가지고 있었다. 8명은 삼중염색체(다운증후군을 일으키는, 하나의 염색체가 한 쌍이 아닌 세 개인 것), 8명은 심폐질환, 7명은 뇌척수막류(척수와 척수막 일부가 척추의 구멍을 통해 튀어나온 것), 3명은 다른 중추신경계질환, 그리고 2명은 단장증후군(소장이 불충분하게 짧은 병)을 가지고 있었다.[48]

이 접근법은 신생아 진료의 일반적인 규칙을 보증했다. 즉 치료 결과의 질이 좋지 않고, 치료 비용이 클 때 예외를 허용했다. 이러한 상황하에서 우리는 일반적으로 선행의 의무를 포기한다는 것을 인정해왔다. 의무 이행의 어려움이 클수록 그 의무를 포기했음을 보여주기가 더 쉽다. 성공 가능성이 낮을수록 그것을 수행하는 선행의 의무는 약해진다. 나는 갈증으로 죽어가는 친구를 도와야 할 일반적인 의무가 있지만, 만약 그 친구가 대단한 위험을 무릅써야만 접근이 가능한 높은 산꼭대기에 있다면, 그 의무는 포기된다. 게다가 막상 구조한다 해도 그 친구가 이후 삶의 질을 받아들이기 어려울수록, 그 의무는 약화된다. 그 친구는 구조를 강력하게 주장할 수 없을 것이다. 또한 그 친구가 부상당해, 구해도 곧 죽는다고 하면 그 의무는 생존 시간이 줄어들수록 약화된다. 간단히 말해서, 선의 성취로 정당화되는 의무는 그 선의 균형이 감소할수록 약해진다. 의무의 실제 강도와 경쟁하는 고려사항들 사이에서 취해야 하는 균형의 성격은 그 계산을 할 때 요구되는 특정한 도덕 비전의 내용에 따라 달라질 것이다.

일반적이고 세속적인 도덕에는 더 복잡한 문제가 있다. 영아의 경우 아직 직접 주장을 할 수 있는 인격체가 아니다. 엄밀한 의미에서 그것은 인격체가 아니다. 어떤 이들은 선행의 의무에 입각하여 부담스러운 주장을 할 수 있는 심한 장애가 있는 엄밀한 의미에서의 인격체들이 존재를 갖게 되는 것을 피하고 싶을지도 모른다. 덧붙여, 다른 이들은 충분한 삶의 질과 수명이 예상될 때에 한해서만 인격체를 존재하도록 하기 위해 상당한 자원을 사용하기를 원할 수 있다. 결과의 질 개념은 그 자체로 복잡하다. 왜냐하면 그것은 그 생명과 결부된 이들이 판단하는 삶의 질과, 그 삶을 사는 개인에 의해 지각되는 삶의 질 모두를 포함하기 때문이다. 선행의 원칙은 두 가지 해석을 모두 포괄할 수 있다. 우리는 타인의 삶의 질에 대한 우리의 지각으로부터 이득과 해악을 모두 끌어낸다. 요컨대, 신생아를 죽게 내버려두고, 그 커플이 심한 장애가 없는 인격체로 성장할 아이를 다시 낳으려고 시도하는 것이 거의 모든 도덕적 이해에 있어 적절한 상황이 있을 것이다.

비록 삶의 질 고려가 「장애인법(The Americans with Disabilities Act)」하에서는 노골적인 불법 차별에 해당할 수 있지만, 일반적이고 세속적인 도덕적 권한에 의해 (특정 도덕 비전에서 볼 때는 그것이 상당히 야비하더라도) 그러한 차별을 금지할 수는 없다.[49] 특정 정의, 공정, 혹은 선행(불행히도, 혹은 다행히도)의 관점에 근거한 그러한 강압적인 금지는 특정한 도덕 비전이나 이념에 호소하지 않고는 정당화될 수 없다. 그 반대이기를 바랄지도 모르겠으나, 노직은 이 점에서는 맞는 것 같다. "어떤 사적 소유주도 그의 선택대로 자신의 영역을 규제할 수 있다."[50] 사립 병원과 사립 의료 시스템은 항상 삶의 질을 고려하여 자유롭게 선택할 수 있어야 한다. 예를 들어 베이비 K(Baby K) 사례에서 치료를 강요하기 위해 「장애인법」을 들먹이는 한 가지 방식을 우리는 고려할 수 있다. 그 사례에서 무뇌아 아기는 정상 아기와 마찬가지의 치료를 받아야 한다는 주장이 제기되었다.[51] 결국, 누군가가 무뇌라는 것은, 눈멀고, 귀 멀고, 말을 못한다는 것이다. 이는 진짜 심한 장애이다.

이러한 고려에 몇몇 조건을 덧붙이면 우리는 의료 제공에 관한 세속적인 의무를 어떻게 생각할 수 있는지에 대해 다음과 같은 알고리즘을 명확하게 끌어낼 수 있다.

선행의 의무의 강도 = 성공 확률 × 삶의 질 × 수명 / 비용

신생아의 생명을 보존해야 할 의무는 성공 확률이 줄어들고, 신생아의 삶의 질이나 수명이 감소하며, 그 삶의 질을 유지하는 비용이 증가함에 따라 일반적으로 포기된다. 선택적 치료 유보의 정당성을 위해 이러한 알고리즘에 호소하는 것은 생명을 구해야 한다는 일반적인 다짐을 존중하는 동시에, 어떻게 예외를 수긍할 수 있는지를 인식한다.

이 접근법은 최근까지도 미국 판례법의 일반적인 접근이었다. 부모들은 의학적 소견이 뒷받침하면 어떠한 치료법이나 치료 유보도 자유롭게 선택할 수 있었다. 만약 의사가 널리 인정되는 의학적 소견의 관점에서 해당 치료를 권고하지 않았다면, 부모는 그 권고를 따를 수 있다. 치료 권고나 비권고의 개념은 성공 가능성, 결과의 질, 생존 가능 기간 및 비용에 대한 고려를 통합했다. 이러한 접근방식은 부모의 결정이 터무니없지 않다면 그들의 손에 치료 선택을 맡겼다.

1982년 4월 9일 식도폐쇄증(입에서 위장까지 통로가 없음)과 기관지 식도누공(즉, 기도와 식도 사이에 비정상적 연결) 합병증을 가진 다운증후군 신생아의 출생으로 촉발된 논란으로 인해 미국의 공공정책에 있어 이런 식의

접근방식이 훼손되었다. 이 블루밍턴의 베이비 도(Baby Doe) 사건은 부모의 치료 거부권을 옹호한 인디애나주 최고법원에서 열린 비공식 심리에 회부되었으며, 법원은 부모의 치료 거부권을 지지해 주었다.[52] 신체적·정신적 장애를 가진 아이의 양육에 상당한 비용이 들 수 있다는 사실이 엄밀한 의미에서 아직 인격체가 아닌 실체에 대한—심지어 이미 도덕 행위자에 대해서도—통상적 선행의 의무를 포기시킬 수 있다는 점에서 일반적이고 세속적인 도덕의 분석은 이 판결을 지지한다.

이 판결에 대응하여 미국 연방정부는 1983년 3월 7일 우선 제안 규정(proposed rule)\*을 명령하였고, 이 명령이 판결에 의해 번복된 후 7월 5일 새로운 명령을 발효하였다.[53] 절차적 및 기타 근거에 대해 수많은 논란이 있었다.[54] 1984년 1월 12일 연방정부는 연방기금을 받는 모든 병원에 대해 다음과 같은 규정을 부과하였다.

(i) 예상되는 지적장애 외에는 수술 보류를 정당화할 만한 의학적 문제가 없을 때 다운증후군 신생아의 장폐색을 교정하기 위한 의료적으로 이로운 수술을 보류하는 것은 「장애인재활법(Rehabilitation Act)」 504조를 위반하는 차별 행위를 구성한다.

(ii) 그러한 치료가 무용(futile)하며, 특정 증례의 합병증을 고려했을 때 성공할 가능성이 낮고, 그렇지 않더라도 그 신생아에게 의학적 이득이 없기 때문에 그러한 치료가 무용하다는 합리적 의학적 판단이 아니라, 예기되는 지적장애, 마비, 또는 변실금 등에 기초하여 이분척추증을 가진 어린이의 의학적으로 교정 가능한 기형의 치료를 유보하는 것은 504조를 위반하는 차별 행위를 구성한다.

---

\* 미국 정부기관이 규정 등을 변경하거나 추가하려 할 때 법에 의해 그 내용을 먼저 관보에 게재하여 공지하는 것.

(iii) 단기간 내에 사망할 것이 명백한 무뇌증(anencephaly)을 가지고 태어난 유아에게 치료를 유보하는 것은 그 치료가 무용하며, 죽음 과정을 일시적으로 연장시킬 뿐이므로 차별 행위를 구성하지 아니한다.
(iv) 신생아에 대한 성공 가능성 또는 잠재적 해악의 위험에 관한 합리적인 의료적 판단에 근거하여 중증 미숙아 및 저체중 신생아에게 특정 치료를 유보하는 것은 504조를 위반하지 아니한다.[55]

미국 소아과학회(American Academy of Pediatrics)는 이러한 관점에서 연방정부에 동참하였는데, 그들은 다음과 같이 말했다.

의료가 명백하게 유익하다면 그것은 항상 제공되어야 한다. 적절한 의료서비스를 이용할 수 없는 경우, 그 신생아를 적절한 의료시설로 이송할 수 있도록 준비해야 한다. 한 개인에게 예상되거나 실제로 존재하는 잠재 능력에 대한 고려, 또는 현재와 미래의 공동체의 가용 자원 부족과 같은 고려는 무관하며, 의료 제공 결정에 영향을 미쳐서는 안 된다. 그 개인의 의학적 상태가 결정의 유일한 초점이어야 한다. 이는 매우 엄격한 기준이다.[56]

이러한 규정과 관점은 구명 치료를 유보하는 의사결정에 있어 삶의 질을 고려하는 것을 명백히 거부한다.
1984년 말, 장애에 근거한 차별 금지에 관한 보건부의 규정은 계속해서 상당한 논란의 초점이 되었다. 사법적 난제 중 하나는 베이비 제인 도(Baby Jane Doe) 사례에서 등장하였다. 그녀의 부모는 처음에 현성 척추이분증(척수와 척수막의 노출)을 포함한 다발성 선천성 기형을 가지고 태어난 아기의 치료에 수술보다 대증요법을 선택하려고 하였다.[57] 1973년 「장애인재활법」 제504조에 근거하여 이러한 규정을 시행할 수 있는 권한에 관하여 법정에서 제기되는 질문들 때문에, 미국 의회는 법령에 따라 보조금을 받는 주들이 그러한 규정을 채택하도록 하는 「아동학대 예방 및 치료법」 개정안을 통과시켰다.[58] 이는 제안 규정[59]과 최종 규정으로 이어졌다.[60] 의학적으로 권고되는 치료의 유보는 아동학대에 해당한다는 것이 1984년 법률이다.

주치의의 판단이나 합리적인 의학적 판단을 통해 그러한 상태를 개선하거나 교정할 수 있는 그러한 치료(적절한 영양, 수액, 약물 등을 포함)를 제공하여 신생아의 생명을 위협하는 상태에 대처하지 못한 경우는 아동학대이다. 단 주치의의 판단, 혹은 합리적인 의학적 판단을 통해 다음 상황은 예외로 한다. (A) 해당 신생아가 만성적이고 비가역적인 혼수상태일 때; (B) 그러한 치료의 제공이 (i) 단지 사망을 연장할 뿐이며, (ii) 그 신생아의 생명을 위협하는 모든 상태에 대해 효과적이지 않거나, (iii) 그렇지 않으면 유아의 생존 측면에서 무용지물이 될 때; 또는 (C) 그러한 치료의 제공이 신생아의 생존 측면에서 무용지물이거나 그런 상황에서의 치료가 비인간적일 때.[61]

삶의 질 판단 조항은 없다. 사실 그러한 판단은 비가역적이고 만성적인 혼수상태에 대한 언급을 제외하고는 금지되어 있다. 허락 및 선행의 원칙에 대한 우리의 분석을 고려하면, 연방정부와 미국 소아과학회는 그들의 목적이 일반적이고 세속적 관점에서 그들의 입장을 정당화하는 것이라면 모두 잘못되었음이 분명하다. 엄밀한 의미에서 아직 인격체가 아닌 신생아가 다른 소유물과 마찬가지로 부모의 권한하에 있는 상황은 국가의 개입 권한에 제한을 둔다. 게다가 원치 않는 부모에게 연방정부의 특정한 이해를 강요하기 위해 권력을 사용한다면 최소한 그 아이의 돌봄 비용을 정부가 부담해야 한다.

동시에 미국 의사협회는 "개인에게 가장 좋은 것을 결정하는 데 있어 고려해야 할 요인으로 삶의 질"[62]을 받아들였다. 게다가 그러한 삶의 질의 결정에 있어 부모의 역할을 보증했다.

신생아와 관련된 절망적인 상황에서 의사의 조언과 판단은 쉽게 구할 수 있어야 하지만 생명을 유지하기 위해 최대한의 노력을 기울여야 할지의 결정은 부모의 선택이 되어야 한다. 부모는 제안된 치료의 대안, 예상 혜택, 위해성 및 한계, 그 신생아의 상태에 의해 영향을 받을 수 있는 잠재적 인간관계, 그리고 관련 정보와 질문에 대한 답변을 들어야 한다. 그 전제는 부모들이 보통 자녀들에게 갖는 사랑이 자녀들에게 가장 이득이 되는 것을 결정하는 데 있어서 지배적이라는 것이다. 특히 생명 그 자체가 위태로운 상황에서는 부모들이 사심 없이 행동할 것으로 예상된다. 납득할 만한 상반되는 증거가 없는 한 부모의 권한은 존중되어야 한다.[63]

미국 의사협회는 심각한 결함을 가진 신생아의 치료와 관련된 가족이나 사회의 부담을 일차적인 고려사항으로 규정하지는 않았지만, 배제하지는 않았다.[64] 1980년대 중반의 이러한 논쟁 이후, 중증 장애를 가진 신생아에 대한 치료를 제한하는 결정은 「장애인법(Disability Act)」에 의해 더 복잡해졌다. 이 법은 무뇌아에 대해 동등한 치료를 의무화하는 유령을 소환하였다. 결국, 무뇌아는 시각장애, 청각장애, 언어장애, 마비 등 거의 모든 상상할 수 있는 장애를 가지고 있다.[65]

서구 사회는 일반적으로 치료비가 상당하고 성공 가능성이 제한되었을 때 신생아들이 죽게끔 하는 것을 허용했다.[66] 아이의 죽음을 직접적으로 의도하는 것을 반대하는 비세속적인 도덕적 근거를 고려한다 해도, 비록 그 죽음은 종종 치료 중단의 예견된 결과였지만, 그러한 행위는 영아 살해로 기술되지 않았다. 그 치료가 자신이나 사회에 심각한 부담이 된다면 치

료를 제공하는 것은 일반적으로 면제된다. 교황 비오 12세가 선포한 대로,

> 보통 사람은 사람, 장소, 시대, 문화의 상황에 따라 통상적인 수단(ordinary means)만을 사용하도록 되어 있는데, 이는 자신이나 타인에 대해 심각한 부담을 수반하지 않는다는 것을 의미한다. 이보다 더 엄격한 의무는 대부분의 사람에게 너무 부담될 것이고 더 높고 더 중요한 선의 성취를 너무 어렵게 만들 것이다.[67]

그러한 이해 안에서는 성공 가능성을 고려하는 것도 적절하다. 이러한 방식으로, 치료비가 너무 비싸고 성공 가능성이 매우 낮아 대부분의 도덕 비전에서는 치료의 제공이나 수용을 면제할 수 있는 신생아 집단을 식별할 수 있다. 하지만 초과의무(supererogation) 행위로 치료를 제공하는 것이 금지되지는 않을 것이다. 초과의무 행위 안에서 우리는 식별할 수 있다. 치료할 의무가 없는 아이들 중에서, 심각한 정신적 또는 신체적 핸디캡 없이 생존할 가능성이 있는 아이들은 치료하기로 결정할 수도 있다. 로마 가톨릭의 전통적인 비통상적 치료(extraordinary treatment) 원칙은 심각한 신체적 또는 정신적 장애로 고통받을 가능성이 큰 신생아를 식별하기 위한 도덕적 틀을 제시한다.

죽음을 직접적으로 의도하는 이유가 왜 나쁜지에 대한 종교적 통찰력을 잃으면, 사태는 상당히 변한다. 일반적이고 세속적인 도덕의 관점에서, 자의적으로 연명의료를 중단하여 신생아의 죽음을 의도하는 것이 옳지 않다고 주장할 근거가 없다. 실제로 죽음을 의도할 수도 있기 때문에, 일반적이고 세속적인 도덕의 관점에서 죽음을 적극적으로 재촉하지 않았음을 보여주기는 불가능할 것이다. 허락이 핵심인 일반적이고 세속적인 도덕의 관점에서는, 허락 없이 또는 악의로 사람의 생명을 빼앗는 것 외에는 다른 모든 조건이 동일하다면(cetebus paribus) 살인에서 악을 드러낼 수 없

다. 신생아는 엄격한 의미에서 자율성을 침해할 수 있는 인격체나 목표를 좌절시켜 고통을 줄 수 있는 실체가 아니기 때문에, 적극적인 안락사를 통한 고통 없는 죽음은 죽음을 예견하지만 의도하지는 않은 상태에서 치료를 철회하는 것보다 덜 해를 끼치는 것으로 보일 수 있다. 실제로 도덕 행위자의 허락이나 동의로부터 권한과 내용을 끌어내는 일반적이고 세속적인 도덕은 직접적 악의를 제외하고는 어떤 의도가 잘못이라고 지적할 수 없다. 그 결과 죽음을 의도한 것 대 죽음을 예측했지만 의도하지 않은 것, 능동적 안락사 대 수동적 안락사 사이의 구별은 오로지 과거의 협약이나 미래의 영향을 참조해서만 일반적이고 세속적인 도덕의 관점에서는 이해가 가능하다.[68] 이는 대개는 솔직한 영아 살해를 지지하는 것처럼 보인다.

### 영아 살해

영아 살해에 대한 검토는 기형 신생아를 제거할 뿐 아니라 인구 증가를 조절하는 수단으로서 전 세계에서 널리 행해왔다는 관찰에서 시작되어야 한다. 영아 살해 관행과 집단의 일반적인 문화 수준 사이에 밀접한 관계가 있다고 주장하기는 어렵다. 영아 살해를 공식적으로 비난했던 서양 중세에서도 이단자와 유대인 모두를 박해하였다. 영아 살해를 금지한 20세기 독일은 히틀러의 횡포를 낳았다. 소련이 무고한 자들을 대규모로 학살했던 것과 관련해서도 동일한 이야기를 할 수 있는데, 소련 역시 공식적으로 영아 살해를 금지했다. 영아 살해를 원시문화나 비유럽적 전통과 연관시킬지 모르지만, 이는 서구문화의 토대에 깊은 뿌리를 두고 있다. 헬레니즘 세계에서는 영아 살해가 폭넓게 받아들여졌다. 플라톤은 영아 살해 관행을 지지했다(『국가』, 5.460c). 아리스토텔레스의 『정치학』도 영아 살해를 권고했다. "기형아는 살리지 않는 법을 제정하자."[69] 우리는 아테네인 중에서 영아 살해가 적어도 그리스의 7대 현인 중 한 명인 입법자 솔론에게 돌아간다는 것을 유념해야 한다. 섹스투스 엠피리쿠스(Sextus Empiricus)

는 솔론이 영아 살해를 합법화했다고 진술하고 있지만, 사실 그는 당시 그리스인들의 일반적 관행이었던 방치를 통한 영아 살해를 용인했던 것뿐이다. "솔론은 아테네인들에게 '면죄 행위'에 관한 법을 주었고, 이로 인해 각자 자신의 아이를 죽일 수 있게 했다."[70] 로마는 12표법*에서 영아를 죽일 부모의 권리를 인정했다. 심지어 기형아를 죽여야 할 의무도 있었던 것으로 보인다. 키케로는 『드 레기부스(De Regibus)』에서 "12표법이 명한 것처럼 끔찍한 기형아는 빨리 죽여야 한다"라고 말했다.

이러한 견해는 의료에 반영되었다. 산부인과에서 가장 오래된 현존하는 교과서에서 소라누스(A.D. 98~138)**는 갓 태어난 아이가 양육할 가치가 있는지 여부를 결정하는 방법에 대한 장을 할애했다. 소라누스의 주장에 따르면, 산파는

> 신생아가 양육할 가치가 있는지 없는지를 고려해야만 한다. 그리고 태생적으로 양육에 적합한 신생아는, 산모가 건강하게 임신 기간을 보냈느냐에 의해 구별된다. 왜냐하면 특히 신체에 치료받아야 하는 어떤 상태가 있었다면 이는 또한 태아에 영향을 미치고 생명의 바탕을 허약하게 만들기 때문이다. 둘째, 적절한 시기에 태어나는 것이다. 9개월 말이 가장 좋으며, 그보다 늦게도 좋다. 적어도 7개월 후에 태어나야 한다. 게다가 땅에 놓으면 즉시 적절한 원기 왕성하게 울어야 한다. 울지 않고 어느 정도 시간이 흐르거나, 약하게 운다면, 어떤 좋지 않은 상태로 인해 그렇게 된 것이다. 또한 모든 부위, 사지나 감각기가 완벽해야 한다. 즉 귀, 코, 인두, 요도, 항문 등의 통로가 열려 있으며, 모든 부위의 자연적인 기능이 느리거나 약하지 않으며, 관절은 굽혔다 펴지며, 적당한 크기와 모양을 가지

---

\* 로마법의 기초를 이룬 고대 로마의 성문법.
\*\* Soranus: 기원후 1~2세기의 로마에서 산부인과 의사로 유명했다.

며 모든 점에서 적절하게 반응해야 한다. 이는 손가락으로 몸의 표면을 누르면 알 수 있다. 찌르거나 꼬집으면 통증을 느끼는 것이 당연하기 때문이다. 이와 반대되는 상태라면 그 신생아는 양육할 가치가 없다.[71]

이 구절은 12표법 제4법을 따르라는 키케로의 명령에 따라 행동하는 것이 무엇을 의미하는지 보여준다. 이는 그 시대의 의사가 어떻게 무의미한 치료, 비용, 삶의 질을 예측할 수 있는 요소들을 고려했는지에 대한 소묘를 제공한다. 소라누스의 권고는 적극적인 영아 살해를 지지하는 것으로 해석될 필요는 없으며, 단지 치료하지 않는 것으로 해석된다.[72]

영아 살해를 악이라고 천명할 수 없다는 것은 여전히 많은 특정한 세속 도덕의 이해를 형성하는 유대-그리스도교 윤리의 잔유물과 충돌한다. 낙태와 마찬가지로 영아 살해에 대한 강력한 비난은 처음부터 그리스도교인들에 의해 이루어졌다. 「디다케」*에는 이렇게 쓰여 있다. "너는 살인을 하지 말아야 한다. 간통을 하지 말아야 한다. 동성애를 하지 말아야 한다. 도둑질을 하지 말아야 한다. 마법을 쓰지 말아야 한다. 낙태를 하지 말아야 한다. 영아 살해를 하지 말아야 한다."[73] 비록 살인과 영아 살해는 별도로 비난을 받지만 두 비난 모두 강력하다. 더구나 또 다른 구절에는 "아동 살해범"(5.2)에 대한 비난이 있다. 또 「디오그네투스에게 보낸 편지」는 그리스도교인을 "자식을 방치하지 않는 사람"(5.6)으로 구체적으로 묘사하고 있다. 유대인과 그리스도교인은 말할 것도 없고 많은 세속적인 세계인은 사회가 다원주의적 이교도의 과거 관행으로 돌아가는 것에 정당하게 불안감을 느낀다.

영아 살해의 세속적인 도덕적 지위는 설명하기 어렵다. 그것은 세속 도덕이 태어난 영아의 도덕적 지위에 대한 일반적이고 정전적인 내용 충만

---

\* 기원후 90~110년경에 작성되어 초기 그리스도교 교회에서 사용된 교의 문서.

한 도덕을 정당화하지 못하는 데서 비롯된다. 이 실패는 국가의 세속적이고 도덕적인 권한을 제한한다. 법적 보호는 해악과 선행의 특정한 정전적 위계를 필요로 할 것이다. 그러한 것은 특정 도덕 비전 내에서만 정당화될 수 있다. 그 결론은 매우 불쾌하다. 국가의 제한된 세속적이고 도덕적인 권한을 감안한다면, 아테네인과 로마인이 영아 살해에 간섭하지 않은 것과 유사한 것이 불가피하다. 선행(예: 좋은 부모됨에 대한 특정 관점의 실현)에 근거하여 법적으로 영아 살해를 금지하려면 엄격한 의미에서 어떤 인격체도 피해를 입지 않을 때도 부모의 자율성을 능가할 수 있는 정부의 권한을 확립해야 할 것이다. 어려운 점은 개인이나 공동체의 도덕성을 어떻게 보호할 것인가에 대한 특정한 관점을 강요하는 세속적인 도덕적 권한을 보여주는 것이다. 영아 살해를 옹호하는 사람들은 그 행위의 미덕이 금지로부터 생기는 좋음을 능가한다는 것을 알게 될 것이다. 허락 원칙의 중추성 때문에, 입증 책임은 부모가 그렇게 행동할 자유가 있다는 것을 보여주는 것이 아니라 그러한 부모의 행동이 금지될 수 있음을 보이려고 끼어드는 이들의 어깨에 놓여있다.

### 태아 연구와 시험관 수정

세속적 도덕은 재생산에 관한 내용 충만한 이해를 제공할 수 없기 때문에 태아 연구와 체외수정의 중요성에 대한 세속적 다원주의 사회 안에서의 일반적인 도덕적 이해는 태아의 지위에 관한 관점으로부터 확보되어야 한다. 태아는 일반적이고 세속적인 도덕에서 인격체의 지위를 가지고 있지 않다. 그것은 인격체의 생물학적 산물이다. 그들은 태어난 지 상당 시간이 지나야 엄격한 의미에서 인격체가 된다. 어떤 공동체가 엄격한 의미에서 통상 인격체에 부여되는 보호에 대한 근본적인 권리 중 일부를 그들에게 할애한다면 그들은 사회적 의미에서 인격체가 될 수 있다. 임산 초반의 태아는 혹시 있다 해도 최소한의 정신적인 삶을 가지고 있는 것처럼 보인다. 그들은 보통의 성체 포유류 정도로 통증을 느낄 수 있는 충분한 역량을 가지고 있지 않은 것 같다. 그들의 세속적인 도덕적 지위가 인격체의 특별한 소유물이자, 그들이 장차 될 인격체에 대한 우리의 관심의 측면에서 주로 이해되어야 한다고 이 책이 이미 주장한 것은 그 때문이다. 이러한 고려사항 중 첫 번째는 우리가 왜 배아나 태아를 생산하거나 다른 방법으로 연구하기 전에 그 배아나 태아를 생산한 이들로부터 동의를 얻어야 하는지를 상기시킨다. 두 번째 고려사항은 그 태아에 대한 상해를 우리가 우려하는 이유를 상기시킨다. 만약 그 태아가 임신 기간을 채우고 그래서 마침내 그 태아가 될 인격체가 해를 입는다면 우리는 엄격한 의미에서 손상입은 인격체를 얻게 된다.

그 결과 태아에 대한 비치료적 연구나 체외수정에 원칙적으로 반대하는 지속 가능한 세속적이고 도덕적인 논증은 없을 것이다. 그러한 노력에 대한 윤리 규범을 확립하는 설득력 있는 주장은 있을 수 있다. 우리는 어떤 실천(practice)이 태아, 영아 또는 무력한 이들에 대한 존중의 구조를 잠식할 수 있는지를 표시할 수 있을 것이다. 그러나 그러한 논증은 명확하게 결정적이거나 확실한 언어로 표현되지는 않을 것이다. 그들은 인간의 예상되는 활동에 미칠 수 있는 미래의 실천의 영향에 관한 다양한 전망이나 추측에 의존할 것이다.

손상을 받으면 임신 기간을 채우기보다는 그 태아가 유산될 것이라는 상당한 확실성을 가지고 그 태아의 부모의 허락을 받아서 하는 비치료적 태아 연구의 예를 생각해보자. 이 연구가 더 유용할수록, 일반적이고 세속적인 측면에서, 이 연구는 더 쉽사리 유익하고 정당한 행위로 간주될 것이다. 비록 많은 이가 갖게 될 부정적인 판단에도 불구하고 말이다. 태아 발달에 대한 더 나은 이해는 그 자체로 흥미로울 뿐만 아니라 선천적 이상, 그리고 미래 인격체에게 미칠 해악을 예방하는 데 유용한 지식을 생산할 것이다. 만약 태아가 엄격한 의미에서 인격체가 아니라면, 일반적이고 세속적인 도덕의 관점에서 여성은 어떤 이유로든 낙태를 추구할 수 있지만, 연구자들이 지식과 행복을 창출한다는 이타적인 목표를 가지고 태아 연구를 하면 안 된다는 이유를 이해하기 어려울 것이다.

이러한 세속적인 도덕적 성찰은 태아 연구에 정부 기금의 사용을 제한하는 규칙에 적대적이지 않다.[74] 인격체가 자신의 자원으로 어떤 일을 할 권리를 가지고 있는지를 결정하는 것과 그 기금을 조성한 이들이 승인하지 않은 프로젝트에 어느 정도까지 공통 기금을 사용할 수 있는가를 결정하는 것은 다른 문제다. 이러한 성찰은 유대-그리스도교의 이해와 깊이 충돌하는 태아 연구와 관련하여 매우 관대한 정책을 정당화시키는 결과를 초래한다. 태아 연구를 단정적으로 금지하는 현행 주법들은 세속적인 도덕적 정당성이 없다.[75] 태아 연구는 악의적인 의도를 가지고 행해질 때, 또는 존재하지 않는 편을 더 선호할 정도로 해를 입는다면 그 태아를 파괴할 것을 명하는 합리적인 규정이 없을 때, 단정적으로 금지될 수 있다. 그러나 그렇지 않으면, 잘못된 삶을 초래하는 불법행위가 제시한 도덕적 고려사항에 의해 정해진 제한은 세속적인 도덕적 장벽을 설정하기에 불충분하다.

불쾌한 결론들은 더 있다. 사람들은 자유롭게 행동하고 다른 사람들에게 동의할 수 있고, 태아는 엄격히 말해 인격체가 아니기 때문에, 일반적이고 세속적인 도덕의 관점에서 장기나 조직의 공급원으로 태아를 활용하는 것을 금지하기는 불가능할 것이다.[76] 또한 돈을 받고 태아를 형성하거나 금전적 이익을 위해 낙태하는 것을 금지하기도 어렵다. 더욱이 가족의 치료에 사용될 가능성이 있는 조직을 확보할 목적으로 태아를 생산하는 것은 더욱 그렇다. 다시 말해, 어떤 제약 조건도 특정한 내용 충만한 도덕 비전에 의존하며, 일반적이고 세속적인 측면에서 그러한 비전은 이용할 수 없다.

태아 연구에 대한 이러한 이해를 고려한다면, 그렇지 않으면 재생산이 불가능한 부모를 위해 건강한 아이를 생산할 목적으로 행한 체외수정 (IVF)과 배아 이식(ET)에 제한을 가하는 것은 매우 어렵게 된다. 자위를 통한 정자의 획득을 전제로 하는 것이 부자연스럽다거나 직접적인 기술의 통제하에서 인간의 삶을 빚어낸다는 전통적인 도덕적 이유로 체외수정에 대한 반대가 있었다. 첫 번째 논변은 일반적이고 세속적인 다원주의적 맥락에서 접근 가능한 논증의 측면에서 지탱하기 어렵다. 자위가 오락이나 특별한 재생산 목적을 위해 행할 수 있는 도덕적으로 중립적인 행동이라기보다 자연의 법칙을 위반한, 혹은 그래서 부도덕한 행동임을 보여주기 위해서는 특별한 전제가 필요할 것이다.[77] 두 번째 반대는 일반적이고 세속적인 도덕에서는 찾아볼 수 없는 신성함(the sacred)에 대한 감각에 의존해야 한다. 세속적인 도덕에서 인간의 재생산은 심장 생리학만큼 객관화와 기술적 조작의 적절한 대상이다. 재생산을 특별하게 보려면 내용 충만한 도덕 비전이나 재생산에 대한 별도의 설명이 필요할 것이다. 다시, 세속적인 도덕에 있어서 허락이 핵심이며, 문제가 되는 보조생식술(assisted reproduction)에 참여하는 당사자들에게 명료한 잘 만들어진 동의서 양식이면 족할 것이다.

재생산의 의미와 의의에 관해 내용 충만한 이해를 가진 많은 도덕 공동체의 관점에서 보면, 허락이나 동의는 어떤 폐해나 악을 방지하기에 충분하지 않다고 여겨질 것이다. (정자) 기증자에 의한 인공수정이나 대리모는 재생산 행위에 제3자를 끌어들이는 부당한 행위로 인식되어왔다.[78] 이미 언급한 바와 같이, 그러한 침범의 악은 전통적인 그리스도교 내에서 이해되었다. 그러나 이 악을 일반적이고 세속적인 측면에서 이해하려는 시도는 성공하지 못했다. 『워녹 리포트』는 또한 기증자에 의한 인공수정을 고려하면서도 대리모에 반대하는 논증을 제시한다.\* "그 반대는 본질적으로

---

\* Warnock Report: 1984년 영국 정부가 보조생식술과 배아 연구의 윤리적 측면에 관해서 간행한 리포트이

두 사람 사이의 애정 어린 동반자 관계에 국한되어야 하는 생식의 과정에 제3자를 끌어들이는 것은 결혼 관계의 가치를 침해한다는 관점에 의존한다."[79] 비슷한 논증이 시험관 수정과 배아 이식 일반에 대해서도 만들어졌다. 그 아이디어는 제3자가 참여하는 보조생식술은 모두 재생산 행위에서 아무 설 자리가 없는 개인이나 개인을 부적절하게 끼워 넣는다는 것이다. 적절한 재생산이 무엇인지에 관한 내용 충만한 이해가 없이는 생식세포 기증자든, 기술적 보조인이든 제3자를 끌어들이는 것이 재생산을 준-간통으로 만드는 것인지, 아니면 그러한 사람들의 활용이 인격체의 자유로운 협력을 통한 긍정적인 선의 구현인지를 결정하는 것인지를 보여주기가 불가능할 것이다.

체외수정에 대한 또 다른 비난은, 그것이 인간 생식의 부적절한 객관화를 수반한다는 것인데, 주로 신학자들이 제기하였다. 그 우려는 인간 재생산의 핵심에 기술적 기교를 사용하는 것이 그 의미와 의의를 왜곡시킨다는 것이다.[80] 폴 램지*는 다음과 같은 고전적인 언명을 하였다.

> 신이 사랑을 생식 행위로 만드셨을 때 부모됨 안에서 함께 묶어놓은 것을 산산이 흩어지게 하는 것, 사랑의 영역을 넘어서 생식하는 것(예컨대 시험관 속에서 인간 생명을 만드는 것), 혹은 책임 있는 생식의 영역을 넘어서 성적 사랑의 행위를 상정하는 것(정의상의 결혼)은 우리 안에 있는 신의 창조의 이미지를 거부하는 것을 의미한다.[81]

이와 흡사하게 로마 가톨릭교회 회칙 「생명의 선물(Donum Vitae)」**은

---

다. 위원장인 윤리학자 메리 워녹(Mary Warnock)의 이름을 따서 워녹 리포트라고 부르게 되었다.
* Paul Ramsey(1913~1988): 미국의 감리교 신학자이자 1세대 생명윤리학자.
** 아래 번역문은 이 책의 원문과는 좀 다르지만, 천주교 서울대교구 생명위원회가 번역한 '인간생명의 기원과 출산의 존엄성에 관한 훈령'의 대응 부분을 그대로 가져온 것이다.

말한다.

> 결혼의 결실과 부부 행위의 의미 사이에 존재하는 긴밀한 관계의 도덕적 가치는 육체와 영혼의 결합을 동반한 인간적 일치에 그 근거가 있다. 부부는 '육체의 언어'를 통해 그들의 인격적 사랑을 서로 표현하는 것인데 그 속에는 분명히 서로가 부부라는 의미와 부모라는 의미를 내포한다. 부부 서로 그들의 자기 봉헌을 표현하는 부부 행위는 동시에 생명의 선물에 대한 환영을 표현하는 것이기도 하다. [……] 물론 인간배아가 파괴되어 죽게 되는 일이 없도록 온갖 노력을 다하는 경우라 해도 이 부부 간 체외수정이나 배아의 자궁 내 이전 기술은 그것이 직접 인공 유산을 하는 경우로는 생각되지 않는다 하더라도 그것이 갖는 이런 본질적인 문제를 고려하지 않으면 안 된다.[82]

이 견해는 특별한 신학적 전제를 두지 않고는 이해할 수 없다.

신학자 조지프 플레처*가 지적했듯이 합리적으로 계획된 재생산은 이성적인 존재에게는 자연스러운 것이다.[83] 인간의 재생산은 인간 생물학의 사실상의 제약 조건이 부과되는 한편으로 활용 가능한 생물학적 수단을 통해서만 부분적으로 실현 가능한 목표와 목적을 계획하고 열망하기 때문에 인격체의 고안물의 대상이 된다. 계획하고 열망하는 실체로서, 인격체로서의 사람과 특정 생물학적 과거의 특이한 전달체로 간주되는 개체로서의 사람 사이에는 반복되는 긴장이 존재한다. 따라서 자의식과 이성적인 성찰은 대상 주체의 교훈적인 이원론을 내포할 수 있다. 신체는 인격체의 목표를 불완전하게 구현하는 대상으로서 경험된다. 인격체는 엉뚱한 시간에 엉뚱한 사람으로 인해 임신을 하거나, 올바른 시간에 올바른 임신

---

* Joseph Fletcher(1905~1991): 미국의 성공회 신학자이며 생명윤리학의 개척자.

을 못 할 수도 있다. 이러한 열망의 실패는 부분적으로 인간 기술의 개입을 통해 해결될 수 있다. 인간 본성의 타락한 성격과 어떻게 이것을 해결할 것인가에 대한 정전적이고 내용 충만한 이해의 비전 밖에서는, 자녀를 갖기 위한 기술의 사용은 사람들에게 적합한 세상을 만들고자 하는 목표의 일부로 간주될 것이다. 그러한 개입은 원칙적으로 특별한 신학적 또는 이념적 전제에 호소해야만 부적절하다고 여겨진다.

마지막으로, 체외수정이 배아의 폐기를 수반할 수 있다 하여 체외수정을 비난하는 것은 일반적이고 세속적인 도덕의 관점에서는 불가능할 것이다. 태아는 인격체가 아니기 때문에 허락이나 방해 없이 조기 낙태를 선택할 수 있다면 체외수정 과정에서 생산되는 잔여 배아를 폐기하는 과정에서 인격체에 대한 상해는 더더구나(a fortiori) 없을 것이다. 우리는 (1) 한 번에 여러 개의 난자를 수확하여 여성의 고통과 불편함을 최소화할 수 있고, (2) 세쌍둥이나 네쌍둥이의 임신과 탄생과 관련된 위험을 피하기 위해 한 번에 한두 개의 배아만 착상시킬 수 있으며, (3) 성공적인 임신을 보장하기 위해 추가 착상이 필요한 경우 잔여 배아를 냉동시킬 수 있다. 이후의 착상은 부도덕하지 않은데 왜냐하면 결함이 있거나 사용되지 않은 배아는 폐기할 수 있기 때문이다. 배아는 도덕 행위자인 인격체가 아니다.

시험관 수정에서 중요한 세속적이고 도덕적 문제는 약속, 신뢰, 그리고 헌신이다. 자녀의 생산에서 함께 엮인 사람들 간의 관계는 복잡할 수 있다. 극단적인 경우, 남자 A와 여자 B는 시험관 수정과 착상을 위해 여자 C에게 난자와 정자를 기증할 수 있다. 이 여성은 대리모가 되어 둘 다 불임인 남자 D와 여자 E에게 그 아이를 입양시킬 수 있다. 여자 C는 난소와 자궁이 없어 불임인 여자 E를 위해 기꺼이 임신을 대리할 수 있다. 체외수정 클리닉이 제공하는 관리와 돌봄의 질에 관한 이해가 필요할 것이다. 태아에게 상해를 입힐 수 있는 최기형성 물질이나 다른 상황을 피하기 위해 대리모 C의 의무를 규정하는 일련의 약속이 필요할 것이다. 심각한 선천적 기형을 가진 아이가 태어난다면 누가 그 아이에 대한 책임을 수용할 것인가를 분명히 할 필요가 있을 것이다.[84] A와 B의 의무의 한계, 그리고 모든 관련 당사자의 한계도 규정될 필요가 있을 것이다.[85] 이들은 중요한 쟁점이지만 체외수정에만 고유한 것은 아니다. 그들은 오히려 일반적으로 사람들을 하나로 묶고 상호 존중과 선행에 대한 도덕적 관심을 통해 유지되는 상호 의무의 연결망의 일부이다.

이 쟁점의 대부분은 새로운 것이 아니다. 이들은 이미 불임 남편의 부인에 대한 인공수정과 아내가 불임일 때 부부를 위해 아이를 갖기 위한 여성의 인공수정과 같은 프랙티스에 의해 제기되었다. 그러한 중재술이 제기하는 신뢰와 확신의 핵심 도덕적 쟁점을 개략적으로 제시하기 위해서 체외수정 같은 복잡한 기술이 굳이 필요하지 않다. 이 책의 논증에 의한다면, 모든 당사자가 자유롭게 동의하고 이득/해악의 긍정적인 균형이 있을 경우, 세속적인 도덕적 악은 존재하지 않는다. 어떤 종교집단은 여전히 잔류한 악을 이해할 것이다. 예를 들어, 로마 가톨릭교도들은 그러한 활동이 자위행위라는 도덕적 악뿐만 아니라 간통의 행위도 포함한다고 인식할 것이다.[86] 그러한 견해들은 일반적이고 세속적인 측면에서 지탱될 수 없는 결혼의 본질과 적절한 재생산에 대한 매우 특별한 시각을 요구한다.[87] 일반적이고 세속적인 도덕의 초점은 재생산이라는 중요한 목표에 있어서 개인들의 합의와 이득에 초점을 맞춘다.

일반적이고 세속적인 도덕 이해와 전통적인 유대-그리스도교적 생식의 이해 간의 대비는 아마도 영리 목적의 대리모의 경우 더욱 두드러지게 될 것이다. 여성이 인격체이자 도덕 행위자라면 원하는 대로 자신의 몸을 사용할 수 있어야 한다. 특별한 정전적인 도덕적 관점이 없다면, 발레 무용수나 오페라 가수를 고용하는 것보다 대리모를 고용하는 것이 왜 여성에 대한 더한, 혹은 덜한 비하나 착취인지 알 수 없을 것이다. 각각의 경우 우리는 다른 이들의 즐거움이나 목표를 위해 신체의 특정한 능력을 사용하도록 그녀를 고용하는 것이다. 매춘과 비교해서 영리 목적의 대리모를 반대하는 어떤 특별한 논증을 시도하는 이들은, 왜 여성이 하수도를 청소하는 것보다 매춘부로 일하는 것이 더 품위를 떨어뜨리는 것인지를 일반적이고 세속적인 측면에서 밝혀야 할 필요성에 직면할 것이다. 또한 착취 논증도 도움이 되지 않는데, 특정한 정전적이고 내용 충만한 도덕 비전 없이는 누가 착취자인지 이해할 수 없을 것이기 때문이다. 대리모로서 부유한 부부에게 고용된 여자는 착취당한 것인가, 아니면 그녀는 법을 이용하여 대리모 고용을 금지하여 선택의 범위를 제한한 특정 도덕적 직관을 가진 사람들에 의해 착취를 당한 것인가? 무엇이 착취로 간주되는지를 이해하려면, 적절한 선택과 계약에 대한 내용 충만한 도덕적 이해를 가지고 있어야 한다.

### 인격체로서의 환자: 세속적 도덕의 비전

의학은 수의학과 달리 인격체에 대한 의술이다. 의학의 목적은 단순한 생물학적 수명 연장이 아니다. 의학은 죽음을 미루고, 질병과 기형을 예방하고 완화하며, 질병을 치료하고, 생물학적·정신적 능력을 증강하고, 인격체의 고통을 완화하기 위해 사용된다. 의학은 인격체의 행위자이다. 그것은 그들의 입장을 대변한다. 그것은 인격체의 바람을 존중해야 하는 의무에 의해 제한되고, 인격체에 선을 행한다는 목표의 지시를 받는다. 따라서 인격체가 언제 시작하고 언제 끝나는지를 인식하는 것은 의학과 의료가 누구에게 그러한 의무를 지고 있는지 알기 위해 중요하다. 의사, 간호사 및 의료 종사자들은 그 바람이 존중되어야 하고, 좋은 삶의 특정한 이해를 실현하고자 하는 의사와 기타 의료인의 욕구에 한계를 설정할 수 있는 인격체와 언제 만나게 되는지를 알아야 한다. 이 장에서 뇌사와 낙태 문제를 탐구한 것은 이런 이유 때문이다.

이 검토는 부분적으로 예상하지 못한 도덕적 지평을 보여준다. 일반적이고 세속적인 도덕, 즉 도덕 이방인들을 구속하는 도덕성의 함의와 성격을 보여주는 것 외에, 이 장은 도덕적 진리에 대한 전통적인 유대-그리스도교적 이해와의 차이와 대비를 보여준다. 도덕 이방인들과 공유 가능한 함의를 제시하면서 이 장은 그러한 도덕성의 함의를 보여주는 동시에 우리가 신이교주의 시대, 즉 그리스도교 이후 시대로 접어들면서 우리의 도덕에 일어난 많은 변화를 설명하고 자 한다. 르네상스 시대 이후 서구는 여러 면에서 과거의 이교 시대를 재고하고, 재음미하며, 되찾아왔다. 이 과정은 결코 끝나지 않았고 생명윤리에 대한 그 함의는 여전히 희미하게 인식될 뿐이다.

현재 일반적이고 세속적인 도덕과 전통 도덕 사이의 긴장은 죽음의 정의에 관해서는 덜 심각하다. 이러한 긴장은 더 이상 도덕 행위자는 아니지만, 여전히 자의식 없이 일정 수준의 의식을 유지하고 있는 개인을 신뢰성 있게 식별할 수 있기 때문에 증가할 가능성이 높다. 일반적이고 세속적인 도덕은 그들을 도덕 행위자로 간주하지 않을 것이다. 다른, 덜 개념적으로 추진되는 죽음의 정의는 이미 더 많은 어려움을 초래하지만, 개념적 성격은 덜하다. 우리는 여기서 심폐소생술을 원하지 않는 사람들로부터 장기를 채취하기 위해 심장 지향 죽음 정의를 적용하자는 제안을 생각할지도 모른다. 그러한 제안에 따르면, 심폐소생술을 원하지 않으며, 2분 동안 심정지가 되어 고등 뇌중추의 손상을 입지 않은 사람(예컨대 루게릭병 환자)에게서 장기를 적출할 수 있다. 만약 죽음 정의의 중요성이 세계에서 지각과 행동의 가능성이 파괴된 때를 표시하는 것에 있다면, 그러한 개인은 개념적인 의미에서 진정으로 죽은 것이 아닐 수 있다. 고등 뇌중추 지향 죽음 정의에 따르면 그들은 죽어가는 과정에서 장기 기증자로 자원한 것으로 간주될 수 있다.[88]

우리가 배아, 태아, 영아, 그리고 재생산에 대한 전통적인 유대-그리스도교의 이해 사이의 대비를 살펴보면, 일반적이고 세속적 도덕에서 확립될 수 있는 것과 유대-그리스도교의 전통적 인식에서 확립될 수 있는 것의 차이는 가장 극명하다. 낙태뿐 아니라 영아 살해의 악을 밝혀내는 것은 불가능하다. 더욱이 적절한 재생산에 대한 전통적인 개념은 테크놀로지를 통해 완전히 엉망이 되었는데 그러면 버바 존스(Bubba Jones)와 베티-루 스미스(Betty-Lou Smith)는 돈을 벌기 위해 자신의 생식세포를 팔고, 이를 여피족 피츠휴(F. Fitzhugh)와 코스모폴리탄 앨러산드라(Q. Alessandra)가 사서, 홀리스틱 불임 클리닉에서 이를 수정하여 대리모인 헨리에타 메르케나리우스(Henrietta Mercenarius)에게 착상시켜 낳을 수 있다. 커플의 신성한 행위이자 결합인 재생산에 대한 전통적 유대-그리스도교의 이해[89]는 세속적 맥락에서는 인정 불가능하다. 세속적 맥락은 그런 내용에 적용할 수 있는 가치나 그러한 가치를 밝혀주는 신의 은총에 대한 개방성을 결여하였다. 내용 충만한 어떤 것, 섹슈얼리티의 의미나 재생산의 목적에 관한 실질적인 어떤 것은 특정 내용 충만한 도덕적 맥락 안에서나 찾을 수 있다. 그런 맥락 밖에서는 누구도 자녀를 갖는 것이 왜 중요한지 이해할 수 없을 것이다. 사실상 그런 맥락 밖에서는 우리가 왜 귀찮게 결혼이라는 걸 해야 하는지(세금 감면 등 재정적인 것을 제외한다면)를 일반적이고 세속적인 측면에서 밝히기도 불가능하다.

# 주

1 전통적으로 낙태가 심대한 죄악이라는 그리스도교인의 생각은 철학적 논증이라기보다는 전통과 예배에 의존하였다. 예컨대 다음을 참조. *Didache* 2, 2; Tertullian, *Apology* 9, 8. 또한 다음을 보라. The feasts of the Conception of the Theotokos, December 9, and of the conception of St. John the Baptist, September 23.
2 영아 살해, 낙태 등을 보증하는 것이 세속 도덕성의 목적이 아님을 강조해야만 한다. 오히려 도덕 이방인을 구속하는 도덕성, 즉 은총이 부재한 도덕성은 도덕성의 가장 실질적 쟁점들을 음미할 수 없음을 알게 될 것이다. 한편으로 이는 이성에 실질 도덕성을 정초하고자 하는 현대 철학적 기획의 실패를 드러낸다. 한편으로 이는 은총이 없는 도덕적 삶의 빈곤함을 드러낸다.
3 Kan. Stat. Ann., §77-202 (Cum. Supp. 1979) [enacted 1970].
4 Md. Ann. Code, art. 43, §54F (1980) (effective July 1, 1972).
5 St. Thomas Aquinas, *Summa Theologica*, 1, Q. 118, art. 2, reply to objection 2.
6 경험된 정신적 삶의 의미와 제시된 물질적 대상의 대비에 대한 탐구는 다음을 참조. H. T. Engelhardt, Jr., *Mind-Body: A Categorial Relation* (The Hague: Martinus Nijhoff, 1973).
7 나는 원리(principle)라는 단어를 본질적이고 특징적인 구성요소를 시사하기 위해 사용한다. 그 구성요소의 전개로서 정신적 삶의 원칙은 그러한 삶의 열등성에 관한 설명을 요청한다.
8 Arthur C. Clarke, *2001: A Space Odyssey* (New York: New American Library, 1968).
9 *Black's Law Dictionary*, 4th ed. rev. (St. Paul, Minn.: West, 1968).
10 Roland Puccetti, "Brain Transplantation and Personal Identity," *Analysis* 29 (1969): 65.
11 François Joseph [Franz Josef] Gall, *On the Functions of the Brain and of Each of Its Parts: with Observations on the Possibilities of Determining the Instincts, Propensities, and Talents, or the Moral and Intellectual Dispositions of Men and Animals, by the Configuration of the Brain and Head*, trans. Winslow Lewis (Boston: Marsh, Capen and Lyon, 1835).
12 J. G. Spurzheim, *Phrenology or the Doctrine of the Mental Phenomena*, 2 vols. (Boston: Marsh, Capen and Lyon, 1833).
13 M. J. P Flourens, *Examen de la Phrenologie*, 2d ed. (Paris: Paulin, 1845).
14 이에 관해서는 다음을 보라. Robert M. Young, *Mind, Brain, and Adaptation in the Nineteenth Century* (Oxford: Clarendon Press, 1970).
15 H. T. Engelhardt, Jr., "John Hughlings Jackson and the Mind-Body Relation," *Bulletin of the History of Medicine* 49 (Summer 1975): 137-51.
16 President's Commission for the Study of Ethical Problems in Medicine and Biomedical and Behavioral Research, *Defining Death* (Washington, D.C.: U.S. Government Printing Office,

1981), pp. 13-15.

17  John Hughlings Jackson, "Remarks on Evolution and Dissolution of the Nervous System," in *Selected Writings of John Hughlings Jackson*, ed. James Taylor (New York: Basic Books, 1958), vol. 2, pp. 76-91.

18  Ad Hoc Committee of the Harvard Medical School to Examine the Definition of Brain Death, "A Definition of Irreversible Coma," *Journal of the American Medical Association* 205 (Aug. 5, 1968): 337-43.

19  World Medical Association, "Declaration of Sydney," *Medical Journal of Australia Supplement* 58 (1973): 2.

20  Ad Hoc Committee of the American Electroencephalographic Society on EEG Criteria for Determination of Cerebral Death, "Cerebral Death and the Encephalogram," *Journal of the American Medical Association* 209 (Sept. 8, 1969): 1505-10.

21  Amir Halevy and Baruch Brody, "Brain Death: Reconciling Definitions, Criteria, and Tests," *Annals of Internal Medicine* 119 (Sept. 15, 1993): 519-25.

22  만삭까지 생명을 유지한 뇌사 여환자에 대한 언론 보도들이 있다. 어떤 이들은 엄격한 의미에서 완전한 뇌사라 보기 어려웠다. 그러나 그러한 사태에는 모순된 점이 없음을 기억해야 한다. 죽은 여성의 살아있는 몸은 그 태아가 태어날 때까지 유지될 수 있다. 최근의 사례에 대해서는 다음 참조. Ernst Reichelt, "Himtod und Schwangerschaft," 4-9, Inge Wolf, "Gynäkologische Überlegungen zu Himtod und Schwangerschaft," 13-20, Hans-Martin Sass, "Himtod und Schwangerschaft. Ethische Aspekte," 21-31, *Medizinethische Materialien* 88 (January 1994).

23  Gray et al. v. Sawyer et al., Gray et al. v. Clay et al., 247 S. W. 2d 496, 497 (Ky. App. 1 952).

24  고등 뇌중추 지향 죽음 개념에 관한 최근의 설명은 다음을 보라. Richard Zaner (ed.), *Death: Beyond Whole-Brain Criteria* (Dordrecht: Kluwer, 1988). 전뇌 지향 죽음 개념의 재평가는 부분적으로는 무뇌아로부터 장기 적출에 관한 우려로부터 촉발되었다. Fritz Beller and Julia Reeve, "Brain Life and Brain Death—The Anencephalic as an Explanatory Example," *Journal of Medicine and Philosophy* 14 (Feb. 1989): 5-23; and James Walters and Stephen Ashwal, "Anencephalic Infants as Organ Donors and the Brain Death Standard," *Journal of Medicine and Philosophy* 14 (Feb. 1989): 79-87. 또 다음을 보라. American Academy of Pediatrics Committee on Bioethics, "Infants with Anencephaly as Organ Sources: Ethical Considerations," *Pediatrics* 89 (June 1992): 1116-19; Donald Medearis and Lewis Holmes, "On the Use of Anencephalic Infants as Organ Donors," *New England Journal of Medicine* 321 (Aug. 10, 1989): 391-93; Joyce Peabody, Jane Emery, and Stephen Ashwal, "Experience with Anencephalic Infants as Prospective Organ Donors," *New England Journal of Medicine* 321 (Aug. 10, 1989): 344-50; and Robert Truog and John Fletcher, "Anencephalic Newborns: Can Organs be Transplanted

before Brain Death?" *New England Journal of Medicine* 321 (Aug. 10, 1989): 388-90.
25  President's Commission for the Study of Ethical Problems in Medicine and Biomedical and Behavioral Research, *Deciding to Forego Life-Sustaining Treatment* (Washington, D.C.: U.S. Government Printing Office, 1983), p. 6.
26  Roland Puccetti, "The Life of a Person," in W. B. Bondeson et al. (eds.), *Abortion and the Status of the Fetus* (Dordrecht: Reidel, 1983), pp. 169-82. 영구적 코마 상태의 환자에게 인위적으로 수액과 영양을 공급하는 것이 도덕적 의무인지에 대해서는 상당한 논란이 있음을 기억해야 한다. 어떤 로마 가톨릭 신학자는 그것이 의무라고 주장한다. Office of the Vicar General, Archdiocese of New York, "Principles in Regard to Withholding or Withdrawing Artificially Assisted Nutrition/Hydration," *Issues in Law and Medicine* 6 (1990): 89-93. 반면 텍사스의 로마 가톨릭 주교들은 인위적 수액과 영양의 공급이 비통상적 부담만을 준다고 주장한다. Texas Bishops, "On Withdrawing Artificial Nutrition and Hydration," *Origins* 20 (June 7, 1990): 53-55.
27  Society of Critical Care Medicine Ethics Committee, "Consensus Statement on the Triage of Critically Ill Patients," *Journal of the American Medical Association* 271 (Apr. 20, 1994): 1202.
28  전뇌사, 혹은 전신사가 일어날 때까지 그러한 신체를 유지할 것을 요구하는 특정 종교의 신도가 있을 수 있다. 병원은 그러한 환자에게 높은 의료비용을 물려야 한다.
29  American Bar Association, Annual Report 231-32 (1978) (Feb. 1975 midyear meeting).
30  President's Commission for the Study of Ethical Problems in Medicine and Biomedical and Behavioral Research, *Defining Death*, p. 3.
31  Ibid., pp. 31-34, 37-38.
32  Ibid., p. 40.
33  Immanuel Jakobovits, *Jewish Medical Ethics* (New York: Block, 1959), p. 277; also *Tzitz Eliezer*, 9:46 and 10:25:4, and *Babylonian Talmud*, Yoma 85a, Soncino ed.
34  죽음의 전신사 정의(whole body definition)를 종교적으로 수용 가능한 뉴저지주 법에 관한 연구로는 다음을 참조. Robert S. Olick, "Brain Death, Religious Freedom, and Public Policy: New Jersey's Landmark Legislative Initiative," *Kennedy Institute of Ethics Journal* 1 (1991): 275-88. 이러한 종교적 예외는 정통 유대교 신자뿐 아니라 일본인과 미국 인디언들에게도 역시 의미 있다. 죽음의 고등 뇌중추 지향 개념이 수용된다면 전통적 그리스도교의 이해에서도 그러한 예외를 활용할 수 있게끔 해야 한다.
35  Planned Parenthood of Central Missouri v. Danforth, 428 U.S. 52 (1976).
36  Immanuel Kant, *Metaphysik der Sitten*, AK VI 425.
37  낙태나 영아 살해 같은 그러한 행동의 일반적인 세속 도덕성에 대한 이 책의 탐색은 그러한 행동의 옹호가 아니라, 세속 도덕성의 위력함과 포스트모더니티에 대한 실망과 긴장의 폭로로 해석되어야 한다.

38  잘못된 삶을 초래하는 불법행위 소송에 관한 리뷰로 다음을 참조. Angela R. Holder, "Is Existence Ever an Injury?: The Wrongful Life Cases," in S. F. Spicker et al. (eds.), *The Law-Medicine Relation: A Philosophical Exploration* (Dordrecht: Reidel, 1981), pp. 225-39. Also, G. M. Lehr and H. L. Hirsh, "Wrongful Conception, Birth and Life," *Medicine and Law* 2 (1983): 199-208; and E. Haavi Morreim, "Conception and the Concept of Harm," *Journal of Medicine and Philosophy* 8 (1983): 137-57. 또 다음을 보라. Derek Parfit, *Reasons and Persons* (Oxford: Clarendon Press, 1984), especially pp. 371-77.

39  Zepeda v. Zepeda, 41 Ill. App. 2d 240, 1963.

40  Williams v. New York, 223 N.E. 2d 849, 1963.

41  Curlender v. Bio-Science Laboratories and Automated Laboratory Sciences, 165 Cal. Rptr. 477 (Ct. App. 2d Dist. Div. 1, 1980). 이 판례에서 법원의 판결은 나중에 항소에서 뒤집어졌다. 잘못된 삶에 관한 두 번째 불법행위 쟁소에서 캘리포니아주 법원은 부모에게 책임이 없다고 판결했다. Turpin v. Sortini, 31 Cal. 3d 220, 643, P.2d 954, 182 Cal. Rptr. 337 (1982). 덧붙여 캘리포니아주는 그런 이유로 자녀가 부모를 고소하는 것을 금지했다. Cal. Civ. Code, Sec. 43.6 (1982), enacted in 1981. 또 다른 불법행위 소송에 관한 예로는 다음을 보라. Harbeson v. Parke-Davis, Inc., 98 Wash. 2d 460, 656 P.2d 483 (1983). 이런 유의 쟁점에 관한 두 깊은 논의로는 다음을 보라. Jeffrey Botkin, "The Legal Concept of Wrongful Life," *Journal of American Medical Association* 259 (Mar. 11, 1988): 1541-45; Deborah Mathieu, *Preventing Prenatal Harm* (Dordrecht: Kluwer, 1991).

42  독자는 여기서 예상(foresight)와 의도(intention)을 구별하는 로마 가톨릭 도덕신학의 전통적 시각을 보게 될 것이다. 이러한 구분은 이중효과의 원리 개념의 핵심이다. 사람은 의도하지 않은 영향을 예상하면서 행동할 수 있지만, 그들이 의도했다면 부도덕한 행동일 수 있다. 그러므로 모범적인 로마 가톨릭 신도는 직접 자살하지는 않을 것이다. 그러나 그가 정의로운 전쟁에 참전한다면 동료를 구하기 위해 참호에 떨어진 수류탄 위로 몸을 날릴 것이다. 이는 자살을 의도하지 않았지만 죽음에 이를 수 있음을 예상하면서도 파편을 자기 몸으로 막으려는 행위이기에 허용 가능하다. 1차 효과(파편을 몸으로 막음)는 의도되었지만, 2차 효과(자신의 죽음)는 예상되었을지 몰라도 의도되지 않았다.

전통적으로 이중효과의 교의에는 네 가지 요점이 있다. 즉 (1) 해로운 결과는 의도되지 않았다. (2) 좋은 결과는 해로운 결과로부터 바로 따라오지 않는다. (3) 그 행위는 내재적으로 부도덕하지 않다. (4) 좋은 영향이 나쁜 것을 능가한다. 세속 도덕적 상황에서 이러한 고려는 피할 의무가 없는 해를 예상하는 상황과 그러한 해를 의도하는 것은 부도덕한 상황을 구별하는 데 쓰일 수 있다. 이 주제에 관해서는 다음을 보라. Thomas J. Bole III, "The Theoretical Tenability of the Doctrine of Double Effect," *Journal of Medicine and Philosophy* 16 (Oct. 1991): 467-73; Joseph Boyle, "Who Is Entitled to Double Effect?" *Journal of Medicine and Philosophy* 16

(Oct. 1991): 475-94; Alan Donagan, "Moral Absolutism and the Double-Effect Exception," *Journal of Medicine and Philosophy* 16 (Oct. 1991): 495-509; Frances Kamm, "The Doctrine of Double Effect: Reflections on Theoretical and Practical Issues," *Journal of Medicine and Philosophy* 16 (Oct. 1991): 571-85; Donald Marquis, "Four Versions of Double Effect," *Journal of Medicine and Philosophy* 16 (Oct. 1991): 515-44; and Warren Quinn, "Actions, Intentions, and Consequences: The Doctrine of Double Effect," *Philosophy and Public Affairs* 18 (1989): 334-51. 이중효과의 역할에 대해선 제7장에서 자세히 살펴볼 것이다.

43  어린이가 언제 해에 동의할 수 있는가의 쟁점은 제8장, 어린이의 해방 부분에서 살펴볼 것이다. 여기서는 어린이가 언제 의사능력을 가지게 되는지를 결정할 필요가 있다는 것만으로 충분하다. 적어도 비강압적으로, 존중을 받으면서 선택의 의미를 이해하고 인식할 수 있는 때가 언제인지를 결정해야 할 것이다. 어린이가 의사능력이 있는 상황에서 내린 결정이라 하더라도 부모가 어디까지 따라야 하는가에는 한계가 있다. 제4장에서 논의한 대로 어린이는 어떤 면에서는 주인에게 특별한 의무를 지닌 머슴의 실례이기 때문이다.

44  Jessie Mae Jefferson v. Griffin Spalding County Hospital Authority, 247 Ga. 86, 274 S.E. 2d 457 (1981). *Mirabile factu*, 제시 메이 제퍼슨은 아이를 아무 문제 없이 자연분만으로 낳았다. 종교적 신념을 가진, 혹은 전치태반이 오진이라 여기는 이들은 기도로 기적이 일어났다는 결론을 내릴지도 모른다. 이 사례에 대한 설명은 다음을 보라. George Annas, "Forced Cesareans: The Most Unkindest Cut," *Hastings Center Report* 12 (June 1982): 16-17, 45.

45  Jefferson v. Griffin Spalding, at 460.

46  P. H. Soloff, S. Jewell, and L. Roth, "Civil Commitment and the Rights of the Unborn," *American Journal of Psychiatry* 136 (1979): 114-15. 여성에게 법원이 강제 제왕절개술을 명할 수 있는 상황과 집행에 대한 리뷰는 다음을 보라. Watson A. Bowes, Jr., and Brad Selgestad, "Fetal Versus Maternal Rights: Medical and Legal Perspectives," *Obstetrics and Gynecology* 58 (Aug. 1981): 209-14; J. R. Lieberman, M. Mazor, W. Chaim, and A. Cohen, "The Fetal Right to Live," *Obstetrics and Gynecology* 53 (Apr. 1979): 515-17; Thomas L. Shriner, Jr., "Maternal Versus Fetal Rights—A Clinical Dilemma," *Obstetrics & Gynecology* 53 (Apr. 1979): 518-19; Ronna Jurow and Richard H. Paul, "Cesarean Delivery for Fetal Distress without Maternal Consent," *Obstetrics and Gynecology* 63 (Apr. 1984): 596-99. 또한 다음을 보라. Veronika Kolder, Janet Gallagher, Michael Parsons, "Court-Ordered Obstetrical Interventions," *New England Journal of Medicine* 316 (May 7, 1987): 1192-96; Mathieu, *Preventing Prenatal Harm*; Laurence McCullough and Frank Chervenak, *Ethics in Obstetrics and Gynecology* (New York: Oxford University Press, 1994); and Lawrence Nelson and Nancy Milliken, "Compelled Medical Treatment of Pregnant Women," *Journal of American Medical Association* 259 (Feb. 19, 1988), 1060-66. 이런 상황에서는 적어도 여성에게 자율성을 제한하는 법규가 가능할 듯하

다. 다음 참조. American College of Obstetrics and Gynecologists, "Patient Choice: Maternal-Fetal Conflict," *ACOG Committee Opinion* 55 (Oct. 1987); and Board of Trustees, "Legal Interventions during Pregnancy," *Journal of American Medical Association* 264 (Nov. 28, 1990): 2663-70.

47  Anthony Shaw, "Dilemmas of 'Informed Consent' in Children," *New England Journal of Medicine* 289 (Oct. 25, 1973): 885-90.

48  Raymond S. Duff and A. G. M. Campbell, "Moral and Ethical Dilemmas in the Special-Care Nursery," *New England Journal of Medicine* 289 (Oct. 25, 1973): 890-94. 현대 법률과 공공 정책에서 이 쟁점을 다룬 문헌은 다음을 참조: R. C. McMillan et al. (eds.), *Euthanasia and the Newborn* (Dordrecht: Reidel, 1987).

49  Americans with Disabilities Act of 1990, 42 U.S.C.A. §§ 12101 et seq. (West 1993).

50  Robert Nozick, *Anarchy, State, and Utopia* (New York: Basic Books, 1974), p. 323.

51  In the Matter of Baby "K," 1994 WL 38674 (4th Cir. Va).

52  Robert F. Weir, "Sounding Board: The Government and Selective Nontreatment of Handicapped Infants," *New England Journal of Medicine* 309 (Sept. 15, 1983): 661-63; and *Selective Nontreatment of Handicapped Newborns* (New York: Oxford University Press, 1986).

53  *Federal Register* 48 (Mar. 7, 1983): 9630-32; *Federal Register* 48 (July 5, 1983): 30846-52; 최종 규정은 *Federal Register* 49 (Jan. 12, 1984): 1622-54에 발표되었다.

54  American Academy of Pediatrics v. Heckler, 561 F. Supp. 395 (D.D.C. 1983).

55  Federal Register 49 (Jan. 12, 1984): 1654. 이 규정은 이후 후속 규정과 마찬가지로 신생아 치료 검토위원회를 제안하였다. 이는 병원윤리위원회에 관한 관심의 증대로 이어졌다. 이런 위원회의 유용함의 정도는 전문성이 있는지, 그리고 책임을 분산시키고 중재를 끌어내는 능력에 달려 있다. 이들은 당사자의 동의 없이는 의사와 환자의 합의를 도덕적으로 대치할 권위는 없다. 이는 소아과뿐 아니라 의료 일반에서도 마찬가지다. 병원윤리위원회의 최근 역사에 관해서는 다음을 보라. R. E. Cranford and A. E. Doudera, "The Emergence of Institutional Ethics Committees," *Law, Medicine and Health Care* 12 (Feb. 1984): 13-20.

56  American Academy of Pediatrics, "Principles of Treatment of Disabled Infants," *Pediatrics* 73 (Apr. 4, 1984): 559. 이 치료 원칙은 부분적으로는 다운증후군 어린이들이 삶의 질에 입각한 의사결정에 의해 치료받지 못한 사례들의 영향을 받았다. 다음을 보라. George F. Smith et al., "Commentary: The Rights of Infants with Down's Syndrome," *Journal of the American Medical Association* 251 (Jan. 13, 1984): 229.

57  United States v. University Hospital, No. 83-6343 (2d Cir. Feb. 23, 1984).

58  Pub. L. No. 98-457, 98 Stat. 1749 (1984).

59  Department of Health and Human Services, "Child Abuse and Neglect Prevention and

Treatment Program; Proposed Rule. Interim Model Guidelines for Health Care Providers to Establish Infant Care Review Committee; Notice," *Federal Register* 49 (Dec. 10, 1984); 48160-73.

60  Department of Health and Human Services, "Child Abuse and Neglect Prevention and Treatment Program; Final Rule," *Federal Register* 50 (Apr. 15, 1985): 14878-901.「아동학대 예방 및 치료법(Child Abuse Prevention and Treatment Act)」에 따라 1984년 개정된 최근 규정은 다음 상황에서는 치료 보류를 아동학대의 예외로 보았다. "(i) 영구적·비가역적 코마 상태의 신생아, (ii) 그런 치료가 신생아의 치명적인 상태를 완화하거나 교정시키는 것이 아니라 단지 죽음만을 연기시키는 경우, 또는 신생아 생존이라는 측면에서 무용한(futile) 경우, (iii) 신생아의 생존이라는 측면에서 그런 치료 제공이 사실상 무의미하거나, 혹은 그런 상황에서의 치료가 비인간적인 경우." Ibid., p. 14888. 이 규정은 그러므로 심지어 18개월에 사망하더라도 어린이를 적극적으로 치료해야 함을 시사한다. 일 년 후에 아이가 사망한다 하더라도 그 아이를 적극적으로 치료해야 말지를 부모가 결정하지 못하도록 하는 일반적인 세속 도덕적 권한을 국가가 가지고 있다고는 여겨지지 않는다. 이 논쟁에 대한 더 심도 있는 논의는 다음을 보라. Earl Shelp, *Born to Die?* (New York: Free Press, 1986); McMillan et al., *Euthanasia and the Newborn*; and A Report of the U.S. Commission of Civil Rights, *Medical Discrimination against Children with Disabilities* (Washington, D.C.: U.S. Government Printing Office, Sept. 1989).

61  Pub. L. No. 98-457, 121, 98 Stat. 1749 (1984).

62  *Current Opinions of the Judicial Council of the American Medical Association—1984* (Chicago: American Medical Association, 1984), p. 10.

63  Ibid., p. 11.

64  Ibid., p. 10.

65  미국「장애인법(Americans with Disabilities Act)」이 치료 결정, 그리고 의료자원의 분배 내지 배급에 갖는 함의에 대한 일반적인 리뷰로 다음을 보라. David Orentlicher, "Rationing and the Americans with Disabilities Act," *Journal of American Medical Association* 271 (Jan. 26, 1994): 308-14.

66  최근의 영아 살해에 대한 침묵의 수용에 관한 개요는 다음을 보라. W. L. Langer, "Checks on Population Growth: 1750-1850," *Scientific American* 226 (1972): 3-9. 영아 살해 현상의 일반성에 관한 연구는 다음을 보라. Glenn Hausfater and Sarah Blaffer Hrdy (eds.), *Infanticide: Comparative and Evolutionary Perspectives* (New York: Aldine, 1984).

67  Pope Pius ?, Allocution "Le Dr. Bruno Haid," Nov. 24, 1957, *Acta Apostolicae Sedis* 49 (1957): 1031. English translation from Pius ?, "Address to an International Congress of Anesthesiologists," Nov. 24, 1957, *The Pope Speaks* 4 (Spring 1958): 395-96. 통상적·비통상적 수단의 구별에 대해서는 다음을 보라. James J. McCartney, "The Development of the Doctrine

of Ordinary and Extraordinary Means of Preserving Life in Catholic Moral Theology before the Karen Quinlan Case," *Linacre Quarterly* 41 (Aug. 1980): 215-24. 매카트니(McCartney)는 통상적/비통상적 치료의 구분이 1582년 소토(Soto), 1595년 바네즈(Banez)에 의해 발전되었다고 한다. 이 구분에 대한 더 깊은 정보는 다음을 보라. José Janini, "La operatión quirúrgica, remedio ordinario," *Revista Española de Teología* 18 (1958): 331-48; Daniel A. Cronin, *The Moral Law in Regard to the Ordinary and Extraordinary Means of Conserving Life* (Rome: Typis Pontificiae Universitatis Gregorianiae, 1958); and Gerald Kelly, "The Duty of Using Artificial Means of Preserving Life," *Theological Studies* 11 (1950): 203-20.

68  함과 하지 않음, 그리고 적극적·소극적 안락사의 구분의 도덕적 의미는 여러 철학 문헌에서 탐구되어 왔다. 예컨대 다음을 보라. Natalie Abrams, "Active and Passive Euthanasia," *Philosophy* 54 (1978): 257-69; Gary Atkinson, "Ambiguities in 'Killing' and 'Letting Die,'" *Journal of Medicine and Philosophy* 8 (May 1983): 159-68; Jonathan Bennett, "Whatever the Consequences," *Analysis* 26 (Jan. 1966): 83-102; Daniel Dinello, "On Killing and Letting Die," *Analysis* 31 (Apr. 1971): 83-86; P. J. Fitzgerald, "Acting and Refraining," *Analysis* 27 (Mar. 1967): 133-39; James Rachels, "Active and Passive Euthanasia," *New England Journal of Medicine* 292 (Jan. 9, 1975): 78-80. 이 문제들은 다음 책에서도 자세히 살펴볼 수 있다. Robert Weir, *Selective Nontreatment of Handicapped Newborns* (New York: Oxford University Press, 1984). 또한 다음을 보라. Dennis J. Horan and Melinda Delahoyde (eds.), *Infanticide and the Handicapped Newborn* (Provo, Utah: Brigham Young University Press, 1982).

69  Aristotle, *Politics*, in *The Basic Works of Aristotle*, ed. Richard McKeon (New York: Random House, 1941), 7.6.335b, p. 1302.

70  Sextus Empiricus, *Outlines of Pyrrhonism*, in *Sextus Empiricus*, trans. R. G. Bury (Cambridge, Mass.: Harvard University Press, 1976), 3.211, vol. 1, p. 467. 섹스투스 엠피리쿠스의 주장과 더불어 아이를 방치할 아버지의 권리에 대한 일반적 승인에 대한 비판은 다음을 보라. A. R. W. Harrison, *The Law of Athens: The Family and Property* (Oxford: Clarendon Press, 1968).

71  Soranus, *Soranus' Gynecology*, trans. Owsei Temkin (Baltimore: Johns Hopkins University Press, 1956), p. 80. 불구, 기형이나 허약한 자손을 죽일 수 있는 로마의 부권은 기원 318년 콘스탄티누스 황제에 의해 금지되었고(*Codex Justinianus* 9.17.1) 다시 374년 발렌티니아누스 황제에 의해 재확인되었다(*Codex Justinianus* 9.16.7). 다음을 참조. Darrel Amundsen, "Medicine and the Birth of Defective Children: Approaches of the Ancient World," in McMillan et al., *Euthanasia and the Newborn*, pp. 3-22.

72  영아 살해와 관련 쟁점에 대해서는 다음을 보라. Paul Carrick, *Medical Ethics in Antiquity* (Dordrecht: Reidel, 1985).

73  The Didache, in *The Apostolic Fathers*, trans. Kirsopp Lake (Cambridge, Mass.: Harvard

University Press, 1965), vol. 1, pp. 311-13, 2,2.
74 예컨대 다음을 보라. 미연방 규정(American federal regulations)은 "어떤 자궁 내 태아도 다음을 제외하고는 이 규정이 다루는 연구의 대상이 되지 아니한다. (1) 그 연구의 목적이 특정 태아의 건강상의 요구를 충족시키는 것이며, 그런 요구의 충족을 위해 최소한의 정도로만 위험에 노출되는 경우, (2) 연구가 태아에 미칠 위험이 최소이며, 그 연구의 목적이 다른 수단을 통해서 얻을 수 없는 경우이다." *Protection of Human Subjects*, 45 Code of Federal Regulations, 46,208(a).
75 예컨대 미네소타주와 루이지애나주의 다음 법률 참조. Minn. Stat. § 145, 422-3 (1973) and Louisiana tit. 14 §87,2 (1973).
76 예컨대 다음을 보라. Jerome Kassirer and Marcia Angell, "The Use of Fetal Tissue in Research on Parkinson's Disease," *New England Journal of Medicine* 327 (Nov. 26, 1992): 1591-92; and Daniel Garry, Arthur Caplan, Dorothy Vawter, and Warren Kearney, "Are There Really Alternatives to the Use of Fetal Tissue from Elective Abortions in Transplantation Research," *New England Journal of Medicine* 327 (Nov. 26, 1992): 1592-95.
77 전통 그리스도교의 관점은 자위행위를 신에게 헌신하는 데 한참 못 미치는 것으로 여기지만, 혼인 생활 중 생식을 위한 것이라면 인간의 타락한 본성에 대해 이해 가능한 적응으로 간주한다. 예컨대 다음을 보라. William Zion, *Eros and Transformation* (Lanham, Md.: University Press of America, 1992), pp. 263-85. 따라서 남편의 정자를 이용한 인공수정을 염두에 둔 자위행위는 이상적이지는 않지만 용인될 수 있다.
78 난임 커플을 위한 생식세포 기증은 이제는 정자뿐 아니라 난자도 포함한다. 정통 유대교에서 미혼 여성으로부터의 난자 기증은 정자 기증보다 덜 어렵다.
79 Mary Warnock, *A Question of Life* (Oxford: Basil Blackwell, 1985), p. 44.
80 새로운 보조생식술이 발전함에 따라 이러한 우려는 커지고 있다. 다음을 보라. Paul Ramsey, "Ethics of a Cottage Industry in an Age of Community and Research Medicine," *New England Journal of Medicine* 284 (Apr. 1, 1971): 700-6; "Shall We Reproduce? I. The Medical Ethics of In Vitro Fertilization," *Journal of the American Medical Association* 220 (June 5, 1972): 1345-50; "Shall We Reproduce? Ⅱ. Rejoinders and Future Forecasts," *Journal of the American Medical Association* 220 (June 12,1972): 1480-85. 체외수정에 대한 보다 일반적이고 보수적인 비판은 다음을 보라. Leon Kass, "Babies by Means of In Vitro Fertilization: Unethical Experiments on the Unborn?" *New England Journal of Medicine* 285 (Nov. 18, 1971): 1174-79. 세속 도덕, 법률, 그리고 종교적 우려의 개관은 다음을 보라. Office of Technology Assessment, *Infertility: Medical and Social Choices* (Washington, D.C.: U.S. Government Printing Office, May. 81.
81 Paul Ramsey, *Fabricated Man* (New Haven, Conn.: Yale University Press, 1970), p. 39.
82 Congregation for the Doctrine of the Faith, *Instruction on Respect for Human Life in its*

*Origin and on the Dignity of Procreation* (Vatican City, 1987), pp. 28, 29-30. 생명의 선물 (Donum Vitae)에 대해서는 다음을 보라. Lisa Cahill, "Moral Traditions, Ethical Language, and Reproductive Technologies," *Journal of Medicine and Philosophy* 14 (Oct. 1989): 497-522. 또 다음을 보라. Stanley Harakas, *Living the Faith* (Minneapolis: Light and Life, 1992), 특히 pp. 133-34.

83 Joseph Fletcher, "Ethical Aspects of Genetic Controls," *New England Journal of Medicine* 285 (Sept. 30, 1971): 776-83; *The Ethics of Genetic Control* (Garden City) N.Y.: Doubleday Anchor, 1974); *Morals and Medicine* (Princeton, N.J.: Princeton University Press, 1954).

84 시험관 아기를 위한 대리모의 활용은 이러한 활동을 관장하는 계약이라는 문제를 제기한다. 도덕적으로 이 계약은 구속력이 있지만 중요한 법적 쟁점을 제기한다. 다음을 보라. Steven R. Gersz, "The Contract in Surrogate Motherhood: A Review of the Issues," *Law, Medicine and Health Care* 12 (June 1984): 115-17. 대리모에 관한 연구로는 다음을 보라. Lori Andrews, *Between Strangers* (New York: Harper & Row, 1989).

85 일반 세속 도덕에서 상호 의무와 권리를 분명하게 해주는 것은 계약이다. 일반 세속 도덕의 맥락에서 최선의 길은 요점을 분명히 하고 맥락과 당사자의 바람을 감안하여 가능한 한 명시적 계약을 맺는 것이다. 이 문제에 관해서는 다음을 보라. Board of Trustees, "Frozen Pre-embryos," *Journal of the American Medical Association* 263 (May 9, 1990): 2484-87.

86 Gerald Kelly, *Medico-Moral Problems* (St. Louis: Catholic Hospital Association, 1958), pp. 228-44; and John R Kenny, *Principles of Medical Ethics*, 2d ed. (West-minster, Md.: Newman Press, 1962), pp. 90-96.

87 서구에서 발전한 스콜라주의의 틀로 전통 그리스도교의 생식과 섹슈얼리티를 이해하면 오류에 빠진다.

> 생식을 통제하는 우리의 능력은 도덕 명령 안에서 신에게 협력하여 자유와 이성을 활용하는 우리 능력의 표현이다. 인간은 '자연법'을 수동적으로 받아들이는 존재가 아니라 그 형성에 있어 적극적 역할을 하는 인격체이기도 하다. 동방정교회 신학자들에 따르면 자연법은 신이 인간에게 각인한 코드가 아니라 신적 영감에서 출발한 삶의 규칙이며 우리는 자유와 이성을 통해 그에게 응답해야 한다. 이러한 관점을 통해 동방정교회는 피임약과 피임도구의 사용이 자연법 위반이라는 결론에 도달하지 않는다.

Chrysostomos Zaphiris, "The Morality of Contraception: An Eastern Orthodox Opinion," *Journal of Ecumenical Studies* 11 (1974): 688.

서구 그리스도교 관점에 녹아든 스토아 철학 및 다른 그리스 철학의 자연에 관한 설명은 전통 그리스도교에 통합되지는 않는다. 그 결과 "자연의 과정은 내재적으로 성스럽지는 않으며, 인간의 개입을 넘어서 있다. 생명연장술과 임신을 연기하거나 충분한 이유로 그것을 억제하는 과정 사이에는 의학적으로 큰 차이는 없다." Zion, *Eros and Transformation*, p. 256.

더욱이, 그리스도교는 결혼생활에서의 에로스를 인정한다. "인간의 사랑을 통해 인간이 신적으로 고양되는 것은 자기 충족, 즉각적 만족감, 또는 시간의 흐름에 따른 죽음의 힘을 극복하기 위한 금욕적 방식의 다른 형태이다. 이런 모든 한계를 초월하는 사랑의 힘은 성령의 선물이다."
Ibid., p. 361.

88  심정지로 사망 판정을 받은 사람을 치료하자는 제안도 고려해볼 수 있을 것이다. 이는 다음 논문에서 논의되었다. Stuart Youngner and Robert Arnold, "Ethical, Psychosocial, and Public Policy Implications of Procuring Organs from Non-Heart-Beating Cadaver Donors," *Journal of the American Medical Association* 269 (June 2, 1993): 2769-74. 뇌는 상당히 멀쩡한, 이 소위 '심정지 사체기증자(non-heart-beating cadaver donors)'는 1975년 American Bar Association이 제안한 뇌 지향적 사망 기준과 충돌한다. "모든 법적 목적으로, 전뇌 기능이 비가역적으로 정지한 인체는 의료의 통상적인 기준에 따라 사망한 것으로 간주된다." President's Commission for the Study of Ethical Problems in Medicine and Biomedical and Behavioral Research, *Defining Death*, p. 117.

89  전통 그리스도교의 핵심에는 결혼이 신이 축복한 신비이자 충만한 기쁨이라는 확신이 있다. "위대한 신비가 축복을 받는다. 창녀는 가라! 이교도도 가라! 이것이 어떻게 신비인가? 그들은 함께 와서 한 몸이 된다. […] 그들은 한 몸이 되러 온다. 이 사랑의 신비를 보라! 둘이 하나가 되지 않으면 그들은 둘로 남아있고, 여럿을 만들지 못한다. 그러나 그들이 하나가 되면 그들은 여럿을 만든다. 이것의 교훈은 무엇인가? 일치의 힘이다." St. John Chrysostom, "Homily 12 on Colossians," trans. John Broadus, in *Nicene and Post-Nicene Fathers of the Christian Church*, sermon 1, vol. 13 (Grand Rapids, Mich.: Wm. B. Eerdmans, 1956), p. 318. "그리스도가 교회를 낳았고, 교회가 그를 본뜬 것처럼 그는 영적 결합을 통해 교회와 하나가 된다. […] 이 모든 것을 생각해보라. 이 위대한 신비를 부끄러워 말아라. 결혼은 일종의 그리스도의 현전이다." Ibid., p. 319. "그리고 사실 태초로부터 신은 이 결합을 특별히 준비해 두셨다. 그리고 하나가 되는 둘에 대해 말씀하'셨다. '하느님의 형상대로 남자와 여자를 창조하시고'(『창세기』 1:27)." Chrysostom, "Homily 20 on Ephesians," in ibid., p. 143. "어떻게 그들은 한 몸이 되는가? 순수한 금 한 조각을 가져와 다른 금 조각과 합치듯, 이는 여기 여성에게도 진리이다. 그녀는 기쁨에 의해 촉발된 가장 풍요로운 부분을 받아 그것을 먹이고, 보듬으며, 키워서 그녀 자신의 기쁨을 덧붙여 그것을 남자에게 돌려준다. 자녀는 일종의 교량이고, 그렇게 셋은 한 몸이 된다. 자녀는 각각을 서로에게 이어준다. "Homily 12 on Colossians," in ibid., p. 319. 결혼은 신이 축복한, 그리고 아내와 남편이 서로 축하하는 신비이며 특정한 도덕 내용과 맥락 밖에서는 이해가 불가능하다.

제7장

# 자유롭고 충분한 정보에 의한 동의, 치료 거부, 그리고 의료진
## : 자유의 여러 측면

인격체는 홀로 남겨질 근본적인 권리가 있다. 이 권리는 세속 도덕의 핵심에 자리 잡고 있는데, 그것이 좋아서가 아니라 도덕 이방인들이 만났을 때 불가피하게 도덕적 권한의 원천이기 때문이다. 세속 도덕은 선에 대한 표준적 시각이나 적절한 행동에 대한 정전적인 내용 충만한 설명을 제공할 수 없기 때문에, 허락 원칙은 도덕적 권한의 중추적인 원천이다. 좋든 나쁘든, 인격체들은 스스로를 지배하는 세속적인 도덕적 권한 내에 있고, 다른 인격체들과 합의하게 된다. 좋은 삶을 인도하는 구체적인 가치를 인식하는 인격체에게 세속 도덕은 내용이 없고, 도덕적 인도가 불가능하며, 자살이나 안락사 같은 심각한 도덕적 실패의 가능성이 있는 황무지다. 개인이 세속 도덕 안에서 자유롭게 내리는 선택은 그들이 특정한 내용-충만한 도덕 안에서 보는 것과 상충될 수 있다. 예를 들어, 다양한 종류의 평등주의에 대해 강한 이념적 다짐을 하는 이들은 강압적으로 평등을 달성하고자 하는 자신들의 열망이 일반적이고 세속적인 도덕적 권한을 가지고 있지 않으며, 자유로운 선택에 의해 좌초될 것임을 인식하게 될 것이다. 허락 원칙의 핵심성은 세속 도덕을 도덕 이방인의 도덕성으로 인식하는데 수반되는 급진적 함의를 드러낸다. 허락 원칙의 중심성은 계몽주의가 정전적이고 내용 충만한 도덕을 확립하지 못했다는 광범위한 함의를 드러낸다. 이성의 실패와 신앙의 부재에서 세속 도덕은 선택에 의해 서로 묶이거나 분리되는 도덕 이방인들의 도덕이다.

개인들은 기본적으로 세속적인 도덕적 권한의 원천이다. 홀로 남겨질 권리는 단순히 허락을 하지 않을 선택의 가능성을 표현한다. 홀로 남겨질 권리에는 타인과 자유롭게 결합할 때 방해받지 않을 권리가 포함된다. 개입을 원하는 이들은 그들의 권한을 보여주어야 한다. 허락 원칙의 다양한 표현들 주위에서 환자와 의사, 그리고 다른 의료 종사자들 사이의 관계가 형성된다. 이러한 관계에는 연관(association), 해리(dissociation), 무관(nonassociation)이 포함된다. 환자와 의사는 약속의 그물망과 경계선을 엮는다. 의사-환자 관계의 형태는 약속의 성립과 제한의 설정을 포함한다. 그것은 또한 실제적이고 구체적인 관계를 형성하는 약속과 제한, 권한과 거부에 대한 상호 이해를 포함한다. 의료에서 남녀는 타인들이 건드리고 탐구하는 협약을 통해, 기밀 유지와 특별한 신뢰의 유지에 대한 약속을 통해, 그리고 공동으로 추구해야 할 목표에 대한 공통된 이해의 형성에 의해 기대와 권한의 그물망을 만든다. 의료에서 이는 자신의 심신의 치료, 또는 돌봄의 특정 요소들을 다른 이가 아닌 누군가에게, 통상 부분적으로, 드물게는 전반적으로 위탁하는 것을 포함한다. 일상생활에서 전적인 헌신은 드물고, 이는 의료에서도 마찬가지다. 어떤 의사의 진료에 자신을 전적으로 내맡기는 환자는 거의 없다. 보통 무엇인가는 보류되고, 무엇인가는 유보된다. 즉 의사의 지시에 따르지 않는 부분이 있다. 또한 대부분의 의사와 간호사들도 전적으로 헌신하지는 않는다. 유한한 존재의 헌신에는 언제나 한계가 있다.

이 관계의 실체를 만들어내는 것은 또한 그것의 한계 즉, 개별적인 남녀 환자, 의사, 간호사 그리고 다른 이들의 자유로운 선택이다. 관계를 구성하는 유일한 방법은 없다. 타인의 돌봄에 있어 독립성이나 묵인에 대한 서로 다른 필요를 고려할 때 각기 다른 집단들은 서로 다른 관계를 형성할 것이다. 이러한 관계의 차이를 이해하기 위해, 우리는 자유롭고 충분한 정보에 의한 동의, 비밀 유지, 온정적 간섭주의(paternalism), 환자의 치료 거부권이나, 의사의 진료 거부권과 같은 전통적인 쟁점들을 다루게 된다. 이들은 환자와 의사(또는 환자-간호사) 관계의 특정한 이상을 지탱하는 좋은 삶에 대한 다양한 관점들 사이에 있는 긴장감이라는 측면에서 음미되어야 한다. 종종 상충하는 이러한 견해들은 관련자들의 협약을 통해 평화적이고 세속적이며 다원적인 사회의 일반적인 구조 안에서 매개되어야 한다. 요컨대, 환자-의사 관계에 대한 경쟁하는 이해들 안에서 표현되는 선행에 대한 경쟁하는 견해는 이에 참여하는 인격체들 간의 상호 존중에서 상당 부분 누그러질 필요가 있을 것이다. 공정한 협상의 절차는 적절한 행동에 대한 경쟁적인 견해 간의 긴장을 해소하는 기초를 형성할 것이다.

  이 절차에서는 자유롭고 충분한 정보에 의한 동의가 핵심적이다. 이해에 도달하려면 개개인은 각 당사자가 원하는 바를 소통하고 음미해야만 한다. 의사-환자의 계약과 환자와 간호사 사이의 이해는 그러한 절차의 최종 산물이다. 이러한 정보 전달과 의사소통의 과정은 단순히 그 자체적인 가치(사실 높게 평가된다) 때문만이 아니라, 개인과 공동체를 아우르는 공통의 이해가 부족하기 때문에 핵심적인 역할을 한다. 좋은 삶과 의학의 구체적인 목표에 대한 권한 있는 견해가 하나도 없기 때문에, 우리는 공통의 이해를 창조할 필요가 있을 것이다. 따라서 자유롭고 충분한 정보에 의한 동의는 자유주의적 이상에 대한 헌신에서가 아니라 세속적이고 다원적인 맥락에서 의료의 목표에 대한 구체적인 견해를 찾을 수 없다는 절망에서 그 중심적인 역할을 한다. 요컨대 자유롭고 충분한 정보에 의한 동의는 개념적 어려움(즉, 선한 삶에 대한 특정한 구체적 견해를 권위 있게 확립할 수 없는 이성의 무능)과 역사적 문제(즉, 일반적이고 합리적인 논증에 의해 모두가 좋은 삶에 대한 정전적이고 구체적인 관점으로 개종하리라는 계몽주의의 기대뿐 아니라 그리스도교인의 역사적 붕괴) 때문에 중추적인 도덕적 의의를 갖는다. 이는 세속적이고 다원적인 사회에서 도덕적 권한을 확립하는 지적 과제로 나아간다(제2장에서 논의된 사항). 그러한 권한을 발견할 수 없을 때, 무엇을 해야 할지 결정할 수 없을 때, 도덕적 권한과 함께 평화로운 행동을 이루기 위해, 자유로운 관련 당사자들에게 무엇을 하고 싶은지 물어보고 그들이 공통 협약에 이르기를 기다려야 한다. 환자의 동의에 대한 호소는 허락 원칙의 우선순위에 뿌리를 두고 있다.

우리가 보게 될 것처럼, 요구되는 공지(disclosure)와 공식적 협약의 양과 성격은 의사나 기타 의료 전문가와 환자가 의학의 목표, 도덕적 진실의 규범, 그리고 좋은 삶의 특성에 대해 공통된 견해를 얼마나 공유하는지에 달려 있다. 의사와 환자가 서로의 가치와 목표에 대해 모를수록, 자유롭고 충분한 정보에 의한 동의를 지배하는 명시적 규칙을 만들고, 치료에서 중요한 세부를 다 포괄하는 자유롭고 충분한 정보에 의한 동의를 구하는 것이 더욱 필요할 것이다. 환자와 의사가 특히 의료의 목표, 그리고 일반적인 삶의 목표에 대한 공통된 견해를 더 많이 공유할수록, 정교한 공지가 덜 필요하다. 그러나 일부의 공지는 항상 필요할 것이다. 도덕 공유인들은 암묵적이더라도 그들의 공동의 노력의 특성을 알 필요가 있다. 도덕 공유인들도 동의하지 않고 사이가 나빠질 수도 있다. 의학이라는 보다 진지한 노력에서는 적어도 그러한 가능성을 예상할 필요가 있다.

동의의 권리와 함께, 다른 인격체의 돌봄에 몸을 맡기고, 그 돌봄에서 벗어나고, 도움을 받아들이고, 또는 도움을 거절할 권리가 생긴다. 그 결과, 자유롭고 충분한 정보에 의한 동의의 주제는 자살과 조력 자살, 자살 부추김의 도덕적 정당성 문제, 그리고 의료진 내에서 권한의 확립에 관한 문제와 엮여 있다. 이러한 다양한 주제는 의료에서 개인의 자유의 표현이다.

## 환자-치유자 관계

의사와 환자는 환자-치유자 관계에서 혼자가 아니다. 『역병에 관하여』에서 히포크라테스는 의사에게 이렇게 말한다.

> 과거를 밝혀주고, 현재를 진단하고, 예후를 예측하고 하는 일을 수행하여라. 질병에 관해서 다음 두 가지 습관을 들여야 한다. 도와주거나 혹은 적어도 해는 끼치지 마라. 의술에는 질병, 환자, 의사라는 세 가지 요소가 있다. 의사는 의술의 종이다. 환자는 질병과 싸우기 위해 의사와 협력해야 한다.[1]

질병과 맞서는 데 있어 의사와 환자에 덧붙여 의술도 있다. 의술, 즉 히포크라테스의 테크네(technê)이다. 나는 의사직을 개인이 모인 집단과 술기의 모음 둘 다로 읽을 것이다.[2] 의사들은 무엇이 정전적인 문제인지, 무엇이 적절한 의학적인 중재로 간주될 것인지에 관한 기준을 세우려고 노력한다. 이러한 직업의식은 국경을 초월하고 미국 의사협회와 같은 공식적인 의사 단체 없이도 존재할 수 있다.[3] 숙련된 전문직이라는 바로 이러한 생각은 법률, 규정 또는 면허의 요건을 통한 국가 권한의 개입 이전에도, 또 그 외에도 치유자와 환자 간의 사적인 교환에 침투하였다.

치유자와 환자의 입장을 이해하려면 우리는 우선 스스로를 그 직군의 일원으로 여기는 치유자들이 전문가로 자신을 규정하는 방식에 주의를 기울여야 한다. 전문직이라는 개념은 선행과 적절한 행동에 대한 특정한 관점의 채택을 수반한다. 전문직은 목표 지향적이다.

### 전문직

모든 사회에는 치유자 역할을 하는 이들이 있는데, 치유자의 역할이 사제 등의 다른 역할과 아직 완전히 구별되지 않는 곳에서도 그렇다. 우리와 같은 근대 과학과 기술에 몰두하는 사회에서도, 치유자는 종종 마술적인 사제의 역할을 유지한다. 이는 예상 밖의 일이 아니다. 치유란 죽음, 기형, 장애에 대한 두려움이라는 인간 존재의 근원에 대한 관심을 추구한다. 치유자의 역할은 국가의 인정을 받은 힘으로 어려움에 처한 개인을 돕는 변호사의 역할이나 초자연적인 힘으로 어려움에 처한 개인을 돕는 신학자나 신부의 역할과 평행선을 그린다. 이들 각각은 개인과 잠재적으로 적대적인 힘의 무리 중 하나를 매개한다. 의사, 변호사, 신학자/성직자는 인간의 삶의 모든 요소에 개입하는 전문직에 종사한다.

치유자가 속한 전문직(의사직)은 전통적으로 고등교육을 받은 세 전문직(learned profession) 중 하나이다. 질병을 예방하고 통제하며, 죽음을 미연에 방지하는 기술이 필요하다는 점에서 그것은 전문적인 교육을 요구한다. 그것은 개인과 사회의 핵심적 관심 대상인 고통, 기형, 장애, 질병, 그리고 조기 사망을 다루는 주요 전문직 중 하나다. 그러한 교육과 그 중요성으로 인해 치료자와 치료를 원하는 인격체 간에 거리가 발생한다. 기술이 복잡하고 세밀해지고, 인간의 본성, 생리학, 질병의 메커니즘에 대한 깊은 지식이 요구됨에 따라 이 둘 사이에는 이해를 가로막는 장벽이 세워진다. 전문가와 일반인 사이의 이 장벽은 부자와 빈자의 간극이 원칙적으로는 부의 재분배를 통해 극복될 수 있다는 식으로는 극복 불가능하다.[4] 전문가에게 능력을 부여하는 바로 그 풍부한 지식으로 인해 의료를 필요로 하는 사람과의 의사소통이 방해받는다. 게다가 질병과 죽음을 다루는 이들에 관한 마법적인 기대가 여전히 남아있어 보통 단순한 기계적 중재에는 수반되지 않는 거리감과 중요성에 관한 더 깊은 감각이 생겨난다.[5]

그 결과 의사직은 난해한 성격을 띠게 된다. 그것은 종종 마법적인 속성이 부여되는, 삶과 죽음의 문제에 관한 특별한 학습의 영역이다. 사실 존재 그 자체로 환자를 안심시키는 의사의 능력은 전통적인 위약 효과 중 하나인데, 이 치유자의 사제적 권위와 결부되어 있다. 이 직업의 난해한 성격에 대한 다짐은 히포크라테스 선서에서 표현된다. 즉 이 선서를 한 학생과 스승의 아들들에게만 지식을 공유하고, 타인에게는 그러지 않을 것을 서약하는 것이다. 그 결과 도덕적이고 지적인 엘리트 그룹이 만들어지는데 그들은 (1) 특별한 서약뿐 아니라 복잡한 기술적 지식을 소유하고, (2) 질병, 기형, 조기 사망 등의 위험에 처한 이들을 돕기 위해 특별히 헌신하며, (3) 전문적 기술을 보존하고 증진하는 개인의 무리이다. 여기서 두 번째는 도덕적 가치와 비도덕적 가치 모두에 대한 다짐을 부여한다. 도덕적 가치는 환자를 치료해야 하는 적절한 방법에 관한 판단을 인도하며, 비도덕적 가치는 진실로 치료를 요구하는 장애, 고통 및 기형의 수준에 대한 이해를 포함한다. 세 번째는 표준적인 술기의 사용을 요청할 뿐 아니라 더 나은 술기와 더 많은 지식을 획득할 것을 이 전문직에 명령한다. 공식적인 규제 절차나 자격 요건이 없어도, 의료 전문직은 이러한 선행 및 지식의 목적에 호소하여 자신의 이상에 부응하고 그렇게 살려고 하는 이들을 파악할 수 있다. 의료 전문직은 (1) 공식으로 의사 단체를 결성한 개인들의 무리이자, (2) 이 전문직의 지적·도덕적 목적에 대한 헌신을 통해 비공식적으로 한데 묶인 개인들의 무리로서 이들 목적에 호소하여 자율 규제를 할 수 있다.

    이러한 목적은 의사직의 질을 향상시키지만 도덕적 갈등을 촉발하기도 한다. 의사직의 구성원은, 고등교육을 받은 전문직의 일원으로서, 다음과 같은 목적에 전념하지만 모든 것이 항상 조화를 이루는 것은 아니다. (1) 그들은 보건의료 수요와 개인의 욕구에 봉사한다. (2) 그들은 보건의료 수요와 사회의 욕구를 지지한다. (3) 그들은 수입과 특권(전문직은 금전적 보상을 생각하지 않고 이 일을 떠맡는 아마추어가 아니다)을 얻기 위해 이 직업에 종사한다. (4) 그들은 이 전문직이 자기 보전을 하도록 한다(예컨대 그 구성원들은 의술을 보전하여 이 전문직을 특별한 지위와 특권을 가진 특정 이해집단으로서 보전하려 한다). (5) 그들은 지식의 획득을 추구한다. 개인과 사회의 선은 종종 상충할 수 있다(예컨대 당국에 대한 성병 보고 의무를 생각해보자). 의사 개인의 이득 추구는 환자 개인과 사회를 재정적으로 곤란하게 할 뿐 아니라 전문직의 지위를 손상시킬 수도 있다. 마지막으로, 여기서 우리는 고등교육을 받은 전문직의 한 뚜렷한 특징을 보게 되는데, 즉 지식의 추구가 치료받는 환자 개인의 이익과 상충한다는 것이다. 우리는 다음과 같은 격언—'수술은 성공했으나, 환자는 죽었다'—을 종종 모멸적으로 생각하지만, 그럼에도 이는 시사하는 면이 있다. 고등교육을 받은 전문직은 다른 이들에 대한 봉사와는 별개로 지적인 희열을 획득한다. 다른 이들에게 이득을 줄 수 없을 때조차, 고도의 숙련이 필요한 어려운 술기의 시술은 즐거운 일이다.

  지식의 추구는, 개별 환자의 이익과 잠재적으로 충돌함에도 불구하고, 미래 환자나 사회의 장기적 이해관계와는 일반적으로 조화를 이룰 가능성이 있다. 더 나은 지식과 기술의 습득은 미래에 개별 환자에게 더 양질의 치료를 보장할 것이다. 첨단 기술의학과는 별도로 의술을 보전하기 위해서도 현재 환자들을 사용하는 것이 필요하다. 종기를 째고, 뼈를 맞추고, 열병을 치료하는 수련 과정에서 덜 숙련된 도제(수련의사)에게 스승은 그 술기를 전수해야만 한다. 젊은 도제의 손에 환자들을 맡기지 않는다면 그 술기는 사라질 것이다. 수련 과정에서 모든 의사는 처음으로 종기를 째거나, 맹장을 제거하거나, 심도자술을 수행해야 한다. 미래를 위한 이 현재의 투자는 의학 발전에 대한 생각과 표준 치료의 효과에 대한 비판적인 시선과 더불어 훨씬 더 체계적으로 이루어진다. 환자를 위해 최선을 다하고, 불필요한 해악을 피하려는 목적은 체계적인 의학 연구의 수행으로, 그리고 도움이 필요한 이들을 돌볼 뿐 아니라 그들이 호소하는 증상과 가능한 치료법을 연구하는 치료자에게로 연결된다. 의사직의 의무에 대한 공리주의적 이해(최대 다수의 최대 행복)는 종종 특정 환자에 대한 의무론적인 초점과 서로 얽히게 된다.

환자가 의사(또는 간호사 또는 다른 의료 전문가)와 대면할 때, 의사는 다양한 목적을 가진 이 직업의 복잡한 맥락 안에서 그와 만나는데, 그중 일부만이 그 환자의 치료와 돌봄을 지향한다. 만약 환자가 전문직 표준과 동떨어진 것이거나 의사가 통상 해주지 않는 것을 원하면 의사는 이 전문직의 판단을 명심해야 한다. 특정 환자와의 어떠한 협상도 의사직에게 가능한 협상 범위 안에 머물게 된다. 의사직은 어떤 활동이 적절한 의료인지, 전문직 표준을 위반하는지, 그래서 해당 의사나 해당 의료인이 좋은 결정을 했는지에 대한 (공식적이거나 비공식적인) 판단을 내린다. 심지어 공식적인 규제나 전문 학회, 면허 절차가 없는 경우에도 환자 의뢰 거절(denial of referral)과 같은 중요한 제재가 있다. 따라서 환자의 특정한 치료 요청은 어떤 조치가 적절한지 그리고 어떤 중재를 해야 하는지에 대한 견해를 공유하고 있는 의사 공동체의 맥락 안에서 동시에 제기된다. 환자와 의사 사이의 상호작용은 이 집단들뿐 아니라 의사직 자체에 의해서도 정의된다. 의사직(또는 이 전문직 내의 소집단)이 적절하다고 지지하는 프랙티스의 관점에 의거하여, 의사직은 환자에게 이런 식으로 말하는 의사를 지지할 수도 있다. '만약 당신이 내게 치료를 받고 싶다면, 질문은 그만하고 내가 시키는 대로 하세요. 그래야 당신이 더 나은 치료를 받고, 나도 다른 환자에게 쓸 시간이 생깁니다.'

그러나 상황은 복잡하다. 왜냐하면 보건의료 전문직이나 의사직의 단일하고 분명한 의미가 존재하지 않기 때문이다. 포스트모더니티와 도덕적 서사의 단편화는 이 전문직의 핵심을 건드린다. 비록 의사나 간호사가 된다는 것이 무엇을 의미하는지에 대한 일반적이고 추상적인 이해의 가능성은 있겠지만, 구체적인 이해는 의사, 간호사 또는 다른 의료 전문가들로 구성된 특정 공동체 내에서만, 그리고 도덕적으로 올바른 삶과 해당 전문직의 좋은 프랙티스에 대한 그들의 관점 안에서만 가능할 것이다. 따라서, 환자들이 치료와 질병 관리에 있어 의료 전문가들과 협상할 때 그들은 치료와 돌봄의 협약을 맺고자 하는 이 사람들의 전문가적인 다짐을 결정할 필요가 있을 것이다. 예를 들어, 자유주의적인 도덕관을 가진 여성은 자신이 환자-의사 관계를 맺고자 하는 산부인과 의사가 불임시술과 낙태를 반대하는지 여부를 알아야 할 것이다. 마찬가지로 암이 전이되었다는 진단을 받은 환자는 통증을 조절하기 위해 마약과 기타 약물의 사용에 관한 의사의 견해를 아는 것이 현명할 것이다. 예컨대 이 의사는 환자가 진통제를 요청하는 사이 사이에 통증을 느끼는 것을 방지하고자, 약물을 최소한만 사용하지 않고 기꺼이 충분한 양의 진통제를 투여할 것인가? 마찬가지로 연명의료를 원하지 않는 근위축성 측색 경화증(루게릭병, 치명적인 퇴행성 신경병이다) 환자는 질병 말기에 최소한의 치료만을, 혹은 전혀 치료를 받지 않고자 하는 환자의 바람을 지지하는 신경과 의사를 찾아갈 필요가 있을 것이다. 효과적인 의료 계약을 맺으려면 환자는 의사의 도덕적이고 전문가적인 이상(ideals)을 알 필요가 있을 것이다. 그렇게 마찬가지로 의사 역시 환자의 돌봄에 대한 기대를 이해할 필요가 있을 것이다.[6]

　의사들은 직업적인 도덕적 기준을 규정하는 도덕 비전이 다원적이라는 의미를 심각하게 받아들일 필요가 있을 것이다. 예컨대 다양한 특정 세속 도덕은 차치하고라도 일반적이고 세속적인 도덕으로 인해 독실한 로마 가톨릭교도 의사가 심각한 죄를 짓는 상황으로 말려들지 않게 되리라는 보장이 없다. 그러한 심각한 도덕적 차이는 결국 자신들만의 도덕적 다짐을 중심으로 한 특정 전문직 조직의 발전을 촉진할 수밖에 없다.

### 낯선 영역에 있는 도덕 이방인으로서의 환자

　의료 전문가를 만나러 온 환자들은 낯선 영역에 있게 된다. 그들은 오랜 의료 전문직의 역사를 통해 신중하게 정의된 이슈의 영역으로 들어간다. 환자는 의료 전문가들이 보유한 것과 같은 잘 분석되고 고려된 진단에 대해 치료받으러 온 것이 아니다. 전문직 종사자들은 동료들의 공동체를 통해 자신의 견해를 강화하고 권고사항을 지지한다. 또한 의료 전문가와 환자의 상호작용은 의료의 언어에 의해 정의된다. 고통, 장애, 그리고 심지어 두려움까지도 의료 전문직의 특별한 전문용어로 번역된다. 과학적인 치유자의 이론과 기술이 무당의 의식과 마법을 대체하였다고 해서 치료와 돌봄을 원하는 사람과 치유자 간의 거리가 줄어들지는 않았다.

이런 맥락에서 환자는 환경을 어떻게 통제해야 할지 완전히 알지 못하는 낯선 인격체인 개인이다. 환자의 평상시 사고방식은 치유자의 이론과 설명, 그리고 치유자가 속한 일상의 환경에 적응하기 위해 중단되거나 변화되어야 한다. 이 이방인은 새롭고 낯선 문화의 패턴과 기대에 적응해야 한다. 매사가 더 이상 평상시와 같지 않고, 더는 그들이 원하는 방식으로 일어나지 않는다. 낯선 문화의 아웃사이더로서 환자는 항상 경계인(marginal person)이 될 위험을 무릅쓴다. 알프레드 슈츠가 지적한 바와 같이, 이방인은 "그가 합류하려는 사회집단의 일원으로서 어떤 지위도 결여하고 있어서 출발점을 택할 수 없다는 사실을 직시해야 한다."[7] 의료에 초점을 두고 슈츠의 주장을 재구성하면, 이방인으로서 환자는 첨단 의료기술 환경에서 방향을 잡기 어려우며, 심지어 권한을 행사하기는 더욱 어렵다.

의료 전문가들은 환자가 가지고 있는 기대치를 변경하여 환자와 의료의 맥락 간에 있는 이 거리를 극복하려고 한다. 이것은 특히 만성질환에서처럼 환자와 치유자가 오랫동안 접촉하는 상태에 있을 때 더욱 그러하다. 이러한 상황에서, 의사와 다른 의료 전문가들은 대개 환자를 의료의 생활세계로 인도하는 데 전념한다. 그들은 환자의 당연한 기대들을 바꾸고 재형성하려 시도하는데 이는 마치 개종 과정의 일부로 예비자 교육\*을 하는 것과 같다. 고혈압이나 당뇨병과 같은 만성질환을 치료하기 위해서는 환자는 특정 식품을 의학적으로 부정한 것으로 간주해야 하는데, 이는 마치 특정 종교에 입문한 이들이 특정 음식을 부정한 것으로 인식해야 하는 것과 마찬가지다. 환자들은 또한 의사들과 같은 방식으로 자신들의 몸의 변화를 고려하도록 가르쳐야 한다. 업무를 마친 후 후 숨이 차고 발이 붓는 것은 이제 의사에게 보고해야 할 의학적 문제의 징후가 된다. 또한 환자들은 몸 상태를 추론하기 위해 자신의 혈압을 측정하고 소변을 검사하는 법을 배우기도 한다. 당뇨병 환자들은 칼로리 섭취량을 계산하고, 그 원인을 파악하고, 신중하게 측정된 양의 인슐린을 투여해야 한다. 그러한 활동은 환자를 돌보는 의사와 간호사의 전제와 이론적 약속의 시스템 내에서만 이해할 수 있다. 만성질환을 앓고 있는 환자들은 그들을 치료하고 있는 의사와 간호사의 기술적 세계관과 과학적 세계관의 전제에 통합됨으로써 치료에 있어 성공적인 참여자가 된다. 일단 환자가 치유자의 삶의 세계로 옮겨가고 수용이 되면, 치료 순응은 더 이상 낯설지 않고 환자의 새로운 삶의 일부가 될 것이다.

　의료 전문가와의 만남은 심오한 결과를 초래한다. 진단의 수용은 종종 진단이 보증하는 치료와 예방적 요법의 관점에서 자신의 삶을 재설정하는 데 전념하는 것이다. 환자와 의사 간의 협상의 상당 부분은 그 진단이 환자의 삶을 얼마나 변화시켜야 하는가에 달려 있다. 실제로 당뇨병 진단을 받은 환자를 당뇨병을 가진 인격체가 아닌 당뇨인(diabetic)으로 여기는 것은 진단이라는 딱지가 한 개인의 존재를 얼마나 변화시키는지를 보여준다. 중요한 문제는 단순히 그 개인을 어떻게 간주해야 하는지에 관한 외부적인 문제가 아니라, 그 개인이 자신을 어떻게 보아야 하는지의 문제이다. 의사는 그 개인의 지속적인 복지는 자신을 당뇨인으로서 간주하는지에 달려 있다고 주장할 수도 있다. 그들은 부분적으로는 의사가 요구하는

---

\* catechumen: 그리스도교로 개종을 원하는 사람이 세례를 받기 전에 배우는 교리교육이다.

만큼 엄격하게 당뇨병을 관리하고 싶지 않기 때문에, 그리고 시각장애, 발기부전, 신부전으로부터 조기 사망에 이르는 진단이 초래하는 기대의 변화를 인정하고 싶어하지 않기 때문에, 그들의 삶을 그렇게 철저하게 변화시킬 진단이 붙는 것을 회피하려고 할 수도 있다. 의료 전문가들은 환자들은 낯선 땅에 사는 이방인으로부터 의료적 기대와 중재의 세계에서 영주하는 외국인으로 변모시키려 한다.

### 이방인과 친구

에드먼드 펠리그리노*와 데이비드 토마스마**는 의사와 환자가 건강이라는 좋음을 위해 헌신하는 친구(도덕 공유인)로서 만난다고 주장해왔다.[8] 그들은 플라톤이 『뤼시스(Lysis)』에서 제공한 다음의 주장을 한다.[9] 다음 조건을 만족하는 한 의사(또는 간호사나 기타 의료 전문가)와 환자를 이방인이 아닌 친구로 보는 것이 타당하다. (1) 의료 전문가와 환자의 이해관계가 상충되지 않는다. (2) 의료의 목적에 대한 상반된 견해를 갖지 않는다. (3) 도덕적 염결성에 대한 서로 다른 이해를 갖지 않는다. (4) 건강과 질병에 대한 서로 다른 관점을 갖지 않는다. 의료 전문가는 환자와 다음 지점에서 다를 수 있다. (1) 전문가는 해당 전문직의 장기적 생존과 안전, 미래의 환자에게 도움이 되는 지식의 개발에 특히 헌신한다. (2) 전문가는 통증 조절과 적절한 인간의 역량과 형태(예: 불안을 조절하기 위해 약을 얼마나 투여해야 하는가)에 관한 견해에서 환자와 다를 수 있다. (3) 도덕적 염결성의 구체적 판단(예: 심각한 정신적·신체적 장애를 가진 신생아를 죽게 내버려두는 것과 관련된 도덕성)에서 다를 수 있다. (4) 좋은 치료가 무엇인지의 관점(예: 암 완치 확률이 어느 정도라면 어느 만큼의 신체적 손상을 치를 가치가 있는지)에

---

\* Edmund Pellegrino(1920~2013): 미국의 의사, 생명윤리학자. 미국 가톨릭대학교 총장을 역임.
\*\* David Thomasma(1939~2002): 미국의 철학자, 생명윤리학자.

서 다를 수 있다.

의사와 환자들이 좋은 삶에 대한 공통된 견해를 공유하면 할수록 도덕 공유인으로 만날 수 있을 것이다. 좋은 삶에 대한 공통된 관점은 도덕적인 가치와 비도덕적인 가치 모두를 제공하므로 그러한 관점을 공유하는 인격체들은 무엇을 해야 하고, 어떤 위험에 신중하며, 어떤 행동을 피해야 하는지를 알 수 있다. 개개인이 좋은 삶에 대한 공통의 관점을 공유할 때, 그들은 상호 이해와 공통의 목적에 대한 헌신이라는 공통의 틀 안에서 산다. 그러한 상황에서, 공동의 노력에 대한 동의는 명확한 의사소통을 매우 적게 필요로 하는데, 왜냐하면 좋은 삶에 대한 공통된 관점을 형성하는 암묵적인 이해의 그물망을 통해 이미 의사소통이 이루어졌기 때문이다. 이렇게 되면 의료 전문가와 환자는 이방인으로 만나는 것이 아니라 일련의 공통된 목표에 헌신하는 개인으로 만난다.[10]

개인은 매우 다양한 공동체 출신일 수 있으나, 여전히 친구가 될 수 있다. 사실, 아리스토텔레스가 지적한 바와 같이, 외국인과의 우정에는 이점이 있을 수 있는데, 이는 같은 폴리스에서 개인적인 성취에 대한 갈등을 피하는 것이다.[11] 그러나 외국인과의 우정은 특정한 목적과 선에 대한 다짐을 공유하는 한 가능하다. 아리스토텔레스는 야만인과의 우정을 염두에 두지 않았다. 생명윤리에 대한 아리스토텔레스의 말을 읽는 한 가지 방법은 의사가 다른 의사보다 환자와 우정을 쌓는 것이 더 쉬울 수 있다는 것인데, 왜냐하면 의사들은 환자를 놓고, 또는 집단 내에서의 성과를 두고 서로 경쟁하고 있기 때문이다. 여기서 도덕 공유인과 이방인을 구별하는 데 있어 중요한 것은 어느 정도만큼 (1) 의료 전문가와 환자가 많은 공식적 공지와 동의 절차를 무용하게 할 정도로 공통의 이해를 공유하는가, (2) 그러한 공통의 다짐을 충족하는 데 실패하여 심각한 오해를 피하기 위해서는 공식적인 공지와 동의 절차가 필요하게 되었는가이다.

미국과 같은 국가에서 공지와 동의를 위한 공식적인 관료적 구조의 대부분은 평화롭고, 세속적이며, 다원적인 사회에서는 의료 전문가와 환자들이 이방인으로서 반복적으로 만난다는 사실의 기능이다. 그들은 동일한 전문가적 다짐이나 과학적이고 기술적인 이해를 종종 공유하지 않는다는 점에서 단순한 이방인이 아니다. 그들은 또한 좋은 삶에 대한 그들의 견해가 근본적으로 다른 믿음의 공동체에서 도출되었기 때문에 이방인이다. 독실한 로마 가톨릭 의사가 낙태를 원하는 마르크스주의 여성을 만나거나, 자유주의 동성애 의사가 성적 장애에 대한 치료적 조언이 필요한 보수적인 침례교 환자들을 만났을 때, 의료의 목적과 시민적 존중의 규범에 대한 공통적인 이해는 당연하게 여겨질 수 없다. 의사와 환자가 친구라는 주장을 하기 위해 플라톤으로부터 인용한 펠리그리노의 텍스트는 명확한 건강의 의미를 전제하고 있다.[12] 그러나 제5장에서 보듯이 그런 것은 존재하지 않는다. 심지어 원치 않는 임신의 종료에서 다양한 성생활의 성취에 이르기까지 의료에 동기를 부여하는 인간의 행복에 대한 다양한 관점을 나타내는 복수의 의료가 있다고 말하고 싶을 정도다. (인공 장루를 달지 않기 위해) 의사의 선호(그는 광범위한 절제가 장기 생존율을 더 높인다고 판단한다)보다 대장암을 더 작게 절제하고 싶어하는 환자는 의료의 목적, 그리고 치료 중재에 동기를 부여하는 건강의 복합적 의미(장기간의 생존과 신체적 온전함을 모두 포함한다)를 둘러싼 논란을 벌이는 것이다.

의사들이 환자에게 정보를 공지하는, 그리고 자유롭고 충분한 정보에 의한 동의를 얻기 위한 관료적 메커니즘은 종종 도덕 공유인을 구속하는 이해와 도덕적 약속을 개인이 공유하지 않는다는 의미에서 사실상 도덕 이방인으로 만나는 사회의 도덕적 삶의 필수적인 부분이다. 펠리그리노에게는 미안하지만, 환자들은 종교 상담자를 만날 때처럼 의사를 만나지는 않는다.[13] 우리는 도덕적이고 형이상학적인 다짐으로 풍부한 그물망을 공유하기 때문에 종교 상담자를 선택한다. 그러나 어떤 남부 침례교도는 그가 같은 종교의 신봉자이기 때문이 아니라 기술적 능력 때문에 암 전문의를 선택한다. 의사와 의학의 능력은 종종 중요한 개인적 목적을 실현하기 위한 도구로서 그 효과를 추구하기 때문에, 개인의 목적이 의사와 기타 의료 전문가의 가치와 일치하지 않을 때는 충돌이 발생한다. 이것은 단순히 의학과 생의학 기술의 문제가 아니라 일반적인 응용과학의 문제인데, 여기서는 과학의 응용을 추구하는 이들과 그 응용에 효과를 부여하기 위해 필요한 과학자들 사이에 갈등이 있다.

  의사는 종종 거대 국가의 관료들과 유사한 역할을 한다. 그들은 평화롭고, 세속적이며, 다원적인 사회의 도덕적 구조를 보존하면서, 다양한 도덕적 공동체 출신인 개인의 도덕적 다짐과 관점을 받아들여야 한다. 헤겔이 관료들을 보편적인 계급으로 지목한 것은 이런 이유에서다(이와 달리 마르크스는 그 역할을 노동자들에게 할당했다). 헤겔에 따르면 관료는 국가의 자유를 일반적으로 실현하는 데 전념한다.[14] 관료는 그리스 정교도, 로마 가톨릭교도, 개신교 신자, 유대인, 무신론자, 마르크스주의자, 정치적으로 올바른 자유주의자 등 모든 시민에게 서비스를 제공해야 한다.[15] 우체부는 모든 이에게 주소지로 우편물을 배달해야 하며 그들의 종교적 또는 정치적 신념을 이유로 차별해서는 안 된다. 우체국은 신자의 소식지와 비신자의 소식지, 에로틱한 잡지와 포르노에 반대하는 팸플릿을 모두 받아들여야 하며, 정치적 올바름을 공격적으로 위반하는 선전물과 이를 지지하는 선전물 모두를 받아들여야 한다. 이를 분명히 하기 위해서, 어떤 상황에서 무엇을, 누구를 위해 할 것인지를 일반적으로 명확하게 규정하는 관료적인 규칙이 필요할지도 모른다. 의사와 기타 의료 전문가들은 환자들에게 어떤 상황에서 그들을 위해 무엇을 해줄 것인지를 분명히 해야 한다는 점에서 이러한 관료의 입장에 처하는 경우가 종종 있다. 의료 전문가와 환자가 이방인으로서 만날 때, 그러한 입장의 공지와 안전장치는 종종 명시적이고 상세해야 한다. 한편 의사들은 그들이 어떤 서비스를 제공하기로 다짐했는지를 알 필요가 있을 것이다. 의사의 목적과 도덕적 관점에 대해 환자에게 충분한 경고를 하지 않고 특정 의사-환자 관계를 맺을 때 의사는 응급 상황에서는 자신의 도덕적 다짐과 상충하는 응급 상황에서는 서비스를 제공하기로 암묵적으로 약속한다(예컨대 그러한 사실을 공지하지 않고 다른 의사에게 보낼 수도 없었던 의사는 환자의 생명을 살리기 위해 그것이 자신의 특정한 도덕적 다짐과 상반되는 것임에도 세속 도덕 안에서 응급 낙태 시술을 할 수 있다). 이는 의사가 특정 형태의 의료(예컨대 낙태를 포함한다)를 제공하는 관리의료 서비스에 가입한 경우에도 같은 일이 발생할 것이다.

환자와 의료 전문가들이 미로 같은 관료적 규칙과 공식적인 상호 보호 시스템을 통해 서로 만날 때 분명 무엇인가는 상실된다. 또한 그러한 규칙과 공식적인 제약이 정부가 의사, 간호사, 환자의 사생활의 모든 요소에 개입하는 물신 숭배(fetish)로 바뀔 위험도 있다. 그러한 규칙과 규정은 개인이 원치 않는 다른 인격체에게 좋은 삶의 이해를 강요하는 것을 막는 보호 장치로만 존재해야 한다. 규정을 위한 규정을 추구해서는 안 된다. 또한 제6장에서 살펴본 바와 같이, 결함이 있는 신생아에 대한 부모의 결정처럼, 자신과 자신의 주변인에 대한 사적인 선택과 같은 그들이 개입해서는 안 되는 많은 영역이 있다. 로버트 버트*가『이방인 돌보기(Taking Care of Strangers)』에서 한탄한 것처럼, "사람이 아닌 법률"에 의해 정부에 지불해야 하는 대가가 있다.[16] 우리가 단지 형식적인 규칙을 중립적으로 적용해서는 안 되는 많은 상황이 있다.[17] 그럼에도 불구하고, 선한 삶에 대한 구체적인 비전에 대한 공동의 다짐으로 구성된 공동체 외부의 삶에 있어, 우리는 오해로부터 보호받고 권력의 남용을 막기 위해서 규칙의 중립적인 적용이 필요하다.

---

\* Robert Burt(1939~2015): 예일대 교수를 지낸 미국의 의료법학자.

### 지나치는 이방인들로부터 제공받는 의료

많은 환자가 의지할 수 있는 개인 주치의를 가지고 있지 않다. 그들은 종종 헌신적인 가정의나 일반 개업의로 묘사되는 이상적인 의사-환자 관계에 대한 경험이 거의 없다. 그들은 여러 해에 걸쳐 환자와 그의 가족을 알고 있다. 대신에 환자들은 특정 의사나 간호사와의 관계가 종종 일시적이고 순간적인 건강관리기구(HMO),* 공공 진료소, 혹은 다른 형태의 관리의료기관을 방문한다. 개인적인 환자-의사 관계 대신에, 그러한 상황에서 환자들은 개인보다는 기관과 의료 수혜자 관계를 발전시킨다. 오랜 관계를 맺고 있는 개인 주치의를 가진 이들조차도 심각한 질병에 걸렸을 때는 수많은 전문의의 진료를 받는다는 사실을 여전히 알 수 있을 것이다. 입원하게 되면 그들은 월 단위로 순환하는 레지던트나 병동 주치의의 돌봄을 받을 수 있다. 결과적으로, 가장 부유한 환자들도 진료소나 병원에 치료받으러 올 때마다 다른 의사를 만나게 되는 빈자들의 경험 일부를 공유할 것이다. 이러한 상황에서 규칙과 규정은 의료기관에 어떤 특성을 부여할 수 있다. 그들은 환자가 치료받는 기관의 다짐을 환자에게 보여줄 수 있다. 게다가 규칙을 제정하면서 그 기관은 고유의 성격을 빚어낸다. 즉, 그것은 그 (도덕적) 다짐을 이해하게 되고, 돌봄을 받으러 온 환자를 위해 그것을 명확하게 표현한다.

### 자유롭고 충분한 정보에 의한 동의

자유롭고 충분한 정보에 의한 동의라는 관행은 개인의 자유를 존중하는 것뿐만 아니라 그들의 최선의 이익을 달성하기 위해 정당화된다.[18] 그

---

* Health Maintenance Organization의 약자로 의료보험과 지정 의료기관을 모두 갖춘 미국의 민간 의료 시스템이다.

관행은 이질적인 것이다. 그것은 치료받으려고 하는 개인뿐만 아니라, 스스로 동의할 수 없는 개인의 경우 보호자로부터 허락받는 것을 포함한다. 첫 번째 사례는 자신의 운명을 자유롭게 선택할 수 있고 공통의 노력을 위해 권한을 얻어야 하는 개인과 관련된다. 두 번째 사례는 다른 이들에게 권한을 가진 이들과 관련된다.

의사능력이 있는 개인의 경우, 우리는 다음과 같이 자유롭고 충분한 정보에 의한 동의의 관행에 대한 정당성을 부여할 수 있다. (1) 그것은 타인을 이용하는 허락이나 권한을 얻는 방법이다. (2) 그것은 개인의 존엄성에 대한 다양한 관점을 존중한다. (3) 그것은 개인의 자유나 자유와 관련된 다양한 가치를 보증한다. (4) 그것은 개인이 종종 자신의 이익을 가장 잘 판단한다는 사실을 인정한다. (5) 비록 최선의 판단이 아닐지라도, 그것은 타인이 올바른 선택을 강요하는 것보다는 자유로운 선택의 만족을 더 선호한다는 것을 인정한다. (6) 그것은 정보 공지의 의무를 발생시키는 특별한 수탁 관계(fiduciary relationship)를 맺는 것과 같은 환자-의사 관계의 상황을 반영한다. 허락 및 선행의 원칙에 근거하여 자유롭고 충분한 정보에 의한 동의의 관행에 정당성을 부여할 수 있다. 이러한 복잡한 정당성은 도덕적 긴장을 초래하는데, 왜냐하면 개인들은 종종 자신의 최선의 이익에 상반되는 방식을 의식적으로 선택하기 때문이다. 이는 진정한 대리 동의에서도 마찬가지다. 개인이 구체적인 지시나 '네 마음대로 해'라는 일반적인 지시에 따라 대리인을 임명하는 경우, 이 두 번째 개인은 첫 번째 개인의 권한을 도덕적으로 연장한 것이다. 여기서 우리는 지정 대리인의 변덕스러운 선택을 존중하는 것과 피후견인의 최선의 이익을 확보하는 것 사이에서 갈등을 겪을 수도 있다.

대부분의 사실상의 보호자는 대리 선택을 안내하기 위한 도덕적 권한을 전달하고 지시를 제공하는 공식적인 사전 지침에 근거하여 행동하지 않는다. 오히려 그들은 의사능력이 없는 가족을 위해 치료 결정을 내려야 할 처지에 있는 친족이다. 극히 일부 환자만이 사전 의료 지시(advance directives)*를 작성하였고, 그렇게 한 이들도 종종 대리인에게 불완전한 지시만을 남겨두었다.[19] 나아가, 보호자가 의사능력을 한 번도 가진 적이 없거나, 의사능력이 있을 때 타인에게 권한을 이양하거나 지시를 남겨둔 개인을 대변할 때, 보호자의 위치는 지명받은 대리인과는 근본적으로 다르다.[20]

그런 보호자는 다른 개인의 자유의 확장이 아니다. 대신에, 그들은 부모로서 그를 낳았다는 사실이나 혹은 독립 이전에 미성년자에 대한 부모의 지원을 통해 발생하는 계약 봉사에 상응하는 어떤 도덕적 동등함으로 인해 그들의 피후견인에 대한 권한에 있을 수 있다. 우리는 여기서 심각한 결함을 가진 신생아의 치료를 가망이 없다는 이유로 거부하거나, 종교적인 이유로 열 살짜리 아이를 위한 성형수술을 거부하는 부모를 생각해볼 수 있다. 또한 그러한 보호자는 피후견인이 속한 공동체가 수용하는 가치와 피후견인이 선택할 것으로 추정할 수 있는 가치의 측면에서 그 개인의 최선의 이익에 대한 특정한 이해를 선택할 권한이 있을 수 있다. 우리는 여기서 아들에게 할례를 받게 하는 유대인 부모들을 떠올릴 수 있다. 또는 보호자는 의사능력이 없는 개인의 성향, 이익, 희망에 관한 권한을 가질 수도 있다. 이와 같이 보호자는 사전 지시가 제시하는 지시사항의 내용에 관해 전문가를 대신한다. 우리는 보호자에게 피후견인이 가장 적절하다고 판단하는 치료법을 선택하는 데 그가 도움을 줄 수 있다는 가정하에서 피후견인을 어떻게 치료할지를 원하는지 묻는다. 보호자는 그 개인이 원하는 것을 재구성하려고 시도한다. 보호자는 종종 의사능력이 없는 개인이

---

* 자신이 의사능력이 없어질 경우를 대비하여 미리 치료에 관한 자신의 의사를 밝혀두는 절차. 크게 '생전유언(living will)'과 '지속적 대리인(durable power of attorney)' 지정으로 구분된다. 생전 유언은 이러저러한 치료에 대한 본인의 의사를 밝혀두는 것이며, 지속적 대리인은 자신이 의사능력을 상실했을 때 의사를 대리할 수 있는 사람을 지정해 두는 것이다. 우리나라에서는 '사전의료의향서'라는 형태로 생전 유언의 일종인 공식적인 문서 형식을 인정한다.

아무런 지시도 남기지 않고 특정 내용 충만한 공동체(예: 독실한 크리스천 사이언스 집단)에 속하지도 않은 경우 특정 사회 안에서 합리적이고 신중한 인격체가 수용할 수 있는 범위에서 선택지를 채택함으로써 필요한 선택을 하는 역할을 수행한다. 여기서 우리는 누군가가 피후견인을 대리하여 여러 치료 대안 중 하나를 선택하는 것을 상상할 수 있다.

대부분의 대리 선택은 공식적인 사전 지시나 법규에 의거하지 않고 비공식적으로 이루어진다.[21] 더욱이 공식적인 감독의 가능성이 있는 한, 특정한 임상 요구에 더 잘 적용할 수 있는 비공식적 접근법을 선호하는 근거가 있다. 따라서 미국 중환자의학회(Society of Critical Care Medicine)는 다음과 같이 말하고 있다.

> 의료기관은 식별된 적절한 대리인을 가지지 못한 의사결정능력이 없는 환자에 대한 의사결정 절차를 수립해야 한다. 그 절차에는 윤리위원회의 자문이 포함되어야 한다. 그 목적은 법원이 일상적으로 관여할 필요가 없는 메커니즘을 확립하는 것이다.[22]

사실 이 문헌은 다음을 권고한다.

> 의사결정에 참여할 친족이 없는 경우 환자의 지인에게 자문을 구해야 한다. 이용 가능하고, 환자와 관계가 있으며, 환자에 대해 염려하고, 환자의 가치와 선호도에 대해 잘 알고 있으며, 의사결정에 환자의 가치를 적용할 수 있는 사람이 여기에 포함된다.[23]

이러한 모든 사안에서 대리 의사결정자(환자를 대신하는 의사 포함)가 환자가 진정으로 원했던 것을 형편없이 판단한다는 증거가 있음을 인식하는 것이 중요하다.[24] 그 결과, 대리 의사결정자의 선택은 환자의 과거 소망에 관한 신뢰할 수 있는 권한을 가졌다는 측면에서만 어느 정도 정당화될 수 있다. 보다 근본적으로, 대리 의사결정자의 지위는 환자에 관한 결정을 내리는 권한에 의존해야만 한다. 권한을 얻고 당사자의 의사에 반하는 행위를 피하려면 누가 대리 의사결정자로서, 어떤 상황에서 호출될 가능성이 높은지를 사전에 분명히 밝혀야 한다.

대리 동의는 다음과 같은 관행을 포괄한다. (1) 권한을 가진 개인을 대신하여 권한이 부여된 대리인의 선택, (2) 자신이 낳은 신생아를 대신하여 부모(또는 그 친권자)의 선택, (3) 양육 중인 미취업 미성년자를 대신하는 보호자의 선택, (4) 특정 도덕 공동체 내에서 이해되는 최선의 이익이라는 측면에서 보호자 또는 대리인의 선택, (5) 특정 사회 내에서 합리적이고 신중한 인격체의 선택과 관련하여 이해되는 타인의 최선의 이익에 대한 보호자 또는 대리인의 선택, (6) 그 특정인이 원했을 것이라는 관점에서 보호자나 대리인의 선택.[25] 대리인 또는 대리 의사결정자는 그들이 대변하는 이들의 소망을 잘 판단하지 못하기 때문에, 대리인 권한을 명시적인 임명이나 권한 위임장, 또는 행동 허락 등의 관행에 의한 임명을 통해서 얻는 것이 가장 좋다. 여기서 권한의 승낙이나 위임은 관련 절차나 제도에 동의함으로써 발생할 수 있다는 점을 유의해야 한다.

광범위한 동의, 허락 및 합의를 한 세트로 묶고 그 세속적인 도덕적 타당성이 선행, 위험 및 이해 범위의 명시적인 리허설에 의존하지 않는 결혼 제도를 생각해보자. 오히려 우리는 결혼은 어떤 사회에서든 풍요롭고 다면적인 제도라는 사실에 주목한다. 여기에는 복잡한 권리와 의무의 전제, 그리고 건드리고 이용될 수 있는 허락이 포함된다. 또한 종교 공동체 등 특정 공동체 내에서는 남편과 아내 사이에 형성되는 특별하고 종종 비대칭적인 관계가 있다. 그러한 제도에 들어가는 것은 그 의무를 수용하기로 동의한 것이다. 일반적이고 세속적인 도덕적 측면에서는 그러한 제도가 이를 수용하는 이들에게 부담을 주는 것을 금지할 근거가 없다. 따라서 우리는 '결혼하고 싶다면, 당신이 들어가고자 하는 제도의 중요성을 이해하도록 주의하라'라는 경고를 상상할 수 있다. 프랑스 외인부대에 들어가는 것과 마찬가지로, 너무 늦기 전에 자신이 얻으려 하는 지위에 대해 분명히 하는 것이 가장 좋다. 그렇게, 예비 환자들에게 이렇게 경고할 수도 있다. '보호자나 대리인을 선임하지 않고 우리 병원에 입원하거나 우리 보험 프로그램에 등록하지 않으면 보호자와 대리 의사결정자를 선임하는 우리의 관행을 받아들인 것으로 간주할 것입니다.' 우리는 이 장의 뒷부분에서 이 쟁점 중 일부를 다시 다룰 것이다.

자유롭고 충분한 정보에 의한 동의의 다양한 관행은 무엇이 충분한 정보에 입각한 선택을 구성하는지에 대해 의문을 제기한다(예컨대 확률이 어느 정도나 되어야 환자에게 그 위험을 경고할 필요가 있을까? 천분의 1? 10만분의 1? 혹은 100만분의 1?). 누구에게 의사결정능력이 있는가? 누가 자유롭게 선택할 수 있는가(예컨대 청소년은 자신의 치료를 선택할 수 있는가)? 누구에게 다른 이를 대신해서 결정할 권한이 있는가(예컨대 지정 대리인 혹은 부모)? 그리고 누가 다른 이의 최선의 이익을 잘 판단할 수 있는가(예컨대 중립적인 외부인보다 부모가 자녀의 최선의 이익을 더 잘 판단하는가)? 우리는 자신의 치료법을 결정할 개인의 권리와 그들이 다른 이들의 치료를 결정할 수 있는 상황을 검토할 필요가 있을 것이다.

### 홀로 남겨질 권리

영국법의 고대의 가정 중 하나는 개인은 다른 이의 무단 접촉에 대해서 안전해야 한다는 것이다.[26] 다른 이들에 대한 이 용인권(right to the forbearance)은 고대 이교도 게르만 전통에 그 뿌리를 두고 있다.[27] 법률에서 무단 접촉에 대한 가정은 적어도 18세기부터 의사의 중재에까지 확대되었다. 1767년 '슬레이터 대 베이커와 스테이플턴 판례(Slater v. Baker and Stapleton)'는 이렇게 말한다. "환자에게 곧 닥칠 일을 알려야 하고, 그래서 그 상황에서 용기를 내어 수술받을 수 있도록 하는 것이 합리적이다."[28] 이 판결은 환자가 권한의 원천이라는 관점에서가 아니라, 오히려 동의를 얻는 것이 왜 유용한지에 대한 관심에 근거를 두고 있다. 그러나 환자의 동의권, 그리고 치료를 거부할 수 있는 권한의 원천으로서 환자를 인정하는 대담한 판결은 1914년 카르도조 판사의 판결에서 발견된다. '숄리언도프 대 뉴욕 병원(Scholeondorff v. Society of N.Y. Hospital) 판례'는 이렇게 말한다. "모든 정신이 건전한 성인은 자신의 몸에 무엇을 할 것인지를 결정할 권리가 있다. 그리고 환자의 동의 없이 수술하는 외과 의사는 상해를 저지르는 것이며 그에 대해 책임져야 한다."[29] 이 견해는 자유롭고 충분한 정보에 의한 동의에 대한 논쟁의 성격을 규정한 것으로 받아들여질 수 있다. 이 견해는 개인의 치료 동의권을 강력하게 강조한다. 그러나 그것은 건전한 정신을 가진 성인에게만 인정하여 이 권리를 한정한다. 우리가 보게 될 것처럼, 법원은 의사능력이 있는 성인에게도 이 권리를 제한 없이 받아들이기 쉽지 않았다.

일반적이고 세속적인 도덕 안에서 가장 근본적 의미에서 자유롭고 충분한 정보에 의한 동의를 얻을 수 있는 권리는 (1) 치료 참여에 있어 비강압적이고, 속임을 당하지 않고, 의사능력에 의거한 동의를 할 권리와, (2) 치료의 전부 또는 일부를 철회할 권리를 포함한다. '슬레이터 대 베이커와 스테이플턴 판례'는 환자에게 보다 효과적인 치료를 보장하기 위해 의사와 환자 간의 협력을 위한 수단으로서 자유롭고 충분한 정보에 의한 동의를 강조한다. 잠재적 환자의 동의가 도덕적 권한의 원천으로서 더욱 중심이 되는 것은 나중 일이다. 숄리언도프 판례에서 카르도조 판사의 판결은 권한의 원천으로서 환자 동의의 역할을 강조하고 있다. 이 주제는 20세기 개인의 권리에 대한 성찰에서 두드러지게 나타나며, 때때로 단순히 홀로 남겨질 일반적인 권리로서 포착되기도 한다. 우리는 여기서 특히 '올름스테드 대 미합중국(Olmstead v. United States) 판례'에서 브랜다이스 판사의 반대 의견을 생각할 수 있다.

> 우리 헌법의 제정자들은 그들의 신념, 그들의 사상, 그들의 감정, 그리고 그들의 감각에 있어 미국인들을 보호하려고 노력했다. 그들은 정부에 대항하여 홀로 있을 권리를 부여했다. 이는 문명인의 가장 포괄적이고 가장 가치 있는 권리이다.[30]

브랜다이스의 반대 의견과 카르도조의 결정은 개인의 모든 결정을 존중할 필요가 있는지 아니면 건전하고 이성적으로 보이는 의사만을 존중할 필요가 있는지에 대한 문제를 제기한다. 비록 그 결정 자체가 어리석고 사리에 맞지 않는 것처럼 보일지라도, 우리는 의사능력이 있는 개인의 결정을 존중할 필요가 있는가? 어떤 결정이 의사능력이 있거나, 잘 확립된 확고한 전제로부터 충분한 근거를 얻은 경우에만 권한을 가진 경우, 존중받기를 원하는 환자의 범위는 현저하게 제한될 것이다. 만약 어떤 결정이 의사능력이 있는 개인(즉, 세계의 상황과 그 결정의 일반적인 의미를 일반적으로 이해하고 인식하는 개인)의 자유로운 선택이기 때문에 정당하다면, 예상되는 결정의 범위는 훨씬 더 클 것이다.

이 문제는 일반적으로 의료 결정에 영향을 미친다. 합리적 개인이라면 모두 신의 존재를 받아들여야 한다고 주장하는 개인은 신이 없다는 전제 하에 이루어진 의학적 결정 및 기타의 결정들이 열정, 편견, 무지에 의해 촉발된 비합리적인 것이라고 결론지을 수 있다. 한편, 종교적 신앙을 통해 주어진 신의 존재나 적절한 내용을 인정하지 않는 개인은 그러한 유신론적 전제를 바탕으로 이루어진 의학적 결정이 비합리적이라고 결론 내릴 수도 있다. 이 문제는 워런 버거 대법관이 컬럼비아주 순회 법원에서 종교적인 이유로 생명을 구하는 수혈을 거부하는 여성의 재청구를 기각하는 데 반대 의견을 썼을 때 다루어졌다. 버거 대법관은 '올름스테드 판례'에서 브랜다이스 판사의 반대 의견을 평석하는 그의 견해를 발전시켰다.

이 판결에서 브랜다이스 판사가 **합리적인** 신념, **타당한** 생각, **합리적인** 감정, 또는 **잘 확립된** 감각작용에 대해서만 개인이 이러한 권리를 소유하고 있다고 생각했음을 시사하는 것은 아무것도 없다. 나는 그가 심지어 큰 위험을 무릅쓰고 치료를 거부하는 것과 같이 걸맞지 않은, 어리석고 비합리적이며 심지어 말도 안 되는 많은 아이디어들을 포함하고자 했다고 생각한다.[31]

버거에 따르면, 개인은 비록 그들의 선택이 대부분이 잘못이고 어리석다고 판단할 세상의 전제와 이해에 근거한다 하더라도 치료를 거부할 권한이 있음을 인정받아야 한다.

허락 원칙은 홀로 남겨질 권리, 사생활의 권리, 타인의 터치와 개입을 거부할 권리의 기반을 제공한다. 이 권리는 허락이 있을 때만 다른 이들을 이용하는 것이 가능한, 상호 존중에 의해 결속된 평화로운 공동체의 개념에 중심적이다. 그것은 다른 도덕 행위자의 행동을 제약하기 위해서는 그들의 권한을 보여주어야 한다는 점에서 다른 이들의 개입에 대한 경계를 설정한다. 이 권리의 의미는 동의권과 치료 거부권을 모두 확인한 판례들에서 포착되었다. 예를 들어 '네이탠슨 대 클라인(Natanson v. Kline) 판례'에서 법원은 숄리언도프 판례에서 카르도조 판사의 결정문을 더 발전시킨 것과 그 주석을 둘 다 제공한다.

영미법은 철저한 자기 결정의 전제로부터 시작한다. 따라서 각자는 자기 몸을 소유한 주인으로 간주되고, 그가 건전한 정신 상태라면 생명을 구하는 수술이나 다른 내과적 치료를 명시적으로 거부할 수도 있다.[32]

이 법원은 홀로 남겨질 권리를 승인했다.

자신의 선택에 있어 홀로 남겨질 권리를 세속적이고 도덕적인 측면에서 성공적으로 정당화하기 위해서는, 우리는 그 선택이 무고한 이들에게 동의 없는 강요를 강제하지 않고, 그 선택이 도덕 행위자의 것임을 보여줄 필요가 있을 뿐이다. 즉 그 도덕 행위자란 합리적이고 자의식을 가진 개인이며, 특정한 작위나 부작위를 자유롭게 선택한다. 그러한 행위자의 선택이 되기 위해서 선택의 내용이 합리적인 근거가 있다고 주장할 필요는 없다. 그 개인이 선택의 일반적인 상황을 이해하고 인정하며, 이러한 의미에서 그것을 긍정하고 지지하는 것으로 충분하다. 선택의 자유가 있고 그 선택자가 최소한 다음과 같은 정당성을 발전시킬 수 있는 일반적인 맥락 안에서 행위자가 그 선택을 받아들인 것으로 충분하다. 즉 '위험이 따른다 해도 나는 변덕스럽게(capricious) 선택하는 것을 즐긴다.' 이러한 선택은 그 행위자가 책임을 져야 한다는 것을 알고, 또 책임을 지는 것이어야 한다. 이러한 의미에서 선택은 의사능력이 있는 선택이다. 왜냐하면 그것은 책임을 지는, 따라서 의사능력이 있는 행위자로부터 유래했기 때문이며, 비록 그가 형편없는 선택을 하였더라도 그러하다.

이 분석은 도덕 행위자가 종종 고의로 선택하는 상황을 진지하게 고려한다. 그들은 많은 고대 그리스인과 스콜라 학자가 생각했듯 단지 지적 오류에서가 아니라 다른 이들로부터 자유로워지겠다는 욕망과 제한으로부터 풀려난다는 즉각적인 흥분 때문에 타락하고 도덕적으로 부적절한 방식으로 선택한다. 어원학적으로 변덕스러운(capricious) 행동은 염소(capricon) 같은 행동이다. 도덕 행위자들은 때때로 체계적으로 분석된 삶의 세심한 성찰에 반해 절제되지 않은 웃음을 선택한다. 이러한 반항의 감각은 밀턴의 『실낙원』에서 사탄의 죄스러운 선택에 관한 고전적인 진술—"악함이여, 너는 나의 선이 되거라"(4.110)—에서 포착된다. 선택의 자유에는 아무리 황당하더라도, 또는 황당하기 때문에 특정한 신앙을 가질 수 있는 자유도 포함된다. 우리는 때때로 테르툴리아누스*가 했다고 여겨지는 이 말을 여기서 생각할지도 모른다. "나는 터무니없기 때문에 믿는다."³³ 종교적인 개인이 이성을 초월하거나 심지어 이성과 충돌하는 신앙에 헌신한다는 사실이 개인의 의사능력이나 그들의 선택을 존중받을 권리를 방해하지는 않는다. 어떤 개인의 선택이 다른 이들에게는 짜증 나고, 기괴하고, 비극적이라는 사실 자체가 위력을 써서 그것을 막을 수 있음을 의미하지는 않는다.

### 자유의 세 가지 의미

자유롭고 충분한 정보에 의한 동의에서 자유롭게 선택한다는 개념은 적어도 다음 세 가지의 자유를 포함한다. (1) 선택할 수 있는 자유, (2) 사전의 다짐이나 정당한 권한에 의해 구속받지 않는 자유, (3) 강압이 없는 자유.³⁴

**선택의 자유.** 유효한 동의를 위해서는 도덕 행위자로 자유롭게 선택할 수 있다는 의미에서 행위자는 자유로워야 한다. 개인은 그러한 행동에 대해 책임지고, 귀책 대상이 될 수 있도록 숙고한 행동의 의미와 결과를 이해하고 평가할 수 있어야 한다. 허락 원칙의 우선순위를 고려할 때 도덕 행위자로 등장하는 모든 실체는, 반증이 없는 한 자신에 대한 권한을 가진다고, 자유롭다고 추정되어야 한다. 자신의 행동의 의미를 이해하고 인식해야 한다는 요건은 단순히 신경학적·심리학적 과정에 의해 유발되는 것이 아니라 그 행동이 도덕 행위자가 떠안은 행동이라는 요건에 지나지 않는다. 결코 무리한 테스트가 아닌 이것을 충족시키지 못하는 선택에는 급성 정신질환, 중증 치매, 어린이, 주취자, 정신착란자, 심한 신경증 환자, 그

---

\* Tertulianus(155~240): 그리스도교 교부이자 신학자.

리고 자신의 행동을 이해하지 못하거나 그 목적을 추구하는 과정에서 다른 이들이 그들을 존중하도록 요구하지 못하는 이들의 행동이 포함된다.

그런 개인들도 때로 의사능력을 가진 결정을 내릴 수 있을 것이다. 하인즈 하트만*의 말을 빌리면, 자아의 자율성의 섬들이 있다. 이 섬들 중 일부는 썰물 때만 물 위에 있지만 스트레스와 질병이라는 높은 조류가 오면 완전히 물에 잠긴다. 우리는 개인들이 완전한 의사능력이 있거나 전혀 의사능력이 없다고 판단하는 것을 피해야 한다. 시대와 환경에 따라 각기 다른 개인들이 각기 다른 분야에서 다른 정도로 의사능력의 측면에서 유능하거나 무능할 것이다.[35] 의사능력, 즉 자신의 행동의 결과를 이해하고 인식할 수 있는 능력, 따라서 자신의 행동에 대한 책임을 질 수 있는 능력도 글로벌하거나 이분법적인 현상이 아니다. 그러나 부분적인 무능력은 부분적인 변명이 되지만, 부분적인 능력은 그러한 개입을 거부하는 것의 의미에 대한 이해와 인식이 있는 한 다른 이들의 개입을 거부하는 절대적인 도덕적 잣대가 될 수 있다.

**사전 다짐이나 정당한 권한에 의해 제한을 받지 않는 것.** 문제가 되는 두 번째 자유의 의미도 있다. 즉, 다른 이에게 사전에 모두 맡겨버리기로 하는 것이다. 인격체의 자유는 일반적으로 그리고 특히 의료에 관하여 선택할 자유를 주거나 거래할 수 있게 해준다. 군에 입대하기 위한 요건은 전투 준비를 위해 백신 접종, 수술 등의 치료를 거부할 권리를 양도하는 것일 수 있다. 그러한 형태의 계약 봉사에서 개인은 자신의 것이었던 권리를 다른 이에게 양도한다. 우리가 제4장에서 언급했듯이, 이런 종류의 일은 부모와 자식 관계에서 일어난다. 부모의 지원을 받아들이고 독립하지 않음으로써, 자녀들은 자신의 최선의 의학적 이익에 관하여 부모를 초견적인

---

* Heinz Hartmann(1894~1970): 오스트리아 출신 미국의 정신과 의사. 자아심리학의 창시자.

권한으로서 받아들일 수 있다. 부모들은 또한 그 자녀들의 생명 연장 치료를 거부하는 다짐을 자녀에게 할 수도 있다.

이 마지막 쟁점은 워런 버거가 '올름스테드 판례'에서 브랜다이스의 반대 의견을 평석한 사례에서 제기되었다. 컬럼비아주 지방 순회 항소법원은 수혈을 거부하겠다는 환자의 요청을 각하했는데, 그 이유는 무엇보다도 그녀의 죽음이 7개월 된 뱃속 태아의 죽음을 초래할 것이기 때문이었다.[36] 우리는 또 다른 사례에서 부모가 자녀의 복지를 위해 재정을 부담한 사실이 이 고려사항을 물리쳤다는 사실에 유의해야 한다.[37] 부모가 되는 것이 아이를 부양해야 할 의무로 이어지는 정도는 다른 개인이나 공동체에 그 의무를 이전할 기회와 마찬가지로 공동체에 따라 다를 것이다. 우리는 사실 아주 어린 나이에 어린이들이 스스로 먹고살도록 강요하는 집단이 있다는 사실에 유의해야 한다. 여기서 제2장에서 언급한 이크족의 예를 사례로 들 수 있을 것이다. 이크족의 아이들은 세 살이나 네 살쯤 되면 집에서 나와 무리를 지어 먹을 것을 찾아다니기 시작한다.[38]

범죄를 저지르면 치료를 거부할 권리도 상실할 수 있다. 따라서 일반 수감자나 특히 사형 집행을 기다리는 이들은 치료를 거부할 권리를 잃을 수 있다. 그들의 범죄의 대가가 치료를 거부할 권리를 부인하고 그들을 살려두는 것이 처벌의 일부로 간주될 수 있기 때문이다. 이것과 기타 사례들은 능력이라는 의미에서 자유롭게 동의할 수 있는 개인도 사전 다짐이나 다른 이들(예: 부모, 장교, 교도관)의 타당한 권한에 의해 제한을 받기 때문에 자신에 대해 선택할 자유가 없을 수 있음을 보여준다.

**강압으로부터의 자유.** 마지막으로 개인은 자유롭게 선택할 수 있고 사전 제약에서 자유로워도 여전히 강압적인 상황에 처할 수 있다. 세속적인 도덕의 구조물은 허락 없이 인격체를 사용하지 않는 것에 의존하기 때문에, 강요에 의한 어떤 협약도 구속력이 없을 것이다. 협약을 맺기 위해 강압을 행사하는 인격체는 강요받은 인격체가 마련되어야 한다고 주장하기 위해 도덕 공동체의 개념에 일관되게 호소할 수 없다. 유효한 동의는 동의하는 개인을 단순한 수단으로 환원하는 전술을 사용하지 않고, 즉 그들의 동의를 제쳐두지 않고 획득해야 한다. 그러므로 노골적인 폭력의 협박뿐만 아니라 기만, 계약 파기에 대한 위협, 또는 충분한 정보를 제공하지 않는 것은 동의하지 않은 무고한 자에 대한 부당한 위력으로 간주될 것이다. 이러한 개입은 평화로운 공동체의 최소한의 개념을 지탱하는 허락 원칙을 위반하기 때문에 금지된다. 그것은 위력, 기만, 계약 위반이 그들 자신에게 있어, 또는 그들 자신에 대해서 잘못이 아니라고 하는 인격체의 허락을 승인하는 세속 도덕성의 바탕이 된다. 그들은 동의하지 않은 무고한 자에게 불리하게 이용될 때에만 잘못이다. 부당한 위력을 사용하는 이들은 다른 이들이 무기로부터 기만에 이르기까지 필요한 모든 수단을 동원하여 자신을 방어할 때 일관되게 불평할 수 없다.[39] 대부분의 경우 환자는 무고한 인격체로 간주되기 때문에, 의학에서 위력을 사용하는 것은 일반적으로 금지된다. 그럼에도 불구하고, 의료 전문가들을 부당하게 위협하는 환자를 통제하기 위한 위력이나 기만의 사용은 도덕적으로 정당화된다.*

일상생활에서처럼 의술에서도 강압적인 행동과 평화로운 조작을 구별할 필요가 있을 것이다. 강압적인 행동을 부당하게 환자를 불리한 상태에 두는 것으로 이해하거나, 평화로운 조작을 그럴 만한 자격이 없는 유리한 상태에 환자를 두는 것으로 정의한다면, 강압은 금지되고 평화로운 조작은 허용될 것이다. 전자는 무고한 인격체의 자유로운 선택을 침해함으로써 허락에 바탕을 둔 상호 존중의 도덕성을 침해하지만 후자는 그렇지 않다. 사실 평화로운 조작은 개인이 평화로운 협약을 맺는 평화로운 협상의 과정을 뒷받침한다. 사람들은 적어도 그들이 서로를 위안하고, 기쁘게 하

---

* 자신 또는 타인에게 상해를 입힐 가능성이 있는 정신질환자에 대한 구속복의 착용 등이 해당된다.

고, 만족시키기 때문에 친구, 연인, 결혼 상대자가 된다.[40] 그러한 제안이나 책략이 합리적 선택을 불가능하게 만들지 않는 한, 금전적 유인이나 명예로부터 성적 만족과 다른 육체적 쾌락에 이르는 것까지, 세속 도덕에서는 원칙적으로 모든 인센티브가 허용될 것이다.[41] 우리는 특정 공동체에서 특정한 형태의 제안이나 과도한 제안을 피하기를 바랄 수 있다. 그러나 조작의 대상인 개인이 여전히 행동하는 한, 즉 선택하고 책임질 수 있는 한, 상호 존중의 개념을 위반했다고 그러한 것이 원칙적으로 잘못되었다고 하는 일반적인 주장은 불가할 것이다.

또한 힘의 차이를, 동의를 무효화하는 것으로 이해하는 것도 불가능할 것이다. 1학기 조직학 통합교육에서 임상 교육의 일환으로 피부과 레지던트에게 피부 발진에 관한 강의를 들은 후에 그녀와 깊은 사랑에 빠진 의대 1학년생을 상상해보라. 또한 이 레지던트는 학생에 대해 점수를 매길 수도 없고, 단지 피부의 염증에 관한 인상적인 프레젠테이션을 해주었을 뿐이라면? 일반적이고 세속적인 도덕의 관점에서 의대 신입생이 레지던트와의 성적 관계에 대해 타당한 동의를 할 수 있는가? 31세 레지던트가 21세 의대생을 부당하게 이용했는가? 학생의 나이가 18세 1일이라면 이 상황이 달라지는가? 만약 그 학생이 이웃 대학 학부생이라면? 적어도 일반적이고 세속적인 측면에서 그러한 힘의 차이가 동의를 무효화했다고 볼 방법은 없어 보인다. 유일한 문제는 그 학생이 그런 상황에서 여전히 알고도 허락을 할 수 있느냐가 될 것이다. 결국, 21살의 학생, 아니 실제로는 18살의 학생은 학교를 중퇴하거나 해병대, 프랑스 외인부대, 네팔의 불교 사원에 들어가는 데 유효한 동의를 할 수 있다고 받아들여지고 있다. 한편, 그 의대나 대학이 로마 가톨릭교회 소속이라면, 그 교수진에게 고용 조건으로 학생과 (또는 사실상 그 누구와도) 사귈 수 없도록 할 수 있는, 자체적인 적절한 성행위에 관한 완전한 비전에 따라 행동할 세속적이고 도덕적인 권리를 가지고 있다. 물론 그 레지던트의 (그리고 학생의) 의도가 떳떳하다면 모든 것은 결혼으로 해결될 수 있다. 일단 우리가 그러한 내용 충만하고 체계적인 이해의 맥락에서 벗어나면, 우리는 어떤 합의된 육체적 대화를 부도덕하다고 주장하기 위해서 직관의 조각들을 끌어모은 허망하고 종종 우스꽝스러운 정신 체조와 마주치게 된다. 적절한 성행위나 수용 가능한 유인에 대한 정전적인 이해 없이는, 우리가 요구하는 전부는 강압이 없는 상태에서 의사능력에 입각한 허락을 하는 것이다. 이를 준용하면(mutatis mutandi), 의료에서 자유로운 선택에 대한 일반적인 제약에 관한 경우도 마찬가지다.

겉으로는 강압과 평화적인 조작의 구별이 뚜렷하게 보일지 모르지만, 이것은 사실과 거리가 멀다. 로버트 노직 등이 지적한 바와 같이, 처음에는 평화로운 조작으로 보일 수 있는 것이 보다 면밀한 조사를 하면 강압의 숨겨진 형태로 나타날 수 있다.[42] 예를 들어 의사가 위험을 고의로 과장하고 그러한 기만에 의해 환자가 그가 제공하는 치료 방식에 동의하도록 지나치게 겁을 주었다면 이는 강압에 해당한다. 마찬가지로, 환자가 특정 중재에 동의하지 않는 한, 약속했던 대증요법도 철회하겠다고 위협한다면, 이는 강압이다. 두 경우 모두 의사가 동의받지 않은 위력을 통해 환자를 불리한 상황에 처하게 한 사례이다(전자는 언어를 통한 위력행사, 즉 기만이고, 후자는 위협에 의한 계약 파기다).[43] 이러한 고려사항은 환자가 유효한 동의를 하게 하기 위해서는 얼마나 많은 정보를 주어야 하는가의 문제로 이어진다.

**충분한 정보의 세 가지 의미**

효과적인 자유에 의해 선택하는 환자의 능력은 환자들이 그들이 고려 중인 치료의 가능한 이득과 해악에 대해 얼마나 많이 알고 있는지에 따라 달라질 것이다. 어떤 의사나 기타 의료 전문가가 환자에게 어떤 사실을 고지하고, 어떻게 고지하느냐에 따라 환자는 치료를 거부하거나 받아들이는 경향이 있을 것이다. 의사는 거의 모든 약의 사용이 위험하진 않더라도 잘못된 권고로 보이게 할 수 있다. 예를 들어, 페니실린에 관해 알려진 주의사항에는 치명적인 알레르기 반응뿐만 아니라 용혈성 빈혈, 백혈병, 신경병 등이 포함된다. 이러한 위험의 가능성을 가능한 이득의 측면에서 보지 않는다면 환자는 생명을 구하는 치료를 거부할 수 있다.

의사들이 전통적으로 환자에게 너무 많은 정보나 잘못된 정보가 노출되는 것을 우려해온 것은 이 마지막 이유 때문이다. 그 두려움은, 낯선 땅에서 이방인인 환자들은 이득과 해악의 신중한 균형을 잘못 계산할 가능성이 높고, 결과적으로 실제 비용이 거의 들지 않고 효과적인 치료법을 거부할 수 있다는 것이었다. 특히 의학과 의료는 목적 지향적인 업무이다. 그들은 질병의 치료와 예방, 환자의 걱정, 고통, 근심을 돌보는 데 초점을 맞추고 있다. 오직 아주 특별한 상황에서만 의학은 개인의 선택의 자유를 증가시키는 데 초점을 맞춘다.[44] '니시 대 하트웰(Nish v. Hartwell) 판례'가 단언했듯이, "의사의 주된 임무는 환자에게 최선의 일을 하는 것이다. 통상 이 의무와 환자에게 겁을 줄 수 있는 고지 의무 간의 충돌은 주된 의무에 유리한 편으로 결정돼야 한다."[45]

환자에게 최선의 치료를 선택하고 제공하려는 이러한 헌신은 치료의 성격과 위험을 이해하려는 환자의 바람과 충돌로 이어진다. 더구나 그 헌신은 순전히 이타적인 것이 아니다. 환자에게 공지하는 것은 아마도 의사가 가장 좋다고 간주하는 치료의 선택을 배제하는 것 외에 시간이 많이 걸리고 성가실 수 있다. 의사와 환자 사이의 이러한 다양한 이해 충돌은 서양의학의 시초까지 거슬러 올라간다. 플라톤이 묘사한 자유인과 노예에게 고지하는 정보의 양에 대한 차이를 생각해보라.

아테네인: [……] 그 소위 의사라고 하는 두 가지 유형이 있다는 것에 동의하십니까?

클리니아스: 물론이지요.

아테네인: 이제 여러분이 보시다시피 자유인뿐 아니라 노예도 있기 때문에, 이런 부류들은 노예에게는 그 증상에 대해 어떤 설명도 하지 않고 아무것도 묻지 않습니다. 그는 노예에게 독재자의 무뚝뚝한 태도로 어떤 정해진 지식의 분위기를 풍기는 경험적 금기사항을 명령하고 다음 아픈 노예에게로 잽싸게 서둘러 달려가지요. 이것이 그가 주인에게 의료적 노동을 덜어주는 방식입니다. 자유인을 돌보는 자유인 의사는 대부분 처음부터 학문적인 방법으로 매사를 철저하게 다루어 질병을 치료하고 환자와 그 가족들이 확신을 갖게끔 합니다. 그리고 그는 환자로부터 무엇인가를 배우며 동시에 그 무력한 자에게 최선의 능력을 다합니다. 환자의 지지를 획득할 때까지는 처방전을 쓰지 않고, 그렇게 할 때는 꾸준히 환자를 설득하여 완전한 건강 회복을 목표로 합니다.[46] (『법률』, 4.720b-e)

플라톤은 자유인에게 귀결되는 존중의 형태를 보증한다. 그는 또한 상호 존중에 대한 고려와는 별도로 환자가 치료에 있어 효과적인 협력자가 될 수 있는 만큼의 정보를 환자와 그 가족에게 제공하는 것이 유용하다고 지적한다. 이러한 견지에서 플라톤은 많은 의사의 태도, 즉 환자에게 정보를 주는 것은 시간이 걸리고 효과적인 치료를 종종 어렵게 만든다는 태도를 비판하고 있다.

더 어려운 문제는 단순히 의사와 협력하기 위해서가 아니라, 의사가 최선의 또는 가장 효과적인 치료 방식이라고 주장하고 있는 것을 훼손하더라도, 그들 스스로 선택할 수 있기를 원하는 환자의 알고자 하는 요구에 부응하는 것이다. 의사는 그러한 공지가 환자의 치료에 유용하지 않다고 생각할 때 어느 정도까지 정보를 공개해야 하는가? 우리는 여기서 동의권은 정보를 얻을 권리와 동등하지 않다는 점을 유념해야 한다. 무고하고 자유로운 개인은 환자가 되도록 강요받지 않을 권리가 있다. 그러나 그들은 의사의 관점보다 그들의 관점에 따라 환자가 될 권리가 있는가? 왜 의사는 '치료를 받는 대가로, 당신(환자)은 당신에게 최선의 이익이라고 내가 판단하는 정보에 만족하는 것에 동의해야 한다'라고 말할 수 없는가?

의사들의 이런 요구는 상호 존중의 도덕을 침해하지 않을 것이다. 그러한 요구는 개인의 자율성을 증진하거나 개인이 자신을 돌아볼 것을 장려하고, 타인에게 자기 결정권이 있다고 간주하도록 하는 어떤 문화적 이상에 반할 수도 있다. 그것은 의사의 기만 및 강압의 위험을 증가시키고 법적 요건을 위반할 수 있다. 그것은 의사 쪽에서 자기 검열과 환자 쪽에서 합리적인 의사결정을 장려하지 못할 수 있다.[47] 그러나 의사와 예비 환자는 그러한 가능한 해악을 능가하기 위해 제한된 공지를 통해 추구될 수 있는 좋음을 따져볼 수 있다. 또한, 환자들은 자유롭게 무리를 구성하여, 잠재 환자들의 취향에 맞춘 정보의 공개를 요구할 수 있는 의사를 고용할 수 있다.

환자를 효과적이고 성공적으로 치료하는 의사들의 이해관계와 환자와 사회의 자기 결정에 대한 우려 간에 적절한 균형을 설정하려는 시도는 각각의 특정한 도덕 비전을 반영하는 충분한 공지를 위한 다양한 법적 기준을 만들었다. 비록 정보 공개에 특정한 테스트를 부과하는 국가의 권한에 대해 심각한 의문이 제기되지만, 서로 다른 기준들은 경쟁하는 목적과 이해관계 사이의 타협 가능성을 구체적으로 묘사하고 있다.

**전문직 기준.** 법률의 전통적인 접근법은 의사 집단이 통상 제공하는 수준의 정보를 환자에게 주어야 한다고 가정하는 것이었다. 의사는 "동일하거나 유사한 상황에서 합리적인 의료인이 제공하는 정보"[48]를 제공하도록 요구받았다. 이 기준은 의사만이 (1) 어느 정도의 공지가 환자에게 부정적인 영향을 미치지 않는지, 그리고 (2) 어느 정보가 실제로 환자의 선택과 관련되는지를 사실상 결정할 수 있다는 근거에서 옹호되었다. 1965년의

미주리 대법원이 주장한 바와 같이,

> 문제는 관련 위험과 관련하여 배심원이 동일하거나 유사한 상황에서 환자와 무엇을 관련짓는가, 또는 합리적인 인격체가 무엇을 관련짓는가가 아니라, 합리적인 의료인이 무엇을 할 것인가 하는 것이다. 그러한 의사는 환자의 건강 상태, 심장과 신경계의 상태, 정신 상태를 고려하고, 무엇보다도 관련된 위험이 단순한 드문 가능성인지 아니면 일정 빈도나 규칙성을 가지고 일어나는 것인지를 고려할 것이다. 이러한 결정은 아무리 전문적으로 가능한 위험을 고지하더라도 제안된 치료법의 성공을 위태롭게 할 정도로 환자에게 부정적인 영향을 미칠 수 있는지에 대한 의학적 판단을 수반한다. 이러한 요소와 기타 적절한 요소를 고려한 후라면, 어떤 상황에서는 합리적인 의료인은 발생 가능성이 있는 모든 위험을 완전히 고지하지만, 다른 상황에서는 사실과 상황이 제한적이거나 일부 유보된 고지를 지시할 것이다. 어떤 경우는 다른 경우에 비해 판단이 쉽겠지만 어떤 경우에도 그것은 의학적인 판단이 될 것이다.[49]

요컨대 어느 정도나 정보를 공개할지의 결정은 전문지식을 요하는 의료적 판단이라는 이유로 전문직 기준의 이용이 정당화되었다.

다른 법원이 그러했듯 우리는 이의를 제기할 수도 있지만, 그러한 판결이 의학적인 판단인지 아닌지는 상호 존중이라는 원칙의 측면에서 우리는 도덕적으로 전문적 기준을 옹호할 수 있다. 달리 경고하지 않는 한, 환자들은 의사들이 그 직업, 학회 또는 그룹의 구성원(예: 가족 주치의, 융파 정신분석가, 자유주의 의학회 회원 또는 온정적 의사협회 등)이 통상 제공하는 정도의 고지를 제공할 것이라고 예상할 수 있다. 사전 경고 없이 그 정도보다 적게 고지하는 것은 일종의 기만행위가 될 것이다. 그것은 또한 의사가 환자와 관련하여 자신이 구성원인 의사직, 학회, 도는 집단에 갖는 의무를 위반할 수 있다. 합리적인 의사가 줄 수 있는 것보다 더 많이 제공하는 것은 의사직이나 학회가 보증한 가치와 다른 가치의 위계를 상정한다. 이러한 고지 내용의 증가는 다음과 같은 종류의 특별한 경고(적절한 확장 및 변경)를 환자에게 요구할지도 모른다. 즉 '나는 내 직업에 종사하는 대부분의 학회나 단체 회원들은 공개하지 않는 것을 당신에게 기꺼이 말해주고 싶습니다. 이 고지의 위험은 쓸데없는 걱정과 기우일 가능성이 높으며, 이 모든 것이 건강에 악영향을 미칠 수도 있습니다. 그런데도 정보를 알고 싶습니까?'

개인이 특별한 기대 및/또는 특별한 요구의 조치를 취하지 않는 한, 전문직 기준은 허락 및 선행의 원칙을 충족한다. 그것은 환자가 고지의 일반적인 한계를 알고 있는 한 상호 존중의 도덕을 침해하지 않는다. 합리적으로 선의를 가지고 추구한다면 전문직 기준도 다른 인격체에게 선을 행하려는 노력의 한 예다. 어려운 점은 많은 개인이 자신의 질병에 대해 근심 없이 효율적인 치료를 하는 것보다 자기 결정과 자율성을 더 중시한다는 점이다. 그들은 자유를 너무 높이 평가해서 자기 결정권을 갖지 못하게 되면 불안해질 수도 있다. 또한, 그들은 자신들만이 다른 치료적 선택의 삶에 가능한 중요성을 예상할 수 있다고 판단할 수 있다. 가치로서의 자유와 측면 제약\*으로서의 자유 사이에는 중요한 차이가 있기 때문에, 자유롭고 충분한 정보에 의한 선택의 적절한 순위는 발견되는 것보다 만들어져야 한다.

국가가 세속적인 도덕적 권한을 남용하지 않는 사회에서, 개인은 함께 협력하여 자신의 도덕적 약속과 기타 가치관들과 함께 무리를 이루어 의료를 보장할 수 있을 것이며, 여기에는 정보 공개 기준에 대한 그들 자신

---

\* side contraint: 노직이 제시한 개념으로 내가 자유를 추구할 때 그것이 타인의 자유를 침해한다면 타인의 자유는 나의 자유 추구에 있어 측면 제약으로 작용한다는 것이다.

의 견해가 포함될 것이다. 따라서 우리는 계약 가능한 의사와 병원을 가진 다음과 같은 국제적 의료 시스템을 상상할 수 있다. 국제 유대인 건강관리, 교황 일급 치료, 여피 국제 웰니스 협동조합, 사도마조히즘 의료, 배스 하우스 인터내셔널 등이다. 각 기관은 예비 환자가 특별하고 내용 충만한 고지 기준에 따라 계약하도록 허용할 수 있다. 이러한 의료 시스템은 보호자와 대리인을 임명하기 위한 특정 절차를 개발할 수 있다. 그들은 무용한 치료에 대한 그들 자신의 이해(즉, 치료가 '생산적이지 않을 가능성이 있는' 경우 언제 치료를 철회할지)와 자원 배분 절차를 만들 수 있다. 이것은 도덕적 다양성과 제한된 국가의 세속적인 도덕적 능력 앞에서 가장 옹호 가능한 접근이다. 환자들이 함께 뭉칠 때, 그들은 국가의 강압적인 침입에 의해 모든 것이 엉망이 되지 않는 한 의사와 병원이 준수하도록 평화적으로 조종할 수 있는 경제 능력을 발휘한다.

**객관적 기준.** 지난 수십 년간 미국의 법정은 환자에게 곧 시행될 시술에 대해 설명하고 "치료에 내재되거나 수반되는 중요한 위험이나 위험성을 경고하여 그러한 치료를 받을지 말지를 지적이고 충분한 정보에 의한 선택을 환자가 할 수 있도록"[50] 함으로써 전문직 기준에서 벗어나 의무에 기반한 고지 기준을 향하고 있다. 환자가 이러한 지적이고 충분한 정보에 의한 선택을 하기 위해서는 모든 중요한 위험을 환자에게 숙지시키는 것이 의사의 의무가 된다. 여기서 구체적 위험은 '캔터베리 대 스펜스(Canterbury v. Spence) 판례'에서 법원이 내린 "의사가 환자의 입장이 되기 위해서 알거나 알아야만 하는 것에 있어 합리적인 인격체라면 제안된 치료를 수락할지 거부할지에 대한 결정과 관련해서 의미 있게 고려하는"[51] 위험이다. 따라서 고지 기준은 정보에 대한 합리적이고 신중한 인격체가 필요로 하는 것이 되었다.

그러면 의사와 환자에 대한 의사소통의 범위는 환자의 필요에 따라 측정 되어야 하며, 그 필요성은 의사결정에 중요한 모든 것이다. 따라서 잠재적 위험을 알려야 하는지를 결정하는 테스트는 환자의 결정에 대한 그 중요성이다.[52]

이 기준은 특정 개인에게 어떤 영향을 미칠 것인가가 아니라 합리적이고 신중한 개인에게 어떤 영향을 미칠 것인가에 달려 있기 때문에 객관적인 기준이라고 할 수 있다. 특정 개인의 특정한 주관적 관심사에 의존하는 대신 우리는 객관적 근거에서 공지하는 것이다.

즉 환자의 위치에 있는 신중한 인격체가 유의한 모든 위험을 적절히 알게 된다면 어떤 결정을 내렸을까 하는 관점에서 공지하는 것이다. 위해를 초래하는 위험이나 위험의 종류에 대한 폭로 때문에 적절한 공지를 통해 당사자가 치료를 거부할 수 있었다고 합리적으로 예상할 수 있다면, 인과관계를 볼 수 있지만 다른 경우는 그렇지 않다.[53]

이러한 법원의 결정은 의사의 관점에서 효과적인 치료를 수행하는 데 필요한 정보의 양이 아니라 합리적이고 신중한 인격체의 효과적인 선택에 필요한 정보의 양을 공지하는 기준을 만들었다.

전문직의 합리적인 구성원들의 판단을 기준으로 삼는 데서 벗어나 합리적이고 신중한 개인의 판단을 기준으로 삼는 것은 의료계가 사회의 도덕적 권한하에 있다면 정당화될 수 있다. 그러나 구체적인 합의와 이해가 없는 경우에는 그렇지 않다. 어떤 직업의 구성원들은 일반 대중만큼이나 적절한 고지 기준에 관한 자신들의 견해를 가질 권리가 있다. 더욱이 사회적으로나 역사적으로 무조건적이고 무시간적인 신중한 인격체의 개념은 없다. 그러한 개념은 사실 항상 특정 공동체의 특정 가치에 의존한다. 두 관점 사이의 합리적인 타협은 협상을 통해 이루어져야 한다. 객관적 기준을 사용하기 전에도 전문직 기준은 의사들이 객관적 또는 주관적 기준에 의해 공시하도록 구속할 수 있는 협약의 출발점으로 볼 수 있었다.

**주관적 기준.** 자기 결정이라는 특정한 가치에 대한 헌신은 객관적인 기준뿐만 아니라 의사들이 특정 개인의 선택에 중요한 정보를 제공해야 한다고 주장하게끔 할 수 있다. 환자가 암의 발병이나 몸의 마비를 신경질적으로 걱정하고 있다면, 의사는 그 확률이 매우 낮아 합리적이고 신중한 인격체에 대해서라면 중요 고려사항으로 간주되지 않을지라도, 이러한 위험에 대한 정보를 제공할 의무가 있을 것이다. 알렉산더 케이프런*은 '콥스 대 그랜트(Cobbs v. Grant) 판례'는 채택된 기준을 주관적 기준으로 해석할 가능성을 보여준다. 법원이 정보를 제공해야 하는 의사의 의무는 "환자의 필요에 의해 측정되어야 하며, 그 필요는 의사결정에 필요한 중요한 정보"[54]라고 주장했기 때문이다. 법에서, 그러한 해석은 특정 환자의 우려를 해소하였음을 보여줄 필요가 있는 의사에게 심각한 부담이 될 것이다. 의사가 자신의 특별한 우려를 모두 다루지 않았다고 사후에 환자가 생각할 수 있는 유혹이 항상 있을 것이다.

이 기준은 '캔터베리 대 스펜스 판례'가 명시한 객관적 기준에 대한 비판에서 채택되었다.

그러므로 우리는 의사의 의사소통 범위는 현명한 선택을 할 수 있을 만큼 충분히 알아야 하는 환자의 필요성에 의해 측정되어야 한다고 주장한다. 위험은 환자의 결정에 영향을 미칠 것 같을 때 중요하다. 캔터베리 (판례의) 규칙은 아마도 다수의 규칙이지만, 그 '합리적인 인간' 접근은

---

\* Alexander Capron: 미국 서든캘리포니아 대학 교수로 의료정책과 의료법 전문가.

일부 논평가에 의해 자기 결정론에 대한 역행이라고 비판을 받아왔다. 캔터베리 관점은 확실히 아픈 환자에게 인정되는 보호를 심각하게 제한한다. 원고가 적절한 공지를 들었다면 제안된 치료를 거절했을 만큼, 비슷한 상황에 있는 어떤 합리적인 인격체라면 동의했을 만큼 환자의 자기 결정권은 돌이킬 수 없을 정도로 상실된다.[55]

이 입장은 합리적이고 신중한 인격체가 될 필요가 없는 특정인에게 무엇이 중요한가에 의존하는 주관적인 것으로 인식되어왔다. "그러므로 환자의 결정에 중요한 것은 환자 개개인의 주관적인 것이기 때문에 객관적 또는 일반적 전문직 기준은 어떤 주어진 사례에 충분한 정보에 의한 동의를 획득해야 할 의사의 의무 범위를 결정하는 데 효과가 없다."[56]

비록 우리가 실용적인 이유에서 이것은 법정에서 사용할 기준이 아니라고 결론 내렸다고 하더라도, 우리는 그것을 여전히 좋은 삶에 대한 특정한 자율 지향적인 관점 안에서 도덕적 이상으로서 받아들일 수도 있다. 성공적인 치료보다 자율성에 더 관심을 갖는다면 주관적인 기준은 도덕적으로 매력적일 것이다. 또는 개인들이 비록 부분적으로 특별한, 혹은 심지어 신경질적인 관심사에 기초하고 있더라도, 그들이 자신의 치료법을 결정할 수 있을 경우에만, 그들의 최선의 이익을 극대화하는 효과적인 선택을 할 수 있다고 주장할 수도 있다. 우리는 개별 의사들이 환자의 특별한 우려와 관심을 확인한 다음, 그들이 특별한 우려의 측면에서 선택할 수 있도록 충분한 정보를 그러한 환자들에게 공지하기를 바랄지도 모른다. 이렇게 되면 신경증 환자도 강박적인 맥락 안에서 효과적인 선택을 할 수 있게 될 것이다. 우리가 이를 바람직한 것으로 보는 정도는 자기 결정의 가치와 유용성 대 효과적 치료에 대한 전문적 결정의 가치에 대한 우리 자신의 비교 순위에 따라 달라질 것이다.

우리는 전문직 기준이 합리적이고 신중한 인격체가 원하는 만큼, 혹은 특정 관심을 가진 특정 환자가 원하는 만큼의 정보를 제공하는 것을 원칙적으로 배제하지 않았음을 알아야 한다. 전문직 기준은 그러한 정보의 공지가 사실상 효과적인 치료와 환자의 이익에 해가 되는 경우가 많고, 그래서 제공되어서는 안 된다는 사실을 전제로 깔고 있었다.

**모를 권리.** 공지에 대한 객관적 기준을 개발할 때, 특별하고 주관적인 도덕적 예외는 반드시 인정되어야 한다. 특정 환자들은, 그러한 지식을 거부한다면, 합리적인 결정을 내리기 위해 (그 자신의 특정한 도덕 비전을 가진 특정 공동체 안에서) 합리적이고 신중한 개인들이 보통 무엇을 알아야 하는지 들을 필요가 없다. 예를 들어, '콥스 대 그랜트 판례'와 '사드 대 하디 (Sard v. Hardy) 판례'는 환자가 정보를 듣지 않겠다고 요구할 때 의사가 위험을 고지할 의무가 없음을 명시적으로 강조한다.[57] 통보받을 권리는 통보받을 의무가 아니다. 또한 그것은 고지를 의사의 최우선적인 의무로 만들지도 않는다. 그것은 오히려 환자에게 정보를 얻을 수 있는 기회를 제공할 것을 요구한다. 여기서 다시 자유에 대한 존중은 가치가 아닌 측면 제약으로 작용한다. 자유롭고 충분한 정보에 의한 동의의 목적은 환자에게 자율성을 강요하는 것이 아니라, 치료 선택에 있어서 자율적일 수 있는 기회를 제공하는 것이어야 한다.

이것은 다른 개인들이 서로 다른 종류의 의사-환자 관계를 추구하는 상황을 강조한다. 어떤 이들은 직접 통제하지는 못하더라도 치료에 있어 완전한 협력자가 되기를 원한다. 그러한 개인들은 의사를 이미 형성된 소망의 행위자로 본다. 그러한 개인에게는 완전한 고지라는 강력한 주관적 기준을 제외한 어떤 것도 너무 약할 수 있다. 반면에 많은 개인은 그들이 신뢰하는 의사에게 돌봄을 위탁하고 싶어한다. 그러한 개인은 그들이 겪을 수 있는 모든 위험과 가능한 해악을 들어야 한다는 것을 전혀 원하지 않는다. 그들은 차라리 의사를 처음 선택한 확신을 되새기며, 불확실한 상황에서 중요한 선택을 하는 두려움과 우려, 그리고 망설임을 감수하는 것이 의사의 주요 의무라고 본다. 그런 이들은 고지 기준이 전문직 기준이거나 혹은 합리적이고 신중한 의사가 제공하는 것보다 훨씬 적은 정보를 제공해줄 것을 요청한다. 하지만 의사가 어쨌든 특정 자료를 공개하는 것이 환자에게 최선의 이익이라고 생각한다면 어떻게 될까? 의사가 치료의 조건으로 환자에게 고지에 동의할 것을 요구할 수 있는가? 법률의 제약에도 불구하고, 세속 도덕의 의사는 이전 협약을 통해 치료의 전제 조건으로 공지를 요구할 권리를 포기하지 않거나, 환자가 다른 의사를 찾아갈 수 있도록 이러한 종류의 요건을 사전에 환자에게 미리 경고하지 않는 한, 선행과 허락 원칙의 측면에서 그러한 권리를 가져야 한다.

이러한 문제들은 리버럴한 국제주의적인 의사가 다른 이들이 중요한 결정을 해주기를 기대하는 전통 사회의 환자와 마주칠 때 특별한 갈등을 불러일으킨다. 시리아 동방정교회를 믿는 부유한 미망인이 성공한 사업가인 서른 살의 맏아들과 함께 다마스쿠스에서 날아와 카리브해의 섬에 세워진 병원(괴물 같은 정부의 통제를 피하기 위해 미국식 의료 '개혁'의 결과로 세워진 '애덤 스미스 기념 럭셔리 헬스케어 센터'라 하자)에서 관상동맥 우회술을 받는다고 상상해보라. 그 여성은 굳게, 확신에 차서 말한다. '주님께서 내 기도에 응답하시고, 아들을 주셨습니다. 이제 내 아들이 당신의 모든 질문에 답할 것입니다.' 이 병원은 분명히 다음과 같은 동의서를 제시할 도덕적 자유가 있다.

나는 이 문서에서 달리 진술하는 범위를 제외하고는 의사능력이 있든 없든 나를 대신해서 모든 의료적 결정을 내릴 대리인으로 _____을 임명한다. 나는 언제든지 이 약속을 취소할 권리가 있다. 이 문서가 파기되기 전까지, 나의 대리인은 나의 건강 상태와 예상되는 치료의 본성과 성격에 관한 모든 정보를 제공받아야 한다. 나의 대리인은 나를 대신하여 치료에 동의하거나 거부할 수 있는 전권을 갖게 될 것이다. 나를 대신하여 발언할 다른 이를 임명하는 데는 심각한 위험과 우려가 있다는 사실을 나는 설명받았다. 이러한 위험을 충분히 이해하지만 그럼에도 나는 그럼에도 이 약속을 한다.*

비록 도덕 행위자들이 자신의 삶을 통제해야 하는 방식에 대한 특정한 도덕과 비전 안에서 그러한 대리인 지정은 부적절하거나 부도덕한 것으로 간주될 수 있지만, 일반적이고 세속적인 측면에서 이 병원은 그러한 서식을 자유롭게 사용할 수 있다.

**치료적 특권**. 객관적 기준을 고수해온 법원 판결도 합리적인 선택을 불가능하게 만들 정도로 환자에게 고통을 줄 수 있는 상황이나 실제로 환자에게 심각한 해를 끼칠 수 있는 상황을 인정했다. 예를 들어, 캔터베리 대 스펜스 판례에서 법원은 "환자들은 때때로 합리적인 결정을 배제할 정도로, 심각하게 아프거나, 고지에 의해 감정적으로 혼란스러워지거나, 치료를 어렵게 하거나 방해하거나, 심지어는 혹은 심리적인 손상을 입을 수도 있다."[58]라고 인정했다. 그런 상황에서 의사는 객관적인 기준에 매이지 않고,

그 고지는 어떤 의사가 합리적인 사람에게 제시하는 사실에 입각한 증거의 우위에 의해 그 고지가 환자를 매우 화나게 만들어 권하는 치료를 거부할 때의 위험을 냉정하게 평가할 수 없음을 입증할 수 있을 때라면 의학 공동체 내에서 요구되는 정도로 제한될 수 있을 것이다.[59]

---

* 사실 의사능력이 있든 없든 노령의 환자를 대신하여 그의 자녀가 설명을 듣고 치료 결정을 내리는 것은 우리나라의 모든 의료기관에서 항상 일어나는 일이다.

이러한 입장을 취하면서 그 법원은 이미 문헌에서 입증된,[60] 즉 환자를 심히 놀라게 하는 고지는 실제로는 나쁜 의료 행위에 해당할 수 있다는 견해를 확인하였다.[61]

치료적 특권은 일종의 응급 상황으로 해석할 수 있다. 의사들은 그러한 동의를 얻기 위한 지연이 사망이나 영구적이고 심각한 신체적 혹은 정신적 해를 초래할 수 있는 응급 상황에서 동의를 획득하는 것을 일반적으로 면제받았다.[62] 대신에 그들은 의학적 방법으로 생명과 사지를 구하거나 영구적인 신체 손상을 피하기 위해 필요한 치료를 제공하는 것이 허용되었다. 치료적 특권이 발동되는 선의(bona fide)의 사례는 필요한 정보를 전달하는 것 자체가 요구되는 선택을 불가능하게 만들 것이기 때문에 (즉 이 의사소통이 너무 환자를 힘들게 해서 의사능력에 입각한 선택이 불가능한 경우) 환자에게 물어볼 수 없는 응급 상황과 유사하다. 사전 협약이나 고지가 없는 한, 의사는 나중에 환자가 다르게 치료받기를 원했을 것임이 분명해질지라도, 선의로 의사직의 기준에 따라 치료를 제공할 수 있다. 만약 그 고지가 환자에게 해를 끼칠 가능성이 있다면, 환자는 실제로 해를 입기를 원하지 않을 것이고, 따라서 치료적 특권의 사용에 대한 도덕적 정당성을 갖게 될 것이라고 유사하게 가정할 수 있다.

우리가 자유를 높이 평가한다면 도덕적인 문제가 표면화된다. 자기 결정에 열성적인 관심을 가진 이들은 설령 그것이 해를 끼칠 가능성이 있다 하더라도 완전한 고지를 원할 수도 있다. 그들은 고통, 기형, 장애가 없이 장수하는 것보다 더 높은 자율성을 누릴 수 있는 기회를 가치 있게 여길 수 있다. 어떤 도덕적인 관점에서, 그러한 환자들은 어떤 일이 있어도 기꺼이 정보를 제공받기로 의사들과 자유롭게 협약을 맺어야 한다. 그러한 환자들은 치료적 특권의 혜택을 포기할 수 있어야 한다.

**위약 효과와 이로운 기만.** 개인이 사소한 기만에 묵시적으로 동의하는 많은 상황이 있다. 사실에 반하거나 거리가 멀다 해도 그들은 그저 안심을 추구한다. 우리는 종종 가혹한 현실을 반드시 떠올리게 하지 않고 확신을 줄 부드러운 손이 필요하다. 예를 들어 의사가 심각한 화상 환자에게 성형 수술 결과의 긍정적인 측면을 강조하는 것은 도덕적으로 부적절하지 않을 것이다. 이러한 상황에서 환자는 의사가 다른 말을 하기를 기대하지는 않을 것 같다. 전통적으로 의사의 역할은 기운을 돋워주는 것이었는데, 환자의 외모가 불쾌하다 해도 이를 직설적으로 말하는 것이 아니었다. 반면에 의사는 그것이 정당화되지 않는다면 그 환자에게 미인 대회에 참가하라고 설득하지는 말아야 한다. 또한 의사는 그것이 도움이 될 때라면 가감 없는 진실을 말해야 하고, 환자는 기꺼이 들어야 하며, 의사는 그것을 말해야 한다고 믿는다. 격려를 넘어서서 진정한 기만이 시작되는 지점을 결정하려면 의사 편에서는 임상 경험뿐 아니라 자기를 철저하게 아는 것이 필요하다. 나쁜 소식보다 좋은 소식을 전하는 사람이 되기가 더 쉽다.

사실 많은 중요한 사회적 관계는 진실한 답변 이외의 다른 것을 가정한다. '어떻게 지내세요?'와 같은 몇몇 질문은 대개 최근 의학적 문제를 간단히 말해달라고 하는 초대장의 의미가 아니다. 실제로 포커와 같은 게임은 적극적인 속임수에 대한 상호 동의를 전제로 한다. 마찬가지로, 개인이 정보의 완전한 공개를 원한다고 가정하는 것이 비합리적인 상황이 있을 수 있다. 만약 응급 상황에 진통제가 없다면, '수액이 들어가면 통증이 좀 나아질 겁니다'라고 엄숙하게 말하면서 포도당 수액을 정맥주사 하는 것은 기만적이지 않다. 비록 수액 방울이 통증과는 직접적인 관계가 없고, 오히려 수 세기 동안 의사들이 환자를 진정시키고 통증을 조절해온 의식과 의례의 일부분이기는 하지만, 위약 효과가 통증을 완화할 것이라는 합리적인 기대가 있다. 그것은 거짓 진술이 아니다. 환자가 통증을 덜어주는 것 외의 다른 걸 바랄 거라고 기대하는 것은 비합리적이다(어떤 대가를 치르더라도, 어떤 상황에서든 진실을 밝혀야 한다고 주장하는 개인과 마주치는 어떤 기괴한 상황은 제외한다). 위약 효과에 대해 우선 강의하고 그 사용에 허락을 요청하는 것은 자기기만일 뿐만 아니라 터무니없는 일일 것이다. 그러한 공지를 허락 원칙이 요구하지도 않고, 선행의 원칙을 심각하게 위반할 수도 있다.

기만에 대한 추정 허락이 분명히 존재하는 응급 상황은 기만에 대한 일반적이고 명시적 동의가 필요한 영역으로 나아간다. 비활성 성분으로 대체하여 중독으로부터 환자를 치료하기 위해 고안된 프로그램에서는 불특정하고 선한 형태의 기만이 치료 요법에 필수적임을 시사할 필요가 있다. 다른 때라면 단순히 '이 약을 복용하면, 당신은 기분이 좋아지고 불안이 줄어들 것입니다'라고 말하는 것으로 충분할 것이다. 다시 말하지만, 위약 효과를 고려하면, 그러한 진술은 기만적이지 않으며, 대부분의 경우 환자가 특별히 요청하지 않는 한, 더 이상의 정보를 제공할 필요가 없다. 환자가 요청한다 해도 의사는 '나(또는 토르케마다 중독 재활병원)에게 치료받으려면 내가 주는 약을 복용하고 나를 믿어달라'라고 도덕적으로 응수할 수도 있다.

부정적인 위약 효과는 더 문제가 있다. 다른 이들이 약물로 인한 증상만큼이나 암시에 의해 촉발될 수 있는 가능한 부작용 증상을 보이는 약들은 어떤 것이 있을까? 우리는 여기서 메스꺼움, 두통 또는 발기부전을 생각할 수 있다. 그 환자가 암시에 취약하고 그 고지의 암시적 힘 때문에 그러한 증상에 더 시달릴 가능성이 높다고 의사가 믿는다면, 이를 고지해야 하는가? 그 답은 부분적으로 약물로 인한 위험이 얼마나 희소한지에 따라 달라지며, 일부는 의사가 환자와 어떤 관계를 맺고 있느냐에 따라 달라진다. 신뢰 속에서 형성되는 긴밀한 관계라면 의사는 그러한 고지를 할 것으로 환자가 전제하는 정도를 알 수 있다. 한편 그 위험이 현실적이고 의사가 부분적인 고지에 대한 묵시적 동의를 가정할 수 없다면, 그 사실을 진술해야 한다. 자유롭고 의사능력이 있는 개인이 되는 것의 일부는 우리가 자신의 운명에 대한 책임에 수반되는 위험을 감수해야 한다는 것이다. 위약과 이로운 기만의 사용에 관한 도덕적 질문에 대한 해답은 오직 의사-환자 관계와 그것이 속한 도덕적 공동체에 대한 세심한 조사에서만 찾을 수 있다. 모든 기만과 모든 진실을 말하기는 맥락적이고, 의학도 예외가 아니다.

**의사-환자 관계의 형성**. 일반적으로 의사와 환자는 자유로운 개인으로 만난다. 각각 적절한 행위에 관한 특정 관점에 호소하여 의사와 환자 관계의 특성을 형성하는 데 참여할 수 있다. 특정 의사가 특정 환자에게 치료를 제공해야 할 필요가 있는 경우보다 특정 환자가 의사의 치료를 더 필요로 하는 경우가 있다. 특히 급성 질환의 경우 더욱 그러하다. 그러나 대부분의 의사와 환자들은 만성적인 건강관리의 필요성이나 즉각적인 응급처치가 필요하지 않은 일상생활의 괴로움 때문에 만난다. 이러한 상황에서, 양자 모두 개인, 혹은 집단으로서 의료의 성격을 형성할 기회가 있다. 게다가 의료 소비자들은 자신의 보험 플랜과 의료전달 네트워크를 설립할 수 있다. 우리는 사회의 자원 대부분을 소유하고 있는 이는 환자와 잠재 환자라는 것을 기억해야 한다. 국가의 강압적인 힘에 의지하지 않고도, 그들은 보험을 통해 변제받거나, 특정 공동체가 소유한 병원을 이용하거나, 특정 집단의 지원을 받는 건강관리기구(HMO)를 통해 급여를 받는 의사에게 요구되는 고지의 기준을 정함으로써 의료가 전달되는 방식에 영향을 미칠 수 있다.

환자가 알아야 할 것과 알아서는 안 될 것을 결정하는 가부장적 의학은 억압적이고 성가실 뿐만 아니라, 결국 환자의 책임을 장려하지 않아 환자의 건강에 해로울 수 있다는 것에 우리는 전적으로 동의할 수 있으며, 주관적이거나 객관적인 진료의 기준을 부과하는 데 국가권력의 사용은 정당화될 수 없다고 여전히 주장한다. 허락 원칙이 요구하는 위력 사용에 대한 제약과는 별도로, 다양한 의사와 환자 집단 간의 협상을 통해 고지 기준을 설정하는 것에서 파생되는 이점이 있을 수 있다. 개인은 의사결정의 책임을 지고자 하는 욕망과 능력에 있어 크게 다르다. 우리는 특정 보험 가입자들이 그들의 치료에 어떤 고지 기준을 사용하기 원하는지 체크하는 구도를 상상해볼 수 있다. 그들은 또한 반년, 혹은 매년 자신의 선택을 재고하도록 요청을 받을 수도 있다. 그러한 협약은 특정한 무용함(즉, '생산적이지 않은' 경우 치료를 보류하는 규칙)의 개념과 의료 배급을 포함할 수 있다.[63]

허락 원칙은 개인에게 정보를 줄 것을 요구하는 것이 아니라, 다만 정보를 알 기회를 부여받을 뿐이다. 따라서 결혼이나 프랑스 외인부대 입대는 이득/위험을 상세하게 다루지 않고도 허락 원칙이라는 측면에서 정당화될 수 있다. 우리는 정보를 얻을 수 있다는 통지를 받을 수 있고, 이 통지는 기만이나 강압이 없다면 충분할 수 있다. 또한 우리가 어떤 기관에 가입할 때 향후 특정 개입에 대한 명시적 허락을 할 필요가 없다는 사전 허락을 할 수도 있다. 다음을 비교해보자. (1) '당신이 입대하면 우리는 당신이 싸우러 나갈 전쟁터를 우리가 선택할 것이다. 당신은 선택할 필요가 없다.' 그리고 (2) '당신이 가장 저렴한 의료 서비스에 등록한다면, 우리는 여러 치료와 진단 중에서 가장 경제적인 선택을 할 것이며, 이것은 당신의 돈을 절약해줄 것이지만(그래서 요금이 그렇게 낮은 것이다), 그러나 그로 인해 당신은 죽음, 장애, 고통의 특정 위험에 노출될 것이다. 비용을 더욱 절약하기 위해(즉 당신에게 더욱 할인된 요금으로 서비스를 제공하기 위해), 우리는 당신에게 이러한 선택지를 시간을 들여 설명하지 않을 것이다. 당신이 더 많은 정보를 원한다면 우리의 절차를 상세하게 설명한 952페이지의 팸플릿을 120달러에 구입할 수 있다.' 이러한 접근방식은 많은 나라에서 특정 법률의 위반일 뿐만 아니라, 특정한 내용 충만한 선행에도 반하는 것이지만, 일반적이고 세속적인 도덕의 관점에서 비난할 수 없다. 우리가 자율적으로 의사결정을 하고자 하는지 또는 의사나 의료기관을 믿고 따를지를 사전에 검토할 기회를 주는 것이 환자가 자유롭게 의사, 간호사 및 다른 이들과 협력하게 하고, 적절한 의료 제공자 관계에 대한 자신의 관점을 실현할 수 있게 하는 최선의 길이다.

### 타인을 위한 선택: 온정적 간섭주의의 세 가지 형태

『옥스퍼드 영어 사전』은 온정적 간섭주의를 "가부장적 지배의 원칙과 실천" "아버지에 의한 정부" "마치 아버지가 자녀에게 하는 것처럼 국가나 공동체의 생활을 규제하거나 그 필요를 공급하려는 시도나 그러한 주장"으로 정의하고 있다. 환자들은 종종 질병으로 스트레스를 받아 퇴행하여 의료 전문가들이 자신을 어린이처럼 취급하기를 원한다. 환자는 낯선 환경에 처하기 때문에 의료에 있어 비공식적인 온정적 간섭주의의 요청이 당연하게 발생한다. 언어가 부분적으로 의사소통의 장애가 되는 낯선 나라를 여행하는 많은 이와 마찬가지로, 그들은 자신을 안내해줄 다른 이들을 찾을지도 모른다. 패키지여행의 일환으로 외국을 방문하는 이들이 일종의 온정적 간섭주의를 받아들이는 방식을 생각해보자. 그들은 여행 가이드와 여행사가 볼만한 곳과 먹을 만한 식당을 선택했다고 믿는다. 이와 유사한 방식으로, 환자들은 종종 의사에게 안내와 지시를 기대한다.

종종, 특정한 가치를 다짐하였다면, 온정적 간섭주의를 피해서는 안 된다. 우리는 영아를 온정적 간섭주의로 대해야 한다. 매우 노쇠한 이들도 비슷한 대우를 받아야 하며, 이는 종종 자녀와 부모가 그들의 사회적 역할을 급진적으로 전복하는 긴장을 초래하기도 한다. 도덕 쟁점은 의료에 있어서 온정적 간섭주의가 어느 정도나 허용되고 바람직한 것인가 하는 문제다. 이 문제를 다루기 위해서는 먼저 서로 다른 형태의 온정적 간섭주의를 인식해야 하는데, 그 각각은 서로 다른 도덕 쟁점을 제기한다.[64]

**의사 무능력자들을 위한 온정적 간섭주의.** 영아나 어린이들, 그리고 태어날 때부터 매우 심한 지적장애를 앓는 이들처럼 의사능력이 없는 이들의 경우, 온정적 간섭주의는 불가피하다. 다른 이들이 그들을 대신해서 선택해야 한다. 다른 이들이 그들의 최선의 이익을 결정해야 한다. 부모가 의사 무능력자인 자녀의 최선의 이익을 보호하고 육성하는 온정적 간섭주의가 그 좋은 예다. 그것은 선행의 원칙의 관점에서 정당화되며, 허락 원칙에 의해 구속받지 않는다. 이러한 형태의 온정적 간섭주의는 한때 의사능력이 있었지만, 의사능력을 잃을 경우 어떤 대우를 받아야 할지 미리 지시하지 못한 이들을 대신하는 선택에서도 역할을 한다. 특정 지침이 없는 경우, 다른 이들은 (특정 도덕 공동체 내에서) 합리적이고 신중한 인격체의 기준에 호소하거나 특정 기준과 가치를 수긍하는 이들로 구성된 특정 공동체가 명시하는 기준에 호소하여 그들을 대신하여 선택해야 한다. 우리가 보게 될 것처럼, 각각의 기준은 고유한 문제를 가지고 있다. 합리적이고 신중한 개인이 무엇을 선택할 것인가에 호소하여 피후견인의 최선의 이익을 확립하려 할수록, 그러한 기준은 구체적인 내용이 더욱 적다. 반면에, 특정 도덕 공동체가 가진 최선의 이익에 대한 구체적인 이해에 호소할수록, 판단은 더욱 다양해진다.

그래서 우리는 누가 어떤 기준을 사용해야 하는지, 어떤 기준으로 사용해야 하는지를 물어야만 한다. 이 두 가지는 분명히 밀접하게 얽혀 있다. 보호자가 속한 특정한 도덕 공동체(예: 아미시 공동체, 여호와의 증인, 또는 크리스천 사이언스)의 관점에서 보호자가 선택할 수 있도록 허락한다면, 이미 최선의 이익에 대한 특정한 해석을 추구할 수 있도록 허용하기로 결정한 것이다. 만약 우리가 합리적이고 신중한 인격체로서 보호자가 선택해야 한다고 강요한다면, 어떤 합리성과 신중함에 호소해야 하는가? 제2장과 제3장에서 제기한 적절한 선행에 대한 구체적인 기준의 발견과 관련하여 우리는 여기서 다시 이 문제를 다룬다. 의사 무능력자에 대해 누가 권한을 가지며, 그 기준을 자유롭게 선택할 수 있는지를 놓고도 갈등이 생길 것이다. 이미 논한 바와 같이, 부모는 자신이 낳은 자녀에 대한 권한을 갖게 된다. 마찬가지로, 사전 합의가 없는 경우, 한때 의사능력이 있던 이들을 돌보는 개인은 그들에 대한 권한을 갖게 되는데, 그러한 이들은 더 이상 자신을 소유할 수 없기 때문에 다른 이들의 소유와 권한의 대상이 되기 때문이다. 대리 동의에 관한 섹션(우리가 제4장과 제6장에서 이미 검토한 사항에서와 같이)에서 더 자세히 탐구할 특정한 제한 내에서, 권한을 가진 이들은 주인이 자기가 고용한 하인들에게 갖는 것과 같은 형태의 소유권을 그 피후견인에게 가지고 있기 때문에 그 피후견인의 최선의 이익을 적절하게 판단할 수 있다고 받아들여진다. 우리가 제4장에서 보았듯 인격체가 아닌 사람은 자기 자신을 소유할 수 없다. 그들은 그들을 낳았거나 돌보는 인격체들에게 소유되어 있다. 결과적으로, 타인에 대한 권한을 가진 이들은 단순히 최선의 이익을 위해서뿐 아니라, 그들의 삶을 통제하고 지시하기 위해서 피후견인을 대신하여 선택할 수도 있다. 예를 들어, 자녀를 위해 부모가 하는 많은 선택은 그들의 최선의 이익을 성취하기 위해서가 아니라(그들의 최선의 이익을 좌절시키기 위해서도 아니지만) 자녀의 돌봄과 직접 관련이 없는 부모의 목적과 가치를 성취하기 위한 것이다. 아무도 권한이 없는 경우, 선행의 원칙에 따라 피후견인의 이익을 가장 잘 결정할 수 있는 능력을 갖춘 후견인을 선택할 수 있다. 피후견인이 특정 공동체의 일원일 때, 일반적으로 그 공동체의 기준에 호소하여 적절한 선택을 하게 된다. 특히 결정권자가 어떤 의미에서든 합리적이고 신중한 인격체가 아니며, 선에 대한 강력하고 압도적인 관점을 가지고 있지 않다면 더욱 그러하다. 이는 특히 그 인격체가 이전에 의사능력이 있었을 때 그렇다. 이전에 의사능력이 있던 인격체의 공동체에 대한 최선의 이익 기준은 아마도 그 개인의 이전 선호를 반영한다.

**선량한 관리자의 온정적 간섭주의.** 누군가를 대신해서 선택할 다른 개인을 임명하는 것은 상호 존중의 관점에서 온정적 간섭주의에 따른 행동을 정당화한다. 임명된 개인은 단순히 그 대리인이 그러한 이해관계를 잘 판단할 수 있어서가 아니라(사안에 따라 그럴 수도 있고 아닐 수도 있다) 피후견인의 명시적 선택에 의해 권한을 갖게 되었으므로 피후견인의 최선의 이익을 결정할 수 있다. 선량한 관리자의 온정적 간섭주의는 두 가지 형태로 나타난다.

**1. 명시적인 선량한 관리자의 온정적 간섭주의.** 환자-의사 관계는 종종 뚜렷하게 온정적 간섭주의적이다. 환자가 의사에게 '선생님이 생각하시는 최선의 치료를 해주세요'라고 말하면 권한은 의사에게 이양되고, 온정적 간섭주의의 관계가 형성된다. 만약 이 요청이 수용된다면, 의사는 어떤 형태의 치료적 중재가 환자의 최선의 이익을 극대화할지 결정하기 위해 전문적인 판단을 하려고 노력해야 한다. 그런 다음 의사는 환자의 최선의 이익을 누가, 어떤 기준으로 정의해야 하는지를 결정해야 한다. 그러한 맥락에 있는 의사들의 경우, 호출되는 기준은 흔히 전문직 기준이다. 그럼에도 그 기준은 분명히 해야 한다.

어느 정도까지, 복잡하고 기술적인 중재가 수반되는 모든 환자-의사 관계는, 환자가 그 분야의 전문 의사가 아닌 한, 그러한 선량한 관리자의 온정적 간섭주의를 필요로 한다. 그렇지 않으면, 의사가 환자일 때도 다른 이에 대한 믿음을 재고해야 한다. 그 환자를 대신하여 의사가 선택할 수 있는 자유는 그 환자가 당면한 사안에 대한 판단을 어느 정도 형성했는지를 포함하여 그 문제에 대한 환자의 희망에 따라 결정될 것이다. '선생님, 관상동맥 우회술을 받을지 말지 결정했으면 좋겠는데. 저는 할 수가 없어요. 선생님이라면 이런 상황에서 어떻게 하실지 말씀해주세요.'

사전 의료 지시에 대한 언급이 의미 있는 정도는 누군가가 피후견인의 최선의 이익을 결정하도록 온정적 간섭주의가 요구하는 정도에 따라 달라질 것이다. 따라서 명시적 사전 의료 지시가 선량한 관리자의 온정적 간섭주의를 창출한다고 말하는 것은 타당하지 않아 보일 수 있다. 모든 행위자가 그들을 임명한 개인을 대변하여 온정적 간섭주의로 행동하지는 않는다. 오히려 권한을 받은 행위자가 그들을 임명한 이들의 소원을 들어주거나 명령을 수행하기 때문에 그들이 더 이상 의사능력이 없을 때도 단순한 피후견인이 아니다. 그러나 특정 개인이 다른 이를 돌보도록 임명을 받고 적절한 치료 기준을 결정하는 재량이 주어진다면, 온정적 간섭주의의 관계가 성립되었다. 우리는 그런 이들이 지속적 대리인 권한(durable power of attorney)을 확립하는 도구를 통해 유효하게 될 것이라고 상상할 수 있다. 명시적인 온정적 간섭주의의 가장 극단적인 예는 지시(instruction)일 것이다. '내가 정신을 잃고 그만두라고 해도 치료 과정에서 당신이 최선이라고 생각하는 것을 해주시오. 당신은 옳다고 생각하는 일을 계속하면 됩니다.' 특정한 이들, 그리고 특정 상황에서만 사전 의료 지시는 직접 선택에 대해 충분하게 구체적이고 내용 충만할 수 있다. 만약 우리가 특정 도덕 공동체의 범위 안에서 취급되고 있다면, 특정해야 할 것은 거의 없을 것이다. 예를 들어, 우리가 베로나의 성베드로 거룩한 심문관 병원(St. Peter of Verona Holy Inquisitor Hospital)에서 비오 10세회 로마 가톨릭교도*로서 돌봄을 받는 경우 우리는 이 병원의 규정과 정책에 의한 치료를 평화롭게 받을 수 있다. 간단한 사전 의료 지시로도 충분할 것이다. 어떤 경우든 치료에서 직면하게 될 문제의 범위를 예측하기 어려우므로 회색 지대나 예상치 못한 상황에서 선택을 해줄 누군가를 임명하는 것이 유용하다.

우리는 또한 율리시스 계약**을 맺을 수도 있다. 국소마취 없이 치과 진

---

\* 비오 10세회는 프랑스 대주교 마르셀 르페부르가 1970년 바티칸 2차 공의회 결정에 반발하여 세운 전통을 중시하는 보수적인 가톨릭교회이다. 이 맥락에서는 극보수적인 천주교 신자를 의미한다.
\*\* 계약 이행 중 자기가 계약을 파기하기를 원하더라도 그렇게 해서는 안 된다는 조항을 사전에 넣은 계약

료를 받는 것이 어떤 것인지 경험해보기로 결심했다고 상상해보라. 우리는 치과 의사에게 국소마취를 하지 말고 우리가 아무리 반대로 비명을 지르더라도 드릴을 사용하라고 말한다. 그 치과 의사, 닥터 홀리데이가 동의한다고 상상해보자. 그는 이 환자를 묶고 드릴을 하기 시작한다. 그 환자는 아파서 비명을 지른다. '이거 큰 실수야! 제발 멈추고 마취를 해줘!!!' 닥터 홀리데이는 일반적이고 세속적인 도덕의 관점에서 그렇게 할 의무가 있는가? 대답은 '아니오'이다. 그러나 그가 원한다면, 그렇게 할 수 있다. 환자는 마취 없이 치료할 권리를 닥터 홀리데이에게 이양했다. 환자의 절박한 비명에도 불구하고 닥터 홀리데이가 계속 치료를 진행한다 해도 상호 존중의 도덕성을 침해하지 않은 것이다. 닥터 홀리데이가 그 환자의 장기적인 최선의 이익에 부합하게 진행한다고 주장한다면, 그는 선행의 원칙에 반하는 행동을 한 것도 아니다(즉, 치료가 끝난 후 그 환자는 '우리가 합의한 대로 이 일을 해주셔서 기쁩니다. 그 결과 저는 더 나은 사람이 되었습니다'라고 한다면). 또한 닥터 홀리데이는 그 환자가 더 나아질 것이라는 자신의 기준에 따라 행위를 했다고 믿는다면 선행의 원칙을 위반하지도 않았다. 그러나 닥터 홀리데이는 일단 환자가 마취를 요청하면 마취를 해야만 한다. 일반적이고 세속적인 도덕에는 자신에 대한 의무도 율리시스 계약에 상반되는 법률도 있을 수 없다. 허락 원칙은 우리에게 자신에 관한 권한을 부여한다. 이 경우 권한은 닥터 홀리데이에게 넘어갔는데 그는 환자의 심경의 변화를 인식할 수는 있지만 그래야만 할 의무는 없다. 그 환자는 닥터 홀리데이에게 마취 없이 치료할 권한을 주었지만, 일단 환자가 마취를 요청하면, 닥터 홀리데이에게 그것을 따를 의무가 있다고 지시할 이는 아무도 없다. 그 시점에서 닥터 홀리데이는 마취제를 투여할 수도 있다.

---

을 의미한다. 율리시스가 세이렌 요정들의 섬을 지나갈 때 그들의 노래에 홀려 자기가 방향을 바꾸라고 명령해도 절대 그 말을 들어서는 안 된다고 부하들에게 명령한 이야기에서 유래하였다.

**2. 묵시적인 선량한 관리자의 온정적 간섭주의.** 환자들이 다른 이들을 대리 의사결정자로 명시적으로 임명하지 않았음에도 불구하고, 종종 다른 이들이 그들을 대신해서 특정한 종류의 결정을 내릴 것이라는 암묵적인 가정이 있다고 주장된다.

사소한 단기(short term)의 온정적 간섭주의 중재는 종종 합리적이고 신중한 개인이라면, 그 개인이 의사능력이 있고 충분한 정보를 얻었는지 여부에 대한 의심이 있을 때 그러한 중재가 취해진다면, 신경을 쓰지 않고 사실상 원할 것이라는 근거로 정당화된다. 이러한 형태의 중재는 존 스튜어트 밀에 의해 정당화되는 약한 온정적 간섭주의의 예로 종종 나타난다.

> 다시 말하지만 사고를 경계하는 것은 공권력의 적절한 임무이다. 만약 공무원이나 다른 누군가가 안전하지 않은 교량을 건너려는 사람을 보았는데, 위험을 경고할 시간이 없다면, 그들은 그를 붙들어, 자유를 진정으로 침해하지 않고, 돌려보낼 것이다. 왜냐하면 자유는 자신이 원하는 것을 하는 것이고, 그는 그 교량에서 떨어지기를 원하지 않았을 것이기 때문이다. 그럼에도 불구하고, 확실하지 않은 위험의 가능성만 있을 때, 그 자신 이외에는 아무도 그 위험을 초래할 수 있는 동기의 충분함을 판단할 수 없다. 그러므로 이 경우(그가 어린이거나, 정신이 혼미하거나, 어떤 흥분 상태에 있거나, 성찰 능력을 완전히 활용하기에는 적합하지 않은 몰입 상태에 있을 때가 아니라면) 그는, 내 생각에는, 위험을 경고받는 것으로 충분하고, 위험에 노출되는 것을 강제로 금하지 말아야 한다.[65]

이러한 온정적 간섭주의의 중재에서 개인의 변덕스러운 선택권은 실로 무모하다 해도 부정되지 않는다. 오히려 개인은 그러한 보호가 사소한 침범만을 수반하는 경우 계획이나 선택에 꼭 필수적이지 않은 오류로부터 보호받기를 원할 것이다.

일반적이고 세속적인 도덕에서 그러한 고려는 개인이 정말로 의사능력이 없음이 불분명할 때 자살을 예방하는 것뿐만 아니라 사실 정신 건강의 평가를 위해 개인을 단기간 감호하는 것도 도덕적으로 정당화될 수 있다. 예를 들어 캘리포니아주는 자해 위험이 있는 정신질환자로 판단되는 사람을 평가하기 위해 72시간을 감호하는 규정을 제정하였다.[66] 또한 그의 자살 위협이 임박했다면 14일의 추가 감호를 규정하였다.[67] 그러한 감호를 도덕적으로 정당화될 수 있는 정도는 자살하려는 이의 의사능력을 우리가 얼마나 심각하게 의심하느냐에 달려 있다.

개인의 선택이 위험할 가능성이 있을 때 더 확실한 의사능력을 요구하는 것은 약한 온정적 간섭주의의 한 형태라는 점에 주목해야 한다. 환자가 위험이 거의 없거나 무시할 수 있는 수준의 치료법에 동의하는 경우, 그 환자가 선택의 의미를 거의 알지 못하더라도 의사나 간호사가 그 동의의 타당성에 의문을 제기하는 경우는 거의 없다.[68] 이는 대부분의 개인은 합리적이고 신중한 사람이 택하는 것을 선택하며, 그 동의는 아무리 미약하더라도 예의 그 개인이 반대하지 않았음을 시사한다고 하는 원칙에 근거하여 정당화될 수 있다. 덧붙여 위험은 작고 예기되는 장점이 많은 경우, 그 환자의 최선의 이익을 보호하기 위해 의사능력을 특별히 결정하여 개입할 근거는 거의 없어 보인다. 마찬가지로 또한 환자가 성공 가능성이나 이익의 가능성이 거의 없는 치료를 거부한다면, 그 환자의 외견적인 의사능력을 수용하지 않을 근거가 거의 없다. 예를 들어, 어떤 말기 환자의 의사능력이 상당히 있어 보인다면, 치료 거부 결정을 받아들이기 전에 의사능력에 대한 세심한 평가를 할 근거는 거의 없다. 그러나 환자가 위험한 치료를 선택하기를 원하거나 분명히 유익한 치료를 거부하고자 한다면 의사는 그 환자가 의사능력이 있음을 분명히 해야 한다. 그러한 환자들은 교량에 접근하는 개인에 관한 밀의 비유에 해당한다고 보이며 그들이 의사능력을 가지고 선택하였음이 확실해질 때까지 그 결정을 무시할 수 있다. 의사능력의 근거에 대한 확실한 의심이 없을 때, 허락 원칙을 위반하지 않으면서 다른 이들의 기이하고 위험한 행동에 간섭하지 않을 수 있다. 의사능력 판정에서 위양성의 위험이 있거나, 의사능력에 대한 위양성 판정이 환자에게 중대한 위해를 초래할 때, 어떤 조사도 없이 환자의 지시를 수용해서는 안 된다. 그렇지 않으면, 의사능력에 대한 엄격한 평가는 당연히 자리를 벗어났다고 보일 것이다.

어떤 이들은 또한 한 사회의 구성원들이 현명하지 않거나 위험한 행동에 대한 보험의 한 형태로 온정적 간섭주의의 개입에 묵시적으로 동의했다고 주장해왔다.[69] 이러한 견해는 우리가 개인의 자유를 진지하게 받아들인다면, 즉 가치로서의 자유와 측면 제약으로서의 자유를 구별한다면 옹호하는 것은 불가능하다. 비록 많은 이가 그러한 개입에 동의한다고 하더라도, 의사능력이 있는 이들은 그러한 온정적 간섭주의의 보험 구도에 참여하지 않을 것을 명시적으로 선언할 수 있다.

**최선의 이익 온정적 간섭주의**. 이러한 형태의 온정적 간섭주의는 강한 온정적 간섭주의라고도 불리는데, 어떤 상황에서는 그 개인의 최선의 이익을 달성하기 위해 우리가 그의 의사능력에 입각한 거부를 무효화할 수 있다는 것이다. 이것이 가장 도덕적으로 문제가 되는 형태의 온정적 간섭주의 개입이기 때문에, 어떤 이들은 일반적으로 온정적 간섭주의라고 한다면 이런 형태의 온정적 간섭주의를 염두에 두고 있다. 그래서, 버나드 거트(Bernard Gert)와 찰스 컬버(Charles Culver)는 다음과 같은 다섯 가지 조건을 제시하는데, 이 조건은 온정적 간섭주의의 필요충분조건이다(즉, 우리의 용어로 하자면 최선의 이익 온정적 간섭주의 또는 강한 온정적 간섭주의라 하는 것이다).

A는 자신의 행동이 A가 다음과 같이 믿고 있음을 (정확히) 나타내는 경

우에만 S에 대해 온정적 간섭주의적으로 행동하고 있다.
(1) 그의 행동은 S를 위한 것이다.
(2) 그는 S를 대신하여 행동할 자격이 있다.
(3) 그의 행동은 S와 관련한 도덕률 위반(또는 그렇게 하도록 요구하는 행동)을 포함한다.
(4) 그가 S의 과거, 현재 또는 임박한 (자유롭고 충분한 정보에 의한) 동의와 관계없이 S를 대신하여 행동하는 것이 정당하다.
(5) S는 (아마도 거짓이겠지만) 일반적으로 자신이 무엇이 자신의 이익을 위한 것인지를 알고 있다고 믿고 있다.[70]

이 분석에는 난제가 있다.[71] 핵심적인 도덕적 난제는 허락 원칙에 따른 의무보다 선행의 원칙에 따른 의무의 우선성을 확립하는 문제에 있다. 제3장에서 이미 보았듯이, 개인이 이미 특정 좋음과 해악의 순위에 동의한—그래서 자유에 대한 관심보다 성공적인 의학적 중재를 더 높이 평가하는—특정 도덕 공동체 밖에서는, 그러한 온정적 간섭주의의 행동에 참여하는 것은 도덕적으로 비난받을 만하다.

### 대리 동의, 그리고 미성년자의 해방

이 섹션의 첫머리에서 본 바와 같이, 개인은 다른 이를 대신하여 선택할 권리를 상당히 다른 근거에서 타당하게 주장할 수 있다. 즉 (1) 보호자*는 피후견인이 여전히 의사능력이 있어도 피후견인에 의해 명시적으로 권한을 부여받을 수 있다. (2) (부모인 경우) 보호자는 피후견인에 대해 그들을 낳았기 때문에 권한을 가질 수 있다. (3) 보호자는 부모-자식 간에 발

---

\* guardian: '후견인'으로 쓸 수도 있으나 의료적 맥락에서 우리는 흔히 후견인보다는 보호자라는 단어를 쓰고 있기 때문에 이 맥락에서 '보호자'로 칭한다.

달하는 계약 봉사로 인해 피후견인에 대한 권한을 가질 수 있다. 즉, 다른 이를 돌보는 사람과, 그러한 상황에서 그 돌봄을 받아들이는 데 동의한 사람 간의 계약 봉사이다. (4) 보호자는 그와 피후견인이 함께 속한 공동체 내에서 피후견인의 최선의 이익을 판단하는 훌륭한 판정관일 수 있다. (5) 보호자는 합리적이고 신중한 인격체들이 선택할 수 있는 측면에서 피후견인의 최선의 이익을 잘 판단할 수 있다. 앞의 세 가지 경우에서 보호자는 그들이 권한을 가졌기에 선택할 권리를 주장할 수 있고, 뒤의 두 경우에서와 같이 반드시 좋은 판정관이기 때문만은 아니다.[72]

아이들은 자신의 행동의 중요성을 이해하고 인식할 수 있는 능력을 획득하고, 자신에 대한 권한과 지지를 갖게 되면서 점차 자신을 소유하게 된다. 의사능력과 무능력 사이에, 부모의 권한 아래 있는 것과 부모의 권한에서 자유로워지는 것 사이에 뚜렷한 경계선이 없다. 성숙한 미성년자(mature minor)라는 개념은 미성년자들이 비록 부모와 떨어져 살면서 독립 생계를 유지하여 해방되지는 않지만, 그들이 자신들의 삶의 미래의 성격에 상당한 영향을 미치는 결정의 중요성을 이해하고 평가하는 영역에서 부분적으로 부모의 권한으로부터 해방되는 상황을 강조한다(예컨대 생식 선택 및 부모의 자금 지원을 요구하지 않는 결정). 따라서 다른 환경과 지역에 사는 아이들은 그러한 선택에 도덕적인 책임을 지면서 부분적으로 자신을 소유할 수 있다고 주장할 수도 있다. 그러한 상황에서 (예컨대 자녀의 미래의 존재에 관한 결정과 관련하여) 부모에 대한 계약(indenture)의 범위에는 자신의 미래 삶에 영향을 미치는 중요한 영역에서 선택권의 양도를 포함하지 않을 수도 있고, 그것이 그러한 선택권의 양도를 포함하더라도 국가는 그러한 보호를 보장하는 데 수반되는 비용(예: 그러한 권리가 합리적이고 능숙하게 부모에게 양도되는 정도를 결정하는 것의 어려움) 문제 때문에 그러한 권리에 관심이 없을 수도 있다.

피후견인의 최선의 이익을 보호할 권한과 선택할 권한을 가진 이들의 권리의 균형을 어떻게 잡을 것인가? 피후견인에 관한 선택을 홀로 수행할 보호자의 권리와 자신의 삶을 통제할 수 있는 권한을 가진 분야에서 자유롭게 선택할 수 있는 피후견인의 권리의 균형을 어떻게 맞출 수 있는가? 이 시점까지 논의를 종합하면, 피후견인을 대신하여, 보호자의 희망에 반하는 원칙을 다음과 같이 진술하는 것이 타당할 것이다.

---

**피후견인을 대신하는 개입의 원칙**

허락 원칙 및/또는 해악 금지 원칙으로서 선행의 원칙의 위반을 고려하여 우리는 다음과 같은 경우에만 권한을 가진 보호자로부터 피후견인을 구출하기 위한 위력을 사용할 수 있다(그러나 상당한 상쇄 비용으로 인해 이를 사용할 의무는 없다).

i. 구출을 요청한 피후견인이 의사능력이 있으며, 보호자의 작위나 부작위가 그 피후견인의 최선의 이익에 반하여 심각할 정도로 피후견인의 심신에 상해를 입히는 경우. 이는 구조자의 기준에 의해 결정되며 구조자는 그 보호자에게 부과되는 일체 비용을 지불한다. 또는,

ii. 그 피후견인의 작위 또는 부작위는 사악하거나 악의적이다. 또는,

iii. 그 작위나 부작위는 피후견인이 의사능력을 잃기 전에 피후견인과 맺은 협약에 반한다. 또는,

iv. 보호자의 작위는 피후견인이 직접적 상해로 해석할 가능성이 매우 높고, 그 피후견인은 의사능력이 있다.

---

이 원칙은 보호자의 권한의 한계를 정하고 구조자의 권한의 범위를 설정한다.

구조자가 주장하는 가치가 무엇이든, 그 개인은 달성되는 선이 구조자의 개입에 수반되는 대가보다 크다는 것을 결정할 필요가 있을 것이다. 그 인격체가 도움을 요청할 의사능력이 없거나 그 상해가 이전의 협약을 위반하는 경우 구조를 요청하려면, 그 상해는 악의적이어야 하며, 미래 인격체에게 심대하고 직접적인 신체적·정신적 해악을 가하는 것이어서 개입의 대가를 정당화할 수 있어야 한다. 사전 협약이나 좋은 삶과 선에 대한 특별한 관점이 없다면 우리는 현재의 이익을 극대화할 수 있는 방향으로 살도록 구속되고 있으며, 미래는 그다지 관심이 없다. 이미 살펴본 바와 같이, 미래의 개인이 수단으로 이용되는 것을 막는 것을 정당화하기는 불가능하다. 또한 네 번째 조건을 만족시키려면, 즉 보호자가 **단지** 미래 인격체를 수단, 즉 그 인격체가 동의하지 않을 것이 분명한 방법으로 이용하고 있음을 보여주기 위해서는 그 사정이 분명해야 한다. 과거 인격체의 지혜와 비전에 좌우되는 것은 미래 인격체가 피할 수 없는 곤경이다. 미래 인격체는 과거 인격체가 그들이 거절할 것이 거의 확실해 보이는 방법으로 그들에게 직접적인 폭력을 행사하는 방식으로 행동하지 않을 것이라 기대할 권리가 있다. 어떤 결과를 상해로 해석하는 것은 세계의 복잡한 가치와 이해에 달려 있기 때문에 우리는 피후견인이 실제로 보호자의 개입을 상해로 해석할 것임을 대단히 확신할 필요가 있을 것이다. 우리는 선행으로 받아들여질 것을 해악으로 잘못 해석하여 실제 인격체의 적절한 행동을 근거 없이 방해할 위험을 무릅쓴다. 게다가 부모들은 항상 다음과 같은 강력한 반론을 한다. 즉 '우리는 악의적으로 행동하지 않았다. 사실 우리는 특정한 이념적 또는 종교적 비전의 맥락 안에서 자비롭게 행동해왔다. 더구나 우리의 이념(혹은 신앙) 안에서 양육할 수 없다면 우리는 아이를 낳지 않았을 것이다(피후견인의 측면에서는 그들을 위해서 양육되고 보살핌을 받았다). 우리 아이들은 존재하지 않는 것 자체가 우리가 줄 생명보다 더 나쁜 경우에만 불평할 수 있다.' 이러한 반박은 매우 강력해서 보호자의 도덕 비전 내에서 피후견인이 변절하면 사전에 계획된 상해나 사망이 초래되는 경우를 제외하고는 네 번째 조건하에서 대부분의 구조 시도를 무력화시킬 가능성이 있다. 그러한 변절을 고려한다면, 그러한 행동은 분명히 상해를 입은 자들의 동의에 반하는 것일 것이다. 더욱이 '상해'라는 개념은 좋은 삶에 대한 특정한 비전에 달려 있는 것이 아니라, 다른 인격체를 사용하는 것의 비동의(unconsented-to)의 성격에 달려 있을 것이다.

이 사안에서 명확하고 확실한 판단을 내리기는 매우 어렵다. 아이를 양육하고 피후견인을 돌보는 것은 좋은 삶과 선행에 대한 비전을 포용하는 데서 일어난다. 그 비전의 생명력은 종종 해결할 수 없는 갈등, 즉 TEYKU로 이어진다.[73] 예를 들어, 우리는 의사능력이 없는 개인의 신체에 대해 어떤 의식이나 신체 변형을 해야 하는가? 여기서는 의학적인 적응증이 거의 없고 대개 종교적이거나 모호한 전통의 이유로 행해지는 남성 할례를 생각해볼 수 있다.[74] 앞의 분석은 그 행위가 자비롭고, 그 개인이 나중에 의사능력을 가졌을 때 반대할 것이 분명하지 않다는 가정하에 허용 가능하다는 것을 보여준다. 이 가정은 종교의 맥락에서 특히 근거가 있다. 같은 논증이 특정 공동체의 전통의 일부인 개인의 문신과 흉터를 뒷받침할 것이다.

결국 개인의 최선의 이익은 특정한 도덕 공동체 안에서만 구체적으로 이해될 수 있다. 선행의 특정 비전(종류가 많다)과 무관한 육아나 후견 행위에 대한 이해는 없다. 콘텐츠의 필요성은 특정한 도덕적 입장이나 관점을 취하는 것을 대가로 충족될 수 있다. 피할 수 있는 혼란을 없애기 위해, 인격체들에게 그들이 살고 있는 공동체에서 가장 이익이 되는 기준에 따라 대우를 받을 것임을 알려야 한다. 만약 그들이 충분한 도덕적 내용을 가진 공동체 밖에서 살고 있거나 경쟁적인 도덕 비전의 단편적인 잔해 속에서 산다면, 그들은 누가 보호자 역할을 할 것이며 어떤 기준으로 결정할 것인지에 대해 알려야 한다.

한번도 의사능력이 없었던 이들에게는 난제가 남아있다. 즉, 그들의 삶의 어느 분야에서도 엄격한 도덕 행위자의 의미에서 인격체가 되어본 적이 없는 이들 말이다. 개인이 사전에 돌봄에 대한 욕구를 미리 규정하지 않을 때, 이러한 분석은 좋든 나쁘든 부모와 다른 의사 무능력자의 보호자들에게는 상당한, 그러나 절대적인 방임은 아닌 선택으로 이어진다. 예를 들어, 여호와의 증인 신도가 어린이에 대한 수혈을 거부할 때와 같이, 죽음을 초래할 행동을 보호자가 선택하고자 할 때, 어떻게 우리는 대리 동의의 원칙이 요구하는 미래의 가능한 허락에 대해 말할 수 있겠는가? 수혈을 거부하고 죽을 지경에 이르도록 여호와의 증인 성인 신도들이 그토록 신앙에 충실한지를 따져봐야 한다는 제안이 있을 수 있다. 하지만, 그것은 요점을 놓치는 것이다. 만일 어떤 여호와의 증인 신도가 영아를 위한 수혈을 거부한다면, 그 아이는 결코 상해를 입을 수 있는 미래의 인격체가 되지 못한다. 또한 감수능력이 있는 비인격적 삶에 기반한 일반적이고 세속적인 도덕적 의무는 악의적인 행위에 대해서만 보호할 뿐 비악의적 기반에서 정당화되는 영아 살해를 금지하는 데 도움이 되지 않을 것이다. 그러한 행동이 비악의적일 가능성이 없을 때, 우리는 그 영아를 보호하기 위한 위력을 사용할 수 있다.

여호와의 증인이나 이와 유사한 신념에 동의하지 않는 공동체가 유지하는 병원과 클리닉에서 치료받는 대가로, 우리는 그러한 병원과 클리닉, 그리고 그 의사들이 생명과 사지를 보존하기 위해 필요한 어떤 돌봄이든 수용할 것을 조건에 붙이는 것을 상상할 수 있다. 그러나 만일 여호와의 증인이 아미시 교도나 야노마모족처럼 되어 그들의 자녀들이 자신들의 종교와 일치하는 그 정도의 의료만을 받도록 보장하기 위해 나머지 사회로부터 격리된 공동체로 후퇴한다면, 또는 그들 자신의 병원을 설립하고자 한다면, 그러한 치료를 희망한 의사능력이 있는 아이들을 구조하는 것 외에는 이에 개입할 근거가 없을 것이다.[75]

### 인간 대상 연구

연구는 과학으로서의 의학에 필수적이다. 그것은 의료 전문직의 훈련받은 지식의 한 부분이다. 이미 살펴본 바와 같이 모든 의료인은 환자 자신의 이익뿐만 아니라 그 직업의 이익을 위해 치료한다. 최소한 한 세대에서 다른 세대로 기술을 전수해야 하며 환자는 매개체 역할을 한다. 교육을 받은 전문직의 일원으로서, 의사와 간호사들은 기술을 유지할 뿐만 아니라 그것을 발전시키기 위해 노력한다. 더 나은 치료를 할 수 있도록 더 많은 것을 배우기 위해서는 의료 전문직과 환자의 만남에 대한 체계적인 조사가 필요하다. 그 결과는 치유자로서 의료 전문직의 역할과 과학자 역할 사이의 긴장이다. 이러한 역할 갈등은 인체 실험에 대한 전통적인 비판의 근원이 되었다. 중세 말기에, (내과) 의사와 외과 의사들의 실험의 증가는 그리스도교 교회의 경고를 초래했다.[76] 바르톨로마이우스 푸무스(Bartolomaeus Fumus)는 1538년 『무기대전(Summa Armilia)』에서 의사는 "확실한 약 대신에 의심스러운 약을 제공하거나, 이 직업의 기준에 따라 진료하지 않고 자신의 어리석고 환상적인 방식을 따르거나 그러한 실험을 하여 환자를 심각한 위험에 노출시킨다면"[77] 죄를 짓는 것이라고 했다. 실험이 환자에 대한 경솔한 취급과 마찬가지라는 유사한 의심은 최근까지도 미국법에서도 계속되었다.[78]

이러한 망설임은 인간 대상자에 대한 실험은 인격체의 도덕적으로 의심스러운 사용이라는 견해와 결합하였다. 한스 요나스의 주장처럼,

> 인격성은 실험 대상에게는 거부되는데, 그는 다른 이나 상황에 대해서 대위점이 될 실제 관계에 관여함이 없이 외적 목적을 위해 움직인다. 단순한 '동의(대부분은 그저 허락에 불과하다)'는 이러한 물성화를 정당화할 수 없다. 진정한 자원(volunteering)만이 이 대상이 떨어질 '물성(thinghood)'의 조건을 만회할 수 있다.[79]

이러한 우려에 근거하여, 요나스는 진정한 자원의 매우 엄격한 기준을 정하고 대부분의 동의를 징병의 형태와 동일시한다.[80] 요나스는 그가 인간 연구 대상자의 사용의 핵심 문제라 주장하는 것을 극복하기 위해 이러한 높은 기준을 지지한다. "인격체를 실험 대상으로 만드는 것의 잘못은 [……] 우리가 그를 단순한 물(物)-수동적인 물(物), 단지 그런 식으로 행동하는 물(物)로 만드는 것이다."[81] 인간을 대상으로 하는 연구의 도덕적 염결성에 관한 이러한 일반적인 우려는 적어도 부분적으로는 인간을 학대한 실험의 역사에 의해 정당화되었다. 뉘른베르크 재판에서 다룬 잔학 행위가 가장 빨리 떠오르겠지만 제이 카츠(Jay Katz)의 연구 결과가 보여준 것처럼 제2차 세계대전 이전에도 상당수의 학대 사례가 있었다.[82] 미국의 터스키기 매독 연구도 또한 인간 연구 대상자에 대한 특별한 보호의 필요성을 보여주고 있다.[83] 우리는 단지 강령과 법률의 공표는 인간 연구 대상자를 보호하기에 충분하지 않았음을 덧붙여야 할 것이다. 한스-마틴 새스(Hans-Martin Sass)가 보여주듯, 인간 연구 대상자의 보호를 위한 매우 정확하고 여러 면에서 진보적인 규칙은 사실 1931년 독일에서 제정되었고 이론적으로는 1945년까지 시행되었다.[84]

그러므로 연구에서 인간 연구 대상자의 사용은 적절한 지식을 전달하고 동의에 강압이 없음을 확실히 하기 위해 자유롭고 충분한 정보에 의한 동의에 대한 특별한 보호를 제공할 필요가 있다. 역할 간의 갈등 때문에 연구 대상자들은 그들에게 종종 유익하지 않은 연구와 실제로 그들의 건강을 향상시킬 수 있는 치료를 혼동할 수 있다. 더욱이 학생, 죄수 및 다른 특수한 집단은 명시적으로 또는 묵시적으로 인간 대상 연구에 참여하도록 강요를 받을 수 있다. 허락 원칙은 상호 존중의 조건으로서 개인들이 기만과 강압으로부터 모두 보호받을 것을 요구한다. 선행의 원칙은 타인에게 순수한 이득이 있을 것을 요구한다. 여기서는 생의학 연구가 환자들에 대한 이득과 직간접적으로 연관되어 있다는 점에 유의해야 한다. 사실 인간 대상 연구의 수행과 관련된 우리의 도덕적인 우려는 부분적으로는 엄격한 연구가 부재할 때 의료의 안전성에 대한 우리의 관점에 의존한다. 우리는 의학 연구에 있어서 인간의 부주의한 사용만을 두려워할 필요는 없다. 우리는 또한 적절한 연구에 근거하지 않은 부주의한 치료의 대가를 두려워해야 한다. 인간 연구 대상자를 보호하는 또 다른 측면은 검증되지 않은, 제대로 시험되지 않은, 근거 없는 치료로부터 환자를 보호하는 것이다.

**선행으로서의 연구**. 사람들은 도움이 필요한 인격체들을 돕기 위해 무언가를 하고자 하는 열망을 가지고 있다. 역사와 문화를 통틀어 개인은 질병을 예방하고 치료하기 위한 다양한 방법을 고안해왔다. 문제는 천두술, 사혈로부터 수포, 하제, 관장(clystering)에 이르기까지 수많은 중재가 대개 득보다 해를 끼친다는 것이다. 의도가 좋은 치료의 역사 중 상당 부분이 쓸모없는 고통의 역사다. 그 역사를 가장 피상적으로 분석해도 엄청난 규모의 개인들이 연구의 부작용보다는 근거 없는 치료로 인해 고통받아왔음이 드러날 것이다. 우리가 표준 치료법이나 널리 사용되는 치료법이 단순히 표준적이고 널리 사용되기 때문에 좋다는 개념을 버린다면, 우리는 널리 사용되는 의학의 방법 중 어떤 것이 유익함보다 해를 더 많이 끼치느냐 하는 반복되는 질문에 직면하게 된다.

이 문제는 근대의 과학적 의학 발전의 일부가 되었다. 우리는 아주 최근까지 약전(materia medica)의 혼란스러운 상태를 인식해야 한다.[85] 그것은 다양한 치료법의 모음집이었으며, 그중 일부만이 근거가 있었다. 그 결과, 치료에 대한 방법론이나 체계적인 접근법인 치료 방법(methodus medendi)에 대한 탐색이 있었다. 그러한 접근방식은 인간을 대상으로 하는 연구를 필요로 한다. 토머스 시드넘의 표현대로라면, "많은 실험에 의해 승인된"[86] 돌봄 시스템이 필요했다. 근대 의학의 진보는 기초 의과학의 발전과 표준 치료 방법에 대한 체계적이고 통계적인 평가를 통해 이루어졌다. 그들은 전통적인 치료 방법에 대한 점증하는 회의주의에 의존하였다. 우리는 여기서 사혈이 염증성 질환에 사실상 이로운 영향을 미치지 않았다는 1835년 피에르 루이*의 고전적 연구를 상기해볼 수 있다.[87] 그래서 우리는 체계적으로 평가되지 않은 모든 치료법에 대한 일반적인 의심을 갖게 된다. 우리에겐 검증되지 않은 치료가 득보다 해를 끼칠 것임을 우려할 만한 실질적인 근거가 있다.

연구는 실제 환자들에게 가능한 치료에 대해 다른 방식으로 진행된다. (1) 대상자에게 직접적인 이득이 될 가능성이 있는 연구, (2) 대상자와 동일한 질병을 가진 개인에게 이득이 될 가능성이 있는 연구, (3) 특정 치료의 이득/해악 균형을 규명할 가능성이 있는 연구, (4) 새로운 치료의 개발에 초점을 맞춘 연구, (5) 생물학과 질병 과정의 기초적 이해를 지향하는 근본적인 연구이다. 이 다섯 가지 형태의 연구 모두, 직접적이든 간접적이든, 대체 치료법이나 치료를 하지 않는 데에 비해 이득보다 해를 더 많이 준다고 밝혀지면 이전에 확립된 치료 방법을 폐기하도록 한다. 의학에 대한 체계적이고 세심한 연구는 치료의 열망을 통제하고 지시하는 데 필수적이며, 그래야 그것이 해를 덜 입히고 더 이로울 수 있다. 연구는 이로운 의학에 필수적이다. 연구는 단순히 지식을 얻고자 하는 학자의 관심사의 일부가 아니며, 모든 질병과 질환에 대해 완벽한 치료법이 있을 미래의 어떤 상태를 추구하는 것에 얽매이지 않는다. 게다가 그것은 오래된 치료의 폐기 및 더 나은 치료의 확립에 의해 장래에 도움을 받을 동시대 개인은 물론이고, 그 혜택을 받을 수 있는 환자에 초점을 맞춘다. 인간 연구 대상자의 사용에 수반되는 위험은 체계적인 연구에 의한 지침이 없는 의학에 수

---

* Pierre Louis(1787~1872): 프랑스의 의사. 폐렴 환자를 대상으로 통계적 해석을 적용한 소위 'numerical method'를 개발하여 사혈이 치료에 효과 없음을 입증함으로써 근대 임상 역학의 기원을 열었다.

반되는 위험을 배경으로 해서만이 현실적으로 평가할 수 있다. 우리는 여기서 소크라테스의 격언—성찰하지 않는 삶은 살 가치가 없다—을 응용할 수 있는데, 즉 체계적인 연구를 통해 검증되지 않은 의학은 환자들에게 위험할 수도 있다는 것이다. 이러한 관점에서, 동의를 한 연구 대상자의 낯선 목적을 가진 서비스에 공동으로 참여하는 '물(物)'의 역할이 아니라, 그 개인에게도 중요할 수 있는 중요한 사회적 목적에 협력하는 것이다.

**연구 대상자 존중, 보호, 그리고 무모한 연구.** 개인이 의학 연구의 성격과 의의에 대해 오해할 가능성이 높기 때문에, 연구자는 대개 예비 연구 대상자의 동의를 얻는 데 특별한 주의를 기울여야 할 도덕적 의무를 갖게 된다. 우리는 연구 대상자가 동의하지 않는 모든 형태의 기만을 피할 필요가 있을 것이며, 모든 형태의 강압을 피할 필요가 있을 것이다. 그러한 보호를 성취하려는 시도의 좋은 예는 미국 연방정부의 인간 연구 대상자 보호 규정에서 찾을 수 있다. 여기서 충분한 정보에 의한 동의는 예비 연구 대상자에게 연구의 상황과 거부와 참여의 기회를 경고할 필요성의 측면에서 명확하게 기술되어 있다. 연구 대상자는 낯선 땅에서 이방인이며, 환자와 마찬가지로 기만이나 강압을 당하지 않고, 자유롭게 선택하기 위해서 어떻게 방향을 잡아야 하는지를 보여줄 필요가 있을 것이다.

그러나 승인을 위한 연구 심의는 일반적으로 동의를 얻는 데 있어서 고지의 특성과 완전성뿐만 아니라 위험한 연구나 주로 보상금 지불에 대한 우려 때문에 연구 대상자가 동의한 연구를 제한한다. 그러한 제한은 허락 원칙에 의해서, 또는 자유에 높은 가치를 부여하는 경우에는 선행의 원칙에 의해서 요구되지 않는다. 그러한 제한은 오히려 정부가 보증한 연구의 적절한 수행에 대한 정부의 보증을 받은 이해를 표현한다. 예를 들어 개인이 자유롭게 군대에 지원하는 것이 도덕적으로 적절하다면 연구 대상자로 자원하는 것도 도덕적으로 적절해야 한다. 사실 우리는 높은 보수를 받고 인간 대상 연구에 참여하려는 강한 동기를 가진 이들로 구성된 안정적인 집단의 유용성을 매우 잘 상상할 수 있다.[88] 그러한 개인들은 일단 군대에 들어가면 특정 행동에 참여하거나 거부할 권리를 양도한 군인들처럼, 계약에 의해 특정 형태의 연구 참여를 거부하는 것이 금지될 수 있다. 연구에 대한 이러한 접근은 현행 규정을 위반하는 것이다.

또한 연방 연구비 지원을 받는 기관의 연구를 심의하기 위해 설립된 기관생명윤리위원회(Institutional Review Board, IRB)의 승인을 받기 어려운, 그러나 허락이나 선행의 원칙을 위반하지 않은 광범위한 연구들이 존재한다.[89] 이러한 연구로는 매우 위험한 연구에서 보상금이 매우 높은 연구까지 다양하다. 특정한 선행의 비전 밖에서 개인이 위험한 연구에 자원하는 것을 금지할 근거는 없으며, 특히 그것이 다른 이들에게 큰 이득을 약속한다면 그러하다. 많은 이는 자가 실험의 경우 그러한 연구를 승인한다. 노벨상 수상자인 베르너 포르스만(Werner Forssmann)을 떠올릴 수 있는데, 그는 자신의 심장에 카테터를 넣어보는 실험을 했다.[90] 평화적인 조작의 본성을 검토한 데서 보았듯이, 제안 자체가 그들을 의사 무능력자로 만들지 않는 한, 개인에게 서비스를 유도하기 위해 필요한 만큼의 돈을 제공하는 것 또한 잘못이 아니다. 그러므로, 또한, 대부분의 사람이 무익하고 해롭다고 생각하는 연구를 금지하는 근거는 원칙적으로 없을 것이다. 우리는 여기서 의료에 대한 비정통적인 접근방식, 개인 연구비, 그리고 그러한 치료의 임상시험을 떠올릴지도 모른다. 그것이 해롭거나 잘못이라고 생각하는 이들은 그러한 노력을 행하거나 지지할 필요가 없다. 그러나 관련 당사자들이 위험을 이해하고 깊이 인식하고 있다면 그들의 선택은 용인되어야 한다. 우리는 다른 이들이라면 비정통적인 신앙이라고 하는 것을 위해 순교한 이들(예컨대 수혈을 받기보다는 죽음을 결심한 여호와의 증인 성인 신도, 또는 심각한 승모판질환으로 심장이 임신을 지탱할 수가 없지만 낙태하기보다는 죽기를 결심한 신실한 로마 가톨릭교도)을 용인하는 것처럼, 과학에 대한 비정통적 이해의 순교자들을 용인해야 한다.

**특정 집단에 관한 연구.** 우리는 이미 엄격한 의미에서 인격체가 아닌 사람에 대한 실험의 도덕적 한계를 깊숙하게 탐구했다. 제6장에서 이미 태아 연구를 논의하였으며, 이전 섹션에서는 허용 가능한 대리 동의의 범위를 검토하였다. 대리 동의의 원칙은 보호자에게 상당히 넓은 도덕적 재량을 주지만, 특정한 도덕 비전은 피후견인의 선에 특정한 관심을 가지고, 의사능력이 없는 연구 대상자가 노출될 위험의 정도를 제한한다. 우리는 연방정부의 자금 지원을 받는 어린이 대상 연구 중에서 연구 대상자가 앓는 질병이나 상태에 대한 일반적 지식을 제공할 가능성이 없고, 개별 연구 대상자에게 직접 이득을 줄 가능성이 없는 경우, 최소 위험 이상의 연구에 어린이를 연구 대상자로 등록하는 것을 금지하는 연방정부 규정의 요구를 생각할 수 있다.[91] 이 연구가 어린이의 건강이나 복지에 영향을 미치는 심각한 문제를 이해, 예방 또는 완화할 기회를 제공하는 경우가 아니라면, 위험이 최소 위험보다 사소하게 증가하지 않는 한, 그러한 연구는 허용되지 않는다.[92] 그러나 우리는 '최소 위험'을 어떻게 이해하는가? 최소 위험은 일상생활이나 일상적인 신체검사나 테스트를 수행하는 동안 일반적으로 만나게 되는 위험보다 "확률과 크기를 고려했을 때 더 크지 않은 위험"[93]으로 이해된다는 관점을 고려해보자. 우리는 오토바이나 행글라이더를 타거나 아마존 숲 트레킹을 하는 가족의 최소 위험을 어떻게 이해하는가? 일반적이고 세속적인 측면에서 현재의 제한사항은 유지될 수 있을 것 같지 않다.

연구 동의에 대한 의문은 강압적인 상황에서 참여에 동의하는 개인과 관련해서도 제기된다. 여기에는 죄수뿐만 아니라 학생도 포함되는데, 그들은 연구 프로그램의 참여 여부가 부분적으로 자신의 미래를 결정할 것이라고 두려워할지도 모른다. 죄수 착취의 이력을 감안할 때, 수감자 집단에 대해 연방 규정이 제공하는 보호에 대해서는 할 말이 많다.[94] 죄수 개인의 치료나 죄수 집단의 질병이나 상태를 이해하려는 목적이 아니면 연방 정부의 지원을 받는 연구에 죄수를 사용하는 것을 금지한 이러한 제한은 또한 사회에 기여할, 또 그러한 이타주의를 통해 도덕적 존엄성을 되찾으려는 죄수의 기회를 박탈한다. 이처럼 연구 참여의 강압으로부터 죄수를 전적으로 보호하는 것은 그들의 존엄성과 도덕적 역량을 더욱 손상시킨다. 마지막으로, 한스 요나스가 지적했듯이, 그것이 처벌의 일부라면 죄수들이 인체 실험에 참여하도록 강제하는 데는 내재적으로 잘못된 것이 없다.[95] 죄수를 사용하는 기회의 남용 가능성, 그러한 행동에 수반되는 에토스의 변화에 대한 우려를 제쳐놓는다면, 핵심 문제는 그런 강제가 명백한 처벌의 일부인가 하는 것이다. 우리는 특정 기간 동안 특정 유형의 연구에 대상자로 활용되는 것을 포함한 범죄에 대한 다양한 처벌을 상상할 수 있다. 그 범죄를 저지르는 것은 그 연구 참여에 동의하는 것이다. 여기서 우리는 또한 학생들을 연구 대상자로 사용하는 것에 관한 세속 도덕의 해답의 일부를 발견한다. 연구 대상자로 참여하는 것이 학생이 선택한 교육과정의 일부가 아닌 한, 강압에 대한 특별한 보호가 필요할 수 있다.

**연구에서 기만의 활용.** 우리가 본 바와 같이, 실제로 대체 치료보다, 심지어 아무 치료도 하지 않는 것보다 더 많은 해악을 미칠 선의의 중재로부터 개인을 보호하기 위해 연구를 해야 하는 도덕적 동력(impetus)이 있다. 다음과 같은 이유로 의학에서 진실을 알기는 매우 어렵다. (1) 무작위로 증상이 완화되거나 저절로 낫는다. (2) 치료의 성공은 실패보다 의사에게 더 기억에 남기 마련이고 이는 치료 효능에 대한 판단을 왜곡한다.[96] (3) 실은 무용한 치료도 환자에게 도움을 주는 위약 효과가 있다. (4) 개인이 예상하는 것을 보게끔 하는 발견의 심리학이 있다.[97] 그 결과, 관상동맥 질환에 대한 보존적인 치료 대 외과적인 치료가 언제 더 큰 이득을 제공하는지,[98] 또는 근치적 유방절제술이 단순한 유방절제술보다 생존율을 더 증가시키는지 판단하기 어렵다.[99] 일정 기간이 지나면 그런 명확한 생존 여부의 결과는 쉽게 평가할 수 있다고 생각할지도 모르지만, 관찰자의 편견에 의한 다양한 왜곡이 그 판단을 어렵게 만든다.

현대 의학 연구의 상당 부분은 그러한 왜곡을 피하기 위해 실제로 어떤 약물이나 치료를 받고 있는지를 연구 대상자에게 공개하지 않는 것에 달려 있다. 예컨대, 연구자와 환자 모두 그 대상자-환자가 실제로 투여받고 있는 약물이 무엇인지를 모르고 있는 경우가 많다. 그 대신 연구자와 환자들은 상대적 효능을 비교하기 위해 무작위 할당을 통해 두 개 이상의 약물 중 하나를 투여받을 것이라는 정보를 받는다. 관찰자 편견을 제거하기 위해 사용되는 이러한 이중 눈가림 무작위 임상시험은 예비 연구 대상자들에게 그러한 기만을 경고하지 않는 한 그러한 기만을 채택하는 것이 비도덕적이지 않다. 여기서 다시 포커 모델이 도움이 된다. 카드 게임을 할 때 참가자들은 특정한 형태의 상호 기만에 동의하지만 다른 형태에는 동의하지 않는다(예: 포커에서 허세는 가능하지만 카드를 숨기면 안 된다). 그러므로 무작위 임상시험에서는 연구 대상자에게 공개하지 않는 정보의 종류, 어떤 형태의 무작위 배정을 쓸 것인가, 왜 그러한 것을 사용하는가, 어떤 정보를 제공할 것인가, 그리고 언제 제공할 것인가를 알려야 한다. 임상시험의 완료를 나타내는 데 필요한 확실성의 양은 임의적이기 때문에, 언제 어떤 상황에서 한 치료가 다른 치료보다 더 유용하다고 판명되었는지, 즉 코드가 깨질 것인지에* 대해 연구 대상자를 속이지 말아야 한다.[100] 연구 프로토콜의 위험과 이득에 대해 연구 대상자를 오도하지 않는 것이

---

\* code break: 이중 눈가림 무작위 임상시험에서는 연구 대상자가 어떤 집단에 소속되어 있는지 본인은 물론 연구자도 모르도록 코드를 부여하는데, 한 집단의 치료효과가 월등하거나 중대한 이상반응이 생기거나 하는 경우에는 이 코드를 깨서 어떤 치료를 받았는지 알게 하는 것을 의미한다.

필수적이다. 상호 존중의 원칙은 개인을 기만으로부터 보호할 것을 요구하는 것이 아니라, 자신도 모르게 기만을 당하지 않는 것만을 요구한다.[101] 결과적으로 좋음이 성취된다면 선행의 원칙에 위반되는 것은 없다.

**과학의 민주화와 지식의 파트너십.** 자유롭게 연구 참여에 동의하거나 거부할 수 있는 개인을 인정하는 것은 과학을 수많은 자유로운 남녀의 집단적 노력으로 보는 것이다. 그 과정을 지배하는 이들은 과학자, 의사, 외과의사, 간호사뿐만 아니라 환자와 연구 대상자이다. 돌봄에 필요한 기술을 습득하고 있는 학생과 젊은 의사와 간호사들이 몸과 마음을 탐구하는 것을 현재의 환자들이 허락하지 않는다면 의학은 그 기술을 한 세대에서 다른 세대로 전수할 수 없을 것이고, 그것이 가능해야 장래의 환자들의 문제를 치료할 수 있을 것이다. 그래서 마찬가지로, 환자나 다른 이들이 자유롭게 연구에 참여할 때, 그들은 이득보다 해를 끼치는 치료법을 피하고, 더 바람직하고 적은 비용이 드는 치료법을 얻는 데 관련된 이들의 집단적 노력에 동참하고, 인간과 인간의 상태를 더 잘 이해하고자 하는 일반적인 문화적 열망에도 동참한다. 허락 원칙은 이 상호작용의 성격을 정의한다, 선행의 원칙은 모든 이의 이익에 대한 일부의 이타적인 헌신을 지지한다.

## 비밀 보장

의료 시스템은 신뢰에 의해 유지된다. 환자들은 그들의 몸과 마음을 의사들에게 드러내 보이고, 의사들은 출생으로부터 죽음에 이르기까지 삶의 모든 취약한 순간에 있는 환자들을 치료한다. 환자의 우려를 적절하게 관리하기 위해 의사들은 무엇이 그들을 괴롭히고 그들이 그 문제를 어떻게 이해하는지 알 필요가 있다. 그 결과, 비밀의 유대는 근대 서양의학의 시작 이후 의사와 환자의 관계를 보호해왔다. 우리는 여기서 히포크라테스 선서의 유명한 구절을 떠올릴지도 모른다, "그리고 내 직업의 수행 과정에서 보고 들은 것은, 직업 외 관계에서 알게 된 것과 마찬가지로, 그것이 알려져서는 안 될 것이라면, 나는 절대 누설하지 않고, 그것을 성스러운 비밀로 지킬 것이다."[102] 사실, 성직자나 의사와의 의사소통은 절대적인 것에 가까운 의뢰인-변호사 특권만큼 안전하지 않다. 이론적으로, 성직자들은 고해성사에서의 비밀 공개와 관련하여 많은 국가에서 증언하지 않을 수 없다.[103] 게다가, 의사는 환자가 성병에 걸렸거나, 총상을 입었거나, 아이들을 학대했거나, 그 외의 국가가 공개를 요구하는 다른 일이 있다면 공공기관에 알릴 특별한 의무가 있다. 예를 들어 의료 전문가가 치료 중인 환자의 위험 가능성을 제3자에게 알려야 하는 법적 의무가 점차 인정되고 있다.[104]

허락 원칙은 그러한 공개 요건에 대해 안전한 피난처(exclave)를 보장할 것을 도덕적으로 허용한다. 그 공개로 이득을 얻을 수 있는 특정 개인들은 비록 그러한 공개에 대해 환자에게 도덕적 주장을 할 수 있다 해도, 의사에게 그 공개를 하라고 요구할 일반적이고 세속적인 도덕적 권리가 없다. 더구나 성직자나 의사가 그 개인이 위험하다는 사실을 알게 된 것(예: 에이즈 바이러스에 감염되어 다른 이들을 감염시킬 수도 있다) 자체가 그 개인의 위험성을 증가시키지는 않는다. 신부나 의사의 침묵 그 자체가 개인의 희생자가 될 수 있는 이들에 대한 직접적인 상해가 아니다. 절대적 비밀 보장을 할 수 있는 사람으로 자신을 내세우는 것은 우리가 다른 이에게 위험할 수 있다는 사실을 알게 되었다는 그 자체로 다른 이에 대한 상해를 구성하지 않는다. 게다가, 엄격한 비밀 보장을 제공하는 것은 사제와 의사들 모두에게 특별한 장점이 될 수 있다. 의사나 성직자들이 사회적 가치를 지닌 특별한 역할을 할 수 있는 능력은, 국가의 이해관심이 사적인 의사소통의 공개를 강요할 수 있다는 주장에 의해 약화될 수 있다. 성직자는 자신의 죄와 죄책감에 대해 방해받거나 주저하지 않고 말할 수 있는 안전한 피난처를 제공한다. 마찬가지로, 비밀 보장에 대한 히포크라테스 선서는 자신의 의학적 관심사에 대해 충분히 말할 수 있는 기회를 제공하는데, 이는 또한 죄와 법적 문제에 엮일 수 있다. 이는 환자에게 보다 적절한 치료를 보장할 뿐만 아니라, 국가의 침입에 대해 안전한 사생활의 피난처를 인정하는 특별한 가치를 강조할 것이다.

후자의 논증은 거의 절대적이라 할 수 있는 의뢰인-변호사 특권 뒤에 자리 잡고 있다. 이 특권은, 그중에서도 특히, 피고가 국가의 권력에 대항하여 그 개인의 이익을 옹호할 적어도 한 명의 조력자를 가질 권리를 가진다는 이유로 정당화되었다.[105] 우리는 국가를 상대로 혼자 맞설 필요는 없다. 같은 고려사항들이 의사와 성직자 모두의 특권을 지지한다. 의사는 흔히 질병의 맹목적인 힘에 대항하여 싸우는 개인의 유일한 조력자이다. 마찬가지로 성직자 역시 개인의 죄책감에서 벗어나고 전능자의 분노를 방어하기 위한 개인의 특별한 피난처로 보인다.

환자-의사 관계나 성직자-고해자 관계에 일반적으로 변호사와 의뢰인 관계와 같은 절대적 비밀 보장을 부여하는 것이 바람직한지 여부는 그 역할의 유용성에 따라 달라질 것이다. 우리는 성직자-고해자 관계의 역사조차도 적어도 서양에서는 무조건적인 비밀의 봉인이 항상 존재했던 것은 아니었음을 유념해야 한다. 예컨대, 많은 이가 이단을 고백한 이들에게는 그러한 특별한 특권을 보장할 필요가 없다고 주장했다.[106] 결국 비밀 보장이 절대적 의무라는 개념은 앞으로 저지르려는 죄의 공개를 보호할 정도로 발전되었다. 성직자는 기껏해야 위험에 처한 이들에게 일반적인 경고를 할 수 있었지만 죄인의 정체를 밝힐 수는 없었다.[107] 이러한 절대적 보호를 위한 근거는 고백의 봉인에 대한 예외가 개인이 고해하는 것을 막고 따라서 그들의 영혼 구제를 방해할 것이라는 두려움에 놓여있었다.

특정 환자가 성병에 걸렸거나 다른 이를 위험에 처하게 할 수 있는데 치료하면 다른 이의 위험이 증가하지 않을 경우, 그 사실을 국가 또는 제3자에게 보고해야 하는 의사의 법적 의무에 대항해서도 동일한 주장을 사용할 수 있다. 에이즈 환자의 치료는 임질, 매독 등 다른 성병 치료와 대조적임에 유의해야 한다. 그러한 질병은 치료하면 배우자나 다른 이에게 전염될 가능성을 감소시킨다. 그러나 에이즈 환자의 치료는 최소한 바이러스를 죽이거나 제거할 방법이 있을 때까지는 감염성을 감소시키지 않으면서 더 오래 살 가능성을 높일 수 있다.* 따라서 감염인이 전염될 가능성이 있는 이(예: 성적 파트너)에게 경고하는 데 동의하지 않는다면 그를 치료하는 것은 다른 이들에게 위험을 증가시킬 수 있다. 단, 다른 이에 대한 현실적인 위험과 사소한 우려(예를 들어, 감염된 심리치료사가 상담 과정에서 환자를 감염시키는 것)를 구별하는 것이 중요하다.

그러한 공개가 다른 이의 위험을 증가시키지 않고, 오히려 개인이 치료받거나 적시에 치료받으려는 것을 방해한다는 근거가 많을수록, 우리는 공개를 요구하면 득보다 해를 끼칠 것이라고 더 많이 의심하게 될 것이다. 이와 같은 고려사항으로 인해 전통적으로 의사들은 필요시에도 성병 발생을 과소 보고하였으며, 에이즈의 창궐 이전에도 일부 도시에서는 이러한 환자의 직업이 공개될 위험성을 감안하여 절대 비밀 유지를 하면서 성병을 치료한 성병 전문 클리닉을 설립했던 것이다. 마찬가지로 의사들이 어린이를 치료하는 과정에서 발견된 아동학대의 공개에 동의하는 것과, 부모들이 그에 대한 치료를 받을 때 의사들에게 그러한 학대를 공개하도록 요구하는 것은 별개의 문제다. 명확하고 확실하게 공개한다는 위협은 그러한 부모들이 시기적절한 치료를 추구하는 것을 방해할 가능성이 높으며, 따라서 그 자녀들에게 더 많은 학대와 상해를 입힐 수 있다. 심지어 치료를 기꺼이 받으려는 부모가 데려온 아이를 치료하는 과정에서 발견된

---

* 최근 에이즈 약물치료의 발전으로 감염성이 감소되었고 장기 생존율은 높아졌다. 현재 상황은 이 책이 출판된 시점과 매우 다르다.

학대를 공개하라는 현재의 요구사항도 현명하지 못할 수 있다. 마찬가지로, 환자가 위험할 가능성이 있음을 제3자에게 공개하도록 요구하는 데 수반되는 비용과 편익을 세심하게 검토하면 일단 이 요건이 잘 알려지면, 적절하게 치료될 수 있었던 소아과 환자가 적시에 치료를 받지 못할 것임이 밝혀질 수 있다. 환자의 위험성을 특정하게 공개하여 특정한 제3자의 생명을 구할 수 있었다는 사실이 공개를 요구하는 일반적 규칙이 실상은 더 많은 이의 죽음을 초래할 수 있다는 사실을 흐리게 해서는 안 된다. 그러한 비용이 수반된다면, 그러한 공개 규정은 신중한 남녀가 채택할 수 있는 종류의 것이 아니다. 우리는 의뢰인-변호사 관계에서처럼 환자-의사 관계에서도 절대성을 확립할 수 있다. 그러나 자유로운 남녀의 그릇된 행동도 용인되어야 한다. 어떤 이들은 개인에 대한 통계적 위험보다 식별 가능한 개인에게 발생할 수 있는 위험에 더 비중을 두어, 그러한 규칙이 장기적으로 더 많은 개인에게 해가 될지라도 식별 가능한 제3자에게 위험을 알리는 규칙을 만들 수 있다. 실제로 의료인들이 서로 다른 종교의 성직자들과 마찬가지로 비밀 보장에 대해 상이한 다짐을 하지 않을 이유가 없다. 결국 비밀 보장에 관한 단일하고 보편적인 내용 충만한 도덕적 서사는 없다.

우리는 공개에 대한 서로 다른 공식적이고 비공식적인 규정이 얼마나 널리 퍼졌는지 인식해야 한다. 군의관, 회사에 고용된 의사, 교의에게는 환자의 치료와 무관한 방식으로 제3자에게 정보를 공개할 특별한 의무가 있을 수 있다. 그 결과, 환자 비밀 보장을 요구하는 치료 목적과 의사를 고용하는 조직의 특정한 목적 사이에 충돌 가능한 많은 영역이 있다. 이러한 갈등은 원칙적으로 비밀 보장을 위해 헌신하는 치유자로서의 의사와 성병 신고에 전념하는 공중보건 관리로서의 의사와의 갈등과 마찬가지다. 그것은 같은 해결책을 마련해야 한다. 학생, 근로자 및 군인은 이러한 의사가 의사-환자 비밀 보장의 일반적인 관행에서 벗어나는 정도를 통지받아야 한다. 일반적으로 개인들이 정보 공개가 비밀 보장에 의해 보호되지 않을 것이라는 사실을 알게 되면, 그 해악과 이득의 특별한 비중을 고려할 때, 허락 원칙에 위반되는 것은 없으며, 어쩌면 선행의 원칙조차 위반하지 않을 수 있다.

마지막으로 우리는 의료 관계의 복잡성과 비밀 보장의 어려움을 강조해야 한다. 개인 주치의 오피스에서도 환자가 보험을 청구하거나 자발적으로 정보를 유출하는 기타 상황에서 의사소통의 비밀 보장이 훼손될 수 있다. 대부분의 환자는 자신의 치료와 직접 관련이 없는 제3자에게 개인 정보를 공개하는 정도를 과소평가하는 경우가 많다. 개인은 환자 기록에 대한 보다 제한적인 접근을 수용하도록 생명보험사 등을 설득하는 방법을 모색하기 위해 집단으로 행동할 필요가 있을 수 있다. 그러한 제한은 그러한 조건하에서 보험에 가입하려는 이들에게 분명히 비용을 발생시킬 것이다. 특히 전자 스토리지로서 국가 의료 시스템의 일부로 지역 및 국가 환자 데이터 뱅크가 성장함에 따라, 비밀 보장이나 익명 취급은 더욱 어려워질 것이다. 모든 치료가 환자 보험 식별번호를 요구하는 정부 보험 제도를 통해 지불되고, 개인이 현찰로 사적 의료 서비스에 접근하는 것이 거부당한다면 익명으로 치료받는 것은 거의 불가능할 것이다.

정보의 공개 제한은 의료가 직장 내 직업병 발생을 포함하여 질병 발생의 먼 미래의 위험의 정도를 결정할 수 있기 때문에 환자의 관점에서는 더 바람직해질 것이다. 그렇지 않으면, 회사 임원과 학교는 심각한 질병에 걸릴 가능성이 높은 개인을 고용하거나 입학시키지 않을 수 있다. 질병과 직업병의 유전학을 더 잘 이해하는 것은 의무기록의 비밀 보장의 필요성을 증가시킬 것이다. 그러나 많은 세력이 비밀 보장에 반대하여 활동한다. 대형 종합병원에서 통합 의료서비스를 제공하는 것은 양질의 의료를 의미하기도 하지만, 의사뿐 아니라 많은 이가 그 환자의 의무기록을 볼 것임을 전제로 한다. 비밀 보장에는 일반적인 정보 보호뿐만 아니라 특정 영역의 정보를 격리하는 체계적인 다짐이 필요하다. 특히 적절한 정책의 내용은 사전에 발견할 수 없다. 그러한 콘텐츠는 특정한 선택을 통해 생성되어야 한다. 수많은 대안적 가능성이 있을 것이며, 개인이 제공될 비밀의 성격에 대해 통지받는 한, 한 가지 선택만이 우선해야 할 이유가 없다.

### 자살, 안락사, 그리고 죽음의 유형 선택

비밀 보장에 관한 특정한 내용 충만한 정책을 발견할 수 없기 때문에, 마찬가지로 일반적이고 세속적인 측면에서 삶의 말기의 선택에 관한 적절한 내용 충만한 세속적 정책을 발견하는 것도 불가능하다. 세속적인 도덕은 원칙적으로 좋은 죽음에 대한 선택에 있어 문제가 되는 내용 충만한 도덕 쟁점에 대해 장님이나 마찬가지인데, 그것은 도덕 이방인들에게는 내용이 부족한 도덕이기 때문이다. 허락 원칙은 자유로운 개인이 좋든 나쁘든 자신의 삶과 죽음의 방식을 선택할 수 있는 세속적이고 도덕적인 권리를 지지한다. 사실, 세속 윤리의 일반적 관점에서 보면, 선행의 원칙은 그러한 선택의 측면에서만 내용을 획득하는데 이러한 선택이 수단과 목적의 구체적인 비전을 빚어내기 때문이다.

죽음은 선택을 요한다. 좋은 죽음은, 좋은 삶과 마찬가지로, 미리 생각하고 계획해야 한다. 그런 일은 우연히 일어나지는 않는다. 중세 말기의 '죽음의 기술(ars moriendi)' 문학에서는 이와 관련된 것들이 많다.[108] 이러한 관심은 현대적 관점에서 포착될 수 있다. 우리는 현대 중환자실에서 그런 것을 쓸 기회가 있을 것 같지 않기 때문에 건강할 때 임종 연설을 써야 한다. 이러한 사전 고려사항에는 장래에 의사능력이 있는 개인이 중병에 걸려 의사능력을 상실했을 때 치료 계획을 세울 수 있는 사전 의료 지시의 사용이 포함될 수 있다.[109]

근대는 전통적인 죽음의 시각에서 급진적으로 벗어났다. 중세 서양의 그리스도교 신자는 이렇게 기도했다. "주여, 갑작스럽고 준비가 되지 않은 죽음으로부터 우리를 구하소서(A subitanea et improvisa morte, libera nos, Domine)."[110] 대신에 현대 사회의 많은 구성원들은 자다가 고통 없이, 사전 예고 없이 죽기를 바란다. 그러한 고통 없는 죽음은 예고가 없으므로, 심지어 현대 사회의 우리조차도 준비되지 않은 죽음, 즉 우리를 성가시게 하고, 자원을 터무니없이 사용하게 하는 상황에서 일어나는 죽음을 두려워한다. 생명을 구하고 죽음을 연기할 수 있는 기술은 언제 죽음을 받아들이고 더 이상 생명을 연장하지 않을지를 결정할 필요성을 강조한다. 그들은 개인이 자살할 것인지 아니면 자살의 도움을 받을 것인지, 그렇다면 언제 그러해야 할지에 대한 고대의 문제를 제기한다. 도덕적 내용과 궁극적인 의미에 관해 일반적인 협약이 아직 없는 것처럼, 새로운 의학 기술은 효과적인 선택의 범위를 확장하였고, 다른 곳에서와 마찬가지로, 우리에게 새로운 상황에서 책임 있는 방식으로 행동할 것을 요구하였다.

이러한 사안들에 대한 책임은, 전통적으로 의학이 어떤 희생을 치르더라도 생명을 구해야 했다는 가정하에 가능한 한 인간의 생명을 연장하도록 최대한의 치료를 해야 한다는 주장을 통해 종종 회피된다. 그러나 이 가정은 거짓이다. 의학은 전통적으로 가망 없는 환자를 치료하는 것을 피했다. 어떤 상태에 있는 생명을 구하기 위해 어떤 대가를 치르더라도 개인을 치료해야 한다는 무제한의 다짐(예컨대, 「장애인법(Disability Act)」에서 드러난 미국인의 특정 이념에서 예시된 바와 같은)은 고전적 뿌리가 없는 근대의 특수성이다.[111] 우리는 여기서 통증이 지나치면 자살은 언제나 가능하기 때문에 누구도 삶이나 고통을 불평해서는 안 된다는 세네카의 언급을 떠올릴 수 있다.[112] 만약 누군가가 고통을 받는다면, 그것은 누구의 잘못도 아닌 자신의 잘못이라고 세네카는 말한다. 이런 맥락에서 우리는 어떤 연명의료를 수용할지, 거부할지, 그리고 언제 자살이 도덕적으로 적절한 선택인지를 결정하게 된다.

이러한 의문을 제기하는 것은 그리스도교 시대의 말기에 죽음과 죽어감의 문제를 어떻게 재고할지를 인식하는 것이다. 특정한 도덕적 관점에서 벗어나면, 어떤 고통을 견뎌야 하는지, 언제 죽음을 받아들여야 하는지, 언제 자살해야 하는지에 대한 지침은 없을 것이다. 이 사안에서의 선택은 삶과 죽음의 목적에 대한 내용 충만한 이해를 요구한다. 서양에서 이것은 중세에 발달한 그리스도교적 종합에 의해 제공되었다. 이 그리스도교의 이해 안에서 고통은 목적을 가지고 있었고, 통증은 대속의 의미를 가지고 있었으며, 죽음은 인격적 실존의 끝이 아니라고 인식되었다. 더구나 자살은 불가능했는데, 그 죽음이 자신의 것이라고 하더라도 무고한 개인의 죽음은 직접적으로 의도할 수 없다는 것이 인정되었기 때문이었다.

무고한 개인의 죽음을 직접적으로 의도하는 것의 금지로 인해 통증을 치료해야 하지만 그 치료법이 한계가 있을 때 이중효과의 원리를 널리 적용하게 되었다(이전 장에서 언급한 이중효과의 원리를 참조). 이 원리는 원래 전시의 도덕적 판단을 위해 만들어진 것으로(예컨대 정의로운 전쟁에서 무고한 비전투원의 죽음을 단지 예상했을 뿐 의도하지 않았다면 이는 그를 도덕적 비난에서 벗어나게 해준다) 의학적 쟁점에도 적용하게 되었다.[113] 이 원칙은 다음의 경우 우리가 다른 이를 해치거나 심지어 죽일 수도 있는 행동을 할 수 있다고 주장한다. (1) 신체의 해악이 의도되지 않은 한(예: 훌륭한 로마 가톨릭 병사는 도시의 성벽 위로 화살을 날릴 때, 무고한 민간인이 죽을 수도 있다는 것을 예견할 수는 있지만, 이를 의도하지는 않았다), (2) 그 행동에서 추구하는 선이 그 해악으로부터 직접 유래하지 않은 한(예: 그 도시는 무고한 민간인이 죽었다고 해서 항복하지 않을 것이다), (3) 그 행위 자체가 본질적으로 악한 것이 아닌 한(예: 도시를 빼앗기 위해 간접적으로 비전투원 아이들을 죽일 수는 있지만, 간통죄를 범할 수는 없다), (4) 파생 가능한 비례적인 선이 있는 한(예: 가능한 이득이 해악을 능가할 가능성이 있다).[114] 이 원칙은 독실한 로마 가톨릭교도들이 의도된 것이 아니라 단지 예견된 효과로서 불임시술이나 피임과 같은 행동에 관여할 수 있을 뿐만 아니라 연명의료를 중단하거나 조기 사망 가능성이 있는 통증 조절을 제공하는 근거를 제공하도록 허용했다.

우리는 한 가족이나 사회의 자원을 과도하고, 불균형적으로, 또는 비통상적으로 소비하기 때문에 수명 연장에 더 많은 자원을 투자하는 것은 의무적이지 않다고 적절하게 결론을 내릴 수 있다. 생명을 보존하기 위한 통상적인 수단(ordinary means)은 "환자에게 합리적인 이득의 희망을 제공하고, 과도한 비용, 통증, 또는 기타 불편 없이 획득하여 사용할 수 있는 모든 의약품, 치료 및 수술"[115]로 정의된다. '통상적'이라는 것은 여기서 단순히 일상적인 것뿐 아니라 적절함, 비례, 그리고 순서(ordinate)를 나타낸다. 여기서 이제는 구식이 된 의료윤리의 용어 '온건한(temperate)'이 새로운 의미를 갖게 되는데 이는 잘 정렬된 것을 뜻하는 '서열(ordinatus)'의 주된 의미에 근접한다. 통상적인 치료는 비용의 고려뿐만 아니라 결과의 질(예: 건강 회복)과 합리적인 삶의 길이를 고려하는 잘 서열화된 관습적 치료에 해당하는 것이다.[116] 비용은 자신의 고향이나 마을을 떠나야만 하는 필요성과 같은 사회적 우려를 포함한다. 먼 도시에서 치료받으려 한다.[117] 실제로 로마 가톨릭 신학자인 예수회원 제럴드 켈리(Gerald Kelly, S.J.)는 한때 심장병을 앓고 혼수상태에 있는 90세 환자에게 강심제나 포도당 수액을 주는 것은 비통상적(extra-ordinary) 치료라고 주장했다.[118] 이 내용 충만하고 구체적인 도덕 비전 내에서 로마 가톨릭 신학자들은 비용에 반비례하고 성공의 길이와 질에 정비례하는 치료의 의무를 이해할 수 있다. 실제로 로마 가톨릭의 생명윤리 전통은 환자가 과도한 부담을 겪으면 기계 호흡을 중단하고 대신에 산소 부족으로 인한 통증을 덜어주기 위해 충분한 진통제를 제공할 수 있게 할 것이다. 핵심적인 것은 환자의 죽음이 직접 의도된 것이 아니며 진통제의 사용이 단지 살인을 위해서가 아니라는 것이다.

이중효과의 원리는 개인이 죽음을 의도하지 않는 한 죽음을 초래할 것으로 예상되는 행동에 관여할 수 있도록 한다. 이중효과는 통상적 대 비통상적 치료의 원리와 결합하여 고가 치료를 제공해야 하는 의무에 제한을 두고 있다. 이중효과의 원리는 또한 죽임이 목적이 아니고, 다른 방식으로는 통증이 조절되지 않고, 충분한 또는 비례적인 이유(예: 심한 통증)가 있는 한, 환자가 조기 사망할 가능성을 높이는 진통제를 투여할 수 있도록 한다. 요컨대, 매우 보수적인 도덕적 관점을 가진 로마 가톨릭교도들은 연명의료를 제한하고 죽음을 재촉하는 행동에 참여할 수도 있다. 이 입장이 의외가 되어서는 안 된다. 사후세계를 믿는다면, 이 삶에 집착하기 위해 가용한 모든 자원을 사용하는 것은 도덕적으로 어울리지 않는다. 사실상 여러 종교적인 관점에서 볼 때, 어떤 희생을 치르더라도 생명을 구하려는 시도는 육체적 생명에 대한 우상 숭배의 한 형태가 될 것이다.

종교적 신념과 사후세계에 대한 확신이 사라지면서 이 생명에 집착하는 모든 기회를 제공하는 윤리가 등장한 것은 우연이 아닐지도 모른다. 우리는 어떤 희생을 치르더라도 생명을 연장하려는 몇몇 이의 결심이 고통의 의미와 사후세계에 대한 믿음을 상실한 데서 비롯된 것이 아닌지 의심하지 않을 수 없다. 그들은 『카라마조프 형제』의 표도르 파블로비치와 많은 점에서 닮았다. 그는 "신은 믿지 않지만 지옥을 두려워한다. '가능한 한 오래 이승에 머무르려고 한다.'"[119] 어떤 이들은 한 번밖에 살지 않는다면, 어떤 희생을 치르더라도 생명을 구할 가치가 있다고 결론 내린 것 같다. 우리는 이러한 견해가 신과의 마지막 운명을 향한 여행으로 보는 신자의 견해와 어떻게 대조를 이루는지 주목해야 한다. 모든 상황에서 생명의 권리를 생존의 의무로 해석하는 공동체는 중세 이후 서양을 지도해온 그리스도교적 비전의 붕괴에 따른 혼란으로 고통을 겪고 있는지도 모른다.

개인의 죽음을 직접적으로 의도하는 특정한 도덕적 또는 종교적 맥락 밖에서 의도와 예견의 구분, 능동적 안락사와 수동적 안락사의 구분, 그리고 죽임과 죽게 내버려둠의 구분은 더 이상 내재적인 도덕적 중요성을 갖지 않는다. 일반적이고 세속적인 도덕은 다른 환경에서 발생 가능한 다른 결과로부터 도덕적 비중을 떠안을 수 있다. 그러나, 특정한 도덕 비전 밖에서는, 다른 모든 것이 동등하다면, 조절 불가능한 통증과 고통을 회피하기 위해 다른 이의 자살을 돕거나 죽음을 의도하는 것이 왜 잘못인지를 알아내기가 불가능해진다. 요점은 통증과 고통에 대한 도덕적/형이상학적 설명에 의존하지 않고서는 왜 그러한 것을 견뎌야 하는지, 또는 왜 합의에 의한 죽임이 그 자체로 잘못인지를 설명하는 것이 불가능하거나 어렵다는 것이다. 일반적이고 세속적인 측면에서 자살, 조력 자살, 안락사의 금지는 적어도 금기가 되는데,[120] 이는 더 이상 우리가 도덕적 다짐이라 진지하게 여기지 않는 과거로부터 내려온 주저함의 콤플렉스이다.[121] 그런 맥락에서 이 금지의 뿌리는 망각되고 조력 자살에 대한 접근은 그럴듯한 헌법상의 권리가 된다.[122]

우리가 고통의 의미와 좋은 죽음의 성격을 인식하는 것은 오직 구체적인 내용 충만한 도덕적 비전 안에만 존재한다. 다음 기도, 그리고 그것이 고통과 환난에 대한 일반적이고 세속적인 이해와 어떻게 대조를 이루는가를 생각해보자. "주여, 저는 이 삶의 모든 시련이 당신에 의해 징벌로 주어진 것임을 받아들이고 믿습니다. 저는 당신에게서 멀어졌고, 당신의 계명을 어겼습니다."[123] 고통과 질병은 자신의 응보로 인식되며, 또 회개의 기회로도 인식된다. "주여, 저는 어떤 처벌도 받아야 마땅합니다. 생각과 말과 행실로 [……] 당신을 거슬렀고, 또 당신께 죄를 지었으니 마땅합니다. [……] 제 병이 당신의 뜻을 따라 제 삶의 진정한 회개와 개선의 수단이 되도록 허락하소서. 당신에 대한 사랑과 두려움 안에서 삶의 마지막 나날들을 보내게 하소서."[124] 비신자에게 있어 고통과 기도에 대한 그러한 확신은 기껏해야 당황스럽고, 최악의 경우에는 오도된 것이다.[125] 비신자는 고통은 인내를 가지고 참아야 한다는 생각을 받아들이기 어려울 것이다. 왜냐하면 다른 모든 것이 동등하다면 그런 개인이 그러한 복종에서 이룰 수 있는 목적이 존재하지 않기 때문이다. 그러한 개인은 신의 뜻에 복종하는 것이 의미가 있는 틀을 보지 못한다.

붕괴된 유대-그리스도교적 도덕 비전의 폐허에서 개인이 삶과 죽음의 결정에 어떻게 접근해야 하는지에 관한 정합적인 도덕적 직관을 갖기는 어렵다. 일단 도덕감정(moral sentiment)이 한때 내재되었던 내용 충만한 도덕적이고 형이상학적인 틀에서 분리되면, 그들은 더 이상 신뢰할 수 있는 지침을 제공할 수 없다. 한편, 일반적이고 세속적인 측면에서, 조력 자살이나 자발적 안락사를 지지하는 데 있어 도덕적인 부적절함이 없어 보일 것이다. 반면에 이 삶은 존재하는 모든 것이기 때문에, 절대적 의의를 가질 수 있다. 살인에 관한 이전의 도덕적인 우려와 인간 생명의 존중은 어떤 희생을 치르더라도 생명을 구하는 것이 중요하다는 특정한 내용 충만한 도덕적 주장으로 전이될 수 있다. 그러나, 세속적인 측면에서도, 개인은 자신의 삶의 보존에 관한 관심을 능가하는 가치를 가질 수 있다. 일관되고 내용 충만한 도덕 비전이 없을 경우, 관련된 이들의 동의로부터 파생될 수 있는 유일하고 일반적이며 세속적인 지침 안에서는 기껏해야 혼란이 있을 것이다.

### 홀로 남겨질 권리와 죽음의 결심

만약 세속적인 맥락에서 도덕적 권한이 개인으로부터 파생된다면, 허락을 하는 동의권은 도덕적 중심성을 갖게 될 것이다. 또한 우리에게 동의할 권리가 있다면 심지어 연명의료라 하더라도 치료를 거부할 권리가 뒤따르게 된다. '네이탠슨 대 클라인(Natanson v. Kline) 판례'는 이 일반적이고 세속적인 도덕의 요지를 제시한다. 재판부는 "앵글로-아메리카 법은 철저한 자기 결정을 전제로 한다. 이에 따라 각자는 자기 몸의 주인으로 간주되고, 건전한 정신 상태에 있다면 생명을 구하는 수술을 명시적으로 금할 수도 있다."[126] 홀로 남겨질 권리, 허락 없이는 건드리지 못하게 할 권리, 명확한 구명 치료를 거부할 수 있는 권리는 어느 정도의 논란을 거친 후에야 인정되었다. 대부분의 경우, 치료를 거부하는 개인이 임부나 피후견인의 보호자가 아닌 경우에는 치료를 거부하는 요청이 존중되었지만,[127] 일부 법원은 적어도 이는 자살에 가깝다고 주장했는데 이는 불법이 아니라면 적어도 공공정책에 반하는 것이었다.[128]

죽음이 임박하지 않을 때 연명의료 거부에 대한 반대는 서양 법률의 일부가 된 자살에 대한 그리스도교적 비난과 밀접한 관계가 있다. 영미법에서 자살은 전통적으로 금지되었다. 왜냐하면 "자살은 이중의 죄악이다. 전능자의 특권을 침해한 영적인 죄이며, 다른 한편으로는 신민의 보전에 관심을 가진 왕명에 반하는 세속적인 죄이다."[129] 국가는 자살에 대한 반대를 자살하려는 이와 제3자에 대한 광범위한 우려로 표출하였다. 국가의 자살 방지권은 다음과 같은 절박한 이해관심으로부터 도출되었다. (1) 시민이 신/혹은 공서양속에 반하는 범죄를 저지르는 것을 막고, (2) 시민의 생산성에 관한 국가의 이해관심을 보호하며, (3) 개인을 적절하게 돌보는 데 있어 이러한 태도의 유용성 때문에 생명을 보전하고, (4) 계약을 이행하고, 채무를 상환하며, 가족을 부양하는 개인의 의무를 강화하며, (5) 자기만 해칠 경우에도 경솔한 선택으로부터 개인을 보호한다.[130]

국가의 제한된 권한에 관한 제4장의 주장과 상호 존중의 도덕성에 의거한 불간섭에 대한 개인의 권리에 관한 제3장의 주장을 고려한다면, 국가권력에 찬성하는 주장은 약해진다. 세속 국가는 신의 권리를 보호하기 위해 위력을 사용할 수 있는—세속적으로 방어 가능한—권리를 가지지 않으며, 허락 원칙과 이익에 대한 일반적 다짐(즉, 특정 악행을 제한하고 허락을 받으면 선의 목적을 성취한다)에 의존하는 강제 집행을 넘어서서 특정한 구체적인 도덕적 요점을 확립할 수 없다. 이것은 신이 권리가 없다고 말하는 것이 아니다. 단순히 신의 권리와 그에 대한 의무는 세속적인 맥락에서는 보이지 않는다는 것이다.

생명의 신성함을 훼손하기 때문에 우리가 치료 거부를 금지할 수도 있다는 주장은 일반적으로 거부되었다. 의사능력이 있는 개인은 좋은 삶과 좋은 죽음에 대한 그들의 특별한 관점을 실현하는 것을 다른 이들이 동의하는 한 평화롭게 추구할 수 있는 세속적이고 도덕적인 권리를 가지고 있다. 이 권리와 함께 다른 이들과 함께하지 않을 권리가 생긴다. 실제로 그렇게 해서 삶을 저평가한다면, 우리는 설득력 있는 협력에 근거하지 않은 자유의 대가 중 하나를 발견하게 된다. 자유로운 개인은, 적어도 일반적이고 세속적인 측면에서, 타인의 자유로운 선택에 따른 결과를 감수해야 하지만, 타인의 자유로운 행동에 대해서는 책임지지 않는다. 어쩌면 사람들이 선택하지 않은 다른 이와 결혼한다면 세상은 일반적으로 더 나아질지도 모른다. 그렇다고 해서, 이상적인 시기에 이상적인 파트너와만 결혼하도록 강요하는 국익은 존재하지 않는다. 마찬가지로 자유로운 개인은 이상적인 시기를 선택하지 않더라도 자신이 선택한 때 죽을 수 있어야 한다.

    구속력 있는 계약에 입각한 자살이나 연명의료에 대한 거부가 가장 큰 비중을 차지한다. 국가는 개인이 삶을 포기하기 전에 부채를 갚거나 의무를 이행하도록 강제하는 위력을 적절하게 사용할 수 있다. 군대는 매우 한정된 상황은 예외이지만, 장교들에게 구명의료를 거부하거나 자살하지 않겠다고 서약할 것을 요구할 수 있다. 명시적이지 않은 다른 계약들은 매우 상세하고 세심하게 검토되어야 할 것이다. 미성년 자녀들은, 그 부모가 특정한 종류의 지원을 약속한 한에 있어서 부모의 자살에 거부권을 가질 수 있을 것이다. 그러한 약속의 범위는 문화마다, 그리고 가족마다 분명히 다를 것이다. 개인은 그들이 그렇게 하기로 선택한다면 자녀들의 생계를 위해 유산을 물려줄 수 있는 특별한 자살 보험에 가입하여 그러한 제한을 우회할 수도 있다. 이러한 정책은 자살이 합리적인 선택으로 여겨지는 상황에서 발생하는 비용에 대응하는 보험으로 여겨질 수 있다. 우리는 일단 일정 기간 계약이 유지된다면 자살에 보험금을 지급하는 보험정책이 많다는 것을 알 수 있을 것이다. 그런 정책이 생애 초기부터 행해지고, 자살

빈도가 그리 높지 않은 한 그 비용은 크지 않을 것이다. 마지막으로, 우리는 치료를 거부하고 자살을 선택하는 개인은 어떤 식으로든 죽을 가능성이 높고, 장애가 더 심할수록 강제적인 삶의 지속이 의무의 이행으로 이어질 가능성은 적다는 점에 주목해야 한다.

국가가 개인의 잘못된 선택으로부터 자유로운 개인을 보호할 일반적이고 세속적인 도덕적 권리를 가지고 있다는 주장은 이 책의 논증으로부터 거의 지지를 얻지 못한다. 이 장의 제2절에서 다룬 온정적 간섭주의와 제4장에서 다룬 국가의 한정된 권한은 제2장과 제3장에서 묘사한 강력한 자율권을 뒷받침한다. 자유롭다는 것은 비극적이고 잘못된 방식으로도 선택할 권리를 갖는 것을 의미한다. 한편 개인은 특별한 온정적 간섭주의의 관계를 수립할 수도 있다. 우울증이 심할 때 어떻게 반응할지가 걱정되는 개인은 특정 상황에서 치료를 강요하거나 자살을 방지하기 위해 어떤 형태의 사전 의료 지시를 제정하는 것이 현명할 것이다. 마지막으로, 우리는 자유를 존중해야 할 의무에는 정신질환에 의한 자유롭지 못한 죽음의 선택을 존중해야 할 의무가 포함되어 있지 않다는 점을 강조해야 한다. 개인이 의사능력을 가지고 치료를 거부하거나 자살을 선택하는 것이 아니라면 이를 존중할 자유는 없으며 우리는 대신에 그 사람의 좋음을 성취하기 위한 선행의 원칙에 의해 지시를 받는다. 자유로운 선택이 아닌 정신질환을 반영하는 진술에 순응하기보다는 말이다. 이러한 성찰은 일반적으로 치료 거부, 심지어 연명의료 거부나 자살에 대한 개인의 권리를 지지하는 것으로 이어진다.

### 사전 지시, 대리 동의, 그리고 의사 무능력자의 치료 중단

의사능력이 있는 개인이 치료를 거부할 수 있다면 대리인을 통해서나 사전 의료 지시를 통해서 그렇게 하는 것을 원칙적으로 거부하는 세속적인 도덕적 반대는 없어야 한다. 이제 인격체는 그들 자신에 대한 완전한 세속적인 도덕적 권한을 가지며, 그들이 그러한 협약을 무효화할 수 있는 행동을 다시 할 수 있는 능력을 갖추지 못하는 한 무한히 결합할 다른 이들과 협약을 맺을 수 있다(이 장의 앞부분에서 언급한 율리시스 계약의 취급을 참조). 이것이 지속적 대리인 권한이나, 생전 유언의 도덕적 근거인데 그 기능은 그들이 더 이상 의사능력을 갖지 못할 때 개인이 자신의 치료를 통제할 수 있는 도구이다. 세속적인 도덕의 견지에서, 우리는 자신의 장래의 치료에 대한 합리적이고 신중한 관리자로서 여러 치료 대안 중에서 선택하도록 다른 이들을 임명할 수 있을 뿐만 아니라, 연명의료를 거부할 정도의 특별한 방식이나 단순히 변덕스러운(현재에는 어려운 자유) 선택을 하도록 그들을 임명할 수 있어야 한다. 그러한 사전 의료 지시의 필요성은 죽음 전 상당 기간 동안 의사능력을 상실하고 쇠약해질 위험을 안고 있는 삶의 불안정한 성격에서 발견된다. 더욱이 심각한 질병과 쇠약에 직면해서 최선의 이익에 대한 상반된 견해를 고려한다면, 누가 최선의 이익에 관해 신뢰할 수 있는 권한을 가졌는지 확립하기가 매우 어려운 상황에서는 누가 어떤 권한을 가졌는지를 정하는 것이 중요하다. 세속적인 도덕 원칙인 허락이라는 중추적인 지점을 고려한다면, 개인은 말기 질환을 앓고 있지 않을 때도 구두 또는 서면 지시를 통해 구명 치료를 포기할 수 있는 세속적인 도덕적 권리를 갖는다.

이러한 지시를 확립할 때, 우리는 누구에게 권한을 줄지, 어느 정도나 선정한 개인에게 자신의 희망에 관한 권한을 부여할지를 결정해야 한다. 한편으로는 대리인이나 다른 이들에게 가능한 한 많은 지시를 주어야 한다는 상당한 근거가 있다. 한편, 미래의 불투명성과 특정 맥락에 일반 원칙을 적용하는 것의 어려움은 단순히 지시를 내리는 것을 선호하지 않고 대신에 누군가를 대신하여 결정을 내리는 권한(아마도 어떤 일반적인 지침이나 지시를 따르겠으나)을 가진 이를 임명하는 것을 선호한다.

사전 의료 지시가 없다면, 누가 의사능력이 없는 개인을 위해 결정을 내릴 수 있는 권한을 가졌는지 결정하기가 매우 어려울 수 있다. 이러한 애매한 상황은 의사 무능력자의 최선의 이익에 대해 누가 권한을 가지고 있는가를 놓고 가족 구성원들 사이에 갈등을 초래할 수 있다. 배우자는 치료하지 않기로 선택할 수도 있지만 죄책감에 시달리는 자녀는 모든 치료를 해달라고 주장할 수도 있다. 그러한 어려움을 피하기 위해서는 추정적으로 권한이 있는 이, 즉 배우자, 부모, 장남이나 장녀 등을 분명하게 법으로 확립하는 것이 최선일 수 있다. 개인은 항상 다른 개인의 권한을 확립하는 특정한 사전 의료 지시에 의해 그러한 규정을 거부할 수 있다. 그런 추정적 권한이 확립되지 않으면 가족 구성원의 망설임이 죽음 과정을 고통스럽게 연장시킬 수도 있다. 경제적·심리적·사회적 비용으로 인해 생전 유언을 작성하는 이들에게 보험 할인을 해주는 것이 적절할 수도 있다.

여기서 우리는 생명 연장이 항상 개인의 최선의 이익은 아니라는 것을 강조해야 한다. 치료 종결 사안에 관한 사전 의료 지시나 이전에 확립된 의사표시가 없는 경우에도, 치료 거부가 이득이라기보다는 상해에 가까워서 정당화하기에는 매우 어려운 삶의 상황이 있을 수 있다. 그러나 이 사안에 관한 어떤 판단도 특정한 내용 충만한 도덕 비전에 의존하고 있으며 그러한 판단은 일반적이고 세속적인 맥락에서 활용할 수 없다. 특정한 도덕의 맥락에서 개개인은 무엇이 할 가치가 있고 무엇이 없는지를 이해할 수 있다. 일반적이고 세속적인 측면에서는 비용의 고려와 성공 가능성 측면에서 가장 쉽게 제정할 수 있는 임의의 공공 표준을 만들 수 있을 뿐이다. 어떤 경우에도 치료를 거부할 권리는 치료를 요구할 권리를 시사하지 않는다. 공동체들은 치료 거부권을 긍정하는 동시에 공동 비용이 소요되는 치료를 제한할 수 있다.

대부분의 선행에 대한 설명은 실패 가능성뿐만 아니라 비용이 선행의 의무를 능가한다는 입장을 취할 것이다. 예를 들어, 통상적인 의료와 비통상적 의료 사이의 구별(이는 미국 「장애인법」의 이데올로기와 상충되는 도덕적 가정에 의해 형성되었다)은 치료 제한 문제 있어 보호자에게 지침이 되는 일반적인 루브릭을 제공한다. 이는 도식적으로 이렇게 표현할 수 있다(제6장에서 제시한 것의 반복이다).

$$\text{선행의 의무의 강도} = \text{성공 확률} \times \text{삶의 질} \times \text{수명} / \text{비용}$$

엄격한 의미에서 인격체가 아니며 앞으로도 그렇지 않을 개체에 대한 우리의 우려는 적어도 일반적이고 세속적인 도덕의 관점에서 엄격한 의미의 인격체보다 덜할 수 있다. 이와 상반되는 협약이 없다면 그러한 고려 사항이 보호자를 인도할 수 있다.

내용 충만한 도덕 비전이 없는 상태에서, 보호자들은 죽음의 질에 관한 결정뿐만 아니라, 비가역적으로 의사능력이 없는, 그리고 상반되는 관점을 표명한 적이 없는 피후견인과 관련한 삶의 질 결정을 도덕적으로 내릴 수 있다.[131] 대부분의 경우, 법원은 전자를 적절한 대리 결정의 영역으로 여겼다. 그러나 그들은 삶의 질에 관한 결정을 허락하는 것을 주저했다. 그럼에도 우리가 삶의 질에 관한 판단을 할 수 없다는 주장은 허락 원칙에 따라 존중할 수 없는 개인에 대하여 일반적이고 세속적인 맥락에서 존재하지 않는 특정한 정전적이고 도덕 비전을 요청한다.

### 불신앙 시대의 죽음

수많은 상황에서, 단순한 치료 거부는 이승의 삶이 전부라고 생각하거나, 전통적인 유대-그리스도교 도덕에 구속받지 않는 많은 사람에게는 충분하지 않을 수 있다. 사망 과정을 연장하지 않기 위해 치료를 중단하기로 한 결정은 편안한 죽음을 초래하지 않을 수도 있다. 통증은 조절할 수 있다 하더라도, 변실금이나 요실금에서 탈진에 이르는 다양한 질병의 후유증과 질병 치료는 더 이상의 삶을 용납할 수 없게 만들 수 있다. 종교적 인도가 없는 인격체에게 안락사나 자살은 가장 합리적인 선택으로 보일 수 있으며, 다른 이들의 도움이 필요할 수도 있다. 지크문트 프로이트의 죽음은 그 예를 제공된다. 암 투병 16년 만에, 그리고 서른세 번의 수술 끝에 그는 82세의 나이로 런던에서 임종했다. 그는 생명 연장이 사실 무익한 일이라고 여기고 주치의에게 좀 편하게 가게 해 달라고 부탁했다. "슈어 군, 우리가 처음 한 이야기 기억하지. 내가 더 이상 버틸 수 없을 때 도와주겠다고 약속했잖아. 이젠 그저 고문일 뿐이고 더 이상 의미가 없어."[132] 프로이트의 전기 작가인 어니스트 존스는 다음과 같이 기록하였다. "다음 날 아침 닥터 슈어는 프로이트에게 3분의 1 그레인의 모르핀을 주었다. 당시 프로이트처럼 탈진한 시점에서, 그리고 아편의 전력이 없는 상태에서, 그 소량만으로 충분했다."[133] 프로이트는 처음 자신의 병을 진단받았을 때부터 그러한 치료법을 분명히 고려했다.[134] 물리학자-철학자이자 노벨상 수상자인 퍼시 브리지먼(1882~1961)도 비슷한 판단을 했다. 1961년 7월, 그는 암이 전신에 퍼졌고, 상당한 통증과 젊은 시절 지적 인테그러티라고 불렀던 것의 상실에 직면하였다.[135] "나는 스스로 다음과 같은 일반적인 원리를 확립하기 위해, 지금과 같은 상황을 이용하고 싶다. 즉 삶의 종말이 불가피할 때 개인은 의사를 불러 삶을 끝낼 권리가 있다."[136] 같은 해 8월 20일 그는 스스로 목숨을 끊었고 다음과 같은 메모를 남겼다. "이런 일을 스스로 하게 하는 사회는 품격이 없다. 아마도 오늘이 나 스스로 뭔가 직접 할 수 있는 마지막 날이다. P.W.B."[137]

이러한 행동들은 합리적인 자살이 허용될 뿐만 아니라 특정한 상황에서 칭찬받을 수 있다는 잘 확립된 세속적이고 도덕적인 관점을 반영한다. 세네카가 자살에 관한 편지에서 주장한 바와 같이, "삶이 선이 아니라 잘 사는 것이 선이다. 그러므로 현자는 할 수 있는 만큼 오래 사는 것이 아니라 살아야 할 만큼 산다. [……] 그는 항상 양보다는 질적인 면에서 삶을 생각할 것이다."[138] 따라서 세네카는 "하나의 죽음은 고문을 수반하고 다른 하나는 단순하고 쉬울 때, 왜 더 쉬운 길을 택하지 않겠는가? 내가 질병의 고통 한가운데를 거닐며 이 악마들을 뿌리칠 수 있을 때까지 기다려야 하는가?"[139]라고 주장했다. 자살한 세네카는, 타키투스가 기록한 유명한 장면에서, 길고 고통스러운 죽음이 기다리고 있는데 자살에 반대할 정당한 근거를 찾을 수 없었다.[140] 철학자 데이비드 흄은 그것을 자신에 대한 의무로까지 보았다. "자살은 종종 자신에 대한 우리의 의무, 그리고 이해관심과 일치할 수도 있음을 아무도 의심하지 않는다. 고령, 질병, 혹은 불행은 삶을 짐으로 만들 수 있고, 심지어 소멸보다 더 나쁘게 만들 수도 있다."[141]

세네카와 흄의 견해를 따르는 이들은 허락 원칙에 의해 용인되어야 한다. 우리는 여기서 1973년까지 합리적인 자살이나 그러한 자살의 조력자에 대항하는 위력의 사용이 텍사스주에서는 협박과 폭행으로 간주되었다는 사실을 생각할 수도 있다. 다른 영미권에서와 달리 1973년까지 텍사스주는 자살을 금지하지 않았으며, 자살 조력도 범죄화하지 않았다. 그 논증은 자살이 범죄가 아니라면 비범죄적인 활동에서 남을 돕는 것은 죄가 될 수 없다는 것이었다. 이러한 입장을 취하면서 텍사스주는 전부는 아니더라도 대부분의 미국 주와 달랐다.

> 어떤 이가 자살을 위해 스스로의 삶을 취하려는 다른 이에게 독약이나 권총, 총이나 다른 수단을 제공하는 것은 도덕과 윤리의 위반일 수 있고 비난받아 마땅할 수도 있지만, 우리 법은 그러한 인격체나 그러한 행위를 처벌하는 것이 적절하지 않다고 본다.[142]

여기서 텍사스 법원이 평화롭고 세속적이며 다원주의적 국가(state)인 텍사스의 도덕적 권한과, 자살과 자살 조력을 악이라고 생각하는 특정 공동체의 도덕적 다짐을 구별하는 것으로 읽는 것이 유용하다. 세속적이고 평화적이며 다원적인 국가가 치료를 거부하거나 자살하고자 하는 개인과 그들을 조력하는 이들의 자유로운 선택에서 세속적인 도덕적 권한을 가지고 개입하기는 매우 어려울 것이다.

이 책의 논증에 의하면 살인의 중심적이고 세속적인 도덕적 악은 개인의 생명을 빼앗는 것이 아니라 개인의 허락 없이 그 생명을 빼앗는 것이다. 옛 텍사스 법은 또 다른 예를 제공할 수 있다. 이 공화국(텍사스)의 초창기에는 자살도, 자살 조력도, 결투도 범죄가 아니었다.[143] 이 공화국은 동의가 있는 곳에는 아무런 해악도 없다(volenti non fit injuria)는 개념을 진지하게 받아들였다.[144] 이 견해는 모든 인간의 생명, 특히 무고한 생명을 앗아가는 것을 악이라고 여긴 유대-그리스도교 유산을 공유하지 않았다. 일반적이고 세속적인 도덕에서는 개인은 아무리 잘못 생각했고, 비난을 받아도, 자신과 타인에 대한 동의에 있어 합리적인 선택의 보장을 받는다.

우리는 단지 치료를 거부할 뿐만 아니라 어떤 상황에서는 죽음을 재촉할 의무, 즉 죽어야 하는 의무가 있느냐는 문제까지 제기할 수도 있다. 예컨대 정보기관에 들어가면서 임무를 망치지 않기 위해 자살하는 것에 동의해야 하는 의무를 지는 특별한 상황을 상상할 수 있다. 우리는 그렇게 해야 할 세속적인 도덕적 의무를 위해 우리의 생명을 끝낼 약속을 하는 특별한 상황을 만들 수 있다. 세속적인 도덕에서 우리는 특정한 도덕적 관점 안에서 악랄하다고 이해할 수 있는 약속을 자유롭게 할 수 있다. 이 입장에 대한 도덕적 기초는 다음의 경우에 명료해진다. (1) 가치로서의 자유와 인간 행동의 제약으로서의 자유를 구분할 때, (2) 일반적이고 세속적인 도덕의 내용 없는 성격을 인식할 때. 이와 대조적으로 칸트는 자살을 도덕 공동체의 근거를 거부하는 것으로 보았기 때문에 이를 규탄했다. "자신의 인격체 내의 도덕의 주체를 파괴하는 것은 세계로부터 도덕성 그 자체의 존재를 말살하는 것과 다름없다. 그럼에도 불구하고 도덕은 그 자체로 목적이다."[145] 칸트는 여기서 도덕 공동체의 물질적 조건과 칭찬/비난받을 만한 가능성의 개념적 조건을 혼동하고 있다. 만약 모든 합리적인 행위자가 자살을 결심했다면, 그들은 비록 도덕적인 공동체의 존재(existence) 가능성을 제쳐두었는지는 모르지만, 상호 존중에 근거한 공동체의 바로 그 개념(concept)과 모순되는 방식을 선택하고 있지는 않다.[146] 게다가 칸트를 따라도 자신을 단지 수단으로 사용하는 것은 불가능하지 않은데 왜냐하면 우리는 늘 자신을 활용하는 데 동의하기 때문이다. 칸트의 주장은 일반적이고 세속적인 측면에서 자살뿐만 아니라 자위를 금하는 것을 정당화할 수 있고,[147] 뿐만 아니라 장기를 다른 이에게 팔거나 주는 것을 금할 수 있는데 이는 자기 자신을 수단으로 이용하는 것이기 때문이다. 칸트는 "이를 뽑아 다른 이의 턱뼈에 심을 수 있도록 하는 것 [……] (이것은) 부분적으로 자기 살해다"[148]라고 주장했다. 허락 원칙에 대한 이 책의 분석은 이러한 논증을 배제하고, 우리가 본 바와 같이 살인이 도덕적 죄악인 것은 주로 그 개인의 동의 없이 다른 이의 목숨을 빼앗았기 때문이라고 주장한다. 의사능력을 가진 이의 자살이나 그 인격체의 요청에 따라 그 목숨을 빼앗는 것은, 상반되는 사전 협약(예: 자살하지 않거나 결투를 벌이지 않겠다는 협약)이 없는 한 허락이라는 세속적인 도덕적 원칙에 위배되지 않는다.

그 인격체의 요청에 따라 자살을 돕는 것이나 아니면 죽이는 것이 선행의 원칙에 위배되는지 여부는 우리가 호소하는 해악과 이득의 순위에 따라 달라질 것이다. 죽임을 당하는 개인이 극심한 고통에 시달릴 때, 세속적인 선에 기초한 논증은 죽음을 재촉하는 것을 의무는 아니더라도 도덕적으로 칭찬할 만한 것으로 해석할 수 있다. 만약 그가 병들고 쇠약하다면, 가족을 부양하거나 부채를 갚아야 하는 의무는 더 이상 타당한 죽음 선택의 방해물이 되지 않을 수도 있다. 어떤 상황에서는 자살이 사회적 책무의 행위가 될 것이라는 흄의 제안을 생각해보라. "그러나 사회의 이익을 증진하는 것이 더 이상 내 능력 밖의 일이라고 가정하자, 내가 그것에 익숙하다고 가정하자. [……] 그런 경우 나의 삶에 대한 포기는 무죄일 뿐만 아니라 칭찬받을 만한 것이어야 한다."[149] 우리는 불치의 말기 질환에 걸린 애국 시민이 메디케어 기금을 더 이상 소모하지 않기 위해 자살하는 것을 상상할 수도 있다. 비가역적이고 심각한 질환에 걸렸는데도 자신이 원하는 치료 수준에 대해 다른 이들에게 지시를 남기지 못한 것은 일종의 도덕적이고 사회적인 무책임으로 간주될 수 있는데, 적어도 그런 불분명함으로 인해 가족과 사회가 그가 원하지도 않았던 형태의 치료를 유지하는 한 그러하다. 직접적인 죽임의 비도덕성을 인정하지 않는 이들에게는 죽음을 맞이할 상황에 대한 지시를 남기는 것이 의무로 보일 수도 있다.

비용이 많이 들고 그다지 낙도 없는 상황에서 수명을 연장할 수 있는 기술력이 계속 발전할 것이라는 전망은 연명의료 중단, 자살, 자발적인 안락사라는 쟁점을 두드러지게 한다. 비록 이러한 많은 쟁점이 비자발적인 안락사를 강요하는 독재국가의 망령을 필연적으로 불러일으키지만, 국가주의 문화가 없는 상황에서 이러한 우려를 뒷받침하는 것은 거의 없다. 130년 이상 동안 국가가 강요하는 안락사라는 위험하고 미끄러운 경사길을 쉽게 피하면서, 자살, 자살 조력, 자살 방조를 금하는 법률이 없었던 텍사스는 그러한 정책이 반드시 남용으로 이어지지는 않는다는 사실을 보여준다. 그 남용이 비자발적 안락사를 의미한다면 말이다. 이러한 남용을 예방하는 데 중요한 것은 사회가 세속적인 국가권력에 진지하게 한계를 두는 것이다.[150]

국가가 강요한 자살이나 안락사(또는 친지나 다른 이의 강요에 의한 자살과 안락사)라는 남용에 대한 이러한 세속적 우려는 중세 이후 서구의 전통적인 우려, 즉 개인은 자신의 삶을 끝내려는 유혹을 받지 않는다는 것과 대조된다. 이것이 더 이상 도덕적 위험으로 이해되지 않을 때, 우리는 서유럽과 미국의 죽음과 죽어감과 관련된 선택에 관한 정책을 빚어낸 그리스도교적 도덕 비전에서 벗어난다. 유대-그리스도교적 도덕 비전 안에 사는 이들은 자살과 자발적 안락사의 유혹을 미래의 주요한 유혹 중 하나로 간주할 것이다. 부족한 자원과 값비싼 기술의 세계에서 치료가 실패하고 통증과 고통이 참을 수 없을 때 최대한으로 치료하고 자유롭게 죽음을 택하는 것은 너무나 합리적으로 보일 것이다. 그러한 것이 자원의 가장 합리적이고 세속적인 사용이 될 것이다. 안락사의 사용은 직접적이든 사전 의료 지시를 통해서든 책임감 있고 적절한 개인의 선택으로 등장할 것이다. 자살, 조력 자살, 안락사를 산전 진단과 낙태처럼 합리적이고 수용 가능하게 하자는, 경제적 우려와 통증, 고통, 장애에 대한 두려움으로 인한 엄청난 압박이 있을 것이다. 특정한 내용 충만한 도덕 비전 밖에서, 그러한 선택이 잘못임을 인식하는 것은 불가능하다.

여기서 치료를 거부하거나 스스로 목숨을 끊을 수 있는 의사능력이 있는 개인의 권리에 대한 세속적인 도덕적 옹호가 일반적으로 자살을 용인하는 것이 아니라는 점을 강조할 필요가 있다.[151] 자살을 기도하는 이들 대부분은 정신적 문제로 그렇게 한다. 그들은 자살 조력이 아니라 정신과 치료를 받아야 한다. 게다가 자살을 선택하는 의사능력을 가진 이들 중 상당수는 사려 깊지 못한 근거나 타인의 친절과 연민을 통해 해결할 수 있는 상황 때문에 그렇게 할 수도 있다. 그러한 개인은 자살을 예방하기 위한 평화적인 설득의 대상이 되어야 한다. 그러나 우리가 그러한 모든 이를 고려 대상에서 제외했을 때, 말기로 진행 중인 질병이나 노쇠의 마지막 단계에 있는 개인은 직접적인 죽임을 악으로 여기지 않을지도 모른다. 어떻게 우리는 불가지론적인 여피에게 암이 사방에 전이되어 다중 장기 부전으로 죽게 된 상태에서 몇 주 또는 몇 달을 더 살아내야 한다고 설득할 수 있을까. 그러한 이들은 마지막 나날을 요양병원이나 다른 장기 요양시설에서 보내고 싶어하지 않을 수도 있다. 그러한 고려로 인해 많은 이가 서양의 그리스도교적 종합의 틀 이전에 존재했던 이교도의 맥락으로 회귀할 것이다. 그런 점에서 히포크라테스보다 신피타고라스 학파가 썼을 가능성이 높은 이른바 히포크라테스 선서가 그리스-로마 시대의 의술을 전체적으로 대표하지 않았다는 점에 주목해야 한다.[152] 당시의 많은 의사는 아마도 신속하고 고통 없는 죽음에 어떻게 이를 것인가에 대한 조언을 해주었을 것이다.[153]

조력 자살과 안락사는 자살과 살인에 관한 법률 개정을 필요로 할 것이다. 조력 자살과 자살 방조를 용인하는 텍사스주의 옛 법 아래에서도 자살을 기도한 이가 죽음을 초래해야 했다. 만약 다른 이가 방아쇠를 당기거나 자살자의 입에 독을 부었다면, 그 사람은 자살의 방조자가 아니라 살인자가 된 것이다. 심한 질병을 앓는 많은 개인에게는, 허용된 낡은 법보다 더 많은 도움이 필요할 것이지만, 새로운 텍사스 법은 이를 완전히 금지하고 있다.[154] 그러한 개인들은 죽음의 조력을 받고 싶어할 수도 있지만, 질병과 장애 때문에 단순히 수동적인 촉진이 아니라 적극적인 도움이 필요할 것이다. 그러한 개인은 그들을 돕는 데 동의하는 이들의 도움을 받을 세속적인 도덕적 권리를 가지고 있지만, 그들은 그런 일을 도덕적으로 반대하는 기구 내에서 자살하거나 자살 조력을 받거나 안락사를 받을 권리는 없을 것이다. 또한 허락이나 선행의 원칙은 의사나 의료기관이 그러한 서비스를 원하는 환자에게 다른 제공자를 추천하도록 요구하지 않을 것이다. 그러한 요구는 선행에 대한 특정한 도덕 비전에 따라 달라질 수 있다.[155]

이러한 문제들은 우리가 노년기에 질병을 극적으로 억제하지 못하면서 생명 연장을 추구하고, 또 그리스도교 시대의 잔재들이 폐기되면서 피할 수 없을 것이다. 정신적으로나 육체적으로 심각하게 쇠약해지면서 늙어가는 위험은 일반적으로 세속적인 사회나 많은 이가 견디기를 바라는 것보다 더 클 수도 있다. 미래에는 노년의 사소한 문제로 고생할 뿐 아니라 몇 년은 아니더라도 몇 달을 집중적인 간호를 필요로 하는 85세 이상의 노인들이 점점 더 많아질 것이다. 특정 상황에서 그런 이들이 고통 없이 죽임을 당하는 것이 허용된다면 그러한 위험은 피할 수 있다. 그러한 개인들은 삶이 그들에게는 모욕이고 다른 이들에게는 부담이 될 정도까지 늙어가는 것을 두려워할 필요가 없을 것이다. 그러한 정책은 이러한 두려움을 없앨 뿐만 아니라, 그럴 수 있을 때 건강을 지키고 삶의 즐거움을 증대할 수 있는 자원을 자유롭게 할 수 있을 것이다.

**안락사**

만약 누군가의 죽음을 의도하는 것과 단순히 허락하는 것 사이에 원칙적으로 차이가 없다면, 그 자신의 요청을 받고 누군가를 죽이는 것에 반대하는 절대적인 도덕적 금지는 없을 것이다. 실제로, 허락 원칙은 한때 의사능력이 있었지만 (1) 지금은 그렇지 않고, (2) 다시 의사능력을 획득할 수 없으며, (3) 예의 그 상황에서 그가 죽기를 원했을 뿐만 아니라 죽음을 앞당기기를 바랐다는 명확하고 설득력 있는 증거가 있다면 삶을 종식하는 것을 금지하지 않는다. 비자발적 안락사(명시적으로 거부되지 않았지만 현재 의사능력이 없는 개인의 과거 바람과 일치한다고 추정 가능한 안락사)가 아닌 반자발적 안락사만이 허락이나 선행의 원칙에 호소하여 금지될 수 있다. 허락은 위반되지 않으며, 우리는 그 인격체의 최선의 이익을 위해 행동하는 것처럼 보인다.

이 세속적인 도덕의 맥락에서, 예기와 의도 사이의 오래된 구별은 무관하게 된다. 우리는 무고한 개인의 죽음을 직접적으로 의도하거나 초래하는 것의 부적절함을 더 이상 이해할 수 없다. 그러면 동의에 초점을 맞추게 된다. 즉 진정한 자발적 자살(의사능력이 있는 개인이 자살을 선택함), 진정한 자발적 자살 조력(즉, 자살을 원하는 인격체의 자유로운 초대를 받아 강압 없이 그 일을 함), 그리고 진정한 자발적 안락사이거나 혹은 적어도 반자발적 안락사가 아님(즉, 의사능력이 있는 인격체는 자신의 요청에 의해 죽임을 당하고, 없는 인격체는 그들의 희망에 부합한다고 추정될 수 있는 경우에만 죽임을 당한다)에 관한 동의 말이다. 능동적 안락사와 수동적 안락사 사이의 구별은 내재적인 도덕적 의미를 더 이상 갖지 못한다. 또한 수동적 안락사와 죽게 내버려둠(이는 죽이려는 직접적 의도의 존재, 혹은 부재에 달려 있다)의 구별은 도덕적 비중을 가지지 않는다. 포스트-그리스도교 시대의 맥락에서, 그러한 구분은 낡은 금기의 반영으로 나타날 것이다. 어떻게 살아야 하고 어떻게 죽어야 하는지에 관한 정전적이고 도덕적인 비전의 지침을 상실했을 때, 도덕적 권한은 허락으로부터, 동의로부터만 획득될 수 있다. 이는 치료의 중단이나 개인의 직접적인 죽임과 관련된 결정에서 세속적인 도덕적 관심의 중심적 초점이 된다. 많은 이에게, 이는 그들이 호소할 수 있는 모든 것이 될 것이다. 도덕 이방인들에 대해서뿐 아니라, 도덕 공유인들에 대해서도. 오 시간이여! 오 관습이여!(O tempora! O mores!)

## 의료팀

의료의 특성은 환자, 의사, 간호사 및 기타 의료 전문가의 자유로운 선택을 지시하는 다양한 가치에 의해 형성되는 배제와 포함의 그물망에 의해 정의된다. 치료받거나, 도움을 받거나, 홀로 남겨지거나, 치료를 거부하거나, 의료적 권고에 완전히 부합하지 않는 것의 결정은 치료, 돌봄, 지지에 대한 요청과 마찬가지로, 종종 좋은 의료에 관한 경쟁적인 견해를 반영한다. 그래서 어떤 상황에서 어떤 돌봄을 제공할 것인지에 대한 의사와 간호사의 결정도 마찬가지다. 정합적인 돌봄의 제공은 관련된 남녀의 수에 따라 복잡해진다. 그들은 수많은 자유로운 선택을 통해 의료의 성격을 결정한다. 또한 정부, 보험사, 병원 및 기타 제3자의 의사결정은 의료의 성격을 형성한다. 그러나 관련된 의사들의 측면에서도 이 사안은 복잡하다. 환자가 병원에 입원하면, 입원 담당 의사뿐만 아니라, 매달 바뀌는 주치의, 레지던트, 인턴도 있을 수 있다. 또한, 특정 문제나 치료 형태에 관한 의견을 제시하기 위해 각각의 전문의(consultant)들도 참여하게 될 것이다. 환자 담당 간호사가 진료의 가장 큰 연속성을 제공한다.

의료팀으로서 이러한 개인들의 동족 관계를 말하는 것은 종종 존재하는 것보다 더 많은 정합성과 조직을 시사한다. 조직화의 문제는 누가 이 팀을 지휘하고 어떤 권한을 가지고 있는지 결정하는 문제와 엮인다. 전통적으로 주치의는 팀의 주장으로 여겨져 왔다. 여기서 우리는 배의 선장으로서의 의사의 개념과 같은 더 강한 은유를 떠올릴 수도 있다.[156] 그러한 은유는 독립성이 점점 더 증가함에 따라 약해졌고, 어떤 경우에는 환자의 권리에 대한 강조가 증가함에 따라 간호사의 독립성이 증가하기도 했다. 환자를 치료할 수 있는 권한이 환자에게서 직접 또는 환자의 가족을 통해 주어진다면 환자가 배의 선장이고 의사는 조종사인가? 환자나 그 가족들이 치료 과정을 책임지고 싶어하는 한, 그들은 치료 방향에 대해 중심적인 책임을 지는 이들이 될 수 있다. 그들은 전문의가 단순히 주치의가 아니라 환자 및/또는 가족에게 보고해야 한다고 주장할 수 있다. 환자나 그 가족이 직접 또는 그들의 보험을 통해 전문의에게 보수를 지불하는 한 이는 강력한 요청이다. 환자와 그 가족들은 자신들이 직접 치료를 지시해야 한다고 주장할 수도 있다. 환자가 의료비를 통제하는 한, 급진적인 환자 중심의 변화가 실현될 수 있다고 가정하는 것은 불합리하지 않다. 이러한 변화는 달성할 수 있지만, 의사들이 환자와 그 가족을 전통적으로 지지하고 보살폈던 방식의 큰 변경을 수반할 것이다. 환자 자율성을 추구하는 활동가는 자신이나 가족을 자격 있는 의사의 손에 맡겨서 얻을 수 있는 전통적인 신뢰, 의존, 편안함에 대한 대가를 치르게 될 것이다. 이와 관련된 이들은 어떤 이득을 추구하고 어떤 대가를 회피할지 스스로 판단할 필요가 있을 것이다.

그런 개인적인 관계 밖에서 더 많은 의료를 받을수록, 우리는 돌보는 이에게 방향을 제시하기 위해 우리의 소망을 명시적으로 설명할 필요가 있을 것이다. 우리는 의사 무능력자가 되어 더 이상 권한을 갖고 허락할 수 있는 자아가 아니게 될 때 어떤 돌봄을 원하는지를 상당히 구체적으로 표명할 필요가 있을 것이다. 다시 말해, 사전 의료 지시의 희박한 성격은 어떤 치료를 제공하거나 금지해야 하는지를 적절하게 표명하기에는 충분하지 않다.[157] 실제로 우리가 전통적인 공동체와 개인적 관계의 틀에서 벗어날수록 더 많은 이해를 명확하게 할 필요가 있을 수 있다. 어떤 법적인 우려에서가 아니라, 가족 구성원들의 죄책감과 오해에서 벗어나기 위해서, 친지들을 환자의 요구를 존중하기 위한 도덕적 약속으로서 사전 의료 지시에 대한 특별한 추가 증인으로 만드는 것이 때때로 유용할 수도 있다. 환자를 의료진이 매달 교대하는 종합병원으로 보낼 때, 환자와 가족은 환자(그리고 의사능력이 없는 환자의 가족)의 소망을 명확히 알리고 이해시킬 수 있도록 특별한 조치를 취할 필요가 있을 것이다. 공식적인 서면 지침은 새로운 주치의, 레지던트 또는 인턴이 환자나 가족의 이전 결정을 알지 못했기 때문에 치료나 소생술을 제공하는 것을 금하는 믿을 수 있는 보호를 제공할 수 있다. 환자와 그 가족은 그러한 결과를 피하려면 의료의 방향을 제시해야 한다. 그럼에도 불구하고, 환자들이 (많은 환자들이 부담하기를 원하지 않을지도 모르는) 그러한 중개자의 역할을 떠맡을 때에도, 의사는 불가피하게 파일럿, 즉 어디서 그 바람이 진행되고, 그 소망이 좌초되는지를 알고 있는 사람으로 남아있다. 의사는 위험한 바다를 통과하는 항로를 정할 때 가능성의 친숙한 지리를 알고 있는 사람이다.

  의료팀의 구조는 환자가 자신의 운명을 어느 정도까지 결정하고자 하는지와 의사, 간호사 및 다른 이들이 좋은 의료를 위해 특정 진행 방향을 차트로 작성하는 것이 얼마나 필요하다고 생각하는지에 따라 달라질 것이다. 주치의는 다른 전문의들이 환자에게 직접 보고하는 것이 아니라 그들에게 보고해야 한다고 주장할 수 있다. 그들은 간호사들이 간호와 예후에 관한 그들의 판단을 환자에게 알리지 않고 이 사안은 자신에게 넘기라고 주장할 수 있다. 전문의가 환자에게 직접 말하든지 아니면 주로 주치의에게 이야기하든지, 간호사가 환자의 치료와 예후에 관한 의사결정을 전달할 수 있는 독립적인 영역을 가질 것인지, 또는 간호사와 다른 의료 전문가가 결국 얼마나 의사의 보조자로서 역할을 하는지는 관련된 모든 이들의 평화로운 묵인 또는 합의에 달려 있다. 간호사들이 의사의 확장된 역할에서 물러남에 따라 진료보조인(PA)이 발달하는 상황[158]은 의사를 돕는 개인의 지속적이고 중요한 역할이 있음을 보여준다.[159]

의료 전문직의 의미와 중요성 그리고 그들이 서로 협력하는 방식은 현실의 깊은 구조를 반영하지 못한다. 그것은 인간 선택의 결과물이다. 지금까지 많은 변화가 점진적이었다. 그러나 이제 도덕적 다양성이 증대되고 전통적인 기대치가 약화되는 배경을 바탕으로 많은 것들이 의문에 부쳐졌고 많은 것들이 인간의 기대와 재정적 현실이 변화함에 따라 재편될 가능성이 크게 높아졌다.

**동의, 도덕적 다양성, 그리고 의료정책: 왜 모든 것은 단일해야만 하는가?**

의료의 세속적인 도덕적 특성은 발견되는 것이 아니라 창조되는 것이다. 의사, 환자, 간호사 및 기타 인력의 역할을 지시하는 단일하고 세속적인 정전적 가치 순위는 없다. 각자는 참여를 철회하거나 거부할 수 있다. 그러나 어느 누구도 다른 이에게 무비판적인 서비스를 강요할 수는 없다. 어느 누구도 독립적이고 일방적으로 의료의 구체적인 성격을 만들 수는 없다. 각각은 의료 서비스의 복잡한 노력에 참여하는 다른 이들의 자유로운 합의에 의존한다. 환자와 다른 이들은 의료정책에서 특정한 도덕 비전을 실현할 수 있는 기회를 자유롭게 만들어야 한다. 즉, 협회나 기관들도 그들 자신의 도덕 비전을 반영하여 자신의 의료정책을 만들 수 있어야 한다. 이는 우리가 다음 장에서 살펴볼 사안이다. 여기서는 제칠일안식일예수재림교도와 로마 가톨릭교도들이 설립한 병원이 있는 것처럼, 환자들이 그들이 추구하는 특별한 도덕적 특성을 가지는 특별한 자유주의자나 온정적 간섭주의 병원을 설립할 수도 있다는 데 주목하는 것으로 충분하다.

윤리위원회의 등장은 부분적으로 내용 충만한 지침이 없는 문화적 맥락에서 도덕적 방향을 확보해야 하는 필요성에 기인한다. 내용 충만한 도덕적 다짐을 가진 종교 병원에서, 그러한 위원회는 새로운 맥락에서 틀이 잘 잡힌 이해를 적용해야 하는 어려움에 직면해 있다. 다른 병원에서는 이 위원회가 (1) 도덕 정책의 기틀을 잡고, (2) 직원을 교육하며, (3) 자문을 제공하고, (4) 갈등을 중재한다. 종교 병원은 종종 그들 기관의 도덕적 충실성에 대한 위협에 대처해야 한다(예컨대, 병원의 설립 허가 조건으로 낙태를 제공하거나, 혼외 성행위를 지원하거나, 시설에서 안락사를 허용해야 한다면, 전통적인 그리스도교 병원은 어떻게 대응해야 하는가).[160] 내용 충만한 도덕적 다짐이 없는 병원은 생명윤리 논쟁에 대한 다양한 당사자들 사이의 허락과 거부의 범위를 넘어 어떤 지침을 제공할 수 있는지를 종종 결정해야 한다. 이런 병원은 윤리위원회가 기관의 도덕성을 확립하는 데 도움을 주기를 희망해야 한다. 도덕 비전의 다양성을 고려할 때, 병원 윤리위원회의 역할과 그들이 만들어내는 정책은 모든 병원 전체에 걸쳐 통일되어서는 안 된다.

국가와 다른 집단이 세속적으로 정당화될 수 없는 강압적인 위력을 사용하는 것을 자제한다면, 다양한 연합체가 다양한 도덕 비전을 평화적으로 지원할 수 있는 기회가 있을 것이다. 그러한 연합체는 특정한 내용 충만한 도덕 비전을 중심으로 구축된 다양한 병존 의료 시스템을 유지할 수 있다. 많은 이가 낙태와 안락사와 관련된 도덕적 악을 이해할 것이다. 다른 이들은 정해진 상황에서 안락사는 물론 산전 진단과 낙태에 동의하는 이들에게 특별 보험 할인을 제공할 수도 있다. 하지만 이들은 비록 고통과 죽음의 위험이 더 커진다 해도, 더 저렴한 의료비를 계약하고 싶을지도 모른다. 도덕적으로 다양한 의료의 비전에 개인들이 동의할 수 있도록 하는 것은 개인들이 다른 이의 동의를 얻어 자유롭게 협력해야 하는 세속적인 도덕적 권한과 더불어 도덕적 다양성을 심각하게 받아들일 것을 요구한다.¹⁶¹ 사망과 고통의 위험이 증가함에도 개인이 더 저렴한 의료 서비스에 동의하도록 하기 위해서는 모든 현실이 도박이며, 의료 선택은 불확실성에 직면한 자유인에 의해 적절히 이루어진다는 사실을 인식할 것을 요구한다. 결국, 상용 제트기를 타고 비행하다가 죽을 가능성이 자동차 운전의 10퍼센트라면, 추락 위험이 두 배라 해도 저가 항공편을 절반 가격에 사서 가는 편이 매우 지각 있는 일일 것이다.

그러한 자유의 가능성은 특정한 도덕 공동체 내에서만 이해할 수 있는 중요한 도덕적 가치들을 옹호하는 것은 물론, 특정한 정의와 공정에 관한 이해를 강압적으로 부과하여 도덕적 다양성을 없애버리는 의료 접근의 평등과 획일성을 지향하는 다양한 열망을 제한하는 데 달려 있다. 제4장에서 보았듯이 공정, 평등, 정의의 특정한 비전에 대한 강압적인 국가의 약속은 세속적인 도덕적 권한이 없다. 의료의 성격은 결국 참여자의 자유로운 선택뿐만 아니라, 자신의 선과 공정의 비전을 강요하는 이들의 강압적인 개입에 의해 결정된다.

# 주

1. Hippocrates, *Epidemics* 1.12.10-15, in Hippocrates, trans. W. H. S. Jones (Cambridge, Mass.: Harvard University Press, 1962), vol. 1, p. 165.
2. 교양 있는 전문직이 갖춘 술기와 지식은 그 공동체를 정의하고 인도하는 개념적 구조를 형성한다. 예컨대 다음을 보라. Karl Popper's treatment of ideas as a world of quasi-Platonic objects: Karl R. Popper and John C. Eccles, *The Self and Its Brain* (New York: Springer, 1977), pp. 36-50.
3. 히포크라테스 시대(ca. 460-377 B.C.)에는 미국 의사협회와 같은 로비 단체가 없었다. 마찬가지로 히포크라테스 전집에서 보듯 의료 전문직의 형식적인 통제도 거의 없었다. 하지만 고대에는 의사에 대한 의료과오 소송과 비슷한 것은 있었다. Darrel W. Amundsen, "The Liability of the Physician in Classical Greek Legal Theory and Practice," *Journal of the History of Medicine and Allied Sciences* 32 (Apr. 1977): 172-203; "The Liability of the Physician in Roman Law," in H. Karplus (ed.), *International Symposium on Society, Medicine and Law* (New York: Elsevier, 1973), pp. 17-30; "Physician, Patient and Malpractice: An Historical Perspective," in S. F. Spicker et al. (eds.), *The Law-Medicine Relation: A Philosophical Exploration* (Dordrecht: Reidel, 1981), pp. 255-58.
4. 알프레트 슈츠(Alfred Schutz)는 지식의 사회적 분포, 그리고 그것이 전문가, 일반인, 또한 일반 지식인 사이에 어떠한 차이를 갖는지와 관련된 문제에 대한 매우 도움이 되는 설명을 제공한다. Alfred Schutz and Thomas Luckman, *The Structures of the Life-World*, trans. R. M. Zaner and H. T. Engelhardt, Jr. (Evanston, Ill.: Northwestern University Press, 1973), pp. 304-31.
5. 스페이스 셔틀과 같은 매우 강력한 기계적 고안에 대해서 일종의 경외가 존재한다. 그런 기계를 수리하는 이들에 대한 일종의 경외감과 존경심이 있을 수 있는데 이는 부분적으로는 그 기계의 복잡함에 기인한다.
6. 의사의 도덕적이고 전문가적인 다짐을 인식하는 데 있어 환자가 겪는 문제에 대한 탐구는 다음을 참조. Alasdair MacIntyre, "Patients as Agents," in S. F. Spicker and H. T. Engelhardt, Jr. (eds.), *Philosophical Medical Ethics: Its Nature and Significance* (Dordrecht: Reidel, 1977), pp. 197-212.
7. Alfred Schutz, "The Stranger: An Essay in Social Psychology," in Arvid Brodersen (ed.), *Collected Papers* (The Hague: Martinus Nijhoff, 1964), vol. 2, p. 99.
8. Edmund D. Pellegrino and David C. Thomasma, *A Philosophical Basis of Medical Practice* (New York: Oxford University Press, 1981), pp. 64-66, 72, 86, 187, 200; 또 다음을 보라. Pellegrino and Thomasma, *For the Patient's Good* (New York: Oxford University Press, 1988).

9 플라톤은 건강 문제에 있어 환자가 의사의 친구가 되어야 한다고 논한다. *Lysis*, 218d-219d.
10 펠리그리노와 토마스마의 이 구절에 대한 해석은 의료가 성취하는 건강에 대한 의사와 환자의 이해가 공통적이며, 건강의 의미가 단일하다는 플라톤의 전제에 의존한다.
11 Aristotle, *Magna Moralia*, 2,12115-16.
12 "우리가 방금 말했듯이 아픈 사람은 의사의 친구입니다. 그렇지 않나요? 그렇습니다. 병 때문에, 건강을 위해? 네." Plato, Lysis, 218e, in Edith Hamilton and Huntington Cairns (eds.), *The Collected Dialogues of Plato* (Princeton, N.J.: Princeton University Press, 1969), pp. 162-63.
13 Pellegrino and Thomasma, *Philosophical Basis of Medical Practice*, p. 72.
14 G. W. F. Hegel, *Hegel's Philosophy of Right*, trans. T. M. Knox (London: Oxford University Press, 1965), sec. 303.
15 Ibid., sec. 270 Zusatz. 이 부분에서 헤겔은 당대의 반유대주의를 비판하며 종교적으로 중립적인 관용 국가에 대한 논증을 제공한다. 제한된 관용 국가에 대한 헤겔의 설명에 대해서는 다음을 참조. H. T. Engelhardt, Jr., "Sittlichkeit and Post-Modernity: An Hegelian Reconsideration of the State," in H. T. Engelhardt, Jr., and Terry Pinkard (eds.), *Hegel Reconsidered: Beyond Metaphysics and the Authoritarian State* (Dordrecht: Kluwer, 1994), pp. 211-24.
16 Robert A. Burt, *Taking Care of Strangers* (New York: Free Press, 1979), p. 19.
17 좋은 삶에 대한 건실한 관점으로 묶인 공동체 안에서도 법의 지배의 영역이 있다. 이 법은 항상 동의하지 않은 권력으로부터 사람들을 보호하는 원천으로 작용한다. 많은 공동체에서 이는 관료적 규정을 요구하지는 않는다. 한 공동체가 친밀하면 할수록 형식적이고 정교한 규정의 필요성은 줄어든다.
18 법체계 안에서 자유롭고 충분한 정보에 의한 동의의 몇몇 쟁점에 대해서는 다음을 보라. Alexander M. Capron, "Informed Consent in Catastrophic Disease Research and Treatment," *University of Pennsylvania Law Review* 123 (Dec. 1974): 340-438; Donald G. Hagman, "The Medical Patient's Right to Know: Report on a Medical-Legal-Ethical, Empirical Study," *UCLA Law Review* 17 (1970): 758-816; Leslie J. Miller, "Informed Consent: I," *Journal of the American Medical Association* 244 (Nov. 7, 1980): 2100-2103, "Informed Consent: II," *Journal of the American Medical Association* 244 (Nov. 21, 1980): 2347-50; "Informed Consent: III," *Journal of the American Medical Association* 244 (Dec. 5, 1980): 2556-58; "Informed Consent: IV," *Journal of the American Medical Association* 244 (Dec. 12, 1980): 2661-62; Marcus L. Plante, "An Analysis of 'Informed Consent,'" *Fordham Law Review* 36 (1968): 639-72; J. R. Waltz and T. W. Scheuneman, "Informed Consent to Therapy," Northwestern University Law Review 64 (1970): 628-50. 또한 다음을 보라. Paul Appelbaum, Charles Lidz, and Alan Meisel, *Informed Consent: Legal Theory and Clinical Practice* (New York: Oxford University Press, 1987); Ruth Faden and Tom Beauchamp, *A History and Theory*

of *Informed Consent* (New York: Oxford University Press, 1986); President's Commission for the Study of Ethical Problems in Medicine and Biomedical and Behavioral Research, *Making Health Care Decisions*, 3 vols. (Washington, D.C.: U.S. Government Printing Office, 1982); and Stephen Wear, *Informed Consent: Patient Autonomy and Physician Beneficence within Clinical Medicine* (Dordrecht: Kluwer, 1993). 이 논문들은 자유롭고 충분한 정보에 의한 동의에 관한 이 책의 분석이 제기하는 몇몇 법적 쟁점에 대한 입문을 제공한다. 독자는 이 책이 법적 쟁점을 직접적으로 다루기보다는 개념적인 쟁점에 초점을 맞추고 있음을 기억해야 한다.

19  A. W. Broadwell, E. V. Boisaubin, J. K. Dunn, and H. T. Engelhardt, Jr., "Advance Directives on Hospital Admission," *Southern Medical Journal* 86 (Feb. 1993): 165-68.

20  Natalie Abrams, "Medical Experimentation: The Consent of Prisoners and Children," in Spicker and Engelhardt, *Philosophical Medical Ethics*, pp. 111-24. 또 다음을 보라. Loretta Kopelman and John Moskop (eds.), *Children and Health Care: Moral and Social Issues* (Dordrecht: Kluwer, 1989).

21  Mary Ann Cutter and Earl E. Shelp (eds.), *Competency* (Dordrecht: Kluwer, 1991); 또 다음을 보라. Becky White, *Competence to Consent* (Washington, D.C.: Georgetown University Press, 1995).

22  Task Force on Ethics of the Society of Critical Care Medicine, "Consensus Report on the Ethics of Foregoing Life-sustaining Treatments in the Critically Ill," *Critical Care Medicine* 18 (Dec. 1990): 1439.

23  Ibid.

24  A. B. Seckier, D. E. Meier, M. Mulvihill, and B. E. Cammer, "Substituted Judgment: How Accurate Are Proxy Predictions?" *Annals of Internal Medicine* 115 (July 15, 1991): 92-98; and Marion Danis, Joanne Garrett, Russell Harris, and Donald L. Patrick, "Stability of Choices about Life-sustaining Treatments," *Annals of Internal Medicine* 120 (Apr. 1, 1994): 567-73.

25  지배 이데올로기는 특정 사회 안에서 합리적이고 신중한 선택으로 여겨지는 것들을 어느 정도는 결정하기 마련이다.

26  대헌장(The Magna Charta, June 15, 1215)은 정부의 부당한 폭력 사용으로부터 개인을 보호하였다. "자유민은 동등한 신분을 가진 자에 의한 합법적 재판 혹은 국법에 의하지 않고서는 체포, 감금, 추방, 재산의 몰수 또는 어떠한 방식의 고통도 받지 않는다"(sec. 39).
또한 부당하게 타인을 때리지 못하도록 하는 근거도 있다. 윌리엄 블랙스톤은 폭행과 관련하여 다음과 같은 주석을 썼다.

> 적어도 고의적으로, 또는 분개해서 타인과 접촉하면 폭행이다. 법은 폭력의 정도에 선을 그을 수 없고, 그래서 가장 경미한 폭행도 금지한다. 모든 사람의 인격은 소중하며, 아무도 그

것을 아무리 사소한 형태로도 건드릴 권리가 없다. 그리고 유사한 원칙에 입각하여 코르넬리우스 법은 찰싹 때리기(verberation)는 물론 건드리기(pulsation)도 금지한다. 찰싹 때리기에는 통증이 수반되지만, 건드리기에는 그렇지 않다.

William Blackstone, *Commentaries on the Laws of England* (1765), Book 3, p. 120. 블랙스톤(Blackstone)은 원래 이 책을 1765년과 1769에 펴냈다. 초기의 주석은 폭행에 관한 보다 제한적인 개념을 보여준다. Thomas Wood (1661~1722): "폭행(Battery)은 무례하거나 분개한 방식으로 타인에게 가해진 손상이다. 즉 팔로 때리기, 밀치기, 잡아끌기, 코 비틀기, 침 뱉기, 혹은 거칠고 무례한 방식으로 단추 쥐어뜯기 등이다." *An Institute of the Laws of England* (London: Nutt and Gosling, 1724; repr. 1979), p. 423. 이를 "다른 사람이 그러한 접촉을 공격적이고 도발적인 것으로 여길 것임을 알면서도, 혹은 충분히 믿으면서도 타인에게 고의적으로 물리적인 접촉을 저지른다면 그는 폭행 위협(the offense of assault)을 범한 것이라고 한 텍사스 형법전과 비교해보자. *Texas Penal Code Annotated*, sec. 22.01(a) (3) (Vernon Supp. 1982). 현대 법전은 폭행 위협과 폭행에 대한 코르넬리우스적 관점을 발전시켰는데, 이는 블랙스톤이 넌지시 암시한 것이다.

27 고대 게르만법에서 자유로운 개인은 중세 시대, 그리고 나중에 이단 심문 때 흔히 사용되었던 고문으로부터 면제되었다. 자유로운 개인에 대해 폭력을 쓰는 것은 범죄였다. 고문에 대한 다음의 고전적인 언급을 고려해보자. "접견실의 벌벌 떠는, 입법과 통치 기능을 동시에 쥔 군주 앞에서 비참하게 엎드린 탄원자에 대해 우리는 독일 숲의 자유인을 내세운다. 그는 족장과 같은 평의회에 앉아 양측이 모두 준수해야 하는 법을 제정하고, 우월한 활력과 지능을 가진 정도만큼만 족장에게 복종한다. […] 이 자유인의 인격적 독립은 모든 튜턴족들의 뚜렷한 특성 중 하나이다." Henry Charles Lea, *Torture* (Philadelphia: University of Pennsylvania Press, 1866; repr. 1973), pp. 24-25. 어떤 종류의 복종에 대해서도 일반적인 혐오가 있었다. 예컨대 두도 드 생캉탱(Dudo of St. Quentin, ca. 970~1043)과 최초의 노르망디공 롤로(Rollo, the first duke of Normandy, r. 911-32), 그리고 프랑스 왕 샤를(Charles the Simple, r. 898-929)의 이야기를 살펴보자. 프랑스 왕은 롤로에게 자기 발에 입을 맞춰 경의를 표하라고 요구했다. 이에 대해 롤로는 자신을 대신해 부하 중 하나가 그렇게 하겠다고 했다. 그 부하는 왕의 발을 들어 자기 입에 갖다 대었고, 왕은 뒤로 자빠졌다. Peter Foote and David M. Wilson, *The Viking Achievement* (London: Sidgwick & Jackson, 1980), p. 79.

28 Slater v. Baker and Stapleton, 2 Wils. 359, 95 Eng. Rep. 860 (Kings Bench 1767). 환자의 동의를 받기 위해 제공해야 할 정보에는 상당한 제한이 있었다. 올리버 웬들 홈스(Oliver Wendell Holmes)는 이렇게 말했다. "환자는 의사가 가진 모든 약품에 대한 권리가 없는 것처럼 모든 진실에 대한 권리도 없다." Eugene M. Hoyt, "Mandatory Disclosure Standards or Informed Consent—Texas Style," *Texas Medicine* 79 (Oct. 1983): 56에서 인용.

29. Schloendorff v. Society of N.Y. Hospital, 211 N.Y. 125, 105 N.E. 92, 93 (1914). 이러한 결정은 예컨대 모어 대 윌리엄스 판례(Mohr v. Williams)에서 예기되었는데 여기서 법원은 환자의 동의 없이 의사가 한 시술은 불법행위(tort)라고 판결했다. Mohr v. Williams, 95 Minn. 261, 104 N.W. 12 (1905).
30. Olmstead v. United States, 277 U.S. 438, 478 (1928) (Brandeis, J., dissenting).
31. In re President & Directors of Georgetown College, Inc., 331 F.2d 1000, 1017 (D.C. Cir.) cert. denied, 337 U.S. 978 (1964) (Burger, W., dissenting) (원문 강조).
32. Natanson v. Kline, 186 Kan. 393, 404, 350 P. 2d 1093, 1104 (1960).
33. 이 문구는 테르툴리아누스(Tertullian, ?/160-ca. 230)의 말이라 전해진다. "나는 터무니없기 때문에 믿는다(Credo quia absurdum est)." 이는 현존하는 그의 저작에는 없는 문장이지만, 질송이 다음 책에서 논했다. Etienne Gilson, *History of Christian Philosophy in the Middle Ages* (New York: Random House. 1955), p. 45. 비슷한 문구는 있다. 테르툴리아누스는 그리스도의 죽음에 대해 이렇게 말했다. "그것은 어리석으므로 단도직업적으로 믿을 만하다(Prorsus credibile est quia ineptum est)." 그리고 부활에 관해서는 이렇게 말했다. "불가능하니까 그것은 확실하다(Certum est, quia impossibile est)." *De carne Christi*, sec. 5. 이해하기 위해서는 우선 믿어야 한다고 말한 아우구스티누스와 유사한 말들도 있다. *De Trinitate* 8.5.8 and 9.1.1. 아우구스티누스는 다음에서 이렇게 말했다. *Ioannis evangelium tractatus* 40.8.9, "그들은 믿었기 때문에 알지 못했다. 그러나 그들이 믿는다는 것을 알았다. 그들은 알기 위해 믿었고 믿기 위해 안 것이 아니다(Non quia cognoverunt crediderunt, sed ut cognoscerent crediderunt. Credimus enim ut cognoscamus, non cognoscimus ut credamus)." 이 문장은 특별한 신앙의 은총을 통해서만 삶의 중요한 목적에 관한 진리와 존재의 진리가 가능하다는 입장의 예를 보여준다. 그러한 은총 밖에서 신앙은 종종 그리스인에게는 어리석은 일로, 유대인의 눈에는 스캔들로 보였다. (1 Corinthians 1:23).
34. 자유의 첫 번째 의미는 자기-결정(self-determining)을 할 수 있는 것이다. 이는 칸트가 자율적 선택으로 요구한 것만큼 합리적인 자기 결정이라는 강한 조건을 전제하지는 않는다. 두 번째 의미는 특정 영역에서 도덕의 자유를 가지고 행동하는 것인데 여기서 제한은 허락 원칙(principle of permission)에 근거한다. 마지막 의미는 만약 다른 이의 허락을 강요한다면 강요받는 사람이 찬성하기를 바라는 권리 주장의 근거를 포기해야 한다는 것이다. 가능하게 하는 조건과 제3자 강요의 부재가 아무리 불운하더라도 직접 관련된 이들 탓이 아닐 때 그런 상황은 주어진 합의를 무효로 하지 않는다. 그런 상황으로 의무가 면제되는 것이 불가능할 때를 제외하고 말이다.
35. Baruch A. Brody and H. Tristram Engelhardt, Jr. (eds.), *Mental Illness: Law and Public Policy* (Dordrecht: Reidel, 1980).
36. In re President & Directors of Georgetown College, Inc., 1008. 법정은 영아에 대한 직접적 의무가 아니라 그 영아와 관련된 공동체에 대한 의무라고 판결했다. "환자는 자기 자식에 대해 공동

체에 책임이 있다. 그러므로 사람들은 그 어머니의 생명을 보존하는 데 관심이 있다." 이 판결은 사람들이 공동체에 새로운 부담을 주지 말아야 한다고 정확하게 선언했다. 반면 공동체가 부모로 하여금 자녀를 입양시키거나 공공 병원으로 보내는 것을 허락하고 그러한 권리가 단지 그들이 구명 치료를 거부하기 위해 행사하는 것인 한 그러한 제한은 특정한 일단의 도덕적 가치를 강압적으로 부과하는 것이다. 그 어린이에 대한 공동체의 관심과 부적절한 재정적 부담을 지고 싶지 않다는 이해관계에 덧붙여 여기서는 또한 어린이의 복지를 보장해야 한다는 부모의 의무의 문제가 있다.

37  In re Osborne, 294 A.2d 372, 374 (D.C. 1972).
38  Colin M. Turnbull, *The Mountain People* (New York: Simon and Schuster, 1972), p. 121.
39  독자는 이러한 거짓말에 관한 관점이 칸트의 이해로부터 급진적으로 멀어진 것임을 기억해야 할 것이다. 다음을 보라. Immanuel Kant, *The Metaphysics of Morals*, AK Ⅵ 429-31. 칸트는 거짓이 초래할 모든 예기치 못한 영향에 대한 개인적 책임과 더불어 스스로 도덕적 존재로 여겨야 할 의무를 훼손한다는 근거에서 거짓말의 부도덕성을 논했다. 거짓말의 중요성은 가치로서의 자유와 제한 조건으로서의 자유를 구별할 때 변화한다. 상호 존중의 도덕성 내에서 예의 자유가 제한 조건으로서의 자유라면 허락의 원천으로서의 자유는 3장에서 논한 바와 같이 의무로부터 자신을 자유롭게 할 수 있다. 덧붙여 거짓말의 도덕적 중요성은 그것이 방어력의 활용으로 정당화되는 듯이 보일 때 변화한다. 방어력을 정당화하기 위해 (그리고 보복의 문제에서) 칸트가 사용했던 논증은 방어적 거짓말과 기만을 정당화할 것이다. 상호 존중의 가능성에 반해 행동하는 사람은 거짓말을 포함한 방어력에 대항해 싸울 근거를 상실한다. 방어력을 사용하는 사람은 상호 존중의 개념을 위반하지 못하는데 그들은 위반자를 그 위반자가 표현한 도덕 원칙과 일관되게 취급할 것이기 때문이다. (거짓말을 포함한) 방어력을 사용하는 이들만 그것을 사용할 뿐 아니라 무고한 이들을 위험에 종종 빠뜨리는 이들도 방어 수단의 결과에 합리적으로 책임이 있다. 다른 것들 중에서도 이 논증은 정의로운 전쟁에서 스파이가 적을 죽일 뿐 아니라 기만할 수 있음을 보여준다.
40  William H. Masters and Virginia E. Johnson, *The Pleasure Bond* (Boston: Little, Brown, 1970). 이 관점에서 윌리엄 블레이크(William Blake)의 시 「답변된 질문The Question Answer'd」을 생각해보자.

> 남성이 여성에게 요구하는 것은 무엇인가?
> 충족된 욕망의 모습.
> 여성이 남성에게 요구하는 것은 무엇인가?
> 충족된 욕망의 모습.

관계가 최소한 합리적 고려뿐 아니라 욕망의 충족에 부분적으로 근거하는 한 그것은 이런 종류의 평화로운 조종에 의해 구조화될 수 있다. "당신이 나를 위해 이를 해준다면 나도 이를 당신을 위해 하겠소."

41 프랭크퍼트(Frankfurt)에 동의하는 사람은 조종당하는 사람이 그 미끼를 도저히 거부할 수 없다 해도, 그 사실을 인정하는 한 조종은 평화롭다고 주장할 것이다. 비록 그 조종으로 인해 조종당하는 사람의 일차적 의지가 강압적으로 합의에 이르게 된다 해도 그것이 이차적 의지에 의해 확정된다면 그 행동은 여전히 자유로운 것이다. 그러한 예는 실험자가 잠재적 대상자에게 위험한 연구에 참여하는 대가로 수백만 달러를 주는 것이다. 도저히 그 제안을 거부하지 못할 만큼 그 돈에 관심이 있다 해도, 그 사람이 그 사실을 인정한다 해도 그 선택은 여전히 자유로운 것이다. '그 돈을 제안하지 않았다면 나는 거절했을 거야, 그러나 도저히 그럴 수 없어'와 '그 돈의 제안을 받으니 기쁘다. 내가 원했다면 거절할 수 있었을 거야. 그러나 그런 제안을 거절하고 싶지 않다. 그렇게 되어서 좋아'를 비교해보자. H. Frankfurt, "Freedom of the Will and the Concept of a Person," *Journal of Philosophy* 68 (1971): 5-20; "Coercion and Moral Responsibility," in T. Honderich (ed.), *Essays on Freedom of Action* (London: Routledge, 1972), pp. 72-85; and H. Frankfurt and D. Locke, "Three Concepts of Free Action," *Proceedings of the Aristotelian Society*, supp. vol. 49 (1975): 95-125. 또 다음을 보라. Irving Thalberg, "Motivational Disturbances and Free Will," pp. 201-20, and Caroline Whitbeck, "Towards an Understanding of Motivational Disturbance and Freedom of Action," pp. 221-31, in H. T. Engelhardt, Jr., and S. F. Spicker (eds.), *Mental Health: Philosophical Perspectives* (Dordrecht: Reidel, 1978).

42 Robert Nozick, "Coercion," in S. Morgenbesser et al. (eds.), *Philosophy, Science, and Method* (New York: St. Martin's Press, 1969), pp. 44-72; Joel Rudinow, "Manipulation," *Ethics* 88 (1978): 338-47.

43 "무고한 자에 대한 동의받지 않은 위력 사용"과 같은 구절에 나타난 용어는 허락 없이 인격체를 사용하지 말아야 하는 상호 존중의 원칙의 모든 위반이라는 확장된 의미로 사용했음이 독자에게 명백할 것이다. 그런 위반은 직접적 위반뿐 아니라 기만, 협박, 강제에 의해 타인의 삶에 간섭하려 하는 모든 시도도 포함한다. 우리는 또한 계약을 존중하지 않는 것은 단지 태만일 뿐 아니라 계약의 선행 조건에 의존하는 어떤 형태의 개입이라는 것도 명심해야 한다. 개입은 타인이 필요로 하는 재화를 제공하지 못한 것뿐 아니라 선행 계약이나 소유를 통해 타인에게 기인하지 않는 것도 포함한다. 선행하는 일단의 이해가 없다면 그러한 태만은 개입의 형태로 간주되지 않을 것이다. 위력이라는 용어는 폭력의 사용, 폭력에 의한 협박, 혹은 계약 파기, 혹은 기만의 사용 등을 가로지르는 경계를 선명하게 한다. 그러한 상황에서 우리는 그들이 동의하지 않은 방식으로 다른 개인을 통제하거나 간섭하기 위해 강제하는 수단을 사용한다.

동의하지 않은 위력의 사용이 엄격한 의미에서 무고한 개인에 대하여 사용될 수 있는 어떤 상황이 있다. 우리가 견착식 대공 미사일을 가지고 빌딩 1층에 앉아있다고 상상해보자. 무고한 개인이 그 빌딩 옥상에서 떠밀려 떨어진다. 우리는 그와 부딪혀 죽거나 심각하게 부상당하는 것을 피하기 위해 도망칠 충분한 시간이 없다. 그러나 그 미사일을 발사할 시간은 있다. 그 발사는 떨어지는 사람이 무고하든 아니든, 1층에 있는 인격체를 위협하고 있기 때문에 정당화될 수 있다. 그 떨어지는 사람은 원하든 아니든 권한이 없는 경계를 급기야 가로지르고 있는 것이다. 이를 좀 더 상세히 다룬다면 우리는 '무고한 인격체'와 '부당한 위력에 대한 적절한 방어'에 대한 충분한 분석을 하게 될 것이다. 여기서는 어떤 상황에서는 의무적인 백신 접종이 이 미사일 발사와 같다는 것을 시사하는 것으로 충분하다. 어떤 이가 백신을 맞지 않아 질병에 감염되고 이를 그렇지 않았다면 자신을 보호할 수 있었던 백신을 맞지 못한 무고한 개인에게 옮겼다면 사람들을 보호하기 위해 백신 접종을 하는 데 위력을 사용하는 것은 정당화될 수 있다. 그들은 동의 없이 그 병에 걸리고, 그 접촉을 피할 기회가 없으며, 질병에 걸리는 것을 피할 기회가 없다. 문제는 백신을 접종 받지 않은 집단을 보호하기 위해 다른 이들에게 접종을 하기 전에 무고한 제3자가 접촉과 그 질병 감염을 피하기 위해 얼마나 많은 에너지를 쏟아야 하는가이다. 우리는 질병과 접촉한 것이 그 개인이 어느 정도는 자유로운 선택이었다고 한다면 그들은 다른 이들이 백신을 맞거나 혹은 예방조치를 취해야 한다고 주장하는 데 완전히 실패한다는 것을 유념해야 한다. 그 결과로 이 논증은 두창(적절한 시간 내에 예방접종을 받지 못하는 이들을 보호하기 위해) 과 같은 전염성이 높은 질병에 대해서는 강제 백신접종을 지지하지만 AIDS와 같은 질병에 대해서는 그렇지 않다. 이 병은 대개 어떤 위험을 수반한다고 일반적으로 이미 알려진 적극적인 행동을 통해서만 전염되기 때문이다. 두창과 같은 전염력이 높은 질병을 피하기는 어렵지만 AIDS와 같은 질병은 쉽다. 혈우병은 선행하는 권리가 없는 타인으로부터의 선행(혈액제제)을 요청하는 불행한 상황이다. 제8장에서 본 바와 같이 그러한 상황에서 (혈액제제로 인해) AIDS에 감염되면 이는 매우 불행한 일이지만 불공정하지는 않다.

44 정신분석의 어떤 형태는 예외가 될 수 있다. 이는 자유롭게/책임 있게 선택할 수 있는 역량의 증가에 초점을 맞춘다. 다음을 보라. Thomas Szasz, *The Ethics of Psychoanalysis* (New York: Basic Books, 1965). 나는 가치-감염 접근(value-infected approach)을 통해 이 사안을 분석한 적이 있다. 다음 참조. H. T. Engelhardt, Jr., "Psychotherapy as Meta-ethics," *Psychiatry* 36 (Nov. 1973): 440-45.

45 Nishi v. Hartwell, 473 P. 2d 116, 119 (Hawaii 1970), quoting Watson v. Clutts, 136 S.E. 2d 617, 621 (N.C. 1964).

46 Plato, *Laws*, trans. A. E. Taylor, in Hamilton and Cairns, *Collected Dialogues of Plato*, pp. 1310-11.

47 Capron, "Informed Consent in Catastrophic Disease Research and Treatment," 364-76.

48 Natanson v. Kline, 186 Kan. 393, 404, 350 P.2d, 1093, 1106 (1960).
전문직 표준을 강력하게 옹호하는 영국 법정에 대한 논의는 다음을 보라. George J. Annas, "Why the British Courts Rejected the American Doctrine of Informed Consent," *American Journal of Public Health* 14 (Nov. 1984): 1286-78.

49 Aiken v. Clary, 396 S.W. 2d 668, 674-75 (Mo. Sup. Ct. 1965).

50  Sard v. Hardy, 397 A. 2d 1014, 1020 (Md. 1977).
51  Canterbury v. Spence, 464 F. 2d 772, 797 (D.C. Cir. 1972).
52  Cobbs v. Grant, 8 Cal. 3. d 229, 245; 502 P. 2d 1, 11; 104 Cal. Rptr. 505, 515 (Calif. 1972).
53  Canterbury v. Spence, 464 F. 2d 772, 791 (D.C. Cir. 1972).
54  Capron, "Informed Consent in Catastrophic Disease Research and Treatment," pp. 407, 416.
55  Scott v. Brandford, 606 P. 2d 554 (Okla. 1980) at 558 and 559.
56  Spencer v. Seikel, 742 P. 2d 1126 (Okla. 1987) at 1129.
57  Cobbs v. Grant, 502 P. 2d 1, 12 (Calif. 1972). Sard v. Hardy, 397 A. 2d 1014, 1022 (Md. 1977).
58  Canterbury v. Spence, 464 F. 2d 772, 789 (D.C. Cir. 1972).
59  Cobbs v. Grant, 8 Cal. 3. d 229, 246; 502 P. 2d 1, 12; 104 Cal. Rptr. 505, 516 (Calif. 1972).
60  Hubert W. Smith, "Therapeutic Privilege to Withhold Specific Diagnosis from Patient Sick with Serious or Fatal Illness," *Tennessee Law Review* 19 (1946): 349-60.
61  Natanson v. Kline, 350 P. 2d 1093, 1103 (1960).
62  치료적 특권은 많은 내용 충만한 전문직 의료 행위의 하나를 수용하는 것으로 해석될 수 있다.
63  Mark A. Hall, "Informed Consent to Rationing Decisions," *Milbank Quarterly* 71 (1993): 645-68. 보다 포괄적인 연구로는 다음을 보라. E. Haavi Morreim, *Balancing Act: The New Medical Ethics of Medicine's New Economics* (Washington, D.C.: Georgetown University Press, 1995).
64  온정적 간섭주의에 관한 문헌으로는 다음을 보라. Joel Feinberg, "Legal Paternalism," *Canadian Journal of Philosophy* 105 (1971): 113-16; Allan Buchanan, "Medical Paternalism," *Philosophy and Public Affairs* 7 (1978): 370-90; Charles M. Culver and Bernard Gert, "The Morality of Involuntary Hospitalization," in Spicker et al., *The Law-Medicine Relation*, pp. 159-75; and James F. Childress, *Who Should Decide? Paternalism in Health Care* (New York: Oxford University Press, 1982).
65  John Stuart Mill, *On Liberty*, ed. G. Himmelfarb (New York: Penguin, 1982), pp. 165-66.
66  Calif. Welf. & Inst. Code, sec. 5150 (West 1972 & Supp. 1982).
67  Ibid., sec. 5260.
68  James F. Drane, "Competency to Give an Informed Consent," *Journal of the American Medical Association* 252 (Aug. 17, 1984): 925-27.
69  Gerald Dworkin, "Paternalism," *Monist* 56 (1972): 6-84.
70  Charles M. Culver and Bernard Gert, "Paternalistic Behavior," *Philosophy and Public Affairs* 6 (1976): 49-50.
71  Childress, *Who Should Decide?* pp. 237-41.
72  '권위 안에 있는 것(being in authority)'와 '권위가 되는 것(being authority)'의 구별은 다음 논문에서 빌려왔다. Richard E. Flathman, "Power, Authority, and Rights in the Practice of Medicine,"

in George Agich (ed.), *Responsibility in Health Care* (Dordrecht: Reidel, 1982), pp. 105-25.
73  제3장에서 논한 바와 같이 나는 탈무드의 개념 TEYKU를 합리적인 논증으로는 결정적으로 해결되지 않는 문제를 언급할 때 사용하였다. Louis Jacobs, *TEYKU* (New York: Cornwall Books, 1981).
74  Edward Wallerstein, *Circumcision: An American Health Fallacy* (New York: Springer, 1980). 여성 할례를 둘러싼 논란에 관한 최신 리뷰를 보려면 다음을 참조하라. Stephen A. James, "Reconciling International Human Rights and Cultural Relativism: The Case of Female Circumcision," *Bioethics* 8 (Jan. 1994): 1-26. 또한 다음을 보라. Loretta Kopelman, "Female Circumcision/Genital Mutilation and Ethical Relativism," *Second Opinion* (Oct. 1994): 55-71. 여성 할례를 비판하는 논증을 개발하는 데 있어서 어려움은 남성 할례에 대한 비판을 피하는 것이다. 남자 신생아의 종교적 할례가 아동학대가 될 수 있기 때문이다. 유대인에 대한 잔인한 역사를 생각해본다면 이는 치사한 고려가 아니다.
75  이런 관점은 일반적 세속 도덕의 용어로는 마사다 요새 방어군들의 행위를 용인(toleration)할 수 있는가로 이어진다. 이들은 모든 의사능력이 있는 사람이 상호 자살에 동의했다고 하여 어린이의 목숨도 앗아갔다. 여기서는 일종의 충동이 작용한 증거를 발견할 수도 있다. Flavius Josephus, *Wars of the Jews*, 7.9
부모의 결정이 자녀의 복지에 해로울지 아닐지를 결정하기는 어렵다. 종교적 신념으로 치료를 거부하는 부모의 어린이를 치료하기 위해 사람들은 대개 기꺼이 개입한다. 유잉 육종에 걸린 자식의 수술과 방사선치료를 거부하고 아이를 루르드 성지로 데려간 어느 이탈리아 부부의 예를 생각해보자. 그 어린이는 종양이 줄어들었다(혹은 기적이 일어났다!). Eugene F. Diamond, "Miraculous Cures," *Linacre Quarterly* 51 (Aug. 1984): 224-32.
이 책의 논증에서 사용된 용인의 관점은 적어도 1983년부터 표준 치료를 중단하고 기도에 의존할 수 있는 부모의 권리를 인정한 오하이오주의 입장(비록 그런 결정이 아무리 불쾌하게 여겨진다 하더라도)과 유사하다. "이 조항의 어떤 부분도 의학적 치료 대신 잘 확립된 종교의 관례에 따른 기도를 통한 영적 치료를 받은 어린이를 학대, 혹은 방치된 어린이로서 해석되어서는 안 되며 그런 어린이에 대한 어떤 보고도 불필요하다." Ohio's Juvenile Code 2151.421. 이 결론은 첫 인상만큼 그렇게 과격하지는 않다.
76  Darrel Amundsen, "Casuistry and Professional Obligations: The Regulation of Physicians by the Court of Conscience in the Late Middle Ages" (Part I), *Transactions and Studies of the College of Physicians of Philadelphia* 3 (1981): 22-39; "Casuistry and Professional Obligations: The Regulation of Physicians by the Court of Conscience in the Late Middle Ages" (Part Ⅱ), *Transactions and Studies of the College of Physicians of Philadelphia* 3 (1981): 93-112.
77  Ibid., part I, p. 35.
78  Brown v. Hughes, 94 Colo. 295, 30 P. 2d 259 (1934); Carpenter v. Blake, 60 Barb., 488 (N.Y.,

1871).

79  Hans Jonas, "Philosophical Reflections on Experimenting with Human Subjects," in P. A. Freund (ed.), *Experimentation with Human Subjects* (New York: Braziller, 1969), pp. 3-4.

80  Ibid., pp. 16-17.

81  Hans Jonas, "Philosophical Reflections on Experimenting with Human Subjects," *Daedalus* 98 (1969): 235.

82  Jay Katz, "Prologue—Experiments Prior to 1939," in Jay Katz, *Experimentation with Human Beings* (New York: Russell Sage Foundation, 1972), pp. 284-92.

83  J. H. Jones, *Bad Blood: The Tuskegee Syphilis Experiment* (New York: Free Press, 1981).

84  Hans-Martin Sass, "Reichsrundschreiben 1931: Pre-Nuremberg German Regulations Concerning New Therapy and Human Experimentation," *Journal of Medicine and Philosophy* 8 (May 1983): 99-111.

85  예컨대 다음을 보라. William Cullen, *Treatise of the Materia Medica* (Philadelphia: Mathew Carey, 1808).

86  Thomas Sydenham, preface to "The History of Acute and Chronic Disease," in *The Entire Works of Dr. Thomas Sydenham*, ed. and trans. John Swan, 3d ed. (London: E. Cave, 1753), p. xiii.

87  P. C. A. Louis, *Recherches sur les effets de la saignée dans quelques maladies inflammatoires* (Paris: Baillière, 1835). 또한 의학 통계에서 신뢰수준에 대한 최초의 논문은 다음을 보라. J. Gavaret, *Principes généraux de statistique médicale* (Paris: Bechet jeune et Labe, 1840).

88  이 주제에 대한 논의는 한스-마틴 새스(Hans-Martin Sass)에게 빚지고 있다.

89  연구의 일반적 도덕 원칙을 확립하려는 시도에 대해서는 다음을 보라. The National Commission for the Protection of Human Subjects of Biomedical and Behavioral Research, *The Belmont Report* (Washington, D.C.: U.S. Government Printing Office, 1978, DHEW [OS] 78-0012). 이 리포트는 정의, 자율성, 그리고 선행의 원칙을 옹호한다. 이 책의 분석은 정의가 허락과 선행의 원칙으로 환원되었음을 시사한다. 이 리포트의 부록은 인간 대상 연구에 있어 철학적 쟁점에 대한 입문을 제공한다.

90  *Nobel Lectures, Physiology or Medicine, 1942-1962* (Amsterdam: Elsevier, 1964), p. 511.

91  *Protection of Human Subjects*, 45 Code of Federal Regulations, 46.406.

92  Ibid., 46.407.

93  Ibid., 46.102(g).

94  Ibid., 46.301-6.

95  Jonas, "Philosophical Reflections on Experimenting with Human Subjects," p. 246n.

96  Arthur Elstein, "Human Factors in Clinical Judgment," in H. T. Engelhardt, Jr. et al. (eds.),

*Clinical Judgment* (Dordrecht: Reidel, 1979), pp. 17-28. Michael Scriven, "Clinical Judgment," in ibid., pp. 3-16.

97 Norwood Hanson, *Patterns of Discovery* (Cambridge: Cambridge University Press, 1961).

98 예컨대 다음을 보라. J. S. Carey, "Veterans Administration Coronary Cooperative Study," *Journal of the American Medical Association* 241 (June 29, 1979): 2791? 92; R. G. Hoffman et al., "The Probability of Surviving Coronary Bypass Surgery," *Journal of the American Medical Association* 243 (Apr. 4, 1980): 1341-44; M. L. Murphy et al., "Treatment of Chronic Stable Angina," *New England Journal of Medicine* 297 (Sept. 22, 1977): 621-27.

99 예컨대 다음을 보라. G. Crile, Jr., "The Breast Cancer Controversy," *Transactions and Studies of the College of Physicians of Philadelphia* 41 (1974): 243-53; J. A. Urban, "Treatment of Primary Breast Cancer," *Journal of American Medical Association* 244 (Aug. 22, 1980): 800-803; and U.S. Department of Health, Education, and Welfare, *The Breast Cancer Digest* (Bethesda, Md.: NIH Pub. 80-1691, 1979), pp. 26-35.

100 무작위 임상시험은 유의수준이 5퍼센트, 혹은 1퍼센트 이하임을 데이터가 보여주면 대개 중단된다. 임상시험을 중단하기 전에 얼마나 확신이 있어야 할까? 조기에 종료할수록 그 소견은 우연에 의한 것일 가능성이 높아진다. 임상시험을 오래 끌수록 새로운 치료로부터 이득을 얻을 수 있는 이들이 최종 결정을 기다려야 하는 시간이 길어진다. 그 질문에 대한 답은 얻기 힘든데 그들은 해와 이득의 다양한 가능성의 균형을 반영하기 때문이다. 해답은 시험 대상자와의 계약에서 창출되어야 한다. 그 연구의 의미와 종료 시점 등에 대해 대상자가 충분한 설명을 들었을 때 그런 협약이 가능하다. 이 쟁점에 대한 탁월한 연구는 다음을 보라. Baruch Brody, *Ethical Issues in Drug Testing, Approval, and Pricing* (New York: Oxford University Press, 1995).

101 독자는 기만이 심리학 연구에서 주요 연구 수단임을 알아야 한다. 여기서 내가 이 장에서 서술한 같은 도덕 원칙이 적용되어야 한다. 대상자들에게는 그들이 기만에 노출될 수 있음을 알려야 한다. 기만의 위험이 사소하다면 세부 사항 없이 대체적인 것만을 설명해도 잠재적 대상자의 자유를 존중하는 것으로 적절하게 간주될 수 있다(예컨대 '앞으로 몇 주간 당신은 학습 과정 연구를 위한 몇 가지 사소한 기만을 경험할 수 있습니다'). 마지막으로 연구자는 일상생활에서 제공되는 것 이상의 정보를 제공할 필요는 없다. 그렇게 선량한 관리자 책무를 수행하는 참여 연구자는 그들 또한 심리학자임을 밝힐 필요는 없다. 여기서도 법과 도덕의 다양성이 존재한다.

102 Hippocrates, *Oath*, in Hippocrates, vol. 1, p. 301.

103 법적으로 그러한 특권을 인정하지 않는다 해도 법원이 성직자의 비밀 보장 의무를 무시할 가능성은 거의 없다.

104 환자에게 위해 가능성이 있을 때 제3자에게 이를 알려야 하는 법적 의무의 발전에 대한 분석으로는 다음을 보라. William J. Winslade, "Psychotherapeutic Discretion and Judicial Decision: A Case of Enigmatic Justice," in Spicker et al., *The Law-Medicine Relation*, pp. 139-57.

105 Monroe H. Freedman, *Lawyers: Ethics in an Adversary System* (Indianapolis: Bobbs-Merrill, 1975). 또한 다음을 보라. Stephen Toulmin, "The Meaning of Professionalism: Doctors' Ethics and Biomedical Science," in H. T. Engelhardt, Jr., and D. Callahan (eds.), *Knowledge, Value, and Belief* (Hastings-on-Hudson: Institute of Society, Ethics and the Life Sciences, 1977), pp. 254-78.

106 Henry Charles Lea, *A History of Auricular Confession and Indulgences in the Latin Church* (New York: Greenwood Press, 1968), vol. 1, p. 444. 고해의 비밀을 준수해야 할 의무에 대한 일반적 설명으로 다음을 보라. Bertrand Kurtscheid, *A History of the Seal of Confession* (London: Herder, 1927).

107 Lea, *A History of Auricular Confession*, p. 445.

108 Nancy Lee Beaty, *The Craft of Dying* (New Haven, Conn.: Yale University Press, 1970).

109 치료 거부와 사전 의료 지시에 관한 최근의 법과 정책에 대한 조금 오래되었지만 유용한 문헌은 다음 참조. President's Commission for the Study of Ethical Problems in Medicine and Biomedical and Behavioral Research, *Deciding to Forego Life-Sustaining Treatment* (Washington, D.C.: U.S. Government Printing Office, 1983). 최근 연구로는 다음을 보라. Nancy M. P. King, *Making Sense of Advance Directives* (Dordrecht: Kluwer, 1991).

110 *Rituale Romanum* (Tours: Typis Marne, 1952), pp. 233-57.

111 Darrel W. Amundsen, "Prolonging Life: A Duty without Classical Roots," *Hastings Center Report* 8 (Aug. 1978): 23-30.

112 Seneca, "On the Sadness of Life," in *The Stoic Philosophy of Seneca*, trans. Moses Hadas (New York: Norton, 1958), p. 205.

113 Joseph T. Mangan, "An Historical Analysis of the Principle of Double Effect," *Theological Studies* 10 (Mar. 1949): 41-61. 또 다음을 보라. Richard McCormick, *Ambiguity in Moral Choice* (Milwaukee: Marquette University Press, 1973).

114 이중효과의 원리가 제기하는 쟁점에 대한 논문은 다음을 보라. Richard McCormick and Paul Ramsey (eds.), *Doing Evil to Achieve Good* (Chicago: Loyola University Press, 1978).

115 Gerald Kelly, *Medico-Moral Problems* (St. Louis: Catholic Hospital Association, 1958), p. 129. 건강해질 가망이 있거나(si sit spes salutis) 회복될 희망이 있는 경우에만(ubi spes affulget convalescendi) 그 전통은 치료를 요구한다. 그리고 누구도 무의미한 치료(nemo ad inutile tenetur)나 죽음을 잠깐 연기하거나 병세를 약간 완화하는(parum pro nihilo reputatur moraliter) 치료의 강요를 받지 않는다. 게다가 특정 치료에 대한 혐오(horror magnus)는 부적절한 부담을 주기 때문에 치료를 받아야 할 의무를 능가한다. 1940년대에 한 예수회 신학자는 아무리 부자라도 치료에 의무적으로 쓸 수 있는 비용은 2천 달러라고 주장한 적이 있음을 기억할 필요가 있다. Gerald Kelly, "The Duty of Using Artificial Means of Preserving Life," *Theological Studies* 11

(1950): 203-20.

치료 의무에 관한 유사한 제한은 유대교 학자들도 인식하였다. 왕자 유다에 대한 탈무드 이야기의 한 흥미로운 분석은 이렇다. "랍비의 하녀가 지붕 위로 올라가 기도하였다. 불멸의 존재들은 랍비님께 올라와 그들과 함께 있자 하고, 필멸의 존재들은 랍비님께 그들과 함께 남자고 합니다. 필멸의 존재들이 불멸의 존재들을 능가하도록 해주세요. 그러나 랍비가 기도실에서 테필린(성구를 넣은 작은 함)을 얼마나 자주 힘겹게 벗었다 썼는지 알게 된 그녀는 '불멸의 존재들이 필멸의 존재들을 능가하게 해주세요' 하고 다시 기도했다. 랍비들이 주님의 자비를 간청하며 끊임없이 기도하자 그녀는 항아리를 들어 지붕에서 땅으로 던졌다. 잠시 그들이 기도를 멈춘 순간 랍비의 영혼은 영원한 안식에 들었다." Kethuboth 104a (Soncino edition).

정통 유대교는 환자가 임종기에 있고 죽음이 임박했을 때, 혹은 보다 정확하게 '고세스 (Goses, 3일 이내에 죽음이 확실시되는 때)' 상태일 때 치료를 제한하도록 허용한다. Immanuel Jakobovits, *Jewish Medical Ethics* (New York: Bloch, 1962), p. 121. 이와 대조적으로 로마 가톨릭의 입장은 재정적·심리적·사회적, 혹은 다른 비용으로 말미암아 살릴 수도 있는 환자의 구명 치료를 포기하는 것을 허용한다. 건강을 회복할 수 있을 때만 치료를 의무화하는 로마 가톨릭의 입장은 삶의 질의 고려에 비중을 둔다.

116 Daniel Cronin, "The Moral Law in Regard to the Ordinary and Extraordinary Means of Conserving Life," dissertation for Pontifical Gregorian University, Rome, 1958. 또한 다음을 보라. H. T. Engelhardt, Jr., and Thomas J. Bole, "Entwicklungen der medizinischen Ethik in den USA: Die Verführung durch die Technik und der Irrtum einer Lebenserhaltung um jeden Preis," *Arzt und Christ* 36 (1990): 113-21.

117 Kelly, *Medico-Moral Problems*, p. 132.

118 Ibid., p. 130.

119 Fyodor Dostoevsky, *The Brothers Karamazov* (New York: Norton, 1976), p. 779.

120 의사 조력 자살(PAS)와 자발적 적극적 안락사(VAE)에 대한 반대는 터부의 기능으로 여겨진다. 한 최근의 논문은 "천년을 지속해왔던 PAS와 VAE에 관한 터부를 의사가 거절하기를 요청하지 않으면서 자신의 운명을 통제"할 수 있도록 환자의 권한을 강화하는 방법을 발전시켰다. James Bernat, Bernard Gert, and R. Peter Mogielnicki, "Patient Refusal of Hydration and Nutrition," *Archives of Internal Medicine* 153 (Dec. 27, 1993): 2723. 자발적 적극적 안락사 합법화의 도덕적 비용과 이득에 관한 탐구는 다음을 보라. Dan W. Brock, "Voluntary Active Euthanasia," in *Life and Death: Philosophical Essays in Biomedical Ethics* (New York: Cambridge University Press, 1993), chap. 8, pp. 202-32. 자발적 적극적 안락사에 관한 대중의 지지는 62퍼센트인데 이는 최소한 1978년 이래 안정적이다. 예컨대 다음을 보라. Jeremiah Suhl, Pamela Simons, Terry Reedy, and Thomas Garrick, "Myth of Substituted Judgment," *Archives of Internal Medicine* 154 (Jan. 10, 1994): 90-96.

121 Jack Kevorkian, "The Last Fearsome Taboo: Medical Aspects of Planned Death," *Medicine and Law* 7 (1988): 1-14.

122 예컨대 다음을 보라. Michigan v. Kevorkian, no. 93-11482, 1993 WL 603212 (Mich. Cir. Ct. Dec. 13, 1993). 그리스도교 도덕에 관한 법원의 무지는 흥미로운데 그리스도교는 16세기까지는 자살을 죄로 여기지 않았다는 어느 권위자를 인용하고 있다. 이는 분명 잘못된 주장이다. 4세기 무렵에도 미쳐서 자살한 사람에게 장례 예식을 베풀 수 있는 정황에 관한 매우 상세한 주장이 있다. 다음을 보라. Question 14 of the 18 questions of Pope Timothy of Alexandria in Sts. Nicodemus and Agapius (eds.), *The Rudder of the Orthodox Catholic Church*, trans. D. Cummings (1957; repr. New York: Luna Printing, 1983), p. 898. 그러나 일반 세속 맥락에서 의사 조력 자살과 자발적 안락사는 죄악으로 여겨지지 않을 것이다. 예컨대 다음을 보라. Compassion in Dying v. State of Washington, 850 F. Suppl 1454 (WD Wash., 1994).

123 "A Prayer in Time of Trouble," in *A Pocket Prayer Book for Orthodox Christians* (Englewood, N.J.: Antiochian Orthodox Christian Archdiocese, 1990), p. 21.

124 "A Prayer of a Sick Person," in ibid., pp. 22-23.

125 전통 신앙인은 고통스러운 죽음을 맞을 필요가 없으며 신이 그것을 제공한다면 쉬운 출구를 기꺼이 받아들일 수 있다. 다음 기도문은 정교 가톨릭 예식에서 종종 사용된다. "고통과 수치 없이 평화롭게 그리스도교인의 죽음을 맞기를, 그리고 그리스도의 심판의 옥좌 앞에서 저를 변호하여 주시기를 주님께 빕니다." Ibid., p. 82. 사실 영혼이 육신을 떠날 때의 예식서는 신께서 신속한 죽음을 허락해 달라는 청원을 포함한다. "영원하시고 불멸하신 성부와, 독생 성자와, 거룩한 성령님께, 육신의 휴식을 허락하시기를 기도합니다." *Service Book of the Holy Orthodox-Catholic Apostolic Church*, trans. Isabel Hapgood, 6th ed., (Englewood, N.J.: Antiochian Orthodox Christian Archdiocese, 1983), pp. 366-67.

126 Natanson v. Kline, 186 Kan. 393, 404, 350 P. 2d 1093, 1104 (1960).

127 여호와 증인의 경우에는 구명 치료를 거부하는 것이 허락된다. 다음을 보라. In re Estate of Brooks 205 N.E. 2d 435 (Ill. 1965); In re Milideo 390 N.Y.S. 2d 523 (Sup. Ct. 1976); 그것이 자살이나 마찬가지고 자살이 범죄라 해도 치료 거부가 가능한 사례에 관해서는 다음을 보라. Erikson v. Dilgard, 252 N.Y.S. 2d 705, 706 (Sup. Ct. 1962).

128 Contra, J.F.K. Mem. Hosp. v. Heston, 279 A. 2d 670, 672-73 (N.J. 1971).

129 Blackstone, *Commentaries on the Laws of England* (1765), book 4, p. 189.

130 H. T. Engelhardt, Jr., and Michele Malloy, "Suicide and Assisting Suicide: A Critique of Legal Sanctions," *Southwestern Law Journal* 36 (Nov. 1982): 1003-37. 자살이 제기하는 일반적인 철학적 쟁점에 관한 설명으로는 다음을 보라. M. Pabst Battin, *Ethical Issues in Suicide* (Englewood Cliffs, N.J.: Prentice-Hall, 1982), and M. Pabst Battin and David J. Mayo (eds.), *Suicide: The Philosophical Issues* (New York: St. Martin's Press, 1980).

131 보호자가 그런 세속 도덕의 자유를 누린다 해도 미국「장애인법」과 같이 종종 강압적인 정부 개입의 위험이 있다.
132 Ernest Jones, *The Life and Work of Sigmund Freud* (New York: Basic Books, 1957), vol. 3, p. 246.
133 Ibid.
134 Ibid., pp. 144-45.
135 Percy W. Bridgman, "The Struggle for Intellectual Integrity," *Harpers Magazine* 168 (Dec. 1933): 18-25.
136 Gerald Holton, "Percy Williams Bridgman," *Bulletin of the Atomic Scientists* 18 (Feb. 1962): 23.
137 Ibid.
138 Seneca, *Stoic Philosophy of Seneca*, p. 202.
139 Ibid., pp. 204-5.
140 타키투스는 네로가 살해 위협을 했을 때 세네카가 부인과 어떻게 자살했는지를 기록했다. "그 후 두 사람은 차례로 칼로 팔의 동맥을 절개하고 피를 흘렸다. 세네카는 상당히 나이를 먹은 데다가 절식으로 인해 바싹 말라 피가 천천히 흘러나왔다. 그래서 발목과 무릎의 혈관도 절개했다. 격렬한 고통에 점차 기진맥진해져 갔다. 세네카는 자신이 고통스럽고 괴롭자 아내의 의지가 꺾이지 않을까 우려하는 한편, 자신도 아내가 괴로워하는 모습을 보고 금세라도 자제력을 잃을 것 같아 아내를 설득해 다른 방으로 물러가게 했다. 마지막 순간에 임해서도 말하고 싶은 사상이 계속 용솟음쳐 올라왔다. 그래서 세네카는 비서들을 부른 뒤 그것을 구술했다. 이것은 이미 출판되어 있으므로 그것을 여기에서 요약할 필요는 없을 것이다." Moses Hadas (ed.), *The Complete Works of Tacitus* (New York: Random House, 1942), pp. 391-92.
141 David Hume, "Of Suicide," in T. H. Green and T. H. Grose (eds.), *Essays Moral, Political, and Literary* (London: Scientia Verlag Aalen, 1964), p. 414.
142 Sanders v. State, 54 Tex. Crim. 101, 105, 112 S.W. 68, 70 (1908).
143 텍사스 항소법원은 텍사스에서 자살은 죄가 아니며 이를 돕는 행위도 그렇지 않다고 판결했다. 이 판례는 은퇴한 의사 닥터 그레이스에 관한 것이었다. 어느날 그는 침대에, 아내는 다른 편 침대에 누워 있었으며, 권총이 그 사이의 바닥에 누워 있었다. 낙담한 정부는 닥터 그레이스가 스탠드 위에 올려놓은 권총으로 자살했다. Grace v. State, 44 Tex. Crim. 193, 69 S.W. 529 (1902). 텍사스에서 결투는 1836년 12월 21일에 처음 불법화되었다. 다음을 보라. Oliver C. Hartley, *A Digest of the Laws of Texas* (Philadelphia: Thomas, Cowperthwait, 1850), p. 288.
144 코먼로는 일반적으로 동의에 기반하여 살인 등의 죄에서 감면해주지 않는다. 다음을 보라. Matthew v. Oilerton (1693), Comberbach 218. 여기서 법원은 "내가 누군가에게 나를 때리도록 허락했다 하여도 그런 허락은 무효인바 […] 그것은 평화에 반하기 때문이다."

145 Immanuel Kant, *The Metaphysical Principles of Virtue: Part II of The Metaphysics of Morals*, trans. James Ellington (Indianapolis: Bobbs-Merrill, 1964), pp. 83-84; AK VI, 423-24.

146 "자살하려는 사람은, 과연 자신의 행위가 목적 그 자체로서의 인간성의 이념과 양립할 수 있는가를 스스로 물을 것이다. 만약 그가 힘겨운 상태에서 벗어나기 위해 그 자신을 파괴하는 것이라면 그는 자신의 인격을 생이 끝날 때까지 견딜 만한 상태로 보존하기 위한 한낱 수단으로 이용하는 것이다." Kant, *Foundations of the Metaphysics of Morals*, trans. L. W. Beck, 6th ed. (Indianapolis: Bobbs-Merrill, 1976), p. 47; AK IV 429.

147 칸트는 사실 자위행위는 스스로에 대한 의무의 위반이며, 이는 자살보다 더 극악하다고 주장했다. *The Metaphysical Principles of Virtue*, AK VI 425.

148 Kant, *Metaphysical Principles of Virtue*, AK VI 423.

149 Hume, "Of Suicide," p. 413.

150 Engelhardt and Malloy, "Suicide and Assisting Suicide: A Critique of Legal Sanctions," especially pp. 1022-27.

151 Norman Cantor, "A Patient's Decision to Decline Life-Saving Medical Treatment: Bodily Integrity Versus the Preservation of Life," *Rutgers Law Review* 26 (1973): 228-64.

152 Ludwig Edelstein, *The Hippocratic Oath: Text, Translation and Interpretation*, supp. no. 1 to *Bulletin of the History of Medicine* (Baltimore: Johns Hopkins University Press, 1943), pp. 10-15.

153 Paul Carrick, *Medical Ethics in Antiquity* (Dordrecht: D. Reidel, 1985).

154 Tex. Penal Code Ann. §22.08 (Vernon 1974).

155 조력 자살을 원하는 환자가 해당 의료인이 이를 거부한다면 다른 의료인을 찾을 수 있도록 해주는 의무에 대해서는 다음을 참조. Timothy Quill, Christine Cassel, and Diane Meier, "Care of the Hopelessly Ill: Proposed Clinical Criteria for Physician-Assisted Suicide," *New England Journal of Medicine* 327 (Nov. 5, 1992): 1380-83.

156 배의 선장이라는 문구는 매코넬 대 윌리엄스 판례의 의료과오 맥락에서 도입되었다. McConnell v. Williams, 361 Pa. 355, 65 A. 2d 243 (1959). 이 교의는 간호사 등을 수술 중인 의사의 하인으로 만들었다. 그렇게 이런 사람들은 병원의 고용인, 혹은 독립적 행위자로 간주되지 않았다. 이 교의의 역사는 다양하지만 의료 일반에서 책임과 권위의 문제를 제기한다.

157 S. J. Eisendrath and Albert R. Jonsen, "The Living Will: Help or Hindrance?" *Journal of the American Medical Association* 249 (Apr. 15, 1983): 2054-58.

158 A. M. Sadler, B. L. Sadler, and A. A. Bliss, *The Physician's Assistant—Today and Tomorrow* (New Haven, Conn.: Yale University Press, 1972).

159 간호사의 위치를 포함하여 의료에서 책임에 대한 포괄적 설명으로는 다음을 보라. Agich, *Responsibility in Health Care*.

160 기관의 도덕적 인테그러티를 유지하는 데 있어서의 이해 충돌에 관한 연구는 다음을 보라. Kevin Wm. Wildes, S.J., "Institutional Integrity: Approval, Toleration, and Holy War or 'Always True to You in my Fashion,'" *Journal of Medicine and Philosophy* 16 (Apr. 1991): 211-20.

161 도덕적 관점에서 특정한 의료기구에 참여하는 최초 동의의 여러 쟁점과 특정한 도덕적·재정적, 혹은 의료적 이익과 불이익을 한데 묶을 필요가 있다. 많은 나라에서 이는 의료과오법을 재고하고 이를 값싸지만 보다 위험이 따르는 의료에 참여를 허용하는 쪽으로 재구성할 것을 요구한다. 다음을 보라. Mark A. Hall, "Informed Consent to Rationing Decisions," *Milbank Quarterly* 71 (1993): 645-68, and Paul S. Appelbaum, "Must We Forgo Informed Consent to Control Health Care Costs? A Response to Mark A. Hall," *Milbank Quarterly* 71 (1993): 669-76. 또 다음을 보라. Jonathan Frankel, "Medical Malpractice Law and Health Care Cost Containment: Lessons for Reformers from the Clash of Cultures," *Yale Law Journal* 103 (1994): 1297-1331.

제8장

# 의료에 대한 권리, 사회 정의, 그리고 의료자원 분배에서의 공정
: 자원의 한계로 인한 공포

포괄적이고 단일한 의료 시스템을 강제하는 것은 도덕적으로 정당화될 수 없다. 그것은 전체주의 이데올로기의 강압적 행위이며, 의료에 대한 이해관계들을 형성하는 도덕 비전의 다양성, 국가 권한의 세속적인 도덕적 한계, 자기 자신과 재산에 대한 개인의 권한을 인정하지 않는다. 그것은 세속적 부도덕의 행위다. 의료에 대한 인간의 기본적이고 세속적인 도덕적 권리는 존재하지 않으며, 심지어 '품위 있는 최소한의(decent minimum)' 의료도 마찬가지다. 그러한 권리는 창조되어야만 한다.

의료에 대한 추정된 권리뿐만 아니라 의료 접근성에 있어서의 정의나 공정에 대한 많은 주장의 어려움은 분명하다. 공동 행동에 대한 세속적이고 도덕적인 권한은 허락이나 동의에서 도출되기 때문에, 선행과 정의에 대한 다양한 관점 중 하나를 골라 의료 시스템을 강제하는 것은 도덕적 정당성을 얻기 어렵다. 결국 선행과 정의, 공정에 대한 이론들은 주요 종교들의 수만큼이나 많다.[1]

가장 중요하게도 일반적이고 세속적인 도덕의 기초와 특히 선행과 정의의 다양하고 긍정적인 주장 사이에는 긴장이 있다. 모든 이의 자유를 존중하면서 그들의 장기적인 최선의 이익을 달성하는 것은 실질적으로 불가능하다. 따라서 의료에서 정의와 공정에 대한 부정확한 이야기는 도덕적으로 오해의 소지가 있다. 왜냐하면 그것은 모든 이가 지지할 근거가 있는 정의나 공정에 대한 특정한 표준적인 관점이 있음을 암시하기 때문이다. 우리가 제2장과 제3장에서 보았듯이, 이것은 사실이 아니기 때문에, '사회 정의'는 하이에크가 말한 바와 같은 특성을 띤다.

> 아마 대부분의 사람이 느끼겠지만, '사회 정의'는 불우한 이들을 향한 선의의 순수한 표현이 아니다. [……] 그렇지만, 그것은 우리가 어떤 현실적인 이유가 없어도 몇몇 특정 이해관계의 요구에 동의해야 한다는 부정직한 암시가 되었다. 정치적 논의가 정직해지려면 사람들이 그 용어가 지적으로 논쟁의 여지가 있으며, 책임 있는 사상가라면 사용하기를 부끄러워할 대중 선동이나 값싼 저널리즘의 표식임을 인식해야 한다. 일단 그 공허함을 인정한다면 그 사용은 부정직하다.[2]

의료정책의 형성에 있어 사회 정의의 이념에 대한 호소는 세속적인 도덕적 성찰에서 정전적인 합의를 제안하는 데 부정직할 수 있다. 그러한 합의는 존재하지 않는다. 그들은 정당화될 수 없는 국가권력의 강압적인 사용을 부추기는 선동적인 것이 될 수 있다.

의료권은 서비스와 상품에 대한 청구권을 구성한다. 다른 이의 간섭을 금지하고, 다른 이를 사용하려면 단일한 권한이 있어야 한다는 용인권(rights to forbearance)과 달리, 선행에 대한 권리는 선의 특정 이론이나 설명에 근거를 두고 있다. 일반적인 권한에 대해서 그들은 다른 이들이 좋은 삶이나 정의에 대한 특정한 이해에 적극적으로 참여할 것을 요구한다. 허락 원칙에 호소하지 않고, 그러한 권리를 발전시키는 것은 우리가 다른 이들을 일하도록 압박하거나, 그들의 소유를 몰수할 수 있다고 주장하는 것이다. 의료권은 특별한 계약상 합의에서 도출되지 않는 한 허락에 권한을 부여하기보다는 선행에 대한 특정한 이해에 의존한다. 그래서 그들은 특정 의료 시스템의 구현에 참여하기를 원하지 않거나, 사실상 도덕적으로 반대할 수 있는 개인의 결정과 충돌할 수도 있다. 개인들은 항상 자신의 자원을 정의에 대한 유행하는 이해나 공정에 관한 널리 퍼진 합의와 충돌하는 방식으로 사용할 수 있는 세속적이고 도덕적인 권한을 가지고 있다.

### 의료정책: 평등하고 적정한 의료라는 이데올로기

예를 들어, 다음과 같이 널리 받아들여지는 네 가지 의료정책의 목적처럼 불가능한 의료전달체계를 확언하는 것이 유행인데, 이는 멍청하기 그지없다.

1. 모두에게 가능한 최선의 돌봄이 제공되어야 한다.
2. 평등한 돌봄이 보장되어야 한다.
3. 의료 공급자와 소비자 측의 선택의 자유가 유지되어야 한다.
4. 의료비는 억제되어야 한다.

우리는 모든 이에게 가능한 최고의 의료 서비스를 제공하면서 동시에 의료비를 억제할 수 없다. 우리는 모든 이에게 평등한 의료 서비스를 제공하면서, 자신의 의료관을 평화적으로 추구하거나 자신의 자원과 에너지를 원하는 대로 쓰겠다고 하는 이들의 자유를 존중할 수 없다. 그 문제에 대해서, 우리는 비용을 억제하면서, 의료 서비스의 선택의 자유를 유지할 수 없다. 또한 우리는 자원 자체의 한계 때문에 최선의 의료를 제공하면서 동시에 평등한 의료 서비스를 제공할 수 없다. 현대 의료정책의 뿌리에 있는 이러한 근본적 도덕적 긴장을 공개적으로 거론하는 사람은 거의 없다는 사실은 이 문제들이 집단적 환상, 잘못된 의식, 특정한 사실들은 정치적으로 용납될 수 없는 확고한 이념에 가려져 있음을 시사한다.

이러한 어려움은 자유와 선행 사이의 갈등에서 비롯될 뿐만 아니라, 의료에서 선을 추구하고 성취하는 것이 무엇을 의미하는지에 대한 서로 경쟁하는 견해들 사이의 긴장에서 비롯된다(예를 들어, 가장 가난한 이들에게 가능한 최선의 의료를 제공하는 것이 중요한가, 혹은 모두에게 평등한 의료를 제공하는 것이 더 중요한가?). 양립할 수 없거나 일관성 없는 의료의 추구는 세속적이고 도덕적인 권한의 한계, 세속적인 도덕 비전의 한계, 죽음과 고통 앞에서 인간의 힘의 한계, 인간의 삶의 한계, 자원의 한계를 직시하지 않는 데서 비롯된다. 의료 제공의 도덕적·재정적 한계를 인정하는 의료 시스템은 다음을 수행할 필요가 있다.

1. 사적 자원과 인간의 자유 때문에 의료 서비스에 대한 접근의 불평등을 도덕적으로 불가피한 것으로 보증한다.
2. 공동 자원을 통해 구축된 비용 효과적인 의료 시스템의 일환으로 사람의 생명을 구하는 가격을 설정한다.

비록 모든 의료 시스템이 사실상 불평등하고, 공동 자원을 통해 의료 서비스를 어느 정도 배급해서 공급하지만, 이는 대개는 직설적으로 인정되지 않는다. 명백한 것을 인식하고 수용하는 데 있어서 이념적 장애가 있다.

오직 널리 퍼진 집단적 환상만이 미국의 정책에서 (1) 비용을 제한하면서, (2) 공동 자원을 사용할 때 생명을 구하고 고통을 절감하기 위한 가격을 책정하지 않으면서, 동시에 (3) 민간 자원과 인간의 자유로 인한 도덕적으로 불가피한 불평등을 무시하면서 의료 서비스를 제공할 수 있다는 가정을 설명할 수 있다. 이러한 잘못된 의식은 1994년에 도입된 클린턴의 의료개혁*의 핵심적인 기만들을 형성했다. 그것은 (1) 최선의 의료, (2) 평등한 의료를 제공하면서, 동시에 (3) 비용 억제를 달성하고, 그럼에도 (4) 행위별 의료 서비스 구매를 자유롭게 허용한다는 의료 시스템의 제안을 지지한다고 하였다.[3] 이 제안은 배급제는 인정하지 않았지만, 국가건강위원회(National Health Board)가 '보증 급여제'에서 제외할 수 있는 고비용 저효율 치료들에 대한 접근을 제한할 수 있도록 하여 비용 억제를 위한 묵시적 배급제를 요구했다.[4] 또한 그것은 배급 선택의 가시성을 더욱 줄이기 위한 목적으로 기술 혁신을 늦추는 메커니즘을 발전시켰다.[5] 우리는 가지지 못한 것을 배급해서는 안 된다. 세속적인 정부 권한의 한계, 인간의 자유, 그리고 사유재산의 존재에 기인하는 의료 불평등의 도덕적 불가피성을 인정하는 데 실패했다. 또한 비용을 억제하기 위해 공동 의료 프로그램 내에서 의료 서비스 배급의 필요성을 인정하는 데 실패하기도 했다. 이러한 상황의 인정은 이념적으로 받아들일 수 없는 일이었다.

실제로 클린턴의 제안은 의료 접근에서 평등에 핵심적 중요성을 부여함으로써 고비용 저효율 의료의 중요성에 대한 최악의 오해들을 강화한다. 이것은 남성 대 여성, 빈자 대 부자, 하류층 대 상류층의 현저하게 긴 수명에도 불구하고 그리되었는데, 이는 상당 부분 의료 서비스에 대한 접근성과는 무관하다.[6] 이러한 개인적 의료에 대한 강조는 질병과 사망률 감소에 공중보건과 다른 사회적 변화들이 더 크게 기여하였다는 오랜 증거에도 불구하고 유지된다.[7] 왜 사람들로 하여금 더 나은 기초 교육과 주거를 확보할 수 있도록 하는 교육, 주택, 시설 안전과 같은 다른 사안들에 비

---

* 1992년 빌 클린턴이 미국 대통령에 당선되면서 클린턴 부부가 대표적인 공약으로 추진했던 미국 전 국민을 대상으로 한 포괄적 의료 제공 개혁안. 저자 엥겔하트는 이 '의료개혁'을 부도덕하다고 맹비난하고 있으며 이 책 제2판을 쓰게 된 부분적인 이유도 이에 기인하였다. 이 개혁은 결국 실패로 돌아갔고, 2010년 오바마 대통령에 의해 '오바마 케어'라는 이름으로 정치적으로 계승되었다.

해 이러한 독특한 자리가 의료에 주어져야 하는지 알 수 없다. 그 대답은 개인적 의료가 인간의 한계와 죽음과의 투쟁의 중심인 것처럼 보이는 방식에 놓여있음에 틀림없다.

의료자원 사용 제한의 어려움에 관한 성찰은 고전적인 계보를 가지고 있으며, 어떤 대가를 치르더라도 죽음을 연기해야 한다는 강박관념과 밀접한 관계를 보여준다. 『국가』 3권에서 플라톤은 의료적 선택의 도전을 특징짓는 무한한 기대와 유한한 자원의 진퇴양난을 인정한다. 그는 헤로디쿠스(플라톤은 그를 못마땅해하고 있다)의 예처럼 개인이 죽음과 장기간 투쟁하면서 삶을 연장하려 할 때 사유재산은 사회적 효율성을 저해할 수 있음을 인식한다.[8] 그는 의료를 통해 시민들이 직업과 의무로 돌아갈 수 없다면 만성질환의 장기 치료는 무의미하다고 결론짓는다. 그러한 이들은 대신 죽음을 받아들여야 한다.[9] 『국가』는 시민들을 유용한 삶으로 회복시킨다고 기약하는 급성기 의료를 보장하지만, 그러나 만성질환에 대한 의료는 있다 해도 거의 지지하지 않는다. 체조는 예방적 의료를 제공할 것이다. 플라톤의 성찰은 다음과 같은 일반적 요점을 제시한다. (1) 인간은 자신의 한계를 받아들이기 어렵다. (2) 의료에 투자할 적절한 자원의 양에 대해 한계를 인정해야 한다. (3) 의료에 투자된 자원은 종종 치료받은 이들의 높은 삶의 질을 보장하지 못한다. (4) 그러한 투자는 종종 공동 자원의 주요 낭비원이 된다. 플라톤에게 있어서 의료에 대한 관심은 개인의 의료 서비스에 대한 권리의 관점에서가 아니라 폴리스의 유지라는 목적으로 표현되었다.[10]

그러나 개인은 세속적인 도덕적 권한의 원천이다. 이 장에서는 의료자원 분배를 위한 최선의 유형을 달성하는 데 한계가 있음을 인식하면서 의료 시스템 프레임 구축의 어려움을 극복할 수 있는 가능성을 탐구한다.

1. 세속적 이성의 한계(예: 공동 자원을 소아 백혈병 치료에 사용하는 것과,

퇴행성 골관절염으로 고생하는 노인들의 치료에 사용하는 것 중 무엇이 더 중요한가?) 때문에 일반적인 의무로 간주되는 특정한 자원 배분 방식을 알아내기가 불가능하다.[11]

2. 개별적 서비스를 책정하거나, 특정 형태의 의료 공급자-환자 관계를 금지하거나, 의료 종사자를 동원하여 서비스를 제공하게 하는 사회와 국가의 권한은 개인의 허락이 세속적인 도덕적 권한의 원천(예컨대 국가의 권한은 시민으로부터 나오며, 그 참여자의 제한된 동의에 의해 한계가 그어진다)이므로 제한된다.

3. 자원을 책정하고 재분배하는 사회와 국가의 권한은 사유재산권에 의해 제한된다(예를 들어, 빈민의 건강을 보존하고 생명을 구하기 위한 의료를 제공하려는 목적으로 민간 자원에 과세하는 국가의 권한에는 한계가 있을 것이다. 공동 의료 시스템을 구성하려면 사회는 정당하게 자원을 획득해야 한다).

4. 개인과 집단 모두 의료 서비스를 추구하는 기회는 자원의 한계에 의해 제한된다(예컨대 다른 주요 사회적 업무로부터 자원을 급진적으로 이전시키지 않고서는 어떤 대가를 치르더라도 모두에게 최대의 수명 연장을 가능하게 하는 자원을 투자할 수 없다).

결과적으로, 의료자원 배분을 위한 이상적인 시스템을 달성하기 위한 끊임없는 시도의 세속적인 도덕적 정당성은 심각하게 제한된다.

### 정의, 자유, 그리고 불평등

이득으로서의 정의에 대한 관심은 부분적으로 불평등에 의해, 그리고 부분적으로 필요에 의해 동기가 유발된다. 어떤 이들은 그렇게 적게 가진 반면, 다른 이들은 그렇게 많이 가지고 있다는 사실은 도덕적 우려를 불러

일으킨다. 그러나 제3장과 제4장에서 알 수 있듯이 그러한 불평등을 없애기 위해 위력을 사용할 수 있는 도덕적 권한은 제한되어 있다. 이러한 제한은 부분적으로 도움이 필요한 누군가를 돕는 데 사용할 수 있는 자원을 이미 다른 이들이 소유하고 있는 상황에 기인한다. 우리는 불평등과 필요가 다른 이들에 대한 권리나 주장을 발생시키는지, 언제 그러한지를 결정해야만 한다.

### 자연적 로또와 사회적 로또

'자연적 로또(Natural Lottery)'는 인격체의 행동에서 직접 도출된 것이 아니라 자연력에서 비롯되는 운세의 변화를 기술하기 위해 사용된다. 자연적 로또는 자연적으로나 사회적으로 조건화된 자산의 분배를 형성한다. 자연적 로또는 자연의 힘이 아니라 인격체의 행동의 결과인 운세의 변화를 식별하기 위해 사용되는 사회적 로또와 대비된다. 사회적 로또는 사회적·자연적 자산의 분배를 형성한다. 자연적·사회적 로또는 자신의 자유로운 결정과 함께 자연적·사회적 자산의 분배를 결정한다. 사회적 로또는 개인적인 선택의 복잡하고 예측할 수 없는 상호작용과 이상적인 패턴에 부합하지 않는 결과의 예측 불가능한 성격, 그리고 그 결과가 바로 그들의 직접적 선택이 아닌 사회적 힘의 결과이기 때문에 비록 개인적인 행동의 결과이지만, 로또라고 불린다.

모든 개인은 자연의 변덕에 노출되어 있다. 어떤 이들은 건강하게 태어나고, 운 좋게도 질병과 큰 고통 없이 장수할 수 있다. 다른 이들은 심각한 선천성 또는 유전적 질병에 걸려 태어나고, 다른 이들은 초기에 심각한 치명적인 질병에 걸리고, 다른 이들은 다치고 불구가 된다. 자연적 로또에 당첨된 이들은 평생 치료받지 않아도 될 것이다. 그들은 완전한 삶을 살 것이고 고통 없이 평화롭게 죽을 것이다. 자연적 로또에 탈락한 이들은 고통을 완화하고 가능하다면 질병을 치료하며 기능을 회복하기 위해 의료가 필요할 것이다. 충치와 같은 사소한 문제에서부터 소아 백혈병, 헌팅턴 무도병, 근위축성 측색 경화증 등 커다란 비극에 이르기까지 손실의 범위는 넓어질 것이다.

이러한 비극적인 결과는 자연의 산물인데, 어떤 특별한 책임감이나 책무성이 없다면(즉 타락이나 신의 징벌의 결과로 인식하지 않는 한) 누구도 책임이 없을 것이다. 허리케인, 폭풍, 지진에 의해 개인이 부상당하는 상황은 종종 누구의 잘못도 아니다. 어느 누구도 비난받을 일이 없을 때, 그 해악만을 이유로 자연적 로또에서 탈락한 이들에게 전적으로 책임을 질 이는 아무도 없을 것이다. 자연에 의해 손상을 입은 이들에게 의료 서비스를 제공하기 위해 자원의 강제적인 재분배에 복종해야 한다고 이 책의 독자들을 설득하려면 공정의 특정 의미에 의존하는 논증이 필요할 것이다. 그러한 도움의 제공을 거절하는 것은 매우 불쾌하고, 동정심이 없고, 무자비할 수 있다. 우리는 원조를 하지 않아 영원히 지옥불에 탈 수도 있다.[12] 그러나 개인이 그들의 사적 자원과 에너지를 재분배하도록 하거나 다른 이들과 관련된 자유로운 선택을 제한할 수 있도록 국가의 힘에 도덕적 권한을 부여하는 것은 일반적이고 세속적인 도덕 안에서는 별개의 문제다. 절실한 필요성 자체가 그 필요성으로부터 도출되는 세속적인 도덕적 권리를 만들어내는 것은 아니다. 자연적 로또는 불평등을 창조하고, 어려움에 처한 이들을 도와야 한다는 직설적이고 세속적인 도덕적 의무를 만들어내지 않으면서 개인들을 불이익에 처하게끔 한다.

개인들은 단순히 자연적 로또의 결과 때문만이 아니라 다른 이들의 행동에 기인하여 가지고 있는 자원들이 다르다. 어떤 이들은 부를 축적하거나 유산을 남기기 위해 즉각적인 쾌락을 거절한다. 사랑, 애정, 상호 이익의 복잡한 그물망을 통해 개인은 자원을 전달하고, 호의를 받는 이들은 번영하고, 무시당한 이들은 피폐해진다. 결과적으로 누군가는 부유해지고 누군가는 가난해지는데, 어떤 이의 악의적인 행동이나 태만을 통해서가 아니라, 그것을 통해 행운이 개인을 번영하게 하는, 사랑, 우정, 동료애, 결사 등이 그들에게 호의를 베풀지 않았기 때문이다. 그럴 경우 공정도 불공정도 없고 단지 행운과 불운만 남는다.

또한 어떤 이들은 다른 이들의 악의적이고 비난받을 만한 행동과 태만으로 인해 부유해지거나, 가난해지거나, 병들거나, 기형이 되거나, 불구가 될 것이다. 이는 정의롭고 선한 국가들이 합법적인 경찰력, 강제 보상, 자선 프로그램을 통해 예방하고 바로잡도록 노력해야 하는 불공정한 상황이 될 것이다. 상해를 입은 측이 사회가 아닌 가해자에게 전반적 상황에 대한 주장을 하는 한, 그 결과는 사회의 의무와 무고한 시민들이 배상해야 하는 의무의 관점에서 보면 불운이다. 배상은 사회나 타인이 아닌, 가해자의 책임이다. 비록 한편에서는 사회가 그것을 바로잡을 의무가 없지만, 다른 한편으로는 다른 이들의 유감스러운 행동에서 귀결된 것이라는 의미에서 비난받을 만한 사회적 로또의 결과들이 있다. 사회적 로또에는 다른 이들의 부도덕하고 부당한 행위에 대한 노출이 포함된다. 다시 말하지만, 이 책의 독자들이 다른 이들에 의해 상해를 입은 이들에게 의료 서비스를 제공하기 위한 자원의 강제적인 재분배에 복종해야 한다는 것을 보여주려면 우리는 특정한 의미의 공정에 의존하는 논증을 필요로 할 것이다.

의료를 구매할 때, 자연적 로또에서 탈락한 몇몇 이는 사회적 로또 당첨을 통해 최소한 부분적으로 그러한 손실을 보상할 수 있을 것이다. 그들은 건강을 회복하고 기능을 재활하는 데 필요한 값비싼 의료를 구매할 수 있을 것이다. 반면 자연적 로또와 사회적 로또에서 모두 탈락한 이들은 의료를 필요로 하지만 이를 획득할 자원은 없을 것이다.

**부자와 가난한 자: 자격의 차이**

만약 우리가 단지 취득이나 이전을 통해 재산을 소유한다면, 그 재산에 대한 우리의 소유권은 다른 이의 비극이나 필요에 의해 약화되지 않을 것이다. 우리는 그저 재산을 소유하는 것이다. 한편 우리가 재화의 선량한 분배를 보장하는 시스템(예컨대 최약자의 최대 다수의 최대 이익이 보장되게끔 이득과 해악의 균형을 성취하는 사회) 내에서 그러한 소유권이 정당화되기 때문에 재산을 소유하는 경우 우리의 소유권은 다른 이들의 필요에 의해 영향을 받게 된다. 제4장에서 우리는 왜 재산이 부분적으로 다른 이의 필요에 의해 약화될 수 없는 강한 의미에서 사유재산인지 보았다. 덧붙여, 모든 이가 지구의 과실에 대한 일반적 권리를 갖고 있는데, 이것은 필요하든 아니든 개인에게 균일하게 지급할 수 있는 임대료로서의 과세에 대한 근거를 구성한다. 마지막으로, 의료에 대한 관심사를 충족시키기 위해 분배 기반을 구축할 수 있는 집단들이 공동으로 보유하고 있는 자원이 있을 수 있다. 처음 두 가지 형태의 자격이나 소유권은 의료나 다른 필요에 제약받지 않고 존재한다. 한 공동체의 결정을 통한 자격이나 소유권의 최종 형태는 필요에 의해 조건화될 수 있다.

어느 정도의 사적 자원의 존재는 세속적인 도덕적 권한이 무시할 수 없는 불평등의 근거가 될 수 있다. 사람들이 물(物)을 소유함에 따라, 그들은 다른 이들이 그것을 필요로 하더라도 그것에 대한 권리를 갖게 될 것이다. 허락의 존재는 핵심적이기 때문에, 자신의 재화를 다른 이에게 양도해야 하는지 테스트는 그러한 재분배가 분배를 받는 이에게 부담이 되거나 지나친가의 여부가 아니라, 그 자원이 그 개인에게 속하는지 여부가 될 것이다. 여러분이 이 책을 불우한 사람 옆에서 읽는다고 생각해보라. 제3자가 당신에게서 자원을 빼앗아 그 어려운 개인을 도울 수 있을지에 대한 테스트는 당신이 그 이전으로 인해 고통받을 것인지 여부가 아니라, 오히려 당신이 동의하느냐 여부이다. 즉 이 책이 보여준 바와 같이 일반적이고 세속적인 도덕에서 허락 원칙이 기능했는지 여부에 해당할 것이다. 허락 원칙은 도덕 이방인들이 협력할 때, 공정이나 선에 대한 공통의 이해를 공유하지 않기 때문에 권한의 원천이다. 결과적으로, 자원의 정의로운 분배를 위한 목적 지향적 접근은 공동으로 소유한 재화에 국한되어야만 하며, 여기서 프로그램을 만들 수 있는 권한이 존재한다.

따라서 우리는 1983년 미국 대통령 직속 윤리 문제 연구를 위한 위원회의 결론—과도한 부담은 필요한 이를 위해 적절한 수준의 의료 서비스를 유지하기 위하여 납세자들이 지불해야 하는 세금의 양을 결정해야 한다—을 한정해야 한다.[13] 나아가 우리는 "개인이나 집단의 특성이 아닌, 필요의 차이에만 근거하여 의료를 제공하는 단일 의료 시스템의 창설을 통한 의료의 평등"[14]을 요청하는, 모두를 아우르는 의료의 부과를 시도하는 도덕적으로 저주받은 시스템을 [피해야만 한다는] 강력한 근거를 가지게 될 것이다. 부자들은 항상 더 많고 더 나은 의료 서비스를 구매할 수 있는 세속적인 도덕적 자유가 있다.

### 불운과 불공정 사이의 선 긋기

자연적·사회적 로또의 도덕적 의의와 사적 소유의 도덕적 힘을 우리가 어떻게 간주하느냐는 단순히 불행한 상황과, 불행한 데다 타인의 자원에 대한 권한을 주장할 수 있다는 의미에서 더구나 불공정하기조차 한 상황 사이의 경계를 어떻게 긋는지를 결정할 것이다.

일반적으로 삶, 특히 의료는 엄청난 비극, 고통, 박탈의 상황을 보여준다. 기형으로 인한 한계뿐만 아니라 질환, 장애, 질병의 고통과 통증은 모두의 동정을 요청하여 원조를 제공하고 위안을 준다. 자연의 힘으로 인한 부상, 장애, 질병은 불운이다. 동의하지 않은 타인의 행동으로 인한 부상, 장애, 질병은 불공정하다. 그럼에도 불구하고, 다른 이들의 불공정한 행동의 결과는 반드시 사회의 잘못은 아니며, 이런 의미에서 불운이다. 대형 병원 응급실을 매일 밤 찾아오는 끔찍한 상해는 누군가의 잘못이다. 비록 그것들이 사회의 잘못이 아니며, 무관한 시민들의 잘못은 더더군다나 아니라 할지라도, 피해자와 가해자의 관계에 있어서는 불공정하지만, 그러한 결과는 사회와 다른 시민들(합법적으로 재정적 착취를 당할 수 있는 시민들)에 대해서는 단순히 불운일 수 있다. 그래서 우리는 신의 행위는 물론, 한편으로는 사회적 배상의 근거가 될 수 없는 개인의 부도덕한 행위, 그리고 다른 한편으로는 그러한 근거를 제공하는 상해 사이에 선을 긋는 어려운 일에 직면한다.

공적 자금을 통해 보상 가능한 손실과 그렇지 않은 손실 사이에 선을 그어야만 한다. 그러한 선은 1980년 당시 보건교육복지부 장관이었던 퍼트리샤 해리스(Patricia Harris)가 심장 이식을 실험적인 것으로 간주해야 하며 따라서 메디케어에서 환급할 수 없다고 판결했을 때 그었다.[15] 심장 이식이 필요한데 수술비가 없는 것은 불운한 상황이기는 하지만 불공정하지는 않다. 다른 이가 고의로 우리 심장에 손상을 입혔다 해도 심장 이식을 받을 수는 없었다. 어떤 도덕적 관점에서 연방정부가 어떤 죄책을 물을 수 있는 방식으로 우리의 심장에 상해를 입혔다면 상황은 달라졌을지도 모른다. 치료 보장이 있었다 해도 마찬가지다. 예컨대 맹장염이나 폐렴을 앓는데, 특정 정부나 민간의 보험 시스템을 통해 치료 보장을 받을 수 있는 환자로 간주되지 않는다면 이는 단순히 불운에 그치지 않고 불공정할 것이다.

모든 필요를 권리로, 다른 사람 소유의 자원에 대한 주장으로 바꾸는 것은 일반적이고 세속적인 도덕적 관점에서는 불가능하기 때문에 불공정과 불운 사이의 경계를 긋는 것은 피할 수 없다. 우리는 선을 어디에 그어야 할지 신중히 결정해야 한다. 필요와 단순한 욕구를 구별하기 위해서는 도덕성과 인간의 번영에 대한 많은 경쟁적인 비전 중 하나를 지지해야 한다. 우리는 다른 이들의 원조 주장을 구성하는 그러한 필요(또는 욕구)와 그렇지 않은 것 사이에 선을 긋도록 강요된다. 불운한 상황과 불공정한 상황을 구분하는 선은 누가, 그런 누군가가 있다면, 일반적이고 세속적인 도덕에서 그러한 상황을 개선하여 평등을 이루는 의무를 지는지를 결정한다는 의미에서, 특정한 사회적·경제적 불평등을 기본값으로 정당화한다. 어쩌면 몇 년을 더 살기 위해 엄청난 비용을 들여 심장 이식을 통해 수명을 연장해달라는 어떤 개인의 요청은 지나친 수명 연장에 대한 욕구일까? 아니면 그것은 요절을 피하고자 하는 필요인가?. 단지 몇 달 동안만 죽음을 연기하거나 생존할 수 있는 약간의 가능성(예컨대 3퍼센트)만이 있는, 그러나 막대한 비용이 들어가는(그 치료는 20만 달러가 넘는 비용이 들고, 한 생명을 살리는 데 6백만 달러 이상이 든다면) 중환자실 치료도 마찬가지다. 그러한 질문에 대한 해답을 알아내기 어렵다는 것은 이미 제2장과 제3장에서 살펴보았다. 이 문제들에서 특정한 입장을 취하는 것은 특정한 도덕 비전을 지지할 것을 요구한다. 좋은 삶에 대한 특정한 관점 밖에서, 필요는 다른 이들이 소유한 서비스나 재화에 대한 권리를 만들어내지 않는다.[16] 실제로 특정한 도덕 비전 밖에서는 필요와 욕구를 구별하기 위한 규범적인 수단이 없다.

의료에 대한 권리를 창출하는 자연적 로또 및 사회적 로또에서의 커다란 손실에 관해서는 실천적인 어려움이 있다. 즉 건강을 무한정 회복하려는 시도는 최소한의 삶의 질만을 가진 생명을 점진적으로 연장하면서 사회적 자원을 고갈시킬 수 있다. 생명을 보존하기 위해서는 비교적 제한된 양의 음식과 주거로 충분하다. 그러나 의료에서는 인간의 생명을 더욱 보존하고, 죽음의 한계선까지 연기하며, 인간의 고통과 장애를 최소화하기 위해 무한정의 자원이 사용될 수 있다. 건강에 관한 자연적 로또에서의 손실은 돌아오는 것은 거의 없이 상당한 자원을 소비할 수 있다. 종종 우리는 엄청난 비용을 대가로 약간의 위안만을 얻는다. 그러나 특정 의료 수요를 충족시키는 데 수반되는 엄청난 비용(예컨대 중환자실에서의 연명의료)을 피하는 문제보다 더 결정적인 것은 정전적으로 필요와 욕구를 구별하고, 필요를 권리로 전환하기 위해 정확한 내용 충만한 정의 이론을 선택하는 문제다.

### 평등을 넘어서: 이타주의적 평등주의 대 질투에 찬 평등주의

의료의 평등한 분배는 그 자체로 문제라는 상황은 1983년 대통령 직속 위원회의 보고서 「의료 접근성 확보(Securing Access to Health Care)」에도 인지되어 있다.[17] 어려움에는 여러 가지가 있다.

1. 이론상으로는 적어도 모든 이에게 동일한 수준의 양질의 주거를 제공하는 것을 상상할 수 있지만, 모든 이를 동등한 건강 상태로 회복하거나 보존할 수는 없다. 많은 건강상의 필요는 음식이나 주거의 필요 대부분을 해결할 수 있는 것과 같은 방법으로 충족될 수 없다.
2. 만약 모두에게 의료보험 구매 목적의 동일한 지원금이나 동일한 양의 의료 서비스를 제공했다면, 그 금액은 치료와 연구에 대한 더 많은 투자를 통해 혜택을 받을 수 있었던 다른 이들에게는 너무 많거나 너무 적을 것이다.
3. 개인이 사전에 정해진 이용 가능한 치료법 중에서만 또는 (정부가 책임을 지는) 의료 플랜이나 지역 보건 조합과 같은 일부 관리형 의료 플랜을 통해서만, 의료 서비스를 선택할 수 있도록 한다는 의미에서 평등한 의료 서비스를 제공하려고 한다면 이는 부자에게 가난한 이들보다 더 나은 의료를 받는 것을 금지하게 될 것인데, 이는 부도덕하게 사유재산을 몰수하는 것이고, 개인이 자발적 관계와 연합체에 참여할 수 있게 하는 자유를 제한하는 것이다.

누군가가 더 많은 자원을 가지고 있다는 것은 더 나은 건강, 더 나은 외모, 혹은 더 많은 재능을 가진 것보다 더, 혹은 덜 임의적이거나 불공정하지 않다. 어떤 경우든, 불행한 상황을 허락 원칙의 위반이 아닌, 불공정한 상황으로 전환하려면, 선행이나 정의에 대한 특정한 비전의 부과가 필요하다.[18]

평등의 추구는 도덕적·실천적 어려움에 직면해 있다. 만약 사적인 자원으로 특별한 대우를 구매할 수 있는 능력에 상당한 제한을 둔다면, 의료 서비스에서 암시장이 필연적으로 발전할 것이라고 예상될 뿐만 아니라, 제2·3·4장에서 보았듯이 그러한 암시장이 일반적으로 정당화되는 자유와 결사와 같은 자유의 특별한 보루가 될 것이라고 인정할 필요가 있을 것이다. 그 시장에 개입할 세속적이고 도덕적인 권한은 없을 것이다. 일반적이고 세속적인 도덕적 측면에서는, 법을 위반하더라도, 더 나은 의료 서비스를 위해 뇌물이나 돈을 제공하는 것은, 부당하고 불공정한 국가의 압제에 대항하는 자유 투사 또는 레지스탕스의 행위로 이해될 수 있을 것이다. 클린턴의 의료 제안과는 반대됨에도 불구하고 말이다.[19] 어느 경우든 정치적 권력과 특권을 가진 이들은 자신과 가족을 위해 더 나은 의료 서비스를 직간접적으로 얻을 수 있는 능력을 가진다. 법이 인간의 어떤 강력하고 중요한 일련의 우려와 욕망의 충족을 금지할 때, 암시장은 불가피하게 생겨난다. 이 때문에 세계 어느 곳에서도 진정한 평등주의 체제를 찾아보기는 어렵다.

의료정책은 그것이 직면하는 불평등의 극적인 성격 때문에 평등주의에 대한 도전이다(예컨대 어떤 이는 요절하고, 어떤 이는 오래 살며, 어떤 이는 평생 힘겨운 질병으로 고통받거나, 또 어떤 이는 상대적으로 고통이 없는 장수하는 삶을 산다). 만약 이 삶이 전부고, 그리고 이 세상에서 모든 의미를 찾아야 한다면, 많은 이가 이 궁극적인 영역에서 어떤 불평등도 용인될 수 있는지 궁금해할 것이다. 소득, 성별, 사회적 지위에 의한 기대 수명의 차이가 훨씬 더 크지만, 의료의 불균형은 궁극적인 불평등으로 등장한다. 예를 들어, 대부분의 선진국에서 여성은 남성보다 5년 이상 더 오래 살고 있으며, 의료비에 소박하게 투자하는 나라와 상당 액수를 투자하는 나라 간의 수명의 차이는 상대적으로 작다.[20] 그럼에도 평등주의적인 우려의 초점은 종종 어디서나 존재하는 부와 주거, 교육, 심지어 보안의 불평등(예컨대 부자들은 무장 경비원을 고용할 수 있지만, 빈민은 현재와 같은 경찰력에 의존할 수밖에 없다)보다는 의료에 불균형적으로 집중된다. 예를 들어, 로버트 에번스*는 모두에게 포괄적 의료 시스템을 강요하는 캐나다 정부의 의료보험 독점을 조사하면서, 많은 이가 자신의 자원을 사용하여 더 나은 의료를 구매할 수 있는 자유를, "지불 능력과는 별개로, 어떤 사람의 생명과 사지는 다른 사람의 생명보다 더 가치 있다는 생각"과 혼동한다는 것을 알게 되었다. "그 생각은 우리 정치와 사법 시스템의 기초에 깔린 평등이라는 근본적인 '소중한 환상'을 부정하는 것과 더 가깝다."²¹ 우리가 이런 혐오감과 그것을 유지하는 환상을 의무를 창출(또는 인정)하는 도덕적 의미를 갖는다고 본다면 그러한 상황에서 벗어나기 위해 위력을 사용하는 것은, 비록 이것이 강제적으로 평화로운 사적인 선택을 제한할 필요가 있다 하더라도, 모든 이를 위해 동등한 돌봄을 목표로 하는 의료 시스템에 기여할 것이다. 이러한 환상을 변호하기 위해 캐나다는 부도덕한 행동을 하고, 클린턴의 계획은 일반적이고 세속적인 측면에서 부도덕한 개입을 제안했다. 이러한 부도덕함을 피하기 위해서, 의료 시스템은 국가권력에 대한 세속적인 도덕적 한계를 인정하고 그러한 과도한 것들을 피해야 한다.

　의술과 과학은 종종 끔찍한 인간 비극에 직면하여 한정된 자원을 가지고 다른 이들을 돕는 유한한 인간들의 프로젝트이다. 이들은 종종 할 수 있는 모든 것의 시도를 금하는 도덕적 한계 속에서 그들의 직업을 수행한다. 이러한 한계는 불평등이 불평등이 아닌 곳과 불행한 결과가 불공정하지 않은 곳을 정의한다. 자연의 힘과 사회적 부담의 많은 불행한 결과를 무디게 할 가능성은 여전히 남아있을 것이다. 세속적인 도덕적 권한의 제약 안에서, 도움이 필요한 이들을 돕기 위해 공동으로 소유되는 자원을 사용함으로써 일부 불평등을 없애려고 하는 것은 적절하다. 그러나 두 가지

---

\* Robert Evans(1942~ ): 캐나다의 보건경제학자.

형태의 평등주의, 즉 질투에 찬 평등주의와 이타적 평등주의를 구별할 필요가 있다.

질투에 찬 평등주의는 만약 다른 모든 것이 동일하면서 이차 세계에서는 일차 세계와 달리 누군가의 부유함이 다른 이의 가난함으로 이어지지 않는다면 이차 세계가 더 나쁘다고 주장한다.* 이러한 관점에서 볼 때 누군가의 행운(good fortune)**은 그 자체로, 혹은 다른 모든 이들에게 불공정하다고 간주될 수 있다. 첫째로, 다른 이들보다 더 많이 소유하는 행운은 만약 그 재산이 무원칙하고, 단순히 우연히 발생해서 그럴 자격이 없다면 불공정하다고 여겨질 수 있다. 우리가 곧 돌아보게 될 롤스의 설명에 따르면, 가장 가난한 계층의 이익에 보답한다면 그 행운은 공정하다. 그렇지 않으면 명분도 없고 공정성에 대한 보증도 없이 존재하는 행운은, 그런 의미에서 불공정하다. 어떤 이들의 재산은 그것이 최소 수혜자에게 이익이 되는 경우에만(즉, '당신은 그것이 나에게 도움이 될 때만 더 많은 것을 가질 수 있다') 용인될 수 있다. 그렇지 않으면, 원초적 입장의 계약자들은 그것을 허락하지 않을 것이다. 둘째로, 행운은 평등을 어지럽히고 확실히 불공정하다고 단순하게 보일 수 있다. 모든 이가 평등하다는 것에 도덕적으로 정전적인 지위를 부여함으로써, 이런 형태의 평등주의는 행운을 얻은 이들로부터 더 많은 것을 뜯어내는 것을 정당화한다. 그 가장 강력한 형태에서, 이것이 평등을 실현할 수 있다면 이는 모든 이를 가난하게 만드는 것을 정당화한다. 이러한 평등주의적인 태도는 "행복, 성공, 명성 또는 바람직한 모든 것의 소유에 있어서 [다른 이가] 우월하다는 불쾌감이나 악의(ill will)의 도덕적인 느낌"²²을 정당화하는 질투심에 의존한다. 이러한 평

---

\* 노직의 경험 기계(experience machine) 사고실험에서 유래한 구절. 일차 세계는 실재의 세계, 이차 세계는 경험 기계에 연결된 가상 경험 속의 세계를 의미한다. 이 이차 세계에서는 본인이 부유해졌다고 해도 다른 이들은 가난해지지 않는다.

\*\* 운 좋게 모은 한 재산이라는 의미이다.

등의 보증은 더 많은 것을 가진 이로부터 그들을 가난한 자의 지위로 끌어내리기 위해 소유를 빼앗는 위력의 사용을 승인한다는 의미에서 악의를 보증하기 때문에, 일반적이고 세속적인 측면에서 부도덕하다.[23] 그 관점에서는 행운이 공정하지도, 불공정하지도 않은, 도덕적으로 무관한 것으로 인식될 수 없다. 누군가의 행운과, 그에 따른 (즉, 비교 대상인) 다른 이의 상대적 불행은 그저 일어난 일이 아닌, 그런 상황을 바로잡아야 한다는 공정성의 주장으로 인식된다.

의료에 있어, 질투에 찬 평등주의는 오직 부자들만이 접근할 수 있는 세계에 대항해서 아무도 폐 이식(또는 다른 고가 치료)에 접근할 수 없는 세계를 지지한다. 이러한 이해는 (1) 부자들이 더 나은 돌봄을 구매하는 것을 금지하거나, (2) 그것이 모두에게 제공될 수 있을 때만 이용될 수 있게끔 기술 개발을 둔화시키는 부당한 국가권력의 사용으로 이어진다. 의료 접근 및/또는 의료 진보를 제한하는 그러한 전략은 평등이 달성되는 한 죽음과 고통을 초래한다 해도 승인될 것이다.

어떤 이의 상대적 행운이 인간적인 완벽함(예: 행복한 어린 시절, 풍부한 자원, 교양 있는 매너에서 실현된 고귀한 인간성—즉 인간답게* 사느냐 여부)을 성취하면서 실현된 만족이나 좋음의 측면에서 이해되느냐 혹은 다른 이의 행운보다 상대적으로 열등하다는 불만의 측면에서 이해되느냐는 좋음과 정의의 비전에 달려 있다. 일반적이고 세속적인 도덕의 관점에서 강압적 평등주의를 정당화하기 위해서는 특정한 도덕적 이해나 가치 순위의 정전적 규범성, 그리고 이를 위한 위력 행사의 권한을 확보해야 하는데 이는 우리가 제2장과 제4장에서 보았던 것처럼 불가능하다.

이와는 대조적으로, 이타적 평등주의는 고통받는 이들을 돕기 위해 다른 이들의 동정에 호소한다. 이타적 평등주의는 이차 세계 거주자 중 누군

---

\* 원문은 라틴어 'humaniter'이다.

가가 일차 세계에서 경험하지 않는 고통, 기형, 장애 또는 반갑지 않은 요절을 경험한다면 이차 세계가 일차 세계보다 더 나쁘다고 주장한다. 이 장르의 평등주의는 누가 더 많이 소유하는지 아니면 누가 고통을 받는지 여부에 상관하지 않는다. 불평등 자체는 나쁘게 평가되지 않는다. 나쁘게 평가되는 것은 고통 혹은 누군가에게 중요한 재화가 부족하다는 점이다. 재화, 능력, 소유, 경험의 평등은 그 자체로 중요하지 않다. 오히려, 중요한 것은 특정한 개입을 통해 성취할 수 있는 선이다. 이타적 평등주의 측면에서 우리는 그것을 필요로 하는 이들에게 고가 치료를 제공하는 것에 관심을 두지, 그것을 구매할 수 있는 부자들을 말리지 않는다. 그러한 평등주의는 허락 원칙이 정한 제약 조건 안에서, 일반적으로 소유되는 자원의 사용에 관한 선택의 동기를 정당하게 부여할 수 있다.

### 거시분배에서 미시분배로

의료에 얼마나 많은 돈을 투자해야 하는지와 값비싼 의료 중재를 누가 받아야 하는지를 결정해야 한다. 다양한 수준의 의료 선택들이 상호 작용한다. 각 수준은 자신의 도덕적 이해와 문제를 제시하는 한편, 각 수준은 다른 수준에 영향을 미치고 그것의 곤란한 성격을 형성한다. 다소 거칠게 요약하면 이것들은 네 가지 수준의 관심으로 구분될 수 있다.[24]

**고수준 거시분배 선택**
의료에 어느 정도의 자원을 할애해야 하는지에 대한 관심이 있다. 그러나 세속적인 정부나 어떤 개인도 총 가용 자원의 얼마만큼을 의료 서비스에 주어야 하는지를 결정할 수 없다. 사회와 국가가 쥐고 있는 공동 기금은 명시적인 배분 선택의 대상이 될 수 있다. 예를 들어, 사회는 국방, 교육, 박물관 건설, 의료 등에 얼마만큼의 공동 자원이 투자되어야 하는지를 결정해야 할 것이다. 예를 들어, 공원을 건설하거나 멸종위기종을 보호하는 것보다 의료 지출에 사회의 관심과 자원을 더 긴급하게 주장할 수 있다고 우리가 일반적으로 주장할 수 있는지에 대한 의문이 제기될 것이다. 어려운 점은, 우리가 이미 본 바와 같이, 굶주린 이들에게 먹을 것을 주는 것, 노숙자들에게 주택을 제공하는 것, 미술을 지원하는 것, 멸종위기종을 구하는 것 등과 같은 '필요'의 정전적인 순위가 없다는 것이다. 이러한 순위는 특정 공동 사업에 대한 특정 협약에 의해 정립되어야 한다.

### 저수준 거시분배 선택

의료 배분의 적절한 패턴을 발견하는 것의 어려움을 적절하게 이해하려면 우리는 무엇이 포함되는지 검토해야 한다. 결국 의료에는 관상동맥 질환, 암, 폐렴, 결핵 등의 치료뿐만 아니라 관절염, 두통, 무좀, 여드름 등의 치료도 포함된다. 의료에는 노이로제에 대한 정신과 치료와 걱정이 많고 성가시게 하는 이들에게 의사가 제공하는 일반적인 지지 요법이 포함된다. 의료에는 유전 상담과 피임약 제공이 포함된다. 처진 가슴과 엉덩이를 키우고 지배적인 문화적·미적 규범에 더 잘 맞도록 하기 위해 처진 가슴과 엉덩이를 키우고 코를 성형하는 것도 그 범위에 속한다. 이러한 의료 사업 중 어느 것이 긴급한 지원을 받을 만한 가치가 있는 것인지 결정하기 위해서 우리는 어떤 것이 진정한 필요(need)이고, 어떤 것이 단순한 욕구(desire)인지를 결정해야 한다. 우리는 서로 다른 의료 영역이 제기한 주장의 지원 순위를 매기기 위해 수요와 욕망의 위계를 만들어야 한다. 우리는 이미 제2장에서 소아 백혈병의 치료와 치료에 얼마나 많은 공동 예산이 할당되어야 하는가를 결정할 수 있는 단일하고 배타적인 규범적 위계를 일반적이고 세속적인 측면에서 발견할 수 없다는 것을 이미 보았다. 그러한 위계를 찾을 수 없다면, 공동 자원의 할당을 위해 그러한 위계를 만드는 공정한 방법을 결정할 필요가 있을 것이다.

**고수준 미시분배 선택**

어떤 환자가 어떤 치료 형태를 받아야 하는지를 결정할 때, 우리는 특정 유형의 환자에게 자원을 할당해야 하는 방법에 관한 배경의 전제에 반하는 선택을 한다. 비록 초점은 특정 종류의 환자(예: 특정 자원의 투입으로 생존할 가능성이 있는 환자)에 초점을 맞추고 있지만, 우리는 그러한 선택이 이루어져야 하는 적절한 패턴에 관한 가정들을 통해 그 환자들을 보게 된다. 만약 문제가 말기 신부전 환자에게 신장 이식을 하는 것이라면, 이식할 수 있는 장기의 수가 충분하지 않거나 모든 환자를 돌볼 수 있는 자금이 충분하지 않을 경우 일반적으로 어떻게 수혜자를 선택해야 하는지를 결정해야 한다. 이러한 의료가 (1) 도움이 필요한 모든 이에게 평등하게(자원이 충분하지 않은 경우에는 추첨에 의해 선택된 이들에게), (2) 치료비 지불 능력이 있거나 가족, 친구, 지인 또는 호의적인 제3자가 치료비를 지불해주는 이에게, (3) 생산적인 삶에 복귀하여 사회에 가장 크게 기여할 가능성이 있는 사람에게, (4) 사회에 특별한 봉사를 한 것과 같이 다른 일련의 고려사항을 통해 제공되어야 하는지 우리는 결정해야 한다. 미시적 분배 결정을 위한 비전의 선택은 특정 할당 패턴을 강요하는 도덕적 권한의 한계에 대한 인식과 마찬가지로 그러한 결정을 위한 무대를 마련하지만, 절대적으로 결정하지는 않는다. 우리는 특별한 경우, 특정 형태의 예외가 허용되어야 한다고 여전히 주장할 수 있다. 더욱이 민간 개인이나 병원 시스템이 일반적으로 보증된 할당 패턴에서 벗어나는 것을 금지할 정도의 충분히 세속적인 도덕적 권한은 없을 것이기 때문에, 공개 시장에서 구입과 판매를 포함하여 장기의 미시적 분배에 대한 많은 병존하는 접근법을 구성할 수 있는 세속적인 도덕적 권리는 있을 것이다.

**저수준 미시분배 선택**

찰스 프리드*는 의사와 다른 의료 공급자가 분배적 의사결정을 해서는 안 된다고 주장해왔다.²⁵ 공동 기금을 담당하는 이들(예를 들어, 정부가 이러한 목적으로 임명하거나 보험 계약을 통해 임명된 관리자들)은 공동 자원의 가용을 위한 패턴을 적절하게 설정할 수 있다. 병원 관리자는 또한 특정 병원 서비스에 할당될 병원 예산의 몫을 결정할 수 있다. 또한 그들은 특정 유형의 환자에 대한 특정 서비스의 할당 절차와 패턴을 설정할 수 있다. 그들은 미시분배의 패턴을 정할 수 있다.

이와는 대조적으로, 개별 의사와 다른 의료 공급자들은 그러한 치료의 추구가 미시분배의 이상적인 패턴과 상충된다 하더라도, 환자에 대한 최선의 치료를 적절하게 추구할 수 있다. 프리드의 주장은 의사와 관료들 사이의 긴장이 대체로는 피고 변호인 측과 검찰 측 사이의 긴장 모델에 기반한다는 것으로 이해할 수 있다. 피고 측 변호인은 피고인이 사실상 유죄라고 믿더라도 가능한 모든 힘을 다해 피고인의 결백을 입증하려 하고, 검사는 피고인의 유죄에 대한 의구심에도 불구하고 피고인의 유죄를 확정하려 한다. 영미법 시스템은 이 갈등이 정의를 위한 진실을 최적으로 드러낼 것이라고 가정한다. 그러므로 특정한 효율적이거나 의무적인 의료 체계를 부과하려는 병원 관리자와, 시스템에 무관하게 가장 우수한 의료 서비스를 환자에게 제공하고자 하는 의사 사이의 충돌로 인해, 효율성과 비용 절감이라는 일반적 목적과 환자의 개별적 필요와 욕구 모두에게 주의를 기울이는 의료 시스템을 보장하는 데 필요한 힘의 최상의 균형이 이루어질 것이라고 우리는 생각할 수 있다.

의료 전문가들이 생명을 구하기 위해 환자들을 위한 자원을 확보할 수 있는 범위에는 도덕적 한계가 있다. 의료 전문가들은 모든 지원 방안을 정력적으로 탐구할 수 있으며 가능한 한 강력한 옹호자가 될 수 있다. 그러나 그들은 거짓말이나 사기를 통해 '편법을 쓰지' 않는다. 결국 만약 그들

---

* Charles Fried(1935~2024): 미국의 법률가이자 판사. 하버드 법대 교수를 지냈다

이 생명을 구하는 치료가 환자들에게 필요하고, 그런 것이 정부나 민간 보험, 또는 다른 이들의 자선으로부터 나오지 않는다고 믿는다면, 그러한 의료 전문가들은 자금 마련을 자신의 자산을 팔 수도 있다. 의사들이 환자에게 필요한 모든 치료를 제공할 의무가 있다고 믿는다면, 이는 잘못이다. 심지어 사기에 의해 그 필요한 자원을 획득해야만 하는 때도 그러한데 이는 허락 원칙을 위반하기 때문이다.

미시분배 선택의 패턴이나 원리가 경험칙*으로 기능할수록, 특정 수준의 치료법을 선택하는 패턴이 특정 유형의 환자에게 적합한지에 관한 상위 수준의 미시분배 선택과, 적절한 수준에 관한 하위 수준의 미시분배 결정 사이의 거리는 더 멀어질 것이다. 이 거리가 증가함에 따라, 하위 수준의 미시적인 선택은 시스템 전체에 압력을 가할 것이며, 이는 경험칙을 재구성하고, 이어서 낮은 수준의 거시분배 패턴을 재형성하는 것으로 이어질 수 있고, 그러면 결과적으로 상위 수준의 거시분배 패턴을 수정하게 될 것이다. 특정 환자를 고려하여 의사가 값비싼 구명 치료 기금을 지속적으로 확보할 경우, 이는 거시분배 선택의 정책을 재고하는 것으로 이어진다. 이 네 가지 수준 간에는 일종의 변증법이 있다.

### 인간의 생명을 건 도박과 건강과 생존의 가치 매기기

의료 시스템은 사망, 장애, 고통, 기능장애 및 손상이라는 특정 위험을 줄이려는 목적으로 어떤 자원을 투자할지를 결정할 때 경험적 지식의 확률적 특성을 고려해야 한다. 의학 지식의 커다란 불확실성과 의료적 중재의 고비용으로 인해 우리는 인간의 생명과 고통을 걸고 도박을 하게 된다. 그러한 도박은 인간의 삶의 일부분이다. 우리는 어느 정도까지 안전하도록 교량, 자동차, 공장을 건설하지만, 이는 완벽하게 안전하지는 않다. 우

---

* rule of thumb: 학문적이거나 이론적인 방법보다 경험을 통해 도출된 일반적인 방법이나 수단.

리는 어떤 대가를 치르더라도 생명을 지키겠다면 성취할 수 있는 수준의 안전에 못 미치는 것을 받아들이는 것이다. 그래서 우리는 생명을 살리는 데 가격을 매기고, 개인의 생명과 고통으로 도박을 한다. 일반적으로, 사람들은 이러한 상황을 인정하고 싶어하지 않는 것처럼 보인다. 많은 이가 이런 상황이 특히 의료에서 골칫거리라고 생각한다. 그러나 의료는 그러한 선택이 반복적으로 이루어지는 곳이다. 다시 말하지만, 어떤 환자의 생존 확률은 최대 3퍼센트인데, 치료비는 20만 달러가 넘을 경우, 그러면 우리는 그 생명을 살리기 위해 6백만 달러 이상을 들일 것인가? 한 사람의 기대 여명이 1년, 10년, 60년이라는 것이 중요한가? 혈액암 환자를 1년을 살리는 중환자 치료에 50만 달러 가까운 돈이 투자되고 있다는 데이터를 우리는 어떻게 설명해야 하는가?[26] 그러한 질문에 대한 내용 충만한 세속적인 도덕적 해답은 없다. 보건의료 분배에 대한 허락 기반 설명으로부터, 언제 생명을 구할 가치가 있는지에 관한 정책을 수립하는 것이 허용될 것이다. 세속적인 의료 시스템은 인간의 고통과 죽음을 건 도박에 공동 자원을 투자하는 방법을 선택하는 임무를 떠맡을 필요가 있을 것이다.

   이 모든 일에서 사람들은 도덕적인 인도를 추구한다. 그들은 삶, 죽음, 고통, 그리고 장애와 관련된 문제에 있어서 구체적인 도덕적 조언을 원한다. 따라서 우리는 의료자원 분배를 위한 패턴을 발견할 수 있는지, 그리고 공정한 협상이나 합의를 통해 그것을 어떻게 창출할 수 있는지, 혹은 창출할 수나 있는지에 대한 근본적인 문제로 되돌아간다. 의료 분배의 정의로운 패턴이 무엇인지를 우리는 진정 알 수 있는지, 아니면 대신에 어떤 절차적 공정성에 의존해야 하는지, 그런 의미에서, 특정 의료 분배 패턴을 구성해야 하는지의 문제는 의료 정의의 문제의 핵심에 놓여있다. 우리는 거시적·미시적 수준에서 정의로운 의료의 분배가 어느 정도까지 발견될 수 있는지, 그리고 어느 정도까지 그러한 패턴이 관련된 개인들 간의 공정한 협상과 합의의 산물인지 결정해야 한다.

## 상충하는 정의의 모델: 내용으로부터 절차로

존 롤스의 『정의론』과 로버트 노직의 『아나키, 국가, 유토피아』는 무엇을 정의 또는 공정으로 간주해야 하는지에 관한 서로 대조적인 이해를 제공한다. 그들은 의료적 정의의 본질에 관해 서로 다른 제안을 한다. 그들은 합리적인 공개로 수정 가능한 분배의 패턴인 주로 구조적인 정의 대 공정한 협상의 문제인 주로 절차적인 정의 사이의 대조를 보여준다.[27] 『정의론』에서 롤스는 무역사적(ahistorical) 관점에서 설명 장치를 내세우고 있으며[28] 이로부터 자원 분배, 어쩌면 의료자원 분배의 적절한 패턴을 발견한다. 이러한 이해에서, 사회적으로 기반을 둔 자격에 도덕적 우선권이 있다고 가정한다. 이와는 대조적으로, 노직은 개인이 서로 무엇을 하기로 합의했는지에 정의가 의존한, 정의로운 분배에 대한 역사적 설명을 진전시킨다. 노직은 개별적으로 기반을 둔 자격은 사회적으로 기반을 둔 자격보다 도덕적으로 우선한다고 주장한다. 자원의 배분을 위한 적절한 패턴을 발견할 수 있다고 주장하는 롤스와는 대조적으로, 노직은 그러한 패턴은 발견될 수 없으며 대신에 우리는 의료에 대한 권리를 형성하기 위한 정의로운 절차의 특징만을 식별할 수 있다고 주장한다.

일차적 사회 재화(primary social goods)를 분배하는 데 준수해야 할 올바른 원칙을 발견할 수 있다는 롤스의 주장은 흥미롭다. 비록 그는 의료자원 분배 문제를 회피하였고, 자신의 설명에 대한 주장을 상당히 제한했지만,[29] 의료자원의 분배에 대한 논의에서 그의 이론은 종종 호명된다.[30] 롤스를 평가하면서 우리는 어떻게 무인도의 토지를 나눌 수 있는지에 대한 고려를 통해 분배 정의의 문제에 접근할 수 있다.[31] 이 책의 일부 독자들이 무인도/주인 없는 섬에 동력이 꺼진 배를 타고 표류하였다고 상상해보자. 또한 모두가 이 섬에 땅을 소유하는 데 동등한 관심을 가지고 있다고 상상해보자. 우리는 협약을 통해 한 개인에게 분배 관리 업무를 맡길 수 있다. 그는 그 섬을 조사해서 똑같이 나누어야 할 것이다. 공정성을 보장하기 위해, 우리는 그에게 아무도 원하지 않는, 다른 모두가 자기 몫을 선택한 후에 남은 마지막 땅을 차지하도록 할 수도 있다. 이 분배자는 각 몫이 같을 수 있도록 세심하게 땅을 배치하고자 할 것이다. 만약 그 구획이 불평등하다면, 그 불평등이 작은 구획을 받은 이에게 유리하게끔 분배될 것이고, 그래서 그는 다른 이들과 마찬가지로 바람직하게 여길 것이다. 이런 식으로 우리는 아무도 받은 몫에 항의할 근거가 없다는 이유에서 정당한 토지 분배 절차를 확립할 수 있다. 그 절차는 모두의 이익을 보호할 만큼 체계화될 것이다. 이 모든 전제는 그 섬의 주인이 없으며, 우리 모두가 땅의 가치와 위험에 관해 유사한 이해를 가지고 있다는 것이다.

롤스는 하나의 자유민주주의 버전의 정의나 공정의 의미를 보여주는 설명 장치의 역할을 하는 비역사적 계약적 지위의 관점에서 이 절차를 대단한 규모로 발전시켰다. 그는 우리에게 무엇이 대표적인 원초적 계약자가 동의할 수 있는 일차적 사회 재화의 공정한 분배로 간주되는지를 상상해보라고 요구하며, 자신의 지적 관점을 소개한다. 그런 중에서 그는 세상의 물(物)들에 주인이 없다고 가정한다. 그는 또한 불평등한 분배가 가장 적은 몫을 받는 사람의 이익이 되지 않는 한, 모든 이들이 소득과 부의 균등한 분배를 원할 것이라고 가정한다. 롤스는 여섯 개의 전제를 갖춘 이 절차를 위한 개념적 기계를 개발한다. (1) 합리적인 계약자를 특징짓는 단일한 '얇은(thin)' 규범적 관점(즉, 그러한 합리적인 계약자는 기본적 사회 재화를 특정 순서로 배치하는 것을 지지하는 최소한의, 혹은 얇은 재화의 이론으로 표현되는 특정한 이해관심을 가지고 있다. 사회 재화 중에서 가장 높은 순위는 공적 자유[liberty]이다)이 있다.[32] (2) 그러한 계약자는 위험을 회피하고, 따라서 착취를 당하는 계층의 일원이 되는 위험을 감수하려 하지 않는다(예: 공리주의적 구도에서 일어날 수 있는 일차적 사회 재화를 분배하여 최대 다수의 최대 선을 창출할 수 있도록 하는 것으로 이는 소수 집단에 상당한 해를 미칠 가능성이 있다).³³ 그리고 (3) 그러한 계약자들은 질투심이 없으며 따라서 해당 사회에서 최소 수혜자 계층의 이익을 통해 보상받는 경우에도 불평등한 분배(예컨대 평등하게 분배하면 더 적은 몫을 받게 되느니, 불평등한 분배의 위험을 무릅쓴다고 모두 확신할 것이다)에 기꺼이 응할 것이다.³⁴ (4) 평등의 기준 상태가 특정화될 수 있다(그러한 기준 상태는 평등을 계산할 수 있는 가치와 관련된 기본적 합의가 없다면 특정화될 수 없다). (5) 계약자는 가족의 가장인 것처럼 행동한다. (6) 이러한 합리적인 계약자는 (a) 그들의 사회에서의 위치, (b) 그들의 자연적 자산과 능력, (c) 합리적인 인생 계획을 포함하는 좋음(선)에 대한 개념, (d) 그들의 심리학적 특징, (e) 그들 사회의 특정한 상황, 그리고 (f) 그들이 속한 세대와 같은 그들을 '편향적' 계약자로 만들 수 있는 상황들에 대해 무지한 채로 원초적 계약을 한다는 관점에서 그들의 상황을 결정한다고 간주된다.³⁵

'무지의 베일' 뒤에 사회에서의 위치뿐 아니라, 자연적 자산과 능력의 분배를 숨김으로써 롤스는 불공정한 것과 그저 불운한 것 사이의 많은 통상적인 구분선을 지워버린다. 그의 가상의 계약자들은 더 적은 자산과 능력을 가진 이들을 보상하기 위해 사회를 구조화하여, 따라서 그러한 자산과 능력으로부터 얻는 교정되지 않은 이익을 불공정한 것으로 만든다. 이와 같이 롤스는 자연적 로또(즉, 자연적인 힘의 결과)과 사회적 로또(즉, 개인과 사회의 선택의 결과)의 불운한 결과에 대해 다른 이들에게 보상해야 할 도덕적 의무를 확보하려 추구한다. 만약 우리가 자연적 로또나 사회적 로또의 선호를 받을 것인지 모르고, 그리고 만약 모든 것이 여전히 임자가 없다면, 우리는 이 로또 중 어느 하나에서 일어날 수 있는 손실을 막기 위해 자원을 분배하기 원할 것이다. 사실 비록 사람들이 이미 자격(entitlement)을 갖추고 있다 해도, 우리는 우리 자신의 이익을 위해 그들의 권리 주장을 물리치고 싶은 유혹을 받을 것이다. 우리는 사회적 합의가 자신의 이익을 보장하지 않는 한 수용되는 것을 원치 않을 것이다. 그렇게 불운한 결과는 불공정한 결과가, 원초적 입장에 있는 개인이 수용 가능한 사회구조의 요소로서 보상을 요구할 수 있는 결과가 된다. 이런 식으로 우리는 아마도 의료보험을 기본권이라고 주장할 수 있다.

이러한 관점에서 존 롤스는 그의 두 가지 정의 원칙을 발전시키는데, 이들은 원초적 입장에 대한 그의 설명에서 개인들에 의해 승인된다.

제1원칙
각자는 모두를 위한 유사한 자유의 시스템과 호환될 수 있는 평등한 기본적 자유의 가장 광범위한 시스템에 대한 평등한 권리를 가져야 한다.

제2원칙
사회적·경제적 불평등은 다음과 같이 구성되어야 한다.
(a) 최소 수혜자에게 최대 이득을 주고, 정의로운 저축 원칙(Just Savings Principle)에 부합하여야 하며,
(b) 공정한 기회균등하에서 모두에게 개방된 직위 및 위치에 결부되어야 한다.[36]

의료 문제와 관련해서 우리는 의료가 제1원칙(즉, 자유의 조건)에 의해 지배를 받는지, 제2원칙의 뒷부분(즉, 공정한 평등의 조건)의 지배를 받는지를 결정해야 할 것이다. 의료자원의 분배가 롤스의 소득과 부의 분배와 같다면, 이러한 격차가 가장 가난한 계층의 이익으로 다시 돌아가는 한 분배의 차이는 정당화될 것이다. 그러면 경제적 특성이냐 경제 더하기 건강 상태의 특성이냐 문제와 관련하여 가장 가난한 계층을 정의해야 하는 문제가 생겨난다.[37] 최소한 롤스의 위험-회피 이론을 감안하면 계약자들이 가장 가난한 이들의 복지 상태를 저하시킬 수 있는 지점까지 가장 건강하지 않은 이들의 이득을 위한 자원 분배를 요구하지 않는 이유를 이해하기

어렵다. 요절은 대단한 불이익이기 때문에 요절하거나 젊어서 장애가 될지도 모르는 이들을 위한 고비용 저효율 치료를 주장하는 것은 매우 의미있을 것 같다. 의료자원의 배분이 기회의 공정한 평등(예: 수명의 평등)에 필수적이라면 소득 지원이나 매력적인 생활 수준의 달성과 같은 다른 일차적 사회 재화에 대한 분배에 앞서 의료기금을 분배할 필요가 있을 것이다. 건강의 향상과 장애에 대한 보상은, 그렇지 않다면, 가장 가난한 이들의 복지 상태의 개선보다 우선할 것이다. 이것이 옳다면 우리는 장애인과 요절하는 이들의 편에서 자원을 써야 한다는 매우 강력한 요구를 받을 것이고, 이는 단지 기회의 더 큰 평등을 이루고자 건강 상태에서 단지 약간의 이득만을 얻기 위해 상당한 자원을 소비하게 될 것이다. 기회의 평등은 적어도 중년기의 건강한 삶을 포함하는 건강의 쟁점으로 보이므로, 만약 최소한 대부분 사람들의 기대 수명만큼 살지 못한다면, 죽음을 미루고 장애를 치료하기 위해 노인에게서 젊은이들로 자원이 이동할 것이다. 건강이 기본적 자유를 행사할 수 있는 능력으로 이해된다면 이러한 권리 주장은 더욱 강고해질 것이다. 즉, 그들은 기회의 평등의 고려조차 능가할 것이다.

롤스의 자원 배분을 위한 무역사적인 기반은 노직으로부터 분배 정의의 최종판을 빌린다. 그것은 개인이 그들이 이미 확립된 소유권 시스템 밖에 있다면 마치 모든 것을 공동으로 소유한 것처럼, 공동으로 소유한 자원의 분배를 위한 근거로 받아들일 수 있는 원칙을 제공한다. 이와는 대조적으로 노직은 역사적인 설명을 한다. 그는 (1) 도덕성의 조건은 상호 존중이며, (2) 사람들은 어떤 특정한 사회에 앞서 실제로 사물을 소유하고 있다고 가정한다. 그러므로 정의의 원칙은 정당한 취득, 이전, 그리고 과거의 불공정—일반적이고 형식적인 정의의 원칙에서 획득과 이전에 있어서의—에 대한 보상의 원칙이다. "선택한 대로 각자로부터, 선택받은 대로 각자에게"[38]이다. 그 결과, 『아나키, 국가, 유토피아』의 노직에게 있어서, 자연적·사회적 로또의 결과는 부당한 압력, 강요, 과도함의 영향을 받지 않는 한, 비록 불운하기는 하지만, 불공정하지는 않다. 불운한(혹은 행운) 결과 자체가 의무를 불공정하게 만드는 것은 아니다. 노직에게 도덕 행위자들은 누군가는 건강하게, 다른 이는 심각한 질병을 안고 태어난 것과 같은 자연적 로또의 영향을 무디게 해야 한다는 공정성을 고려할 의무가 없다. 덧붙여 또한 노직에게 있어 증여, 상속, 또는 이들과의 협력을 통해 누군가는 부유해지고, 다른 이는 가난해진 사회적 로또의 부정적인 결과 또한 정당화되지 않은 사회적 압력, 강요, 또는 과도함이 수반되지 않은 한 그저 불운일 뿐이다. 비록 개인들은 불공정하게 행동했을지 모르고, 책임 있는 이들로부터 보상을 받아야 할지도 모르지만, 이것이 가능하지 않을 때, 다른 이들이 그 손해 전체를 보상할 의무가 없다는 점에서 다른 이들의 시각으로 볼 때는 이런 일은 그저 불운이다. 일부 사람들이 의료비를 지불할 돈이 없다는 자체가 사회적으로 보상해야 할 의무를 발생시키는 것은 아니다. 누군가가 다른 이들은 살 여유가 없는 의료를 구매할 수 있는 돈을 가지고 있는 것도 도덕적인 모욕은 아니다.

『아나키, 국가, 유토피아』의 노직과 『정의론』의 롤스의 차이는 자격과 소유권에 대한 서로 다른 설명과 무원칙적인 행운과 불운에 대한 다른 이해에서 스스로 드러난다. 롤스의 경우, 우리는 최소 수혜자에게 가장 큰 혜택을 주고, 정의로운 저축 원칙에 부합하며, 공정한 평등과 기회라는 조건하에서 모든 이에게 직위와 자리가 개방되고, 모두를 위한 자유의 시스템과 호환될 수 있는 평등하고 기본적인 자유의 가장 광범위한 전체 시스템에 대해 평등한 권리를 각각의 인격체가 가진 경우 그러한 재화에 대한 정당한 자격을 갖는다. 대조적으로, 노직의 경우, 우리는 그저 사물을 소유한다. 즉 "사물은 이미 그에 대한 자격을 갖춘 이들에게 붙어서 세상에 존재한다."[39] 만일 우리가 정말로 사물을 소유한다면 분배 정의의 원칙에는 자유에 기초한 제한이 있을 것이다. 우리는 그들의 승인이나 허락 없이 다른 이들이나 재화를 사용할 수 없다. 타인의 필요는 개인의 재산권을 지우지 못한다. 이 책의 독자들은 제3세계에서 생명을 구하는 항생제를 구입하기 위해 팔 수도 있는, 결혼반지나 다른 보석을 착용하고 있을지도 모른다는 것을 고려해야 한다. 이런 사치품을 가진 이들은 부분적으로 노직의 설명에 동의하며 '판매 수익이 그것을 절실히 필요로 하는 사람들의 생명을 구할 수 있음에도 불구하고, 결혼반지를 자신을 위해 보관하는 것은 나의 권리'라고 주장할 것이다.

 노직의 설명은 누군가의 세속적인 도덕적 권리와 옳은 일, 선한 일 또는 적절한 일을 구별할 것을 요구한다. 때때로, 가난한 이들의 의료를 지원하기 위해 재산의 일부(어쩌면 전부)를 파는 것은, 비록 그 매매를 거부할 수 있는 세속적이고 도덕적 권리를 가지고 있음에도 불구하고, 옳은 일이 될 것이다. 이러한 대비는 세속 도덕 공동체의 가능성을 위한 조건으로서 측면제약으로서의 자유(freedom as a side constraint) 대 다른 가치 중 한 가치로서의 자유(freedom as one value among others)를 구분한 노직으로부터 유래한다. 이 대비는 도덕 공동체의 가능성에 근거를 두는 정의 주장과 특정한 좋음과 가치에 이해관심을 둔 정의 주장의 구분으로 이해될 수 있다. 노직에게 있어, 필요한 의료 서비스를 제공하거나 기회의 평등을 확보하여 생명을 구할 수 있을지라도, 우리는 그들의 동의 없는 무고한 자유인을 사용할 수 없다. 설사 그것이 좋은 일(예를 들어 생명을 구하는 것)이라 하더라도, 그 누구도 그것을 할 권리가 없다. 노직에 의하면 우리는 그들을 자유인으로 존중하기 위해서는 실제 인격체들의 실제적 동의가 필요하기 때문에, 그들의 권리는 도덕적으로 가치 있는 많은 목적의 추구를 도덕적으로 배제할 수 있다. 이와는 대조적으로 롤스는 자유(freedom)나 공적 자유(liberty)를 가치로 취급한다. 결과적으로, 단지 정의로운 제도를 개발하는 데 있어, 롤스는 관련된 이들의 실질적인 동의를 요구하지 않는다. 결과적으로, 롤스는 중요한 사회적 목적을 달성하기 위해 자기 결정권을 제한하도록 허용할 것이다.

롤스의 설명과 노직의 진술의 차이는 상당 부분 롤스의 정의론이 공정으로서 정의의 원리를 스케치하는 것이 무엇인지 상상해보라고 초대한 상황에서 기인한다. 그래서 누군가가 어떤 계층으로 태어나든 그 계층에 속한 것이 합리적으로 수용 불가하다고 주장할 수 있는 근거는 없다. 이런 관점에서 볼 때 정당하지 못한 행운이나 불운은 수정되어야만 한다. 모든 행운의 분배는 원초적 입장의 관점에서 다루어져야 한다. 그러나 이러한 관점은 의료정책의 어려운 결정에 대한 유용한 지침으로 보이지 않는다 (예컨대 우리는 요절을 피하는 것과, 고통을 피하는 것의 중요성을 어떻게 조화시켜야 하는가). 더욱이 지침을 만드는 과정에서, 이러한 관점은 관리가 어려운 주장(예컨대 기대 여명을 평등하게 하거나 장애를 보상하기 위해 무슨 일이든 할 수 있다)을 초래할 수 있다. 노직은 사람들이 실제로 재화를 갖는데 왜 그런 무역사적인 관점을 가져야 하는지 이의를 제기한다. 그가 『아나키, 국가, 유토피아』에서 반박하는 것은 롤스의 것과 같은 입장은 사람들이 자신과 사물을 이미 소유하지 않고, 덧붙여 특정한 합리성과 정의의 관점을 수용하였을 때나 합리적인 이들이 규범적으로 받아들일 수 있는 분배 정의의 원칙을 제공한다는 것이다. 그러나 노직과 이 책의 제4장이 주장하듯 사람들은 이미 자신과 사물을 사적으로 소유하고 있다. 자유는 단순히 여러 가치 중 하나가 아니라 선택이나 허락에서 표현되는 도덕적 권한의 원천이다. 그것은 도덕 이방인들이 협력할 때 도덕적 권한의 원천이다.

이런 식으로, 우리는 노직의 그렇지 않으면 불안한 출발점에 대한 기반을 제공할 수 있다.[40] 우리는 노직의 주장들을 도덕 이방인들을 구속할 수 있는 도덕적 구조의 가능성에 필요한 조건들을 마련하는 것으로 해석함으로써 제2장과 제3장에 포함시킬 수 있다. 제한된 상태는 도덕적으로 다양한 공동체의 구성원들이 도덕 이방인으로서 상호 구속력을 가질 수 있는 도덕적 권한을 가진 구조다. 이러한 정당성의 결과, 롤스의 용어로 공정한 분배가 이루어질 수 있다 하더라도, 그것은 오직 하나의 이념적 관점을 반영할 것이다. 그것은 일반적으로 구속력 있는 권한이 없을 것이다. 더욱이 롤스의 요건에 부합하는 상황이 발생한다면, 자유로운 개인은 그 상태를 지우기 위해 그들 자신의 자유로운 거래를 통해 세속적인 도덕적 권한을 가질 것이다. 권한은 개인으로부터 파생되기 때문에, 공동체의 구조에 도덕적 지위를 부여하는 것은 그들이다. 다소 지나치게 단순하게 표현한다면, 권한은 정의나 공정에 대한 합리적으로 권위 있는 비전이 아니라 지배받는 이들로부터 나온다. 이런 관점에서 보건의료에 사용되어야 할 적절한 자원의 양은 원초적 입장에서 발견되는 것이 아니라 합의에 의해 만들어지는 것이다. 우리는 철학적 모자에서 토끼를 꺼내는 것처럼 불가능한 것, 즉 정전적이고 내용 충만한 원칙의 도출을 시도할 필요는 없다. 대신에, 우리는 실제 개인의 동의로부터 권한을 얻는다.

롤스와 노직의 이러한 대비는 보건의료 자원의 배분에 대해 각각 현저하게 다른 의미를 갖는 두 가지 전혀 다른 정의 원칙의 대비로서 더 일반적으로 음미될 수 있다.

1. 자유 또는 허락에 기초한 정의는 다양하고 구체적인 도덕 공동체의 구성원인 도덕 이방인들을 구속할 수 있는 평화로운 사회구조라는 세속적 도덕 공동체의 개념에 따라 만들어진 재화의 분배와 관련이 있다. 따라서 그러한 정의는 허락 원칙에 따라 이해되는 정의 관련 제도들의 역사적 연결망에 놓인 개인의 동의를 필요로 할 것이다. 선행의 원칙은 허락 원칙이 정한 제약 내에서만 추구할 수 있다.
2. 목적에 입각한 정의는 사회 안에서 개인의 선의 성취와 관련이 있는데, 그 선행의 추구는 강한 도덕 원칙에 의해 제약되지 않고, 도덕, 정의 또는 공정에 대한 어떤 특정한 이해에 의해 추진된다. 그러한 정의는 실질적으로 매우 다양하다. 즉 (a) 각 개인에게 동등한 몫을 부여한다, (b) 각 개인이 필요로 하는 것을 부여한다, (c) 최대 다수에 대

해 이득/해악의 최대 효익을 이루게끔 설계한 시스템의 일부로서 각 개인에게 분배한다, (d) 모두에게 평등한 공적 자유와 공정한 기회의 조건하에서 최소 수혜자에게 최대 이득이 될 수 있도록 설계한 시스템의 일부로서 각 개인에게 분배한다.

자유 또는 허락 기반 정의에 따른 의료의 분배는 소유권 행사를 포함한 개인의 자유로운 선택을 존중한다는 제약 조건 내에서 이루어져야 한다. 목적에 기반한 정의에 따른 의료의 분배는 의료의 정의로운 패턴을 제공하는 것이 무엇을 의미하는지, 그리고 단순한 수요가 아닌 진정한 수요를 구성하는 것은 무엇인지, 그리고 다양한 건강 목적 간에, 그리고 비건강 목적과 비교해서 어떻게 순위를 매길 것인지를 정할 필요가 있을 것이다. 의료에서 정의에 대한 그러한 접근방식은 자원의 분배를 위한 적절한 패턴을 무역사적으로 발견하는 방법을 요구할 것이다.

'정의는 모든 사람에게 그의 몫을 주는 꾸준하고 영구적인 의지이다 (Justitia est constants et longua perpetua voluntas jus suum cuique tribuens)'라는 격언을 해석하는 방식이 여럿이기 때문에, 의료 정의에 대한 허락 기반 및 목적 기반 접근법은 서로 대조적이다.[41] 허락 기반 접근법은 정의가 무엇보다도 개인 서비스 및 개인 소유물의 처분에 있어서, 세속적인 도덕적 권한의 원천으로서 자유로운 개인으로서 존중받을 권리를 각 개인에게 부여한다고 주장한다. 이와는 대조적으로, 목적 기반 접근법은 정의가 재화의 몫을 받아야 한다고 주장한다. 이는 공정한 몫이 무엇이어야 하며, 각 개인에게 적당한 몫은 무엇인지를 특정화하는 일단의 무역사적 기준[42]에 호소하여 공정하다는 것이다. 공정한 몫의 의미(예컨대 동등한 몫, 이득/해악 균형을 극대화하는 제도에 따른 몫 등)는 다양하기 때문에, 목적 기반 정의라는 표제하에 의료의 정의에 대한 다양한 경쟁적인 의미들이 있게 될 것이다.

우리는 제2·3·4장에서 다룬 기초적인 문제들로 되돌아왔다. 평등이나 공정이 요구되는 자원의 기본적인 주장에 대한 정전적인 이해나 도덕 비전은 없다. 무엇이 더 중요한지에 대한 핵심적인 질문을 요청하지 않고서는 경제적 공적 자유 대 정치적 공적 자유, 또는 임의적 폭력에 대한 공적 자유의 우선순위를 확립할 방법은 없다. 이미 언급했듯이, 만약 우리가 매사추세츠주 케임브리지에서 온 진보주의자들의 이러한 문제에 대한 확립된 도덕적 직감을 재구성한다면, 그것은 싱가포르 정부가 옳다고 생각하는 이들의 관점과는 상당히 다를 것이다. 원초적 입장의 계약자들에게 동기를 부여하기 위한 선(좋음)의 얇은 이론의 선택은 일반적이고 세속적인 측면에서는 정당화될 수 없는 선택에 달려 있다. 또한 수용 가능한 위험에 대한 정전적인 이해도 없다. 세속적인 의료정책을 구체화하기 위한 정의의 정전적이고 내용 충만한 비전은 없다. 결과적으로, 자원에 관한 분배적 선택의 정당성은 공동의 자원으로 제한되어야 한다. 그러한 선택은 관련자들의 허락을 받아야만 권한을 획득할 수 있다.

이러한 면에서 노직의 설명은 기초가 주어진다면, 거대 국가에서 세속적인 의료정책의 딜레마를 설명하는 지점까지 재조명할 수 있다. 선, 공정, 정의에 대한 정전적이고 내용 충만한 비전이 없기 때문에, 재화의 분배 권한은 공동의 합의에서 도출되어야 한다. 만약 국가가 정당하게 공동 재산을 소유한다면, 이것들은 정당하게 그 국가의 헌법에 따른 분배적 결정의 대상이 될 수 있다. 그러나 공동 재산과 사유재산 사이에는 신중한 구분이 필요할 것이다. 더욱이 재산과 용역뿐만 아니라 사람들도 허락 없이 사용할 수 없다.

### 다층 의료 시스템의 도덕적 불가피성

공공의료 시스템은 계획된 인간 복지를 통해 자연적 로또 및 사회적 로또의 손실을 보장하기 위한 공동의 시도다. 그 기능은 자연의 비극과, 도움이 필요한 이들에게 동정하지 않는 이들을 포함하는 사람들의 부주의하고 사악한 선택을 무디게 하는 것이다. 그것들은 장애, 고통, 질병, 죽음에 대한 두려움 등과 관련된 불안들을 해소하기 위해 구축된 사회적 구조들이다.[43] 그것들은 자연과 사람들을 조화시키도록 하기 위한 인간의 여러 시도 중 하나이다. 이 책은 허락 및 혜택의 원칙과 소유권 허용에 대한 분석을 통해 다층 의료 시스템(multitier healthcare system)을 지지한다. 한편으로는 모든 재산이 사유재산인 것은 아니다. 국가와 다른 사회단체들의 회원들은 자연적 로또과 사회적 로또의 손실을 막기 위해 공동의 자원을 투자할 수 있다. 한편, 우리가 제5장에서 보았듯이 모든 재산이 공동 소유는 아니다. 개인 자격이 있는데, 개인들은 자유롭게 다른 인격체들의 서비스와 교환할 수 있다. 거의 모든 국가와 사회에서 (공식적이든 비공식적이든) 다층 시스템의 존재는 사회적 선택과 개인의 열망의 공통적 및 사적 자격 모두의 존재를 반영한다. 의료 분배의 불평등을 전제한 다층 제도는 도덕적으로나 물질적으로나 불가피한 것이다.

　피할 수 없는 비극과 그에 반하는 도덕적 직관 앞에서, 다층 의료 시스템은 많은 면에서 타협이다. 한편으로, 그것은 모두에게 어느 정도의 의료를 제공하는 반면, 자원을 가진 사람들에게 추가적이거나 더 나은 서비스를 구매할 수 있게 해준다. 그것은 모든 이를 위한 품위 있는 최소한의 (decent minimal) 또는 기본적인 의료 제공을 위한 공동 자원의 사용을 보증할 수 있을 뿐 아니라, 일부 개인의 처분으로 개인 자원의 존재를 인정하여 고급 의료뿐만 아니라 더 나은 기본 의료 서비스를 구매할 수 있다. 자기 자신이나 사랑하는 이를 위해 평등한 대우를 넘어서는 것을 추구하는 성향이 평등주의 시스템에서는 악질적인 기질로 여겨지는 반면, 다층 시스템은 도움이 필요한 이들에 대한 일반적인 사회적 동정을 여전히 지지하지만, 개인의 사랑을 표현하고 사적인 이익을 추구할 수 있게 해준다. 평등주의 시스템은 사랑하는 이들을 위한 최고 수준의 돌봄을 구입하는 데 사적 자원을 투자하려는 널리 퍼진 인간적 성향을 억제해야 하는 반면에, 다층 의료 시스템은 그러한 성향을 표현하기 위한 정당한 장소를 인정할 수 있다. 다층 의료 시스템은 (1) 자유로운 연합체에 끼어들어 자신의 자원의 사용을 방해하는 시도에 대해 저항하는 개별 의료 공급자와 소비자를 지지하고, (2) 사회적 로또의 혜택을 받지 못한 개인에게 의료 서비스에 대한 적극적인 권리가 만들어질 수 있도록 허락한다.

심각한 과제는 부유한 이들을 위한 특별한 서비스 층위를 만드는 데 돈과 자유로운 선택을 허용하는 동시에, 사회의 모든 구성원을 지탱하기 위한 품위 있는 최소한의 또는 기본적인 수준의 돌봄을 어떻게 정의하고 제공하는지를 결정하는 것이다. 1983년 미국 대통령 직속 위원회는 품위 있는 최소한의 기본 수준의 또는 최소한으로 적절한 의료 서비스가 무엇을 의미하는지를 정의하는 이 일반적인 문제를 다루면서, 시장의 힘에 의해서뿐만 아니라 민주적인 절차에 의해서 상당한 정도로 내용물이 만들어져야 한다고 제안했다. "민주주의에서 정책의 결과에 할당될 적절한 가치는 궁극적으로 시장에서뿐만 아니라 사회적·정치적 과정을 통해 자신의 가치를 표현하는 사람들에 의해 결정되어야 한다."[44] 이 위원회는 또한 적절성의 개념이 부분적으로는 건전한 의료 표준을 충족하는 진료의 양에 호소하여 발견될 수 있다고 제안했다. "적절성은 모든 이가 건전한 의료 관행의 표준에 맞는 치료를 받아야 한다는 것을 요청한다."[45] 그러나 "건전한 의료 행위"가 의미하는 것은 그 자체로 특정 문화 내에서 특정 이해에 의존하는 것이다. 건전한 의료 행위에 대한 표준은 발견되는 것만큼이나 만들어진다. 다층 진료 시스템의 도덕적 불가피성은 적절하거나 건전한 의료 관행의 다중 표준을 발생시키고 의료자원의 중앙 집중적 분배에 관한 다양한 방론*의 도덕적 개연성을 훼손한다.[46]

실제로, 제2·3·4·5장의 주장은 적절한 치료의 개념이 좋은 삶과 적절한 의료 관행에 대한 특정한 관점 밖에서 발견될 수 없다는 결론으로 이어진다. 다양한 도덕적 공동체를 포함하는 국가들에서는, 적정 수준이나 적정 최소 의료가 무엇을 의미할 것인지에 대한 이해가 공개적인 토론을 통해 그리고 공정한 협상을 통해 이루어져야 할 것이다. 밤부티족과 같은 소규모 공동체에서는 근대 의료 서비스에 대한 공동 자원의 약속이 거의 없을 수 있다. 그러한 공동체에 있어서, 적절한 수준의 돌봄에 대한 관심은 거의 또는 전혀 없을 수 있다. 영국과 같은 국가에서는 특정 연령 이상의 개인에 대한 혈액 투석이나 가장 예후가 좋은 환자를 제외한 관상동맥 우회술을 포함하지 않을 수 있다(또는 적어도 그러한 치료를 단념시키는 비공식적인 방법이 있을 것이다).[47] 다른 많은 나라의 경우, 그러한 최소한의 투자는 적절한 수준으로 간주되지 않을 것이다. 영국의 로마 가톨릭교도들과 다른 이들에게, NHS 서비스를 통한 낙태는 수용 불가능할 것이며, 따라서 영국의 기본 패키지는 도덕적으로 문제가 될 것이다.

우리는 협상을 통해 더 많은 비판, 논의, 그리고 변화에 항상 열려 있지만 사실상 어느 한 정치조직)에 품위 있는 최소한의(decent minimum) 의료를 만들어낸다. 좋은 삶에 대한 공통의 관점을 공유하는 작은 사회집단에서, 사람들은 품위 있는 최소한의 의료로 간주되는 것을 발견하기 위해 공통의 비전에 호소할 수 있을 것이다. 그러나 공동체들을 아우르는 품위 있는 최소한의 의료 수준이나 건전한 의료 관행에 부합하는 서비스의 표준으로 간주해야 하는 것에 대한 서로 다른 이해와 더불어 상이한 도덕 비전이 존재할 것이다. 이러한 다양성은 더 나은 기본 또는 고급 의료에 접근하려는 우려보다는 적정한 의료 제공의 성격에 대한 도덕적 관심을 반영하는 특정한 의료 패키지를 제공하도록 특정 집단에 동기를 제공할 것이다. 예를 들어, 우리는 도덕적으로 부적절한 돌봄(예: 낙태와 안락사)을

---

\* obiter dictum: 판사의 판결문에서 판결 이유가 아닌 부가적인 의견을 의미한다. 방론은 구속력을 가지지는 않는다.

지지하지 않기 위한 우려 때문에, 그리고 모든 구성원을 위한 전 세계적인 기본 패키지를 수립하기 위해, 모든 구성원에게 의료를 위해 십일조의 40퍼센트를 교회에 바치도록 요구하는 로마 가톨릭교회를 상상할 수도 있다. 이렇게 하면 모든 로마 가톨릭교도들은 그들의 도덕적 약속에 부합하는 기본 돌봄 패키지를 전 세계에 걸쳐 보장받을 수 있을 것이다. 더 많은 것을 원하는 이들은 그것을 살 수 있다. 우리는 2차 지위(secundum status)의 돌봄을 얻게 될 것이다.

혹은 우리는 다양한 집단이 그들만의 특별한 건강관리 패키지를 만들어내는 것을 하나의 정치조직을 위한 기본 패키지와 통합하는 것을 상상할 수도 있다. 독일에서처럼, 로마 가톨릭교도 또는 복음주의 개혁 교회 신도인 시민들이 영적 봉사에 대한 부가세를 지불하는 것처럼, 다른 집단들은 낙태, 불임시술, 조력 자살, 안락사 등과 관련된 그들의 특별한 도덕적 다짐에 대해 이들이 의료 협약의 일환인 한 다른 액수의 금액을 지불하거나 (또는 환불받을) 수 있다. 치료 제한이나 안락사 협약에 서명할 경우에 특별 할인이 있을 수 있다. 이 접근법의 도덕적 이점 중 하나는 우리가 부도덕하다고 여기는 의료의 제공에 관여할 필요가 없다는 것이다. 특히 우리는 부도덕한 일이라 인식하는 것을 지원하기 위한 세금을 내지 않아도 될 것이다. 게다가 우리는 그러한 제공으로부터 거리를 둘 수 있다.

이러한 다양한 의료 패키지는 병원들이 현재 1인실 및 2인실을 가지고 있는 것처럼 어떤 상황에서는 같은 건물에 제공될 수 있다. 다른 경우에, 그러한 도덕적 다양성은 별도의 시설에서 구현될 수 있다. 어느 경우든, 환자에게 의료 서비스가 제공되지 않도록 보호하거나 협약에 의해 윤리적으로 부적절한 것으로 간주된 영역에 대한 특별 형법 및 민법이 존재할 수 있다. 따라서, 예를 들어, 안락사에 반대하면서, 비안락사 의료보험 제도나 질병 기금에 가입한 이들은 안락사당하지 않도록 보장받을 수 있을 것이다. 낙태 거부 병원에서 낙태한 이들은 형사적·민사적 책임을 질 수 있을 것이다.

도덕 비전을 공유하는 공동체를 제외하고, 우리는 공통의 자원을 사용하기 위한 정책을 만들 필요가 있을 것이다. 종종 이것은 시민, 정치인, 그리고 의료 전문가들 사이의 대화를 통해 가장 잘 진행될 것이다. 이렇게 하면 우리는 모든 시민을 위한 기본적인 의료 패키지를 만들 수 있을 것이다. 그러나 돌봄의 수준과 기준이 다를 수밖에 없을 것이다. 재원을 가진 이들은 보조적 돌봄과 함께 1등급 기본 패키지를 요구할 것이다. 길버트 웰치*의 은유를 빌리자면, 우리가 '대기'할 필요가 없게끔 모두에게 이코노미석 의료를 제공할지라도 어떤 이들은 항상 비즈니스와 일등석으로 업그레이드할 것이다.[48]

기본 의료 패키지를 만드는 개방적인 민주적 대화의 가장 좋은 예는 소위 오리건 플랜[49]이었다. 이 플랜은 빈곤선 아래의 모든 오리건주 주민들을 위해 개발되었다. 그 아이디어는 모든 빈민에게 많은 국가가 보장하는 기본 의료가 성취한 것과 동등한 수준의 질병률과 사망률 보장을 위해 고비용 저효율 중재의 사용을 줄이는 것이었다.[50] 그 희망은 모든 고용주에게 이 최소 패키지를 모든 고용인에게 제공하도록 요구하는 것이었다. 제공 가능한 다양한 의료 서비스의 순위를 결정하는 여론조사가 시민을 대상으로 실시되었다. 오리건주의 49개 카운티 중 47개 카운티에서 다양한 치료에 대한 관심의 균형을 모색하기 위한 공개회의가 열렸다. 결국 기본적인 관리 패키지가 500그램 미만 저체중 신생아를 위한 집중치료뿐만 아니라 치과 근관치료를 보장해줄 것인지 여부를 결정해야 했다. 그 플랜은 분명히 다층 의료 시스템을 염두에 두고 있었다. 만약 어떤 치료가 기본 오리건 플랜에 포함되지 않았다면 의료 공급자들은 의료를 제공하지

---

\* Gilbert Welch: 미국의 저명한 의료정책학자. 다트머스 대학 교수였으나 2018년 연구부정 행위로 사임하였다.

않은 데 대한 형사적 또는 민사적 책임을 지지 않을 것이다. 이는 그것의 장점과 그것을 개별적으로 구매할 필요성을 시사했다. 또한 개인이나 기업이 국가군에 의해 개인 기본이나 고급 의료보험이나 의료보험을 구입하거나 판매하는 것을 강제적으로 막지는 않을 것이다.

왜냐하면 연방법과 제한적으로만 유효한 주의 권리로 인해 오리건 플랜이 고용인에 대한 메디케이드 및 기본 의무보험의 문제만을 다루도록 제한했기 때문이며, 미국「장애인법」의 간섭으로 인해(이 플랜은 500그램 미만의 체중을 가지고 태어난 신생아들에게 신생아 집중 치료를, 알코올 의존증 환자에게 간이식을 제공하지 않았는데 이는 차별적이라는 주장이 있었다). 오리건 플랜은 처음의 비전대로 진행되지 않았다. 그러나 이 계획은 시민, 정치인, 의료 전문가들이 개개인이 더 나은 기본적 또는 보조적 치료를 구매할 수 있는 권리를 침해하지 않고 기본적인 의료 패키지를 만드는 것을 목표로 하는 대화를 시작할 수 있음을 보여주었다. 그것은 의료 현실의 확률론적 성격과 도덕적 권한과 인간의 삶, 인적 자원의 한계에 의해 정해진 제약조건 안에서 인식하고 일하는 중요한 문화적 성취의 토대를 마련했다.

오리건 플랜은 미국의 의료 이념과 그 진부한 속임수로부터의 주저할 만큼 쉽지 않았던 첫 번째 결별을 대변했다. 이러한 관점에서 이해된, 원래의 오리건 플랜은 다음을 인식하는 특별한 미덕을 가지고 있었다. (1) 의료에서 불평등의 도덕적 필연성, (2) 적절한 내용을 발견하기보다는 기본적인 의료 패키지의 적절한 성격을 창조하는 도덕적 필요성, (3) 삶과 자원의 유한성을 인정하고, 고통, 장애, 기형을 치료하는 데 가격을 책정하는 도덕적 필요성, (4) 공동의 자원으로부터 기본 의료 패키지를 만들 때 표현되는 동정심과 이타심으로 반응하는 도덕적인 허용 가능성, (5) 제한된 도덕적 권한과 비전 앞에서 인간의 생명과 고통으로 도박을 할 수 있는 세속적인 문화를 유지하는 도덕적 도전, 그리고 (6) 질병, 장애, 기형의 치료를 포함한 모든 세속적 프로젝트의 한계성의 도덕적 필요성이다.

가장 일반적으로 이해될 때 이러한 성찰은 의료 배분을 할 때 다음 원칙의 도덕적 불가피성을 시사하는 것으로 보인다.

### 의료 분배 원칙

사람들은 그들이 살 수 있는 의료 서비스를 자유롭게 구매할 수 있고 다른 사람들이 제공하거나 팔기를 원하는 의료 서비스를 제공할 수 있다.

A. 허락 원칙은 공동의 자원을 가진 자가 타인을 보장해줄 수 있는 의료 패키지를 만들어 선하게 행동할 수 있도록 함으로써 진료와 돌봄에 대한 기본적인 기대를 창출한다. 이 원칙은 다음과 같은 세속적인 도덕적 제약 조건을 인정하고 있다.

1. 사적 층위의 의료는 도덕적으로 불가피하다.
2. 공공 또는 공동 의료는 공동 기금에서 창출될 수 있지만 그래야만 할 필요는 없다.
3. 의료 필요와 욕구를 다른 필요나 욕구와 비교하거나 서로 비교하여 순위를 매길 수 있는 정전적이고 세속적으로 발견 가능한 규범적 방법은 없다. 그러한 순위나 순서는 창조되어야만 한다. 특정한 협약으로부터 독립적인 세속적으로 의무적인 구조의 규칙은 없다.
4. 거의 모든 도덕적으로 방어 가능한 상황에서 의료는 병존 시스템이 될 것이며 그래서 기본 패키지는 가난한 이들에게 제공되고, 부자는 더 풍부하거나 나은 품질의 기본 의료뿐 아니라 고가 의료도 구매할 수 있을 것이다.
5. 캐나다의 것과 같은 모든 것을 포괄하는 단일 지불 플랜은 세속 도덕의 기본 원칙을 위반하기 때문에 도덕적으로 용납할 수 없다. 이런 의미에서 그것은 부도덕하다.[51]
6. 의료의 불평등은 개개인이 자유롭고 필요와 자원에 대한 전망이 다

르기 때문에 도덕적으로 불가피하다.
7. 그들이 영토 국가이건 아니건 다양한 사회와 공동체를 포괄하는 거대 정부의 제한된 세속 도덕적 권한을 감안할 때, 개별 공동체(예: 로마 가톨릭교회)는 도덕적으로 반대할 만한 의료 서비스(예: 낙태와 안락사)에 관여할 필요가 없도록 자체 의료 시스템을 개발할 수 있으며 그러한 서비스는 자체 의료시설에서 금지될 수 있다.

B. 격률: 의료를 필요로 하거나 욕구하는 이들에게 그들, 당신, 혹은 다른 이들이 비용을 지불하거나 자선을 베풀 수 있는 의료를 제공하라.

이 원칙은 이 책의 모든 원칙과 마찬가지로 도덕 이방인의 평화로운 협력에 중요한 일련의 도덕적 문제를 요약한다. 그것은 또한 도덕 이방인을 구속하는 세속적인 도덕적 권한의 토대는 개인의 허락으로부터 비롯된다는 것을 강조한다. 의료 분배 원칙은 어떤 개인이 의료를 필요로 하는 타인에게 제공하는 것이 구체적으로 좋은 것인지, 적절한 것인지, 칭찬할 만한 것인지, 도덕적으로 적합한 것인지를 밝히지 않는다. 그것은 도덕 공유인의 올바른 공동체 안에서만 발견될 수 있다.

### 결론: 도덕적 다양성의 면전에서 의료권을 창출하기

특정하게 보장된 기본 의료 서비스를 갖춘 특정 의료 시스템은 다른 것보다 특정 목적과 가치의 묵시적이고 명시적인 선택을 반영한다. 그들은 어떤 목적과 가치는 높이고 다른 것은 낮춘다. 일반적이고 세속적인 도덕적 관점에서, 한 시스템이나 한 층위의 환자가 다른 시스템이나 층위에서 치료받지 못하고, 그러한 동일한 돌봄의 부족으로 인해 한 층위에서 살 수 있는 환자가 다른 층위에서 사망하는 상황은 세속적인 도덕적 잘못에 대한 증언이 아니라, 자유로운 남녀의 다른 권력, 재산, 선택, 비전에 대한 증언이다. 자유로운 남녀인 우리가 함께 무엇을 해야 하는지를 발견하는 세속적인 능력에는 한계가 있다. 우리의 세속적인 도덕적 권한에는 다른 이들에게 정의나 공정에 대한 하나의 도덕 비전 또는 내용 충만한 이해를 따르도록 요구하는 데 한계가 있다.

우리의 세속적인 도덕적 한계는 의료 패키지의 통일성에 반대하며 의료 제공에 대한 다양한 접근방식을 긍정적으로 수용하는 데 찬성한다. 이러한 다양성을 인정하는 데 찬성하는 가장 강력한 주장 중 하나는 은총의 혜택을 받지 못한 이들에게는 문제 되지 않는 것으로 보일 많은 의료 서비스(예컨대 낙태)의 부도덕성에 대한 평화로운 종교적 인식을 방해하지 않는 의무에 뿌리를 두고 있다. 또한 편의시설과 우수한 관리 품질에 대한 다양한 관심은 이를 구매할 수 있는 자원이 있는 이들에게 업그레이드된 기본 및 보조 패키지를 매우 매력적으로 만들어 줄 것이다. 종교적 이해에서든, 업그레이드된 또는 더 나은 돌봄에 대한 욕망에서든 도덕적 다양성을 심각하게 받아들인다면, 다양한 기본 의료 패키지들이 병존하는 의료 시스템의 형태를 용인할 필요가 있을 것이다. 제6장과 제7장에서 제기한 세속적 도덕 제도들이 용인해야 하는 많은 의학적 중재의 도덕적 부적절함에 대한 우려는 인간 조건의 특징인 도덕적 다양성을 의료에서 인정할 의무를 더욱 강화한다. 우리가 도덕 이방인으로서 만날 때, 우리는 함께 무엇을 할 것인가를 공정하게 결정하는 것에 만족해야 한다. 우리가 함께 무엇을 해야 하는지 발견할 수 없을 때, 우리는 종종 평화롭게 자신의 길을 가는 데 동의해야 한다. 부분적으로 다층 의료 시스템은 도덕적 불일치가 상당한 영역에서 의료 제공의 세분화를 허용할 수 있다. 우리의 도덕적 차이는 우리를 완전한 분리로 이끌 필요는 없고 단지 의료 제공의 특정 영역에서 갈라서게 한다.

# 주

1  의료자원 배분에 관한 논의는 다양한 상충하는 관점들을 낳는다. 예컨대 다음을 보라. Thomas J. Bole and William Bondeson (eds.), *Rights to Health Care* (Dordrecht: Kluwer, 1991); Daniel Callahan, *What Kind of Life: The Limits of Medical Progress* (New York: Simon & Schuster, 1990); Larry Churchill, *Rationing Health Care in America* (Notre Dame, Ind.: University of Notre Dame Press, 1987); Paul Menzel, *Strong Medicine: The Ethical Rationing of Health Care* (New York: Oxford University Press, 1990). 또 다음을 보라. Dan Brock, *Life and Death: Philosophical Essays in Biomedical Ethics* (New York: Cambridge University Press, 1993), 특히 pp. 235-416.

2  Friedrich A. Hayek, *Law, Legislation, and Liberty* (Chicago: University of Chicago Press, 1976), p. 97.

3  The White House Domestic Policy Council, *The President's Health Security Plan* (New York: Times Books, 1993). 이 제안에 대한 논의들은 다음을 보라. "The Clinton Plan: Pro and Con," *Health Affairs* 13 (Spring 1994): 1-273, and "Mandates: The Road to Reform?" *Health Affairs* 13 (Spring 1994): 1-302. 클린턴의 제안을 도덕적으로 뒷받침하려는 시도는 다음을 보라. Dan W. Brock and Norman Daniels, "Ethical Foundations of the Clinton Administration's Proposed Health Care System," *Journal of the American Medical Association* 271 (Apr. 20, 1994), 1189-96. 클린턴 제안에 대한 비판적인 도덕적 검토는 다음을 보라. Norman Daniels, "The Articulation of Values and Principles Involved in Health Care Reform," *Journal of Medicine and Philosophy* 19 (Oct. 1994): 425-33; H. Tristram Engelhardt, Jr., "Health Care Reform: A Study in Moral Malfeasance," *Journal of Medicine and Philosophy* 19 (Oct. 1994), 501-16; George Khushf, "Ethics, Policies, and Health Care Reform," *Journal of Medicine and Philosophy* 19 (Oct. 1994): 397-405; Richard D. Lamm, "Rationing and the Clinton Health Plan," *Journal of Medicine and Philosophy* 19 (Oct. 1994): 445-54; Laurence B. McCullough, "Should We Create a Health Care System in the United States?" *Journal of Medicine and Philosophy* 19 (Oct. 1994): 483-90. 원래의 클린턴 계획안이 만들어진 과정에 대한 설명은 다음을 보라. Laurence J. O'Connell, "Ethicists and Health Care Reform: An Indecent Proposal?" *Journal of Medicine and Philosophy* 19 (Oct. 1994): 419-24, and Marian Gray Secundy, "Strategic Compromise: Real World Ethics," *Journal of Medicine and Philosophy* 19 (Oct. 1994): 407-17. 마지막으로 하나의 종교 공동체와 클린턴 헬스케어 계획의 상충에 대해서는 다음을 보라. James T. McHugh, "Health Care Reform and Abortion: A Catholic Moral Perspective," *Journal of Medicine and Philosophy* 19 (Oct. 1994): 491-500.

4　The White House Domestic Policy Council, *The President's Health Security Plan*, p. 43.
5　약가가 합리적인지 검토하게 된다면 신약 개발은 좌절하게 될 것이다. The White House Domestic Policy Council, *The President's Health Security Plan*, p. 45. 신약을 개발하여 상당한 이익을 얻지 못한다면 비합리적 이익에 대한 대중의 관심이 덜한 비디오 게임을 개발하는 것이 훨씬 매력적일 것이다. 그런 환경에서 비디오 게임을 널리 즐길 수 있는 사회를 갖게 될 것이지만 다제내성결핵이나 다른 질병을 치료하는 충분한 신약을 갖기는 어려울 것이다.
6　J. K. Iglehart, "Canada's Health Care System Faces Its Problems," *New England Journal of Medicine* 322 (Feb. 22, 1990): 562-68; M. G. Marmot, George D. Smith, Stephen Stansfeld, et al., "Health Inequalities among British Civil Servants: The Whitehall II Study," *Lancet* 337 (June 8, 1991): 1387-93; G. J. Schieber, J.-P Poullier, and L. M. Greenwald, "Health Spending, Delivery, and Outcomes in OECD Countries," *Health Affairs* 12 (Summer 1993): 120-29.
7　Rene Dubos, *Man Adapting* (New Haven Conn.: Yale University Press, 1969).
8　Plato, *Republic* 3.406a-b.
9　Plato, *Republic* 3.407-8.
10　Gregory Vlastos, "The Rights of Persons in Plato's Conception of the Foundations of Justice," in H. T. Engelhardt, Jr., and Daniel Callahan (eds.), *Morals, Science, and Sociality* (Hastings-on-Hudson, N.Y.: Hastings Center, 1978), pp. 172-201.
11　예컨대 다음을 보라. F. M. Kamm, *Morality, Mortality*, vol. 1, *Death and Whom to Save from It* (New York: Oxford University Press, 1993).
12　무일푼의 사람들을 어떻게 대할지에 대해서는 "부자의 식탁에서 떨어진 부스러기를 주워 먹으려고 문 앞에 앉아 종기를 긁고 있는" 라자로라는 거지(『루가』, 16:20-21)에 대해 예수님이 어떻게 말씀하셨는지 떠올리면 된다. 가난한 이웃을 돕지 않는 부자는 영벌의 지옥에 떨어진다.
13　President's Commission for the Study of Ethical Problems in Medicine and Biomedical and Behavioral Research, *Securing Access to Health Care* (Washington, D.C.: U.S. Government Printing Office, 1983), vol. 1, pp. 43-46.
14　The White House Domestic Policy Council, "Ethical Foundations of Health Reform," in *The President's Health Security Plan*, p. 11.
15　H. Newman, "Exclusion of Heart Transplantation Procedures from Medicare Coverage," *Federal Register* 45 (Aug. 6, 1980): 52296. 또 다음을 보라. H. Newman, "Medicare Program: Solicitation of Hospitals and Medical Centers to Participate in a Study of Heart Transplants," *Federal Register* 46 (Jan. 22, 1981): 7072-75.
16　이 책의 독자는 내가 구휼은 인간 비극에 대한 적절한 반응이자 적절한 회개의 표시라고 주장한다는 것을 이해해야 한다. 나는 어느 정도 국가의 자선을 강요하는 제한된 세속 도덕적 권한을 인정한다. 예수님은 말씀하셨다. "완전해지려면 가서 재물을 팔아 가난한 이에게 주어라. 그리

고 나를 따르라(『마태오』 19:21)". "완전해지려면 빈자를 대변하는 정치 활동가가 되어 진보적인 재분배 세금 제도를 만들고 복지 시스템을 지탱하기 위해 공권력을 사용해라"고 말씀하시지는 않았다. 빈자의 구제에 헌신하는 것이 비신자들에게 자비를 베풀도록 공권력을 사용하는 것과 등치는 아니다. 더욱이 이 구절의 궁극적 강조는 예수를 따르라는 것이다. 성 아타나시우스(296~373)는 이 구절에 정교회적 해석을 붙였는데, 그는 사막의 위인 성 안토니오(250~356)를 높이 평가하였다. 그는 이 구절을 듣고 가진 것을 다 팔고는 그리스도교 수도 공동체의 위대한 지도자가 되었다. 정부의 강압적 재분배 시스템을 세속 도덕으로 정당화하려는 철학자들에 대한 나의 비판은 복음서의 명령을 따르지 말자고 주장하는 것은 아니다.

17  President's Commission, *Securing Access to Health Care*, vol. 1, pp. 18-19.
18  롤스의 정의론은 원초적 입장에 처한 누군가는 행운이나 불운에 대한 모든 반응을 받아들일 만한 사회제도를 어떻게 구축하는가(어떤 제한 내에서 자기 입장을 극대화하려면 그는 가장 불운한 계층이어야 한다 등)의 관점에서 보게끔 하기 때문에 모든 행운/불운의 결과는 공정/불공정으로 간주되어야만 한다. 운명이나 기회의 단순한 중립적 사건 같은 건 없다.
19  특정 이데올로기나 종교에 따라 사안은 달라진다. 예컨대 전통적으로 그리스도교는 노예가 주인에게 복종해야 한다고 한 것처럼 법률이 교회법이나 사도 전승과 어긋나지 않는 한 그것을 준수하라 하였다. 그 순종 과정에서 누군가는 믿음의 순교자가 되기도 한다.
20  지위가 기대 수명에 미치는 영향에 대한 연구로 Marmot, Smith, Stansfeld, et al., "Health Inequalities among British Civil Servants: The Whitehall II Study"를 보라. 이글하트는 캐나다에서 포괄적 의료 시스템을 도입하고 15년이 지난 뒤, 소득 수준이 가장 높은 남성들과 가장 낮은 남성들의 기대 수명 차이가 5,6년에 이르렀다고 지적한다. Iglehart, "Canada's Health Care System Faces Its Problems."
21  Robert G. Evans, "Health Care in Canada: Patterns of Funding and Regulation," *Journal of Health Politics, Policy and Law* 8 (Spring 1983): 30. 또 다음을 보라. *Strained Mercy: The Economics of Canadian Health Care* (Toronto: Butterworths, 1984).
22  *Oxford English Dictionary* (1993), vol. 3, p. 232.
23  질투의 평등주의를 지지하는 이들은 다른 이들이 더 큰 행복, 권력, 만족을 누리기보다 모든 이가 평등한 세계가 낫다는 도덕적 직관을 인정할 것이다. 그들은 방사능을 볼 수 있는 돌연변이가 생겨 그가 위험을 회피할 세계 B보다는 모든 열 명의 구성원이 평등한 세계 A가 더 낫다고 판단할 것이다.
24  나는 거시분배(macroallocation)라는 용어를 지출의 일반적인 범주를 지칭하기 위해 사용하며, 미시분배(microallocation)라는 용어는 특정 분량의 자원을 받는 특정 개인의 선택을 지칭하기 위해 사용한다.
25  Charles Fried, "Rights and Health Care?Beyond Equity and Efficiency," *New England Journal of Medicine* 293 (July 31, 1975): 241-45.

26 David Schapira, James Studnicki, et al., "Intensive Care, Survival, and Expenses of Treating Critically Ill Cancer Patients," *Journal of American Medical Association* 269 (Feb. 10, 1993): 783-88.

27 John Rawls, *A Theory of Justice* (Cambridge, Mass.: Harvard University Press, 1971), and Robert Nozick, *Anarchy, State, and Utopia* (New York: Basic Books, 1974).

28 '비역사적(Ahistorical)'이라는 표현은 특정 사회, 문화, 그리고 역사적 상황을 고려하지 않는 추상적 설명뿐 아니라 실제의 협약, 실제의 허락, 그리고 실제의 권위에 귀 기울이지 않는 설명을 지칭하는 데도 사용된다. 대신에 그들은 실제 인간 협약의 역사에서 실제로 드러나지 않았다 해도 동의, 허락, 혹은 협약이 합리적으로 정당화된다는 개념적 토대에 의존한다.

29 『정의론』에서 롤스는 공정 개념에 대한 일반적인 철학적 토대를 내세우지 않았음을 시사한다. "나는 당분간 다른 사회들로부터 닫힌 시스템인 사회의 기본 구조에 관한 정의의 합리적인 개념을 정식화하는 것이 가능하다면 만족할 것이다"(p. 8)라는 그의 글을 읽으면 롤스는 단순히 국제적 정의에 관한 설명으로부터 한발 물러나 있다는 결론을 내리게 된다. 그러나 그의 논문 「공정으로서의 정의: 형이상학적이 아닌 정치적 정의」를 보면 공정으로서의 정의가 근본적인 도덕 개념이 아닌 정치적 개념임이 분명해진다. "공정으로서의 정의는 민주주의 사회를 위한 정치적 개념으로서 의도되었으며, 민주 헌정과 그 해석의 전통이라는 정치적 제도 안에 내포된 기본적이고 직관적인 아이디어들에 의존하려 한 것이다." *Philosophy and Public Affairs* 14 (Summer 1985): 225. 정치적 자유주의에 관한 한 이는 매우 공개적으로 인정된다. "그러므로 정치적 자유주의는 독자적인 관점으로 정의의 정치적 개념을 겨냥한다. 그것은 그 자체 정치적 개념을 넘어서는 어떤 형이상학적이거나 인식론적인 교의를 제공하지 않는다." John Rawls, *Political Liberalism* (New York: Columbia University Press, 1993), p. 10. 그 결과로 의료자원 분배에 롤스 정의론을 적용하려는 어떤 시도도 그 근원적인 질서에 관한 일반적 다짐이 있는 공동체 안에서나 유용하다.

30 예컨대 다음을 보라. Norman Daniels, *Just Health Care* (Cambridge: Cambridge University Press, 1985); "Health Care Needs and Distributive Justice," *Philosophy and Public Affairs* 10 (Spring 1981): 146-79; "Rights to Health Care and Distributive Justice: Programmatic Worries," *Journal of Medicine and Philosophy* 4 (June 1979): 174-91; and *Just Health Care* (New York: Cambridge University Press, 1985). 또한 다음을 보라. Ronald Green, "Health Care Justice in Contract Theory Perspective," in R. Veatch and R. Branson (eds.), *Ethics and Health Policy* (Cambridge, Mass.: Ballinger, 1976), pp. 111-26. 이 쟁점에 관한 논의로는 다음을 보라. John C. Moskop, "Rawlsian Justice and a Human Right to Health Care," pp. 329-38, and Lawrence Stem, "Opportunity and Health Care: Criticisms and Suggestions," pp. 339-61, both in *Journal of Medicine and Philosophy* 8 (Nov. 1983). 의료 정의의 쟁점에 관한 보다 상세한 설명은 다음 참조. Earl E. Shelp (ed.), *Justice and Health Care* (Dordrecht: Reidel, 1981).

31  독자는 이 섬이 철학자의 다도해(삶의 다양한 변수들을 통제하기 위해 사용되는 능동적 가정) 중 하나임을 알게 될 것이다. 여기서 이 섬은 이전에는 알려져 있지 않고 사람도 거주하지 않았지만 그래서 원초적 소유가 가능한 영토를 제공한다. 이 예시를 사용하면 과거의 부정의를 교정하는 특별한 문제를 다루지 않으면서 공정하게 재산을 분배할 수 있는지를 물을 수 있다.

32  Rawls, *Theory of Justice*, pp. 395-99.

33  John Hersanyi, "Can the Maximin Principle Serve as a Basis for Morality? A Critique of John Rawls's Theory," *American Political Science Review* 6 (1975): 594-606.

34  Rawls, *Theory of Justice*, p. 143.

35  Ibid., p. 137.

36  Ibid., p. 302.

37  예컨대 누구를 가장 가난한 계층으로 분류해야 하는지—대표적으로 우울증 환자, 알코올 의존증 환자, 또는 하반신 마비 환자?—에 대한 노직의 논의를 보라. *Anarchy, State, and Utopia*, pp. 189-91.

38  Nozick, *Anarchy, State, and Utopia*, p. 160.

39  Ibid.

40  로크와 노직 사이에는 많은 유사점이 있다. 둘 다 어떤 인간의 권리를 전제하는 데서 출발한다. 존 로크는 그것을 특정한 신학에 기초한다. 사실 그러한 신학이 없다면 세속 맥락에서는 노직의 설명에 근거가 있어야 한다. 노직에게는 다행스럽게도 도덕 이방인이 만났을 때 허락을 통해 권위를 확보하려는 프로젝트는 부가적 제한으로서 자유의 중심성에 관한, 그리고 세속 도덕적 권한의 원천으로서 개인에 관한 토대를 제공해줄 수 있다.

41  Flavius Petrus Sabbatius Justinianus, *The Institutes of Justinian*, trans. Thomas C. Sandars (1922; repr. Westport, Conn.: Greenwood Press, 1970), 1.1, p. 5.

42  이 범주는 역사적·경험적, 그리고 기타 자료들을 고려에 넣을 수 있다. 그러나 그들은 실제 개인의 평화로운 선택으로부터 특정 양상을 배제하는데 그 양상은 좋음, 혹은 선에 관한 특정한 관점이나 이해를 반영한다.

43  자연의 맹목적인 힘에 대한 두려움은 인류사를 통틀어 중요한 주제였다. 예방의학과 현대의학, 그리고 건강보험 등의 발전과 함께 질병이나 역병에 대한 공포도 무디어졌다. 이러한 공포를 완전히 이해하기 위해서는 운명의 면전에서 더욱 위력감을 느끼던 과거를 돌이켜볼 필요가 있다. 이는 카를 오르프가 칸타타 *Carmina Burana: Cantiones Profanae* (Mainz: B. Schott's Sohne, 1953; my translation)에 곡을 붙인 13세기 노래와 시가 모음집 첫 부분에서 잘 드러난다:

O Fortuna,  오 운명이여,
velut Luna  항상 달처럼
statu variabilis,  변화하네,

|  |  |
|---|---|
| semper crescis | 차고 기운다네 |
| aut decrescis;... | 영원히; [……] |

따고 잃고를 반복하는 이 운명의 바퀴에 관한 일반적 이해는 자연과 사회의 로또가 건강 상태도 좌우한다는 감각을 포함한다. 두 번째 연이 시작한다.

|  |  |
|---|---|
| Sors immanis | 괴물 같은 |
| et inanis, | 맹목의 |
| rota tu volubilis, | 운명의 바퀴여 |
| status malus, | 네 바퀴는 항상 |
| vana salus | 불운과 |
| semper dissolubilis,... | 병고를 함께 녹인다, [……] |

세 번째 연은 이와 같다.

|  |  |
|---|---|
| Sors salutis | 오 건강과 정력의 |
| et virtutis | 운명의 바퀴여 |
| michi nunc contraria. | 이젠 나를 버렸구나 |

이 시가는 역병이 주기적으로 도시를 덮치고, 삶이 일반적으로 훨씬 덜 안전했던 우리 조상들을 사로잡은, 우리가 종종 망각하는 공포를 보여준다. 산업화된 현대사회에 사는 사람 대부분은 이러한 과거의 일, 그리고 지금도 수백만 명의 제3세계 사람들이 그런 환경에서 살고 있다는 사실을 거의 인식하지 못한다.

44 President's Commission, *Securing Access to Health Care*, vol. 1, p. 37.

45 Ibid.

46 희소 의료자원의 적절한 분배와 관련한 '방론(obiter dicta)'에 대해서는 다음을 보라. Council on Ethical and Judicial Affairs, American Medical Association. "Ethical Considerations in the Allocation of Organs and Other Scarce Medical Resources Among Patients," *Archives of Internal Medicine* 155 (Jan. 9, 1995): 29-40. 서로 다른 층위의 의료와 관련된 문제에 관한 연구로는 다음을 보라. E. Haavi Morreim, *Balancing Act* (Dordrecht: Kluwer, 1991).

47 Thomas Halper, *The Misfortunes of Others: End-stage Renal Disease in the United Kingdom* (Cambridge: Cambridge University Press, 1989). 영국 NHS에 관한 최근의 비판적 검토는 다음을 보라. Baruch A. Brody and Reider K. Lie, "Methodological and Conceptual Issues in Health Care System Comparisons: Canada, Norway, and the United States," 437-63; Jean-Pierre Poullier, "Eppur si muove: Comment on Baruch Brody and Reider Lie," 465-73; Brody and Lie, "Response to Poullier," 475-76, all in *Journal of Medicine and Philosophy* 18 (Oct 1993).

48  H. G. Welch, "Health Care Tickets for the Uninsured," *New England Journal of Medicine* 321 (Nov. 2, 1989): 1261-64.

49  Martin A. Strosberg, Joshua M. Wiener, Robert Baker (eds.), *Rationing America's Medical Care: The Oregon Plan and Beyond* (Washington, D.C.: Brookings Institution, 1992). 또 다음을 보라. Congress of the United States Office of Technology Assessment, *Evaluation of the Oregon Medicaid Proposal* (Washington, D.C.: U.S. Government Printing Office, 1992), and John K. Iglehardt, "Health Care Reform: The States," *New England Journal of Medicine* 330 (Jan. 6, 1994): 75-79. 또한 다음을 보라. Paige R. Sipes-Metzler, "Oregon Health Plan: Ration or Reason," *Journal of Medicine and Philosophy* 19 (Aug. 1994): 305-14.

50  0세, 60세, 80세에서의 기대 수명과 의료자원 사용 비용을 비교해보면 OECD 국가들 간에 의미 있는 차이가 있음을 알게 될 것이다. 국내총생산에서 의료비가 차지하는 비율은 차이가 남(1991년 미국은 1인당 $2,868, 독일은 $1,659, 영국은 $1,043, 그리스는 $404를 썼다)에도 불구하고, 기대 수명에는 차이가 별로 없다. Schieber et al., "Health Spending, Delivery, and Outcomes in OECD Countries," 120-29. OECD 자료의 신뢰성에 관해서는 다음을 보라. David Seedhouse, *Fortress NHS: A Philosophical Review of the National Health Service* (Chichester: John Wiley, 1994). 이들 데이터의 신뢰성에 관해서는 다음을 보라. Brody and Lie, "Methodological and Conceptual Issues in Health Care System Comparisons: Canada, Norway, and the United States," 437-64, Poullier, "Eppur si muove: Comment on Baruch Brody and Reider Lie," 465-74, and Brody and Lie, "Response to Poullier," 475-76. 비록 이 데이터를 믿을 수 없다 해도, 의료비 지출의 극적 차이가 기대 수명의 극적 차이를 만들지는 않는다는 요점에는 변화가 없다.

51  뒤틀어진 클린턴 의료개혁의 운명은 의료개혁에 참여하지 않는 방법에 관한 도덕적 예시로 기능한다. 공청회도, 미국과 외국의 경험 간의 신중한 비교도 없이 100일 안에 유용한 의료개혁안을 내놓는 것이 가능하다는 최초의 제안 때부터, 배급제임을 인정하지 않는 기만적인 이데올로기로 실제 계획을 왜곡한 이 계획은 무모하기 짝이 없었다. 이는 하지 말아야 할 것의 예시로서 미래의 생명윤리 사례집에 들어가야 할 것이다.

제9장

# 인간 본성의 재형성: 도덕 이방인들과의 덕과 도덕 내용이 없는 책임

## 우주적 방향 상실

우리는 혼자임을 알게 된다. 우리는 궁극적인 목적이나 지향이 없이 남겨졌다.[1] 우리는 이미 도구들로 퇴화하였다. 은총에 귀가 먹은 우리는 우리 스스로를 안내해야 한다. 당분간 시시포스는 반항적으로 바위를 향할지도 모른다. 어떤 이들에게는 "고지를 향한 투쟁 그 자체만으로도 인간의 마음을 채우기에 충분할 수 있다. [어떤 이]는 지옥보다는 시시포스가 행복하다'라고 생각할지도 [모른다]."[2] 반항에는 비뚤어졌으나 심오한 기쁨이 있을지도 모른다.[3] 그러나 신에게 무엇이 중요하든 시시포스와는 달리 우리는 영원히 바위를 굴리지 않는다. 우리의 선택은 죽음 앞에, 그리고 어떤 궁극적 신념도 공유할 수 없는 이들 앞에 놓여있다. 현대 사상은 궁극적인 지향이나 목적과의 거리가 점점 멀어지는 것이 특징이다. 궁극적 목적에 눈이 먼 우리는 의미를 찾고자 우리 자신에게 의지한다. 도덕 이방인으로서, 세속적인 도덕의 틀 안에서, 우리는 빈곤한 인간의 시각을 가지고 궁극적인 지침 없이 신에게나 적합한 선택에 직면한다.

이런 상황에서 우리는 세속 윤리와 생명윤리를 정립해야 한다. 세속 생명윤리학은, 전통적인 기대의 붕괴와 지적 재정립이라는 이 주요한 도덕적 변화의 측면으로서 만들어졌다. 우리의 주류 문화는 더 이상 이 우주에서 우리를 위한 특별한 장소를 찾을 수 없다. 천오백 년간 우리의 사유를 구성했던 약속들은 적어도 주류 문화에 의해 버려졌다. 이런 변화는 등장한 지 오래되었다. 제1장에서 상기한 바와 같이, 동프로이센의 프라우엔부르크 성당의 참사원 니콜라우스 코페르니쿠스는 그의 『천구의 회전에 관하여』(1543)을 써서 자신도 모르는 새 우리의 우주적 독특함을 흐리고 세속적인 현실관을 강화하는 비전에 기여했다. 천문학적 관점의 변화는 우리의 처지에 대한 이해에 있어 근본적인 변화의 대명사가 되었다. 우리는 더 이상 사물의 중심으로 자신을 경험하지 않는다. 대신에 이름 없는 행성에 살면서, 셀 수 없는 은하 중 하나인 미미한 별 주위를 돌고 있다고 여긴다. 우리의 신원에 있어 더 이상 특별한 것은 없다. 니체가 인식했듯 근대 과학은 허무주의를 초대한다.[4] 또한 1859년 11월 24일 찰스 다윈과 A. R. 월리스의 『자연선택의 수단을 통한 종의 기원, 또는 생존경쟁에서 선호되는 종들의 보전』의 출판으로 인해 인간으로서의 우리의 특별한 지위도 마찬가지로 희미해졌다. 우리의 본성은 우연의 결과처럼 보인다. 인간의 본성이 신의 창조적 행위로부터 타락한 인간 본성 대신에 — "아담, 하느님의 아들"(『루가』 3:38) — 우리는 『인간 유래와 성선택(The Descent of Man, and Selection in Relation to Sex)』(1871)을 제의받았다.

이 책은 이러한 광대한 문화적 변화를 배경으로 하여 그것이 시작된 곳에서 끝난다. 우리는 정전적이고 우리를 인도하는 도덕 내용을 박탈당한 세속적인 세계에서 도덕 이방인으로서 협력해야 하는 도전에 직면해 있다. 우리는 이것이 의료의 도덕적인 문제와 세속적인 생명윤리 확립에 대해 가진 함의로부터 시작했다. 우리는 궁극적인 세속적인 도덕적 기준이 발견될 수 없을 때 어떤 도덕적 기준이 가능한지를 탐구했다. 제5장에서 알 수 있듯이, 이러한 어려움은 도덕적인 가치에만 국한되는 것이 아니라, 대체적으로, 특히 질병과 건강의 판단과 관련된 가치에 관한 것이다. 의학과 생명과학이 인간의 본성을 다시 만들고 바꾸는 수단이 되고 있기 때문에, 우리는 남성과 여성이 해야 할 일뿐만 아니라 그들이 되어야 할 것, 우리가 어떻게 우리 자신을 새롭게 형성할 것인가를 우려하고 있다. 그러한 선택에는 무엇이 좋고 아름답고 적절한 인간의 형태와 구조를 긍정하는 도덕적·미적, 그리고 다른 가치들이 포함된다. 그러한 판단은 또한 무엇이 자연스럽거나 부자연스러운지에 대한 견해를 통합한다.

   도덕적 행동의 지침으로서 인간의 본성에 호소하는 것은 우리가 더 이상 어떤 설계가 아닌 적어도 맹목적 돌연변이, 유전적 표류, 그리고 자연선택의 결과만을 인정하게 되자 우리로부터 멀어졌거나 적어도 심각한 제한을 받게 되었다. 제5장에서 알 수 있듯이, 이로부터 우리는 일반적이고 세속적인 측면에서 특정 개인, 공동체 및 문화의 가치 측면에서 질병을 특정하게끔 되었다. 질병과 건강의 언어를 구조하는 가치관의 구성이 발견되는 것보다는 만들어지고 있기 때문에, 우리는 계속 자신에게 기대게 된다. 그 결과는 초월적인 계류의 상실이라는 의미에서 방향 감각의 상실일 뿐 아니라, 새로운 초월적 계류라고 할 수 있는 것, 즉 일반적이고 세속적인 의미의 중심이자 원천으로서의 인격체라는 측면에서 방향성을 재정립하는 것이다. 우리가 자연 속에서 우리의 특별한 장소를 인식하지 못하고, 인간으로서의 바로 그 본성이 맹목적인 인과관계의 임의적인 결과로 보일지라도, 우리는 우리 자신, 본성, 그리고 우리의 기획에 대해 판단을 내릴 수 있다.

   사람으로서의 우리와, 인격체로서의 우리 간에는 거리가 있다. 그 거리는 성찰적이고 조작을 하는 존재와 그 성찰과 조작의 대상으로서의 존재 사이의 격차다. 특정한 이해, 견해, 그리고 희망을 가진 인격체로 우리의 관점에서, 우리는 이곳이 우주에서 최고의 장소인지 여부를 결정할 수 있다. 만약 이곳이 불만족스럽다면, 우리는 심지어 위치를 바꾸는 방법을 계획할 수 있다. 우리는 이것이 최상의 본성인지 여부를 결정할 수 있고 만약 우리가 원한다고 생각되면 그것을 재구성할 방법을 찾을 수 있다. 인격체로서 우리는 우리의 몸을 판단과 조작의 대상으로 만들 수 있다. 우리는 우리가 더 나은 방식으로 구성될 수 있는 방법을 찾을 수 있고 그에 따라 우리의 유전적 구성을 재설계할 수 있다.[5]

지금까지 우리의 개입은 보잘것없었다. 우리는 수동 면역과 능동 면역 모두를 통해 실제로 그 질병을 앓지 않고도 질병에 대한 면역력을 획득해왔다. 우리는 인공 수정체, 인공 심장판막, 그리고 인공 관절을 개발했다. 우리는 장기 이식을 위해 타인의 조직을 거부하는 일반적인 메커니즘을 통제하는 법을 배웠다. 우리는 성교와 생식 사이의 자연스러운 유대를 끊을 수 있는 호르몬 메커니즘을 이해하게 되었다.

미래에 인간이 정한 목적을 위해 인간의 본성을 제약하고 조작하는 우리의 능력은 향상될 것이다. 체세포뿐만 아니라 인간 생식세포도 유전공학적으로 조작할 수 있는 능력이 발전하면서 우리는 자연이나 신이 아닌, 사람 인격체가 선택한 이미지와 목적에 부합하도록 인간 본성을 형성하고 빚어낼 수 있을 것이다. 결국 이는 인간 본성을 급진적으로 변화시켜서 우리 후손들은 새로운 종으로 분류될 수도 있을 것이다. 만일 인간 본성에 성스러운 것이 없다면(단순히 세속적인 논증은 성스러운 것을 드러낼 수 없다), 인간의 본성이 왜 급진적으로 변화되어서는 안 되는지에 대한 어떠한 이유도 인정되지 않을 것이다.

우리의 본성에 대한 이 세속적인 재평가를 통해 우리는 "인간은 만물의 척도이며, 현존하는 것뿐 아니라 존재하지 않는 것의 척도다"[6]라는 프로타고라스의 말을 더 잘 이해하게 되었다. 사물의 척도는 인격체인데 왜냐하면 인격체 말고는 그러한 존재가 없기 때문이다. 우리는 우리 자신에게만 책임을 질 수 있는데 왜냐하면 신이 부여한 독립적이고 내용 충만한 정전적 주장을 받아들이지 않을 것이고, 이성적으로는 그러한 것을 찾을 수 없기 때문이다. 우리는 우리 자신에 대한 책임의 내용조차도 인식할 수 없다. 우리는 우리를 묶어둘 수 있는 실질적인 덕목이나 우리를 인도하는 책임의 정전적이고 내용 충만한 의미 없이 우리 자신을 재설계하는 기획에 직면해 있다. 우리는 인간의 본성과 그 의미에 대한 정전적이고, 내용 충만하며, 규범적인 비전을 가지고 있지 않다. 우리 자신의 척도가 된 이상, 우리를 인도할 권한이 있는 내용 충만한 잣대는 없다.

그 결과 가능성은 무한하다. 인간의 선을 상상하고, 인간의 상태를 개선하고, 인간의 본성을 재구성하는 방법은 무한히 많다. 일단 분명한 기준점이 사라지면, 무수히 많은 가능성이 나타난다. 이러한 가능성들이 쬠에 따라, 우리는 한계나 목적에 대한 공통된 이해를 박탈당한다.

### 닥터 필굿과 건강의 추구
: 약물, 치료, 인위적 웰빙, 그리고 행복의 실현

『의학의 목적과 건강의 추구(Regarding the End of Medicine and the Pursuit of Health)』에서 리언 카스*는 의학의 적절한 한계를 설정하려고 한다.[7] 의학이 주로 신체의 질병 치료에 초점을 맞추고 있고, 신체 건강을 위한 규범을 발견할 수 있다면 의학의 나침반은 개인의 욕망이나 문화적 변덕에 의존하지 않을 것이다. 그렇다면 의학이 해야 하는 일을 진정 알 수 있을 것이다. 신체 의학의 적절한 목표에 호소하면서, 카스는 개인의 신체의 질병 치료를 목적으로 하지 않는 모든 중재를 의학에서 배제하고 싶어한다.[8]

---

* Leon Kass(1939~ ): 미국의 의사, 생명윤리학자. 생명윤리에 있어 보수적인 입장을 견지하고 있는 것으로 알려져 있다.

그는 처진 피부의 성형수술부터 인공수정이나 체외수정까지 모든 것을 배제하고 싶어한다. 제5장이 보여주었듯이 (아무리 내가 그것을 바라더라도) 그러한 주장은 성공할 수 없다. 의학은 항상 환자들이 장애, 고통, 기형, 그리고 요절의 위협과 관련되어 촉발되는 무수한 불평들에 초점을 맞춘 작업들의 집합이었다. 의학은 여드름, 처진 엉덩이, 신경증, 관상동맥 폐색에서부터 폐암, 원치 않는 임신, 불임, 편두통에 이르는 이질적인 질병, 장애, 어려움, 문제들의 무리를 향한다. 우리는 신체적 형상이나 구조, 또는 질병이나 장애, 어려움, 문제에 대한 신체적 이론에 호소하여 의료인을 찾아가야 할지 여부를 알아낼 수 없다.

의료와 다른 사회적 실천 간에 업무를 구분하는 것의 일부는 죄의식, 과실, 책임의 이론보다는 병리해부학적 및 병리생리학적 인과적 설명의 측면에서 환자를 우려하는지 여부에 기초하여 이루어질 수 있다. 우리는 의학을 (1) 인간의 능력, 고통으로부터의 자유, 적절한 형태, 삶의 전망 등에 대해 특별한 비도덕적 가치에 초점을 맞추기 때문에, (2) 의학적 설명의 성격 때문에, (3) 범죄자, 죄인 등의 역할과 구별되는 의학적 역할의 성격 때문에 다른 주요한 사회적 과업의 역사로부터 두드러지게 구별한다.[9] 이러한 고려사항은 여러 상황에서 유용할 수 있지만, 의료 제공자가 해서는 안 되는 것을 결정하는 데 있어 도덕적 지침을 대신하지는 않을 것이다. 결국 로마 가톨릭 병원의 로마 가톨릭교도 의사가 생명윤리 문제에 관해 매우 특별한 종교적 조언을 해줄 것으로 적절하게 예상할 수 있다.

질병의 단순한 부재가 아닌 전체로서의 건강에 대한 관심은 인간의 기능, 괴로움으로부터의 자유, 그리고 인간의 형태에 관한 광범위한 가치에 의해 형성되는 이해관심의 결과인 모호함을 구제해 주지 않는다. 여기서 부어즈가 옳다. 건강에 대한 실증적인 개념은 특정한 목적, 혹은 종종 상호 배타적인 일단의 목적 군집을 설정한다.[10] 부어즈는 올림픽 마라톤 경기에 적격인 체형, 그리고 역도 경기에서 적격인 체형이라는 양립 불가능한 기능적 유형을 염두에 두고 있다. 스포츠 의학은 단순히 운동 부상을 치료하는 것이 아니라 특정한 운동 능력을 달성하는 것을 지향하기 때문에 전체의 특정 의미에서 신체적·심리적 능력의 특정 분포라는 건강에 대한 특별한 이해를 추구하게 된다.

우리는 여기서 스포츠에서 특정 목적을 달성하기 위해 약물이나 호르몬을 사용하는 것이 일반적이고 세속적인 도덕의 관점에서는 잘못이 없음을 기억할 수 있다. 오히려 이런 보조 도구들의 사용은 신체 능력의 의학적 향상 없이 추구할 것이라고 기대되는 스포츠의 성격을 변화시킬 것이다. 또한 그러한 중재는 사용자를 예상치 못한 부작용의 위험에 노출될 수 있다. 그래도 어떤 이들은 매우 위험한 산비탈을 오르기 위해 의학적 중재를 받고 싶어할지도 모른다. 그러한 등반이 성공하면 여전히 기록에서 인정받을 수 있다. 요점은 그것이 옳은지 그른지, 좋든지 나쁘든지 간에 해답은 적어도 일반적이고 세속적인 도덕의 측면에서는 발견될 수 없다는 것이다. 해답은 특정한 실천, 이론, 가치관에만 존재한다. 그러한 질문에 대한 답을 발견하는 대신에, 적어도 일반적이고 세속적인 측면에서, 특정한 우수성과 목표를 추구하는 방법과 가능한 위험/이득 균형을 어떻게 맞출 것인가에 대한 합의에 의해 해답을 만들어야 한다.

의학은 고통과 근심을 다스릴 수 있을 뿐만 아니라 능력을 증강하고 쾌락을 증대할 수 있기 때문에 의학의 미래는 개인의 수행 능력을 증진하고 기분을 좋게 하는 데 더욱 얽매일 가능성이 높다. 결국, 쾌락의 추구와 고통의 회피가 아니라면, 코스모폴리탄과 여피족들을 하나로 묶을 어떤 가느다란 유대관계가 있을까? 즐거움, 고통, 괴로움을 어떻게 비교할 것인가에 대해 의견이 일치하지 않을 때에도 그들은 쾌락을 증대하고 고통을 피하는 수단을 개발하는 데 동의할 수 있다. 확실히 그들 중 다수는 그럴 것이다. 리언 카스는 닥터 필굿(Dr. Feelgood)을 이렇게 비난한다. "기분이 좋아지기를 바라는 이들에게 암페타민 주사를 놓는 데 헌신하는 닥터 필굿."[11] 그러나 유해한 신체적·심리적 부작용을 피할 수 있다면 세속적인 도덕적 조건에서 그러한 활동에 대해 원칙적으로 심각한 이의를 제기하기는 어렵다. 만약 그러한 기분 전환, 조절 약물이 심각한 부작용이 없고, 자신의 목적을 더 잘 실현하는 데 도움을 준다면, 그 일반적 사용에 반대하는 일반적이고 세속적인 도덕의 근거는 무엇일까?

우리가 궁극적인 관점이 없음을 인식한다면, 가상 경험 기계에서 잘 구성된 가상 경험의 삶을 갖는 것이 원칙적으로 나쁘거나 열등하다는 것을 우리는 어떻게 보일 수 있는가?[12] 가상 경험 기계에서의 삶이 실제 현실의 모든 수렁에 빠지는 것보다 더 낫거나 더 나쁘다는 것을 보여줄 수 있는 일반적이고 세속적인 도덕 기준은 무엇인가?[13] 만약 죽음이 영원하다면 왜 하나의 존재가 다른 존재보다 덜 중요하겠는가? 모든 삶이 결국 영원히 망각되고 따라서 결국 그 중요성이 지속되지 않고 평등하게 존재하는데 말이다.[14] 다시, 도덕적 기준의 최종 요점을 인식하지 못할 때, 이용 가능한 최종적인 해결책에 대한 의견은 다를 것이다. 그러나 세속적인 도덕적 맥락에서, 어떻게 이들 중 하나를 보일 수 있을까? 자기 수양을 통해 얻은 행복을 의학적인 중재에 의해 획득된 평온보다 더 선호한다고 주장하는 좋은 삶의 한 특정 관점 안에서나, 꿈 기계(dream machine)는 비난받을 수 있다. 정전적이고 객관적인 관점이 있음을 이해하는 이들만이 꿈 기계 속의 삶은 거대한 사기임을 인식할 수 있다.[15]

그렇다고 해서 세속적 생명윤리에서 닥터 필굿을 비판할 수 없다는 뜻은 아니다. 닥터 필굿의 특정 중재는 특정 질병이 문화를 초월하여 질병으로 인식되거나, 혹은 사혈로 염증을 치료했던 과거 의사들의 시도가 해로운 것으로 인식되는 것처럼 심각하게 방향을 잘못 잡은 것으로 보일 수도 있다. 일부 부작용(예: 중독 등)은 개인의 목적 중 너무 많은 부분을 약화할 수 있기 때문에 대부분의 문화에서 대부분의 공동체 및 개인은 그것을 해롭다고 인식할 수 있을 것이다. 게다가 의학적으로 달성된 평온이나 좋은 느낌은 피상적이거나 무의미할 수 있다. 단순히 병을 고치는 것이 아니라 삶을 더 좋게 만들려는 많은 시도는 종종 이득보다 해를 더 많이 끼친다는 것을 보여줄 수 있다. 이와 대조적으로, 우리가 단순히 인간의 능력을 증강하기 위해서가 아니라 질병을 치료하려고 할 때, 치료와 관련된 치료와 결부된 의인성(iatrogenic) 해악*의 불균형을 넘어설 수 있는 배경 해악이 있다. 단순히 사람들의 기분을 좋게 하려는 목적은 관절염이나 암을 치료하기 위한 중재에서 가능한 것과 달리 치료 실패의 부정적인 비용과 교환 불가능하다. 즉 확립된 치료법으로 중병을 치료하려 할 때, 우리는 순수한 증강보다는 치료적 중재의 이득을 더 잘 예측할 수 있을 것이다. 그러한 고려는 닥터 필굿의 목적이나 가상 경험 기계에 대해 원칙적인 반론을 제공하지는 않는다. 대신에 알려진 우리는 특정 중재의 위험과 가능한 부작용과 실패뿐 아니라, 이득과 해악으로 알려진 근거에 대한 논증을 발견한다. 기껏해야 이는 오래된 격언인 '급할수록 돌아가라(festina lente)'를 강화한다.

전체성의 추구는 다양한 정의 속에서 건강에 대한 특정한 배치를 추구하는 것이다.[16] 전체성, 건강, 그리고 인간 성취의 버전은 숱하게 많다. 이는 핵심적인 어려움을 강조한다. 유한한 남녀는 신의 포부를 어느 정도 갖고 있을지 모르지만, 자원의 한정으로 인해 그들은 대체재 중에서 선택할 수밖에 없다. 그들은 무한한 존재의 능력을 갖추고 있지 않다. 이는 단지 지불 능력의 한계만은 아니며, 의료를 위해 자원을 할당하는 여러 방식 중에서 선택하는 데 중요한 역할을 하는 한계이다. 그것은 그들이 다른 것이 아닌 일단의 좋음을 성취하기 위해 몸과 마음을 개발해야 할 때 선택해야만 하는 상황이 만들어낸 한계다. 유한하다는 것은 우리가 몇몇 일만을 할 수 있는 것이지 모든 일을 할 수 있지 않음을 의미한다. "모든 결정은 즉

---

\* 병원이나 의사가 원인이 되어 생긴 질환을 의미한다.

부정이다(Omnes designatio est nicatio)." 제약이 우리를 현재의 모습으로 만든다. 상이한 생물학적 능력은 우리에게 상이한 운명을 부여한다.

모든 운명이 특정하겠지만, 점점 더 사람은 운명을 수락하기 위해서는 선택하는 것만큼이나 많은 것을 필요로 하지 않을 것이다. 올더스 헉슬리*의『멋진 신세계』에서와 같이, 어떤 이들은 더 효과적이고 비용이 덜 드는 시험관 수정, 체외 임신, 유전공학을 사용하여 아이들의 임신과 출산에 의존하는 남성과 여성 사이의 주요한 성적 차이를 배제할 수 있다. 어떤 이들은 심지어 2차 성징을 재형성하여 유니섹스의 멋진 신세계를 만들거나, 커트 보니것**의『제5도살장(Slaughterhouse-Five)』에서와 같이 수많은 성별이 살고 있는 세계에 살 수도 있을 것이다.[17] 유전공학에 대한 그러한 가능성은 닥터 필굿의 경우와 마찬가지로 신중론을 제기한다. 일반적이고 세속적인 도덕의 관점에서 엔지니어링의 수단이 심각하고 원치 않는 부작용 없이 원하는 목적을 달성할 것임을 확신해야 한다는 것을 말할 수 있을 뿐이다. 그들이 상정하고 있는 가치와 환경뿐만 아니라, 자신이 추구할 목적도 주의 깊게 상상해야 한다. 인간의 역량은 전체적으로 통합되기 때문에 인간 본성을 재설계함으로써 발생할 수 있는 사회적 및 기타 변화를 신중하게 평가하는 것이 신중할 것이다. 일반적이고 세속적인 도덕에서는 유전공학을 통해 치료되거나 생산되는 특정 개인이 상해를 당하지 않도록 해야 할 것이다. 그러나 적어도 일반적으로 세속적인 측면에서 이 마지막 요건에 대한 도덕적 제한을 해결할 수 있을 것 같지는 않으며 이는 결함이 있는 신생아를 가질 위험에도 불구하고 현재 임신을 시도하는 부모에게 필요한 것보다 더 심각한 것이다.

단기적으로는 극적인 일은 일어나지 않을 것 같다. 앞으로 상당 기간

---

\* Aldous Huxely(1894~1963): 영국의 작가. 미래 사회를 풍자적으로 묘사한『멋진 신세계(Brave New World)』로 유명하다.
\*\* Kurt Vonnegut(1922~2007): 미국의 소설가이자 수필가.

유전공학은 주로 특정한 고통을 받는 이들을 돕기 위해 체세포를 변화시키는 쪽으로 방향을 돌릴 가능성이 높다. 그러나 장기적 관점에서 보면, 우리가 자유롭고 기술적으로 진보하는 종으로 남아있는 한 중대한 변화는 피할 수 없을 것이다. 호모 사피엔스는 50만 년도 채 되지 않았고,[18] 인간에 대한 규범적인 도덕 비전을 공유하지 않는다.[19] 앞으로 몇백만 년(지질학적으로 짧은 기간이다)에 걸쳐 살아남는 후손이 있다면, 결국 몇몇은 지구와는 환경이 다른 행성에 이주하여 더 잘 살 수 있도록 자신을 재형성하기로 결심하게 될 가능성이 매우 높다. 다른 이들은 단순히 인간의 본성을 향상시키고 재형성할 수 있는 다양한 가능성에 끌릴 것이다. 몇몇은 가능한 어떤 변화의 도덕적인 부적절함을 이해할 것이다. 그러나 이러한 개입을 원칙적으로 금지하는 세속적인 도덕적 근거가 없기 때문에 시간이 지남에 따라 안전하게 이용 가능해질 그러한 유전적 중재로부터 모든 이를 가로막을 수 있는 것은 무엇일까? 장기적으로 보면 적응과 활동에 대한 새로운 가능성의 유혹과 기대로 인해, 오직 한 종만이 우리에서 온다고 가정할 이유가 없다. 참여를 거부하는 근거만큼이나 이 환경이나 새로운 환경을 위해 인간의 본성을 실질적으로 재조명할 수 있는 기회가 있는 만큼 많은 종이 있을 수 있다.

여기 공상과학소설은 휴리스틱할 수 있다. 1931년 소설 『최후 인류가 최초 인류에게(Last and First Men)』에서, 올라프 스테이플던*은 현재로부터 약 20억 년의 기간에 걸쳐 인간의 역사를 그리고 있다.[20] 그는 우리의 후손들이 이 기간 동안 급진적으로 변화하여 더 이상 우리 종의 일원이 되지 않게 된, 혹은 심지어 우리 속(genus)의 일원이 되지 않게 된 모습을 그린다. 우리의 후손들이 다양한 방식으로 그들 자신을 재조명함에 따라, 그들은 더 이상 같은 종류의 동물로 인식될 수 없을지도 모른다. 그러나 아

---

\* Olaf Stapledon(1886~1950): 영국의 철학자이자 과학소설가.

무리 비인간적이 되더라도 그들은 우리의 후손일 것이다. 역사와 생물학에서는 우리와 아무런 유대도 없지만 분석과 추리를 할 수 있는 능력이 있는 외계인들과의 대화를 상상할 수 있다면, 그 후예 개인들과, 그리고 비록 더 이상 인간이 아닐지라도 우리로부터 나올 수 있는 다양한 후예 종, 속, 목의 구성원들 사이에 훨씬 더 큰 친밀감이 형성될 거라고 상상할 수 있을 것이다. 그들은 공통의 과거 그리고 아마도 많은 유전자를 공유할 것이다.

이 공상과학적 비전은 적어도 두 가지 점에 대해 도덕적인 가르침을 줄 수 있다. 첫째, 일반적이고 세속적인 측면에서 이해할 수 있는 인간의 본성에 신성불가침은 없다는 것을 상기시켜야 한다. 또는 좀 더 적절하게 말하면, 규범적인 인간인 신성불가침은 세속적인 도덕적 관점에서 인정될 수 없다. 그 결과, 둘째로, 인격체들은 그들이 신중하고, 자비롭고, 동의하는 협력자들과 함께하는 한, 그들이 원하는 대로 인간의 본성을 재조명할 세속적인 도덕적 자유를 얻게 될 것이다.

발전, 진보, 진화의 매력은 종말 없이 종래의 그리스도교적 이해의 세속적인 이미지를 제공한다.[21] 그러나 그것은 다각적으로 변형되고 렌더링된 다신교다. 진보라는 세속적인 비전은 최종 목표가 없다는 점에서 미래 선택과 실현 가능한 비전은 복합적이다. 그들은 다양하고 양립할 수 없는 옵션으로 쪼개진다. 그러한 선택 이전에, 아마도 인류의 미래를 위한 가장 중요한 것, 일반적으로 세속적인 도덕, 특히 세속적인 생명윤리 등은, 내용적으로 완전한 규범적 지침을 제공할 수 없을 것이다.

### 미덕과 악덕

그들 자신의 본성을 조작하고 재형성하는 개인을 인도해야 할 덕목은 무엇인가? 그러한 개인들은 어떤 인격을 가져야 하는가? 그들은 어떤 존재여야 하는가? 허락과 선행의 원칙을 살펴본 이상, 우리는 일반적으로 세속적인 도덕적 관점에서 좋은 의사, 좋은 간호사, 혹은 좋은 환자의 성격에 대해 뭐라고 말할 수 있을까? 이 책이 탐구한 세속적인 도덕 안에 있는 미덕에 대해 말할 수 있는 것은 무엇인가? 아리스토텔레스는 미덕이나 탁월함(arete)이 평균과 관계가 있으며, 실로 일종의 평균이라고 주장하였다.[22] 그러나 우리가 그러한 평균을 이해해야 할 맥락은 무엇인가? 학자들은 미덕은 인격체를 선하게 하고 그 인격체의 행동을 선하게 하는 것("quae bonum facit habentum, et opus eius bonum reddit")이라고 주장했다. 그러나 만약 선에 대한 구체적인 견해가 선한 생활에 대한 특정한 이해 안에서만 달성될 수 있다면, 덕에 대해서 일반적으로 말할 수 있는 것은 무엇인가? 그리스도교인은 거룩함과 신성함을 추구하고 지중해의 이교도들은 미덕을 추구하지만, 현대의 세속적 윤리는 기껏해야 올바른 행동과 선의 실현에 관한 문제를 제기할 수 있을 것으로 보인다. 세속적인 윤리는 특정한 도덕 비전이나 이데올로기를 끌어들이지 않는 한 제공할 수 있는 정전적인 내용을 담고 있지 않다. 따라서 세속적인 생명윤리가 미덕과 인격을 설명하지 못한 것은 놀랄 일이 아니다. 그것은 특정한 도덕적 이해를 지지하지 않고서는 인격체가 가져야 할 만족스러운 성격이나 발전해야 할 덕목에 대해 아무 말도 할 수 없다.

그것이 가능하다면, 미덕과 품성에 대한 일반적이고 세속적인 설명은 미덕은 도덕적 의지의 강점이라는 칸트의 견해를 특별하게 해석함으로써 확보할 수 있다.[23] 세속적인 미덕은 평화로운 목적의 왕국, 도덕적으로 이방인인 인격체들의 공동체를 유지하려는 의지의 강점이다. 그러나 이것은 평화에 대한 어떤 특별한 평가에 대한 특별한 다짐 없이 설명되어야 할 것이다. 또한 그러한 평가가 공통적으로 공유된다고 추정할 수도 없다. 그럼에도 불구하고 다음과 같은 주장을 제기할 수 있다. 세속적인 다원주의 사회에서 선량한 의료 제공자는 타인의 자유를 존중하고 그들의 이익을 달성하려는 의지를 발달시키는 한편으로, 선의 성격과 해악과 해악의 의의에 관한 난해한 의견 불일치에 직면하여 발생할 수 있는 해악과 이득을 적절히 고려하는 인격체이다. 즉, 각 개인의 의지는 각기 다른 구체적인 품성을 가지고 있고 평화로운 세속적인 도덕적 구조를 유지하면서 상이한 관심사에 의해 움직일 수도 있다. 그들이 각기 다른 근거에서 행동할 수도 있지만, 이 노력에서 필요한 것은 우연의 일치일 뿐이다.

중추적인 세속적 덕목은 관용, 자유, 신중함이 될 것이지만 그 중 첫 번째는 관용(tolerance)이다. 관용은 상호 존중의 도덕성에 있어서 가장 중추적인 미덕이다. 좋은 삶에 대한 상반된 견해의 충돌을 고려할 때, 그러한 발전은 유사한 관용에 의해 두드러지기 때문에, 아무리 악하고 타락해도, 각각 다른 인격체들이 자신의 선한 삶에 대한 견해를 평화적으로 발전시키도록 하는 입장을 확립해야 한다. 세속적인 도덕적 틀이 지속되려면, 그것이 궁극적으로 그리고 심각하게 잘못 인도될 때조차도, 그들이 최종적이고 궁극적인 파멸로 이어지더라도 좋은 삶과 좋은 의료에 대한 많은 양립 불가능한 이해의 평화적 추구를 용인하는 약속을 준수하는 미덕을 장려해야 한다. 이러한 도덕적 맥락에서 모범이 되는 남녀는 타인에 대한 모든 동의받지 못한 위력을 피하는 데 헌신하는 인격체들이다. 이러한 관용에 대한 헌신은 비난, 비방, 실행, 배척, 파문 또는 동의하지 않는 인격체를 개종시키려는 시도를 배제하지 않는다. 비록 우리는 위력을 사용하지 않고 그들의 재산을 침범하지 않는 점에서 타인을 관용하지만, 우리가 그들에게 동의해야 할 필요는 없다. 실제로 관용이란 라틴어 tolere에서 유래한 것으로, 참거나 견디는 것이다. 그것은 tolerabilis(즉, 견딜 수 있는)와 묶여 있고, 마음에 드는 것이 아니라 마음에 들지 않는 것에 적합한 태도다. 불관용은, 세속적으로 무고한 자들을 상대로 위력을 행사하는 것이며, 따라서 중추적인 악덕이다. 복지와 사회적 공감의 도덕성은 다른 이들을 지원하는 데 있어 관대하게 베풀려는 발달된 도덕적 기질인 관후(liberality)

를 지지한다. 그러나 주어지는 것은 대개 선에 대한 기부자의 비전에 의해 결정될 것이다. 해악에 대한 이익의 긍정적인 균형을 이루기 위해 신중함도 요구될 것이다. 그러나 다시 한번, 각 경우에 신중함은 해악과 이익의 특정한 비전에 의해 인도될 것이다. 그러한 다양성 앞에서, 그리고 허락 원칙에 의해 억제된 이 두 덕목은 그들이 지지하는 자발적인 명령과 자유롭게 이루어진 합의를 통해서만 실질적인 문제를 제기할 것이다. 도덕 이방인들을 구속할 수 있는 도덕성을 핵심에서 훼손하는 악습은 편협성, 비열함, 경솔함이다.

실제로, 특히, 구체적인 도덕 공동체들 안에서 미덕뿐 아니라 악덕도 그들의 내용물과 내용 충만한 직조물을 가지고 있다.[24] 그러나 다원주의 사회를 아우르는 평화적이고 세속적인 도덕이라는 단일한 과제는 그 자체로 품성과 미덕의 특별한 표시를 지닌 인격체들에 의해서만 유지될 수 있다. 여기서 우리는 다시 보편적 계급으로서의 헤겔의 관료 개념을 떠올린다.[25] 세속적 다원주의 사회의 훌륭한 관료들(인간 유전공학 연구를 감독하는 이들 포함)은 보호와 복지를 요청하는 모든 이를 돌보는 데 최소한의 관용과 공정함을 유지해야 한다. 좋은 삶에 대한 비전, 종교적 헌신, 특별한 이념적 열정에 상관없이 모든 인격체는 그들의 몫을 마땅히 받아야 한다. 이런 의미에서 훌륭한 관료로 되기 위해서는 세속적인 다원주의 도덕에서 표현되는 상호 존중의 희박한 도덕성을 핵심으로 하는 도덕 생활의 위계에 대한 특별한 헌신이 필요하다.

이 특별한 헌신은 일반적이고 세속적인 측면에서 이해될 수 없다. 관료들과 세속적인 정치조직을 유지하는 다른 이들은 다양한 이유로 그렇게 할 것이다. 그들의 활동은 그들의 다양한 도덕적 공동체에서 다른 방식으로 이해될 것이다. 만약 세속적이고 다원주의적인 정치조직이 유지되려면, 이질적인 도덕 공동체 출신의 인격체들은 그들 자신의 다른 방식으로, 그리고 그들 자신의 다양한 목적을 위해, 이 사업을 유용하고, 이미 있고,

가치 있는 것으로 보아야 한다. 도덕의 공통적이고 평화로운 구조를 유지할 필요성에 대한 각기 다른 서사나 이론이 있을 수 있다. 그래도 아미시 교도들처럼 특별한 고립지에 몸을 숨기지 않는 모든 시민과 모든 의료 제공자는 훌륭한 관료의 미덕을 짊어질 다른 목적과 동기가 필요할 것이다.

우리의 전통은 그러한 엄격한 미덕을 우리에게 거의 교육하지 않았다. 우리는 절차, 합의, 계약에 의해 정의되는 도덕 세계에 직면해 있다. 우리가 할 말이 있다면, 우리는 미덕이나 품성에 대한 특정한 설명을 정교하게 하고 있는데, 그것은 특정한 도덕 공동체와 그 다짐 안에서만 이해될 수 있는 것이다. 그것은 동일한 방식으로 신의 말씀을 듣지 못하거나 공통의 도덕 비전에 동의하지 못하며, 이성이 정전적이고 내용 충만한 도덕을 발견하지 못하는 현실에 직면하여 도덕적 권한을 가진 도덕 논쟁과 타협하기를 소망하는 모든 이에게 열려 있는 미덕과 품성에 대한 이해는 아닐 것이다. 미덕에 관해 도덕 이방인으로서 도덕 이방인에게 해야 할 말은 어떤 특별한 도덕감, 도덕 비전, 또는 일련의 도덕적 이해에 의존하지 않고 말해져야 한다. 우리는 미덕과 악덕에 관한 다양한 이해가 있을 수 있는 상황에서 공통의 협약에 의해 도출된 세속적 도덕의 틀을 지지하는 품성의 강점을 환기해야 한다.

### 포스트모더니티, 다원주의와 세속성: 세속 생명윤리의 비전

우리는 시작한 곳으로 되돌아왔다. 선에 대한 다양한 해석, 도덕의 정당화로부터 도덕적 행동을 촉발하는 근거의 분열, 최종적인 인도(guidance)를 결여한 우리의 세속 도덕, 포스트모더니티의 특징인 도덕적 단편화에 이르기까지 말이다. 그리고 현대 철학의 프로젝트는 이를 치유할 수 없었다. 남성과 여성이 그들의 질병, 고장, 장애와 타협을 보고 그들의 몸에 대한 더 나은 통제를 추구하여 건강한 삶에 대한 그들의 특별한 비전을 달성하기를 바라는 방법은 무수히 많다. 이 이질적인 범위의 도덕 비전은 세속적인 생명윤리를 포함한 세속적인 다원주의 윤리에서 평화로운 도덕적 시멘트를 찾을 수 있다.[26] 이 책은 그러한 윤리의 비전을 제시하였다. 이 책은 모든 것을 구속하는 정전적이고 내용 충만한 도덕 또는 내용 충만한 도덕 공동체를 정당화하는 데 실패한 근대의 철학 프로젝트 앞에서, 그리고 모든 이들이 동일한 방식으로 신에게 귀를 기울일 수 없는 실패에도 불구하고, 우리는 여전히 일반적이고 세속적인 도덕을 정당화할 수 있음을 보여주었다. 계몽주의 희망의 실마리는 확보할 수 있다. 이 책은 또한 합의한 행동, 계약, 자유시장, 제한적 민주주의와 같은 관행의 성공이 이러한 도덕의 측면에서 인정될 수 있음을 보여주었다. 우리는 계몽주의 프로젝트의 일부가 정당화될 수 있음을 보여줄 수 있을 뿐만 아니라, 그것이 특정한, 실제로는 모든 곳에서 이미 실현되고 있음을 보여줄 수 있다.

 이 책은 도발적이고, 정말로 자극적이며, 도덕적으로 혐오스러운 명제를 지지하는 것처럼 보일 수 있다. 안심하라, 필자도 괴롭다. 비록 이 책은 포스트모더니즘이 위협하는 허무주의와 상대주의에 직면하여 어느 정도 도덕적 공동성(moral communality)을 확보했지만, 내가 선한 삶을 위해 필수적이라고 알고 있는 모든 도덕적 명제를 확실히 지탱해 주지는 못했다. 단순히 이것이 세속적인 도덕적 추론이 제공할 수 있는 전부라는 것이다. 여기서 제공한 것은 필자(나)의 내용 충만한 삶을 인도하는 도덕이 아니다. 정말, 이것은 그것과는 거리가 멀다. 세속적인 생명윤리의 도덕은 우리가 그것으로 삶을 살아야 하는 도덕이 아니다. 그것은 오히려 도덕 이방인을 구속할 수 있는 도덕이다. 우리는 다양한 도덕 공동체와 비전으로부터 유래했기에 우리가 공통적으로 정당화할 수 있는 도덕 권한과 만나고 협력할 때 공유하는 것은 거의 없다. 그러한 상황에서는, 우리가 심각한 잘못이라고 알고 있는 많은 것을 관용해야 한다. 이러한 그릇됨은 이성적인 분석과 논쟁으로 해결될 수 없으며, 다만 적절한 인도와 도덕적 실질을 제공할 도덕 공동체로의 회심을 통해 가능하다.

  나의 주장은 유대교나 그리스도교와 같은 도덕 전통을 버려야 한다는 것이 아니다. 이보다 나의 의도나 이 작품의 결론에서 더 멀어진 것은 없다. 세속적 다원주의적 도덕, 세속적 생명윤리라는 명제는 불가피하지만, 개인이 동의하는 다른 이들과 공유하는 구체적인 도덕을 대체하거나 대체해야 한다는 의미에서 그렇지는 않다. 세속 도덕은 도덕 이방인들과 평화로운 의사소통의 희박한 언어를 제공한다. 그것은 심지어 우리가 근본적으로 동의하지 않는 다른 이들과도 공유할 수 있는 대화의 구조를 제공한다. 그것은 계몽주의 실패의 폐허와 분열된 도덕적 다짐이라는 비극 앞에서 말할 수 있는 바로 그 언어다.

  우리는 2차원적 도덕 안에서 살 수밖에 없다. 한편으로, 우리는 실제적이고 구체적인 도덕 공동체의 일원이기 때문에, 좋은 의료에 관한 특정한 도덕적 관점을 가질 것이다. 여기서 우리는 좋은 침례교, 힌두교, 정교회, 로마 가톨릭교회 또는 유대교의 신자가 될 것이다. 그러나, 우리의 공동체가 모든 것을 포괄하지 않는 한, 세속적인 다원주의 도덕의 제약 안에서 다른 이들에게 다가갈 필요가 있을 것이다. 우리가 평화적으로 확립된 도덕 영역(예: 공산주의 공동체, 아미시 공동체, 또는 정교회)의 경계선으로 걸어 들어갈 때 세속적 다원주의적 도덕과의 접촉이 유일하게 일어난다면, 우리가 그 선을 넘어 우리의 관점을 부과하지 않고, 우리 자신의 삶의 방식을 다른 이들도 상호 관용하기를 기대한다면 우리는 세속 도덕의 제한조건을 인정하는 것으로 보일 것이다.

  세속적인 도덕, 세속적인 생명윤리는 이성의 한계와 권한의 한계라는 한계에 기초하고 있다. 세속적인 도덕적 권한의 한계와 세속적인 생명윤리 및 의료정책에 대한 그 함축적 의미는 그것들이 유용하거나 좋거나 매력적이기 때문이 아니라, 경쟁하는 이론들이 일반적이고 세속적인 측면에서 무고한 타인의 삶을 통제하는 데 위력을 사용할 권리를 확립할 수 없기 때문에 불가피하다. 우리가 정전적이고, 옳고, 구체적인 도덕적 질서를 합리적으로 옹호할 수 없거나 또는 특정한 구체적인 도덕 비전을 강요하는 도덕적 권한을 확립하는 것이 일반적이고 세속적인 측면에서 불가능하기 때문에, 그리고 허락에 근거하여 합의를 이룬 연합체의 항상 이용 가능한 도덕적 관점 때문에 우리는 많은 도덕이 존재하고 그 위상을 가질 수 있는 도덕을 가지고 있다. 그 폐허 속에서, 심지어 도덕 이방인과도 우리는 도덕적 권한을 가지고 만나고 협력할 수 있다.

주

1  지향을 갖는다는 것은 한 사람의 시간적·공간적·사회적, 그리고 개인적 맥락을 아는 것 이상을 뜻한다. 지향은 한 사람의 상태에 내재한 특성이 아니다. 보다 근원적으로 지향이란 이 세계를 넘어 궁극적 위치와 의미를 갖는 곳을 바라보는 것이다. 이런 의미에서 그리스도교인은 전통적으로 기도할 때 항상 동쪽을 향했다. 예를 들어 오리게네스는 이렇게 말했다. "해가 뜨는 방향은 분명 우리가 그 방향으로 기도해야 함을 시사한다. 이는 참된 빛이 떠오르는 쪽을 향한 영혼을 상징한다." *Prayer*, trans. J. J. O'Meara (New York: Newman Press, 1954), p. 136. 또한 다음을 보라. St. Basil the Great, *On the Spirit* 27.66.

2  Albert Camus, *The Myth of Sisyphus* (New York: Alfred Knopf, 1961), p. 123.

3  어떤 반란은 궁극적이고 지속적이다. 도스토옙스키는 조시마 장로의 입을 빌어 이렇게 말한다.

> 아아, 특정한 지식, 그리고 절대적 진리에 대한 사유에도 불구하고 지옥에는 자만심 넘치고 잔인한 자들이 있습니다. 사탄과 오만한 영혼에 자신을 바친 무서운 사람들이 있는 것입니다. 그들은 자발적으로 지옥을 택했고, 자신을 불사릅니다. 즉 그들은 자신의 선택에 의해 고문을 당하고 있는 것입니다. 그들은 자신을 저주하고, 하느님과 삶을 저주합니다. 그들은 마치 사막에 버려진 굶주린 자들이 자기 육신의 피를 빨듯 악의에 찬 자만심을 먹고 사는 것입니다. 그러나 그들은 결코 만족을 모르며, 용서를 거부하고 자신을 부르는 하느님을 저주합니다. 그들은 살아계신 하느님을 증오 없이는 바라볼 수 없으며, 생명의 하느님께서 멸망해 버렸으면, 하느님 자신과 모든 피조물이 다 멸망해 버렸으면 하고 있습니다. 그리하여 그들은 분노의 불길 속에서 자신을 영원히 불사르며 죽음과 멸망을 갈망하게 될 것입니다. 그러나 그들은 죽음도 얻지 못할 것입니다.

Fyodor Dostoevsky, *The Brothers Karamazov* (New York: Norton, 1976), book 6, chap. 3, p. 302.

4  니체는 "당대 과학의 허무주의적 영향"을 언급하면서 "코페르니쿠스 이래 인간은 핵심에서 X로 굴러 떨어졌다"라고 했다. Friedrich Nietzsche, "Aus dem Nachlaß der Achtzigerjahre," in *Werke in drei Bänden* (Munich: Carl Hanser, 1960), vol. 3, p. 882.

5  직장을 가지고 성적으로 활발한 여성이 언제 아기를 몇 명이나 가질지를 계획하는 현대의 라이프스타일은 현대 피임 기술에 의존한다. 이런 면에서 인공피임이 자연을 변화시키고 지시하는 수단이라는 로마 가톨릭의 가르침은 옳다. 자연의 의미가 우리의 과거 진화론적 역사, 혹은 원죄로 인한 타락이라면 말이다. 정교회는 자녀 출생의 전제로 결혼을 요구하기는 하지만 피임을 반대하지는 않는다. 예컨대 Paul Evdokimov는 이렇게 말한다. "자발적인 임신은 우연에 의한 것보다 더 고상하다. 예상하지 않고 원하지 않는 임신보다는 물론이다." *The Sacrament of Love*

(Crestwood, N.Y.: St. Vladimir's Seminary Press, 1985), p. 179.

6 프로타고라스의 이 짧은 문장은 섹스투스 엠피리쿠스(Sextus Empiricus)가 남겼다. *Outlines of Pyrrhonism*, trans. R. G. Bury (Cambridge, Mass.: Harvard University Press, 1976), 1,216, p. 131. 섹스투스 엠피리쿠스는 프로타고라스를 도덕 상대주의자로 해석하였다. 도덕 생활의 핵심에 사람들을 두는 것은 특정인이나 특정 집단을 두는 것과 같지 않다. 전자가 아닌 후자가 진정한 도덕 상대주의를 구성한다. 그러나 인간 본성에 관한 정전적인(canonical) 개념, 혹은 내용 충만한 인격체의 의미(혹은 정전적인 도덕의 다른 원천)에 대한 비전 없이 상대주의의 상당 부분은 불가피하다.

7 Leon Kass, "Regarding the End of Medicine and the Pursuit of Health," *Public Interest* 40 (Summer 1975): 11-24. 또한 다음을 보라. *Toward a More Natural Science* (New York: Free Press, 1985).

8 Leon Kass, "Babies by Means of In Vitro Fertilization: Unethical Experiments on the Unborn?" *New England Journal of Medicine* 285 (Nov. 18, 1971): 1174-79.

9 제5장에서 본 바와 같이 특정 문제(예컨대 알코올 의존증)는 의학적이거나 법적 문제가 아니라 의학적·법적·종교적 문제로 보일 수 있다.

10 Christopher Boorse, "Health as a Theoretical Concept," *Philosophy of Science* 44 (1977): 542-73.

11 Kass, "Regarding the End of Medicine and the Pursuit of Health," p. 13.

12 '실제(real)' 체험이 수반하는 어떤 위험 없이 실제의 삶처럼 느끼게끔 가상 체험을 만들어주는 의학적으로 고안된 컴퓨터 장치를 상상해볼 수 있다. 사람이 실재와 가치와 관련된 정전적인 전망을 상실하면 모든 것은 허구 속의 허구가 된다. 좋은 삶에 관한 하나의 비전이 다른 것보다 낫다고 믿을 수 있는 어떤 궁극적인 전망도 사라진다. 모든 삶은 지속적 의미를 상실한 가상적 삶이 되어버린다. 호르헤 루이스 보르헤스(Jorge Luis Borges)는 단편 「원형 유적(Las ruinas circulares)」에서 실재의 덧없음과의 조우를 다음과 같이 말한다. "안도와 굴욕과 공포 속에서 그는 자신 또한 다른 사람이 꿈꾸어 만든 하나의 환영에 불과함을 깨달았다." *Obras Completas* (Buenos Aires: Emecé, 1974), p. 455.

13 실제 삶을 사는 것의 우월함을 보여주려는 노직의 시도에 대해서는 다음을 참조. 그의 논증은 실제 체험과 행동이 완전한 가상 체험은 갖지 못하는 가치를 가진다는 입증이 어려운 전제에 의존한다. *Anarchy, State, and Utopia* (New York: Basic Books, 1974).

14 죽은 이를 위한 삼성송(三聖誦, trisagion)은 다음 기도로 끝을 맺는다. "[······] 그의 기억이 영원하기를." 그리스도교 신앙은 사자의 부활과 영생뿐 아니라 각각의 개인적 삶이 이어지는 것의 중요성도 언약한다. *Service Book of the Holy Orthodox-Catholic Apostolic Church*, trans. Isabel Hapgood, 6th ed. (Englewood, N.J.: Antiochian Orthodox Christian Archdiocese, 1983), p. 391.

15 일단 영원의 전망이 사라지면 정전적이고 규범적인 방식에서 사람은 실재와 환상, 참과 거짓을 구별할 수 없게 된다. 이런 이유로 예수께서 우리에게 악마는 "거짓말쟁이며, 거짓말의 아비" (『요한』 8:44)라 하신 것이다.

16 Chester R. Bums, "Diseases versus Healths: Some Legacies in the Philosophies of Modem Medical Science," in H. T. Engelhardt, Jr., and S. F. Spicker (eds.), *Evaluation and Explanation in the Biomedical Sciences* (Dordrecht: Reidel, 1975), pp. 29-47.

17 『제5도살장』에서 빌리 필그림과 소통하는 트랄파마도리안들은 5개의 성별(sex)을 가지고 있다. 그들은 빌리에게 어슬링들은 7개의 성별을 가지고 있으나 그중 5개는 4번째 차원에서만 활성화된다고 일러준다. Kurt Vonnegut, Jr., *Slaughterhouse-Five* (New York: Delacorte Press, 1969), pp. 98-99.

18 Linda Vigilant, Mark Stoneking, Henry Harpending, et al., "African Populations and the Evolution of Human Mitochondrial DNA," *Science* 253 (Sept. 1991): 1503-7.

19 그리스도교 종파들의 성직 서품에 관한 논쟁에서 규범적 인간의 특징과 관련된 논란이 드러난다. 상당 부분 이 논쟁은 인간됨 못지않게 남자냐 여자냐의 규범적이고 존재론적인 핵심에 초점을 맞추고 있다. Kenneth Wesche, "Man and Woman in Orthodox Tradition: The Mystery of Gender," *St. Vladimir's Theological Quarterly* 37 (1993): 213-351.

20 Olaf Stapledon, *Last and First Men* (1931; repr. New York: Dover, 1968). '자가 진화(autoevolution)'의 철학적 쟁점에 관한 탐구로는 다음을 보라. Kurt Bayertz, *GenEthics*, trans. Sarah Kirkby (Cambridge: Cambridge University Press, 1994), 특히 chap. 13, "Process Without a Goal."

21 정교회는 시편 저자의 다음 말씀을 진지하게 받아들인다. "나의 선고를 들으라 '너희가 비록 신들이라 해도'" (『시편』 82:6). 성 바질은 인간은 신이 되라는 명령을 받았다고 이해했다. 성 아타나시우스를 따르면 신은 우리가 "신이 되도록(engodded)" 육화하셨다. Georgios Mantzaridis, *The Deification of Man*, trans. Liadain Sherrard (Crestwood, N.Y.: St. Vladimir's Seminary Press, 1984); Panayiotis Nellas, *Deification in Christ*, trans. Norman Russell (Crestwood, N.Y.: St. Vladimir's Seminary Press, 1987); and Vladimir Lossky, *The Mystical Theology of the Eastern Church* (Crestwood, N.Y.: St. Vladimir's Seminary Press, 1976). 또한 다음을 보라. Gregory Palamas, *The Triads*, ed. John Meyendorff, trans. Nicholas Gendle (Mahway, N.J.: Paulist Press, 1983).

22 Aristotle, *Eudemian Ethics* 2.3.1220b 35.

23 Immanuel Kant, *The Metaphysical Principles of Virtue: Part II of The Metaphysics of Morals*, AK VI.

24 의학에서의 미덕에 대해서는 다음을 보라. Earl E. Shelp (ed.), *Virtue and Medicine* (Dordrecht: Reidel, 1985).

25 G. W. F. Hegel, *The Philosophy of Right*, sec. 303. 또한 다음을 보라. H. T. Engelhardt, Jr., "Sittlichkeit and Post-Modernity: An Hegelian Reconsideration of the State," in H. T. Engelhardt, Jr., and T. Pinkard (eds.), *Hegel Reconsidered: Beyond Metaphysics and the Authoritarian State* (Dordrecht: Kluwer, 1994), pp. 211-24.

26 H. T. Engelhardt, Jr., *Bioethics and Secular Humanism: The Search for a Common Morality* (Philadelphia: Trinity Press International, 1991).

# 찾아보기

ㄱ

가상 선택 이론 85, 96, 99, 100~02
가상의 계약 271
가상의 계약자 97, 100, 271, 277, 593
가상의 계약자 논증 111
가상의 계약자 이론 97, 101
가이우스Gaius 123, 160, 253
  ―『법학제요The Institutes of Gaius』253
가족 유사성 116, 123, 172
간주관 76, 141, 174, 175, 195, 196, 198, 218, 289, 309, 354
간주관성 82, 141, 163, 174, 301, 322, 344
갈, 프란츠 요제프Gal, Franz Josef 377
감각이상 무기력증 352
감각혼 374
감호 498
강압 46, 50, 52, 81, 82, 100, 119, 122, 124, 126, 127, 132, 133, 257, 260, 276, 279, 280, 403, 409, 441, 468, 470, 471, 473, 476, 479, 489, 490, 507, 510, 512, 513, 541, 546, 547, 553, 554, 563, 566, 567, 584, 613
개신교 신자 456
개인법 260
개종 52, 66, 74, 88, 105, 125, 126, 131, 138, 139, 146, 168, 170, 173, 187, 276, 444, 451, 631
개혁 칸트주의 235
거트, 버나드Gert, Bernard 364, 499
건강 개념 325, 364, 365
건강관리기구 458, 489
건전한 의료 행위 603

게임이론 84, 85, 106, 107, 111, 158, 270, 277, 296
결과주의 85, 93, 238, 239
 ― 결과주의 윤리 93
 ― 결과주의자 92~94, 108, 109, 111, 158, 159, 243
 ― 비결과주의 윤리 93
결의론 85, 87, 88, 122, 141, 154, 155, 277
 ― 결의론자 89, 91
 ― 로마 가톨릭교회의 결의론 88
결핵 300, 321~23, 325, 331, 350, 586, 612
계몽주의 34, 60, 61, 75, 83, 103, 123, 146, 150, 161, 283, 287, 397, 442, 444, 634, 635
 ― 계몽주의 희망 634
 ― 계몽주의적 가정 105
계약 봉사 252, 460, 469, 501
고등 뇌중추 지향 검사 383
고등 뇌중추 지향 죽음 개념 382, 383, 392, 431
고등 뇌중추 지향 죽음 정의 383, 393, 428
고환염 306
골상학자 377
공공의료 시스템 77, 601
공공정책 36, 51, 100, 118, 125, 132, 133~35, 150, 158, 167, 201, 203, 204, 266, 280, 286, 287, 307, 408, 410, 435, 528
공동 복지의 도덕성 185
공동 자원 257, 569, 571, 585, 586, 588, 590, 602, 604
공리주의 93, 94, 96, 233, 239, 449, 592
 ― 공리주의자 91, 92, 94, 243
공산주의 55, 118, 122, 635

641

공여자 380, 381
공적 자유 107, 110, 592, 597, 600, 601
공정으로서의 정의 112, 614
공정한 기회의 평등 114
공지 444, 454~57, 459, 474~76, 480, 482~84, 488
공통 권한 222
공평무사한 관찰자 96, 97
공화국 44, 166, 167, 536
공화정 로마인 187
관용 449, 51, 52, 59, 100, 170, 282, 631, 632
관용 사회 140
관장 508
괴테, 요한 볼프강 폰 Goethe, Johann Wolfgang von 190
교황권 270
『국가』286, 416, 571
국가건강위원회 570
국가 단일 의료제도 114
국제 재산세 264, 294
『국제 질병 분류 International Classification of Diseases』309, 327
국제 토지세 287
권위주의적 민주주의 122
권위주의적 자본주의 74, 121, 122
규범적인 de jure 84
그레이 외 대 소여 판례 381
그레이, 존 Gray, John 118
그리스도교 32~36, 42, 50, 53, 56~59, 66, 67, 116, 126, 127, 153, 161~63, 168~70, 269, 290, 312, 314, 362, 396, 422, 428, 432, 438~40, 506, 521~23, 525, 528, 538~40, 546, 562, 613, 629, 635, 638, 639
그리스 정교도 116, 456

급성기 의료 571
기관생명윤리위원회 149, 511
기대 수명 206, 311, 317, 321, 581, 595, 613, 617
기만 103, 159, 471, 473, 476, 486~90, 507, 510, 513~15, 553, 554, 559, 570, 617
— 이로운 기만 486, 489
기본 의료 패키지 606, 607, 610
기회균등 594

ㄴ

낙태 31, 40, 50, 65, 70, 82, 89, 100, 101, 107, 117, 133, 136, 138, 140, 145, 148, 173, 182, 184, 192, 210, 227, 230, 231, 233, 237, 260, 261, 268, 290~92, 370, 372, 391, 394, 395~99, 404, 418, 421, 425, 427, 429, 430, 432, 450, 455, 457, 511, 539, 546, 604, 605, 609, 610
— 낙태 논쟁 40, 348
남부 침례교도 61, 89, 136, 138, 357, 455
낫형적혈구 316~18
내용 충만한 세속적 윤리 106
네거티브 소득세 256, 258, 287
네거티브 의무 211
네이탠슨 대 클라인 판례 466, 527
노동조합 257, 279, 283
노동총연맹산업별조합회의 282
노직, 로버트 Nozick, Robert 102, 165, 200, 233, 235, 409, 473, 591, 595~99, 601, 615, 638
— 노직주의자 110, 116, 117
뇌간 375, 376, 382, 383, 388
뇌 국재화 377
뇌파계 EEG 380, 385, 392, 393
뉴에이지 운동 140

뉘른베르크 재판 123, 160, 507
능동 면역 621
능력 격차 111
니시 대 하트웰 판례 474
니체, 프리드리히 빌헬름Nietzsche, Friedrich
　　Wilhelm 47, 60, 121, 619, 637
니힐리즘 123, 125

ㄷ

다운증후군 233, 408, 410, 411, 435
다원주의 1, 36, 42, 64, 75, 80, 131, 148, 149,
　　170, 174, 182, 191, 194, 201~04, 223, 270,
　　277, 282, 418, 419, 422, 535, 630, 632~35
– 신다원주의 312
다윈, 찰스 로버트Darwin, Charles Robert 34,
　　619
다층 의료 시스템 601~03, 606, 610
닥터 필굿Dr. Feelgood 622, 624~27
단일 지불 플랜 608
대리 동의 459, 462, 493, 500, 512, 530
– 대리 동의의 원칙 505, 512
대리모 40, 46, 136, 145, 395, 396, 406, 422,
　　425~27, 429, 439
– 영리 목적의 대리모 31, 40, 46, 145, 426, 427
대리 선택 459, 461
대리인 459, 460~63, 479, 484, 485, 494, 530,
　　531
– 지정 대리인 459, 463
대리 의사결정자 461~63, 497
데이비스, 앤절라Davis, Angela 117
데카르트, 르네Descartes, René 76, 377
델포이의 신전 261
도구주의자 324
도덕감 36, 90, 91, 96, 97, 99~103, 105, 111,
　　114, 124, 131, 138, 161, 175, 177, 181, 182,
　　189, 190, 194, 201, 225, 226, 229, 256, 633
도덕 감각 72, 235
도덕 감수성 234, 396
도덕감정 36, 93, 109, 111, 119, 158, 218, 398,
　　527
도덕률 177, 217, 253, 500
도덕 분쟁 75, 107, 127, 128, 174~76, 182, 185,
　　191, 201, 202
도덕 비전 36, 38~42, 44, 46, 48~51, 60, 62, 64,
　　72, 74, 85, 93~95, 97, 102, 108~13, 121,
　　122, 124~26, 128, 143, 144, 147, 154, 161,
　　168, 170, 172, 181, 185, 191, 198~201,
　　203, 210, 236, 239, 258, 260, 274, 276, 277,
　　283, 284, 286~88, 369, 387, 402, 403, 407,
　　409, 415, 419, 421, 422, 427, 450, 476, 483,
　　504, 512, 524, 525, 527, 532, 533, 538~40,
　　545, 546, 566, 569, 579, 601, 604, 606, 610,
　　628, 630, 633, 634, 636
도덕적 권한 37, 47, 51, 52, 62, 115, 119, 122,
　　125, 127~29, 131~35, 139, 142, 146~48,
　　150, 151, 155, 166, 167, 174, 182, 190~94,
　　197, 198, 201, 202, 208, 209, 216, 232, 244,
　　247, 259, 266, 268, 269, 275~77, 279, 283,
　　284, 286, 357, 370, 371, 388, 394, 395, 397,
　　405, 409, 419, 436, 441, 442, 444, 459, 464,
　　478, 480, 527, 530, 535, 536, 542, 546, 547,
　　571~74, 576, 582, 587, 598~600, 607, 609,
　　610, 612, 615, 633, 635, 636
도덕적 다양성 35, 42, 77, 140, 142, 150, 261,
　　479, 545~47, 605, 609, 610
도덕적 다짐 38, 39, 41, 53, 62, 72, 110, 130,
　　139, 143~45, 147, 182, 193, 199, 276, 387,
　　397, 398, 450, 456, 457, 526, 535, 546, 605,

643

635
도덕적 단편화 633
도덕적 무법자 223
도덕적 염결성 34, 193, 453, 507
도덕적 직관 48, 72, 86, 90, 97, 100, 111, 140, 427, 527, 602, 613
도덕적 합리성 46, 74, 96, 97, 100, 103, 107, 115, 221
도덕철학 44, 47, 48, 60, 71, 75
도덕철학적 성찰 71
도덕 행위능력 101
도덕 행위자 71, 82, 83, 101, 128, 143, 153, 167, 184, 210, 221, 224, 226, 227, 230, 234, 238, 242~49, 291, 371, 372, 374, 375, 386, 388, 391, 393, 394, 407, 411, 416, 425, 426, 428, 466~68, 485, 505, 596
도미니크회 수도사 88
도시국가 36, 135, 152, 192
도주병 352
동성애 300, 304, 308, 310, 313, 316, 317, 329, 360, 418, 455
동의 37, 47, 50, 52, 54, 70, 80, 82, 83, 92, 94, 95, 98, 104, 105, 111, 113, 116, 122, 127~30, 132~39, 146, 147, 149, 165, 167, 170, 172, 177, 178, 180, 181, 184, 187, 190~92, 197~99, 201, 202, 209~11, 216, 219, 221~24, 231, 247, 248, 250~52, 257, 259, 260, 265, 266, 270~76, 278, 280, 284~89, 292, 296, 302, 308, 309, 313, 320, 354, 356, 384, 395, 397, 400, 401, 405, 406, 407, 416, 420, 421, 422, 426, 434, 435, 443, 444, 454, 455, 458, 459, 462~64, 467, 468, 470~74, 476, 482~89, 493, 496, 498~501, 503~07, 510, 512~15, 518, 527, 529, 530, 536, 537, 540~42, 545~47, 549~52, 554, 555, 557, 563, 565~67, 572, 576, 577, 592, 597, 599, 610, 614, 624, 629, 631, 633, 635

동의의 권한 127
「디다케」418
「디오그네투스에게 보낸 편지」418
딜타이, 빌헬름Dilthey, Wilhelm 302

ㄹ

라이프니츠, 고트프리트 빌헬름Leibniz, Gottfried Wilhelm 76
램지, 폴Ramsey, Paul 289, 423
레지스탕스 581
로마 가톨릭교도 49, 116, 136, 148, 230, 259, 260, 426, 450, 456, 495, 511, 523, 525, 545, 604, 605, 623
로마 가톨릭교회 35, 36, 59, 61, 68, 88, 126, 161, 162, 230, 260, 290, 291, 314, 356, 359, 423, 472, 605, 609, 635
로마 교황 57, 67, 126, 161
로크, 존Locke, John 54, 249, 271, 294, 366, 615
– 로크적 단서 255, 256, 258, 262, 264
로티, 리처드Rorty, Richard 120~22, 126, 160
롤스, 존Rawls, John 97~99, 101, 102, 112~15, 118, 126, 156, 157, 159, 219, 271, 583, 591~99, 613, 614
– 롤스주의자 110, 116, 117
루소, 장 자크Rouseau, Jean Jacques 271
– 루소주의자 99
루이, 피에르Louis, Pierre 509
루터, 마르틴Luther, Martin 33
『뤼시스Lysis』453
르네상스 시대 57, 60, 428
리버럴리즘 120, 121

린네, 카롤루스Linnaeus, Carolus 309, 332, 333, 335, 336, 341
림보 69, 192, 384

**ㅁ**

마더 테레사Mother Teresa 117
마르크스, 카를Marx, Karl 54, 118, 456
― 마르크스주의자 56, 456
마오주의자 136
마젤란, 페르디난드Magellan, Ferdinand 34
마키아벨리적 전략 119
만민법 123, 126, 160, 162
만성질환 91, 451, 452, 571
매킨타이어, 알래스데어MacIntyre, Alasdair 48, 115, 161, 177, 193
『멋진 신세계』 627
메노나이트 93, 187
메디케어 538, 578
메디케이드 607
메타노이아 88
멸종위기종 186, 261, 262, 586
명시적 계약 204, 265, 439
명시적 동의 202, 285, 488
모더니티 56, 58, 60, 77, 127
모르가니, 조반니Morgani, Giovanni 336
모를 권리 483
목적 31, 47, 53, 65, 78, 83, 92, 99, 107, 109, 166, 178, 181, 184, 197, 203, 214, 232, 234, 302, 311, 312, 317~20, 322, 326, 328~30, 340, 344, 350, 355, 363, 474, 476, 493, 506, 523, 526, 528, 536, 552, 564, 577, 597, 599, 600, 618, 621, 622, 630
목적 기반 접근법 600
목적의 왕국 166, 630

『묘지Sepulcretum』 336
『무기대전Summa Armilia』 506
무뇌아 241, 242, 387, 410, 414, 431
무신론자 36, 61, 89, 138, 145, 162, 456
무역사적 관점 591, 598
무작위 배정 514
무지의 베일 96, 593
무한 후퇴의 오류 112
묵시적 계약 204, 265
물신 숭배 457
미국 의사협회 73, 152, 414, 445, 548
미국 헌법 114, 166, 271, 272, 296
미덕 42, 48, 49, 72, 86, 89, 91, 93, 137, 142, 147, 218, 365, 390, 401, 419, 607, 629~33, 639
미시분배 585, 587~89, 613
미시적 분배 결정 587
민주주의 36, 47, 100, 112, 113, 122, 132, 133, 145, 157, 160, 199, 246, 288, 356, 603, 614, 634
밀, 존 스튜어트Mill, John Stuart 71, 497, 498
밀턴, 존Milton, John 467

**ㅂ**

반성적 평형 86
밤부티족 99, 157, 187, 401, 604
배아 47, 230~33, 238, 239, 242, 252, 265, 290, 391, 394~96, 398, 420, 422~25, 428
― 배아 이식 422, 423
― 잔여 배아 425
버거, 워런Burger, Warren Earl 465
버클리, 윌리엄Buckley, William 117
버트, 로버트Burt, Robert 457
버틀러, 새뮤얼Butler, Samuel 353

베스트팔렌 조약 33
베이비 도 사건 411
베이비 K 410
베이컨, 프랜시스Bacon, Francis 332, 334
벨라르민 추기경Bellarmine, Robert 81
병기 시스템 308, 347, 356
병기 판정 345, 355
병인학 323, 326, 331, 332, 334, 336~38
병존 시스템 109, 608
병존 의료 시스템 546
병태생리학 310, 328, 330, 336, 340
보네, 테오필Bonnet, Theophile 336
보니것, 커트Vonnegut, Kurt 627
보조생식술 422, 423, 438
보증 급여제 570
보호자 240, 387, 459, 460, 462, 463, 479, 492, 500~05, 512, 528, 532, 533, 563
본태성 고혈압 338
뵐러, 프리드리히Friedrich Woehler 374
부어즈, 크리스토퍼Boorse, Christopher 314~17, 319~21, 324, 362~64, 623
분별력 90
불공정 555, 575, 577, 578, 580~84, 593~96, 613
불교 88, 144, 472
「불법행위법」391, 399
불운 552, 575, 577, 578, 593, 594, 596, 598, 613, 616
불임시술 47, 399, 450, 523, 605
불평등 31, 87, 89, 98, 115, 156, 220, 221, 223, 569, 570, 572~74, 576, 579, 581, 582, 585, 592~94, 602, 607, 608
브라운, 아이작 베이커Brown, Isaac Baker 302, 303, 307

브랜다이스, 루이스Brandeis, Louis Dembitz 464~66, 470
브랜트, 리처드Brandt, Richard 96
브로디, 바루크Brody, Baruch 254~56
브루세, 프랑수아 조제프-빅토르Broussais, François Joseph-Victor 337, 339, 340, 367
브리지먼, 퍼시Bridgman, Percy W. 534
『블랙 법학사전Black's Law Dictionary』 376
블랙스톤, 윌리엄Blackstone, William 123, 160, 250, 272, 550, 551
비밀 보장 515~17, 519~21, 559
비밀 유지 285, 443, 518
비샤, 그자비에Bichat, Xavier 337
비인식론적 가치 329, 355, 369
비자유 이득 107
비처, 헨리Beecher, Henry K. 380
비첨, 톰Beauchamp, Tom 108, 161
비토대주의 122
비토대주의적 접근법 108, 154
비통상적 치료 158, 415, 437, 524

ㅅ

사드 대 하디 판례 483
사람 221, 224~27, 229~34, 237, 239, 240, 242~54, 256, 260~66, 268, 270, 272~78, 280~85, 287, 289, 370~78, 381, 382, 385, 389, 391, 392, 394, 395, 398, 400~02, 405, 415, 418, 419, 421, 423~28
사려 깊음 46, 272, 273
사망 판정 378~80, 383, 392, 393, 440
사망 판정 검사 379, 389, 392
사생활의 권리 355, 466
사유재산 116, 117, 257, 264, 275, 570, 571, 576, 580, 601, 602

- 사유재산권 250, 572
사적 소유 577
사적 의료 영역 278
사전 의료 지시 460, 494, 495, 521, 530~32, 539, 544, 560
사전 지시 460, 461, 530
사혈 508, 509, 625
사회민주주의 100, 122
사회적 로또 102, 573, 575, 577, 579, 593, 595, 596, 601~03
사회적 실재 341~43, 345
사회적 재화 271
사회적 합의 117, 593
산전 검사 404
산전 진단 539, 546
삶의 질 70, 138, 232, 408~10, 412~14, 418, 435, 533, 561, 571, 579
상대주의 150, 288, 634, 638
상호 동의 129, 285, 487
상호 존중의 도덕 195, 234, 254, 264, 476
상호 존중의 도덕성 181, 185, 189, 194, 195, 197, 198, 204, 208, 210, 229, 250, 251, 265, 266, 281, 285, 471, 496, 528, 553, 631
새스, 한스-마틴Sass, Hans-Martin 261, 507
생기론자 374
생명과학 365, 374, 620
생명윤리 31~33, 36, 39~49, 52, 53, 56, 64, 70, 75, 77, 78, 80, 82~84, 89, 93, 106~09, 111, 112, 117, 122~24, 126, 127, 130, 136, 137, 141~44, 147, 149, 150, 154, 168, 172~74, 176, 178, 192, 195, 201, 220, 227, 241, 261, 269, 276, 277, 281, 292, 300, 326, 348, 353, 428, 454, 524, 546, 617, 619, 623, 625, 629, 630, 633, 634, 635

- 생태학적 생명윤리 263
생명윤리위원회 144
생전 유언 149, 531, 532
선 92~94, 100~02, 106, 109, 131, 137, 138, 149, 167, 175, 176, 182, 183, 187~92, 195, 196, 198~200, 203~09, 214, 215, 218, 219, 229, 231, 232, 234~36, 240, 261, 265, 266, 277, 284, 286, 375, 401, 403, 405, 406, 408, 409, 415, 423, 427, 441, 448, 454, 467, 478, 493, 503, 512, 523, 528, 534, 537, 547, 569, 576, 585, 593, 599, 601, 622, 630, 631, 632
선택의 자유 222, 467, 468, 474, 568
선행 47, 90, 108, 110, 111, 149, 168, 173, 176~89, 191~93, 195~98, 202~06, 208~12, 214, 217, 221, 225, 228, 232, 234~37, 240, 241, 265, 266, 269, 284~86, 292, 375, 386, 402~06, 408~11, 413, 419, 426, 443, 445, 447, 459, 462, 478, 484, 488, 490, 492, 493, 496, 500, 502~04, 507, 510, 511, 515, 520, 521, 530, 532, 533, 537, 540, 541, 558, 566~69, 580, 599, 630
「생명의 선물Donum Vitae」423, 424, 439
생식세포 제공자 395
선량한 관리자 494, 495, 497, 559
선행의 원칙 110, 149, 173, 176~83, 185~89, 191, 192, 195~97, 202~06, 208, 209, 211, 214, 228, 265, 266, 285, 375, 403~06, 404, 409, 413, 459, 478, 488, 492, 493, 496, 500, 502, 507, 510, 511, 515, 520, 521, 530, 537, 540, 541, 558, 599, 630
선행의 의무 176, 178, 186, 187, 204, 210~12, 221, 269, 292, 402, 408~11, 532, 533
선험적 통각 245
선호 50, 92~97, 455, 493, 593

647

선호 만족 93, 96
성숙한 미성년자 501
성 올라프St. Olaf 137, 141
성직 제도 116
성 허먼St. Herman 137, 141, 169
세계보건기구 325
세네카Seneca, Lucius Annaeus 522, 534, 535, 563
세속 도덕 37, 39, 45, 47, 52, 78, 82, 85, 129, 130, 138, 143, 165, 166, 180, 181, 215, 279, 353, 372, 407, 418, 433, 436, 438, 439, 441, 442, 450, 457, 472, 484, 513, 557, 563, 597, 608, 609, 612, 613, 615, 633, 635
세속 도덕성 77, 96, 129, 138, 143, 150, 170, 179, 292, 371, 391, 392, 430, 432, 471
세속 도덕적 권리 42
세속 도덕주의 154
세속법 282, 398
세속 생명윤리학 50, 51, 67, 123, 125, 619
세속적 합리성 34, 35
세속 형법 394
세테리스 파리부스 81, 246, 247
소라누스Soranus 417, 418
소모증 331, 337
소바주, 프랑수아 부아지에 드Sauvages, François Boissier de 309, 332~41, 361, 366
소수 집단 우대 정책 114, 115
소유권 58, 110, 117, 250~56, 258~60, 262~67, 269, 275, 287, 493, 575, 576, 595, 596, 600, 602
─ 일반 소유권 259, 260
소유의 원칙 263, 264
소크라테스Socrates 32, 510
쇄신 35

숄리언도프 대 뉴욕 병원 판례 464, 466
수동 면역 621
수탁 관계 459
수포 508
슈바이처, 알베르트Schweitzer, Albert 123
슈츠, 알프레트Schutz, Alfred 244, 451, 548
슈퍼르츠하임, 요한Spurzheim, Johann 377
스탈린, 이오시프 비사리오노비치Stalin, Iosif Vissarionovich 42
스테이플던, 올라프Stapledon, Olaf 628
스토아 철학 439
─ 스토아 철학자 32
─ 스토아학파 56, 312
스피노자, 바뤼흐Spinoza, Baruch 76
스피처, 로버트Spitzer, Robert 335
슬레이터 대 베이커와 스테이플턴 판례 463, 464
시나고그 43
「시드니 선언」380
시시포스 618
10월 혁명 124, 146, 159
시장 이전 47
시장의 우위 132
시험관 수정 419, 423, 425, 627
신경학 289, 293, 377, 387, 468
신권 270
신생아 71, 80, 97, 230, 236~43, 252, 268, 293, 392~93, 407~18, 435, 436, 453, 457, 460, 462, 557, 606, 607, 627
신생아 집중 치료 97, 607
신성 45, 65, 163
신장 이식 380, 587
신중함 90, 214, 217, 277, 492, 631, 632
신피질 지향 죽음 개념 379

신피질 지향 죽음 정의 382
신피타고라스 학파 539
심장 이식 380, 578, 579
심폐소생술 428
『실낙원』 467
실물 정치 115, 118, 134
실제적인 de facto 84
실천적 지혜 90
심리학적 정상성 351
심한 치매 환자 239, 241, 371
싱가포르 42, 92, 100, 120~22, 601
섹슈얼리티 304, 397, 429, 439
시드넘, 토머스 Sydenham, Thomas 305, 331, 332, 334, 335, 338~40, 366, 508

ㅇ
『아나키, 국가, 유토피아』 591, 595, 596, 598
아너레이, 토니 Honoré, Tony 152, 349
아동학대 413, 518, 557
아리스토텔레스 Aristoteles 32, 36, 70, 135, 168, 290, 312, 416, 454, 630
— 신아리스토텔레스주의자 363
— 아리스토텔레스의 국가관 168
— 아리스토텔레스의 세계관 230
— 아리스토텔레스적 이상 135
아미시 교도 39, 505, 633
아사노 나가노리 淺野長矩 88
아퀴나스, 토마스 Aquinas, Thomas 51, 53, 56, 66, 67, 69, 71, 230, 290, 312, 362, 374, 376
안락사 31, 40, 46, 50, 133, 237, 416, 437, 441, 521, 525~27, 533, 538~41, 546, 561, 562, 604, 605, 609
— 능동적 안락사 416, 525, 541
— 반자발적 안락사 541
— 비자발적 안락사 538, 541
— 수동적 안락사 416, 525, 541
— 자발적 안락사 527, 538, 541, 562
암시장 257, 264, 267, 581
암피드로미아 238
알코올 의존증 351, 353, 607, 615, 638
야노마모족 505
애커먼, 브루스 Ackerman, Bruce 102
앱저그, 벨라 Abzug, Bella 117
언약 187, 218
『에레혼 Erewhon』 353
에번스, 로버트 Evans, Robert 582
에이즈 329, 342, 343, 518
— 에이즈 바이러스 147, 516
— 에이즈 환자 518
에티켓 73
에큐메니스트 코스모폴리탄 49
에큐메니컬 코스모폴리탄 143, 170
NHS 서비스 604
여호와의 증인 184, 492, 505, 511
『역병에 관하여』 445
역할 모델 72, 137
연구 대상자 83, 201, 211, 507~10, 512~15
연명의료 49, 142, 383, 415, 450, 522, 523, 525, 527, 529, 531, 538, 579
— 연명의료 거부 528, 530
연주창 331
연합체 38, 193, 198~99, 242, 259~61, 276, 281, 282, 546, 580, 603, 636
『영국법 주해 Commentaries on the Laws of England』 123
영아 220, 221, 225~27, 229, 238, 241, 245, 252, 290, 371, 372, 386, 387, 391, 396~98, 407, 409, 414, 417, 418, 420, 428, 491, 492, 505,

552, 553
영아 살해 31, 70, 290, 370, 372, 391, 397, 414, 416~19, 429, 430, 432, 436, 437, 505
영양혼 374
영혼 64, 66, 68, 153, 162, 228, 243, 244, 290, 291, 374, 424, 517, 561, 562, 637
예견된 효과 523
예방의학 91, 615
예비자 교육 451
예수 42, 612, 613, 639
예수회원 158, 524
오길비, 윌리엄Ogilvie, William 254
오리건 플랜 606, 607
오크쇼트, 마이클Oakeshott, Michael 120
온정적 간섭주의 189, 443, 491, 492, 494, 495, 497~500, 530, 544, 556
― 강한 온정적 간섭주의 499
올름스테드 대 미합중국 판례 464, 465, 470
요나스, 한스Jonas, Hans 506, 507, 513
요한 바오로 2세Johannes Paulus II 35
용인권 101, 463, 567
용인의 의무 210
우르바누스 8세Urbanus VIII 81
울프, 헨리크Wulff, Henrik R. 327
『워녹 리포트』 422
원인 인자 350
원초적 계약 593
원초적 입장 100, 156, 583, 594, 598, 599, 601, 613
월리스, 앨프리드 러셀Wallace, Alfred Russel 619
웰치, 길버트Welch, Gilbert 606
유대교 50, 65, 116, 136, 140, 144, 187, 238, 314, 387, 432, 438, 561, 635

― 정통 유대교도 116, 136
유대인 36, 49, 65, 68, 126, 153, 357, 390, 416, 418, 456, 460, 479, 552, 557
유명론자 324, 364
유스티니아누스 160, 161, 200
『유스티니아누스 법학제요Institutes of Justinian』 123, 200
유아 사망률 401
유전공학 326, 621, 627, 628, 632
윤리위원회 31, 385, 461, 546
율리시스 계약 495, 496, 531
위드, 로런스Weed, Lawrence 328, 365
위약 효과 447, 486~88, 513
위양성 348, 372, 373, 378, 379, 383, 389, 393, 499
위음성 348, 372, 373, 378, 380, 383
위황병 305
위험-회피 이론 594
윌리엄스, 재닛Williams, Janet 336
윌슨병 326
응용윤리학 41
의료보험 198, 269, 286, 580, 582, 594, 605, 607
― 민간 의료보험 279
의료 시스템 40, 101, 109, 122, 129, 134, 148, 199, 260, 278, 279, 356, 357, 369, 409, 479, 515, 520, 546, 566, 568, 569, 570~72, 577, 582, 588~90, 601~03, 606, 609, 610, 613
― 대안 의료 시스템 356
― 사적 의료 시스템 134, 279
의료윤리강령 73
의료 전문가 73, 75, 148, 444, 449~51, 453~57, 471, 473, 491, 516, 542, 545, 588, 589, 606, 607
의료 접근성 566

「의료 접근성 확보Securing Access to Health Care」580
의료정책 31, 36, 41~45, 48, 52~54, 74, 93, 97, 99, 100, 103, 106, 107, 111, 118, 125, 131~35, 147, 150, 173, 192, 227, 267, 274, 276, 277, 280, 284, 287, 545, 567, 568, 569, 581, 598, 601, 635
의무기록 365, 520
의사능력 110, 176, 177, 201, 208, 221, 245, 313, 371, 434, 459, 460, 464~69, 473, 484~86, 488, 492, 493, 495, 497~505, 512, 521, 528, 530, 531, 533, 537, 539, 541, 544, 557
의사 무능력자 492, 505, 511, 530, 532, 543
의사소통행위이론 103
의인성 해악 626
『의학의 관찰Obervationes medicae』334
의학적 실재 308, 309, 314, 331, 337~39, 343, 355~57, 368, 369
이단자 화형식 52
이데올로기 37, 51~56, 75, 89, 118, 119, 121, 122, 128, 143, 146, 159, 199, 208, 277, 532, 550, 566, 613, 617, 630
『이방인 돌보기Taking Care of Strangers』457
이상적인 관찰자 76, 277, 301
이중효과 400, 433, 434, 524, 525, 560
「2001 스페이스 오디세이」375
이크족 79, 80, 93, 187, 470
이해관심 91, 94~96, 101, 104, 120, 206, 229, 230, 516, 528, 535, 592, 597, 623
인간 대상 연구 211, 506~08, 511, 558
인간 생식 423
인격체 37, 40, 113, 128, 130~32, 144, 149, 166, 167, 177, 178, 182, 184, 195, 197, 215~17, 221~49, 251~54, 256, 257, 259, 263~67, 280, 291, 292, 296, 370~95, 398, 400, 402, 403, 405, 406, 409, 411, 413, 416, 419~21, 423~27, 439, 441, 443, 444, 446, 451, 452, 454, 457, 461, 462, 469~71, 477~82, 492, 493, 501, 503~08, 512, 530, 533, 535~37, 541, 554, 555, 573, 596, 597, 602, 620, 621, 629~32, 638
- 개연적인 인격체 237
- 무고한 인격체 240, 406, 471, 555
- 미래 인격체 236, 237, 394, 400, 402, 403, 406, 420, 503
- 체화된 인격체 244
인공수정 66, 82, 140, 364, 422, 426, 438, 623
인공 유산 424
인공호흡기 380, 382
인지적 분장 90
일리치, 이반Illich, Ivan 307
일신론적 가정 77
일차적 사회 재화 98, 591, 592, 595
임바디먼트 243, 244, 247, 249, 263, 373, 374, 376~79, 382, 384, 388, 389
- 임바디먼트의 영역 253
『임상의학의 탄생』337
입원 특권 269

ㅈ

자가 실험 511
자궁경부암 도말검사 307
자궁절제 347
자기 결정권 476, 478, 482, 597
자기 입법 229
자살 50, 110, 134, 136, 139, 145, 177, 178, 182, 190, 198, 201, 216, 217, 397, 405, 406, 433,

441, 444, 498, 521~23, 526~30, 533~41, 557, 561~63, 564, 605
- 자살 방조 538, 540
- 자살 조력 201, 535, 536, 538~41
- 조력 자살 145, 182, 444, 526, 527, 539, 540, 562, 564, 605
자연법 53, 68, 69, 85, 107, 111, 123, 160~62, 179, 312, 439
자연법 이론 53, 85
『자연선택의 수단을 통한 종의 기원, 또는 생존 경쟁에서 선호되는 종들의 보전』619
자연적 로또 102, 573~75, 579, 593, 596, 601, 602
자원의 한계 569, 572, 607
자유 107, 109~11, 113, 114, 120, 122, 128, 130, 138, 139, 143, 149, 153, 156, 158, 163, 165, 166, 168, 170, 173, 177, 178, 190, 197~99, 206, 208, 211, 217, 222, 226, 234, 240, 271, 272, 289, 296, 321, 326, 364, 406, 419, 439, 445, 456, 458~60, 467~70, 473, 474, 478, 483, 484, 486, 494, 497, 499, 500, 510, 529, 530, 531, 536, 547, 552, 553, 559, 563, 567~70, 573, 577, 580~82, 594, 595~600, 615, 623, 629, 630, 631
자유롭고 충분한 정보에 의한 동의 41, 92, 132, 149, 180, 354, 356, 443~55, 458, 459, 463, 464, 468, 483, 507, 549, 550
자유방임적 자본주의 122
자유방임주의 146
자유시장 89, 288, 634
자유의지에 의한 연합체 276
자율 규제 447
자율성 106, 111, 177, 178, 185, 203, 217, 221, 223, 226, 400, 416, 419, 434, 469, 476, 478, 482, 483, 486, 543, 558
- 자율성 존중 원칙 110, 195
- 자율성 존중 의무 177, 221
자위 302, 303, 312, 359, 360, 362, 397, 422, 426, 438, 537, 564
자의식 72, 221, 222, 224~26, 232, 244, 245, 248, 249, 253, 374, 375, 391, 424, 428, 467
잘못된 삶 292, 398, 399, 423
잘못된 삶을 초래하는 불법행위 398, 399, 404, 421, 433
잘못된 임신 불법행위 399
잘못된 출생 불법행위 399
장기 매매 31, 40, 110, 145, 146
장로교 144
장애아 233, 399
「장애인법The Americans with Disabilities Act」409, 410, 414, 436, 522, 532, 563, 607
「장애인재활법Rehabilitation Act」411, 412
재산권 250, 267, 596
재생산 256, 320, 397, 404, 419, 421~24, 426, 428, 429
- 재생산 결정 404
- 재생산 행위 422, 423
잭슨, 제시Jackson, Jesse 117
잭슨, 존 휴링스Jackson, John Hughlings 244, 293, 377
적정 최소 의료 604
전뇌사 정의 378, 379, 388~90
전뇌사 중심 죽음 정의 380
전뇌 지향 죽음 정의 373, 379, 381, 383, 388, 393
전뇌 지향 죽음 개념 379, 385, 388, 392, 431
전략적 모호함 119
전문직 73, 220, 445~51, 453, 478, 480, 506,

545, 548, 555, 556
- 고등교육을 받은 전문직 447, 448
- 전문직 기준 476~79, 481~84, 494
- 전문직 표준 449, 555
전문 학회 449
전-인격체 386, 387
전신 지향 죽음 정의 373, 380
전신 지향 죽음 개념 392
접합자 231~33, 237, 245, 252, 391, 394~96, 398
『젊은 베르테르의 슬픔』 190
정교회 신도 136, 293
정보 공개 476, 519
정보 공개 기준 478
정상 기능 315
정상성 313, 314, 351, 363
정신의학 304, 334
정신이상 항소 352
정신장애 304, 351, 392
『정신질환 진단 및 통계 매뉴얼 1판DSM-I』 304
정의 31, 37, 41, 43, 46, 51, 54, 56, 74, 89, 97, 102, 109~13, 115, 116, 119, 123, 146, 147, 152, 156, 157, 159, 193, 199, 200, 217, 218, 257, 271, 277, 281, 395, 409, 547, 558, 566~68, 572, 579, 580, 584, 588, 590~92, 594~601, 610, 614
정의로운 입헌 민주주의 사회 113
정의로운 저축 원칙 98, 99, 594, 596
『정의론』 97, 156, 157, 591, 596, 614
정의의 원칙 74, 157, 199, 200, 271, 595, 596, 598
정전 34, 73, 150, 175, 198
정전적 34, 36, 39, 41, 47, 50, 61, 64, 77, 84, 85,
94, 99, 122~24, 127, 128, 130, 133, 138, 148, 150, 179, 203, 206, 221, 237, 240, 271, 274, 276, 277, 284, 287, 290, 296, 357, 391, 418, 419, 425~27, 441, 442, 444, 445, 473, 533, 542, 545, 567, 579, 583, 584, 586, 599, 601, 608, 619, 622, 625, 630, 633, 634, 636, 638, 639
정치적 권한의 원칙 263, 284
정치적으로 올바른 자유주의자 456
정치적 자유주의 113, 159, 614
정치조직 192, 193, 199, 604, 605, 632
『정치학』 135, 416
정통 교의 41, 48, 74, 166
정합성 76, 176, 181, 194, 223, 328~30, 543
제시 메이 제퍼슨 대 그리핀 스폴딩 카운티 병원 판례 404
제약의 원칙 195
『제5도살장Slaughterhouse-Five』 627, 639
제왕절개수술 307, 404
제칠일안식일예수재림교회 148, 545
조기 낙태 290, 425
조응 76
종교개혁 57, 59, 60, 126, 127, 131, 162
종교전쟁 51, 60
종의 기원 34
종 전형성 318, 320
주치의 413, 458, 477, 520, 534, 542~44
죽음의 기술 521
죽음의 전뇌사 정의 379, 389
죽음의 전뇌 지향 정의 392
죽음의 정의 371, 373, 375, 379, 390, 428
준거 집단 315
중간 수준의 원칙 84, 85, 108, 110, 111, 122, 158, 277

653

중증 치매 환자 236
중첩적 합의 112~19, 159
중추적 가치 177, 178
중환자실 188, 380, 385, 521, 579
지각 있는 존재 195
지성계 222, 223
지속적 대리인 권한 495, 531
지시 74, 84, 88, 94, 100, 102, 125, 148, 284, 300, 330, 342, 350, 351, 459~61, 477, 491~93, 495, 496, 499, 530, 531, 538, 542, 543, 545
지적장애인 225~27, 229, 236, 237, 239, 241, 243, 371, 376, 386
직관 72, 84, 86~88, 90, 97, 100, 101, 108, 112, 140, 156, 164, 165, 193, 245, 246, 270, 427, 473, 527, 602, 613, 614
직관주의 85, 154
- 직관주의자 89, 91, 92, 111
진료 거부권 443
진료보조인 545
진료 행위별 지불 260
『질병 및 수술의 표준 명명법The Standard Nomenclature of Diseases and Operations』 327
질병분류학 305, 309, 331, 332, 335, 338, 340, 341, 361, 366
『질병의 자리와 원인에 관하여De sedibus et causis morborum per anatomen indagatis』 336
집단의 소유 258
진화 227, 313~20, 329, 629, 639
질투심 583, 593

ㅊ

착취 110, 118, 145, 262, 314, 426, 427, 512, 578, 592
『천구의 회전에 관하여』 34, 619
천두술 508
체외수정 50, 419, 420, 422~26, 438, 623
초견적 의무 240
최선의 이익 149, 173, 189, 207, 208, 228, 229, 242, 458~60, 462, 463, 476, 482, 484, 492~96, 498, 499, 501, 502, 504, 531, 532, 541, 567
최소 수혜자 98, 583, 593, 594, 596, 600
최소 위험 512
최소한의 도덕감 226
추신구라忠臣藏 88
충분한 정보에 의한 동의 41, 47, 70, 92, 132, 149, 180, 354, 356, 441, 443, 444, 455, 458, 459, 463, 464, 468, 482, 483, 507, 510, 549, 550
측면 제약 165, 478, 483, 499
측면 제약 조건 130
치료 거부 159, 173, 293, 323, 498, 528, 530, 532, 533, 560, 562
치료 거부권 411, 443, 466, 532
치료 순응 173, 452
치료 유보 408, 410
치료적 특권 485, 486, 556
치료 중재 455
칠드러스, 제임스Childress, James 108

ㅋ

카논법 282
『카라마조프 형제』 525
카르도조, 벤저민Cardozo, Benjamin N.

464~66
카스, 리언Kass, Leon 622, 624
카츠, 제이Katz, Jay 507
칸트, 이마누엘Kant, Immanuel 60, 61, 65, 68, 71, 105, 130, 156, 158, 163~66, 176~80, 194, 216~19, 222~24, 234, 237, 245, 250, 289, 291, 292, 294, 358, 397, 536, 537, 552, 553, 564, 630
— 칸트주의 233, 235
캔터베리 대 스펜스 판례 479, 481, 485
컬런, 윌리엄Cullen, William 332, 335, 338, 339, 361
컬렌더 대 바이오사이언스 랩 판례 399
컬버, 찰스Culver, Charles 364, 499
케이프런, 알렉산더Capron, Alexander 481
켈리, 제럴드Kelly, Gerald 524
코먼웰스 273, 274, 280
코스모폴리탄 42, 49, 50, 64, 72, 121, 139, 143, 170, 429, 624
코스모폴리탄 에큐메니스트 50, 64
코페르니쿠스, 니콜라우스Copernicus, Nicolaus 34, 619, 637
— 코페르니쿠스 혁명 34
코플릭 반점 327, 328
콘스탄츠 공의회 161, 270
콜럼버스, 크리스토퍼Columbus, Christopher 34
콜로세움 261
콥스 대 그랜트 판례 481, 483
쾌고감수능력 233
쾌고감수능력의 범위 236
쾌고 경험주의자 93
쾌락 92~94, 229, 232, 472, 574, 624
쾌락 단위 92~94

쿤, 토머스Kuhn, Thomas 154, 302
퀸런, 캐런Quinlan, Karen 383
클레어 콘로이 판례 385
클린턴, 윌리엄 제퍼슨 (빌)William Jefferson (Bill) 570, 581, 582, 611
— 클린턴의 의료개혁 570, 617
키케로, 마르쿠스 툴리우스Cicero, Marcus Tullius 274, 417, 418
킨제이 척도 317

**ㅌ**

TEYKU 213~15, 219, 247, 288, 504, 557

**ㅍ**

파슨스, 탤컷Parsons, Talcott 341, 367
파시스트 146
파인스타인, 앨번Feinstein, Alvan 327
퍼스, 로더릭Firth, Roderick 96
퍼스, 찰스 샌더스Peirce, Charles Sanders 300, 301, 358, 359
페인, 토머스Paine, Thomas 254
펠리그리노, 에드먼드Pellegrino, Edmund 54, 453, 455, 549
평균 효용 86, 92
평등주의 50, 109, 165, 441, 580, 581, 583~85, 602, 613
— 이타적 평등주의 583~85
— 평등주의자 89, 98, 143
평화로운 공동체 130, 177, 179~81, 183, 185, 201, 218, 222, 223, 251, 266, 285, 402, 405, 466, 471
평화로운 (도덕) 공동체 223
포괄적 적합성 315~17, 320
포르스만, 베르너Forssmann, Werner 511

포스트모더니즘 50, 132, 261, 634
포스트모더니티 35, 39, 41, 43, 44, 47, 59~61, 72, 77, 78, 132, 161, 359, 397, 432, 449, 633
포스트모더니티의 도전 111
포스트모던 철학 39
포트병 331
폴 포트Pol Pot 42
폴, 론Paul, Ron 117
푸무스, 바르톨로마이우스Fumus, Bartolomaeus 506
푸코, 미셸Foucault, Michel 336, 340
품성 48, 630~33
품위 있는 최소한 566, 602~04
프랑스 혁명 58, 61, 124, 146
프로이트, 지크문트Freud, Sigmund 534
프로타고라스Protagoras 621, 638
프리드, 찰스Fried, Charles 587, 588
프톨레마이오스, 클라우디오스Ptolemaeos, Claudios 81
프티, 장Petit, Jean 270
플라톤Platon 32, 70, 286, 416, 453, 455, 474, 475, 549, 571
– 플라톤적인 관점 316
플레처, 조지프Fletcher, Joseph 424
플레크, 루드비크Fleck, Ludwik 154, 302
플로랑스, 마리 장 피에르Marie Jean Pierre Flourens 377
피르호, 루돌프Virchow, Rudolf 337
피임 68, 101, 107, 134, 140, 148, 182, 190, 192, 230, 291, 395, 399, 439, 523, 586, 637
피후견인 459~61, 492~95, 500~04, 512, 533

ㅎ

하버마스, 위르겐Habermas, Jürgen 103~05
하이에크, 프리드리히 아우구스트 폰Hayek, Friedrich August von 567
하제 508
하트, 허버트 라이어널 아돌푸스Hart, Hebert Lionel Adolphus 349
하트만, 하인즈Hartmann, Heinz 469
할례 332, 460, 504, 557
합당한 다원주의 115
합리적 선택과 담론 이론 85
합리적인 계약자 98, 99, 102, 592, 593
해리스, 퍼트리샤Harris, Patricia 578
해악금지 111, 184, 189, 190, 211, 234, 236, 237, 265
허무주의 150, 288, 619, 634, 637
허락 기반 접근법 600
허락 원칙 59, 149, 173, 176, 180~83, 185, 189~91, 194~98, 200, 202~04, 208, 209, 217, 226, 263, 266, 279, 282, 285, 356, 398, 402, 403, 405, 419, 441, 442, 444, 466, 468, 471, 484, 488~90, 492, 496, 499, 500, 502, 507, 510, 515, 516, 520, 521, 528, 533, 535, 537, 541, 552, 576, 580, 585, 589, 599, 608, 632
헉슬리, 올더스 레너드Huxley, Aldous Leonard 627
협력체 228, 258, 282, 287, 395
헤겔, 게오르크 빌헬름 프리드리히Hegel, Georg Wilhelm Friedrich 62, 63, 120, 152, 160, 164, 166, 177, 219, 250, 253, 302, 329, 358, 359, 365, 456, 549, 632
헤라클레이토스Heracleitos 32, 56
홉스, 토머스Hobbes, Thomas 158, 271, 273,

296

홍역 212, 327, 332

환자 역할 341, 342, 357

환자 의뢰 거절 449

황금률 188

황제권 270

홀로 남겨질 권리 130, 442, 463, 466, 467, 527

효용 86, 92~94

효용 단위 86, 87

회음절개술 307

후기 황체기 불편증 304

후천성면역결핍증 329

휴리스틱 49, 59, 79, 167, 179, 196, 300, 628

흄, 데이비드Hume, David 60, 218, 535, 537

흐로티위스, 휘호Grotius, Hugo 250, 296

히틀러, 아돌프Hitler, Adolf 42, 416

히포의 아우구스티누스Augustinus Hipponensis 274

히포크라테스Hippocrates 152, 306, 307, 329, 366, 445, 539, 548

―히포크라테스 선서 447, 515, 516

―히포크라테스 전집 72, 268, 305, 548

―히포크라테스의 테크네 445

## 비오스총서를 펴내며

비오스총서는 생명과 윤리에 관한 성찰을 담은 책의 모음이다. 우리 문화에서 '생명'은 종교적 차원에서 다루어지는 것이 보통이었다. 한편 '윤리'는 인간의 삶의 도리로서 체득되는 것으로 여겨져 왔으며, 윤리적 요구 사이의 충돌이나 갈등과 같은 문제에 대한 성찰은 일상적 삶의 범위를 넘어서는 것으로 치부되어 왔다. 이렇게 보면 양자 모두 보통 사람들이 상식적인 시각을 가지고 따질 수 있는 주제로 여겨지지 않았던 것이다. 그래서 우리나라에서 생명과 윤리에 대한 담론은 주로 종교인의 몫이었으며, 각 종교에서는 자신들의 이념과 신앙을 가지고 생명과 윤리에 대한 담론을 전개하여 왔다.

비오스총서는 이러한 생명과 윤리에 대한 담론이 교차하는 '생명윤리'를 대상으로 하여, 이를 성찰적 사유의 영역으로 끌어들이고자 기획되었다. 생명윤리(bioethics)라는 말은 1970년대 초반 미국에서 탄생하였다. 우리나라에서 이 말이 의미 있게 쓰이기 시작한 것은 줄기세포 논문조작 사건이 일어났던 때부터이다. 생명과 윤리가 높은 관념의 영역에서 유희하고 있는 동안, 현실의 세계에서는 의학과 생명과학이 놀라울 정도로 발전하고 있었던 것이다. 그렇지만 의학과 생명과학의 놀라운 '발전'이, 인간 생명의 존엄성, 인권과 정의라는 우리 사회의 핵심 가치에 대하여 어떤 도전이 되며 그에 대해서 어떻게 대응해야 하는지에 관한 진지한 숙고는 충분히 전개되지 못하였던 것도 사실이다. 한국의 지식인 사회는 의학과 생명과학이라는 전문적인 영역에서 벌어지는 기술적 발전의 현황과 그 함의에 대하여 민감하지 못하였으며, 의사와 생명과학자들 역시 자신들의 일을 수행하기에 필요한 법제도를 인지하는 것 이외에 그 배후에 존재하는 가치와 의미에 대해 근본적으로 성찰할 여유가 없었던 것이다.

우리는 오늘날 콩트가 말한 인지의 신학적, 형이상학적 단계에 살고 있지 않다. 오히려 어느 사이에 실증적 단계도 넘어선, 다원화된 민주주의 사회에 살고 있다. 진리에 대한 인식 태도가 달라진 것이다. 그렇다면 이 사회에서 생명과학과 의학이 초래한 가치의 위기는 어떻게 극복되어야 할 것인가? 그것은 다원적 민주사회의 진리관 하에서, 즉 실천적 사유와 담론의 장에서 민주적인 소통과 토론을 통하여 극복되어야 할 것이다. 비오스총서의 목적은 바로 한국의 지식사회에 그러한 소통과 토론을 촉진하기 위한 사유의 씨앗을 뿌리려는 데 있다. 지금 의학과 생명과학에서 일어나고 있는 일들은 장차 한국 사회 나아가 세계의 변화에 거대한 영향을 미칠 것이 분명하다. 그리고 이 문제들은 특정 분야의 몇몇 전문가의 힘만으로 해결될 수 있는 문제는 아니며, 과학기술의 힘만으로 해결될 수 있는 문제는 더욱 아니다. 현대의 일상적 삶 속에서 생명과학과 의학에 의해서 형성되고 영향받는 영역은 개인의 삶의 모든 영역이라고 해도 과언이 아니다. 그런데 생명과학과 의학의 성취의 함의가 아직 충분히 규명되지 못했음에도 불구하고, 우리는 이에 관해 선택하고 결정하지 않을 수 없는 상황에 처해 있다. 그러한 선택과 결정을 올바르게 수행하기 위해서 우리가 안고 있는 문제들에 대한 깊이 있는 지적 탐색은 무엇보다도 긴요한 것이라고 하지 않을 수 없다.

이화여자대학교 생명의료법연구소는 2005년 설립된 이후 이 생명윤리를 연구하는 우리나라의 대표적인 기관으로서, 생명윤리 및 생명윤리 정책에 관한 연구를 위하여 그리고 이에 관한 담론의 확산을 위해 많은 노력을 기울여 왔다. 이제 어언 십년이 흐른 지금, 우리 사회에 생명윤리 담론의 착근과 확산, 그리고 더욱 수준 높은 연구 성과의 창출에 조금이라도 기여하기를 바라는 마음에서 그동안 거둔 결실의 일부를 이 비오스총서로 내놓는다.

여러 가지 부족함과 많은 한계에도 불구하고, 이 총서가 우리 지식사회의 생명윤리 관련 담론을 더욱 풍부하게 하고, 관련 서적과 자료가 부족한 현실에서 젊은 연구자들의 길잡이가 되며, 나아가 이러한 담론을 전개하는 가운데 성찰적 민주주의의 훈련이 이루어져서 우리 사회를 한층 더 성숙하게 하는 데 도움이 될 수 있다면 그 이상 기쁜 일은 없을 것이다.

2014년 2월
이화여자대학교 생명의료법연구소 연구진 일동

비오스총서 012

**생명윤리학의 기반**

초판1쇄 인쇄 2025년 10월 13일
초판1쇄 발행 2025년 10월 20일

지은이 H. 트리스트럼 엥겔하트
옮긴이 권복규
펴낸이 박영록
펴낸곳 로도스

출판등록 2011년 7월 22일 제2011-000208호
주소 서울시 마포구 와우산로 48 로하스타워 801호
전화 02-6012-2500
팩스 02-6008-1757
이메일 jumphere@rhodos.co.kr

© 로도스, 2025, Printed in Seoul, Korea.

ISBN 979-11-964940-2-5 94190
　　　979-11-85295-10-7(세트)